이 책 한 권으로 적어도 여러분의 일 년은 풍요롭게 될 것이다. 그리고 매년 반복하시라. 목회자와 설교자, 신학생이여. 이 책을 집어 들라. 그리고 위에서 처방했듯이 그렇게 해 보시라. 그리고 여러분 교회의 뜻 있는 일반 신자들에게 꼭 권하시라.

기독교문서선교회(Christian Literature Center; 약칭 CLC)는 1941년 영국 콜체스터에서 켄 아담스에 의해 시작되었으며 국제 본부는 미국 필라델피아에 있습니다.
국제 CLC는 59개 나라에서 180개의 본부를 두고, 약 650여 명의 선교사들이 이동 도서차량 40대를 이용하여 문서 보급에 힘쓰고 있으며 이메일 주문을 통해 130여 국으로 책을 공급하고 있습니다. 한국 CLC는 청교도적 복음주의 신학과 신앙 서적을 출판하는 문서선교기관으로서, 한 영혼이라도 구원되길 소망하면서 주님이 오시는 그날까지 최선을 다할 것입니다.

추천사 1

류호준 박사
백석대학교 신학대학원 은퇴교수, 월터 브루그만의 『구약신학』 번역

구약성서는 이스라엘의 신앙이 응축된 무한 저장소와 같다. 월터 브루그만에 따르면 이스라엘의 고백들은 그 목소리의 색깔과 질감, 크기와 울림이 다면적이고 다층적이다. 마치 연못 위로 부는 회오리바람에 일어나는 파문(波紋)처럼 중앙에서 시작해 사방으로 퍼져 나간다.

월터 브루그만은 구약이라는 거대한 호수 곁에 앉아 조용히 때론 격렬하게 퍼져 나가는 물결을 관조한다. 105가지 다양한 물결을 발견하고 그 구심력과 원심력의 작동과 기능을 역동적으로 스케치하여 하나씩 꼼꼼하게 색을 입혀 화폭에 담는다. 이렇게 105점의 작품 전시회를 연다. 월터 브루그만답게. 제목이 암시하듯 구약성서 안에는 이스라엘 신앙의 울림과 파문과 공명이 다채롭다.

비록 편의상 사전적 배열을 채택하였지만 구약성서에서 뽑아낸 105가지 용어들은 모두 브루그만에 의해 생각을 자극하는 심오한 신학적 옷으로 갈아입는다. 일종의 간추린 구약신학 요약 사전이다. 이 책의 장점 중 하나는 어느 주제 단어를 선택하여 읽더라도 결국 구약 신앙의 근저에까지 이르게 된다는 점이다.

언제나 그렇듯이, 월터 브루그만은 독자들을 실망시키지 않을 것이다. 이 책을 유용하게 사용하는 팁 하나를 여러분에게 제시한다면 한 주제를 사흘 동안 여러분의 생각과 마음속에서 숙성시켜 보시라는 것이다. 충분히 그럴 만한 가치가 있는 주제들이다. 사흘 후에는 그 주제가 선명하게 되살아나 여러분의 신학적 사유와 신앙의 깊이를 더해 줄 것이다.

추천사 2

주 현 규 박사
백석대학교 신학대학원 구약학 교수

역시 월터 브루그만이다!
　본서는 단순히 구약성서에 나오는 용어들과 인물들을 일괄적으로 나열하여 소개하는 평범한 사전이 아니다. 그렇다고 해서 교리의 틀에 함몰되어, 거대 담론을 형성하는 구약성서의 본질적 특성을 간과한 채 몇몇 신학적 주제들만 선별적으로 다루는 환원주의식 접근법을 답습하는 사전은 더더욱 아니다.
　오히려 브루그만은 구약 내러티브 본문에 철저히 천착한다. 또한, 구약 내러티브에 반영된 것이라면, 해석에 관한 난제들과 논쟁적 사안들도 결코 피해 가는 법이 없다. 그러기에 그가 구약성서를 바라보는 관점과 그렇게 읽어 낸 본문의 의미는 새로운 정도를 너머 지극히 창의적으로 다가온다.
　다시 말하지만, 이 책은 사전이 아니다!
　구약성서 전체 내러티브를 통전적으로 조망하고, 그 내러티브를 구성하는 하위 에피소드들에 등장하는 주요 인물들과 주제들을 예리하게 해석하며, 이 모든 것에 대한 신학적 의미를 도출해 내기 때문이다. 즉, 구약성서학의 거장 브루그만이 펴낸 이 사전 아닌 '사전' 안에는 구약성서 본문과 해석 그리고 신학이 모두 들어 있다. 널리 회자되는 것처럼, 구약성서에 대한 창의적 접근과 도발적 해석, 그리고 전복적 함의를 이끌어 내기 위해 브루그만은 시대를 넘나드는 철학적 이론들과 상징적 표현들을 즐겨 사용한다.

그만큼 브루그만의 글은 번역자들에게 고충과 어려움을 선사하기로 악명이 높다. 그럼에도 불구하고, 차준희 교수의 번역은 본서를 통해 브루그만이 다루고자 하는 구약 내러티브의 해석적 특징들과 의미와 메시지들을 능수능란하고 수려하게 담아냈다.

이처럼 모든 것이 잘 차려진 잔치에 독자들을 초대하지 않을 이유가 있을까?

교회 설교 강단에서 하나님 말씀을 선포하는 거룩한 사역을 맡아 신실하게 감당하는 목회자들 그리고 신학교에서 성서를 통해 해석과 신학을 정련하는 일에 매진하는 신학생들에게 기쁜 마음으로 본서를 강력히 추천한다.

추천사 3

하 경 택 박사
장로회신학대학교 구약학 교수

　성서 본문은 요즈음의 용어로 말하면 하이퍼텍스트(hypertext)를 대량 포함하고 있는 문서와 같다. 인터넷이나 전자기기 문서에서 하이퍼텍스트를 누르면 새로운 문서의 창으로 인도되어 그 이면에 숨겨진 의미들을 알 수 있듯이 성서 본문의 많은 용어가 함축된 의미들을 가지고 있으며 각 낱말의 심층 세계가 있다.
　그러므로 이러한 의미의 심층 세계를 가지고 있는 핵심 용어들을 이해하는 것은 성서 본문 이해에 매우 유용할 뿐 아니라 필수적 요소가 된다. 이 책은 바로 이러한 성서 읽기의 요구사항을 만족시키기에 적합한 책이다. 저자는 구약성서에서 알아야 할 핵심 주제를 105가지로 선별하였고, 각 주제에 대한 해설을 제공한다. 각 주제가 가지고 있는 의미들을 성서 본문 안에서뿐 아니라 성서 본문의 수용사에 나타난 의미까지 설명하고 있다.
　이 방대한 작업은 한 사람의 저작으로는 감당하기 힘든 일이다. 그러나 그 일을 저자 월터 브루그만(W. Brueggemann)은 해냈다. 탁월한 저자의 구약성서 세계에 대한 이해와 통찰이 각 주제의 곳곳에 스며 있다. 그리고 이 책을 역자가 훌륭하게 번역해 냈다. 우리는 이 책에 대한 신뢰성을 저자와 역자에 대한 신뢰를 통해서도 얻을 수 있다. 이 책은 구약성서를 제대로 이해하고 바로 전하려는 사람에게 없어서는 안 될 책이다.

추천사 4

김 희 석 박사
총신대학교 신학대학원 구약학 교수

『설교를 위한 구약 핵심 주제 사전』은 설교자에게 도움을 주기 위한 목적으로 구약성서의 주요한 신학적 주제들에 대한 정보를 제공하는 책이다. 예를 들면, 창조, 언약, 천상회의, 신명기 신학, 부활, 의로움, 안식일 등이다.

이 책을 통해 제공하는 정보는 매우 뛰어나며 축약적이고 간결하며 심오하다. 한 주제에 대하여 모든 정보를 처음부터 나열하기보다는, 그 주제에 대한 여러 논쟁에 대하여 전반적 이해를 갖춘 상태에서, 그 주제가 신학적으로 어떤 이슈들을 낳을 수 있으며, 또한 우리의 신앙에 어떤 함의를 드러낼 수 있는지를 설명해 나간다. 이는 저자인 월터 브루그만이 오랜 기간 동안 축적해 온 성서 연구 지식을 맛깔스럽게 풀어낸 결과라고 할 수 있다.

저자는 신학적으로 진보적인 경향을 보이는 것이 사실이며, 글의 곳곳에 그런 주장이 배어 있다. 그렇지만 그가 각 주제에 대해서 풀어내는 정보와 사고의 깊이는 놀라우며, 진보적 신학 안에서는 매우 본문 중심적이고 보수적인 방향에 가까운 주의 깊은 논증을 보여 준다. 그렇기에 이 책은 신학적으로 보수적인 독자나 진보적인 독자 모두에게 구약성서의 주제에 대하여 깊게 들여다볼 수 있는 창을 제공한다.

보수적 입장을 가진 독자들은 일반적인 성서 주제 사전 혹은 보수적 신학의 연구물들과 이 책에서 브루그만이 주장하는 것들을 비교하면서 숙독한다면 구약성서의 가르침에 대해 더 세밀하고 깊은 고찰이 가능해

질 것이다. 특히, 주제들의 함의에 대한 부분은 설교자들이 구약성서의 주제들에 대하여 폭넓고 수준 있는 지식을 갖춤을 통해 우리의 현상과 세계를 조망하고 고민할 수 있는 정보를 다양하게 제공하고 있기에 유익하다고 여겨진다.

구약성서의 신학적 주제에 대하여 관심을 가진 독자들, 그리고 구약성서로 설교하기 위해 구약의 세계에 관심을 가진 설교자들께 이러한 마음으로 이 책을 추천한다.

추천사 5

패트릭 밀러(Patrick D. Miller) 박사
Princeton Theological Seminary 구약신학 교수

이 책은 신학적 보석이다. 고대의 단어가 현대의 공동체에 무엇을 의미하는지를 명확하게, 종합적으로, 그리고 대담하게 질문한다. 만약 당신이 브루그만의 책 중에서 단 한 권만 살 수 있다면(그런 일은 절대로 없기를), 바로 이 책이다.

설교를 위한 구약 핵심 주제 사전

Reverberations of Faith: A Theological Handbook of Old Testament Themes
Written by Walter Brueggemann
Translated by Joon Hee Cha

This book was fist published in the United States
by Westminster John Knox Press,
100 Witherspoon Street, Louisville, Kentucky, 40202-1396.
with the title *Reverberations of Faith: A Theological Handbook of Old Testament Themes*,
copyright © 2002 by Walter Brueggemann,
Transltated by persmission,
All rights reserved.

Korean Edition Copyright © 2023 by Christian LIterature Center, Seoul, Korea.

설교를 위한 구약 핵심 주제 사전

2023년 4월 5일 초판 발행

지 은 이 | 월터 브루그만
옮 긴 이 | 차준희

편　　집 | 전희정
디 자 인 | 서민정
펴 낸 곳 | (사)기독교문서선교회
등　　록 | 제16-25호(1980.1.18.)
주　　소 | 서울특별시 동대문구 천호대로71길 39
전　　화 | 02-586-8761~3(본사) 031-942-8761(영업부)
팩　　스 | 02-523-0131(본사) 031-942-8763(영업부)
이 메 일 | clckor@gmail.com
홈페이지 | www.clcbook.com
송금계좌 | 기업은행 073-000308-04-020 (사)기독교문서선교회
일련번호 | 2023-29

ISBN 978-89-341-2537-2 (93230)

이 한국어판 저작권은 Westminster John Knox Press와 독점 계약한 (사)기독교문서선교회가 소유합니다.
신저작권법에 의하여 한국 내에서 보호를 받는 저작물이므로 무단 전재와 무단 복제를 금합니다.

Reverberations of Faith:
A Theological Handbook of Old Testament Themes

설교를 위한
구약 핵심 주제 사전

월터 브루그만 지음
차준희 옮김

CLC

목차

추천사 1 **류호준 박사** | 백석대학교 신학대학원 은퇴교수 • 1
추천사 2 **주현규 박사** | 백석대학교 신학대학원 구약학 교수 • 3
추천사 3 **하경택 박사** | 장로회신학대학교 구약학 교수 • 5
추천사 4 **김희석 박사** | 총신대학교 신학대학원 구약학 교수 • 6
추천사 5 **패트릭 밀러 박사** | Princeton Theological Seminary 구약신학 교수 • 8
약어표 • 16
저자 서문 • 17
역자 서문 • 21

1. 가나안 사람 Canaanites	24
2. 감사 Thanksgiving	28
3. 거룩함 Holiness	32
4. 경청 Listening	38
5. 고난받는 종 Suffering Servant	43
6. 고통 Suffering	47
7. 공동체 Community	56
8. 과부 Widow	61
9. 광야 Wilderness	64
10. 교육 Education	67
11. 구속 Redemption	73
12. 구원 Salvation	77
13. 기도 Prayer	81
14. 기적 Miracle	88
15. 남은 자 Remnant	93
16. 다윗 David	96
17. 돈 Money	100

18. 땅 Land	109
19. 메시아 Messiah	116
20. 모세 Moses	121
21. 묵시 사상 Apocalyptic Thought	125
22. 미리암 Miriam	133
23. 바빌론 Babylon	136
24. 바알 Baal	140
25. 보응 Retribution	144
26. 복수 Vengeance	150
27. 부림절 Purim	155
28. 부활 Resurrection	158
29. 사랑 Love	162
30. 사마리아인 Samaritans	167
31. 사탄 Satan	170
32. 산당 High Place	174
33. 서기관 Scribes	178
34. 선택 Election	182
35. 성 Sexuality	190
36. 성전 Temple	200
37. 속죄 Atonement	209
38. 신 현현 Theophany	213
39. 신명기 신학 Deuteronomic Theology	219
40. 신앙 Faith	226
41. 신정론 Theodicy	233
42. 십계명 The Decalogue	238
43. 아세라 Asherah	242
44. 아시리아 Assyria	245
45. 안식일 Sabbath	249
46. 야웨 YHWH	254
47. 야웨의 날 The Day of the Lord	259

48. 약속 Promise	264
49. 언약 Covenant	269
50. 언약궤 The Ark	275
51. 언약법전 Book of the Covenant	279
52. 에스라 Ezra	284
53. 엘리야 Elijah	287
54. 역대기 사가 The Chronicler	291
55. 역사 History	299
56. 영 Spirit	306
57. 영광 Glory	309
58. 예루살렘 Jerusalem	313
59. 예배 Worship	321
60. 예언자 Prophets	327
61. 왕권 Kingship	334
62. 요시야의 개혁 Reform of Josiah	339
63. 용서 Forgiveness	344
64. 유일신론 Monotheism	350
65. 윤리 Ethics	358
66. 의로움 Righteousness	366
67. 이세벨 Jezebel	372
68. 이웃 Neighbor	378
69. 이집트 Egypt	381
70. 임시 거류민 Sojourner	385
71. 재앙 Plague	388
72. 전쟁 War	392
73. 전통 Tradition	399
74. 절기 Festivals	405
75. 정경 Canon	408
76. 제사장 Priests	415

77. 제사장 전통 Priestly Tradition	420
78. 조상들 The Ancestors	429
79. 죄 Sin	435
80. 죽음 Death	441
81. 지혜 Wisdom	448
82. 찬양 The Hymn	455
83. 창조 Creation	460
84. 천사 Angel	468
85. 천상회의 Divine Council	472
86. 축복 Blessing	475
87. 출애굽 Exodus	480
88. 타락 The Fall	487
89. 탄원 The Lament	490
90. 토라 Torah	494
91. 페르시아 Persia	500
92. 포로기 Exile	504
93. 폭력 Violence	509
94. 풍요 종교 Fertility Religion	514
95. 하나님의 형상 Image of God	521
96. 한나 Hannah	527
97. 할례 Circumcision	531
98. 헤렘 *Ḥerem*	535
99. 혼돈 Chaos	540
100. 회개 Repentance	544
101. 훌다 Huldah	551
102. 희년 Jubilee	554
103. 희망 Hope	558
104. 희생 제사 Sacrifice	563
105. 히스기야의 개혁 Reform of Hezekiah	568

약어표

AB	Anchor Bible
BZAW	Beihefte zur Zeitschrift für die alttestamentliche Wissenschaft
CBQ	*Catholic Biblical Quarterly*
HBT	*Horizons in Biblical Theology*
HTR	*Harvard Theological Review*
JAOS	*Journal of the American Oriental Society*
JBL	*Journal of Biblical Literature*
JSOT	*Journal for the Study of the Old Testament*
JSOTSup	Journal for the Study of the Old Testament: Supplement Series
JSS	*Journal of Semitic Studies*
NCB	New Century Bible
NIB	*The New Interpreter's Bible*
OBT	Overtures to Biblical Theology
OTL	Old Testament Library
RB	*Revue biblique*
SBLDS	Society of Biblical Literature Dissertation Series
SBT	Studies in Biblical Theology
SVTP	Studia in Veteris Testamenti pseudepigraphica
VT	*Vetus Testamentum*
ZAW	*Zeitschrift für die alttestamentliche Wissenschaft*

저자 서문

월터 브루그만(Walter Brueggemann) 박사
Columbia Theological Seminary 구약학 교수

이 책은 당시 웨스트민스터존녹스(Westminster John Knox)의 편집부 직원인 신씨아 톰슨(Cynthia Thompson)의 제안으로 시작되었다. 그녀는 구약성서에 있는 신학적 관심사에 관한 100가지 주제의 책을 제안했다. 나는 나의 동료인 케슬린 오코너(Kathleen O'Connor), 크리스틴 요더(Christine Yoder)와 상의했다. 그들은 그러한 목록에 무엇이 포함되어야 하는지에 대해 생각하는 데 도움을 주었고, 그들의 제안은 나에게 큰 도움이 되었다.

특히, 케슬린 오코너는 그러한 소개가 단순히 개별 항목들의 목록이 아니라, 어떠한 해석적 일관성을 가지고 있는 논의, 즉 총합이 부분들 이상이어야 한다는 관찰로 나에게 도움을 주었다.

그러한 제안은 나의 마음에 많이 남아 있었고, 비록 이러한 접근이 독자들에게 분명하게 드러날지는 확신하지 못하지만 나는 주목받고 있는 신학으로 중심이 되는 항목을 나의 목록 안에 반영하려고 노력했다. 진실은 여러 항목이 대부분의 경우 서로에게 크고 깊게 연결되어 있다는 것이다. 팀 심슨(Tim Simpson)은 나의 충실한 편집자이자 대화 상대자였으며, 나는 그에게 진실로 큰 빚을 졌다.

책의 제목, *Reverberations of Faith*(『신앙의 울림』, 번역서 제목은 『설교를 위한 구약 핵심 주제 사전』이다, 역자 주)는 나의 초기 저작 *Cadences of Home*(『고향의 운율』, 1997)의 제목과 지금은 매우 유명한, "두꺼운 묘사"(thick description)에 관한 클리포드 기어츠(Clifford Geertz)의 개념을 모두 암시한다.

나는 이 항목들이 어떻게 계속 울림을 주고, 어떻게 해석적 능력에 있어서 "두꺼워"지는지를 보여 주려고 노력했다. 이 항목들은 각 용어의 간단한 특성들을 가지고 있는 사전적 정의들이 아니다. 오히려 나는 이 항목들의 복잡성, 깊이 및 상호연관성을 반영하려고 시도했고, 거기에서 그것 중 어느 하나를 완전히 이해하기 위해서는 우리는 그 모두를 고려해야 한다.

따라서 나는 두 가지 울림을 염두에 두고 있다.

첫째, 이 항목들의 대부분은 자신들의 주요 주장들로, 그리고 다른 항목들과의 관련성으로 울림을 일으키므로, 우리는 고대 이스라엘 신앙의 역동성을 느끼기 위해서는 여러 항목을 교차하여 읽어야 한다.

둘째, 이 항목들의 대부분은, 심지어 단독으로 취해진 경우에도, 구약 성서의 여러 목소리의 입술에 있는 본문 안에 존재하며, 그 각각은 다소 다른 강조점으로 말하고 있다.

여러 용어 자체는 복잡하고, 항상 1차원 이상이다. 나는 조지 린드벡 교수(Professor George Lindbeck)의 문화-언어적 해석(cultural-linguistic interpretation) 개념에 전념하고 있으므로, 이 용어 중 하나를 현명하고 책임감 있게 사용하기 위해서는 우리는 이 특별한 담론 방식의 내부에 살아야 한다. 즉, 우리는 때로는 강화하고 때로는 문제를 일으키는, 한 용어로부터 다른 용어를 향해 이루어진 여러 암시에 주목해야 한다. 게다가 나는 이 복잡한 담론 방식의 회복이 선교적 에너지를 회복하기 위해 미국 교회에 필수적이라고 믿는다. 왜냐하면, 대체로 미국 교회는 자국어를 제외한 모든 언어를 사용하기로 선택했기 때문이다.

나는 "100개의 항목"을 쓰는 것을 목표로 이 책을 시작했다. 그것은 완전히 임시적이었다. 그러나 나는 글을 쓰면서 100이 진정으로 큰 숫자라는 것을 확실히 발견했다. 아마도 이 항목들의 4분의 1은 "큰 티켓 항목들"이며, 어떠한 유사한 목록에서도 분명할 것이다. 그 이상의 여러 주제는 덜 분명하게 된다. 내가 숫자를 축적함에 따라, 여러 항목은 포함 또는 제외에 관한 큰 원칙 없이 일부 선택들이 다른 항목들보다 단순히 선호될 때까지 더욱 작은 것들로 이전되었다.

그러한 확장된 목록에서는, 모든 해석자(그리고 확실히 이 해석자)는 다른 사람들보다 일부 자료들에 덜 익숙하고, 따라서 어떤 경우에는 다른 학자들의 작업에 훨씬 더 의존하게 된다. 분별력 있는 독자들에 대해, "100개의 항목"이 임의적이라는 사실은 여기에 105개의 항목(마침내 내가 올바르게 계산했다면)이 등장한다는 점에서 명백할 것이다. 그 이유는 몇몇 항목이 단순히 생략될 수 없었기 때문이 아니다. 훨씬 더욱 간단한 이유는 내가 잘못 계산했다는 것, 그리고 잘못 계산하고 적었기 때문에 내가 그것들 모두를 포함했다는 것이다.

나의 희망은 이 연구가 목사들에게, 특히 성서와 그것의 신앙을 더욱 온전히 이해하기 원하는 사려 깊은 평신도들에게 가치 있게 되는 것이다. 나의 관심은 더욱 많은 "자료"가 아니다. 나의 관심은 어떠한 용어도 하나의 명백한 의미를 지니고 있지 않기 때문에, 성서 본문 자체에서, 이미 작동하고 있는 해석 언어의 지속적인 논쟁의 실제 내부로 독자를 초대하는 것이다. 일반적으로 나의 절차는 다음과 같았다.

첫째, 비록 현재의 학문이 항상 그러한 발견을 분명하게 하거나 심지어 가능하게 하지는 않는다고 할지라도, 어느 정도 합의된 입장을 진술하는 것.
둘째, 항목과 관련된 해석적 질문에서 쟁점이 되는 사항을 진술하는 것.
셋째, 해석적 질문이 진지한 교인들에게 어떻게 중요할 수 있는지를 나타내는 것.

이 마지막 단계에서, 나는 고대의 본문에 대한 현대적 연결을 제안하는 데 있어서, 특징적인 해석상의 위험들을 감수했다.

이 글을 마치며 나는 웨스트민스터존녹스의 인내심 있는 사람들에게, 그리고 가장 특별히 이 원고를 완성한 템피 알렉산더(Tempie Alexander)에게 감사의 말을 전한다. 이것은 오랜 시간 함께 일한 알렉산더 씨가 나의 비서로서 마지막으로 남긴 작품이다. 그녀에 대한 나의 빚은 많고 영구적이며, 나는 깊은 애정으로 그녀에게 감사한다. 나는 이 책을 나의 두 며느리, 리사(Lisa)와 크리스티나(Christina)에게 기쁘게 헌정한다. 그들을 통해 나의 아들들이 분명히 축복을 받았다[축복을 보라].

역자 서문

차 준 희 박사
한세대학교 구약학 교수

이 책의 원제는 *Reverberations of Faith: A Theological Handbook of Old Testament Themes*(『신앙의 울림: 구약 주제의 신학적 안내서』)이다. 저자 월터 브루그만(Walter Brueggemann)은 21세기 현존하는 전 세계의 구약학자들 가운데 가장 왕성한 저술 활동을 하는 학자들 중 하나이다. 그의 저술은 대부분의 구약 학도들에게는 이미 믿을 만한 양서로 정평이 나 있으며, 실제로 우리말로도 많은 책이 번역되어 있다.

금번에 브루그만은 이 책을 통해 105개에 이르는 구약의 중요 주제들을 선택하고, 성서 신학적으로 간략한 해설을 제시했다. 따라서 이 책은 한 마디로 "구약의 핵심 주제를 최고 전문가의 시선에서 안내하는 사전적인 책자"라고 평할 수 있다.

그는 각각의 주제에 대하여 학자들 간의 어느 정도 합의된 표준적인 입장을 신중히 기술하고, 그 주제와 관련된 쟁점 사항도 피하지 않고 압축하여 소개한다. 그리고 이를 통해 독자들로 하여금 그 주제의 중요성을 납득하게 하고, 결론적으로는 현대적 의미까지 도달할 수 있도록 과감한 제안도 하고 있다. 그뿐만 아니라 각 주제의 항목마다 최소한의 참고 문헌을 소개함으로써 보다 깊이 있는 이해를 위한 길도 안내한다. 참고 문헌은 관련 주제에 대한 고전적이고 필수적인 책을 전문가답게 정밀하게 엄선하고 선별하여, 사실상 참고 문헌 목록만으로도 관련 주제에 대한 연구의 길잡이 역할을 넉넉히 감당하고 있다.

구약의 핵심 주제에 관하여 사전적으로 기술하고 있는 이 책은 무엇보다도 설교자들과 신학생들에게 든든한 조력자가 될 것이다. 구약 본문이 담고 있는 사상과 맥을 파악하는 데 결정적인 도움이 될 것으로 기대되기 때문이다. 난해하고 복잡한 구약 주제를 최소한의 분량으로 매우 간략하고 담백하게 담아내고 있는 점도 이 책의 특장점이라 할 수 있다. 성서를 읽으면서 희미한 본문을 접하는 순간, 본문의 본래적이고 심층적 의미로 이끌어 주는 개인 선생이 되어 줄 것이다.

이와 더불어 저자도 서문에서 언급하고 있듯이, 사려 깊은 평신도들에게도 구약성서를 묵상하는 데 전문적인 도움이 될 것으로 보인다. 사실 신학은 소수 전문가와 몇몇 관계자들의 전유물이 되어서는 안 된다. 신학은 모든 사람의 것이기도 하다. 소수에게 포획된 신학의 장벽이 과감히 선을 넘는 이들에 의해서 점차적으로 낮아질 때 성서의 다양한 의미가 더 많이 규명되고 더 많은 이에게 전달될 것이다.

모든 번역이 쉽지는 않지만, 특히 브루그만의 책을 번역하는 것은 매우 어렵다. 게다가 이 책은 사전 형식을 띠고 있어서 대부분의 문장이 압축되어 있다. 이 점은 번역자의 고충을 더욱 가중시켰다.

이 지난한 번역 작업에 도움을 준 김정애 사모(미국 Drew University, Ph.D. Candidate[구약학]), 조덕환 전도사(한세대학교, Th.M.[구약학]), 박주원 전도사(한세대학교 Ph.D. Candidate[구약학])에게 감사의 인사를 전한다. 이와 더불어 부족한 원고를 꼼꼼하게 다듬어 더 멋진 책으로 만들어 준 기독교문서선교회(CLC)의 대표 박영호 목사님과 직원께 고마움을 표한다.

개인적으로 몇 년 동안 이 책을 번역하고 탈고하는 과정을 겪으며 고뇌의 시간을 보냈지만, 이 책의 출간으로 구약의 말씀을 명확하게 풀어 주고 만인에게 전달하는 구약 전도사의 사명을 감당하는 일에 또 하나의 유용한 도구를 갖추게 된 것 같아 개인적으로는 무한한 보람과 감사를 느낀다. 한 권의 책이 완성되기 위해서는 저자나 역자의 생명과 몸을 갈아 넣어야 하는 고통이 요구되지만, 그에 못지않은 보람이라는 보상에 몸과 마음을 달래 본다.

이러한 과정에 늘 함께해 주시는 성삼위 하나님께 감사하지 않을 수 없다.

2022. 11. 4.

28년 만의 처음이자 마지막 안식년 중
잠 못 이루는 시애틀 형제교회 게스트하우스에서
진짜 잠 못 이루며
구약 전도사

1. 가나안 사람
Canaanites

"가나안 사람"이라는 용어는 이스라엘이 야웨가 자신들에게 약속한 땅으로 간주한 영역을 본래 차지하고 있던 주민을 가리킨다. 따라서 가나안 사람은 다툼의 대상이 된 그 땅의 경쟁 상대였고, 문화적으로 그리고 종교적으로 이스라엘에게 위협적이고 용납될 수 없는 "타자"(other)로 여겨졌다.

"가나안"이라는 용어는 특정한 영역을 지칭한다. 따라서 구약성서에서 "가나안"이라는 용어의 주요 용법은 땅을 가리키는데, 이것은 전통적인 기독교 신앙에서 "거룩한 땅"이 되었던 특별한 영역이다(가령, 창 11:31; 12:5; 13:12; 16:3). 블레셋 사람들과 구별되는 가나안 사람들은 확실히 셈족이었음에도, 민족적으로 구별되는 집단을 형성하지는 않았을 가능성이 매우 크다. 대부분 학자는 인종적, 민족적, 언어적, 문화적 발전의 모든 측면에서, 가나안 사람과 초기 이스라엘 사람이 구분되지 않았다고 생각한다.

구약성서 안에서 "가나안 사람"이라는 용어는 이념적이고, 대부분 일반 대중이 이스라엘과는 같지 않은 두 가지 문제를 언급한다.

첫째, 종교적 관점으로부터, 가나안의 신들에 관한 정교하고 발전된 내러티브는 심고 수확하는 농번기(農繁期)와 농한기(農閑期)의 휴경과 관련하여 예전적으로 기능했었음이 틀림없다. 이러한 신화적 내용은 고대 우가릿의 토판들로부터 잘 알려져 있다. 그 내러티브는 지고(至高)의 신(High God)인 엘(El)과 젊고 적극적인 신인 바알(Baal)을 포함하는 일련의 신들과 여신들을 특징으로 삼고 있다[**천상회의**를 보라].

반면, 구약성서의 신앙은 엘과의 싸움이라는 개념은 갖고 있지 않는 것처럼 보이고, 아마도 야웨를 엘과 같은 개념으로 이해했던 것 같다. 이스라엘의 관점에서 볼 때, 가나안 종교의 결정적인 신은 바알이다(창세기 내러티브들에 나오는 야웨와 **엘로힘**[*Elohim*=엘?]의 병행을 주목하라). 이스라엘의 성서는 바알에 대해, 그리고 바알이 야웨에 대한 도전과 대안으로서 신학적으로 의미하는 모든 것에 대해 매우 적대적이다(무엇보다 왕상 18:17-40을 보라).

둘째, 사회정치적이고 경제적인 가나안 땅의 조직은 도시 왕들에 의해 주도되는 도시 국가들의 봉건 제도였다. 이 도시 왕들은 특권을 가진 엘리트로서 천하고 착취당하는 경제 구성원들인 농경 소작농이 만드는 남은 생산물에 의지하여 살았다. 여러 학자는 "가나안 사람"이라는 용어가 특권을 가진 경영자들과 봉건 제도의 경제 체제의 수혜자들을 언급하는 것이라고 제안한다. 그리고 "가나안 사람"에 대한 이스라엘의 반대는 그 땅을 지배했던 착취 체제와 그것으로부터 이익을 얻는 사람들에 대한 것이다.

이 가설에서, 이스라엘의 초기 "지파들"은 가나안 도시 왕들에게 착취 당하며 예속되는 것을 거부했던 소작농들로 구성되어 있다. 따라서 "가나안 사람-이스라엘 사람"이라는 반명제(antithesis)는 착취를 당하는 생산자들과 엘리트 소비자들의 계층 차별에 관한 것이다. 결론은 "가나안 사람"도 "이스라엘 사람"도 민족적 용어가 아니라, 두 용어 모두 어느 정도 이념적이고 경제적인 위치를 가리킨다는 것이다. 그러나 각각의 경우에서 그러한 경제적 위치는 종교적으로 표시되고 정당화된다.

"가나안의 종교"라고 명명된 종교적 체제와 "가나안의 정치적 경제"에 관한 권력 배열들은 서로 구별할 수 있다. 그러나 사실 두 가지는 한 뿌리에 속한 것이고, "바알"은 "이스라엘"의 소작농들이 가장 견디기 어려웠던 경제적 제도를 대표하고 상징한다. 반대로 야웨 신앙(Yahwism)은 신학적 헌신(commitment)으로 이해될 수 있는데, 그것은 폭력적 계층화로부터 언약적 공동체주의(communitarianism)의 방향으로 움직이는 정치적 경제에 관한 이론과 직접적이고 밀접하게 연결되어 있다.

그렇다면 가장 좋은 접근방법은 "가나안"과 "가나안 사람"을 야웨 신앙 운동을 극심하게 반대했던 사회적 현실의 전체 체제(total system)에 관한 이념적 용어로 이해하는 것이다. 가나안 사람에 관한 특별한 본문들을 읽을 때, 그들에 관한 임시적이고 일화적인 자료는 아마도 종교적인 것에서부터 경제적이고 정치적인 것에 이르기까지 삶의 모든 측면에 영향을 미치는 체제 충돌의 관점에서 가장 잘 이해될 수 있을 것이다.

이스라엘의 야웨 신앙(Yahwistic) 운동 또한 전통적 사회질서에 대한 혁명적 도전으로서 가장 잘 이해될 수 있다. 따라서 야웨는 현 상황(status quo)에 대한 지속적 도전으로서, 이스라엘 안에 구현된 사회정치적, 경제적 대격변을 보증한다. 이스라엘의 기억에 따르면, 이러한 도전은 폭력적 방법들로 실행된다. 예를 들어, 열왕기하 10장에 나오는 바알 숭배에 대한 정화는 얄팍한 종교적 행동이 아니라, 그것의 주요 상징을 공격함으로써 생산과 분배에 관한 전체적인 공적 체제에 도전하고 이를 대체하려는 의도를 가진 행동으로 간주하여야 한다.

학자들은 "가나안 사람"에 관한 성서적 해석이 역사적인 것과는 거리가 먼 이념적인 해석이라는 것에 동의한다, 따라서 여호수아서의 정복 내러티브와 신명기의 논쟁들 안에서, 가나안 사람은 가능한 가장 파괴적인 용어들로 타자로서 묘사된다.

더욱이 가나안 사람이라는 표현은 현대의 논쟁에서도 사용되고 있다. 그것을 통해 가나안 사람에 대한 이스라엘의 이념적인 혐오는 팔레스타인 사람에게 쉽게 재배치된다. 유대인과 기독교인들 모두가 팔레스타인 사람들을 전형적으로 이해하기 때문에, 팔레스타인 사람들은 이스라엘의 주장에 대한 현대적 도전으로 간주된다.

참고 문헌

Ahlstrom, Gosta W. *The History of Ancient Palestine* (Minneapolis: Fortress Press, 1993).

Freedman, David Noel and David Frank Graf. eds. *Palestine in Transition: The Emergence of Ancient Israel* (The Social World of Biblical Antiquity Series 2; Sheffield: Almond Press, 1983).

Gottwald, Norman K. *The Politics of Ancient Israel* (Library of Ancient Israel Louisville, Ky.: Westminster John Knox Press, 2001).

Gottwald, Norman K. *The Tribes of Yahweh: A Sociology of the Religion of Liberated Israel, 1250-1050 B. C.* (Maryknoll, N. Y.: Orbis Books, 1979).

Lemche, N. P. *The Canaanites and Their Land* (JSOTSup 110; Sheffield: Sheffied Academic Press, 1991).

Levenson, Jon D. "Is There a Counterpart in the Hebrew Bible to new Testament Antisemitism?" *Journal of Ecumenical Studies* 22 (1985): 242-260.

Thompson, Thomas L. *The Bible in History: How Writers Create a Past* (New York: Basic Books, 1999).

Whitelam, Keith W. *The Invention of Ancient Israel: The Silencing of Palestinian History* (London: Routledge, 1996).

2. 감사
Thanksgiving

이스라엘의 노래들과 기도들은 야웨를 향한 감사의 말과 몸짓으로 가득하다. 일반적 의미에서, "감사"는 "찬양", 즉 야웨의 선한 방식에 대한 반응으로 야웨에 응답하는 일반적 확언으로 이해될 수 있다. 그러나 이스라엘의 노래와 기도 목록(repertoire)에서 감사의 표현은 상당히 양식화되어 있고, 찬양의 표현보다 훨씬 더 구체적이고 상세하다[**찬양**을 보라].

찬양은 광범위하고 일반적으로 과장되지만, 감사는 그 특징상, 명명될 수 있고 지속적인 가치가 있는 하나님의 구체적 선물 혹은 구체적 변화에 대한 응답이다.

베스터만(Westermann)은 네 개의 구성요소를 지닌 매우 양식화된 감사의 양식을 식별했다.

- 감사의 뜻을 밝히는 도입부(시 30:1; 138:1-3).
- 야웨가 해결했던 위기에 대한 검토. 이에 대해서는 보다 앞서서 간구 기도들이 행해졌다(시 30:8-11; 116:2-4).
- 곤경으로부터의 구원에 관한 이야기. 이는 온전히 야웨의 행위로 돌려진다(시 30:11; 40:2-3; 66:19; 116:8).
- 화자가 표현하고 있는 감사에 공동체를 참여시키는 초대(시 22:22-24; 138:4-6).

이러한 양식화된 감사는 이전의 곤경 상태와 현재의 웰빙 상태를 대조시키고, 변혁적 차이를 만들기 위해 개입한 행위 주체로 야웨를 식별한다. 화자는 경험된 변화에 대해 말하고, 그렇게 함으로써 야웨가 행했던 구체적이고, 결정적이고 강력한 방식을 공동체에 증언한다. 변화를 서술하는 바로 그 행위 자체가 감사의 행위이다.

우리는 이러한 연설 방식의 세 가지 특징에 주목할 수 있다.

첫째, 야웨가 그것으로부터 구원할, 실제 삶의 문제들의 특징적 목록은 이스라엘의 감사 대상으로 확인된다. 이 대표적 목록은 실제 상황들에 대한 것인데, 그 안에서 이스라엘의 화자들은 지금 말하고 있는 자신들이 무력하고 무능하다는 것을 알고 있다. 시편 107편은 그러한 상황들의 목록을 제공한다. 즉, 굶주림과 목마름(4-5절), 감옥과 힘든 노동(11-12절), 질병(17-18절), 바다에서의 광풍(23-27절)이다.

둘째, 감사의 기쁜 증언은 공동체에 주어지고, 그 공동체는 찬양으로 화자에게 합류하도록 초청받는다(시 30:4; 66:1-4). 감사는 개인적일 수 없고, 전체 공동체의 참여를 요구한다.

셋째, 감사의 발화는 특징적으로 감사 제물, 즉 구체적 구원에 대한 구체적 감사를 표현하기 위한 물질적 봉헌의 표현에 상응한다(레 7:12-15; 시 22:23-26; 40:10-11; 66:13-15; 116:12-19).

우리는 기도의 수사학적 양식이나 희생 제사의 원리들에 너무 몰두한 나머지, 감사에 관한 주요 신학적 요점을 소홀히 해서는 안 된다. 이스라엘은 야웨가 적극적, 변혁적으로 개입할 수 있는 의지와 능력을 갖추고 있는 결정적 행위자라는 것을 의심하지 않았다. 게다가 이러한 개입은 탄원과 간구에 대한 야웨의 응답으로 이해되었다. 따라서 이스라엘이 말하는 감사는 아픔, 필요, 고통에 대하여 이스라엘이 야웨에게 진실 말하기(truth-telling)를 시작하는 과정의 완성이다.

야웨와 함께하는 이스라엘의 대화적 실존에서, 중심적 문제는 야웨가 밀접하게 관여하고 있는 인간의 역사적 필요에 관한 것이다. 이러한 진실 말하기에서, 이스라엘은 자신의 삶을 감사함으로 야웨에게 양도하고, 야웨가 삶의 모든 상황에 대해 신뢰할 만하고 적합하다는 것을 세상에 공적으로 증언한다.

이러한 행동으로부터, 우리는 다음을 추론할 수 있다.

첫째, 이스라엘의 감사는 (말과 몸짓에 있어서) 일반적인 것이 아니라, 야웨가 주신 특별한 것이다. 이스라엘은 관계가 되는 하나님의 이름을 알고 있다. 이스라엘의 찬양은 야웨의 선하심에 대하여 길게 이야기할 수 있지만, 감사는 이러한 기적의 순간에 이 화자를 야웨에 대한 지속적 찬양 안으로 포함한다.

잘못된 대리자에게 감사하고 싶은 유혹이 호세아 2:8에 반영되어 있다. 여기서 이스라엘은 야웨로부터 선물들을 받았으나, 그것들을 존경과 예배로 바알에게 아낌없이 바친 불충실함으로 인하여 정죄받는다. 이스라엘의 수사학은 어떤 다른 근원에 대한 감사를 피하고, "지금 막" 행동한 그 하나님이 이스라엘을 대신해 끝없이 활동하고 있는 동일한 하나님이라는 것을 알고 있다.

거의 모든 텔레비전 광고 방송이 이스라엘이 이러한 기도들을 하는 것과 동일한 방식으로, 문제의 사전 조건과 웰빙의 사후 조건과 함께 상연된다는 사실을 우리가 숙고할 때까지 잘못된 신에게 감사한다는 개념은 멀리 떨어져 있는 것처럼 보인다. 그 사이에, 변혁적 대리인으로서 "제품"이 존재한다. 광고는 그 제품이 삶을 변화시킬 수 있는 신뢰할 만한 대리인이라고 제안한다. 이스라엘의 말에 따르면, 어떤 진지한 방식으로 이루어진 그러한 대리인에 대한 신뢰는 잘못 인도된 감사의 행위, 즉 우상 숭배이다.

둘째, 구체적이고 상당히 양식화된 감사는 야웨에 대한 순종의 즐거운 동력이 된다. 기독교 신앙의 종교개혁 전통에서, 감사는 신앙의 삶을 위한 주요 동기부여로 이해된다. 감사는 이스라엘이 기꺼이 받아들였던 인식, 곧 모든 삶이 하나님의 선물이라는 인식에 기초하고 있다. 감사는 자기 충족(self-sufficient)의 자기 축하(self-congratulation)에 대한 반대 명제(antithesis)이다. 그리고 우리는 풍부한 소비재의 탈산업화(postindustrial)

경제에서, 너무 많은 것을 갖고 있고 포만감으로 인해 제공자를 인식하지 못하는 사회에서 감사할 수 있는 능력이 점점 멀어지고 있음을 생각할 수 있다. 따라서 감사는 현대 세계의 자기 충족에 대한 근본적 항의일 수 있다.

셋째, 기독교적 추론에서, 주어진 감사는 본질적으로 "성만찬"(Eucharist)으로 표현된다. 이는 "감사"에 해당하는 헬라어 단어에 의해 명명된 성찬식(Holy Communion)이다. 핵심적 성례전(sacrament)이 "감사"로 명명되었다는 것을 상상해 보라.

거스리(Guthrie)는 이스라엘의 고대 감사들이 기독교적 성만찬의 삶으로 된 꾸준한 (그러나 배타적이지 않은) 발전을 추적했다. 그러한 감사의 역사 모든 단계에서, "말과 몸짓"(word and gesture, 새로움의 제공자인 야웨에 대한 증언과 응답의 몸짓들)은 항상 감사에 대한 가시적 헌신을 수반했다.

참고 문헌

Guthrie, Harvey H. *Theology as Thanksgiving: From Israel's Psalms to the Church's Eucharist* (New York: Seabury Press, 1981).

Miller, Patrick D. *They Cried to the Lord: The Form and Theology of Biblical Prayer* (Minneapolis: Fortress, Press, 1994), chap 5.

Westermann, Claus. *The Psalms: Structure, Content and Message* (Minneapolis: Augsburg Publishing House, 1980), chap. 4.

3. 거룩함
Holiness

"거룩함"이라는 개념은 이스라엘의 신앙에서 가장 심오하고, 가장 불가해하고, 가장 놀랍고, 그리고 가장 까다로운 것을 특징으로 한다. 의미의 특정한 탄력성으로 인해 이 용어는 그 신앙에서 나타나는 몇몇 특징적 긴장들을 나르는 수단이 된다. 신앙에 관한 이스라엘의 어휘에 나타나는 대부분의 다른 신학적 용례와 달리, 이 용어는 일상적 삶에서 유래하지 않았고, 신학적 사용을 위해서 선점되었다. 결과적으로, "거룩함"은 그것의 신학적 용례 외부에 어떤 기준점이 없고, 특성화하기는 더욱 어렵다.

이 용어는 뚜렷한 물질적 유형의 분리(separateness)와 도덕적 유형의 의로움(righteousness), 두 가지 모두를 주장하기 위해 사용된다. 이러한 두 가지 강조점은 뚜렷하게 구분되거나 또는 상호 배타적인 것으로 보이지 않는다. 하나의 사용은 다른 것의 미세한 어감들(뉘앙스)을 포함할 수 있다.

그러나 이 용어는 다양한 전통 안에서 다양하게 기능한다. 출애굽기-레위기-민수기의 제사장 전통들 안에서, 그리고 에스겔서의 평행 용례들 안에서, "거룩함"은 일상적 사용으로부터 구별된 것, 따라서 순수하고, 신중한 종교적 사용을 위해 유보된 것을 가리킨다(겔 22:26을 보라).

이 용어는 땅과 밀접하게 관련되어 있다. 왜냐하면, 이러한 전통들은 이스라엘의 땅이 불안정하게 유지되고, 만약 오염되거나 더럽혀진다면 위험에 빠지게 된다고 전제하기 때문이다. 오염의 정반대로서의 거룩함은 땅의 보존을 위한 전략이다. 따라서 "거룩함"의 물질들은 여러 재료를 섞고 혼란스럽게 하는 것, 그리고 그것들을 "더럽히는 것"을 반대한다(레 19:19에서처럼). 이러한 전통들은 제사장, 절기, 희생 제사, 음식, 그리고 성적 관계들의 정결함을 구체화한다.

이러한 정결함으로서의 거룩함에 대한 강조는 공동체의 정체성이 위협을 당했을 때 그 공동체에게 특별히 중요한 것이 되었을 것이다. 따라서 그 공동체의 정체성, 웰빙, 그리고 응집력을 확보하기 위해 주의 깊은 여러 구별이 생겨났다.

제사장적 전통의 부분집합으로서, 레위기 17-26장은 여러 학자에 의해 거룩함에 몰두하고, "성결법전"(Holiness Code)이라는 별칭을 받은 하나의 개별 전통으로 간주된다. 이 일련의 계명들은 공동체와 그 땅의 웰빙을 보전하기 위한 정결함에 몰두한다. 그 계명들은 음식, 농사, 매춘, 노인 돌봄, 거룩한 제사장들, 거룩한 절기들, 그리고 거룩한 희생 제사들과 관련된 공동체 삶의 여러 측면을 다룬다.

레위기 18:22와 레위기 20:13, 곧 어떠한 형태의 동성애에 관한 두 가지 금지령은 오늘날에 관심을 끌고 있다. 이러한 금지령은 성적 모욕에 관한 긴 목록의 일부이고, 성적 모욕에 관한 이 두 가지 목록은 거룩함에 대한 보다 넓은 범주 안에서 등장한다. 오늘날, 이러한 특정한 구절들은 흔히 문맥에서 벗어나 다루어지고, 범주 문제로 전환된다(가령, 이성애 vs 동성애). 반면 거룩함에 관한 광범위하고 원초적인 뚜렷한 개념은 완전히 무시된다.

또 다른, 구체적으로 예언적 용례들에서 거룩함은 여러 사회적 관계의 올바른 질서 세우기, 즉 이웃 간의 정의 실천과 관련된다. 이런 용례에서 공동체는 부정함의 위협이 아니라, 사회경제적이고 정치적인 영역에서의 불의의 위협을 극복해야 한다. 따라서 정의 실천과 사회적 약자 존중에 대한 예언적 신앙의 전체적 강조점은 거룩함의 영역에 속한다.

이웃과 관계들을 맺음으로써, 이스라엘은 거룩한 백성으로서의 소명을 실현한다. "구별됨"(separateness)에 관한 생각은 여전히 지평선 위에 놓여 있지만, 이제 이스라엘의 특수성은 주의 깊은 제의적 특수성들뿐만 아니라, 사회적 관계들의 질(質)과 특징에 놓여 있다. 어감의 차이는 몇몇 구약성서 전통들 안에서 극명하다. (많은 조정 없이, 우리는 어떻게 그러한 어감의 차이가 "진보적", "보수적"이라는 현대적 꼬리표들, 즉 "거룩함"에 관한 하나 혹은 또 다른 차원에 토대를 두고 그것에 의해 영향을 받고 정당화되는 정서들 아래 여전히 교회 안에서 작용하는지를 볼 수 있다.)

거룩함은 하나님의 바로 그 성품을 가리키고, 또한 하나님에게 그리고 특별히 야웨의 "거룩한" 백성으로서의 이스라엘에게 속한 모든 것을 가리킨다. 이사야 6:1-8에 있는 야웨에 관한 경이로운 환상은 야웨의 거룩함에 관한 결정적 묘사이다. 그 안에서 야웨의 위엄, 경외감, 그리고 주권은 천상적 존재들의 입을 통해 표현된다.

그들은 야웨의 환상과 임재에 말로 표현할 수 없는 감동을 받고, 오로지 "거룩하다, 거룩하다, 거룩하다"(3절)로 반응하며 노래할 수 있을 뿐이다. 거룩함에 관한 이 환상이 예언자 안에 그 자신의 "부정함"과 그의 백성의 부정함에 관한 인식을 불러일으킨다는 점에 주목하라.

이사야의 전통은 야웨의 거룩함에 초점을 맞추고, 이스라엘의 하나님을 전통 또는 종교의 모든 관습적 범주를 초월한 존재로 이해한다. 하나님은 형언할 수 없이 이스라엘의 손이 닿지 않는 곳에 있고, 어떤 친밀함도 초월한, 광채 가운데 있는 접근할 수 없는 분이다.

그러나 야웨의 자비에 대해 숙고한 예언자 호세아는 "네 가운데 있는 거룩한 이"(호 11:9)에 관해 말할 수 있었다. 광채 가운데 있는 도달 불가능한 하나님이 강림하여 이스라엘의 삶과 미래 안에 결정적인 현존과 결정적인 변화가 되었다.

또한, "거룩한"(holy)이라는 용어는 종교적 대상과 종교적 관례를 가리켰다. 이스라엘의 지평에서, 그러한 대상은 본질적 거룩함을 지니고 있지 않았고, 오히려 "야웨에게 거룩한 것"이었다. 즉, 야웨에게 속하고, 야웨에게 바쳐지고, 야웨를 위해 존재하고, 그리고 야웨에 대한 이러한 애착을 통하여 "구별되는" 것으로서 자신들의 특징을 끌어냈다.

그래서 하나님은 일곱째 날을 거룩하게 만들었다(창 2:3). 그러나 그날은 정확히 그것이 야웨의 목적들을 위해 주어졌기 때문에 거룩하고, 이는 거룩한 성막, 거룩한 성전, 그리고 거룩한 제사장들에 대해서도 동일하다. 게다가 자신의 거룩한 대상들과 거룩한 장소를 특징지으면서, 이스라엘은 성막과 성전의 구조에서 단계적 차이들의 체계를 고안했다. 이것에 의해서 몇몇 거룩한 영역은 야웨와의 근접성(nearness)에 의존함으로써 다른 곳들보다 훨씬 더욱 거룩하게 된다.

무엇보다 이스라엘은 "제사장 나라와 거룩한 백성"(출 19:6)으로 인식되어야 한다. 이러한 표현은 이스라엘이 시내산에서 야웨의 목적, 의도, 명령들을 위해 비가역적으로 주어졌음을 나타낸다. 이스라엘의 거룩함은 야웨로부터 비롯되고, 그 관계 안에서만 그리고 그 관계를 통해서만 그 지위와 정체성을 차지한다.

이스라엘(그리고 "야웨에게 거룩한 것"으로 표시된 모든 다른 대상)의 지위는 그 관계에 의존한다. 이러한 거룩한 관계에는 두 가지 유혹이 따른다.

한편으로, 이스라엘은 자신의 본질적인 거룩함, 즉 하나님과의 관련성 없이 그러한 지위와 특성을 스스로 소유하고 있음을 상상할 수 있다.
다른 한편으로, 이스라엘은 야웨로부터 그 자신을 분리시키려고 하고, 그들의 특별한 지위를 포기하고, 그리고 "다른 민족들과 같이" 되는 것(삼상 8:5, 20에서처럼)을 추구할지도 모른다.

첫 번째 유혹은 우상 숭배에 관한 것이고, 두 번째 유혹은 신성모독에 관한 것이다. 우상 숭배든 신성모독이든, 그것들은 더욱 쉬운 삶의 방식이다. 왜냐하면, 야웨와 관련되어 있는 거룩함은 순종과 친교의 응답에 관한 끝없는 요구 과정이기 때문이다.

우리는 거룩함과 관련된 두 가지 현대적 유혹을 발견할 수 있다.

첫째, 기술사회에서, 하나님의 거룩함에 관한 요구사항들은 충족시키기 어렵다. 왜냐하면, 그러한 요구사항들은 경외와 경이로움으로 항복하는 것을 수반하기 때문이다. 기술적 의식은 설명하고, 통제하고, 지배하기를 원한다. 따라서 그것에 의해 신앙의 중심이 되는 것은 성례전적 능력과 존중을 결여하게 된다.

둘째, 기술적 통제에 의한 심각한 "거룩함의 고갈"(emptying of holiness)에 대응하려는 노력으로, 종교적 실천과 감성을 위한 보호 구역들을 묘사하기 위해 "신성모독적인 것"(profane)으로부터 "신성한 것"(sacred)을 구별하려는 무수한 시도가 지금 이루어지고 있다.

그러나 "신성함과 신성모독"의 분기점이 거룩한 것과 혼동되어서는 안 된다. 왜냐하면, 이스라엘 안에서 이해되는 야웨의 거룩함은 인생의 전부를 양보하고 재정립하는 것을 요구하지, 인생의 다른 영역은 인간의 조작에 떠넘기고, 오직 일부 영역에만 주목하는 것은 아니기 때문이다.

야웨의 거룩함을 신성함의 영역들 안으로 포괄시키려는 다양한 노력은 야웨의 거룩함에 의해 제기된 압도적 요구사항들에 대해, 그리고 "진정한 것"(real thing)의 연약하고 진부한 복제품에 불과한 여러 우상을 만드는 것으로 표현되는 그러한 요구사항들에 대한 끝없는 저항 능력에 대해 증언한다. 하나님의 거룩함의 실재는, 이스라엘의 증언에 따르면 그러한 모든 관리를 무시하는 자의 어떠한 관리도 인정하지 않는다.

참고 문헌

Belo, Fernando. *A Materialist Reading of the Gospel of Mark* (Maryknoll, N. Y.: Orbis Books, 1981).

Douglas, Mary. *Purity and Danger: An Analysis of the Concepts of Pollution and Taboo* (London: Routledge & Kegan Paul, 1969).

Gammie, John G. *Holiness in Israel* (OBT; Minneapolis: Fortress Press, 1989).

Houston, Walter. *Purity and Monotheism: Clean and Unclean Animals in Biblical Law* (JSOTSup 140; Sheffield: JSOT Press, 1993).

Jenson, Philip Peter. *Graded Holiness* (JSOTSup 106; Sheffield: JSOT Press, 1992).

Knohl, Israel. *The Sanctuary of Silence: The Priestly Torah and the Holiness School* (Minneapolis:

Fortress Press, 1995).

Miller, Patrick D. *The Religion of Ancient Israel* (Louisville, Ky.: Westminster John Knox Press, 2000), chap. 4.

Wells, Jo Bailey. *God's Holy People: A Theme in Biblical Theology* (JSOTSup 305; Sheffield: Sheffield Academic Press, 2000).

4. 경청
Listening

"경청"은 고대 이스라엘의 신앙에서 특별하게 의미가 실려 있는 개념이다. 청각적 의사소통의 일반적 측면들을 넘어서, 경청(익숙한 히브리 용어 **쉐마**[Shema]로 표현되는)은 명령하는 주권자인 야웨와 응답하는 주체인 이스라엘 사이에서 확증되는 독특한 언약적 유대감 형성에 적용된다.

따라서 "경청"은 단순히 청각적 활동이 아니라, 서로에게 엄숙한 맹세를 서약한 언약 당사자들이 서로에 대해 특별히 주의를 기울이는 것을 포함한다. 따라서 "경청하는 것"은 "순종하는 것", 즉 다른 사람의 의지와 의도를 완전히 진지하게 받아들이는 것을 의미한다. 이는 마치 우리가 다루기 힘든 아이들에게 "문제는 네가 듣지 않는다는 것이다"라고 말하는 것과 같다.

이러한 언약적 주의집중의 시작점은 종종 유대교의 신조로 불리는 신명기 6:4-9의 쉐마에 있다. 이 구절들은 중대한 명령형 "들으라"로 시작하기 때문에 "쉐마"라고 불린다. 주권자인 야웨는 시내산 신앙의 기본적 계명들을 이 명령형과 함께 이스라엘에게 연설한다. 시내산의 하나님에 의해 선포된 이러한 명령적 연설은 야웨만이 이스라엘이 섬기고, 믿고, 순종할 수 있는 유일한 하나님이라고 주장한다. 야웨에 대한 순종은 "사랑", 즉 단일한 헌신과 언약적 충실함의 행동이다.

신명기 신학에서 신명기 6:4의 이 하나의 명령형은 5절의 "사랑하라"는 명령형에 의해 강화되고, 신명기 5장에서 기억되는 모든 계명(십계명)과 신명기 12-25장에서 뒤따라 나오는 파생적 모든 계명에 대한 주의집중을 암시한다. 그 이상으로, 이스라엘의 다음 세대는 믿음의 요구사항들로 가득 채워져야 한다. 따라서 야웨의 계명들이 삶의 모든 것을 의도적으로 그리고 열성적으로 규정하게 될 것이다.

그러므로 "경청"이라는 용어는 토라를 향한 이스라엘의 가장 강렬한 헌신의 모든 무게를 전달하고, 이는 이스라엘을 야웨의 뜻과 목적에 대한 응답에 자신의 목적, 특성, 존재 이유를 연관시킨 한 언약 백성으로 특징짓는다(신 5:1, 27; 9:1; 렘 2:4; 11:2, 6; 13:11을 보라).

그러나 이스라엘의 삶의 진실은 이스라엘이 그것에 관해 성찰하는 것처럼, 이스라엘이 특징적으로 야웨에게 경청하지 않았고 순종으로 반응하지 않았다는 것이다.

구약성서는 이스라엘이 들을 수 없거나 앞으로 듣지 않을 것인지에 대해서가 아니라, 실제로 듣지 않았다는 것에 대해 많이 성찰한다(왕하 17:14; 18:12; 렘 5:21, 7:13; 13:10을 보라). 따라서 초기의 쉐마는 신명기와 예언 전통들 모두에서 발견되는 이스라엘을 향한 만연한 고발에 대한 전제를 제공한다. 그 용어는 응답하는 이스라엘에게는 작동하는 언약(a working covenant)을 제시하고, 응답하지 않는 이스라엘에게는 깨진 언약(a broken covenant)에 관해 성찰하기 위해 사용된다. 이사야 6:9-10에 특별한 관심이 주어질 것이다(또한 마 13:14-15; 막 4:12; 눅 8:10; 요 12:37-43; 행 28:26-27을 보라).

> [9] 너희가 듣기는 들어도
> 깨닫지 못할 것이요
> 보기는 보아도
> 알지 못하리라 하여
> [10] 이 백성의 마음을 둔하게 하며
> 그들의 귀가 막히고
> 그들의 눈이 감기게 하라
> 염려하건대
> 그들이 눈으로 보고
> 귀로 듣고

마음으로 깨닫고

다시 돌아와 고침을 받을까 하노라 하시기로(사 6:9-10).

이 본문에서 이스라엘은 야웨가 이스라엘에 대한 심판으로 이스라엘이 듣지 못하도록 의도했기 때문에 듣는 것에 실패했다고 주장된다.

놀랍게도 동일한 수사학이 동일한 동사, **쉐마**와 함께 명령형으로 반대 형태로도 사용된다. 즉, 이스라엘은 자신의 긴급한 간구에서 야웨에게 말하고, 야웨로 하여금 그들의 입에서 나오는 필요의 부르짖음을 "듣도록" "강요한다."

야웨가 명령형으로 이스라엘에게 말한 것과 같이, 이스라엘도 명령형으로 야웨에게 말할 수 있다(왕상 18:37; 왕하 19:4; 시 4:1; 13:3; 20:1; 55:2; 60:5; 69:16; 140:6; 143:7). 이스라엘의 입에서 나오는 명령형이 야웨의 말씀과 동일한 힘을 전달하는지는 분명하지 않으나, 명령형의 문법적 형태는 동일하고, 긴급한 필요의 순간에 이스라엘의 간구는 적어도 야웨를 향해 "명령하는" 어조를 취한다.

게다가 이스라엘의 감사 표현에서, 이스라엘은 야웨가 그 명령형을 들었고, 그래서 위기의 긴박함이 극복되었음을 정기적으로 알린다(삼상 7:9; 시 3:4; 18:21; 22:21; 34:4을 보라). 심지어 출애굽기 2:23-25의 중추적인 언쟁은 전체 출애굽 드라마를 시작하는 방식으로 노예 공동체의 긴급한 간구에 응답하고 있는 야웨를 기록한다고 주장할 수 있다. 이스라엘이 언약에서 열등한 당사자이지만 위대한 주권자인 야웨에게 말할 수 있고, 야웨의 집중을 "명령"할 수 있다는 사실은 성서 신앙의 경이로움이다. 야웨는 야웨의 언약 상대방의 명령조의 필요에 응답한다.

확실히 이스라엘의 탄원을 기꺼이 들으려고 하는 야웨의 준비는 충실함이 작동하는 맥락을 전제한다. 야웨는 진실로 이스라엘 쪽으로 향하고 있다. 그러나 또한 야웨는 여러 요구사항과 기대들을 갖고 있고, 조롱을 당하지 않는 시내산의 하나님이다. 따라서 이스라엘이 듣지 않고 야웨가 응답하기를 거부하고 있는 여러 경우와 상황들(삼상 8:8; 욥 30:20; 렘 7:16;

14:12을 보라)은 결코 놀라운 일이 아니다. 야웨는 확실히 이스라엘과 관계를 맺었다. 그러나 또한 야웨는 주권적 목적이 있기 때문에 이스라엘에게 하나의 자동응답기로서 무제한으로 이용되지는 않는다.

마지막으로 우리는 야웨가 듣는 하나님이기 때문에, 이스라엘은 "우상들"이 마찬가지로 들을 수 없다는 것을 알고 있음을 알아차릴 수 있다. 왜냐하면, 우상들은 사실상 자유로운 실제적인 대리자가 아니기 때문이다(왕상 18:26; 시 115:6; 135:17을 보라). 야웨는 즉각적 응답의 교류가 가능한 실제적 동반자로서 우상들과 대조된다.

우리는 인간 피조물과 하늘과 땅의 창조주 사이에 관련된 그러한 "듣기"에 어떤 종류의 거래들이 관련되었는지 알지 못한다. 아마도 직접적인 경우들이 발생했을 것이다. 확실히 권위를 받은 인간 대리자들이 많은 활동을 중재했다. 어떤 방식으로든 듣기는 언약의 독특하고 특별한 훈련이자 특징이다. 경청한다는 것은 자율성과 자기 충족을 넘어서, 또 다른 명령하는 권위에 자신을 개방하는 것이다[**안식일**을 보라]. 현대의 "주체로의 전환", 즉 "나"에 대한 과도한 몰두는 자기 선언(self-announcement)이 인간 삶의 전제인 반응적 경청을 폭넓게 대체했음을 의미한다.

그러한 현대의 전환은 다루기 힘든 것인 반면에, 고대 이스라엘은 자기 선언에 대한 몰두가 헛되다는 것을 이미 이해했던 것처럼 보인다. 그들은 그러한 습관을 "우상 숭배"라고 불렀다. 그것은 타인의 명령적 제약들에서 벗어나 삶을 영위하려는 시도였다. 이스라엘(그리고 모든 인간)이 경청의 대상으로 언급되는 것은 이스라엘 신앙의 심오한 주장이다. 나머지 모두는 적당하게 반응하기 위한 투쟁이다.

참고 문헌

Fishbane, Michael. "Deuteronomy 6:20-25/Teaching and Transmission." in *Text and Texture: Close Readings of Selected Biblical Texts* (New York: Schocken Books, 1979), 79-83.

Janzen, J. G. "On the Most Important Word in the Shema." *Vetus Testamentum* 37 (1987): 280-300.

McBride, S. Dean. "The Yoke of the Kingdom: An Exposition of Deuteronomy 6:4-5." *Interpretation* 27 (1073): 273-306.

Miller, Patrick D. "The Most Important Word: The Yoke of the Kingdom." *Iliff Review* 41 (1984): 17-30.

Terrien, Samuel. *The Elusive Presence: Toward a New Biblical Theology* (San Francisco: Harper & Row, 1978).

5. 고난받는 종
Suffering Servant

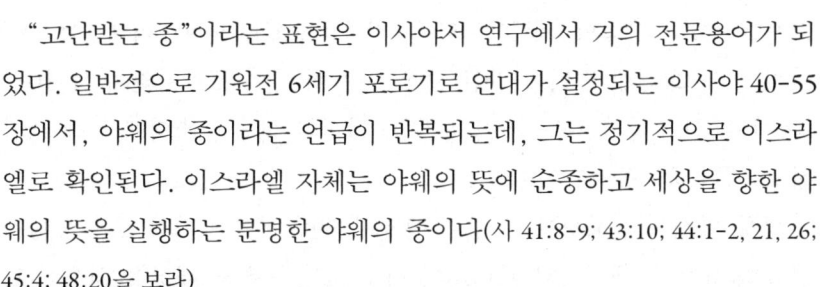

"고난받는 종"이라는 표현은 이사야서 연구에서 거의 전문용어가 되었다. 일반적으로 기원전 6세기 포로기로 연대가 설정되는 이사야 40-55장에서, 야웨의 종이라는 언급이 반복되는데, 그는 정기적으로 이스라엘로 확인된다. 이스라엘 자체는 야웨의 뜻에 순종하고 세상을 향한 야웨의 뜻을 실행하는 분명한 야웨의 종이다(사 41:8-9; 43:10; 44:1-2, 21, 26; 45:4; 48:20을 보라).

그러나 한 세기 전에, 독일의 비평학자들은 네 개의 시를 "종의 노래들"(servant songs)이라고 불렀다. 즉, 종의 노래는 이사야 40-55장의 모음집에 있는 네 개의 식별 가능한 시의 조각들을 일컫는다. 그것들은 자신이 속해 있는 다른 시로부터 구별되는 별개의 것으로 생각되었다(사 42:1-4[5-9]; 49:1-6; 50:4-9; 52:13-53:12). 이 네 개의 시는 종의 역할과 사역에 특히 관련되어 있다.

그것들은 비평적 근거들로 선별되고 뚜렷이 구별되는 것으로 간주되었기 때문에, 이 네 개의 단락에서 이 "종"은 "이스라엘"(이스라엘은 이사야 40-55장의 다른 단락들에서는 매우 분명하게 종이다)이 아니라 다른 존재로 고려될 수 있었다. 결과적으로, 이 시들에 나오는 종의 정체성에 대해 엄청난 학문적 에너지가 소비되었다.

크리스토퍼 노쓰(Christopher R. North)는 이 네 개의 시에 나타나는 종의 정체성에 대한 다양하고, 때로는 독특한 학문적 제안을 유용하게 요약했다.

첫째, 유대인의 오래된 해석은 이 시들에 나오는 종이 그것들 주변의 시적 맥락에서처럼 이스라엘이라는 것이다. 이스라엘은 야웨의 계명에 순종하고, 세상에서 야웨의 뜻을 실현시켜야 하는 책임을 맡고 있다.

둘째, 오랫동안 역사적 질문들에 매료된 학자들은 구약성서 본문에 나오는 한 역사적 인물을 이 종으로 확인하려고 노력했다. 그 역할에 대해 제안된 수많은 후보자 중에는 히스기야, 웃시야, 예레미야, 고레스, 그리고 여호야긴(그리고 이스라엘의 기억에서 상기될 수 있는 그 밖의 거의 모든 사람)이 있었다. 그러한 범위의 가설 중 일부는 이 종이 포로기의 이사야(제2이사야) 자신일 수 있다는 것이다. 그는 자신의 신성한 소명에 관해 성찰하고, 자기 죽음을 예견한다.

셋째, 메시아적 해석은 이 종이 야웨에 의해 지명된 기름 부음을 받은 인간 대리자로, 세상으로 보내져야 하고 고난을 통해 세상을 치유할 것으로 생각했다. 이러한 기대를 고려할 때, 기독교인들에게 있어서 쉽고 분명한 움직임은 예견되는 그 종이 실제로 예수라고 주장하는 것이었다.

이사야서에 있는 이 네 개의 시는 시간이 지나면서 주의 깊은 분석과 활발한 해석을 거치게 되었다. 20세기 말의 해석은 대부분은 이 종이 역사적 혹은 예견된 개별적 인물이 아니라, 이스라엘이라는 유대인의 개념으로 돌아갔다. 메팅어(Mettinger)는 소위 종의 노래들(servant songs)이 시적 맥락 안에서 이해되어야 하고 그것으로부터 구별되어서는 안 된다는, 점점 확대되고 있는 학문적 일치를 표현했다. 그러한 비평적 결론의 결과는 종의 노래들에 나오는 그 종이 시적 맥락 안에 있는 종과 동일한 자, 즉 이스라엘이라는 인식이다.

그러나 클라인스(Clines)는, 차일즈(Childs)로부터 어느 정도 지지를 받으면서, 네 번째 시(사 52:13-53:12)가 의도적으로 모호한 선행사들을 지닌 많은 대명사를 사용하면서, 고의로 종의 정체성에 대해 애매하고 입장을 밝히지 않는다고 제안했다. 따라서 클라인스는 이 시가 다양한 해석에 열려 있고, 본문 자체에서는 종의 정체성에 관한 명확한 답을 산출하지 않는다고 주장한다.

　이사야 53:5-6은 많은 관심을 받았다. 왜냐하면, 이 구절들이 구약성서의 다른 구절들과 마찬가지로 한 사람의 고통이 다른 사람들의 죄를 속할 수 있다는 대리 속죄(vicarious atonement)를 암시하고 있기 때문이다. 분명히 이 숨 막히는 확언은 신학적 해석에 기여하는 정확성을 피하고 시적 이미지로 진술되고 있다. 그러나 이 표현은 예루살렘의 파괴와 이어지는 여러 나라로의 추방 이후에 유대교가 죄와 고통에 대한 까다로운 쟁점들을 다룰 때 취했던 방향을 나타낸다.

　비록 지금 널리 수용되는 결론이 이 종이 이스라엘이라는 것이라고 할지라도, 초대 교회는 분명히 네 번째 종의 노래가 예수의 삶과 죽음의 중요성을 해석하는 데 있어서 매우 중요하다고 생각했다. 왜냐하면, 초기 기독교 신앙고백에 따르면, 그는 다른 사람들을 위한 대리 고통(vicarious suffering)의 개념을 구현하고 있기 때문이다. 확실히, 학자들은 예수가 자의식적으로 그 자신을 "고난받는 종"으로 이해했는지, 아니면 이러한 연관성이 초대 교회의 해석 안에서 만들어졌었는지에 대해 일치하지 않는다.

　어느 쪽이든, 이사야 52:13-53:12에 대한 언급은 초대 교회에서 예수의 삶과 특별히 죽음을 세상의 죄를 치유했던 사건으로 이해하는 데서 결정적이었다(마 12:18-21; 벧전 2:22-25; 특별히, 행 8:27-39, 그리고 더욱 덜 직접 막 10:45; 14:24, 41; 요 1:29; 롬 5:19을 보라).

　이사야서의 이 시를 예수에 대한 것으로 추론하기 위한 신약성서의 해석적 전략을 관찰해 왔지만, 우리는 이사야서 본문 자체에 대한 그러한 기독론적 혹은 메시아적 해석을 강요해서는 안 된다. 오히려 신약성서의 해석은 예수가 다른 사람들을 위해 고통받음으로써 이스라엘의 소명을 인계받아 재현했음을 확증하는 것을 의미한다.

　해석의 역사에서, 기독교인들은 기독론적 해석 외에 다른 어떤 것은 부정하면서 이 본문을 그들 자신의 것으로 주장하기 위해 유대인들과 어느 정도 경쟁해 왔다. 클라인스와 차일즈가 보았던 것처럼, 이 시적 본문 자체는 그러한 고정되고 폐쇄적인 해석을 허용하지 않는다. 오히려 이 본문은 유대교의 해석과 기독교의 해석이 나란히 서 있는 것을 허용한다. 왜냐하면, 핵심적 문제는 한 사람이 다른 사람들을 위해 고통을 받는다는 것이기 때문이다. 이는 하나 이상의 해석을 위한 여지가 있는, 하나님이 보내고 인간에 의해 실행된 대리행위에 관한 급진적 확언이다.

참고 문헌

Childs, Brevard S. *Introduction to the Old Testament as Scripture* (Philadelphia: Fortress Press, 1979), 334-336.

Clines, David J. A. *I, He, We, and They: A Literary Approach to Isaiah 53* (JSOTSup 1; Sheffield: JSOT Press, 1976).

Farmer, William R. and William H. Bellinger. eds. *Jesus and the Suffering Servant: Isaiah 53 and Christian Origins* (Harrisburg, Pa.: Trinity Press, 1998).

Mettinger, Tryggve N. D. *A Farewell to the Servant Songs: A Critical Examination of an Exegetical Axiom* (Lund: C. W. K. Gleerup, 1983).

Mowinckel, Sigmund. *He That Cometh* (Nashville: Abingdon Press, n.d.), 187-257;

North, Christopher R. *The Suffering Servant in Deutero-Isaiah: An Historical and Critical Study, 2d ed.* (Oxford: Oxford University Press, 1956).

Orlinsky, Harry M. *The So-Called "Servant of the Lord" and "Suffering Servant" in Second Isaiah* (SVT XIV; Leiden: Brill, 1967).

6. 고통
Suffering

고통은 물론 다른 곳과 마찬가지로 고대 이스라엘의 공동체에 존재하는 살아 있는 인간의 불가피한 현실이다. 고통에 관한 신학적 문제는 인간의 고통에 관한 원자료(raw data)가 신앙의 맥락을 통해 해석되고 그 안에 놓일 수 있는 방식들에 좌우된다.

우선 먼저, 이스라엘은 언약의 한계들 내부에 고통을 포함하고 위치시킨다. 따라서 인간의 고통은 언약적 불순종의 결과로 이해된다. 토라를 지키는 사람은 복을 받고 하나님이 주는 좋은 삶을 누린다. 토라를 어긴 사람은 삶이 파괴되는 다양한 고통의 형식으로 형벌을 받는다.

이러한 단순하고 직설적인 계산은 특히 신명기 전통의 주장이다(신 30:15-20을 보라). 다소 다르게 표현되는, 동일한 일반적 전제가 잠언에서 표현된다. 지혜롭게 선택하고 행동하는 사람은 생명을 얻는다. 어리석게 선택하고 행동하는 사람은 그들의 선택과 행동들에 대한 부정적 결과를 얻는다(잠 8:35-36을 보라).

비록 고통에 관한 이러한 개념이 지나치게 단순화된 것이라고 할지라도, 그것은 또한 긍정적인 신학적 확신들을 표현한다. 그것들은 다음의 내용을 확언한다.

- 세상이 도덕적으로 일관성이 있고 신뢰할 만하다는 것
- 인간의 선택과 인간의 행동이 도덕적으로 중요하고 미래의 형성과 상태에 결정적으로 기여한다는 것

이러한 신학적-도덕적 주장은 인간의 삶이 무의미하고 인간의 행동이 미래와 무관하다는 관점, 즉 전도서에서 가장 근접하게 표현되는 한 관점에 대한 강력한 해결책이다(전 3:16-22; 참조. 욥 9:22).

이러한 근본적인 언약적 주장은 이스라엘 신앙의 실질적 측면에서 매우 중요하고, 윤리적으로 배려 깊은 사회를 창출한다. 따라서 고통은 신뢰할 만한 공적인 도덕 계산을 통해 놓이고 해석된다.

그러나 이스라엘의 삶의 경험은 그러한 균형적 설명을 통해서는 합리적으로 이해될 수 없는 인간 고통의 규모와 정도에 대해 정직하고 솔직하다. 인간의 고통은 인간의 잘못된 선택과 행동의 결과로 수용될 수 있는 것보다 더 깊고 더 고통스럽고 더 많은 비용이 든다. 그래서 부당한 고통은 신학적 솔직함이 필요하다.

두 개의 중요한 본문의 모음이 이러한 부당하고 불가해한 고통을 이해하는 데에 핵심적이다. 시편과 욥기 이 두 책에서, 이스라엘은 신학적 솔직함을 주장하고, 공평하고 공정한 하나님으로서의 야웨의 명성을 보호하기 위해 거짓말을 하거나 침묵하지 않으며, 야웨의 통치가 신뢰할 만 하다거나 공평하지 못하다는 사상을 기꺼이 수용하고 말할 준비가 되어 있다.

시편에서, 부당하거나 불가해한 고통에 대한 이스라엘의 신학적, 목회적, 제의적 응답은 참을 수 없는 고통에 관한 탄원, 슬픔, 불평의 기도들로, 그리고 참을 수 없는 의로운 분개의 항변들로 가장 먼저 표현된다. 이러한 기도들에서, 이스라엘은 고통의 형태를 상세하게 표현했다.

이러한 묘사들 뒤에는 이스라엘이 야웨에게 행동하도록 "명령하는" 명령형의 간구들이 규칙적으로 이어진다. 명령형의 기도에서, 이스라엘은 자신이 야웨에게 권리를 주장할 수 있다는 것, 그리고 야웨는 언약의 동반자로서 도움이 필요한 이스라엘에게 이행할 의무를 갖고 있다는 것을 전제한다. 고통의 완화는 이스라엘에 대한 야웨의 언약적 의무의 일부로 고려된다.

따라서 이러한 기도들은 야웨가 이스라엘의 필요에 응답하도록 하는 동기들(근거들)을 야웨에게 제공한다. 왜냐하면, 이스라엘은 야웨가 고통을 중단시킬 수 있는 충분한 능력과 힘을 갖고 있다는 것을 전혀 의심하지 않기 때문이다. 유일한 쟁점은 치유, 회복의 방식으로 행동하도록 하나님을 동원하는 것이다.

야웨에 제공되는 다양한 동기 중에는 다음과 같은 것들이 있다.

첫째, 고통은 이스라엘 자신의 불순종의 결과이다. 따라서 야웨를 위한 동기는 이스라엘의 회개와 실패에 대한 인정을 촉진하는 것이다. 이러한 동기는 소위 참회시(penitential psalms)에서 특별히 명백하고, 그것 중 시편 51편이 가장 두드러진다. 다른 시편들도 유사한 분위기를 낸다.

> [3] 내가 입을 열지 아니할 때에
> 종일 신음하므로
> 내 뼈가 쇠하였도다
> [4] 주의 손이 주야로 나를 누르시오니
> 내 진액이 빠져서
> 여름 가뭄에 마름 같이 되었나이다 (셀라)
> [5] 내가 이르기를
> 내 허물을 당신에서 자복하리라 하고
> 주께 내 죄를 아뢰고
> 내 죄악을 숨기지 아니하였더니
> 곧 주께서 내 죄악을 사하셨나이다 (셀라)(시 32:3-5).
>
> [17] 내가 넘어지게 되었고
> 나의 근심이 항상 내 앞에 있사오니
> [18] 내 죄악을 아뢰고
> 내 죄를 슬퍼함이니이다…
> …
> [21] 여호와여

나를 버리지 마소서

나의 하나님이여

나를 멀리하지 마소서

²² 속히 나를 도우소서

주 나의 구원이시여 (시 38:17-18, 21-22).

둘째, 고통은 이스라엘의 대적들에 의해서 야기된다. 그들은 아마도 야웨가 등한시했을 동안에 이스라엘을 억압적으로 공격했다. 이 간구는 이름이 알려지지 않았지만 고통에 책임이 있는 강력한 적들에 대항하는 야웨의 도움과 간섭을 확보하고자 시도한다.

여호와여

일어나소서

나의 하나님이여

나를 구원하소서

주께서 나의 모든 원수의 뺨을 치시며

악인의 이를 꺾으셨나이다 (시 3:7).

⁶ 여호와여

진노로 일어나사

내 대적들의 노를 막으시며

나를 위하여 깨소서

주께서 심판을 명령하셨나이다…

…

¹⁰ 나의 방패는 마음이 정직한 자를

구원하시는 하나님께 있도다

¹¹ 하나님은 의로우신 재판장이심이여

매일 분노하시는 하나님이시로다 (시 7:6, 10-11).

6. 고통(Suffering)   51

> ¹ 하나님이여
> 주의 이름으로 나를 구원하시고
> 주의 힘으로 나를 변호하소서
> …
> ³ 낯선 자들이 일어나 나를 치고
> 포악한 자들이 나의 생명을 수색하며
> 하나님을 자기 앞에 두지 아니하였음이니이다 (셀라)(시 54:1, 3).

셋째, 고통의 원인은 야웨 자신의 폭력적 침묵과 이탈, 혹은 심지어 야웨의 적극적 적대감이다.

> ¹⁰ 주께서 우리를 대적들에게서 돌아서게 하시니
> 우리를 미워하는 자가 자기를 위하여 탈취하였나이다
> ¹¹ 주께서 우리를 잡아먹힐 양처럼
> 그들에게 넘겨 주시고
> 여러 민족 중에 우리를 흩으셨나이다
> ¹² 주께서 주의 백성을 헐값으로 파심이여
> 그들을 판 값으로 이익을 얻지 못하셨나이다 (시 44:10-12)

> ⁶ 주께서 나를 깊은 웅덩이와
> 어둡고 음침한 곳에 두셨사오며
> ⁷ 주의 노가 나를 심히 누르시고
> 주의 모든 파도가 나를 괴롭게 하셨나이다 (셀라)
> ⁸ 주께서 내가 아는 자를 내게서 멀리 떠나게 하시고
> 나를 그들에게 가증한 것이 되게 하셨사오니 (시 88:6-8a)

이러한 다양한 기도의 수사학은 표준적인 언어 패턴에 따라 형성된다. 그러나 이 패턴 안에서, 수사학은 대담하고, 솔직하고, 까다롭다. 실제로

시는 정중함을 넘어서 참을 수 없는 육체적 혹은 정신적 고통, 즉 공적인 소외와 수치의 결과를 반영하는 방식으로 특징적으로 움직인다.

애통, 불평, 항변, 탄원의 이러한 기도들은 야웨의 관심의 궤도 안으로 고통을 끌어들이기 위한 이스라엘의 주요 신앙 전략을 구성한다. 그러한 양식화된 언어를 통해, 이스라엘은 원시적이고, 근원적이고, 생생한 경험인 고통을 야웨가 응답해야 하는 중요하고도 까다로운 신학적 자료로 변화시켰다. 비록 추정컨대 육체적 치유와 사회적 변화가 일어났다고 할지라도, 그러한 기도의 주된 실재는 고통이 관계적 문제가 된다는 것이다.

고통받는 자는 혼자가 아니라, 야웨를 세심한 동반자로 갖는다. 고통의 원자료에 대한 관계적 재특징화는 이러한 신앙의 주요 성취이다. 이제 고통 가운에 있는 이스라엘은 기계적이고 계산적으로 될 수 있는 단순한 사막(deserts)을 생각하지 않는다. 오히려 이스라엘은 고통을 완전히 재상황화, 재특징화하는 언약적 실재들인 충실함, 관계, 그리고 현존의 관점에서 생각한다.

도덕적 계산으로는 해명되지 않는 고통에 관한 두 번째 해석 본문은 욥기이다. 욥기는 탄원과 불평의 전통들로 알려져 있고 그것에 의존하고 있다. 그러나 지금 이 문제는 예술적으로 더욱 용감하고, 신학적으로 더욱 대담한 방식으로 제시된다. 욥기에서, 세 명의 친구는 옛 신명기적 계산을 표명한다. 욥과 그의 친구들은 전통적 공식의 주장, 즉 죄가 욥을 고통으로 몰아넣었다고 주장한다.

욥은 고통을, 만약 그것이 언약적으로 일관성이 있다면, 합법적 형벌로 받아들일 수 있다. 그러나 하나님의 침묵은 고통을 일관성이 없고 무의미한 것으로 만든다. 욥기 31장에서, 욥은 자신의 언약적 충실함을 도전적 방식으로 진술하고, 최종적으로 하나님으로부터의 설명을 요구한다(35-37절). 물론 그는 그러한 응답을 받지 못한다.

욥기 38-41장에 나타나는 야웨의 연설에서, 하나님은 욥의 요구들에 끌려가기를 거절한다. 욥기는 고통에 대한 어떤 설명도 제공하지 않고 그것을 의도하지도 않는다. 오히려 본문은 인간의 고통이라는 작은 영역에 갇힐 수 없는 하나님의 능력과 신비에 대한 보다 광범위한 신학적 비전을 표명한다. 욥에게 관심을 기울이는 것을 거부함으로써, 독자는 고통으로부터 하나님의 거대하고, 심지어 압도적인 실재로 이끌리게 된다. 그 효과는 야웨의 실재로 고통을 이기는 것이다.

구약성서는 설명 불가능한 고통의 현실에 대하여 어떠한 설명도, 그리고 그것을 위한 어떠한 해결책도 분명하게 제공하지 않는다. 오히려 성서는 일종의 재상황화를 제시하는데, 그것을 통해 고통은 야웨와의 관계 안에 놓이게 되고, 결국 그 관계 자체가 신앙의 모든 것이자 궁극적인 것이 된다(시 73:23-28에서와 같이). 충실함에 관한 보다 강력한 진리는 고통을 의미 있는 것으로 재구성한다.

마지막으로, 거의 발전되지 않는 방식으로, 이사야 53:4-5는 대속적 고통(substitutionary suffering)에 관해 이야기한다. 이것에 의해서 한 사람은 다른 사람의 고통을 떠맡고, 그렇게 함으로써 치유를 가능하게 만들 수 있다. 여러 해석자는 이 종의 정체성에 대해 의견이 불일치하지는 않지만[**고난받는 종**을 보라], 종의 정체성과 상관없이, 대속적 고통에 관한 주장은 모호하지 않다.

구약성서에서 주목할 만하지만, 이러한 주장은 고통을 결정적 충실함의 관계라는 맥락 내에서 재구성하는, 보다 광범위한 과정과 관련된 부분이다. 고통을 하나님의 실재와 연결하려는 이러한 전반적 시도는 하나님의 파토스(pathos, 연민)에 관한 이스라엘 내부에서 증가하고 있는 확증이다. 이스라엘의 고통, 궁극적으로 세상의 고통 안으로 들어가고 그것을 품을 수 있는 하나님의 능력을 확증한다. 이 모티프에 대해서, 가장 주목할 만한 본문은 호세아 11:8-9와 예레미야 31:20이다.

이스라엘의 경이로운 확언은 야웨가 고대 근동의 모든 곳에서 알려진 종류의 제국주의적 신이 아니라는 것이다. 오히려 이 하나님은 이스라엘과 세상의 현실에 깊이 관여하고 헌신하고 있으므로, 이 하나님은 그러한 고통의 당사자이며 그렇게 함으로써 이스라엘과 세상은 새로움의 선물을 받는다.

고통을 하나님과의 관계 안으로 가져오는 이러한 움직임은 인간의 삶을 거의 완전히 상품화했던 사회, 고통에 대하여 기계적, 기술적 해결책들이 가능하다고 믿는 사회, 그리고 인간성을 특징짓는 고통을 무디게 만드는 과학적 의학의 해독제들을 신뢰하는 사회에서 대단히 중요하다. 기술적 상품화를 통해서 웰빙을 얻으려는 이러한 시도들은 인간 연대(solidarity)의 더욱 근본적 현실을 거부한다.

이러한 근본적 현실은 고통의 문제와 진리로서 언약의 하나님과의 연대를 증언한다. 탄원을 고통에 대한 해독제로 활용하는 그러한 전략들은 긴급 상황에서 시작될 수 없고, 오히려 장기적 공동의 실천(communal practice)을 요구한다.

현대 사회의 특징적 해독제들은 육체적 통증의 문제(결코, 작은 문제가 아니다)를 다룰 수는 있을지 모르나, 충실함의 공동체(a community of fidelity) 안에 있는 상황의 더욱 근본적인 인간적 필요를 효과적으로 다룰 수는 없을 것이다. 따라서 아픔에 관한 솔직하고 충실한 이스라엘의 실천은 그러한 근본적 실천으로부터 멀리 떨어져 있기를 원하는 현대의 세상에 즉시 적절성을 갖는다.

참고 문헌

Beker, J. Christiaan. *Suffering and Hope* (Philadelphia: Fortress Press, 1987).

Brueggemann, Walter. *Old Testament Theology: Essays on Structure, Theme, and Text* (Minneapolis: Fortress Press, 1992), 1-44.

Fretheim, Terence E. *The Suffering of God: An Old Testament Perspective* (OBT; Philadelphia: Fortress Press, 1984).

Gerstenberger, E. S. and W. Schrage. *Suffering* (Biblical Encounters Series; Nashville: Abingdon Press, 1980).

Heschel, Abraham J. *The Prophets* (New York: Harper & Row, 1962).

Lindström, Fredrik, *Suffering and Sin: Interpretations of Illness in the individual Com-

plaint Psalms (Stockholm: Almqvist & Wiksell International, 1994).

Miller, Patrick D. *They Cried to the Lord: The Form and Theology of Biblical Prayer* (Minneapolis: Fortress Press, 1994).

Scarry, Elaine. *The Body in Pain: The Making and Unmaking of the World* (Oxford: Oxford University Press, 1985).

Soelle, Dorothee. *Suffering* (Philadelphia: Fortress Press, 1975).

Westermann, Claus. *The Structure of the Book of Job: A Form-Critical Analysis* (Philadelphia: Fortress Press, 1981).

7. 공동체
Community

　구약성서에 나타나는 이스라엘의 공동체성이 지닌 신학적 상수(常數)는 야웨에 의해 회합되고 삶을 부여받고, 신실한 순종과 기쁜 찬양의 삶을 살도록 부름을 받고, 그리고 야웨에 즉각 반응하는 한 민족이라는 이스라엘의 자기 이해이다. 가장 광범위한 의미에서 언약은 이러한 결정적인 관계를 나타내는 하나의 표현이다.

　그러나 그러한 신학적 상수를 고려해 볼 때, 동시에 이스라엘은 역사 안에서 살았고, 역사적 과정의 모든 예측 불허의 변화에 속했던 민족이다. 따라서 공동체의 문제는 역사적 상황의 역동성을 고려하여 다양한 방식들로 풍부하게 해석되었고 제정되었다. 하나의 전통적 접근은 이스라엘의 공동체를 세 개의 연속적 상황들에서 다루는 것이다.

　첫째, 국가 이전의 이스라엘, 즉 모세로부터 다윗까지의 시기는 (역사성에 관한 엄청난 문제들이 있음에도 불구하고) 지파라는 분할된 방식으로 체계화되었다. 각각의 지파 혹은 씨족 단위는 상당한 자치권을 갖고 때로는 다른 지파들과의 협력 안에서, 때로는 다른 지파들과의 긴장 혹은 갈등 안에서 활동했다. 경제는 농업이었고, 사회적 이상은 평등주의는 아니더라도 적어도 공동체주의였다. 토라(동질감을 주는 제의적 관습들을 포함하는)에 대한 헌신으로 규정된 초기 이스라엘은 민족적 공동체가 아니라(참조. 출 19-24장; 수 24:1-28), 오히려 "혼합된 무리"였고, 이들은 다양한 집단으로부터 야웨 신앙의 언약 안으로 들어왔다(참조. 출 12:38).

　이 혼합된 집단을 함축하는 "히브리인"이라는 용어는 아마도 사회의 주변 자리에서 불안정하게 살았던 사람들을 가리키는, 사회학적 용어일 것이다. 이 공동체는 종교적 언약 안으로 들어왔던 다양한 민족으로 구성되어 있었는데, 이들은 대개 불안정한 사회경제적 지위를 공유하고 있었고, 주변부에 속한 자들의 사회적 지위에 걸맞은 급진적 사회 윤리를 약속했다.

후대의 독자들은 이 공동체를 낭만적으로 묘사해서는 안 된다. 예를 들어, 사사기의 내러티브는 공동체 내의 수많은 사회적 긴장, 심지어 야만적 폭력까지도 시사한다. 이스라엘은 결코 "순수한" 공동체가 아니었다. 그들은 세상에서의 삶의 구체적 요구사항들에 항상 영향을 받았고, 그것들에게 반응했던 자들이다.

둘째, 왕정 시대는 다윗(1000년)부터 587년 예루살렘의 멸망까지 이어진다. 다시금 이 시대에 관한 역사적 질문들은 복잡하다. 어쨌든 이스라엘의 자기표현은 이러한 왕정의 설립을 이스라엘의 삶과 자기 이해에서 공동체를 급진적으로 재형성시켰던 엄청난 변화로 제시한다.

솔로몬의 통치(962-922년)는 이스라엘에서 경제가 발전하던 부요의 시기로서 기억된다. 이러한 변화는 부와 함께 새로운 사회 계층화, 노동의 분화, 소작농들을 희생시키면서 얻은 잉여재산의 증가, 그리고 자신들의 정치적, 경제적 이익을 최대화했던 특권을 지닌 도시 엘리트의 형성을 가져왔다. 여러 관계들은 공식적, 복합적이었고, 시간과 함께 사회적 분노(resentment)를 일으키는 여러 조치들을 야기했다. 그러한 사회적 분노는 과도한 세금 부과로 인해 여로보암에 대항해 일어난 봉기에 관한 내러티브에서 명백하게 드러난다(왕상 12:1-19).

부와 특권에 관한 이 새롭고 원대한 자기표현은(이것은 지혜에 관한 엘리트주의적 조치에 의해 강화되었는데) 다른 종류의 종교적 합법화를 요구했다. 통치에 관한 이념적 합법화로 고안되었던 예루살렘 성전은 왕을 하나님이 제공한 사회적 질서를 구현하도록 지명된 사람으로 이해했던 고대 근동의 거대한 창조 신화들을 차용함으로써 기능했다. 외적 장비들(accouterments)에 관한 이러한 차용이 불가피하게 여러 종교적 전통의 변형으로 이어졌던 다양한 "이질적" 영향을 가져왔을 것이라는 점은 오래된 기억들을 가진 사람들에 의해 위험한 발전으로 간주되었다(참조. 왕상 11:1-8).

그러나 이스라엘 공동체에 관한 새로운 제왕적 묘사와 함께, 보다 오래되고 국가 이전의 전승에 기초하고 있었던 하위 공동체들이 계속해서 존재했다. 이들 중 가장 급진적인 것은 레갑 족속들이었다(참조. 왕하 10:15-17; 렘 35:1-11).

가장 중요한 것은 기원전 9, 8, 7세기의 예언자들과 그들을 지지하던 공동체에 의해 유지되었고 대표되었던 하위 공동체들이었다. 이러한 예언자들은 고립되어 있었던 개인들이 아니었다. 그들은 언약적 헌신들을 위해 지속해서 싸웠던 보다 오래된 사회적 이상의 옹호자들이었고, 따라서 왕정 체제의 대안에 관한 지속적인 비판을 시작한 자들이었다.

셋째, 바빌론의 손에 의해 왕정 체제가 실패하면서(구약성서에서는 실패한 언약으로 인해 이스라엘에 가해진 야웨의 심판으로 간주됨), 이스라엘의 공동체는 이제 왕권의 정치적 힘 또는 성전의 이념적 능력에 대한 가시적 지지 없이 생존하도록 요구받게 되었다. 관례적 지지가 없는 공동체의 특별한 초점은 결국 정경이 되었던 기록된 두루마리들의 본문 전승의 발전으로 수렴되었다.

권위를 지닌 두루마리에 관한 핵심적 언급들은 여호수아 24:26, 열왕기하 22:8-13, 예레미야 36장, 그리고 느헤미야 8:1-8에 나타나는데, 그것들은 그 권위를 지닌 두루마리가 다른 자료들을 가지고 있지 않았던 그 공동체를 위한 결정적 자료가 되었다는 점을 분명하게 보여 준다.

그러한 상황에서 이스라엘은 더욱 강력하게 보다 오래된 국가 이전의 전승들에 다시 관심을 가졌다. 에스라를 중심으로 형성되었던 개혁과 회복 운동은 토라에 대한 강한 헌신을 중심으로 그것의 급진적인 윤리와 분리주의자들의 영향과 함께 장차 유대교가 되었던 것을 재조직했다.

유대교는 실행과 규율의 종교적 공동체가 되었고, 그것은 지금 큰 정치적 권리요구 혹은 희망 없이 살도록 요구받았다. 이 공동체는 아마도 페르시아 제국의 의뢰인 공동체(a client community)가 되었을 것이고, 야웨와 함께하는 삶에 관한 오래되고, 깊이 있고, 급진적인 대안적 이상을 계속해서 소중히 여겼고 실천했다.

이 공동체는 다양한 사회경제적이고 정치적인 관계에서 드러나는 삶의 다양한 특징적인 문제들과 시련들 가운데서 살아야만 했다. 동시에, 그 공동체의 생존의 오랜 지속성과 그것의 비타협적인 이상에 관한 열정은 우리를 현혹시킬 수 있다. 공동체를 괴롭힌 시련들은 반복되었다.

> 외부 세력과의 긴장 안에 있는 지역 세력
> 평등주의(Egalitarian)와 계층화된 사회 체계들
> 공동체의 통일성과 긴장관계에 있는 공동체의 순수성

공동체를 유지하는 것은 의심의 여지 없이 이상적 열정과 신중한 관리의 혼합을 요구했다. 그것은 끝없는 긴장들을 생산하고, 끝없는 절충들을 요구하는 혼합일 것이다. 구약성서 시대의 끝에 이르러, 쿰란 공동체는 신앙에 관한 하나의 통일성인 '아하드'('*ahad*, "하나")로 불렸다.

그러나 그러한 통합은 쉽게 이루어지지도 않았고, 쉽게 안정적 상태로 유지되지도 않았다. 왜냐하면, 그 구성원들이 현실 세계에 있는 현실의 사람들이었기 때문이다(필수적 합의들과 함께, 우리는 그러한 긴장들, 해결들, 불균형들이 현대의 교회 안에 거의 동일한 쟁점들과 거의 동일한 힘으로 존재하고 있음을 볼 수 있다.) 공동체의 비결은 열정적 헌신을 소중히 여기는 가운데 서로에게 충실하게 속하기 위하여 관심사의 진정한 차이점들을 맞잡는 것이다.

참고 문헌

Albertz, Rainer. *A History of Israelite Religion in the Old Testament Period I, II* (OTL; Louisville, Ky.: Westminster John Knox Press, 1994).

Gottwald, Norman K. *The Politics of Ancient Israel* (Louisville, Ky.: Westminster John Knox Press, 2001).

Gottwald, Norman K. *The Tribes of Yahweh: A Sociology of the Religion of Liberated Israel, 1250-1050 B. C.* (Maryknoll, N. Y.: Orbis Books, 1979).

Hanson, Paul D. *The People Called: The Growth of Community in the Bible* (San Francisco: Harper and Row, 1986).

Neusner, Jacob. *From Politics to Piety: The Emergence of Pharisaic Judaism* (Englewood Cliffs, N. J.: Prentice-Hall, 1973).

Sanders, James A. *Canon and Community: A Guide to Canonical Criticism* (Philadelphia: Fortress Press, 1984).

Weinberg, Joel. *The Citizen-Temple Community* (JSOTSup 151; Sheffield: JSOT Press, 1992).

Wilson, Robert R. *Prophecy and Society in Ancient Israel* (Philadelphia: Fortress Press, 1980).

8. 과부
Widow

구약성서에 나타나는 윤리의 한 갈래에는 약자들과 취약 계층에 대한 야웨의 관심사와 그 결과로 인한 이스라엘의 관심사가 포함되어 있다. 그러한 계층 중에는 과부가 있다. 과부는 고아와 나그네와 함께 사회의 가장 취약한 계층으로 매우 자주 분류된다.

가부장적 권력에 따라 조직된 사회(그리고 그러한 사회적 체계를 반영하고 있는 본문)에서, 과부, 고아, 그리고 임시 거류민은 특징적으로 사회적 권리를 갖지 못한다. 여성과 외부인은 남성에 의해 질서가 잡히고, 남성에 의해 지배되는 사회에서 자신을 보호하고 자신의 이익을 대변하기 위해 남성 보호자들에 의존한다.

물론 과부는 자신의 남편을 잃은 사람이다. 보호자 없는 과부는 극도로 취약하다. 그녀는 후원이나 보호에 대한 법적 의무가 없는 사람들의 후원과 보호에 의존한다. 이스라엘은 토라 계명에서 특징적으로 과부(그리고 고아와 임시 거류민)를 돌보고, 공동체의 구성원을 보호하고 부양하라는 명령을 받는다(출 22:22; 신 14:29; 16:11, 14; 24:17-21; 26:12; 27:19; 참조. 사 1:17, 23; 렘 7:6).

야웨의 의도에 뿌리를 두고 있는 이러한 계명들은 사회적 실천을 기대한다. 거기에서 강한 자들의 자원과 능력은 약한 자들의 웰빙을 위해 쓰이고, 따라서 웰빙 네트워크가 이루어진다. 이러한 되풀이되는 윤리적 규정 배후에는 야웨가 (최고의 남성 보호자로서) 과부의 웰빙을 위해 헌신한다는 이스라엘의 시적 확언이 존재한다.

> ⁵ 그의 거룩한 처소에 계신 하나님은
> 고아의 아버지시며
> 과부의 재판장이시라
> ⁶ 하나님이 고독한 자들은 가족과 함께 살게 하시며…(시 68:5-6).

> 여호와께서 나그네들을 보호하시며
> 고아와 과부를 붙드시고
> 악인들의 길은 굽게 하시는도다(시 146:9; 참조. 신 10:18).

따라서 이스라엘 내에서 명령된 사회적 요구는 신학적 주장과 연결되고 그것에 토대를 두게 된다. 실질적 결과는 사회적 언약 공동체가 경쟁적 상호작용이 아니라, 스스로를 지탱할 수 없는 사람들을 지탱해 주는 이웃 네트워크(a neighborly network)로 재상상되고, 따라서 남성들 사이의 경쟁이라는 사회에 대한 분명한 억제로 귀결된다는 것이다.

신명기 25:5-10은 사망한 남편의 가족 내에서 과부에게 안전한 위치를 보장해 줌으로써 과부를 보호하기 위한 실질적 규정을 포함한다. 심지어 그 보호조차도 남성 주도적 사회의 현실에 부합하도록 형성되어 있다(동일한 규정이 룻기 내러티브에서 보아스에 의해 그럴듯하게 실천된다).

구약성서는 다말(창 38장), 룻(룻기), 사르밧의 과부(왕상 17:8-24), 그리고 수넴 여인(왕하 8:1-6)을 비롯하여 과부를 연상시키는 일련의 내러티브들을 제공한다. 각각의 경우, 그 내러티브는 놀라운 상황의 반전(turn-around)을 가져오는 용기와 자기 주장의 행동에 관한 것이다. 이러한 내러티브들 안에 있는 자기 주장의 목소리를 찾는 움직임은 현재 많은 칭송을 받고 있는 캐서린 그래햄(Katherine Graham: 1963년부터 1991년까지 워싱턴 포스트 기자를 했고, 워터게이트 스캔들에 대한 보도로 리처드 닉슨 대통령의 사임을 이끈 입지전적인 언론인, 역자 주)의 경우와 다르지 않다.

후원과 보호를 상실한 과부의 사회적 현실은 패배한 도시를 특징짓는 하나의 비유 안으로 옮겨진다. 따라서 예레미야애가 1:1에서, 예루살렘 도시는 현재 보호를 상실한 상태이고, 커다란 위험과 굴욕에 노출되어 있다. 역으로, 이사야 47:8은 그 다음에 바빌론이 마찬가지로 보호받지 못하고 취약해질 것이라고 예상한다.

법, 송영(doxology), 그리고 시적 비유에 나타나는 과부에 대한 돌봄과 보호는 이스라엘이 사회적 관계의 현실들을 성찰하고, 그러한 현실들을 분명히 사회적 현실과 연결되어 있는 신학적 어조들로 전환하는 방식을 보여 준다. 그 결과는 사회적 관계들에서 핵심적 역할을 하는 야웨에 대한 증언이다.

야웨는 보호받지 못하는 자들을 보호하고, 공동체 내에서 동등하게 보호하도록 명령한다. 대부분의 경우, 사회적 맥락에서 과부에 대한 상상적 해석은 반발 없이 남성 지배의 무대 안에 그대로 머문다. 그러나 야웨는 다르게 행동한다. 야웨는 취약하고 위험에 노출된 여성들의 보호자로 나타난다.

참고 문헌

Fensham, Charles F. "Widow, Orphan, and the Poor in Ancient Near Eastern Legal and Wisdom Literature." *Journal of Near Eastern Studies* 21 (1962): 129-139.

Hiebert, P. S. "'Whence Shall help Come to Me?' The Biblical Widow." in *Gender and Difference in Ancient Israel*, ed. Peggy L. Day (Minneapolis: Fortress Press, 1989), 125-141.

Jacobs, Mignon R. "Toward an Old Testament Theology of Concern for the Underprivileged." in *Reading the Hebrew Bible for a New Millennium: Form, Concept, and Theological Perspective* (Studies in Antiquity & Christianity I; Harrisburg: Trinity Press International, 2000), 205-229.

9. 광야
Wilderness

출애굽기 15:22-17:15와 민수기 10:33-22:1, 33:1-37의 광야 전통은 이스라엘의 규범적인 신학적 기억에서 주요 모티프를 구성한다. 전통적으로 광야 방랑 기간은 40년 동안 계속되었고, 내러티브 형식으로 이스라엘의 방자함, 야웨의 진노, 그리고 야웨의 관대함이라는 끊임없는 상호작용의 논쟁적 패턴을 특징으로 한다.

이스라엘의 모든 초기 전통과 마찬가지로, 광야 체류에 관한 역사적 질문들은 문제가 많다. 데이비스(Davies)는 오아시스의 위치로 이해될 수 있는 광야 체류의 지리적 경로를 신뢰할 만하게 제안했다. 그러나 대부분의 경우, 독자에게는 광야 전통의 신학적 의도성이 남겨진다.

이스라엘은 출애굽 이후 시내산에서 언약을 맺고 약속의 땅으로 가기 위해 취약한 위치에 있기를 요구받았다. 광야는 언약과 땅, 모두에 대한 전제조건이다. 신학적으로 볼 때, 광야는 취약함을 나타낸다. 왜냐하면, 가시적 생명 유지 체계 없는 야웨의 돌봄에 대한 직접적 의존은 혹독하고(intense), 불안이 만연하기 때문이다. 따라서 광야는 이스라엘 신앙의 진지함과 야웨의 임재와 약속에 대한 신뢰성을 알아내기 위한 "시험"의 무대이다(출 17:1-7을 보라; 참조. 마 4:1-11; 눅 4:1-13).

이 전통에 나타난 지배적 내러티브는 출애굽기 16장의 만나 이야기이다. 긴장 관계의 모든 요소가 이 본문에서 작동한다.

- 이스라엘은 불안감으로 인해 불평한다(2-3절).
- 야웨는 양식으로 응답한다(13-14절).
- 이스라엘은 거두고 만족한다(16-18절).

• 이스라엘은 자신이 거두었던 것을 비축하고 상실한다(19-21절).

내러티브가 안식일과 관련하여 22-30절에서 절정에 이른다는 사실은 창세기 2:1-4a의 창조 이야기의 절정과 평행을 이룬다는 것을 암시한다. 빵을 제공하는 것은 광야 또한 창조주 하나님의 생성적 주권 아래에 있는 장소라는 것을 의미한다.

광야 체류는 이스라엘의 제의적 삶과 역동적 전통화 과정의 주제에서 많이 기억된다(시 78편, 105편, 106편을 보라). 광야에 관한 본문의 최종 형태가 포로기의 자료들을 포함하고 있다는 사실은 "광야"가 "포로기"에 대한 효과적 비유가 되었다는 것을 암시한다.

기억된 광야 공동체처럼, 포로기의 공동체는 자신들에게 적대적이고 야웨의 언약 백성을 위한 정상적 생계 수단들을 결여하고 있는 환경에서 야웨에 의해 놀랍게 주어진 생계 수단에 의존한다. 따라서 포로기를 통해 여과된 광야는 오직 야웨만을 신뢰하는 신앙의 상태를 이해하는 방식이 되었다. 왜냐하면, 다른 적절한 생명의 원천이 존재하지 않기 때문이다(포로기의 맥락에서 사 55:1-2을 보라).

광야 전통이 위태로움, 위험, 불평(contentiousness)을 증언하는 반면, 호세아 2:14-20과 예레미야 2:21에서 이 전통은 언약 관계 안에서 어떠한 불평도 존재하지 않았고 오직 순수한 믿음과 그에 따른 기쁨만이 있었던 "허니문"의 본래적 맥락을 표현하기 위해 사용된다.

광야 비유는 오랜 해석의 시기를 거치면서 놀랍도록 유연성을 지니게 된다. 신약성서의 추론에서, 이스라엘 신앙의 광야 주제는 아마도 이스라엘의 아들 예수가 생명력 없이 홀로 남겨진 십자가라는 급진적 맥락 안으로 옮겨진다.

참고 문헌

Coats, George W. *Rebellion in the Wilderness* (Nashville: Abingdon Press, 1968).

Davies, Graham I. *The Way of the Wilderness: A Geographical Study of the Wilderness Itineraries in the Old Testament* (Cambridge: Cambridge University Press, 1979).

Sakenfeld, Katharine Doob. "The Problem of Divine Forgiveness in Numbers 14." *CBQ* 37 (1975): 317-330.

10. 교육
Education

　　세대를 거쳐 그 자신을 존속시키고자 하는 모든 공동체와 같이, 초기 이스라엘은 공동체의 구전 지식과 도덕적 비전으로의 사회화 과정을 통해서 그들의 젊은이들에 대한 일상적인 교육을 제정했다. 이러한 사회화 과정에 나타나는 두 가지 중요한 요소들은 특별히 가족 안에서, 아마도 씨족 혹은 지파와 같은 보다 큰 가족 단위들 안에서 전수되었을 것이다.

　　첫째, 자녀들은 가족의 내러티브적 구전 지식 내부로 인도되었다. 이스라엘은 자신의 과거에 관한 내러티브 이야기의 전달을 매우 중요한 것으로 여겼다(더욱 오래된 영향력 있는 학문적 가설은 양식화된 여러 신조 낭독들이 그러한 내러티브적 구전 지식의 원뿌리[taproot]였다고 제안했다). 이러한 중요성은 자녀들이 공동의 예전 활동의 의미에 대해 질문할 때 성인 공동체에게 그에 대한 대답을 준비하도록 조언하는 일련의 지침들 안에서 나타난다.

> ²⁶ 이후에 너희의 자녀가 묻기를 이 예식이 무슨 뜻이냐 하거든 ²⁷ 너희는 이르기를 이는 여호와의 유월절 제사라 여호와께서 애굽 사람에게 재앙을 내리실 때에 애굽에 있는 이스라엘 자손의 집을 넘으사 우리의 집을 구원하셨느니라 하라 하매 백성이 머리 숙여 경배하니라(출 12:26-27; 참조. 출 13:8-10, 14-15; 신 6:20-25; 수 4:21-24).

　　사실상 미리 규정된 공동의 제의적 활동들은 대부분 자녀로부터 그러한 질문을 불러일으키기 위해 고안된 것처럼 보인다. 자녀들에 대한 성인 공동체의 응답은 이스라엘의 과거에 나타난 야웨의 주요 개입들과 변화들에 관한 기본적 기억들에 대하여 설명하는 것이다. 이러한 기억들을 전달하는 목적은 야웨가 공동체 안에 내러티브적으로 현존하고 신뢰할 만하다는 것을 다음 세대 내부에 만드는 것이다.

이러한 문제의 긴급성은 시편 78편에서 분명히 나타난다. 그것은 이스라엘의 미래 희망과 순종을 그러한 내러티브 증언에 의존하고 있는 것으로 간주한다.

> ⁴ 우리가 이를 그들의 자손에게 숨기지 아니하고
> 여호와의 영예와 그의 능력과
> 그가 행하신 기이한 사적을
> 후대에 전하리로다
> ⁵ 여호와께서 증거를 야곱에게 세우시며
> 법도를 이스라엘에게 정하시고
> 우리 조상들에게 명령하사
> 그들의 자손에게 알리라 하셨으니
> ⁶ 이는 그들로 후대 곧 태어날 자손에게 이를 알게 하고
> 그들은 일어나 그들의 자손에게 일러서
> ⁷ 그들로 그들의 소망을 하나님께 두며
> 하나님께서 행하신 일을 잊지 아니하고
> 오직 그의 계명을 지켜서 (시 78:4-7).

몇몇 내러티브의 사회화는 예배에서 등장하는 반면, 내러티브 양육은 마을과 같은 다른 장소들에서 발생했다.

> ¹⁰ 흰 나귀 탄 자들,
> 양탄자에 앉은 자들,
> 길에 행하는 자들아 전파할지어다

> ¹¹ 활 쏘는 자들의 소리로부터
> 멀리 떨어진 물 긷는 곳에서도
> 여호와의 공의로우신 일을 전하라
> 이스라엘에서 마을 사람들을 위한
> 의로우신 일을 노래하라
> 그 때에 여호와의 백성이 성문에 내려갔도다(삿 5:10-11).

그 장소에서도 마찬가지로 주제는 야웨의 "승리"다. 거기에서 이스라엘의 이전 세대들은 적극적인 역할을 했다. 처음의 명령형 "전파하라"에 영향을 미치는 10절의 세 개 동사(타다, 앉다, 행하다)는 이러한 내러티브 양육이 모든 상황에서 일관되게 착수되어야 했다는 것을 가리킨다. 게다가 이러한 동사들의 삼중창(triad)은 어느 때이든지 가르치라고 다시금 충고하는 신명기 6:7의 지침과 병행한다.

> 네 자녀에게 부지런히 가르치며 집에 앉았을 때에든지 길을 갈 때에든지 누워 있을 때에든지 일어날 때에든지 이 말씀을 강론할 것이며(신 6:7).

둘째, 또한, 가족 내에서 이루어진 사회화 과정의 두 번째 요소는 잠언에서 기록된 것과 같은 생생한 경험에 관한 지혜적 성찰이다. 잠언의 많은 격언은 가족과 씨족이라는 맥락 안에서 등장한다. 이러한 지침은 훨씬 더 실용적이고, 젊은이들이 직접 보고 알게 된 것에 관하여 비판적으로 성찰하는 것을 돕도록 고안되었다.

여러 교훈은 특정한 행동과 특정한 결과 사이에 숨겨져 있지만 확고하게 연결된 것들을 고려하려고 노력하고, 또한 쉽게 침해될 수 없고 다루기 힘들게 주어진 생생한 현실과 도덕적 분별과 선택을 요구하는 자유의 영역들 모두를 숙고하려고 노력한다.

비록 구체적이고 실용적일지라도, 이러한 가르침은 그 생생한 현실이 창조주 하나님에 의해 통치되고 주도되는, 질서 정연한 도덕적 일관성이라는 전제에 의존한다. 따라서 축소된 방식으로, 이 가르침은 또한 젊은이들의 삶을 야웨 신앙적 세상 안에 위치시키는 것을 돕는다. 그 결과, 실용적 성찰을 통한 사회화 과정은 내러티브 지식을 통한 것과 마찬가지로 강렬하게, 그리고 의도적으로 신학적이다.

이스라엘 사회가 하나의 국가로서 재형성되었을 때, 주변 사회들에게서 온 새로운 교육 방식들이 출현했다. 단순한 농경 사회가 지닌 보다 일상적인 예배 관습들이 이제 성전에서 행해진 위대한 예전들을 병행하게 되었다. 이러한 예전들은 근동의 다른 곳에서 알려져 있던 위대한 창조 신화들을 분명히 재현했다.

특별히, 예루살렘 성전은 즉위식 절기와 비슷한 무엇인가를 재현했는데, 거기에서 야웨는 이스라엘의 삶의 통치자와 구원자로서뿐만 아니라 하늘과 땅의 창조주로서 정기적으로 재 진술되었다(참조. 시 93, 96-99편). 더욱이 예전은 세상이 야웨 신앙의 공식 안에서 재 상상될 수 있었던 여러 수단과 기회를 제공하는 가르침이기도 했다.

가족, 씨족, 그리고 지파의 초기 사회화 과정들은, 우리가 알고 있는 한, 전적으로 일상적이었다. 이스라엘이 더욱 복잡한 국가 사회가 되면서, 아마도 공식적 학교들이 출현했을 것이다. 그러나 이러한 발전에 관한 증거는 매우 논쟁의 여지가 있다.

한편으로, 이스라엘에 그러한 학교가 존재했을 것이라는 뚜렷한 증거는 헬레니즘 시기의 벤 시락서와 같이 매우 늦은 시기에 발견된다. 그러나 다른 한편으로, 서기관들은 왕정을 위한 필수적 "문서업무"를 다루었다. 비록 증명될 수는 없다고 할지라도, 몇몇 공식 교육이 왕정 시기에 존재했음이 틀림없고, 그것을 통해서 도시 엘리트의 자녀들이 공적 왕실 권력을 관리할 수 있는 준비를 하게 되었을 것이다. 이러한 서기관들은 확실히 읽고 쓸 줄 알아야 했다. 그것을 넘어서, 그들은 국가 권력의 실행과 희망컨대 책임 있는 권력 실행에 필수적인 분별 기술들에 대해 교육을 받아야 했다.

10. 교육(Education)

　엄청난 사회적 권력을 행사했던 서기관 계층의 더욱 공식적인 출현은 본래 국가의 기능이었다. 그러나 왕정 시대의 종말 및 유대교의 개혁과 함께, 서기관들은 식자 권력층이 되었고, 이들은 왕실을 후원하거나 감독할 책임 없이 권력을 누렸다. 서기관들은 확실히 식자 집단이었다.

　그들은 공식 교육 과정을 관리했고 우리가 가진 지혜문학을 발전시켰다. 그들이 발전시킨 지혜문학은 경험적이고 사변적인 방법들로 잠언의 중도적인 표현 안에서, 또한 욥기와 전도서에 반영된 진리와 실재에 대한 논쟁적인 고찰들 안에서 나타난다. 숨겨진 실재의 질서를 탐구하는 이 문학은 구약성서만큼이나 과학적인 지식에 가깝다.

　우리가 가족 내의 일상적 사회화와 단순한 예전으로부터 더욱 공식적인 국가 기관들로 교육의 발전을 추적해 볼 때, 그리고 우리가 이스라엘 내부의 국가 이전, 국가, 그리고 국가 이후의 상황들에서 나타났던 교육의 새로운 형태들을 고려할 때, 교육은 이스라엘에게 있어서 상황과 사용 가능한 자료들에 의존하면서 다양한 형태를 취했던, 명백하게 널리 보급된 중요한 과정이었다.

　이러한 몇몇 형태는 확실히 나란히 존재했고, 각각은 그 자체의 고유한 방식으로 작용했다. 가르침, 교육, 사회화, 그리고 양육의 이러한 모든 형태는 공동체의 웰빙뿐만 아니라 깊이 숨겨진 신학적 측면을 지닌 삶의 과정들을 관리하는 것과 관련된 당면한 실용적 목적이 있었다. 이러한 실용적 관심사들과 함께, 가르치고 배우는 이러한 모든 방식은 광범위하게 야웨 신앙의 세계 질서를 전제했다.

　종교 교육은 분리된 별개의 작업이 아니었다. 오히려 삶의 전체적 비전은 가장 오래된 구전 지식과 가장 아름다운 예전들에 거했던 하나님과 관련하여 양육, 평가, 판단되었다. 결과적으로, 이러한 모든 교육은 자신 안에, 명시적이든 또는 암시적이든, 웰빙이 부분적으로는 불가사의하고 부분적으로는 식별 가능한 질서 있는 실재, 즉 야웨에 의해 주어지고 과도한 인간 개입으로 개방되지 않은 질서 있는 실재와 타협해야 한다는 언약적 전제를 하고 있었다. 이러한 기본적 신념에 동의하면서, 이 다원적 형태의 교육은 각각의 경우에 즉시 그리고 강렬하게 기득권을 위해 봉사했던 인식과 참여를 통해 걸러지고 형성되었다. 그러나 그중 일부는 보존되지만, 일부는 논쟁의 여지가 있다. 모두 알고 싶어는 하지만, 그 과정에서 "신뢰하고 복종해야" 한다.

참고 문헌

Blenkinsopp, Joseph. *Sage, Priest, and Prophet: Religious and Intellectual Leadership in Ancient Israel* (Library of Ancient Israel; Louisville, Ky.: Westminster John Knox Press, 1995).

Blenkinsopp, Joseph. *Wisdom and Law in the Old Testament: The Ordering of Life in Israel and Early Judaism* (Oxford: Oxford University Press, 1995).

Brown, William P. *Character in Crisis: A Fresh Approach to the Wisdom Literature of the Old Testament* (Grand Rapids: Eerdmans, 1996).

Crenshaw, James L. *Education in Ancient Israel: Across the Deadening Silence* (New York: Doubleday, 1998).

Fishbane, Michael. *Text and Texture: Close Readings of Selected Biblical Texts* (New York: Schocken, 1979), 79-83.

Lemaire, Andre. "The Sage in School and Temple." in *The Sage in Israel and the Ancient Near East*, ed. John G. Gammie and Leo G. Perdue (Winona Lake, Ind.: Eisenbrauns, 1990), 165-181.

Perdue, Leo G. et al. *Families in Ancient Israel* (Louisville, Ky.: Westminster John Knox Press, 1997).

11. 구속
Redemption

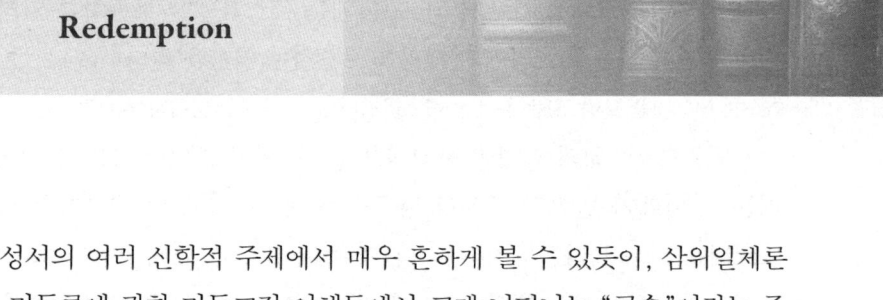

성서의 여러 신학적 주제에서 매우 흔하게 볼 수 있듯이, 삼위일체론과 기독론에 관한 기독교적 이해들에서 크게 나타나는 "구속"이라는 주제는 일상생활의 평범한 관습들에 그 기원을 두고 있다. 이 주제는 두 개의 상당히 뚜렷한 방식 즉 "구속하다"(redeem)와 "속량하다"(ransom)로 사용되었다.

히브리어 용어 "구속자"(go'el[고엘])는 그것의 초기 용례에서 가족적 의무사항들에 관한 실행과 유지를 가리킨다. "구속자"는 가족의 한 구성원, 아마도 가장 가까운 친족으로, 가족 구성원의 명예를 보호하고 위험에 처할 수 있는 가족의 재산을 지킬 책임을 갖고 있다(창 38:8을 보라). 예를 들어, 신명기 19:4-6에서, 피의 구속자는 가족의 죽음에 대해 보복함으로써 가족의 명예를 보호하기 위해 행동한다.

또한, 예레미야 32:6-15과 룻의 내러티브에서 예레미야와 보아스는 가족의 재산을 보호하기 위해 행동한다. 게다가 희년에 대한 토라 규정에서, 친척은 그 가족을 위해 그 땅을 "구속해야"(redeem) 한다. 신명기 25:5-10에서, 형제는 그의 형제의 계보와 이름을 보전하기 위해 행동해야 한다. 남편이나 아들이 없는 여성에게 사용 가능한 어떠한 자원이나 지원들도 없는 가부장제 사회에서, 남성 보호자를 제공해야 하는 의무는 매우 중요한 것이었다.

고대 이스라엘의 신학적 해석의 상상적 능력은 구체적인 가족 관습을 포괄적인 신학적 이미지로 변화시켰다. 그러한 변화에서, 야웨는 이스라엘의 "구속자"(redeemer)로 묘사된다. 즉 그는 이스라엘의 삶을 보존하고 그들의 미래를 보호하기 위해 행동하는 가장 가까운 친족이다.

그래서 출애굽기 6:6-7과 15:13에서, 예를 들어, 출애굽 사건은 "구속자"의 은유 아래로 들어오게 되고, 야웨는 이스라엘을 보존하고 파라오에게 붙잡혀 있는 이스라엘의 해방을 보증하는 역할을 한다(시 74:2; 77:15; 78:35; 106:10을 보라. 모든 용례는 이스라엘의 초기 출애굽 낭독과 일치한다).

바빌론으로부터의 해방이 특징적으로 "두 번째 출애굽"으로 간주되기 때문에, 야웨가 변혁적 구원의 행동을 하는 이스라엘의 구속자로 다시 묘사되는 것은 놀라운 일이 아니다(사 41:14; 43:1, 14; 44:6, 22-24; 47:8; 그리고 다른 많은 용례). 이스라엘은 그 사건을 이스라엘이 보존되고, 보호되고, 웰빙을 향해 "고향"으로 돌아가는 과정으로 해석한다.

신앙에 관한 이스라엘의 더욱 개인적인 수사학 또한 동일한 이미지에 호소한다. 궁핍하고 위험에 처한 이스라엘은 야웨에게 특정한 상황에서 구속자로 행동하도록 간구한다.

> 내 영혼에게 가까이하사 구원하시며
> 내 원수로 말미암아 나를 속량하소서 (시 69:18; 참조. 시 103:4; 107:2; 146:9)

이러한 경건의 관행을 고려할 때, 헨델의 〈메시아〉(*Messiah*)에서 친숙하지만 잘못 이해된 욥기 19:25에 특별한 주의가 기울여질 수 있게 된다. 욥이 신뢰하는 "구속자"는 아마도 하나님이 아니라, 한 정체불명의 대리자일 것이다. 그는 욥이 심지어 자신이 죽은 후에도 하나님에 대한 자신의 명성을 유지하기 위해 신뢰하는 자이다. 이러한 용례는 특이하지만, "구속자"라는 개념이 순결한 이미지가 아니라, 큰 위험과 위기의 시기에 중추적인 힘(a pivotal force)이라는 것을 우리에게 상기시킨다.

또 다른 한 쌍의 이미지는 두 번째 용어 "속량하다"(*pdh*, 파다)에 의해 떠올리게 되는데, 이것은 대가의 지불 혹은 현금 거래에 의해 자유를 사들이는 것을 의미한다. 가장 충격적인 사례는 장자가 육신 제물로 바쳐지든지 혹은 전 생애 동안 종교적 직분자로 제공되든지 간에 그가 하나님에게 속해 있다고 전제하는 본문 조항들에서 발견된다. 놀랍게도, 대체물에 관한 조항, 즉 희생 제사에서 장자를 대신하는 동물(출 13:13-15; 34:20) 조항이 제시된다. 이러한 교환은 현금 거래에 해당하고, 대체물을 지급하는 데 필요한 경제적 여유가 있었던 자들에게만 오직 유용했을 것이다.

아마도 드물지 않은 상업적 거래로 보이는 것이 특징적으로 신학적 은유로 변화된다. 따라서 이사야 43:3-4에서, 야웨는 이스라엘을 해방하기 위해서 이스라엘과 교환하여 다른 민족들을 제공한다. 시편 44:12에서, 야웨는 이스라엘을 너무 싼 가격에 노예로 팔았다는 이유로 비난받는다. "구속"과 마찬가지로, "속량"이라는 개념은 출애굽과 관련하여(신 7:8; 9:26; 13:5; 15:15, 21) 그리고 다시 바빌론으로부터의 해방과 연관되어 사용된다(사 50:2; 51:11).

그 이미지가 야웨의 공적 "기적들"에 대해 사용되는 것처럼, 동일한 용어가 이스라엘의 개인적 기도에서 나타난다(시 31:5; 44:26; 55:18). 이스라엘의 기도는 탄원이 억제되고 참을 수 없는 상황으로부터 탄원자를 해방시키기 위해 요구된 것을 지불하도록 야웨를 움직일 것이라는 기대이다. ("지불"[payment]이라는 개념이 더 이상 은유로 간주되지 않을 때, 그것은 안셀무스[Anselm]가 "충족설"[satisfaction theory]에서 제시한 그리스도 안에 있는 구속에 관한 기독교의 이해에 엄청난 해를 끼치게 되었다.)

"구속"과 "속량"이라는 단어들이 지닌 은유적 힘은 각각의 경우에서 상당히 뚜렷이 구별된다. 하나는 가족의 책무와 관련되어 있고, 다른 하나는 대체물의 상업적 거래와 관련된다. 그러나 찬양, 고백, 탄원에 관한 이스라엘 전통의 창의적 표현 안에서, 두 용어는 합쳐지고, 공통의 목소리로 증언한다. 신학적 표현을 위한 이스라엘의 능력은 그 용어들에 대한 이전의 비신학적 사용에서 조달받는다.

우리는 그 신학적 사용들이 용어들 안에 있는 이전의 특정한 뉘앙스들을 계속해서 반영하고 있다고 생각할 수 있다. 더욱 넓은 해석적 전망으로 옮겨질 때, 그 용어들은 선한 삶을 불가능하게 하는 여러 세력과 상황들에 대항해 효과적으로 개입하려는 야웨의 능력과 준비됨을 증언한다. 이스라엘은 야웨에 의한 그러한 사전적 개입들을 증언하고, 현재 상황과 다가올 시기에 있을 그와 같은 야웨의 개입들을 계속해서 기대한다.

참고 문헌

Levenson, Jon D. *The Death and Resurrection of the Beloved Son: The Transformation of Child Sacrifice in Judaism and Christianity* (New Have, Conn.: Yale University Press, 1993).

Newsom, Carol A. "The Book of Job: Introduction, Commentary, and Reflections." in *NIB IV* (Nashville: Abingdon Press, 1996), 477-479.

Perdue, Leo G. et al. eds. *Families in Ancient Israel* (Louisville, Ky.: Westminster John Knox Press, 1997).

Stuhlmueller, Carroll. *Creative Redemption in Deutero-Isaiah* (Analecta Biblica 43; Rome: Biblical Institute Press, 1970).

Unterman, J. *From Repentance to Redemption* (JSOTSup 54; Sheffield: Sheffield Academic Press, 1987).

12. 구원
Salvation

구약성서의 주요한 줄거리는 야웨가 구조, 구원, 그리고 해방을 가져오기 위해 이스라엘의 삶에 개입하는 사건들의 연속이다. 이러한 행동들은 이름을 붙일 수 있고, 구체적이고, 결정적으로 변화를 일으키는 것이고, "구원"(salvation) 혹은 "해방"(deliverance)으로 일컬어진다(사 52:7, 10; 시 27:1; 78:22).

그러한 결정적인 방식으로 행동하는 존재(일반적으로 야웨, 그러나 때때로 사사기 3:31; 6:14; 10:1에서와 같이 야웨의 명령에 따른 인간 대리인들)는 "구원자"(savior)라고 칭하며(호 13:4; 사 43:3, 11; 45:15, 21; 49:26), 결정적인 동사는 "구원하다"(*yš'* [야샤]; 삿 3:9; 사 49:25; 63:9)이다. 이 언어는 엄청난 규모의 변혁적 힘을 보여 준다. 따라서 구원은 더욱 큰 야웨의 힘으로 지금은 패배당해 무효화된 힘들에 대한 승리로 이해될 수 있다(이 동사로부터 유래한 파생어는 여호수아, 이사야, 호세아, 그리고 후대의 예수라는 이름이다).

이스라엘을 위해 야웨가 행했던 위대한 공적 구조 사건들의 주요 줄거리는 때때로 "신조"(credo)라 일컬어지는 상당히 표준적인 이야기를 구성한다. 이는 이스라엘이 그들의 신앙에 제공한 결정적이고 가장 특징적인 증언이고, 그 사건들의 연속에서 야웨는 변혁적으로 관여하고 있다고 언급된다(시 105편, 106편을 보라). 이러한 사건 중 가장 중요한 것은 출애굽 사건이다. 거기에서 야웨는 파라오의 압도적이고 학대적인 권력으로부터 이스라엘을 구원했다(출 6:6).

출애굽을 시작으로, 이스라엘은 광야에서의 하나님의 인도와 좋은 땅의 선물에 관해 이야기하는데, 이것들은 함께 구원 역사의 틀을 형성한다. 다음으로, 이 내러티브 이야기에 이스라엘이 특별히 가치 있게 여기는 다른 사건들이 추가될 수 있다. 비평적 관점으로부터, 야웨라는 이름을 가진 신과 "구원하다"라는 능동 동사를 연결하는 것은 어렵다. 왜냐하면, 우리는 야웨가 이 동사를 어떻게 혹은 어떤 방식으로 실행하는지 듣지 못하기 때문이다.

그러나 이러한 연결은 이스라엘의 신앙에 있어 결정적인 것이다. 이스라엘의 송영적 수사학에서, 그 연결은 어떠한 문제도 제기하지 않고, 실제로 이스라엘이 표명할 수 있는 가장 중요한 신앙적 주장이다. 송영적 주장의 결과는 야웨가 구원하는 하나님(부수적으로, 이는 엘리사라는 이름의 정확한 의미이다. "하나님이 구원한다")으로 알려지고, 고백된다는 것이다.

야웨의 구원 행동은 특징적으로 이스라엘의 부르짖음에 대한 응답이다. 이는 출애굽기 2:23-25의 최초의 출애굽 접촉에서, 사사기의 주기적 패턴에서(삿 3:7-10에서와 같이), 그리고 시편 107편의 매우 양식화된 표현에서 명백하게 나타난다.

기적들에 관한 이러한 규범적 이야기는 그 안에 야웨가 내재되어 있고, 그를 통해 야웨가 이스라엘에 알려지게 된 내러티브를 제공한다. 게다가 이 이야기는 이스라엘을 독특한 수혜자로, 그리고 야웨의 구원하는 능력의 대상으로 식별하면서, 세상을 야웨의 강력한 변혁적 의도에 개방된 장소로 표시한다.

야웨를 구원자로, 이스라엘을 야웨의 백성으로, 그리고 세상을 야웨의 영역으로 특징짓는 구원에 관한 이 내러티브 이야기는 이스라엘의 송영적 상상력을 완전히 차지했다. 결과적으로, 세상에서 이스라엘의 삶의 남은 부분은 이러한 규범적 내러티브 특징들에 따라 재묘사될 수 있었을 것이다. 따라서 이스라엘이 페르시아의 명령에 따라 바빌론으로부터 "기적적으로" 구조되었던 기원전 6세기에, 이스라엘 삶에서의 이러한 전환은 송영적으로 하나님의 구원사역으로 이해된다(사 43:12).

유사한 방식으로, 이스라엘의 보다 친밀한 개인적 경험 또한 해방의 수사학을 통해 이해되었다. 이스라엘인들은 정기적으로 개인적 상황으로부터의 구원을 야웨에게 청원했고(시 3:7; 6:4; 7:1; 22:21), 해방 이후에는 그 해방에 대해 야웨에게 정기적으로 감사했다(시 34:6-8; 107:13-16, 19-22).

이스라엘의 송영적 수사학 안에 통합된 "구원"의 광범위한 범위는 중대한 요점이다. 구약성서에서 "구원"은 종종 "물질적인 것", 즉 생생하고, 구체적이고 사회정치적인 쟁점들인 것으로 언급된다. 그러한 주장은 구원이 영적이고 내세적인 것이라는 기독교의 빈번한 주장에 대한 반응으로 구약성서를 위해서 만들어진 것이다. 실제로, 구약성서는 물질적-영적이라는 이원론(dualism)을 알지 못하고, 삶의 모든 측면(개인적인 것과 공적인 것, 현재와 미래)을 야웨의 구원하는 능력에 개방된 것으로 간주한다. 따라서 "구원"은 완전하고 즐거운 공동체 생활을 방해하는 모든 상황이나 부정적 힘으로부터의 해방이다.

"파라오"는 하나님이 이스라엘에게 허락한 삶을 불가능하게 하는 모든 힘을 나타내는 이스라엘의 간편한 암호(cipher)이다. 비록 부정의 압력이 질병, 투옥, 고립, 가난, 불공평한 소송절차, 혹은 심지어 이웃에 대한 비방을 포함하는 많은 형태로 나타날 수 있을지라도 말이다.

웰빙을 적극적으로 불가능하게 만드는 세력으로서 일련의 서로 다른 범주(죽음 또는 심지어 법의 힘에 노예화된 상태에 대해, 또는 더욱 현대적인 범주로는 죄와 절망에 대해 말하는 것)로 이동하는 것은 상대적으로 쉽다. 이러한 추론들에서, 우리는 여전히 실제의 삶과 연결성을 유지해야 한다. 실제의 삶이란 구원을 위한 용어들이 자신들의 주요 배경으로 삼고 있는 매일의 삶의 현실을 말한다.

시편에서, 하나님이 극복해야 하는 그러한 활동적 부정의 세력은 종종 "대적"으로 불린다. 그러나 이 용어는 열려 있고 규정되어 있지 않다. 어떠한 부정의 세력이나 상황도, 우리가 "가난과의 전쟁" 혹은 "암과의 전쟁"이라고 보통 말하는 것처럼(여기에서 가난 혹은 암은 완전한 삶을 불가능하게 하는 대적으로 간주한다), "대적"으로 불릴 수 있다. 이스라엘의 기쁨의 확언은 야웨(구원하는 분)가 웰빙의 모든 장애물을 과거에도 이겼고, 항상 이길 수 있고, 미래에도 이긴다는 것이다. 구원이 실행되어야 하는 세상은 경쟁하고 갈등하는 힘들의 세상이다.

이스라엘은 이러한 위협적 힘들을 인정하기는 하지만, 결국 야웨가 이러한 모든 세력보다 더욱 강하다는 것을 확신한다. 그러므로 야웨는 새로운 삶을 가능하게 하는 분으로 찬양받아야 한다. 야웨의 구원은 기독교 용어로 "복음"의 주요 주제가 된 승리이다. 복음이란 죽음을 초래하는 세력들로부터 하나님이 구원하신다는 선언이다(구체적 위협의 상황 속에서의 "좋은 소식"에 관해서 사 40:9-11; 52:7-8을 보라).

참고 문헌

Brueggemann, Walter. *Theology of the Old Testament: Testimony, Dispute, Advocacy* (Minneapolis: Fortress Press, 1997), 173-181.

Croft, Steven J. L. *The Identity of the Individual in the Psalms* (JSOTSup 44; Sheffield: Sheffield Academic Press, 1987), 15-48.

von Rad, Gerhard. *The Problem of the Hexateuch and Other Essays* (New York: McGraw-Hill, 1966), 1-78.

Westermann, Claus. *What Does the Old Testament Say about God?* (Atlanta: John Knox Press, 1979), 25-38.

13. 기도
Prayer

구약성서에 나타나는 기도는 상호적 대화(드라마, 대화)이다. 거기에서 양 당사자 모두 일정한 역할을 맡는다. 기도의 결정적 전제는 야웨의 특성이다. 그는 특징적으로 이스라엘의 위대한 송영들과 기억들에서 이름이 언급된 존재로 알려지고 신뢰받는다. 또한, 그는 이스라엘을 대신하여 적극적으로 개입하고, 이스라엘에 대한 변함없는 신실함을 맹세했던 존재이다. 기도의 대화에서 또 다른 당사자는 이스라엘이다. 이스라엘은 야웨의 선하심의 주요 수혜자이고, 야웨와 야웨의 토라 계명에 신실한 순종을 맹세했다.

몇몇 기도에서 이스라엘은 하나의 공동체로서 발언한다. 다른 경우에, 화자는 그 공동체의 개별 구성원이다. 때때로 이러한 기도의 화자는 이스라엘을 대신하여 기도하는 식별 가능한 이스라엘의 지도자이다.

그러나 더욱 자주, 이스라엘 공동체의 한 무명의 구성원이 상당히 개인적이고 사적인 기도를 한다. 하지만 그것은 항상 공동체의 한 구성원으로서, 그리고 항상 이스라엘의 송영적 전통과 야웨와 함께했던 과거에 관한 이스라엘의 기억이라는 맥락에서 이루어진다. 따라서 기도는 이 두 당사자가 서로에게 지속적 충성을 맹세했던 언약의 현실을 특징적 전제로 갖고 있는 활동이다.

기도의 전제, 맥락, 실행으로서의 이러한 대화적 현실은 마틴 부버(Martin Buber)의 **나와 너**(I and Thou)에서 가장 대중적으로 표현되었다. 이것은 이스라엘의 삶(그리고 더 광범위하게는 이스라엘이 대표하는 인간 개개인의 삶)이 항상 기도에서 언급될 수 있는 이 하나님으로부터 파생되고 그와 관련되어 있다는 유대인의 특징적 확언이다.

이스라엘의 기도는 언약의 상태, 즉 그것이 잘 기능하고 있는지 아닌지의 관점에서 이해될 수 있다. 언약이 잘 기능할 때, 이스라엘은 야웨를 찬양한다. 찬양은 야웨를 향한 발언이고 시편에서 풍부하게 발견되지만, 일반적으로 기도의 범주로는 다루어지지는 않는다. 언약이 좋은 상태에 있을 때, 기도는 신뢰감 있는 친밀함과 확신의 행동이 될 수 있다.

그러나 또한 이스라엘은 언약이 혼란스런 상황에 있고 잘 기능하지 않을 때, 그리고 양 당사자가 약간의 소외를 경험할 때에도 야웨와 관계를 맺는다. 그런 때에 기도는 언약의 역기능 안에서 발생한 균열을 가로질러 도달하고자 하는 시도이다. 이스라엘의 신앙이 주로 사법적 범주들로 정의되기 때문에, 이러한 균열을 가로질러 도달하는 것은 죄와 실패라는 측면에서 사법적으로 부과된다.

우리에게 가장 친숙한 것은 이스라엘이 언약의 실패에 대한 책임을 받아들이고 자신의 죄와 실패를 인정하는 고백의 기도들이다. 이러한 기도들 중 가장 유명한 것은 시편 51편이고, 이는 전통에 의해 다윗의 기도로 표현된다.

그러나 가장 주목할 만한 것은 언약의 실패가 그들 자신의 것이 아니라 야웨의 것이라는 생각을 기꺼이 받아들이고 표현하려는 이스라엘의 태도이다. 대부분의 경우 이러한 기도들은 야웨의 능동적 실패가 아니라, 야웨의 방치, 침묵 혹은 부재를 암시한다(시 13:1-3; 35:17, 22-23; 71:12; 77:7-9을 보라). 그러나 기도하는 사람은 일반적으로 죄책감 혹은 비난에 사로잡혀 있는 것이 아니라, 기도가 더 이상 자신을 위해 효과적으로 작용할 수 없기 때문에 절망적 상태에서 단순히 야웨가 주의를 기울여 돕고, 치유하고, 구원하고, 구출하도록 간청한다.

이러한 분위기와 상황은 이스라엘의 기도 중심이 특징적으로 이스라엘이 명령형으로 말하고 하나님의 능동적 임재와 개입을 구하기 위해 "부르짖는" 간구라는 것을 제안한다. 명령형은 자신을 위한 간구이거나, 타인 또는 공동체를 위한 중보일 수 있다. 어느 쪽이든, 야웨를 향한 긴급한 연설은 야웨와 함께한 역사와 믿을 만한 친밀감이라는 감정을 토대로

하는 확신에서 표현된다.

명령형의 간구는 그 자체로 가장 원초적이고 가장 기본적인 형태의 기도로 이해될 수 있을 것이다. 간구는 이스라엘에서 고도로 양식화되었는데, 그것은 하나님을 향한 부름("나의 하나님")을 동반하면서, 야웨가 그 명령형에 주의를 기울이고 효과적으로 응답해야 한다는 동기부여 또는 근거들을 제시한다.

그 동기부여들은 절박한 필요에 대한 진술(시 3:1-2), 이스라엘을 위한 야웨의 과거의 충실함에 대한 호소(시 22:3-5), 혹은 영화와 위엄을 위한 야웨의 명성에 대한 호소(시 7:6-8)를 포함할 수 있다. 그 동기부여들은 야웨가 행동하도록 설득하기 위해 고안된 것처럼 보인다. 그리고 그것들은 부분적으로 이스라엘에 대한 야웨의 의무에 호소할 뿐만 아니라, 야웨의 적절한 역할과 명성에 대한 야웨의 자부심과 감각에 호소한다.

이스라엘이 야웨와 나누는 대화는 언약의 하나님이 모든 상황에 관련되어 있고 적합하다는 것을 확신하면서 인간의 삶에서 일어날 수 있는 모든 문제에 열려 있다. 이스라엘의 기도들은 전쟁에서의 지원 혹은 가뭄에서의 개입과 같은 공공의 필요들뿐만 아니라, 질병, 가족 소외 혹은 버림받은 느낌과 같은 매우 개인적인 문제들에 관한 것이다.

실제로, 시편은 이스라엘의 기도 관습이 풍부하게 축적된 모음집이다. 그것들은 공적으로 대축제일(High Holy Days)에 사용되었음이 분명한 여러 기도를 포함한다. 또한, 그것들은 더욱 덜 공적인 영역에서 특징적으로 제공되었던 보다 친밀한 기도들을 포함한다. 더욱이 시편 외에, 기도는 구약성서의 내러티브 전체에 걸쳐 나타난다. 따라서 살아 있는 삶에 관한 기록들은 이스라엘의 기억 속에서 가장 대표적인 인물들에 의해 표현된 야웨에 대한 구체적 언급들을 포함한다. 여기에는 다음이 포함되어 있다.

- 소돔을 대신하여 매우 까다로운 간구를 하는 아브라함(창 18:22-32)
- 형 에서와 직면하여 매우 깊은 두려움의 순간에 선 야곱(창 32:9-12)

- 야웨의 분노에 직면하여 이스라엘을 위한 모세의 중보(출 32:11-14; 민 14:13-19).
- 신탁으로 방금 자신에게 한 야웨의 위대한 약속들을 확고히 하는 다윗(삼하 7:18-29).
- 야웨가 모든 저주의 상황을 중단할 수 있다고 요약적 방식으로 기도하는 솔로몬(왕상 8:31-53).
- 아시리아의 위협에 직면하여 야웨가 충분하고도 남을 것이라고 기도하는 히스기야(사 37:16-20).

여성들의 기도는 밀러(Miller)가 관찰했던 것처럼 특별히 주목을 받아야 한다. 거기에는 하갈의 기도(창 21:15-19), 한나의 기도(삼상 1-2장), 그리고 시편 131편의 주목할 만한 기도가 포함된다.

이러한 풍부한 사례들의 나열은 이스라엘이 특징적으로, 그리고 자의식적으로 기도하는 민족이었다는 것을 암시한다. 이스라엘의 삶의 모든 부분은 확신 있게, 그리고 열정적으로 야웨의 통치와 의지에 직결되어 있다. 이스라엘에 대한 이러한 결정적 현실은 다음을 암시한다.

첫째, 이스라엘의 기도는 실제적 응답을 기대하면서 실제적 당사자에게 하는 실제적 연설이다. 이스라엘의 자기표현은 기도 효과의 역사를 암시한다. 언약적 기도의 경이로움들(dazzlements) 중 하나는 야웨를 향한 명령형들이 실제적 응답을 불러일으킬 수 있다는 것이다.

지배적인 학문적 가설은 인간 중재자를 통한 이스라엘의 간구들이 야웨의 임재와 도움에 대한 확신을 제공한 "구원 신탁"(a salvation oracle)을 야기했다는 것이다. 이러한 신학적 실재론의 특성은 기도가 효과를 발휘한 이후 이스라엘이 드린 인정과 감사의 기도들에서 명백하다.

[1] 내가 여호와를 기다리고 기다렸더니

귀를 기울이사

나의 부르짖음을 들으셨도다

² 나를 기가 막힐 웅덩이와

수렁에서 끌어올리시고

내 발을 반석 위에 두사

내 걸음을 견고하게 하셨도다(시 40:1-2).

이에 그들이 근심 중에 여호와께 부르짖으매

그들의 고통에서 건지시고(시 107:6; 참조. 13, 19, 28절).

¹ 여호와께서 내 음성과 내 간구를 들으시므로

내가 그를 사랑하는도다

² 그의 귀를 내게 기울이셨으므로

내가 평생에 기도하리로다(시 116:1-2).

둘째, 동시에 이스라엘은 야웨가 기도에 대한 반응으로 간구에 따라 주어지는 자동기계가 아니라는 것을 알고 있다. 욥기의 드라마는 욥이 자신의 많은 항변에 대해 하나님의 응답을 받았지만(욥 38-41장), 그것은 욥이 구했던 종류의 사용자-친화적(user-friendly) 응답이 아니라는 것을 보여 준다. 게다가 시편 88편은 기도가 심지어 열정적 반복 이후에도 실제로 응답하지 않을 수 있다는 이스라엘 편에서의 매우 놀라운 인정이다 (또한, 시 89:46-49를 보라).

따라서 비록 야웨가 이스라엘에게 열정적이고, 충실하고, 관심을 기울인다고 할지라도, 야웨는 자신의 의지에 따라 응답하거나 혹은 전혀 응답하지 않을 자유를 가지고 이스라엘(그리고 이스라엘의 기도들)을 대한다. 이스라엘은 자신의 기도에서 확신을 가질 수 있지만, 안일함 혹은 야웨를 당연하게 여기는 것에 대한 어떠한 근거도 갖고 있지 않다.

셋째, 이스라엘의 지속적 기도의 실천은 신뢰할 만한 신학적 순수함을 보여 준다. 현대적이고, 과학 지향적이고, 기술적으로 길들여진 (우리와 같은 수많은) 사람들은 그러한 순수함이 믿기 어렵다는 것을 발견한다. 결과적으로, 기도는 현대 세상에 맞게 정기적으로 조정된다. 기도는 빈약해져서 실제로 어떤 것도 구하지 않게 되거나(어떠한 경우에도 아무것도 주어지지 않을 것이라는 확신에 찬 의심 안에서), 또는 기도는 카타르시스의 심리학적 행동으로 전환되어서 우리를 보다 기분 좋게 만들거나, 또는 기도는 집단 공유의 과정이 된다.

이러한 고대 신앙의 순수함은 우리 중에 쉽게 전용되지 않는다. 그러나 우리는 기도에 관한 우리의 관습적 환원주의들이 창백하고 부적절한 기도의 그림자들이라는 것을 인정함으로써 이스라엘이 기도를 실천했던 것처럼 시작할 수 있을 것이다. 그러한 순수함을 회복하는 것은 단순히 기도에서가 아니라 이스라엘의 하나님에 대한 재서술에서 시작된다. 그는 신실한 수사학의 가장 심오한 운율들 안에 현존하는 것으로 알려진 존재, 즉 교회의 하나님이다.

참고 문헌

Balentine, Samuel E. *Prayer in the Hebrew Bible: The Drama of Divine-Human Dialogue* (OBT; Minneapolis: Fortress Press 1993).

Boyce, R. N. *The Cry to God in the Old Testament* (Atlanta: Scholars Press, 1988).

Clements, Ronald E. *In Spirit and in Truth: Insights from Biblical Prayers* (Atlanta: John Knox Press, 1985).

Greenberg, Moshe. *Biblical Prose Prayer As a Window to the Popular Religion of Ancient Israel* (Berkeley: University of California Press, 1983).

Miller, Patrick D. "Prayer and Divine Action." *God in the Fray: A Tribute to Walter Brueggemann*, ed. Timothy Beal and Tod Linafelt (Minneapolis: Fortress Press, 1998), 211-232.

Miller, Patrick D. "Prayer as Persuasion: The Rhetoric and Intention of Prayer." *Word & World* 13 (1993): 356-362.

Miller, Patrick D. *They Cried to the Lord: The Form and Theology of Biblical Prayer* (Minneapolis: Fortress Press, 1994).

Newman, Judith. *Praying by the Book* (Atlanta: Scholars Press, 1999).

Rief, Stefan. *Judaism and Hebrew Prayer: New Perspectives on Jewish Liturgical History* (Cambridge: Cambridge University Press, 1995).

14. 기적
Miracle

구약성서는 노래와 내러티브 안에서 하나님의 임재, 목적, 그리고 능력의 힘과 의도 때문에 일어난다고 말하는 세상의 변혁적 사건들에 대해 증언한다. 그렇게 전달된 불가해한 사건들을 가리키는 우리의 현대적 용어는 "기적"이다. 기적은 우리가 설명 또는 이해할 수 있는 우리의 능력을 초월한 사건을 의미한다.

구약성서는 "기적"에 대한 어떠한 단일한 용어를 갖고 있지 않고, 용어군을 사용하는데, 그것들 모두는 변화를 일으킬 수 있는 하나님의 설명 불가능한 (그러나 의심의 여지가 없는) 능력을 가리킨다. 시편 145편의 송영 안에, 그러한 용어가 많이 모여 있다.

> ⁴ 대대로 주께서 행하시는 일을 크게 찬양하며
> 주의 능한 일을 선포하리로다
> ⁵ 주의 존귀하고 영광스러운 위엄과
> 주의 기이한 일들을
> 나는 작은 소리로 읊조리리이다
> ⁶ 사람들은 주의 두려운 일의 권능을 말할 것이요
> 나도 당신의 위대하심을 선포하리이다
> ⁷ 그들이 주의 크신 은혜를 기념하여 말하며
> 주의 의를 노래하리이다(시 145:4-7).

여기의 간결한 시적 단위에 **행하시는 일, 능한 일, 영광스러운 위엄, 기이한 일들, 두려운 일, 위대하심, 명성, 크신 은혜, 의**라는 용어들이 존

재한다. 확실히, 이러한 용어 각각은 그 자체의 특정한 함축된 의미를 갖고 있고, 다른 용어들과 쉽게 구별될 수 있다. 그 자체로 모든 용어가 "기적"을 의미하는 것은 아니다. 그러나 그것들이 기념하는 송영 안에 함께 모여 있을 때, 그 누적 효과는 그 용어 중 일부 혹은 전체가 갖는 정확한 의미 이상이다. 그것들 모두, 그리고 파생적으로 그 각각은 인간 삶 가운데 소란과 변화를 일으키는 하나님의 능력과 임재를 가리킨다.

여러 송영과 내러티브들 안에서, 이스라엘은 자신이 목격한 사건들에 경외감을 표한다. 그러나 동시에 이스라엘은 이러한 사건들이나 혹은 그것들에 부여된 주된 신학적 중요성에 대해 당혹스러워하지 않는다. 이스라엘은 자신이 증언하는 것을 설명하거나 합리화하려고 하지도 않는다. 이스라엘은 자신의 증언 방식들에서 삶의 그러한 "전환들"(turns)을 하나님의 강력한 개입에 대한 증거로 취할 수 있고, 그것은 자손 대대로 끝없는 기쁨과 열정의 이야기를 불러일으킨다.

이스라엘은 기적에 대한 인식론적 문제를 갖고 있지 않은 반면에, 현대의 과학적-합리적 의식은 변화를 위한 침입력(intrusive power)에 대해 극심한 의구심들을 갖고 있다. 결과적으로, 기적에 관한 일반적인 현대적 정의는 "자연법을 위반하는 사건"이고, 이는 정의상 "기적"을 축하받기보다는 설명되어야 하는 이상하고 문제가 있는 범주로 만든다.

이스라엘은 "자연법"(natural law) 혹은 세상에 관한 어떤 현대적, 과학적 개념으로 시작하지 않았다. 이스라엘은 "과학적"인 것을 추구하는 것이 아니라, 오히려 자신이 경험했던 것, 그리고 나중에 자신이 기억하는 것을 증언하는 즉각적이고, 직접적이며, 여과되지 않은 종교적 감수성에 관여한다. 따라서 이러한 신앙의 지평에서 "기적"은 어떤 외부적 합리성(rationality)에 종속되거나 그것에 의해 판단되지 않을 것이다. 그러한 종교적 직접성의 표현에 대해 내가 알고 있는 최상의 공식은 마틴 부버(Martin Buber)의 것이다.

역사적 접근으로부터 허용되는 기적의 개념은 그것의 시작점에서 **끊임없는 놀라움**(abiding astonishment)으로 정의될 수 있다(Buber, 75-76).

이러한 특성화가 현대의 과학적 설명 혹은 저항을 완전하게 피하고 있음을 주목하라. 이스라엘은 그 공동체가 "초월적인" 어떤 것의 존재를 직감적으로 인식하고 있기 때문에, 인간이 관리할 수 없는, 신비로 채워진 어떠한 사건들이 놀라움을 불러일으킨다는 것을 단순하게 알고 있다. 게다가 그러한 놀라움은 증언으로 고갈되지 않고 계속 남아 있으며, 공동체가 끝없이 돌아오게 되는 하나의 기준점이 된다.

그러한 끊임없는 놀라움은 인간의 관리에 의해 단순히 억제되거나 단조로워지지 않을 것이다. 이스라엘 신앙의 핵심은 그러한 변화들이 일어나고 능력과 강렬한 매력과 함께 계속 남아 있는 세상, 그래서 다시 이야기하고, 기억하고, 다시 듣는 것을 요구하는 세상 안에 살고 이스라엘이 있다는 점이다.

기적이 주입된 세상에 관한 이스라엘의 표현은 풍부한 유형들의 송영을 요구한다. 왜냐하면, 자아를 초월하여 하나님의 경이로움을 향하여 정열적으로 노래하는 것은 하나님의 자기 구현적(self-embodying) 경이로움에 대한 인간의 완벽한 반응이기 때문이다. 게다가 이스라엘의 유형화된 송영에서, 특정한 전환들은 공동체가 항상 되돌아오고 모든 다른 전환들을 측정하는 최초의(primal) 기적들이다.

이스라엘의 기억에서, 어떠한 이성적 설명을 하지 않는 사건들은 출애굽 해방과 약속된 땅의 선물을 포함한다. 전통에 따르면, 이러한 기억에 관한 주장은 만나 항아리(출 16:31-36)와 언약궤 안에 보존된 돌판들(왕상 8:9)에 관한 지속적 언급 때문에 구체적이고 가시적인 것이 된다.

더욱 넓은 관점에서, 창조 자체는 이스라엘을 황홀하게 하고, 하나님의 광채, 아름다움, 권능의 표지로서의 창조에 대한 반응으로 경외감과 경이로움을 불러일으킨다. 더욱 작은 규모에서, 이스라엘의 기도들은 국소적, 직접적 관심사에 초점을 맞추며, 때로는 성취된 전환들에 대한 감사로, 때로는 기억된 기적들에 따라 아직 이루어지지 않은 구원을 위한 간구들로 표현된다.

"기적"은 하나님의 지배적 능력을 보여 준다. 몇몇 증언들에서, 이스라엘은 하나님 자신의 직접적 사역에 대해 하나님을 찬양한다. 이스라엘의 지평에서 때때로 특정한 인간들은 하나님의 변혁적 능력을 충분히 부여받고 있으므로, 그 인간 대리자 또한 그러한 전환들을 실현할 수 있다. 모세와 엘리야와 함께, 엘리사는 확실히 하나님의 권한을 부여받은 인간 대리자의 대표 사례이다.

이스라엘은 엘리사의 "큰일들"을 요약해서 기억했을 뿐만 아니라(왕하 8:4), 그가 빈궁한 과부에게 음식을 주었고(왕하 4:1-7), 죽은 소년을 다시 살렸고(왕하 4:8-37), 위험한 음식을 영양분으로 변화시켰고(왕하 4:38-41), 배고픈 무리를 먹였다는 것을 구체적으로 상기한다(왕하 4:42-44). 내러티브는 그의 행위들에 관하여 설명하거나 심지어 호기심을 표현하지도 않지만, 변혁적 하나님의 능력이 인간의 과정 가운데 구체적으로 실행된다는 것을 받아들이는 것처럼 보인다.

상당히 분명하게, 엘리사의 이러한 위대한 일들은 끊임없는 놀라움을 불러일으킨다. 왜냐하면, 이러한 상당히 구체적인 구원들이 이스라엘 내에서 성서를 구성하게 되었기 때문이다. 이스라엘은 세상을 그 자체의 부적절한 자원들에 내버려 두기를 거부하는, 경이로운 일을 하는 하나님을 증언한다.

기적에 관한 지적 문제는 예민하다. 일반적 전략은 과학적 기준들로 기적을 측정하는 것이었다. 대안적 방안은 과학적 합리성의 한계와 상대적으로 작은 범위를 인식하는 것, 즉 우리의 일반적 설명들의 규범(canon)을 초월하여 작동하는 삶의 많은 부분을 다른 방식으로 다루는 것일 수 있다. 이스라엘의 증언은 매우 대담하고 매우 기이하다. 왜냐하면, 이스라엘은 놀라움과 감사를 두려워하지 않는 민족이기 때문이다. 따라서 시편 107편의 반복되는 후렴구는 다음과 같다.

여호와의 인자하심과

인생에게 행하신 기적으로 말미암아

그를 찬송할지로다(시 107:8, 15, 21, 31).

이스라엘은 보았고, 알고, 말하고, 끊임없이 놀라워했다.

참고 문헌

Brueggemann, Walter. *Abiding Astonishment: Psalms, Modernity, and the Making of History* (Louisville, Ky.: Westminster/John Knox Press, 1991).

Buber, Martin. *Moses* (Atlantic Highlands, N. J.: Humanities Press International, 1946).

Culley, Robert C. *Studies in the Structure of Hebrew Narrative* (Philadelphia: Fortress Press, 1976).

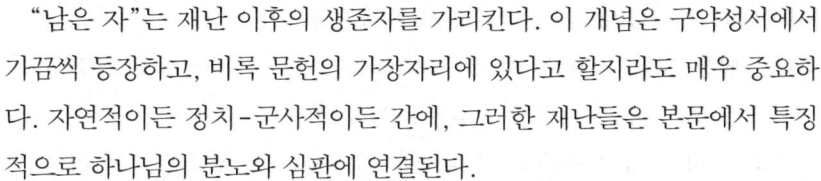

15. 남은 자
Remnant

"남은 자"는 재난 이후의 생존자를 가리킨다. 이 개념은 구약성서에서 가끔씩 등장하고, 비록 문헌의 가장자리에 있다고 할지라도 매우 중요하다. 자연적이든 정치-군사적이든 간에, 그러한 재난들은 본문에서 특징적으로 하나님의 분노와 심판에 연결된다.

재난 이후의 남은 자에 대한 기대는 웰빙과 안심이라는 맥락에서 언급될 경우에는 불길한 위협이 된다. 그러한 용례에서, 야웨의 심판 아래 있는 현상 유지(status quo)는 심각하게 붕괴될 것이다. "남은 자"에 관한 이러한 사용은 더 많은 사람, 현재 살아 있고 잘 지내는 모든 사람이 아니라 "**오직**(only) 남은 자"만이 살아남게 될 것을 의미한다.

남은 자에 관한 가장 통렬한 이미지는 아모스 3:12에 나타난다. 거기에서 이스라엘의 (그리고 그 나라의 수도의) 남은 자는 사자의 공격 이후에 양의 남은 부분("두 다리나 귀 조각"), 곧 얼마 남지 않은 나머지에 비유된다(또한, 암 5:3; 9:1-4를 보라). 가장 심각하게 축소된 형태로, 생존할 남은 자는 거의 인식될 수도 없고, 미래를 위한 좋은 상태에 있지도 않다(왕하 21:13-15; 사 17:4-6; 렘 8:3; 겔 15:1-8을 보라).

그러나 동일한 언어가 긍정적 확신으로 또한 기능할 수도 있다. 심판의 혹독함에도 불구하고, 몇몇 사람들은 야웨의 긍휼과 배려로 인해 생존할 것이다. 멸망은 완전하지 않을 것이다. 왜냐하면, 하나님은 하나님의 분노를 억제했고, 재난으로부터 몇몇 사람을 보호했기 때문이다.

물론 그 결과는 남은 자에 포함된 자들에게는 좋은 소식이지만, 동시에 남은 자에 포함되지 않은 모든 자에게는 **나쁜 소식**(bad news)이다. 아마도 가장 분명한 사례는 노아의 경우일 것이다. 그는 자신의 가족과 함께 홍수로부터 구원받은 남은 자이다(창 8:15-18; 9:8-17). 게다가 이사야 54:9에서, 시인은 6세기의 포로기를 홍수에 비유한다. 따라서 추방된 유대인 중 남은 자는 홍수 속의 노아가 그랬던 것처럼 그러한 포로기의 재난으로부터 보호받을 것이다.

남은 자에 관한 개념의 차원들로서 부정적 심판과 긍정적 확신은 이 세상의 일시적이고 위태로운 삶의 특성, 그리고 이 세상의 삶이 선 혹은 악에 대한 하나님의 성향(disposition)에 의존하는 정도(extent) 모두를 증언한다. "남은 자"는 하나님의 모든 백성의 미래를 최종적으로 결정할 야웨의 심판과 자비 모두에 대해 말하는 방식이다.

따라서 남은 자에 관한 개념은 매우 신학적이다. 왜냐하면, 그것은 하나님의 백성의 미래를 하나님의 통치 안에 안전하게 위치시키기 때문이다. 또한, 이 용어는 사회학적-이념적 힘을 갖고 있다. 기원전 6세기와 5세기, 포로지로부터 돌아온 소수의 귀환자는 자신을 하나님의 사랑을 받고 보존된 남은 자로, 따라서 이스라엘의 옛 전통들의 유일한 합법적 계승자들로 이해했다(학 1:12-14; 2:2; 슥 8:6-12를 보라).

이사야서의 후대의 몇몇 본문(사 1:25-26, 4:2-4)과 에스라 전통(스 9:8-15)에서, 남은 자는 상당히 특별한 한 공동체에 대한 자기 이해와 자기 차별화의 방식이다. 이 공동체는 자신들이 토라의 계명들에 따라 정결함과 순종의 삶을 살아야 한다는 명령 아래 있다는 것을 알고 있다. 이 사람들은 후대의 경건에서 하나님의 자비에 따라 살고 기쁘게 순종함으로 응답하는 "의로운 자"로 등장하는 자들이다.

암시된 대척점은 그러한 정결함과 순종에 참여하지 않고, 이 특별한 공동체의 결정적인 권위에 복종하지 않는 사람들은 구원받은 남은 자가 아니고 이스라엘 내에서 어떠한 지분도 가지고 있지 않다는 것이다. 따라서 남은 자는 이념적으로 배제의 원칙으로 변화될 수 있다(사 56:3-7을 보라. 또한, 훨씬 더 부정적인 용례에 대해서는 왕하 1:14을 보라).

참고 문헌

Campbell, J. C. "God's People and the Remnant." *Scottish Journal of Theology* 3(1950): 78–85.

Hasel, George. *The Remnant* (Berrien Springs, Mich.: Andrews University Press, 1974).

16. 다윗
David

    신학적 주제들을 다루는 이와 같은 책에서, 어떠한 인물들을 언급하는 것은 약간 이상해 보일 수 있다. 그러나 나는 전승으로부터 주어진 네 사람(모세, 다윗, 엘리야, 에스라)을 언급할 것이다. 왜냐하면, 각각의 개인들은 구약성서의 중요한 신학적 주장을 나타내기 때문이다.

    다윗과 관련된 역사적 쟁점들은 매우 논란이 되고 있다. 고대 이스라엘의 역사성에 대한 최소주의자들(minimalist)의 관점은 다윗의 역사적 존재에 의구심을 던진다. 고고학자들은 기원전 9세기의 한 비문을 지적하는데, 그것은 다윗에 대한 가장 이른 시기의 성서 이외의 증거이다. 그러나 그 비문 자체가 논란이 되는 것으로 판단된다.

    따라서 우리에게는 (다시 한번) 성서 전승에서 기억되고 묘사되는 다윗이라는 인물이 남겨져 있다. 그는 책략, 용기, 야웨의 보호 때문에 이스라엘과 유다 왕국의 왕이 되었고, 그의 아들 솔로몬이 후에 훨씬 더 강화했던, 예루살렘 안에 단일 통치권을 세웠던 한 유대인으로 "보잘것없는 사람(nobody)이다." 더욱 냉철한 비평적 판단은 발전된 정치 관행의 관점에서 볼 때, 다윗은 왕권에는 훨씬 못 미친 족장(a tribal chieftain)이었다는 것을 제안한다.

    우리의 목적을 위하여, 우리는 전승이 형성한 다윗에 관한 네 가지 주장에 주목할 것이다.

    첫째, 놀랍게도, 다윗은 무자비하고 야심 있는 권력자로서 나쁜 점들까지 모두 묘사된다. 소위 계승 내러티브(succession narrative)라 불리는 사무엘하 9-20장은 다윗이 밧세바를 빼앗고 우리아를 살해하는 핵심적 사건에 초점을 맞춘다. 나단의 예언적 비판 때문에, 이스라엘의 기억은 이 사건을 왕정 시대 이스라엘의 결정적 실제로 특징짓는다(삼하 11-12장). 게다가 이스라엘은 계속되는 역사 편찬에서 이 사건을 기억했다(왕상 15:5; 참조. 마 1:6). 후대의 문헌인 역대상 11-29장은 매우 다른 목적을 제공하는데, 그것은 비도덕적 요소들 없이, 다윗에 관한 보다 덜 솔직한 표현을 제공한다. 이 후대 본문에서, 다윗은 주로 제의적 지도자(a liturgic leader)로 전환되고, 더욱 덜 야심적이고 더욱더 이상적 방식으로 묘사된다.

둘째, 외견상 솔직하게 보이는 초기의 다윗에 관한 표현 중에서, 신학적 성찰을 위한 결정적 본문은 사무엘하 7:1-16이다. 여기서 야웨는 동일한 예언자 나단을 통해 다윗과 그 이후에 등장할 다윗의 후손들과 왕권에 대하여 무조건적 약속을 맺는다(참조. 동일한 약속이 시 89편, 132편에서 반복된다).

이 약속은 주목할 만한 지속성을 지닌 다윗 왕조에게 이념적 정당성을 부여한다(400년 동안 20명의 왕들!). 정치적인 현실을 넘어서, 그러한 무조건적인 약속은 이스라엘 안에서 왕실의 기대에 대한 추진력이 되었고, 그것은 결국 여러 메시아적 기대로 바뀌었다. 다윗 왕조의 역사적 실패를 고려하면서, 이스라엘은 장차 등장할 진실하고 완벽한 다윗 계열의 한 왕을 기대하게 되었다. 야웨가 그를 보낼 것이고, 그는 이스라엘의 최고의 희망들과 야웨의 최고의 약속들을 실행할 것이다.

셋째, 이러한 내러티브들과 함께, 다윗(사람으로서 그리고 직책으로서)은 시편에서 중요한 위치를 차지하게 된다. 열 개의 제왕시들에 특별한 관심이 주어질 것이다(시 2편; 18편; 20편; 21편; 45편; 72편; 89편; 101편; 110편; 144편). 이러한 시편들은 역사적 왕들이 가질 수 있었던 어떤 "결점들"을 무시하고, 야웨의 미래의 전달자로서 왕이라는 직책을 다룬다(게다가 현재 여러 학자는 이러한 제왕시들이 전체 시편에 구조와 양식을 제공하기 위하여 시편의 순서 안에 의도적으로 배치되어 있다는 것을 수용한다).

여러 제왕시, 특별히 시편 2편과 110편은 신약성서에서 초대 교회가 예수의 왕적 지위를 강조할 때 두드러지게 인용된다. 여기에 덧붙여, 수

많은 시편은 여러 표제를 갖고 있는데, 그것들은 내러티브 전승에서 보도되는 다윗의 삶에 대한 특별한 에피소드와 그 시편을 연결한다(가장 친숙한 경우는 시편 51편이고, 그것은 표제에 의해 우리아-밧세바 사건에 대한 다윗의 죄와 연결된다.)

역사 비평적 연구는 이러한 표제들을 역사적 보도로서가 아니라 어떻게 시편이 정경적으로 해석되어야 하는지에 관한 단서들로 간주한다. 시편 안에 있는 왕, 특별히 다윗의 존재는 제2성전 시기까지 유대교의 제의적 상상력을 다윗이 지배했다는 것을 잘 보여 준다.

넷째, 구약성서의 더욱 이후 시기의 본문들은 수많은 예언적 신탁을 포함하고 있다. 그것들은 메시아적 인물인 새로운 다윗, 즉 야웨가 지상에서 계획했던 통치를 확립할 인간 왕의 도래를 기대한다(이러한 본문 중 가장 분명한 것은 슥 9:9-10이다). 예수에 관한 신약성서의 해석은 예수를 자유, 평화, 정의 그리고 자비라는 새로운 통치를 확립할 "진정한 다윗"(the true David)으로 조명하기 위해 이러한 본문들을 사용했다.

이스라엘의 제의적 상상력의 모든 점에서, 다윗은 틀림없이 야웨가 확실히 수여할 좋은 미래에 관한 이스라엘의 약속 전달자이다. 사무엘하 7장에서 맺어진 무조건적 약속은 역사의 모든 예측 불허의 변화와 패배들에도 불구하고 지속하며, 메시아적 기대에 관한 기초를 제공한다.

유대인들은 한 메시아를 기다린다. 그는 분명히 올 것이다. 부활과 예수의 승천 이후, 기독교인들은 메시아의 재림을 기다린다. 유대인들과 기독교인들 모두 하나님이 지명한 한 인간 대리자가 웰빙을 향하여 공적 역사 과정을 새롭게 하려고 평화롭게 올 것이라고 믿는다. 이렇게 새로이 기대되는 역할은 기독교인들이 "나라가 임하시오며 … 하늘에서 이루어진 것 같이 땅에서도 이루어지이다"(마 6:10)라고 기도하는 대상이 된다.

다윗은 반대되는 모든 사실에 직면해서도 하나님이 주시는 선한 미래를 끈질기게 믿는 성서적 희망의 본질적 토대이다. 다윗은 상황에 반대되는 희망으로, 즉 하박국 3:17-18의 "비록 … 못하며 … 없으며 … 없을 지라도"에서 표현되는 희망으로 매우 특별하게 기능한다.

참고 문헌

Beron, A. and J. Naveh. "The Tell Don Inscription: A New Fragment." *Israel Exploration Journal* 45 (1995): 1-18.

Brueggemann, Walter. *David's Truth in Israel's Imagination and Memory* (Philadelphia: Fortress Press, 1985).

Childs, Brevard S. "Psalm Titles and Midrashic Exegesis." *JSS* 16/2 (1971): 137-150.

Flanagan, James W. *David's Social Drama: A Hologram of Israel's Early Iron Age* (The Social World of Biblical Antiquity Series 7; Sheffield: Almond Press, 1988).

Gunn, David M. *The Story of King David* (JSOTSup 6; Sheffield: University of Sheffield, 1978).

Halpern, Baruch. *David's Secret Demons: Messiah, Murderer, Traitor, King* (Grand Rapids: Eerdmans, 2001).

Jobling, David. *1 Samuel* (Berit Olam; Collegeville: Liturgical Press, 1998).

Kraus, Hans-Joachim. *Theology of the Psalms* (Minneapolis: Augsburg, 1986), chap. 4.

McKenzie, Steven L. *King David: A Biography* (New York: Oxford University Press, 2000).

McNutt, Paula. *Reconstructing the Society of Ancient Israel* (Louisville, Ky.: Westminster John Knox Press, 1999).

Polzin, Robert. *David and the Deuteronomist: A Literary Study of the Deuteronomic History. Part 3: 2 Samuel* (Bloomington: University of Indiana Press, 1993).

Simpson, Timothy F. "Paradigm Shift Happens: Intertextuality and a Reading of 2 Samuel 16:5-14." *Proceedings of the Eastern Great Lakes and Midwest biblical Societies* 17 (1997): 55-70.

Steussy, Marti J. *David: Biblical Portraits of Power* (Columbia: University of South Carolina Press, 1999).

17. 돈
Money

"돈"에 관한 신학적 질문은 화폐제도의 역사가 아니라, 신앙이 경제를 인식하고 실천하는 방법에 관심을 둔다. 구약성서의 많은 상황은 돈 자체보다는 땅과 다른 형태의 부동산에 관심을 가졌던 농업 경제에 관한 것이다. 실제로 토지 경제로부터 화폐 경제로의 전환은 아마도 우리가 구약성서 내의 중대한 긴장을 식별하게 할 것이다.

처음부터 구약성서는 경제에 대해 단일한 목소리를 내지 않는다. 거대한 다양성은 상충하고 논란이 되는 여러 주장을 가리킨다. 심지어 그것들이 성서 해석의 지속적 작업에서 계속 재등장한다고 할지라도 그러하다.

한편으로, 초기 이스라엘에 대해 기억되는 지파 경제는 소작농들이 서로 의존하고, 농업 공동체의 모든 구성원이 함께 빈곤의 위협을 안고 살았던 이웃 경제(a neighborly economy)에서 필수적이었다(예를 들어, 출 22:1-15를 보라). 이러한 경제적 상황을 고려할 때, 공동체의 구성원들이 그들이 갖고 있었던 부를 공동체의 더 어려운 구성원들과 공유했던 다소 분배적 경제 활동의 출현은 놀라운 것이 아니다.

그러한 분배적 정의감이 실제로 농경의 현실성을 반영한 것일 수도 있지만, 구약성서에서 이러한 관습은 바로 야웨의 성품에 뿌리를 둔 언약적 요구사항이 된다. 이러한 방식으로 볼 때, 우리는 이러한 초기의 전통들에서 이해되었던 야웨의 성품의 어떤 것이 사회의 구체적 현실로부터 비롯되었다는 것과, 또한 공동체가 특징적으로 과부, 고아, 나그네로 열거되는 가난하고 취약한 자들에게 특별한 관심을 가져야 한다는 동반된 인정으로부터 비롯되었다는 것은 인식할 수 있다(신 24:17-21을 보라).

스가랴 7:9-10에는 가난한 자들이 전통적 약자 세 부류에 추가된다. 이 윤리에서, 공동체 내의 경제적 실세들은 경제적으로 혜택을 받지 못한 자들과 부를 공유해야 할 의무를 갖는다. 그러한 의무는 단순히 "자선"에 의존하는 것이 아니라, 공적이고 체계적인 요구로서의 "율법"으로 기록된다. 이러한 접근은 "면제년"(신 15:1-18)과 "희년"(레 25장)에서 가장 강력하게 표현된다[**희년**을 보라].

또한, 그러한 경제적 의무에 대한 보증은 야웨, 곧 이집트의 노예 생활로부터 최초의 "면제년"을 제정했던 분의 성품 안에서 발견된다(신 15:15을 보라). 이는 제1계명에서 친숙하게 들리는 개념이다.

> 나는 너를 애굽 땅, 종 되었던 집에서 인도하여 낸 네 하나님 여호와라(신 5:6).

이 하나님은 나그네들과 그러한 취약한 모든 사람을 사랑한다(신 10:18을 보라). 이스라엘은 이웃의 삶의 질을 향상시키는 데 있어서 야웨를 본받으라는 명령을 받는다. 과부, 고아, 나그네를 향한 야웨의 성품에 뿌리를 둔 이러한 공적 의무는 "가난한 자들에 대한 하나님의 우선적 선택"(God's preferential option for the poor)이라는 최근의 선언을 정당하게 만든다.

다른 한편으로, 이스라엘이 그들의 과거를 기억하는 것처럼, 그 경제는 왕조의 등장, 그리고 솔로몬의 절정에 달한 호화로움으로 인해 심각하게 저해, 변질되었다. 사회는 단순한 농업적 이웃 사랑(neighborliness)으로부터 벗어나 재조직화되었고, 따라서 이스라엘은 일부를 위한 잉여 가치의 축적과 그에 따른 사회 계층화 측면에서 "모든 민족과 같이" 되었다(삼상 8:5, 20과 그 사이의 구절들을 보라). 요컨대, 솔로몬은 탐욕을 합법적으로 구현하게 되었다.

이러한 특성화는 그의 주목할 만한 상업 활동 (왕상 9:26-28), 건축 프로그램(왕상 7:1-8), 세금 징수 준비(왕상 4:7-19), 군사 프로그램 (왕상 9:17-19), 강제 노동 프로그램 (왕상 5:13-18; 9:20-22), 그리고 사치스러운 생활에 대한 결과이다(왕상 4:20-28). 그리고 이 모든 것은 엄청난 양의 금으로

지어진 정교한 성전에서 통합, 합법화되었다(왕상 6:20-22; 참조. 10:14-22).

솔로몬은 호화로운 성전을 그의 나머지 부와 연결함으로써, 솔로몬은 그의 모든 탐욕에 대한 야웨의 승인과 지지를 주장할 수 있었다. 이러한 경제에서 이웃 윤리(neighbor ethic)를 쉽고 간편하게 잊어버린 특권 엘리트가 출현했다. 그 최종 결과는 아마도 돈을 소유한 자들은 그것을 소유하는 것이 마땅하고, 돈이 부족한 사람들 또한 그 부족함이 마땅하다는 돈에 관한 응보 이론(a retributive theory)이었을 것이다.

이러한 기억들 중 어떤 것이 역사적으로 얼마나 구체적인지 아는 것은 어렵다. 우리의 본문은 현실성의 뉘앙스가 없는 극명한 모델들을 제시할 개연성이 더 크다. 경제 모델의 관점에서, 우리는 두 가지 서로 다른 경제 이론이 나란히 놓여 있음을 알 수 있다. 그 둘 모두 각각 옹호자를 갖고 있고, 둘 다 본문 안에 보존되어 있으며, 각각 의심의 여지없이 자신의 관점에 대한 신적 정당성을 주장한다.

부분적으로, 위에서 간단히 설명된 두 가지 경제 모델은 서로 다른 사회적 배경과 계급 구분의 결과이다. 그러나 옹호자들 자체는 그 이상을 주장한다. 그들은 분배 경제(a distributive economy) 혹은 응보 경제(a retributive economy)의 정당성이 야웨 자신의 성품과 의지에 뿌리내리고 있고, 따라서 그 경제적 질문들은 궁극적으로 신학적 질문들, 즉 야웨의 의지에 관한 논쟁이 된다고 주장한다. 경제적 쟁점과 신학적 쟁점들의 결합은 필연적으로 그 반향을 상기시킨다, 비록 칼 마르크스(Karl Marx)의 격언 (aphorism)에서는 역으로 진술되어 있지만 말이다.

> 천국에 대한 비판은 따라서 세상에 대한 비판으로, 종교에 대한 비판은 법에 대한 비판으로, 그리고 신학에 대한 비판은 정치에 대한 비판으로 변형된다(Marx, 22).

경제학과 신학의 연결은 열왕기상 11:1-18에 나오는 솔로몬의 경제적 풍요에 대한 비판에서 명백하다. "다른 신들"에 대한 그의 사랑이 야웨를 향한 순종으로부터 그를 멀어지게 했다고 보도되는 반면, 다른 신들에 대한 그의 사랑은 그의 노동 관행들, 그의 사치, 그리고 결혼의 형태로 맺어진 그의 정치적 동맹들 안에 분명히 표현된다. 따라서 "다른 신들"은 단순히 종교적 관습이 아니라, 경제를 포함하는 삶에 대한 관점을 의미한다. 본문 안에 만들어진 이 기민한 결합은 십계명의 배열과 평행을 이룬다.

[제1계명] 너는 나 외에는 다른 신들을 네게 두지 말라 (출 20:3).

[제10계명] 네 이웃의 집을 탐내지 말라 (출 20:17).

제1계명과 제10계명은 야웨에 대한 순종이 탐욕에 대한 억제를 가져온다는 점을 제안한다. 솔로몬은 본문에서 탐욕의 형태로 제1계명을 위반했다는 비판을 받는다. 따라서 분배 윤리에 대한 옛 시내산의 토대는 본문에서 주어진 것처럼 솔로몬이 완전히 구현한 대안에 대한 비판으로서 있다.

이러한 특정한 모델들 안에 있는 경제에 대한 날카로운 묘사들을 고려할 때, 경제에 관한 세 가지 관점이 돈에 관한 이스라엘의 논쟁적 관심사를 조명할 수 있다.

첫째, 예언자들은 왕실 경제에 대한 꾸준한 비판을 유지하고, 연약하고 보호받지 못하는 자들에 대한 돌봄을 포함하는 정의의 요인을 지속해서 주장한다 (사 1:17; 32:7; 렘 5:26-29를 보라). 예언자들은 이웃 경제(neighborly economy)의 박탈이 언약의 박탈로 이어질 것이라고 주장한다. 부유한 자들은, 만약 야웨의 보증이 소외된 자들에게로 확장되지 않는다면, 그러한 보증을 누릴 수 없다 (암 8:4-8을 보라).

둘째, 몇몇 시편은 부유한 자들의 탐욕스러움에 대항하여 야웨에게 호소하는 가난한 자들의 목소리를 명시적으로 제시한다. 이 시들에 나오는 가난한 자들은 야웨로부터의 권리를 주장하지만, 그들 자신은 그러한 권리를 받는 데에 무기력하다. 그들의 간청에서, 그들은 기득권의 사회적 이익을 성찰하기도 한다. 왜냐하면, 이러한 간청들에 나타나는 관습은 부의 축적이 필연적으로 부정하게 얻은 부의 축적이라는 전제하에 "부유한 자"를 "악한 자"와 동일시하는 것이기 때문이다.

> 악한 자가 교만하여 가련한 자를 심히 압박하오니
> 그들이 자기가 베푼 꾀에 빠지게 하소서(시 10:2).

> [5] 여호와의 말씀에
> 가련한 자들의 눌림과
> 궁핍한 자들의 탄식으로 말미암아
> 내가 이제 일어나
> 그를 그가 원하는 안전한 지대에 두리라 하시도다
> …
> [7] 여호와여
> 그들을 지키사
> 이 세대로부터 영원까지 보존하시리이다
> [8] 비열함이 인생 중에 높임을 받는 때에
> 악인들이 곳곳에서 날뛰는도다(시 12:5, 7-8).

셋째, 잠언 안에 있는 지혜 자료들은 또 다른 관점을 반영한다.

> 그것들이 갖는 공통된 점은 이것이다. 가난의 존재(즉, 사회에 수많은 가난한 자들이 존재한다는 것)는 당연한 것으로 간주된다. 질병과 같이, 가난은 인간이 일반적으로 겪기 쉬운 불행으로 여겨진다. …
> 가난의 원인을 파악하려는 몇 가지 시도가 존재한다. 그러나 예견된 가난을 제거할 가능성은 어디에도 없다. 그것이 교정될 수 있는 사회 조직의 결함 때

문이라는 어떠한 개념도, 빈곤한 개개인이 번영과 공동체의 삶 내의 적절한 위치로 그들을 회복시킬 수 있는 방식으로 도움을 받을 수 있다는 어떤 인식도 존재하지 않는다. …
이 책(잠언, 역자 주)이 필연적으로 놓친 목소리는 가난한 자들(즉, 완전히 궁핍한 자들) 자신의 목소리이다. 이 책에서 말하고 있는 모든 자는 물질을 소유한 자들이다(Whybray, 113).

다양한 뉘앙스에도 불구하고, 잠언은 경제적 현 상태에 관한 일반적 책무를 균형적으로 성찰하고, 따라서 부유한 자들과 가난한 자들은 공존한다. 그러나 가난한 자들에 대한 어떠한 최우선시되는 주장이 제시되지 않고, 부유한 자들에 대한 어떠한 특별한 심판도 제기되지 않는다. "행위와 결과"(deeds and consequences)의 세상에서, 즉 잠언에서, 부유한 자는 근면함으로써 부유하게 되고 야웨는 그들에게 복을 준다(잠 10:4).
그리고 가난한 자는 게으름에 대한 그들의 보상을 받는다(잠 12:24, 참조. 잠 10:15). 올바른 행위가 없는 돈은 이익이 되지 않는다는 조건이 나타나지만, 이러한 어조는 보상이라는 보다 큰 전제 안에 존재한다(잠 11:18, 28을 보라). 이러한 관점은 개인주의를 지지하지 않는다. 왜냐하면, 가난한 자들은 창조주의 지평 위에 있기 때문이다(잠 14:31; 17:5).
오히려, 이러한 견해는 사회적 변혁 혹은 급진적 변화에 관한 개념을 받아들이지 않는다. 따라서 여러 사회적 관계들은 주어진 것이고 지속하여야 한다.
그런 일반적 관점에서 지혜 전통은 또한 다음과 같은 내용을 포함한다. 고웬(Gowan)과 와이브레이(Whybray) 모두 잠언 30:7-9에 주의를 집중한다.

[7] 내가 두 가지 일을 당신께 구하였사오니
내가 죽기 전에 내게 거절하지 마시옵소서
[8] 곧 헛된 것과 거짓말을 내게서 멀리 하옵시며

> 나를 가난하게도 마옵시고 부하게도 마옵시고
> 오직 필요한 양식으로 나를 먹이시옵소서
> ⁹ 혹 내가 배불러서 하나님을 모른다
> 여호와가 누구냐 할까 하오며
> 혹 내가 가난하여 도둑질하고
> 하나님의 이름을 욕되게 할까
> 두려워함이니이다 (잠 30:7-9).

이 본문은 중도의 태도를 보이고, 가난 혹은 부가 유혹적이고 부패할 수 있다는 것을 인식한다. 이 격언은 인간의 삶이 최종적으로 경제학에 따라 정의될 수 없음을 암시한다.

일반적으로 지혜시(a wisdom psalm)로 인식되는 시편 49편은 경제적 이득이 단기적이고 하찮은 것이라고 주장한다. 왜냐하면, 장기적으로 볼 때, 다음과 같기 때문이다.

> 사람은 존귀하나 장구하지 못함이여
> 멸망하는 짐승 같도다 (시 49:12, 20).

이 시편의 효과는 부와 함께 오는 가식과 거만함을 폭로하는 것이다. 왜냐하면, "당신은 그 부를 가지고 갈 수 없기 때문이다."

전도서 6:1-6은 결국 헛되고 성취감을 주지 못하는 자만심 중에 있는 부, 그리고 그것의 끝없는 욕망을 내포한다.

이러한 일련의 논쟁적 견해들로부터, 우리는 아마도 다음의 결론들을 이끌어 낼 수 있을 것이다.

첫째, 돈(또는 어떤 형태의 부)은 강력하고, 비판적 관심이 필요하며, 구약성서의 모든 전통 안에서 중요하게 다루어지고 문제가 많은 것으로 보인다.

둘째, 돈에 관한 모든 관점은 구체적인 사회적 맥락 안에 아마도 깊숙이 자리 잡고 있으므로, 특별한 사회적 관심 없이는 존재할 수 없다. 돈에 관한 어떤 성서적 주장을 평가하면서, 우리는 "누가 말하고 있는가"를 반드시 질문해야 한다.

셋째, 모든 전통은 어떤 방식으로든 돈이 야웨의 실재와 깊이 연결되어 있기 때문에, 어떠한 자율적 경제도 스스로 생명을 가질 수 없다는 것에 동의한다. 돈에 관한 관점이 변혁적이든, 혹은 현 상태를 유지하든지 간에, 또는 분배적이든 혹은 응보적이든 간에, 경제는 야웨의 선물들과 야웨의 요구사항들의 신학적 현실을 분명하게 표현한 것이다.

결국, 구약성서는 돈이 신앙을 위한 수단이 되지만, 궁극적으로 끝에서 두 번째(penultimate)라고 본다. "재화"(commodity)의 추구는 "교제/친교"(communion)의 실천에 종속된다. 계명에 대한 순종을 말하면서, 시편 기자는 이렇게 주장한다.

> 금 곧 많은 순금보다 더 사모할 것이며
> 꿀과 송이꿀보다 더 달도다(시 19:10).

"사모할"이라는 용어는 보통 "탐내다"라고 표현되는 **하마드**(ḥmd)를 번역한 것이다. 야웨의 생명과 야웨의 명령이 결국 탐심의 적절한 대상들이다. 그 밖의 모든 다른 탐심은 결국 오도되고 파괴적이다. 야웨와 야웨의 관대함에 관한 관심은 경제적으로 표현된 감사의 기쁜 반응을 불러일으킨다.

다윗은 신앙에 관한 이러한 특징적 반응을 그의 진술에서 훌륭하게 요약한다. 그것은 야웨를 향한 경제적 몸짓(gesture)인 헌금을 드리는 것에서 표준적 기독교의 선언을 낳았다.

모든 것이 당신으로부터 말미암았사오니 우리가 주의 손에서 받은 것으로 주께 드렸을 뿐이 니이다(대상 29:14).

참고 문헌

Borowitz, Eugene B. *Judaism after Modernity: Papers from a Decade of Fruition* (New York: University Press of America, 1999), chap. 19.

Gowan, Donald E. "Wealth and Poverty in the Old Testament: The Case of the Widow, the Orphan, and the Sojourner." *Interpretation* 41 (1987): 341-353.

Haughey, John C. *Virtue and Affluence: The Challenge of Wealth* (New York: Sheed and Ward, 1997).

Lang, Bernhard. "The Social Organization of Peasant Poverty in Biblical Israel." *JSOT* 24 (1982): 47-63.

McLellan, David. *The Thought of Karl Marx: An Introduction* (London: McMillan, 1971).

Sider, Ronald J. ed. *Cry Justice: The Bible on Hunger and Poverty* (New York: Paulist Press, 1980).

Whybray, R. N. *Wealth and Poverty in the Book of Proverbs* (JSOTSup 99; Sheffield: Sheffield Academic Press, 1990).

18. 땅
Land

땅은 구약성서 전통에서 결정적 주제이다. 구약성서는 땅의 구체적 독특성에 몰두하고, 그럼으로써 이스라엘의 신앙이 세상에서의 삶의 공적, 물질적, 사회정치적-경제적 측면들과 접촉해 있다는 것을 확신한다.

그러한 이유로 우리는 사회경제적 분석을 동시에 고려하지 않고서는 구약성서의 신앙 혹은 구약성서의 하나님을 숙고할 수 없다. 왜냐하면, 땅은 단지 "좋은 생각"이 아니라, 심오한 희망, 상상력 넘치는 사회정책, 깊은 도덕적 갈등, 잔인한 폭력행위, 그리고 극심한 공동체적 실망을 불러일으키고 주관하는 실제적 부동산이기 때문이다.

구약성서 전통에 따르면, 아브라함과 사라(이스라엘의 시조가 될 자들)와 하나님과의 첫 번째 만남은 땅과 관련되어 있다(창 12:1). 사실 창세기의 조상 내러티브 전체는 땅에 관한 하나님의 약속, 그리고 파생적으로 그 땅 약속을 미래로 가져갈 상속인의 존재에 몰두한다. 땅에 관하여 조상들과 맺은 이러한 약속(하나님으로부터의 확실한 맹세 안에 있는)은 뒤이어 나오는 성서의 모든 사건에서 결정적이다(창 15:18-21을 보라).

이스라엘은 조만간 그들이 안전한 땅을 받게 될 것이라는 사실을 확신하고 살아간다. 조상과 맺은 이 약속은 모세 전통 안에도 나타난다. 그것은 그 좋은 땅으로 "그가 우리를 이끄는 것"을 목적으로 하는 이집트로부터의 하나님의 구원(그가 "우리를 끌어내셨다")을 중심으로 체계화되어 있다(신 26:8-9를 보라). 출애굽 사건은 출애굽의 최초 목적과 의도인 약속의 땅으로의 진입으로 완성된다(출 3:7을 보라). 조상 전통과 모세 전통 모두 이스라엘을 향한 하나님의 선물이 될 그 땅에 관한 약속들과 기대 안에 이스라엘을 뿌리내리게 한다[**희망**, **약속**을 보라].

이스라엘을 향한 하나님의 확고한 관대함에 뿌리내리고 있는 땅에 관한 약속과 기대는 고대 이스라엘에서 그다지 영광스럽지 못한 방식들로 성취되었다. 여기서 이 전통의 두 가지 측면들이 중요하다.

첫째, 여호수아서에 나타나는 그 땅으로의 진입과 정복에 관한 이야기는 폭력으로 가득 차 있다. 이스라엘은 야웨가 약속하고 수여한 그 땅 역시 격렬한 공격으로 빼앗는다. 게다가 도시들을 불태우고 그 거주민들을 죽이는 것을 수반하는 폭력은 약속의 하나님에 의해 승인되고 허가된다. 따라서 하나님 자신의 삶과 성품이 폭력의 내러티브들 안에 끼워 넣어진다.

만약 땅에 관한 약속들이 신학적인 순수함으로 이해될 때, 이 문제는 충분히 쉬워진다. 그러나 "그러한 토대에 관한 지정학적 여러 사실"은 매우 상이한데, 왜냐하면 그 땅은 하나님이 파견한 새로운 거주민들을 기다리는 동안 비어 있던 것이 아니기 때문이다. 사실상 거기에 오랫동안 살고 있었던 "가나안인들"은 그 땅을 차지하고, 그들 자신의 것으로 여기고 있었다. 따라서 땅의 선물은 확고히 자리 잡고 있던 주민의 퇴출을 수반한다. 그들은 그 땅에서 그들 자신의 ("합법적인?") 거주지를 폭력적으로 거부당한다. 이렇게 땅 약속은 신학적 주장들을 구체적으로 실행하고 만드는 폭력으로부터 분리될 수 없다[폭력을 보라].

둘째, 비록 땅이 위기의 시기에 출현했고 비상사태에서 일어났던 "민병"(militiae)을 지휘했던 "사사들"에 의해 한동안 통치되었다고 말할 수 있다고 할지라도, 그 땅의 장기적 통치는 왕실의 권위, 특히 다윗 왕조에 따라 이루어졌다. 400년 동안 이야기가 진술하고 있는 약속의 땅을 주도했던 이 왕조가 하나님의 신탁 때문에 적절한 때에 권한을 부여받았기는 하지만(삼하 7:1-7), 사실상 왕정은 조상들의 가장 깊은 약속들과 모세 전통의 가장 깊은 희망들에 반(反)하는 토지 관리 이론과 경제 정책을 이스라엘에 도입했다.

전통적인 공동체주의(communitarianism)와는 대조적으로, 왕정은 필연적으로 탐욕스럽고, 이웃과 반목하는(antineighborly) 경제 관습을 생산했던 잉여 재산에 관한 조직적 관행을 이스라엘 안으로 들여왔다. 따라서 약속의 땅은 탐욕적 남용의 땅이 되었다. 열왕기상 12장은 솔로몬이 시행하고 르호보암이 계승한 새로운 왕실 토지 정책에 대한 하나의 극적인 저항을 제공한다.

땅 소유에 관한 그러한 지도 이론(a guiding theory)은 "예언자"라고 명명되었던 시적 화자들로부터 꾸준한 논쟁과 항의의 흐름을 불러일으켰다. 엘리야로부터 예레미야에 이르는 3세기 동안에, 이러한 예언적 목소리들(곧 "예언적 전통"으로 한 주류를 이루게 되는)은 왕실 정책들에 대항해 가혹하게 말했고, 그러한 탐욕스러운 관행들은 결국 야웨가 언약 조항들에 따라 이스라엘에게 주었던 그 땅의 상실로 이어질 것이라고 경고했다.

더욱이 열왕기에 나타나는 왕정의 긴 역사는 침략적 바빌론 군대의 손에 의한 땅 상실로 이어졌던 왕실의 여러 정책과 행위를 특징짓는다. 특징적인 예언적 주장은 느부갓네살과 바빌로니인들이 야웨의 명령에 따라 행동했고, 따라서 제국의 침공은 하나님의 심판에 상당하는 것으로 칭송되었다는 것이다. 그 결과는 매우 오랫동안 약속의 땅을 기다렸던 백성들이 예루살렘의 파괴와 함께 이제 다시 땅을 상실하게 되었다는 것이다.

구약성서에서 땅 신학에 관한 중대한 표현은 신명기에서 발견된다. 여러 설교적 연설과 계명의 모음집의 중심의도는 땅 소유에 관한 타협 불가능한 조건들, 즉 정책과 공적 행동에서 실행되지만, 야웨의 계명들로 신학적으로 이해되는 여러 조건을 확언하는 것이다.

이러한 땅-윤리의 중심에 신명기 15:1-18의 "면제년"이 존재한다. 그것은 공동체 안의 가난한 자들에게 채무를 탕감하는 것을 제공하고, 따라서 그들은 공동체에 존엄성을 가지고 생존하며 참여할 수 있다. 이와 동일한 법 규정이 레위기 25장의 희년 규정에 폭넓게 기록되어 있다. 면제년과 희년에 대한 이러한 법들은 경제 거래들을 시민 공동체의 필요와 요구사항들에 종속시킴으로써 규제가 없는 자유 경제를 제한하려는 의도를 갖는다[**희년**을 보라].

따라서 언약 조항들은 억제되지 않는 시장 세력들의 현대 세계에 직접적으로 적절한 땅 유지에 관련한 하나의 이론을 제공한다. 모세와 예언자들의 언약 전통은 이웃의 주장이 착취 가능성에 직면하여 존중받지 못한다면, 어떤 공동체도 땅을 평화롭고 정당하게 차지하기를 희망할 수 없다는 것을 알고 있다. 이스라엘 자신의 슬픈 경험은 그 옹호의 진실성을 입증하기 위해 취해진다.

따라서 성서의 초기 부분의 이야기는 "땅 기대"로부터, "땅 통치"로, 그리고 마침내 "땅 상실"로 이어지는 움직임을 보여 주고, "유배"로 표시되는 그 땅으로부터의 추방과 퇴거에서 절정에 이른다. 두드러지게 땅에 몰두하는 이 전통에서, 유배는 고대 이스라엘의 결정적인 특별 사건이다. 게다가 유배는 땅에 관한 고대의 약속들이 새롭게 되풀이되는 모체가 되었다.

따라서 이사야 40-55장, 예레미야 30-31장, 그리고 에스겔 33-48장의 위대한 예언적 전통들은 하나님이 조상들의 상속자들에게 처음 땅을 주었던 것과 같이 다시금 그것을 이스라엘에게 줄 것이라는 점을 포로기의 이스라엘에게 보장한다(참조. 사 49:19-20; 51:2-3; 렘 31:12-14, 38-40; 겔 37:13-14; 47:13-14). 이러한 언급들과 함께 땅의 선물은 다시금 가능성을 갖는다. 다시금 야웨는 보증하고, 다시금 이스라엘은 이 약속을 믿고 선물을 받아야 한다.

추방 이후에 땅의 실제적 회복과 예루살렘의 파괴된 도시 재건은 사실상 이 확장된 시(poetry)가 제안하는 것보다 훨씬 더 평범하다. 예루살렘으로의 초기 귀환은 성전의 재건을 특징으로 했다(학개; 슥 1-8장을 보라). 그 후 5세기 중반 에스라와 느헤미야 아래 그 땅에서 평범한 정치적 부활과 질서 정연한 삶의 재개가 일어났다. 비록 광대한 예언적 약속들보다는 훨씬 못하지만, 구체적 현실은 아직 오지 않은 보다 완전하고 보다 위대한 회복에 대한 지속적 희망, 즉 떠오르는 유대교의 삶을 나타내고 있는 희망의 기초를 제공하기에 충분했다.

땅 약속, 땅 통치, 땅 상실, 그리고 땅 회복이라는 이러한 긴 역사로부터 네 개의 결론들이 도출될 수 있다.

첫째, 이스라엘의 희망은 지상에 대한 하나님의 통치의 완전한 출현이며, 유대 공동체가 그 주요 수혜자가 될 것이다. 즉, 하나님 약속들의 완전한 열매는 눈앞에 있는 것이지, 손에 쥐어진 것은 아니다. 하나님의 통치에 관한 이러한 결정적 기대는 "하나님의 나라"(kingdom of God)라는 구절을 제공했다. 이 구절은 하나님의 이웃 사랑 실천(neighborliness)이 조만간 이 땅에서 온전히 이루어지고, 따라서 모든 사람이 평화롭고 안전하게 거주하게 될 것이라는 희망이다.

둘째, 땅 약속은 유대교의 계속되는 삶에서 결정적으로 중요하며, 또한 유대 공동체에 주어진 "약속의 땅"의 완전한 회복을 위해 투쟁하는 유대교 내부의 강력한 정치적 운동인 시온이즘(Zionism)에서 특별히 중요하다.

현재는 정치적 의제로 변형된 이 심오한 신학적 약속은 옛 "약속의 영역"을 자치하고 "보다 위대한 이스라엘"이라는 비전을 양성하고 있는 이스라엘의 현재 상태를 정당화했다. 땅을 확보하기 위해 고대 이스라엘이 가나안인들에게 행한 폭력이 현재 팔레스타인인들에 관한 이스라엘 국가의 정책들 안에서 되풀이되고 있다는 것이 하나의 사례가 될 수 있다.

셋째, 물론 땅 약속은 기독교 전통 안에서는 다른 열매를 맺는다. 기독교적 해석의 경향은 땅 약속들을 "영성화하는"(spiritualize) 것이었고, 따라서 그것들은 더 이상 "약속의 땅"이라는 실제 토지에 우선적으로 적용되지 않는다. 확실히 초대 교회의 수사학에서 "상속자"에 관한 논의는 조상들의 약속을 연상시킨다(참조. 롬 8:15-17; 갈 4:1-7; 히 6:17). 그러나 그 수사학은 영역보다는 하나님의 신실한 임재에 대한 확신에 특징적으로 관련이 있다. 게다가 기독교인들은 "나라가 임하시오며 뜻이 하늘에서 이루어진 것같이 땅에서도 이루어지이다"라고 기도한다.

이는 하나님의 통치가 지상에서 온전히 효과를 발휘하고 가시적으로 나타내게 해 달라는 간구이다(마 6:10). 그러나 그러한 영성화와 땅 약속들을 보편적으로 만드는 것은 기독교가 하나님의 결정적 약속들이 여러 중요한 방식으로 평화와 정의로 표시되는 땅에 대한 세상적 약속들이라는 자신의 의식을 상실하도록 만들지는 않았다. 따라서 땅 약속들의 물질성은 기독교의 기대 안에, 그러나 종종 특정한 이스라엘의 땅이라는 특수성에 대한 인식 없이 존속된다.

넷째, 대체로 볼 때, 땅에 대한 성서적 관점은 어느 사람도 땅과 함께 제공되는 안전, 존엄성, 웰빙(well-being) 없이는 살 수 없다는 인식이다. 더욱이 성서의 하나님에 대한 신앙은 땅과 그것의 산물과 보증들을 정당하게 공유하겠다는 약속과 관련된다.

부정적으로 본다면, 이 전통은 여러 제국적 권력이 그들 자신의 것이 아닌 땅을 차지하고 몰수했던 현대 세계의 대규모 식민지주의 사업에 대한 중요한 비판으로 서 있다.

긍정적으로 본다면, 성서의 땅 약속들은 땅이 없는 불우한 사람들이 너무 오랫동안 그들에게 거부되었던 그들 자신의 땅을 돌려받는(되찾는) 여러 해방 운동의 총체적 확언이다. 가장 광범위하게, 그리고 전통의 특수성을 부정하지 않은 채로 해석되는 성서적 관점은 다음의 내용을 확언한다.

① 누구도 보증된 땅 또는 그것의 사회경제적 등가물 없이는 인간답게 살 수 없다.
② 성서의 하나님이 이러한 문제들에, 그리고 그러한 땅 보유들을 보증하거나 거부하는 권력의 조정 및 체계적 관행들에 정확하게 관심을 갖고 있다.

하나님과 땅의 연결은 성서적 전통을 그것의 사회적 기능 안에서 끝없이 혁명적으로 만든다. 성서를 내세적 주제로 축소하려는 모든 시도는 땅에 관한 이러한 강조에 있어서 분명하게 실패한다.

참고 문헌

Berry, Wendell. *The Gift of Good Land: Further Essays Cultural and Agricultural* (San Francisco: Morth Point Press, 1981).

Brueggemann, Walter. *The Land: Place as Gift, Promise, and Challenge in Biblical Faith* (OBT; Philadelphia: Fortress Press, 1977).

Davies, W. D. *The Territorial Dimension of Judaism* (Berkeley: University of California Press, 1982).

Habel, Norman C. *The Land Is Mine: Six Biblical Land Ideologies* (OBT; Minneapolis: Fortress Press, 1995).

O'Brien, Conor Cruise. *God Land: Reflections on Religion and Nationalism* (Cambridge: Harvard University Press, 1988).

Stevenson, Kalinda Rose. *The Vision of Transformation: Th Territorial Rhetoric of Ezekiel 40-48* (SBL Dissertation Series 154; Atlanta: Scholars Press, 1996).

19. 메시아
Messiah

"메시아"라는 명사는 **"기름 붓다"**(*mŝh*, 마샤흐)로 번역된 히브리어 동사로부터 유래한다. 기름 부음이라는 행위는 특별한 과업을 위한 기름 부음을 통해 하나님이 특별히 지명하는 것으로 구성되며, 깊은 상징적 의미가 실린 행위이다. "기름 부음 받은 자"(=메시아)는 하나님이 수여한 특별한 임무를 위해 특별한 능력과 권위와 함께 성례전적(sacramental) 방식으로 지명된 사람이다.

더욱 이른 시기의 전통들에서, 기름 부음 받음(즉, "메시아"가 되는 것)이라는 개념은 제사장(출 28:41; 29:7; 30:30) 혹은 예언자(왕상 19:16)를 포함하는 다양한 역할과 기능에 관련될 수 있다. 왜냐하면, 그러한 모든 지명된 사람들은 특별한 능력 부여와 권위를 필요로 하는 하나님이 준 특별 임무에 소환되었기 때문이다.

관심을 끄는 특정한 사례가 이사야 61:1의 친숙한 주장이다. 거기에서 "종"은 정의의 과업을 위해 기름 부음을 받는다. 그 기름 부음 받은 자가 예언자 혹은 왕의 역할을 하는지는 분명하지 않지만, 이 경우 기름 부음, 영, 그리고 과업의 수렴은 전형적(paradigmatic)이다.

기름 부음의 행위와 "메시아"라는 칭호는 우리의 관심 끝자락에 있다. 왜냐하면, 그 행위와 칭호는 다윗과 그 이후의 다윗 계열의 왕들에게 적용되기 때문이다[**다윗, 왕권**을 보라].

사무엘상 16:12-13에 나타나는 다윗의 기름 부음은 이스라엘이 자신의 기억을 표현하는 데에 있어서 두드러진 중요성을 지닌다. 왜냐하면, 야웨의 영의 돌진을 동반하는 이러한 능력을 부여하고 권위를 주는 행위가 결정적으로 이스라엘의 미래를 형성하기 때문이다.

다윗 이후에(그에 관하여 또한 삼상 16:21; 삼하 19:21을 보라), 솔로몬(왕상 1:39), 요아스(왕하 11:12), 그리고 여호아하스(왕하 23:30)의 왕실 기름 부음을 보라. 더욱이, 비록 내러티브에서는 언급되지 않지만, 우리는 이 왕조의 다른 왕들도 적절한 제의적 방식으로 기름 부음을 받았다고 가정할 수 있다. 기름 부음의 행위는 왕실 권력에 대한 반복적인 제의적 권위부여와 합법화였다. 따라서 그 행위는 다윗 계열의 한 구성원을 지명했으며, 첫 번째 경우에는 현재 시제로 왕을 가리켰다.

오직 예언적 전통에서만, 그리고 분명히 예루살렘의 파괴와 다윗 가계의 역사적 종말에 비추어 볼 때, 이스라엘은 다윗 왕좌의 회복과 "기름 부음 받은 자", 곧 메시아의 도래를 희망하기 시작했다. 그는 세상을 바로잡고, 소외되고 쫓겨나고 버림받은 이스라엘에게 웰빙을 가져다줄 것이다. 도래하는 왕/메시아에 관한 이러한 예언적 기대들은 본문 곳곳에서 표현된다(사 7:10-17; 9:2-7; 11:1-9; 렘 23:5-6; 33:17-18; 겔 34:23-24; 암 9:11; 미 5:1-2; 그리고 슥 9:9-10).

포로기 이후 유대교가 새롭게 재편됨에 따라, 다윗 통치하의 정치적 부흥에 대한 기대는 희망의 한 가닥, 분명히 가능성의 한 가닥이었다. 이러한 예언적 기대들은 미래를 향하게 되었다. 토라 순종에 몰두한 공동체가 되는 동안에, 유대교는 한 인간, 정치적 대리자가 야웨의 명령에 따라 다시 권력을 주장하기 위해 올 것임을 확신하는 깊은 희망의 백성이 되는 것을 멈추지 않았다.

이러한 희망은 비록 특정한 본문 전통들과 역사적 기억들에 기반하고 있다고 할지라도 상당히 개방적이었고, 따라서 그것의 성취는 다양한 해석에 열려 있었다. 그러한 선택 중 하나가 이사야 45:1에서 진술되는데, 거기에서 페르시아 왕 고레스는 이스라엘을 바빌론으로부터 해방하기 위해 도래할 야웨의 메시아로 간주된다. 철저히 다윗적인 것이었던 이 칭호가 지금은 이방인 왕을 가리키기 위해 사용된다는 것은 주목할 만하다. 실제로 몇몇 학자는 다윗에 관한 기대가 이제 고대하던 페르시아인에게 재할당된다고 생각한다.

이러한 주목할 만한 용례의 전환과 더불어, 우리는 기대에 관한 세 가지 다른 가닥들을 언급할 수 있다.

첫째, 사해 두루마리는 장차 올 메시아에 관해 말한다. 따라서 희망은 그 종파 공동체가 지닌 열렬한 기대들과 연결된다. 이 두루마리의 공동체는 두 메시아, 즉 한 왕과 한 제사장을 다양하게 기대했는데, 이러한 이중적 희망은 아마도 예레미야 33:19-22에서 이미 초기 단계로 표현되었다.

둘째, 기원후 135년에 유대인에 대한 로마의 결정적 침공으로 이어졌던 바르 코흐바(Bar Kochba)의 혁명은 메시아적 주장에 근거했다. 이러한 불안한 기대의 시기 동안에는 그러한 요구들이 쉽게 제기되기 때문에 이러한 특정한 메시아 집단은 독특한 것이 아니었다.

셋째, 기독교인들은 예수를 보다 오래된 전통과 관련하여 이해하고 해석하는 것을 추구하면서 예수 안에서 메시아적 기대들의 실현을 보았다. 따라서 "오실 그이가 당신이오니이까…"(눅 7:19-20)라는, 메시아적 기대에 관한 오래된 질문이 제기되고, 예수에게 적용된다. 분명히 누가복음 7:22로부터 명확한 대답이 주어지지는 않는다.

예수의 실제 사역은 구체적으로 전통적인 메시아적 기대를 따르지 않았다. 왜냐하면, 그것에는 다윗 계열의 회복에 속해 있는 정치적-군사적 차원이 결여되었기 때문이다. 기독교인들은 유대교의 메시아적 기대들이 매우 다양하다는 것을 인식해야 한다. 메시아에 관한 개념은 유대인들 사이에서 많은 형태를 띠고, 고대와 현대 신앙의 많은 종교적 유대인들은 메시아를 기대하거나 기다리지 않는다.

그러나 우리가 "메시아"의 표준 헬라어 번역이 "그리스도"(크리스토스, *Christos*)라는 것을 인식한다면, 마가복음 8:30의 베드로 고백에서처럼, "예수 그리스도"가 초대 교회에서 예수에 대한 가장 중요한 메시아적 해석이라는 점은 쉽게 명백해진다. 예수에 대한 그러한 자격 부여에 있어서, 초대 교회는 유대교의 핵심 기대와 관련하여 예수의 위치를 확보하고, 유대교의 "메시아"이해를 급진적으로, 그리고 불가피하게 재해석한다.

예수가 메시아라는 개념은 로마 당국에 의한 그의 십자가 처형의 원인이 되었다. 왜냐하면, 다윗 계열 지도자로서 "메시아"는 로마가 용납할 수 없었던 혁명적, 정치적 위협이었기 때문이다. 예수와 그의 사역을 옛 다윗적 기대에 연결하는 것은 예수를 특정한 방식으로 정의하는 동시에, 그의 사역에 큰 위험들을 가져왔다. 이후의 많은 해석에서, 메시아-그리스도라는 개념은 영성화되었고, 내세화되었으며, 그것의 본질적인 정치적 차원으로부터 멀어졌다.

그러나 그러한 정치적 차원이 그 칭호에서 완전히 사라진 것은 아니다. 왜냐하면, "메시아"는 유대인들이 직면하는 공적 질문들에 항상 관심을 두기 때문이다. 이러한 이유로 인해, 누가복음(눅 4:18-19)에 있는 예수의 초기 자기 선언(self-announcement)은 메시아적 언급("기름 부음 받은"), 영의 능력에 관한 언급, 그리고 사회적 회복과 해방의 임무를 지닌 이사야 61:1-4을 인용한다.

예수에 관한 신약성서의 이러한 해석은 장차 올 메시아에 관한 이스라엘의 기대를 충분히 활용했다. 그러나 사실상 예수의 사역은 메시아에게 특징적으로 기대된 사회적 변화를 성취하지 못했기 때문에, 메시아적 사역을 완성할 그 과업이 메시아의 귀환을 기다릴 것이라는 점은 기독교의 해석에서 불가피하게 되었다. 따라서 기독교인들은 메시아의 귀환을 기다린다. 예수를 메시아로 인식하지 않는 유대인들은 계속해서 메시아의 도래를 기다린다. 이러한 구별은 유대인들과 기독교인들 사이의 깊고 까다로운 문제인 동시에, 공통성의 중요한 토대이다. 왜냐하면, 사실상 유대인들과 기독교인들이 도래할 메시아를 함께 기다리기 때문이다.

엘리 위젤(Elie Wiesel)은 위대한 유대교 신학 해석자인 마틴 부버(Martin Buber)가 기독교 성직자들과 가졌던 대화에 관해 기록하고 있다. 그들은 부버에게 왜 유대인들이 예수를 메시아로서 받아들이지 않는지 물었다. 부버가 대답했다.

유대인들과 기독교인들 사이의 차이점이 무엇일까요?

우리는 모두 메시아를 기다립니다. 당신들은 그가 이미 왔다가 갔다고 믿는 반면, 우리는 그렇지 않습니다. 나는 우리가 함께 그를 기다릴 것을 제안합니다. 그리고 그가 나타날 때, 우리는 그에게 이렇게 물을 수 있습니다. "당신은 전에 여기에 있었나요?"…

그리고 나는 그 순간에 그의 귀에 대고 "제발, 대답하지 마세요"라고 속삭일 수 있을 만큼 그에게 충분히 가까이 있기를 희망합니다(Wiesel, 354-355).

확실히 그렇다!

참고 문헌

Charlesworth, James H. *The Messiah: Developments in Earliest Judaism and Christianity* (Minneapolis: Fortress Press, 1992).

Klausner, Joseph. *The Messianic in Israel, from Its Beginning to the Completion of the Mishnah* (New York: Macmillan, 1955).

Mettinger, T. N. D. *King and Messiah* (Lund: LiberLäromedel/Gleerup, 1976).

Mowinckel, Sigmund. *He That Cometh* (Nashville: Abingdon Press, n.d.).

Neusner, Jacob. *Messiah in Context* (Philadelphia: Fortress Press, 1984).

Ringgren, Helmer. *The Messiah in the Old Testament* (SBT 18; Chicago: Alec R. Allenson, 1956).

Wiesel, Elie. *Memoirs: All Rivers Run to the Sea* (New York: Knopf, 1995).

Wise, Michael. *First Messiah: Investigating the Savior before Jesus* (San Francisco: Harper, 1998).

20. 모세
Moses

신학적 주제들에 관한 이와 같은 책에서, 인물들을 언급하는 것은 약간 이상해 보일 수 있다. 그러나 나는 전통으로부터 주어진 네 사람(모세, 다윗, 엘리야, 에스라)을 언급하겠다. 왜냐하면, 각각의 경우에 개별 인물은 구약성서의 중요한 신학적 주장을 구현하기 때문이다.

모세에 관한 역사적 질문들은 문헌 자체의 복잡성과 그에 관한 "역사적 증거"의 외견상 부족 때문에 극도로 어렵다. 결론적으로, 비평적 학문은 현재 우리가 성서 본문 외부에서는 모세의 존재 또는 역사에 관한 설득력 있는 증거를 갖지 못한다는 거의 일치된 합의를 제시한다. 따라서 우리는 여기에서 오직 성서의 전통 안에서 제공되는 모세에만 관심을 둔다.

모세는 이스라엘의 기적적 설립 내러티브 사건들을 역사적 무대에서 실행하도록 야웨가 파견했던 인간 대리자이다. "인간 대리자"와 "기적적 사건들"의 병치는 매우 놀라운 것이다. 왜냐하면, 전통적 해석은 이러한 모세가 지배하는 사건들(출애굽, 광야 체류, 시내산)을 신적 행위들로 읽기 때문이다. 그러나 사실상 인간 대리자로서의 모세는 이러한 이스라엘의 기억들 전면과 중심에 서 있다. 따라서 그것들은 그의 순종과 용기를 통해서 일어난다.

모세는 출애굽의 인간 실행자이다. 출애굽기 3:7-9에서, 야웨는 이집트의 노예 생활로부터 이스라엘을 구원하기로 결심한다. 그러나 10절에서, 야웨는 해방의 직접적 대립 사역을 하도록 모세를 보낸다. 결국, 모세는 파라오와 그의 군대에 대한 승리를 노래한다(출 15:1-18). 전통은 모세에게 "미리암의 노래"(출 15:21)를 재할당하며, 이것은 모세의 노래 첫 구절이 된다[미리암을 보라]. 이러한 재배치는 전통에서 많은 부분을 차지하는 모세의 중요성을 가늠하는 척도가 된다.

모세는 이스라엘의 광야 방랑에 대한 책임이 있는 대리자이다. 그는 이스라엘을 유지하고 약속의 땅으로 데려가기 위해 광야에서 이스라엘을 주재한다(출 16-28장; 민 10-36장; 신 1-3장).

모세는 시내산에서의 야웨와의 만남을 주재하고, 야웨의 계명이 이스라엘에게 알려지도록 하는 수단이 된다. 따라서 그는 신적 계시의 중재자이다(출 19장; 민 10장; 더욱 구체적으로 출 20:18-21을 보라).

모세는 이스라엘의 편에서 야웨에게 기도하고, 야웨에게 대담하게 도전하는 결정적 중보자이다(출 32:11-14; 민 11:11-15; 민 14:13-19; 참조. 렘 15:1).

본문에 대한 복잡한 전통들은 각각 엄청난 문제들을 제기하고, 각각은 그 자체로 방대한 연구 분야를 구성한다. 그럼에도 불구하고 주된 요점들은 매우 명백하다.

이 짧은 논의에서, 나는 모세에 대한 기억에 관한 다른 한 측면, 즉 신명기에서의 모세의 역할을 고려할 것이다. 신명기는 분명하게 시내산으로부터 동떨어져 있고, 보다 이후의 시기와 장소를 위한 모세의 시내산 계명들에 관한 후대의 표현이라고 칭해진다. 즉, 모세의 입을 통한 신명기는 시내산 계명들에 대한 최초의 주석이다(신 1:5을 보라).

신명기는 약간의 수정을 거친, 시내산 십계명의 반복으로 시작한다(신 5:6-21). 이어서 나오는 것은 계명들의 모음(corpus)인데, 이 모음은 브라울릭(Braulik)과 카우프만(Kaufman)이 십계명에 따라 나열되어 있다고 주장한 본문이다. 따라서 신명기 모음은 계명들에 대한 질서 잡힌 설명이다. 신명기 5:22-33의 진술은 이스라엘이 시내산 계명의 주요 해석자로서 모세의 항구적 권위를 수용하고 있음을 가리킨다.

시내산으로부터 신명기로 이어지는 해석적 운동의 역동적 과정이 나에게는 이스라엘의 기억에서 모세에 관한 가장 중요한 신학적 차원으로 보인다. 신명기를 관통하는(시내산에 기초하고 있으나 그것을 초월하여 이동하는) 해석적 활력은 이스라엘의 기억에서 모세라는 인물과 밀접하게 연관되어 있다. 그러나 물론 전통이 모세에게 부여하는 모든 것은 어떤 역사적 인물을 훨씬 넘어서 확장되는 길고 복잡한 해석적 전통화의 과정이다. 따라서 모세는 전체 해석적 과정의 역동성에 대한 열쇠(cipher)가 되었다.

시내산의 초기 토라는 유대교가 승인된 뿌리와 문맥적으로 부연된 지속적인 정경화 과정을 형성한 자료이다. 유대교의 특징인 이러한 역동성은 토라 자체에서 분명하게 나타난다. 왜냐하면, 신명기의 토라 자체가 지속적 해석의 과정이기 때문이다. 모세의 계속되는 권위는 "모세의 자리"(Moses' seat)라는 어구로 분명하게 나타나는데, 그 자리는 서기관과 바리새인들, 곧 전통의 규범적 해석자들이 뒤를 이어 차지하게 된다(마 23:2).

모세가 토라 자체에서 제정한 것은 랍비 유대교 내에서 바리새인과 그들의 후손들이 구전 토라로 실천했다. 즉, 구전 토라는 기록된 것을 넘어서 권위 있는 전통 안에 무엇이 내재하고 있는지를 분별하는 지속적 과정이다. 기독교 해석에 있는 동일한 과정의 한 측면은 **센수스 플레니오르**(*sensus plenior*: "더 완전한 의미", 또는 "더 풍성한 의미"라는 뜻의 라틴어, 역자 주)라고 불리는 것이다. 이것은 본문이 계속 해석되면 항상 "더 완전한 의미"를 산출한다거나, 또는 오래된 청교도의 격언에서 통렬하게 주장된 것처럼, "하나님은 그의 말씀으로부터 발할 더 많은 빛을 아직 가지고 있다"라는 확신이다.

정경적 지평에서, 그러한 "아직 더 많은 빛"은 규범적이고, 전형적 해석자인 모세에 의해 전달된다. 기독교 전통에서, 동일한 과정이 "옛사람에게 말한바… 나는 너희에게 이르노니"라는 예수의 말씀에서 분명하게 나타난다(마 5:21, 27, 31, 33, 38, 43).

모세의 해석적 기능은 어떠한 역사적 질문을 넘어서 나아가고, 내러티브와 법적 장르 모두에서 전통이 가지고 있는 뿌리 깊고 열린 결말의 활력을 향해 우리의 이해를 이끈다. 오경의 "문서들"에 관한 오래된 역사-비평적 가설은, 비록 다소 경직된 19세기 해석적 범주들 안에서 표현되긴 했지만, 이러한 역동성을 가리키고자 했다.

참고 문헌

Braulik, Georg. *The Theology of Deuteronomy: Collected Essays of Georg Braulik* (vol. 2 of Bibal Collected Essays; trans. Ulrika Lindblad; N. Richland, Tex.: Bibal Press, 1977).

Brown, Raymond E. *The Sensus Plenior of Sacred Scripture* (Baltimore: St. Mary's Seminary, 1955).

Brueggemann, Walter. *Theology of the Old Testament: Testimony, Dispute, Advocacy* (Minneapolis: Fortress Press, 1997), 567-590.

Buber, Martin. *Moses: The Revelation and the Covenant* (Atlantic Highlands, N.J.: Humanities Press International, 1988).

Coats, George W. *Moses: Heroic Man, Man of God* (JSOTSup 57; Sheffield: Sheffield Academic Press, 1988).

Crüsemann, Frank. *The Torah: Theology and Social History of Old Testament Law* (Edinburgh: T.&T. Clark, 1996).

Kaufman, Stephen. "The Structure of the Deuteronomic Law." *MAARAV* 1 (1979): 105-158.

Levinson, Bernard M. *Deuteronomy and the Hermeneutics of Legal Innovation* (Oxford: Oxford University Press, 1997).

Neusner, Jacob. *What, Exactly, Did the Rabbinic Sages Mean by "The Oral Torah"? An Inductive Answer to the Question of Rabbinic Judaism* (Atlanta: Scholars Press, 1998).

Olson, Dennis T. *Deuteronomy and the Death of Moses: A Theological Reading* (OBT; Minneapolis: Fortress Press, 1994).

von Rad, Gerhard. *Old Testament Theology*, vol. 1 (San Francisco: Harper and Row, 1962), 289-296.

21. 묵시 사상
Apocalyptic Thought

헬라어 동사 아포칼립토(*apokalupto*)는 "덮개를 벗기다" 혹은 "드러내다"를 의미하고, 그 명사 아포칼립시스(*apokalupsis*)는 "계시" 혹은 "폭로"로 번역된다. 두 용어는 숨겨져 있거나 시야에서 감추어졌던 것이 갑작스럽게 드러나는 것을 말한다. 어근이 되는 용어는 다음과 같은 것들을 언급하기 위해 다양하게 사용된다.

- 문학 장르로서의 "묵시"(apocalypse)
- 종교적 관점으로서의 "묵시적 종말론"(apocalyptic eschatology)
- 사회적 이데올로기로서의 "묵시주의"(apocalypticism)

"묵시적"(apocalyptic)이라는 형용사는 구약성서의 발전에서 후기에 출현한 신앙의 중요한 한 가닥을 나타낸다. 이러한 신앙의 가닥은 하나님의 세상 통치(그리고 역사적 과정에 대한 통치)가 인간의 인식에서 숨겨져 있지만, 동시에 인간들이 이 통치가 확실하고도 틀림없다는 것을 알고 있는 방식들에 관심을 둔다. 게다가 현재와 미래에 대한 하나님의 통치에 관해서 숨겨져 있는 것은 특정한 사람들 즉 감추어진 것에 관해 증언하고, 기록(계시)으로 설명하는 이들에게 계시된다.

구약성서에서는 다니엘이 그러한 특별한 계시자이고, 신약성서에서는 밧모섬의 요한(계 1:9-11)이 비슷한 계시를 흔히 "요한계시록"이라고 불리는 책에서 보도한다. 하나님의 통치에 관해 숨겨져 있던 것을 밝히는 과정은 계시로 받아들여진 두루마리들, 즉 형태가 암호화된 것처럼 보이는 두루마리들의 생산으로 이어졌다. 따라서 계시된 내용은 효과적인 방식으로 숨겨진다. 즉, 이 문헌은 내부자로 여겨진 사람들만이 접근할 수 있도록 의도적으로 수사적 방식으로 기록되었다.

"묵시적"(apocalyptic)이라는 것은 학술적 의미로, 공통된 특징들을 공유하는 인식 가능한 두루마리(책들)의 목록과, 이 문학 안에서 특징적으로 나타나는 특정한 종류의 희망을 가리킨다.

두 개의 성서(구약과 신약) 정경 문헌은 대부분 묵시문학을 배제한다(배제했다). 그러나 이 묵시문학은 구약성서에서는 이사야 24-27장, 다니엘서, 스가랴 9-14장 안에 계속 남아 있다. 신약성서에서는 요한계시록이 주요한 대표 묵시문학이지만, 마태복음 24-25장과 마가복음 13장도 묵시 본문에 속한다. 그런데도 "묵시적"이라고 일컬어지는 대부분의 문학은 두 정경 목록에 포함되지 않고, 신약성서 시대 전후에 나타났던 다양한 본문에 포함되는데, 에녹서, 에스라4서, 바룩2서, 희년서, 쿰란 공동체로부터 나온 사해 두루마리들의 본문들이 이에 해당된다.

이러한 묵시문학이 성서를 공부하는 대부분 사람에게 친숙하지는 않지만, 이 문학은 상대적으로 이용할 수 있고, 주의 깊게 연구될 만하다. 성서를 이해하는 데에 있어서 그것의 중요성은 성서가 형성되었고 처음으로 전수되었던 문화-종교적 기반을 조명해 준다는 사실에 있다.

학자들은 이러한 여러 문학 작품을 "묵시적"인 것으로 분류한다. 왜냐하면, 그것들이 공통적 가정, 이미지, 기대치를 공유하고 있기 때문이다. 학자들은 묵시문학의 공유된 특징들과 그것의 신학적 관점에 대해서 일반적으로 동의한다.

존 콜린스(John Collins)는 묵시적 사고에 관한 "가장 중요한 패러다임"이 다음과 같은 네 가지 특징을 포함하고 있다고 주장한다(*Apocalypse: The Morphology of a Genre*).

① 계시의 방법과 방식, 그리고 특별한 지식이 환상, 두루마리 혹은 발언을 통해서 선택된 사람에게 전달된다.

② 계시의 내용은 미래에 관한 격변에 특별한 강조점을 두면서, 과거와 현재에 관하여 시간적인 축(a temporal axis)을 갖는다.
   ③ 계시의 내용은 내세의 영역과 관련된 공간적인 축(a spatial axis)을 갖는다.
   ④ 계시의 어떤 부분이 숨겨져야 하는지 또는 공표되어야 하는지와 관련하여 여러 지침이 계시의 수령인에게 주어진다.

 확실히 묵시는 종교적 문학과 표현에 관한 하나의 방식이다. 이러한 방식은 성서를 진지하게 받아들이고 있는 기존의 중산층 교회들에서 나타나는 더욱 전통적인 종교적 관습들과 매우 동떨어져 있다.
 특히, 묵시의 두 가지 특징은 성서적 신앙에 관한 더욱 전통적인 표현들과는 모순된다.

 첫째, 윤리적인 것을 강조하는 전통적 신앙은 하나님의 뜻을 수행하는 데 있어서 인간의 순종과 반응의 중요성에 큰 강조점을 둔다. 이와는 대조적으로 묵시문학에서 하나님의 초월적인 의지는 결정적인 것이고, 인간의 의도 혹은 행동은 어떠한 방식으로든 그것에 영향을 미치지 못한다. 극단적 방향으로 치우쳐 있는, 이러한 묵시적 신앙 방식은 운명론과 수동성으로부터 비롯된다.
 둘째, 전통적 신앙은 장기적인 인간의 순종이 선한 것을 가져오고 인간의 상태를 유지하고 강화할 것이라고 믿는다. 이와는 대조적으로, 묵시는 세상에서의 급진적 전환이 가까이 왔고 갑작스러울 것이라고 주장한다. 그러므로 오랫동안 현재의 방식을 유지해 온 인간의 노력은 헛된 것이고, 하나님의 다가오는 미래와 무관한 것이다.
 묵시문학은 이방의 문화적 환경에 둘러싸여 그들 자신이 의지할 데가 없다고 느끼는 공동체에 실질적 기반이 된다(그리고 힘을 불어넣는다). 이러한 위기의식은 신체적 위협의 형태를 취하거나, 또는 심지어 지배 문화의 부정적 힘을 깊이 인식할 수 있다. 신앙 공동체가 할 수 있는 최선은 절망과 실패가 있는 현재 세상의 상황과는 뚜렷이 대조되는 정의와 웰빙이 있는 하나님이 통치하시는 새로운 도래를 지켜보고, 기다리고, 준비하고, 수용하는 것이다.

    묵시문학은 기대감, 낯선 시간표, 환상적인 신앙(visionary faith)의 결실이라는 거친 이미지의 범주에서 봤을 때 눈이 부시다. 물론 우리가 이 문학이 제공하는 상상력의 모험적 행동에 (최선을 다해) 뛰어들려 한다면 그러한 특징을 진지하게 받아들여야만 한다. 그러나 묵시문학의 다른 세계로(otherworldly)의 접근은 진지하고 결단력 있는 신앙의 매개체이며, 보유자로서의 그 기능을 가려서는 안 된다.

    이 장르에서 표현하는 신앙은 세상이 통제에서 벗어난 것처럼 보이지만 실제로는 하나님이 절대 권력을 지닌 통치자이고, 그분이 세상 진행을 전적으로 지배한다는 확신이다. 그러므로 이 하나님을 믿고 따르는 자들은 하나님이 주신 좋은 결과가 곧 도래할 것이라는 온전한 확신을 믿고 기다리며 희망을 품을 수 있다. 결정적 확신은 통제 밖에 있는 것처럼 보이는 세상 안에 있는, 세상을 통한, 그리고 그 세상을 초월하는 신뢰할 수 있는 하나님의 통치다.

    게다가 이 숨겨져 있는 통치의 독특한 계시는 그 특징상 하나님이 곧 행하실 일의 신비를 선택된 내부자에게 전달되는 특별한 선견자(seer)를 통해 주어진다. 그렇게 함으로써 내부자들은 희망을 품고 훈련을 받으며 기다리도록 용기를 북돋음을 받고 기회를 얻는다. 하나님의 통치에 대한 광범위하고 초월적인 요구는 기꺼이 순종하며 기다리는 공동체에 구체적으로 타당한 것이 된다. 따라서 이 특별한 공동체는 특권의 방식으로 하나님의 다가올 통치와 독특하게 연결된다.

    묵시문학의 이러한 본체는 독특한 종교적 확신과 함께 다소 구체적인 상황에서 일반적으로 나타난다. 구약성서에서 묵시문학은 기원전 6세기 혹은 5세기의 문학에서 처음으로 나타났는데, 이는 예언 전통들로부터 나온 것으로 보인다. 고대 이스라엘의 예언자들은 하나님의 통치가 국가들의 흥망성쇠의 역사적 과정 안에서 도래할 것이라고 단언했다.

그러나 그러한 국제적인 과정이 이스라엘이 가진 희망에서 멀어지면서, 그 희망은 역사적 과정을 넘어서 이전 세상의 끝과 새로운 세상의 시작에 관한 더 광범위한 세계에 대한 환상으로 확장되었다. 예를 들어, 예레미야 51:59-64에서의 본문이 바빌론의 역사적 종말을 기대하고 있음을 볼 수 있다. 그러나 후대 본문인 예레미야 25:8-29에서 다가올 심판과 비상사태는 제국의 역사를 넘어서 모든 백성 위에 내려질 우주적 심판으로 옮겨진다. (그것을 넘어서 요한계시록 17-18장에서 바빌론은 하나님의 통치에 저항하는 모든 권력에 대한 묵시적 이미지의 암호가 되었다.)

역사를 넘어서는 이러한 희망의 움직임이 왜 유대교에서 영향력 및 상상력과 함께 일어났는지는 분명하지 않지만 수많은 설명이 가능하다. 아마도 페르시아의 이원론이 하나님의 선한 의도가 현시대의 악을 극복할 것이라는 급진적인 진술을 가능하게 하는 범주를 제공했을 것이다.

또 다른 가능성은 헬레니즘 시대가 매우 지적으로 통제된 질서를 제공했으므로, 따라서 희망으로 가득 찬 유대교는 그러한 지적인 통제를 넘어 무너뜨려야 했고, 대담하고 상상력이 넘치는 방식들로 그렇게 했다는 것이다. 어떠한 경우든, 하나님의 통치에 관한 유대인다움(Jewishness)의 가장 깊고, 가장 기본적인 희망은 세상 자체가 희망이 없고 멸망으로 가는 것처럼 보이는, 무력함, 실망, 절망의 문화적 상황에서 활기차고 대담한 목소리를 분명하게 필요로 했다.

이러한 이미지는 그들 자신이 매우 무력하다는 것을 알고 있고, 그들에게 열려 있는 가능성이 전혀 없는 세상에서 지친 사람 중에서 일어났을 것이고, 그러한 사람들에게 정확히 호소했을 것이다. 이러한 상황에서 절망에 굴복하지 않고 수그러들지 않는 신앙은 무너지고 공허한 세상을 가능성으로 바꿀 분에게서 나온다. 이 하나님은 실패하고 저항하는 세상에 단호하게 대항해 나가고, 승리할 수 있게 하는 모든 창조의 하나님이다.

신약 시대의 상황에서 확실히 이러한 희망의 지평은 쿰란(사해) 공동체의 특징이었다. 이 공동체는 하나님의 새로운 통치를 기다리기 위하여 희망 없는 예루살렘의 상황으로부터 빠져나왔고, 그러한 새로운 통치는 현 세상의 실패한 방식과는 불연속성의 선상에 있어야 했다. 예수의 놀라운 선포 역시 동일한 절망과 희망의 분위기 속에서 나타났다. 새로운 통치에 관한 예수의 초기 선포의 급진성(막 1:14-15를 참조)은 바라보고 기다리라는 초청을 통해(막 13:23, 37), 그리고 궁극적으로 송영을 통해 공표되었다.

> 세상 나라가 우리 주와 그의 그리스도의 나라가 되어
> 그가 세세토록 왕 노릇 하시리로다 하니(계 11:15).

이 송영은 초대 교회의 궁극적인 기도와 일치한다.

> 아멘 주 예수여 오시옵소서(계 22:20).

초대 교회 일부는 "메시아"에 의해 시작된 새로운 통치가 메시아의 재림과 함께 완전히 성취될 것이라고 믿으면서 묵시적 긴급성에 관한 깊은 의식을 가졌다. 이러한 의식은 예를 들어, 마가복음 13장과 요한계시록에 반영되어 있다. 동시에 (누가복음-사도행전 안의) 다른 초대 교회들은 분명하게 멀리 떨어진 문화 가운데 있었다. 따라서 신약성서에서 묵시문학은 풍부한 신학적 다원성의 한 측면이다. 이러한 깊은 희망에 관한 진실성은 도래하는 새로운 시대에 관한 하나의 표상이며 첫 열매인 부활절의 부활의 경이로움에 있다.

묵시적 신앙은 극단적 수사로 분명히 표현되는 급진적인 종류의 믿음 안에서 나타난다. 한편으로 교회는 오랜 세월에 걸쳐 서양에서 문화 제도로 확립되면서, 그러한 신앙과 수사를 당황스러운 것으로서, 그리고 제도적 교회가 용납할 수 없는 안정을 무너뜨리는 공식으로서 간주하고 무시하기에 바빴다.

다른 한편으로 심지어 이러한 특징적인 제도적 검열에도 불구하고 묵시적 기대는 여기저기서 -힘이 없는 사람들, 현재 세상에서 더 이상 아무 것도 기대하지 않는 사람들, 그리고 그러한 이유로 인해 그들의 현재 상황에도 불구하고 현재 세상을 넘어서 그들이 신뢰하는 하나님을 바라보는 사람 중에서- 멈출 수 없는 방식들로 터져 나온다. 힘없는 사람들 가운데 있는 이 급진적인 희망은 여전히 세상을 신뢰하는 사람들에게는 터무니없는 것으로 보인다. 그러나 그러한 희망은 사실상 희망에 관한 다른 토대를 갖고 있지 않은 사람들의 것이다.

묵시적 수사는 결과적으로 (종말에 대한 묘사를 나타내는 현재 할리우드의 표현에서와 같이) 거의 환상에 가까운 강렬한 급진성 때문에 세상에 대한 거부와 현실도피 혹은 다른 세계에 대한 기대와 희망에 대단히 개방적이다. 성서적 신앙의 이러한 가닥에 참여하는 경우에 왜곡에 빠지는 극단성과 개방성, 그리고 오직 하나님만을 희망하는 단호한 결심이라는 이 두 가지를 인식하는 것이 중요하다.

서양 교회의 현재 상황에서, 현대풍이라고 알려진 세계의 종말이 더욱더 명백해져 감에 따라, 오랫동안 안정적이고 자기 충족적인 교회에서 무시 받아온 묵시문학은 중요한 신학적 원천이 될 것이다. 그러나 묵시적 신앙에 책임 있게 호소하기는 쉽지 않다. 한편으로, 묵시문학의 사용은 이것의 수사에 과도한 관심을 끌게 하고, 그것이 갖는 신학적 주장을 무시하게 만든다. 다른 한편으로, 묵시문학의 수사는 부정직한 종교 장사꾼들이 나쁜 신앙으로 대격변의 미래에 흥미를 끌도록 초대하며, 동시에 실제적인 희망을 악용하고 거부하게 한다.

이러한 신학적 전통에 대한 진지한 호소는, 비록 세상이 위협을 받고 있다고 할지라도, 무엇이 끝나가고 있는지에 관한 불안함의 밑면을 잘 라버리고(불안함을 해소하고), 하나님에 기반을 둔 부력(浮力, buoyancy)으로 초대하는 깊은 확신일 수 있다. 이 신앙을 형성했고, 주장했고, 실천했던 사람들은 도피, 부정 혹은 조작에 관여하지 않았고, 오히려 그들이 살고 있었던 그 세상에 진지하게 초점을 맞추었다.

그들은 현실을 완전히 재형성하기 위해 자신들이 의심하지 않고, 깊이 그리고 주저 없이 신뢰했던 하나님을 받아들였다. 미래는 모든 역사적 신앙에 관한 문제를 제기하고, 그 문제는 광범위하고 깊은 문화적 곤경의 시기에 더욱 예민하다. 묵시문학은 심각한 불안감을 생산하는 문제로서의 미래를 확실히 승리하실 하나님을 향한 찬양과 순종의 무대로 바꾼다.

참고 문헌

Charlesworth, J. H. ed. *The Old Testament Pseudepigrapha of the New Testament*(Cambridge: Cambridge University Press, 1985).

Collins, John J. *The Apocalyptic Imagination: An Introduction to the Jewish Matrix of Christianity* (New York: Crossroad, 1987).

Collins John J. ed. *Apocalypse: The Morphology of a Genre. Semeia* 14 (1979).

Hanson, Paul D. *The Dawn of Apocalyptic: The Historical and Sociological Roots of Jewish Apocalyptic Eschatology* (Philadelphia: Fortress Press, 1975).

Koch, Klaus. *The Rediscovery of Apocalyptic* (SBT, Second Series 22; London: SCM Press, 1972).

Nickelsburg, George W. E. *Jewish Literature Between the Bible and the Mishnah*(Philadelphia: Fortress Press, 1981).

Stone, M. E. *Scriptures, Sects, and Visions* (Philadelphia: Fortress, 1980).

Vander-Kam, James C. *An Introduction to Early Judaism* (Grand Rapids: Eerdmans, 2001).

Vermes, G. *The Dead Sea Scrolls: Qumran in Perspective* (Philadelphia: Fortress, 1981).

22. 미리암
Miriam

구약성서는 철저히 가부장적이다. 남성이 문헌의 대부분을 지배한다. 예상되는 결과로, 여성들은 단지 미미한 역할만 하고, 대부분 경우에 현대 독자들은 여성의 존재와 중요성의 흔적들만을 가질 뿐이다. 그러나 하갈, 룻, 에스더에 관한 내러티브에서처럼 몇몇 주목할 만한 예외가 존재한다. 또한, 최근의 몇몇 페미니스트 연구들은 전통적인 가부장적 해석이 놓쳤던 본문에 나타나는 여성의 중요한 역할들에 대한 주의를 환기했다. 그렇다고 하더라도, 본문 내의 가부장적 주도권은 대부분의 해석에서처럼 명백하다.

이 책에서 나는 내가 언급한 모세, 다윗, 엘리야, 에스라라는 네 명의 중요한 남성과 더불어 네 명의 저명한 여성(미리암, 한나, 이세벨, 훌다)에 관한 언급을 포함할 것이다. 나는 각각의 남성이 전통화 과정을 통해서 실제 삶보다 더 확장된 은유적 중요성이 덧붙여졌다고 제안한다.

마찬가지로 나는 한나, 미리암, 이세벨, 훌다 또한 비록 그들이 전통화의 과정 안에서 지속적 소외를 동시에 경험했다고 할지라도 은유적 중요성을 지니고 있다고 주장한다. 페미니스트 관점에서 나온 이러한 몇몇 주제에 관한 광범위한 문헌은 가부장적 전통화 과정의 작업과 비용들을 이해하기 위한 필수적 독서물이다.

미리암은 구약성서에서 단지 몇 안 되는 본문들에서만 나타난다. 그런데도 우리는 마틴 노트(Martin Noth) 같은 전통적 학자가 "지금은 완전히 상실된 그녀에 관한 훨씬 더 많은 이야기가 한때 존재했다"(182)라고 말한 의견에 주목해야 한다. 물론 우리의 논의는 장기간의 복잡한 전통화 과정에서 살아남은 미리암에 관한 기억 중 남아 있는 것에 대해 초점을 맞추어야 한다. 그녀는 모세와 아론의 누이로 기억되고, 그들과 함께 고대 이스라엘의 중요한 지도자 조직의 일부분으로 분류된다(미 6:4). 이 언급은 전통의 어느 시점에 나타나는 미리암의 중요성을 가리킨다.

미리암의 중요성에 관한 최초의 증거는 출애굽기 15:20-21에 등장하는데, 거기에서 그녀는 파라오에 대한 야웨의 출애굽 승리를 기념하는 노래를 부른다. 이 짧은 시는 일반적으로 출애굽과 관련하여 이스라엘의 가장 오래된 시로 간주된다. 그리고 그 구절은 미리암을 이스라엘의 근원적 내러티브 신앙 전통의 가장 중요한 조음기관(articulator: 혀, 입술, 치아 같이 소리를 내는 데 이용되는 입속 기관, 역자 주)으로 제시한다.

게다가 출애굽기 15:1-18에 나타나는 모세에게서 기인한 보다 긴 노래는 미리암으로부터의 인용으로 시작하는데, 이는 남성 지도자가 미리암의 주도권을 먼저 차지했다는 것을 제안한다(아마도 예수의 부활에 관하여 남성의 증언이 확증했던 방식과 다르지 않을 것이다. 그러나 이는 사실상 무덤에서의 여성들의 첫 증언을 먼저 차지한 것이었다[요 20:1-10]).

이 전통의 또 다른 핵심 요소는 민수기 12장에 나오는 미리암과 모세의 논쟁이다. 그에 따르면 그녀는 모세의 권위에 대한 그녀의 논쟁적 도전의 형벌로서 나병으로 고통받는다(참조. 신 24:9). 이 내러티브는 두 가지 가능성 중에 하나를 제안한다.

미리암은 모세의 권위가 확정적 사실이 아니었던 시기에 모세에 대한 가공할 만한 도전을 했을 것이고, 따라서 그녀는 모세의 지도력에 대한 진정한 대안을 제시했고, 그 결과 최종적으로 결정된 모세중심의(Mosaic) 본문에서 삭제되었다. 또 다른 해석은 미리암은 적어도 보다 후대 시기의 관심사가 그녀에게 투영될 만큼 충분히 중요했다는 것이다. 어떤 방식으로든 미리암은 전통에서 모세의 최종적 권위에 대한 하나의 대안을 나타낸다.

문헌은 미리암이, 그녀의 역사적 중요성이 무엇이든지 간에, 그녀를 제대로 다루지 않았던 전통화 과정의 예측 불가능한 변화들에 종속되어 있다는 것을 제안한다. 최근의 페미니스트 연구는 미리암이 본문의 표면 아래에서 계속 강력한 힘으로 기능하고 있다는 것을 분명히 밝힌다.

엔젤(Angel)의 최근 출판물은 후대의 미드라쉬 전통이 미리암을 묘사했을 수 있는 방식들을 제안하는 창의적 행동이다. 그녀의 역사적 중요성을 훨씬 초월하여, 미리암은 분명히 일종의 단순하고 고정된 가부장적 종결을 배제하고, 지속적 해석 작업을 이끄는 생성적 은유(a generative metaphor)이다. 미리암은 해석을 끌어들이는 지속적 존재이며, 이는 결국 그녀가 침묵되는 것을 거부한다.

참고 문헌

Angel, Leonard. *The Book of Miriam* (Oakville, Ont.: Mosaic Press, 1997).

Bach, Alice. "De-Doxifying Miriam." in *A Wise and Discerning Mind: Essays in Honor of Burke O. Long*, ed. Saul M. Olyan and Robert C. Culley (Providence, R. I.: Brown Judaic Studies, 2000), 1-10.

Bach, Alice. "With a Song in Her Heart: Listening to Scholars Listening for Miriam." in *A Feminist Companion to Exodus to Deuteronomy*, vol. 6, The Feminist Companion to the Bible, ed. Athalya Brenner (Sheffield: Sheffield Academic Press, 1994), 243-255.

Burns, Rita. *Has the Lord Indeed Spoken Only Through Moses? A Study of the Biblica Portrait of Miriam* (Atlanta: Scholars Press, 1987).

Noth, Martin. *A History of Pentateuchal Traditions* (Englewood Cliffs, N.J.: Prentice-Hall, 1972).

Trible, Phyllis. "Bring Miriam Out of the Shadows." *Bible Review* 5/1 (February 1989): 13-25, 34.

23. 바빌론
Babylon

바빌론은 근동의 정치와 무역을 주기적으로 지배했던 고대의 어마어마한 문화였다(현재의 이라크에 위치). 그 문화는 과학과 학문에서 대단히 발전되어 있었고, 이스라엘은 의심의 여지 없이 바빌론의 지혜, 법, 제의로부터 많은 것을 차용하여 적용했다.

바빌론의 장기간 지속하는 정치적, 문화적 힘과 구약성서 사이의 결정적 접촉점은 6세기의 짧은 시기 동안이었다. 아시리아제국이 7세기 끝 무렵에 세력이 약해질 때, 종속국 바빌론은 자신들의 독립을 마침내 주장할 수 있었고, 현재 "신-바빌론" 형태로 불리는 자신의 고유한 집권 체제를 세울 수 있었다.

625년에 나보폴라살(Nabopolassar)은 세력이 약화되어 가는 아시리아로부터 독립을 선언했고, 605년에는 그의 아들 느부갓네살(Nebuchadnezzar)이 권력을 잡았다. 느부갓네살은 매우 강력한 지도자였고, 구약성서에서는 실제보다 더 과장되어 묘사된다. 그는 562년에 죽고, 그 후 얼마 되지 않은 539년에 바빌론의 권력은 끝나, 이 제국은 고레스(Cyrus) 치하에서 새롭게 떠오르는 페르시아에 의해 대체되었다.

그 이전의 아시리아 사람들과 같이, 느부갓네살은 서쪽과 남쪽으로 영토를 확장하려는 야심이 있었고, 따라서 현재 쇠약해져 있는 유다 정부에 필연적으로 개입했다. 609년 요시야왕의 죽음 이후에(왕하 23:29-30), 유다는 사실상 자신들의 독립성을 상실했다. 다윗 왕조는 다양한 시기에 이집트 혹은 바빌론과 같은 외부적 권력의 명령에 따라서 간신히 왕위만 유지할 뿐이었다.

결국, 바빌론은 유다를 침공했고 598년에 요시야의 손자 여호야긴왕을 바빌론으로 추방했는데, 거기에서 그는 느부갓네살보다 더 오래, 적어도 561년까지 살았다고 보도된다(왕하 24:13-17; 25:27-30). 587년에 바빌론의 군대는 다루기 힘든 예루살렘의 식민국가에 다시 쳐들어와 유다 국가를 사실상 끝장내고, 두 번째 왕인 시드기야를 추방했다(왕하 25:7).

마지막으로 느부갓네살은 세 번째로 예루살렘에 쳐들어왔고, 세 번째 추방을 단행했다(렘 52:28-30). 따라서 느부갓네살은 세 번의 원정을 통해 공적으로 질서 잡힌 이스라엘의 삶을 효과적으로 종식시켰고, 그 언약 공동체를 절망 속에서, 깊은 상실감과 소중한 기억만을 지닌, 쫓겨나고 추방당하고 패배한 남은 자들로 바꾸어 놓은 것으로 인정받는다.

느부갓네살은 저항하는 식민지를 향하여 의외로 상당히 모범적인 제국의 방식으로 행동했던 것 같다. 그러나 이스라엘에서는 그러한 모범적인 제국의 관습이 야웨와 관련하여 신학적으로 해석되었다. 이러한 관점에서 볼 때, 느부갓네살에 의하여 야기된 파괴와 추방은, (이는 제국의 일반적인 야심으로 쉽게 이해될 수 있는데) 이후의 모든 유대교의 결정적이고 전형적인 신학적 경험이 된다.

이스라엘은 느부갓네살의 여러 정책을 야웨의 실제(reality)로부터 분리시켜 이해할 수 없다. 그러한 이유로 인해, 파괴와 추방이라는 재앙은 이중적인 신학적 해석을 얻게 된다.

첫째, 신명기적 예언(Deuteronomic-prophetic) 전승들이 이 재앙을 야웨가 내린 마땅한 형벌로 이해했기 때문에, 느부갓네살은 확실하게 자기 스스로의 뜻이 아니라, 야웨의 명령에 따라 행동했다. 그러한 점에서 비추어 보면, 느부갓네살은 야웨의 관리 안에 있는 부수적 인물이다. 그러한 이유로, 예레미야 25:9와 27:6에서 야웨는 느부갓네살을 "나의 종"이라고 부른다. 그리고 이사야 47:6에는, 진노한 야웨가 "나의 백성"에 대한 느부갓네살의 무자비한 잔학행위를 허락한다는 선언이 등장한다.

둘째, 해석적인 주장이 곧바로 뒤따른다. 느부갓네살은 야웨의 명령에서 벗어났고 예루살렘을 향한 어떠한 자비도 보여 주지 않았다. 그는 자율적으로, 그리고 결국 야웨의 의지와는 상반되게 행동했다(사 47:6-7). 결과적으로 이 본문에 나타나는 광범위한 해석의 한 줄기는 느부갓네살(그리고 바빌론)을 이스라엘에게 폭력적일 뿐만 아니라 야웨에게 맹렬히 대항했던 독자적인 세력으로 묘사한다.

결국, 야웨는 바빌론을 심판하고 멸망시킬 것이다. 따라서 느부갓네살을 "나의 종"이라고 간주했던 예레미야서는 방향을 역전시키고, 야웨의 백성에 대항해 감히 도전했던 바빌론의 교만에 관한 확장된 시적(poetic) 공격으로(렘 50-51장), 그리고 곧 다가올 바빌론의 멸망에 관한 예상되는 내러티브로 끝난다(렘 51:64; 참조. 사 13-14장). 이 전승은 야웨의 자발적 도구이자 순종적 종으로부터 야웨의 뜻을 거부했던 저항하는 자율적 대리인까지 느부갓네살의 "발전과정"을 추적한다.

이러한 후자의 역할 안에서, 느부갓네살(그리고 바빌론)은 이스라엘의 상상력 안에서 두드러지게 생성적(generative) 역할을 맡고, 야웨의 뜻에 대항하며 세상에서 악을 행하는 교만하고 독자적인 권력에 대한 하나의 은유(metaphor)가 된다. 다른 여러 주장 중에서 아마도 창세기 1장은 바빌론의 여러 신에 반대되는 야웨의 힘과 권위에 관한 확언일 것이다. 그리고 분명하게 창세기 11:1-9는 바빌론의 자부심에 관한 교만을 반영한다.

바빌론과 느부갓네살에 관한 은유적 힘의 등장은 매우 놀라운 것이다. 왜냐하면, 바빌론 이전의 아시리아도, 그리고 바빌론 이후의 페르시아도 계속되는 유대교의 해석적 작업에 있어서 그와 같은 상징적 힘을 얻은 적이 없었기 때문이다.

이러한 은유적 힘은 특별히 다니엘 2-4장에서 눈에 띄게 나타난다. 다니엘 4장에서, 느부갓네살은 자율적 힘으로 묘사되는데, 그는 미치광이가 되었고, 그의 송영(doxology) 안에서 야웨의 궁극적 통치에 복종하게 되었을 때에야 비로소 온전한 정신과 힘을 회복했다(단 4:34-37). 비평적 해석 안에서, 느부갓네살에 대한 이러한 용법은 기원전 2세기에 유대인들을 억압했던 시리아의 통치자 안티오쿠스 IV세를 언급하기 위해 사용된다. 따라서 그 은유는 그것의 역사적인 위치를 상실하고 다른 구체적인 정치적 실재들을 조명한다.

이와 평행하는 방식으로, 요한계시록 18장은 구약성서의 운율을 직접 암시하면서 다가오는 바빌론의 파괴에 대해 말한다. 여기서 그것은 막 생겨나기 시작한 교회를 억압했던 로마제국으로 이해될 수 있다.

이러한 성서적 언급들로부터, "바빌론"은 하나님의 계획을 좌절시키려는 모든 힘에 관하여 말하고 있는 은유적 방식이 된다. 마틴 루터는 "바빌론의 포로가 된 교회"(The Babylonian Captivity of the Church)라는 그의 유명한 표현으로 로마 교회를 비판했다. 최근에, 윗튼(Wheaton)과 쉥크(Shank, 1988)는 동일한 이미지를 사용하여 중앙아메리카 내부로의 미국의 "세계적" 도달을 바빌론적 힘으로 묘사했다. "바빌론"이라는 은유는 성서 본문들이 해석적 상상력을 생성한다는 것을 보여 주는 방식의 주요 사례이다. 그러한 해석적 상상력은 세계의 실재를 재묘사하는 데 있어서 성서 본문과 그것의 초기 언급 영역을 훨씬 넘어선다.

참고 문헌

Bellis, Alice Ogden. *The Structure and Composition of Jeremiah 50:2-51:58* (Lewiston: Edwin Mellen Press, 1995).

Hill, John. *Friend or Foe? The Figure of Babylon in the Book of Jeremiah MT* (Leiden: Brill, 1999).

Saggs, H. W. F. *The Greatness That Was Babylon* (London: 1988).

Smith, Daniel L. *The Religion of the Landless: The Social Context of the Babylonian Exile* (Indianapolis: Meyer Stone, 1989).

Wheaton, Philip and Duane Shank. *Empire and Word: Prophetic Parallels between the Exile Experience and Central America's Crisis* (Washington: EPICA Task Force, 1988).

24. 바알
Baal

바알은 가나안 만신전(萬神殿, pantheon)의 신 중에서 가장 잘 알려져 있고 가장 중요한 신이다. 바알은 구약성서에서 오직 논쟁적으로만 알려져 있다. 하지만 1929년 우가릿 토판의 발견을 통해, 관례적인 예전적 관습들과 가나안 종교의 신학적-신화적 주장들을 반영하고 있던 많은 문서를 사용할 수 있게 되었다. 이러한 문서들이 중요한 이유는 그것들이 우리가 이 유명한 가나안 신을 단지 이스라엘인들의 논쟁을 통해서가 아니라, 그의 지지자들의 눈을 통해 이해하도록 만들어 주기 때문이다.

바알은 이러한 문서들에서 폭풍의 신, 비를 제공하는 다산(多産)의 신, 정기적 농경 주기 안에서 죽음의 세력들을 패배시키고 농경의 생산성에 대한 새로운 주기를 가능하게 만드는 전사(戰士)의 신으로 다양하게 묘사된다.

이러한 이미지들의 모음은 매우 남성적인 한 신을 제시하는데, 그는 땅의 비옥함을 보증하고, 그러므로 땅의 합법적 주인이고 소유자다. 가나안 종교에 관한 몇몇 문서는 바알에 관한 매우 잘 발전된 내러티브 이야기들을 반영하고 있는데, 여기서 바알은 가나안의 예전적 환경 속에서 생명의 수여자로 간주되었다.

이러한 특성 때문에, 바알은 구약성서에서 야웨에 필적하는 주요한 경쟁 상대로 나타나고, 가끔은 야웨의 권한에 대한 위협으로 출현한다. 구약성서, 특별히 신명기와 관련된 전승에 나타나는 강한 유일신론적 관점으로부터, 바알 숭배는 강렬한 위험이고 유혹이다. 따라서 이스라엘의 개혁 운동들은 격렬히 그리고 심지어 폭력적으로 그것을 제거했다.

이스라엘의 충성을 요구하는 바알과 야웨 사이의 경쟁은 북이스라엘에서 오므리 왕조 시기(876-842년) 동안에, 특별히 아합과 이세벨의 통치 기간에 가장 첨예하게 표현되었다. 따라서 갈멜산에서의 대결은 야웨의 우세함과 바알의 굴욕을 확고히 하려는 극적 분투였다(왕상 18장). 그러나 이스라엘 내부의 바알 숭배와 타협하려는 경향은 지속적으로 보도되고, 따라서 반복되는 개혁에 대한 여러 노력은 바알 숭배를 이스라엘로부터 몰아내는 것을 추구했다(참조. 삿 6:25-32; 왕하 10장; 23:4-5).

20세기 중반에, 구약성서학은 야웨와 바알 사이의 첨예한 차이점을 강조했다. 바알이 자연적 과정들 내부에 있는 생산하게 하는 힘(generative force)으로서 이해되었던 반면에, 야웨는 이와 대조적으로 이해되었다.

첫째, 야웨는 자연적 과정들 밖에 서 있고, 까다로운 윤리적 요구들과 함께 그 과정들을 관장하는 창조주 하나님으로 이해되었다.

둘째, 자연이 아닌 역사 안에 그의 우선적 활동 영역이 있는 하나님으로 이해되었다.

차이점에 몰두하고 있는 이 우세한 해석적 관점은 구약성서 본문들의 견해를 공유했는데, 이러한 본문들의 견해는 혼합주의(서로 다른 신학적 시각들을 함께 혼합하는 것)를 이스라엘의 신앙에 대한 깊은 위협으로 간주했다. 즉, 구약성서학은 바알 숭배에 적대감을 품고 있는 가장 극단적인 본문들의 편을 들었다.

칼 바르트(Karl Barth)가 만든 "종교"에 대항하는 일관된 논쟁(독일의 국가사회주의의 "피와 토양"이라는 종교적 이데올로기에 대항하는 기독교인들의 투쟁 때문에 맥락상 영향을 받은 하나의 논쟁)은 이 학문적 경향을 특별히 촉진했다. 이 해석적 입장은 고대 이스라엘 신앙에 대한 바알의 위협과 국가사회주의의 위협 사이에 있는 결정적 병행을 유럽에 있는 교회의 신앙에 대한 종교적 이데올로기로 상정했다.

야웨 혹은 바알 중에서의 극단적 "양자택일"이 위에서 언급했던 본문들에 나타나는 강력한 기준이지만, 해석적 분위기는 최근 몇십 년 동안 훨씬 많이 변했다. 이러한 변화는 야웨가 구약성서의 표현에서 바알과 매우 비슷하게 나타나고, 많은 부분에서 동일한 역할을 공유한다는 것을 보여 준다(시 29편에서와 같이). 야웨 또한 폭풍의 하나님이다(출 15장에서와 같이). 야웨도 죽음의 세력들에 대항하는 강력한 전사이다. 야웨는 땅이 생명과 웰빙의 복을 산출할 때 비를 내리고 농경을 번성하게 하는, 땅을 비옥하게 하는 분이다(호 2:14-23). 야웨는 모든 생물을 위해 생존 가능한 삶을 보장하도록 자연의 변화를 명령하는 분이다(창 1:1-2:25; 8:22; 시 104:27-28; 145:15-16; 사 55:12).

따라서 바알과 야웨(이스라엘의 참된 한 분이신 하나님)의 관계는 복잡하고, 하나 이상의 더 많은 해석의 지배를 받는다. 서로 다른 이해들은 부분적으로 서로 다른 본문들의 영향 아래 있다. 또한, 서로 다른 이해들은 서로 다른 해석적 상황들에서 등장하는데, 이러한 상황들에서 이스라엘의 신앙은 위협 아래 있으면서 정화가 필요한 것으로 다양하게 이해되거나, 혹은 그것을 조정할 수 있는 다른 영향들에 의해 침범될 수 있다. 야웨가 "남성적" 하나님으로 이해된다는 점에서, 그는 극도로 남성적 특징을 지닌 바알과 라이벌 관계라고 할 수 있다.

야웨가 또한 "풍요의 하나님"(fertility God), 즉 복과 함께 농작물이 자라게 하는 분으로 인식될 때(페미니스트 해석학에서 더 많이 인정받는 이해), "풍요"(fertility) 종교에 대항하는 논쟁은 어느 정도 완화될 수 있다. 이러한 극단성은 차치하고, 좀 더 융화적 견해는 야웨를 가나안 종교가 바알에게 부여했던 창조주의 역할을 할 수 있는 풍요의 하나님으로 인식하는 것이다. 따라서 야웨의 신적 능력과 특징에 관한 표현은 다양한 상황에서 다양하게 읽혔던 다양한 본문에서 다양한 뉘앙스로 제공된다.

이러한 야웨에 관한 표현은 진공상태에서 일어나지 않았고, 오히려 때로는 이스라엘이 종종 차용했고, 때로는 이스라엘이 종종 논쟁을 벌였던 다신론적 상황에서 항상 등장했다.

한편 이사야 62:4에서 땅은 "결혼한 자"로, 그리고 히브리어에서는 "뿔라 땅"(Beulah land)이라고 불린다. "뿔라"(Beulah: '결혼한 여자'라는 뜻, 역자 주)는 "풍성한 수확을 내다"를 의미하는 "바알"(baal)이라는 용어의 여성 수동 분사형이다. 문맥상 이 땅은 야웨에 의해 분명하게 "풍성한 수확을 낸다." 야웨는 그 밖의 다른 곳에서 종종 바알에게 부여된 풍요의 역할을 수행한다. 창조주 야웨는 모든 땅이 "뿔라 땅"이 되도록 의도한다.

참고 문헌

Albertz, Rainer. *A History of Israelite Religion in the Old Testament Period*. vol. 1, *From the Beginnings to the End of the Monarchy* (OTL; Louisville, Ky.: Westminster John Knox Press, 1994).

Cross, Frank Moore. *Canaanite Myth and Hebrew Epic: Essays in the History of the Religion of Israel* (Cambridge: Harvard University Press, 1973), sect. III.

Habel, Norman C. *Yahweh versus Baal: A Conflict of Religious Culture* (New York: Bookman Associates, 1964).

Harrelson, Walter. *From Fertility Cult to Worship: A Reassessment for the Modern Church of the Worship of Ancient Israel* (Garden City, N. Y.: Doubleday, 1969).

Smith, Mark S. *The Early History of God: Yahweh and Other Deities in Ancient Israel* (San Francisco: Harper and Row, 1990).

Westermann, Claus. *What Does the Old Testament Say About God?* (Atlanta: John Knox Press, 1979), chap. 3.

25. 보응
Retribution

보응에 관한 신학적 개념은 세상이 하나님에 의해 질서 잡혀 있고, 따라서 모든 사람은 자신의 행동에 상응하는 정당한 보상 또는 형벌의 결과를 받을 것이라는 전제 또는 확신이다. 하나님은 세상에 내재되어 있는 도덕적 계산(calculus)의 보증인이고, 따라서 "선한 사람"(순종하는 자들)은 번성하고, "악한 사람"(불순종하는 자들)은 고통 받는다. 그러한 전제는 다음과 같은 내용을 보장한다.

- 세상은 도덕적으로 일관성 있다는 것
- 인간의 행동은 세상의 미래에 궁극적으로 중요하다는 것
- 인간의 삶은 도덕적 혼돈 가운데서는 영위될 수 없다는 것

따라서 세상에 대한 신뢰할 만한 질서를 세우는 것은 특정한 도덕적-윤리적 관점에 필수적인 것으로 간주된다.

이러한 일반적 확신은 구약성서 신앙에 만연해 있다. 우리는 이러한 확신을 표현하는 수사학의 두 가지 체계 (따라서 신앙에 관한 서로 다른 표현) 사이를 구별할 수 있다. 특별히 신명기와 예언서들에서 발견되는 "뜨거운"(hot) 보응에 관한 개념은 불순종이 하나님 자신의 뜻과 명성을 모욕하기 때문에 하나님이 종종 진노로 인간의 행동에 주목하고 반응한다는 것을 제공한다. 창세기 6-9장의 홍수 내러티브가 이에 관한 극적 사례이다.

¹⁴ 내가 이스라엘의 모든 죄를 보응하는 날에

벧엘의 제단들을 벌하여

그 제단의 뿔들을 꺾어 땅에 떨어뜨리고

¹⁵ 겨울 궁과 여름 궁을 치리니

상아 궁들이 파괴되며

큰 궁들이 무너지리라

여호와의 말씀이니라(암 3:14-15).

¹ 그들이 침상에서 죄를 꾀하며

악을 꾸미고

날이 밝으면 그 손에 힘이 있으므로

그것을 행하는 자는 화 있을진저

² 밭들을 탐하여 빼앗고

집들을 탐하여 차지하니

그들이 남자와 그의 집과

사람과 그의 산업을 강탈하는도다

³ 그러므로 여호와의 말씀에

내가 이 족속에게 재앙을 계획하나니

너희의 목이 이에서 벗어나지 못할 것이요

또한 교만하게 다니지 못할 것이라

이는 재앙의 때임이라 하셨느니라(미 2:1-3; 신 30:15-20도 보라).

이 수사학의 결정적 특징은 야웨가 순종 혹은 불순종으로 그의 개입이 유발되고, 보상과 형벌을 개인적으로 감독하는 능동적 대리자라는 것이다. 수사학의 전체적 체계는 능동 동사들의 주어인 야웨의 능동적 대리 행위에 의존한다. 레위기 26:14-39와 신명기 28:15-68의 저주 이야기에 있는 동일한 수사학을 더욱 상세하게 보라.

또한, 수사학의 두 번째, 매우 다른 "차분한"(cool) 패턴이 구약성서에서 특별히 잠언의 지혜 가르침에서 명백하다. 이 패턴은 너무 다르므로, 코흐(Koch)는 그것이 실제로 "보응"이 아니라, 여러 행위가 그 행동으로부터 나온 것이 확실한 결과들을 자신 안에 내재적으로 가진 단순한 한 체계라고 주장했다.

행위와 결과의 연결은 창조의 질서 정연한 실재의 일부이며, 그것은 이스라엘의 신앙에 있어서 창조주의 세심한 신뢰성에 의존하고 그것으로부터 파생된다. 이러한 수사학적 패턴에서는, 보상 혹은 징계의 주체는 나타나지 않고, 또한 기쁨, 분노 혹은 도덕적 격분도 표현되지 않는다. 오직 행동 자체에 대한 불가피한 결과만 있을 뿐이다.

도덕적 일관성에 관한 이러한 두 체계(**행동-보상 혹은 행동-징계**[act-reward or punishment], 그리고 **행위-결과**[deed-consequence])는, 비록 수사학적으로 매우 다름에도 불구하고, 서로 다른 표현들 안에서 위에서 언급된 세 가지 기능들을 수행하는 본질적 등가물들이다. 확실히, 수사학의 다양한 패턴은 큰 차이를 만든다. 행위-결과라는 두 번째 체계는 대리행위에 관한 뜨거운 주장보다 과학적 시대에 더욱 신뢰할 만한 것으로 보인다. 그러나 두 가지 방식의 말하기는 행동과 결과의 다루기 힘든 관련성을 증언한다.

수사학의 두 가지 패턴은 분명히 구약성서 윤리의 기준선을 함께 구성하는데, 첫 번째는 언약의 맥락 안에 설정되어 있고, 두 번째는 창조의 실재에 호소한다. 그러나 이러한 주장들이 중요하긴 하지만, 문제가 없는 것은 아니다. 구약성서의 본문에 잘 반영된 삶의 경험 안에서 삶이 이러한 단순한 공식들에 따라 살아지지 않는다는 많은 증거가 등장한다. 실제로, 불순종하는 자들이 종종 번영하고, 순종하는 자들이 종종 고통을 받는다. 보응에 관한 모든 주장은 불가피하게 신정론(theodicy)의 위기로 이어지며, 그에 의하면 삶의 경험은 깔끔한 설명 체계들과 모순된다.

신정론의 위기는 욥의 드라마에서 정확하게 표현되는데, 그에 의하면 순종하는 자가 심히 고통을 받는다(욥 31장을 보라). 어떤 사람이 번영하여, 놀랍게도 "나는 그것을 받을 자격이 없다"라고 공로를 초월한 축복에 대한 자진신고를 선포할 때마다 동일한 문제가 분명히 발생한다.

구약성서는 신정론의 사안을 다루고 있는 몇몇 본문에서 이 문제를 인정한다[**신정론**을 보라]. 잠언과 관련하여(욥기는 이에 대해 반대한다), 폰 라트(von Rad)의 통찰에 주의를 기울여야 한다. 그는 지혜의 가르침이 행위-결과의 끊을 수 없는 연관성을 전제하고 있음을 인식한다. 그러나 그는 잠언에 나오는 일련의 본문들이 질서와 관련된 지혜에 관한 여러 결정적 주장과 가정들이 적절하지 않다는 것을 쉽게 인정하고 있다는 것 또한 관찰한다(*Wisdom in Israel*, 98-101).

> 사람이 마음으로 자기의 길을 계획할지라도
> 그의 걸음을 인도하시는 이는 여호와시니라
> (잠 16:9; 참조. 잠 16:1, 2; 19:14, 21; 20:24; 21:30-31).

지혜 교사들은 이러한 자각이 더욱 친숙한 기준성(commensurability)의 가르침과 어떻게 조화를 이루는지에 대한 단서를 제공하지 않는다. 그런데도, 방금 인용된 이러한 잠언들의 포함은 그 교사들이 사안의 복잡성을 인식했고, 질문에 대한 지나치게 단순한 종결을 거부했다는 것을 가리킨다. 아마도 욥의 시는 정확하게는 모든 쉬운 교훈적 결론을 의심하지는 않더라도 적어도 끝에서 두 번째의 것으로 만든, 지혜 교사들이 상세히 설명한 이러한 불가해한 모순에 관한 묵상일 것이다.

보응의 문제(그리고 신정론의 문제들로 이어지는 그것의 복잡성)는 구체적 실천에 있어 특히 시급한 사안이다.

첫째, 구약성서 자체에서, 기원전 6세기의 포로기는 열왕기와 몇몇 예언서에서 보응과 관련하여 강력하게 해석되었다. 야웨를 향한 불순종의 오랜 역사에 관한 하나님의 심판으로 예루살렘은 파괴되었고 이스라엘은 추방되었다. 이 진술은 아마도 그 주제에 관한 구약성서의 규범적 설명일 것이다. 그러나 예레미야애가 3:40-57에서 명백히 나타나는 것처럼, 시는 유죄의 가해자로부터 무죄의 희생자로 이동한다. 시간이 지나면서, 6세기의 위기에 관한 모든 환원주의적 도덕적 설명은 더욱 큰 복잡성, 따라서 더욱 덜한 확실성에 개방되어야 했다.

둘째, 보응에 관한 강한 개념은 구약성서 신앙의 기준선일 뿐이며, 이는 여기서 제안되는 것처럼 큰 변화와 복잡성에 열려 있다. 그러나 구약성서에 관한 (그리고 더욱 일반적으로 유대교 전통에 관한) 충분한 지식이 없는 기독교의 고정관념은 해석 과정에 존재하는 이러한 복잡성을 인식하는 데에 실패했다. 그 결과 구약성서를 읽지 않은 기독교인들은 그것을 "진노의 하나님," 즉 폐쇄된 공로체계를 열정적으로 감독하는 한 대리인을 제시하는 것으로 종종 희화화한다.

이러한 오독은 경험의 복잡성이 단순한 설명을 능가한다는 본문에 관한 실제적 자각을 인식하는 데에 실패한다. 구약성서에 있는, 그리고 특별히 포로기의 전통들에 있는 용서에 관한 강력한 확언은 잘못된 정보에 입각한 기독교인들의 틀린 해석을 배제한다[**용서**를 보라].

셋째, 엄격한 응보 체계라는 개념은, 루벤슈타인(Rubenstein)이 일찍이 보았던 것처럼, 유대인의 홀로코스트를 이해하는 데서 특별히 중요(그리고 위험)했다. 그러한 이론은 홀로코스트가 유대인들이 제멋대로 군것에 대해 처벌을 내린 것이라고 쉽게 결론 내렸다. 모든 비판적 성찰은 홀로코스트가 그러한 이론에 포함될 수 없다고 결론 내려야 한다. 우리는 적어도 인간의 악이 지닌 악마적 힘을 염두에 두어야 한다. 그 너머에서, 우리는 설명하려는 모든 시도를 무시하는 한 사건의 불가해한 실재를 인식해야 한다.

비록 보응에 관한 어떤 개념이 구약성서의 윤리적 열정에 있어서 핵심적이라고 할지라도, 인간 삶의 실재, 인간 삶의 연약함에 대한 인식, 그리고 살아 있는 실재의 복잡성을 함께 고려한다면, 그것들은 단순한 보응이론에 대하여 진지한 비판을 요구한다. 살아 있는 실재의 모호성과 복잠성은 그러한 단순한 읽기를 인정하지 않는다. 인간 삶의 비참함과 광채는 극단적으로 단순화된 설명에 적합하지 않다. 그러므로 구약성서 자체는 본문이 선호할지도 모르는 깔끔한 도덕적 계산을 끊임없이 수정해야 한다.

참고 문헌

Brueggemann, Walter. *Old Testament Theology: Essays on Structure, Theme, and Text* (Minneapolis: Fortress Press, 1992), 1-44.

Koch, Klaus. "Is There a Doctrine of Retribution in the Old Testament?" in *Theodicy in the Old Testament*, ed. James L. Crenshaw (Philadelphia: Fortress Press, 1983), 57-87.

Miller Patrick D. Jr. *Sin and Judgment in the Prophets: A Stylistic and Theological Analysis* (Chico, Calif.: Scholars Press, 1982).

Rubenstein, Richard E. *After Auschwitz: History, Theology, and Contemporary Judaism*, 2d ed. (Baltimore: Johns Hopkins University Press, 1992).

von Rad, Gerhard. *Wisdom in Israel* (Nashville: Abingdon Press, 1972).

26. 복수
Vengeance

구약성서에서 복수는 불공평을 시정하거나 혹은 잘못에 대해 보복하는 권력 행동일 수 있다. 이러한 맥락에서, 복수는 모욕과 반응 사이의 균형을 목표로 하고, 그 행위가 법의 정당한 주장을 요구하는 사법적 맥락에서 발생한다. 물론 이러한 보상, 보복, 강요는 공평의 가장자리에 놓여 있고, 쉽게 잔인함으로 넘어갈 수 있다. 따라서 복수는 모욕(혹은 모욕감을 느낌)에 대한 정당한 반응의 미세한 가장자리에 놓여 있고, 특징적으로 공정성의 여러 제한에 대항한다.

구약성서의 가장 오래된 시 중 하나에서, 라멕은 "칠십칠 배"의 복수를 맹세한다(창 4:24, 이에 대하여 마 18:22의 대조를 보라). 라멕이 제안한 반응은 어떤 균형도 넘어선다. 이러한 감정적 불의와 억제되지 않은 보복(아마도 모든 사회에서 나타나는)은 고대 이스라엘에서 법적 권위자들에게 문제가 되었다. 따라서 이스라엘의 법적 전통은 정의에 대한 갈망을 해결할 수 있는 공평하고 균형적인 법적 해결책을 통해 작용했다. 그 결과는 출애굽기 21:23-25의 격언에서 명백하게 나타난다.

> [23] 그러나 다른 해가 있으면 갚되 생명은 생명으로, [24] 눈은 눈으로, 이는 이로, 손은 손으로, 발은 발로, [25] 덴 것은 덴 것으로, 상하게 한 것은 상함으로, 때린 것은 때림으로 갚을지니라(출 21:23-25).

이 계명은 보복의 비율을 설정하고, 보복을 보장하지만, 복수에 대한 갈망의 끝없는 유혹인 잔혹함을 제한하려고 한다. 이러한 "법적" 비율 감각은 야웨가 질서와 안정을 유지하고, 그러한 주권적 질서 의지를 위반하는 백성을 처벌하는 데 필요한 법적 조치들을 취하는 주권자라는 확신 안에서 신학적으로 나타난다. 야웨의 주권이 모욕과 관련되어 정당한 비율로 나타나는 가장 분명한 예들은 레위기 26:14-39와 신명기 28:15-46에 있는 언약적 저주들이다.

이 본문들은 모욕과 형벌 간의 조화를 암시한다. 신명기 28:47-68의 (긍정적 축복들과 완전히 불균형을 이루는) 길고 부정적인 전개에서, 균형적인 형벌은 가해자의 억제되지 않는 잔혹함으로 치우쳐져 있다. 또한, 매우 다른 기반에서, 우리는 출애굽기 7-11장의 여러 재앙이 불순종했고, 따라서 심각한 처벌을 받아야 하는 야웨의 봉신인 파라오에 대한 주권의 실행들을 구성한다고 제안할 수 있다. 그러면 재앙들은 완고한 파라오에 대한 야웨의 계속적 주권을 보장하기 위해 취해진 조치들이다.

사법적으로 조정된 수단들을 통한 야웨의 정당한 주권 행사라는 개념은 라멕의 노래 안에서 명백한 것처럼 보이고, 이스라엘의 많은 기도 안에서 표현되고 있는 복수에 대한 갈망과 깊은 긴장 관계에 있다. 복수를 위한 부르짖음은 수많은 시편에서 명백하게 나타난다. 더욱 극적인 실례 중에는 시편 137:7-9와 109:6-20이 있다.

이 본문들에서, 말하고 있는 공동체는 화자들에게 자행되었던 잔혹함과 중상모략에 상응하는 신속하고 혹독한 복수를 야웨에게 간청한다. 이스라엘의 기도들은 정직하고 억제되어 있지 않다. 왜냐하면, 이 하나님은 "그로부터 어떠한 비밀도 숨길 수 없는" 존재이기 때문이다. 확실히 이스라엘의 예전으로부터 차용된 동일한 기도가 예레미야의 입술을 통해 나타난다.

> 나를 박해하는 자로 치욕을 당하게 하시고
> 나로 치욕을 당하게 마옵소서
> 그들은 놀라게 하시고
> 나는 놀라게 하지 마시옵소서
> 재앙의 날을 그들에게 임하게 하시며
> 배나 되는 멸망으로 그들을 멸하소서 (렘 17:18; 참조. 렘 18:21-23).

다른 경우에, 이스라엘은 자신에게 과도하고 과분한 처벌을 가했던 야웨에게 대항한다. 그러한 경우들에서 이스라엘은 야웨가 적절한 보복 집행의 규범을 위반했다고 주장한다(시 44:9-22, 그리고 종종 욥기에서).

복수에 관한 사안은 구약성서에서 매우 첨예하다. 왜냐하면, 굴욕, 수치, 분노에 의해 촉발된 억제되지 않은 잔인성과 제한적이고 비례적인 판단 사이의 긴장이 결코 완벽하게 해결되지 않기 때문이다. 본문이 이 긴장을 해결하는 가장 근접한 지점은 복수가 인간이 아니라 전적으로 하나님에게 속해 있다는 점을 인식하는 것이다(신 32:35). 복수는 주권을 실행할 권리를 가진 야웨에게 속해 있다. 복수는 인간에게 속해 있지 않다. 왜냐하면, 인간은 복수에 대한 자신들의 갈망을 실행할 자유가 없기 때문이다.

따라서 하나님은 복수에 대한 합법적 근원인 동시에 불법적 인간의 복수에 대한 규제이다. 주목할 만한 결과로, 이스라엘의 기도 안에는, 비록 독이 있기는 하지만, 실제로 복수를 실행하는 인간에 대한 어떠한 암시도 나타나지 않는다. 오히려 복수의 필요성은 행동할 것으로 기대되는 하나님에게 전달된다.

네 가지 관찰이 이러한 관점을 요약한다.

첫째, 인간은 이스라엘이 알고 있는 것처럼, 복수를 진정으로 갈망하고, 그러한 갈망은 그 자체로 결코 비난받지 않는다. 신학적 질문은 그러한 갈망을 다루는 방법에 관한 것이다. 사람은 이 갈망을 표시할 수 있고, 그것을 거부할 수 있으며, 혹은 그것을 야웨에게 기도로 양도할 수 있다. 마지막 선택이 이스라엘이 가장 의도적으로 실천했던 것으로 보인다.

둘째, 이러한 기준에서, 야웨는 복수를 실행할 능력과 의지가 있는 것으로 알려진다. 비록 탄원자의 구체적 요구사항들을 따르지는 않을지라도 말이다. 긍정적으로 이러한 주장은 야웨가 (책임감 있는 부모처럼) 적절한 판결을 의도하고 실행할 수 있는 책임감 있는 통치자라는 것을 암시한다. 그러나 이러한 고도로 안심시키는 신학적 결론은 야웨 자신의 감정적 삶이 때때로 사법적 제한을 넘어서고, 따라서 구약성서의 하나님이 때때로 감정적 힘으로 복수를 행한다는 이스라엘의 인식 때문에 상당한 부조화를 이루게 된다.

셋째, 복수의 시행은 의미의 보상 세계(a quid-pro-quo world)를 다루려는 시도이다. 그러나 보상 세계 자체가 항상 감내할 수 있는 것은 아니다. 이스라엘은 야웨가 관대한 자비의 행동으로 보상의 패턴을 부술 수 있는 능력을 갖고 있다는 생각을 품을 수 있다.

> 우리의 죄를 따라
> 우리를 처벌하지는 아니하시며
> 우리의 죄악을 따라
> 우리에게 그대로 갚지는 아니하셨으니(시 103:10).

> 3 여호와여
> 주께서 죄악을 지켜보실진대
> 주여
> 누가 서리이까
> 4 그러나 사유하심이 주께 있음은
> 주를 경외하게 하심이니이다(시 130:3-4).

넷째, 정당한 배상, 보복, 요구에 관한 보장이 의문시될 때, 복수는 법의 지배 밖에서 실행될 수 있다. 신학적으로 하나님은 하나님의 백성이 고수하는 법의 규칙을 관리한다. 신학적으로 하나님의 신뢰성에 대해 또는 사회학적으로 사회에 나타나는 정의의 신뢰성에 대해 의심이 존재하는 곳에서, 복수는 직접적으로 제한 없이 행사될 수 있다. 구약성서는 이러한 제한에 대해서 알고 있다.

구약성서는 또한 제한을 초월하는, 불길하고 끝없는 압박(push)에 대해서도 알고 있다. 배상의 여러 절차가 이스라엘에서 적절했다는 것은 확실히 결코, 분명하지 않다. 명료성의 부족은 때때로 광적이고 고집스런 간구와 억제되지 않은 잔인성을 조장한다.

참고 문헌

Brueggemann, Walter. "Vengeance-Human and Divine." in *Praying the Psalms* (Winona, Minn.: St. Mary's Press, 1982), 67-80.

Jacoby, Susan. *Wild Justice: The Evolution of Revenge* (New York: Harper & Row, 1983).

Mendenhall, George E. "The 'Vengeance' of Yahweh." in *The Tenth Generation: The Origins of the Biblical Tradition* (Baltimore: Johns Hopkins University Press, 1973), 69-104.

Zenger, Erich. *A God of Vengeance? Understanding the Psalms of Divine Wrath* (Louisville, Ky.: Westminster John Knox Press, 1996).

27. 부림절
Purim

부림절은 유대력으로 아달월(태양력으로 2월 중순에서 3월 중순까지, 역자 주) 14일에 기념되는 봄 절기이다. 이 절기는 기념행사에 대한 성서적 근거를 제공하는 에스더서와 밀접하게 연관되어 있고(에 3:7; 9:18-28), 페르시아 시대에 생겨났을 가능성이 있다.

에스더서의 내러티브에서 기념되는 공휴일인 부림절은 유대인의 정체성과 유대 공동체에 대한 제국의 위협, 그 제국의 위협에 대한 유대인의 영웅적이고 지혜로운 저항, 그리고 유대인의 놀라운 구원과 옹호를 재현한다. 유대인의 운명을 결정했던 "제비뽑기"로부터 명명된 부림절의 기념행사에는 회당에서의 에스더 낭독이 포함된다.

그러나 그 외에도, 이 절기는 해방된 유대인의 정체성과 자유를 기념하고 기뻐하는 자유로운 행동의 축제 분위기를 초대하고 제정한다. 기념행사에는 유대인에 대한 위협적 위험과 모든 위협으로부터 유대인의 옹호 및 해방을 재현하기 위해서 방종하게 먹고 마시는 것과 해진 의상들이 포함된다.

유대력의 후발주자인 이 절기는 페르시아 시대에 유대교가 직면했던 위협을 반영하지만, 더욱 광범위하게 보면 그것은 유대 공동체에 반대하는 지배 문화의 지속적 위협을 반영한다. 따라서 부림절은 유대 정체성의 완전하고, 해방되고, 두려움 없는 실재가 완전하고 공개적으로 폭로되는, 정기적으로 기념되는 행사, 즉 유대 정체성을 억제, 제한, 또는 침묵시키거나 전통적인 정치적 요구사항 또는 사회적 기대들에 복종시키는 것을 거부하는 행사이다.

비일(Beal)은 이 절기를 구성하는 축제의 실행을 통한 사회적 "정상상태"(normalcy)의 급진적 해체를 가장 잘 이해했다.

> 에스더서는 표면적인 것과 표면적이지 않은 것 사이의 경계선에서 작동한다. 즉, 명시적 힘과 은밀한 힘 사이, 공적인 것과 사적인 것 사이, 유사점과 차이점 사이, 동일성과 타자성 사이, 결정된 것과 우연적인 것 사이, 폭로와 은폐 사이의 경계선에서 작동한다.
> 이것은 또한 부림절이 작동하는 곳이다. 부림절은 축제의 공연으로서, 부림절은 권위를 전복시키고, 맨정신을 취하게 하고, 자아와 타인 사이의 선을 희미하게 만들고, 소름끼치도록 현실적이고 역사적인 가능성에 직면하여 웃게 만드는, 탁월한 책의 공동체적 구현이다. …
> 부림절은 우리가 매우 자주 억누르거나 숨기려고 하는 우리 내부의 타자성을 우리에게 인식하게 하고 심지어 기념하게 한다. …
> 부림절은 이런 의미에서 커밍아웃 파티이다. 여러 경계를 넘어서고, 다른 사람들도 동일하게 그렇게 하도록 초대한다(*The Book of Hiding*, 123-124).
>
> 이것[부림절]은 익숙한 것이 낯설게 되고 낯선 것이 익숙해지는 시간, 즉 자아와 타자 사이의 구분이 희미해지는 시간이다. 이는 그러한 구분들을 일반적으로 보장하는 사회적 위계질서를 위한 규칙들에 대해서도 마찬가지이다(*Esther*, x).

비록 비일이 에스더서 본문을 그것의 원초적 유대적 맥락을 초월하여 해체의 다른 영역으로 강력하게 상상하고 있다고 할지라도, 이 축제의 유대성(Jewishness)은 강조되어야 한다. 이 절기는 세상이 항상 유대인에게 부과하려고 하는 "최종 해결책"(the final solution)을 거부하는 유대적 전례와 상상력의 강력한 힘을 증언한다.

참고 문헌

Beal, Timothy K. *The Book of Hiding: Gender, Ethnicity, Annihilation, and Esther* (New York: Routledge, 1997).

Beal, Timothy K. and Tod Linafelt. *Ruth, Esther* (Berit Olam; Studies in Hebrew Narrative & Poetry; Collegeville, Minn.: The Liturgical Press, 1999).

Craig, Kenneth. *Reading Esther: A Case for the Literary Carnibalesque* (Louisville, Ky.: Westminster John Knox Press, 1995).

28. 부활
Resurrection

구약성서 안에서 죽은 자의 부활에 대한 분명한 증언은 단 세 번만 나타난다(사 25:6-10a; 26:19; 단 12:2. 또한, 주의를 기울일 만한 다른 본문들에는 [신 32:39; 삼상 2:6; 왕상 17:17-24; 왕하 4:31-37; 호 6:1-3; 시 49:16; 73:24] 등이 있다. 여러 학자 중에서 미첼 다후드[Mitchell Dahood: xli-lii]만이 거의 유일하게 그러한 확신에 관한 훨씬 많은 증거를 시편에서 발견했다. 그러나 다른 해석자들은 그를 따르지 않았다).

게다가 이 세 언급은 구약성서의 형성에서 상당히 후대에 나타나고, 외견상 이스라엘 신앙의 가장자리에 있고, 일반적으로 묵시문학으로 규정된 본문들에서 등장하는 것 같다. 그것들은 하나님 자신의 미래에 하나님이 죽음의 세력을 극복할 것이라는 강력한 희망에 관한 진술들이다.

> 사망을 영원히 멸하실 것이라
> 주 여호와께서 모든 얼굴에서 눈물을 씻기시며…(사 25:8).

> 주의 죽은 자들은 살아나고
> 그들의 시체들은 일어나리이다
> 티끌에 누운 자들아 깨어 노래하라…(사 26:19).

심판, 즉 형벌과 축복에 밀접하게 연결된 부활에 관한 개념은 유일하게 다니엘 12:2에만 나타난다.

> 땅의 티끌 가운데에서 자는 자 중에서 많은 사람이 깨어나 영생을 받는 자도 있
> 겠고 수치를 당하여서 영원히 부끄러움을 당할 자도 있을 것이며 (단 12:2).

이러한 용례들은 함께 죽은 자의 부활이 신앙의 확언이라는 것을 암시하는데, 그것은 이스라엘 신앙의 초기 공식들을 선점하지 못했다. 그러나 후대의 발전에서, 그러한 희망은 현재 존재하는 모든 것과 앞으로 존재하게 될 모든 것에 대한 하나님의 완전한 주권을 확언하기 위해서 표현되었다.

게다가 하나님의 통치는 최후의 심판과 관련되어 있다. 이스라엘은 하나님의 주권이 도덕적으로 관련되어 있다는 깊은 확신을 가지고 있으며, 새롭고 완전한 통치의 사막을 마주하는 일에도 도덕적 기준을 진지하게 받아들인다. 실제로, 토라의 하나님을 고려해 보면, 미래의 삶은 순종과 불순종에 대한 하나님의 반응에 불가피하게 관련되어 있고, 이는 언약적 축복과 저주만큼이나 오래된 관심사이다.

아마도 부활(묵시 사상의 부분집합으로서)은 비이스라엘인의 영향의 결과로서 이스라엘의 신학적 목록(repertoire)에 후대에 가서야 비로소 들어갔을 것이다. 그러나 이미 이스라엘에는 부활 신앙을 만들었던 선례의 언급과 확신이 있었다. 이는 이스라엘이 특징적으로 믿고 있었던 것으로부터 등장한 놀랍지 않은 추론이다.

우리는 다음과 같은 세 가지의 선례를 언급할 수 있다.

첫째, 이스라엘은 더욱 오래된 가나안의 신화를 이어받았는데, 거기에서 "생명의 하나님"(가나안에서는 바알, 이스라엘에서는 야웨)은 죽음의 신, 모트(Mot)를 물리쳤다[**죽음**을 보라]. 죽음의 세력에 대항하는 전투와 그에 대한 승리라는 이러한 사상은 호세아 13:14의 조롱에서 명백하게 나타나고(이는 고전 15:54-55에서 반향 된다), 이사야 25:6-10a의 희망 안에서 표현된다.

둘째, 이스라엘의 가장 특징적인 "탄원 기도"는 패배로부터 승리와 기념으로, 간청으로부터 찬양으로 규칙적으로 움직인다. 그러한 움직임은 야웨가 모든 부정을 물리칠 능력을 갖추고 있다는 이스라엘의 확신을 보여 준다. 이스라엘은 하나님이 삶의 모든 부정을 물리칠 수 있다는 사실을 항상 알고 있었다.

따라서 야웨가 "최후의 위협"을 물리칠 수 있다는 것을 확언하기 위해, "탄원에서 찬양으로"(lament-to-praise: 시 30:11에서와 같이)라는 결정적 구조로부터의 한 걸음은 결코 큰 변화가 아니다. "간청에서 찬양으로"(plea-to-praise) 변하는 탄원시의 구조는 죽음과 부활에 대한 구조를 제공하는데, 이 단어 쌍은 부정의 세력들을 압도하는 야웨의 주권을 중심으로 회전한다.

셋째, 고대 이스라엘의 경험과 해석은 포로기를 세상에서 하나님 없이 버림받은 삶의 최악의 순간으로 이해했다. 하나님이 이스라엘을 포로기로부터 회복시킬 것이라는 (예레미야서, 에스겔서, 이사야서에서 표현되는) 희망은 죽은 자의 부활에 관한 형식과 수사학을 제공한다. 포로기는 이스라엘의 삶에서 죽음과 같은 혼란을 구성하는데, 그 연결고리는 에스겔 37:1-14에 명시되어 있다. 이 본문에 대한 중요한 선행물은 호세아 6:1-3인데, 이 본문은 "제삼일 째"의 부활에 관한 기독교 선행물들을 위해 중요했다.

이스라엘의 신앙에서 결정적인 이러한 다양한 선행물로부터 부활은 이스라엘의 모든 곳에서 공유되는 확신, 곧 야웨가 하나님의 창조에 속한 생명을 위협하는 모든 것을 다스릴 수 있다는 확신에 관한 극단적인 후대의 표현이 된다. 따라서 부활은 이스라엘에게 있어서 혼돈으로부터의 창조, 포로기로부터의 회복, 죄의 용서, 불임으로부터의 출생, 그리고 노예 생활로부터의 해방을 포함하는 더욱 넓은 하나님의 능력의 질서에 속하게 된다.

신약성서 시대에 이르러, 죽은 자의 부활은 유대인들 사이에서 완벽하게 유효한 확신이 되었다(막 12:18-27을 보라). 그러나 매우 유감스럽게도, 현대의 무비판적 기독교 사상에서, 부활은 "사랑하는 자들을 다시 만나는 것"에 관한 다소 사소하고 기분 좋게 해 주는 신념이 되었다. 죽은 자의 부활에 관한 성서적 이해는, 대중적 개념들과는 대조적으로, 죽음이라는 궁극적 부정을 포함한 모든 부정에 직면하여 하나님의 확실한 능력과 충실함에 관해 초점을 맞추고 있다.

그러한 확신을 사소하게 만드는 것은 어떠한 "자연적인"(natural) 것도 혼란스럽게 하지 않기 위하여 신앙을 합리화하려고 노력하는, 동화되고 안일해진 교회 내부에 있는 엄청난 유혹이다. 결국, 죽음의 세력에 대한 하나님의 승리에 관한 어떤 것도 "자연적이지" 않다. 그러한 승리에 대한 확신에 찬 기대는 "자연적인" 것이 아니라, 미래를 지배하는 하나님의 확실한 통치에 관한 확신 안에서 이스라엘에 의해 환영을 받는다.

참고 문헌

Barr, James. *The Garden of Eden and the Hope of Immortality* (Minneapolis: Fortress Press, 1992).

Collins, John. "The Root of Immortality: Death in the Context of Jewish Wisdom." *Harvard Theological Review* 71 (1978); 177-192.

Dahood, Mitchell. *Psalms III 101-150* (AB 17A; Garden City, N. Y.: Doubleday, 1970).

Martin-Achard, R. *From Death to Life: A Study of the Development of the Doctrine of the Resurrection in the Old Testament* (Edinburgh: J. P. Smith, 1960).

Schmidt, Werner H. *The Faith of the Old Testament: A History* (Philadelphia: Westminster Press, 1983), 268-277.

29. 사랑
Love

 충분히 예상할 수 있듯이, 구약성서는 감정의 영역 전반을 포괄하고 있다. 그렇게 함으로써 사랑에 대한 여러 차원을 내포한다. 특별히 주목할 점은 이스라엘의 시인들이 이스라엘의 삶 안의 한 인물로서 충분히 이용이 가능한 야웨의 삶과 성품에 담긴 사랑의 풍성한 다양성을 식별한다는 것이다. 물론 이러한 하나님의 형상을 닮은 존재들(모든 인간) 또한 사랑할 수 있는 다양한 능력을 갖추고 있다.
 비록 본문의 주된 강조점은 아니지만, 로맨틱한 삶은 구약성서, 특별히 강렬한 에로틱한 사랑의 시인 아가에서 분명하다. 이 시는 남성과 여성 사이의 성적 상호작용을 화려하게 기념하고, 따라서 창조의 선함과 선한 창조 일부로서의 성, 두 가지 모두를 확언한다.
 전통적인 신학적 해석은 이러한 시들을 하나님과 하나님의 백성 사이, 또는 기독교 전통에서는 그리스도와 교회 사이(후자에 대해서는, 엡 5:25를 보라)의 강렬한 감정적 상호작용으로 이해했다. 이것은 매우 중요하다. 이러한 전통 안에서 하나님은 완전하게 친밀한 관계를 맺을 수 있고, 어떤 연인이 그 사랑하는 대상에게 하는 강렬한 방식들로 하나님의 백성에게 헌신할 수 있다.
 언약적 신실함의 관계는 열정(passion)의 관계이다. 왜냐하면, 하나님이 열정적으로 헌신하기 때문이다. 더욱더 자의식이 강한 신명기의 신학적 전통 안에서, 언약적 관계의 이러한 측면은 동사 **하샤크**(*hšq*), "감정적으로 애착을 갖다"로 표현된다(신 7:7; 10:15). 이스라엘을 위한 하나님의 이러한 열정은 이스라엘이 불신실(unfaithful)할 때 이스라엘을 향한 야웨의 강렬한 분노를 불러일으킨다. 왜냐하면, 정확하게 그렇게 노출된 감정적 헌신들이 그 연인을 때때로 부정적이고 파괴적인 극단적인 것들, 곧 깊은 열정에 여전히 뿌리내린 부정으로 몰아가기 때문이다. 성서 본문은 야웨가 이스라엘 시인들의 손안에서 이렇게 완전히 극단적일 수 있다는 것을 가리킨다(겔 16:40-43을 보라).

신학적 작업에서 더욱 중심적인 것은 언약적 사랑, 즉 두 당사자 사이의 신뢰, 존중, 그리고 순종에 관한 상호적 헌신이다. 사랑에 대한 주요 용어, **아하브**(*ahav*)는 정치적 조약의 문서들에서 발견된다(Moran). 이러한 용례에서, 아마도 감정의 척도를 포함하고 있겠지만, 이 용어는 언약 당사자들이 서로에게 행한 충실함에 관한 엄숙하고 공적인 헌신을 분명하게 언급한다. 다윗과 관련하여 사용된 이 언어는 그 의도에 있어서 확실히 정치적이다.

- 사울은 다윗을 사랑한다(삼상 16:21).
- 요나단은 다윗을 사랑한다(삼상 18:1).
- 이스라엘과 유다는 다윗을 사랑한다(삼상 18:16).
- 그의 모든 종은 다윗을 사랑한다(삼상 18:22).

따라서 언약 관계의 사랑 안에서 야웨는 이스라엘을 자신이 보호할 언약 당사자로 선택한다. 이스라엘은 그에 대한 응답으로 토라 계명에 순종함으로써 야웨를 온전히 사랑하겠다고 약속한다. 이스라엘에 대한 모세의 핵심 명령은 따라서 경청하고 사랑하고, 순종하고 낭송하는 것이다(신 6:4-7; 참조. 출 20:6; 신 5:10). 사랑하는 것은 최종적인 정치적 권위의 명령들에 순종하는 것이다. "사랑"이라는 언어는 감정과 의도를 초월하여 집행 가능한 의무로 이동하는 공식적, 구체적 요구사항들을 포함하는 엄숙하고 공적인 언약적 헌신에 관해 말하기 위해 사용된다.

그러나 공식적 상호 의무라는 그러한 개념은 결코 열정을 결여하지 않는다. 따라서 호세아 2:19-20의 시는 결혼에 대한 약속으로 이러한 관계성에 관하여 말할 수 있다. 예레미야는 특별히 신랄한 용례로 부모-자녀의 관계에 관해 말하고(렘 31:20; 호 11:8-9을 보라), 이사야는 66:13에서 명백히 모성적 언어를 제공한다.

시인들은 가장 강렬한 인간 상호적 관계들을 이러한 사랑의 관계에 대한 상징들로 사용하도록 요구받는다. 왜냐하면, 명령과 복종의 공식적 관계는 그 안에 모든 우여곡절을 통해 동기를 부여하고 견딜 수 있는 열정을 갖고 있기 때문이다.

언약적 사랑의 부분 요소는 레위기 19:18의 간결한 계명에서 가장 잘 알려진 이웃 사랑에 대한 파생적 헌신이다.

> 네 이웃 사랑하기를 네 자신과 같이 사랑하라(레 19:18).

이 조항이 감정을 결여하고 있는 것은 아니지만, 그 주된 강조는 이웃과의 언약적 구조 안에서 이웃의 웰빙과 존엄성을 돌보고 향상하는 공적 의무에 놓여 있다.

이러한 언약적 헌신과 의무가 야웨와 이스라엘 그리고 동료들을 향한 이스라엘인들에 초점을 맞추는 경향이 있지만, 그러한 언약적 공동체를 초월하는 범위에 관한 증거 또한 존재한다. 따라서 신명기 10:18은 야웨가 (고아와 과부와 함께) "나그네들을 사랑한다"고 선언한다. 게다가 야웨는 "정의를 사랑한다"(사 61:8; 시 99:4). 즉, 야웨의 언약적 관계는 가부장적 사회 안에서 취약하고 온전한 위치에서 낙오된 사람들에게 특별히 관련된다. 게다가 "이웃에 관한 계명"과 동일한 장에 있는, 레위기 19:34에서, 토라는 "이웃들"을 넘어서 이방인들(우리말 개역개정은 "거류민"으로 표현, 역자 주)을 향한 관심에까지 이른다.

> 너희와 함께 있는 거류민을 너희 중에서 낳은 자 같이 여기며 자기 같이 사랑하라 너희도 애굽 땅에서 거류민이 되었었느니라 나는 너희의 하나님 여호와이니라 (레 19:34).

최상의 경우, 야웨 자신의 성품에 뿌리를 둔 고대 이스라엘의 사회적 비전은 신앙 또는 민족성을 내포한 공동체를 초월하여, 그 존재 자체로 이웃과의 연대를 보증하는 공동체 밖의 사람들에게까지 이른다. 따라서 누가복음은 10:29에서 예수에게 제기된 이웃에 관한 문제는 일찍부터 이스라엘을 따라다니고 사로잡았다. 야웨 자신의 성품에 뿌리를 둔 사랑하라(연대의 행동)는 명령은 외부자들을 향해 계속해서 배타적이고 차별적으로 만드는, 보다 길들여진 열정에 반대하여 움직인다.

"사랑"에 대한 다른 주된 용어는 **헤세드**(*hesed*)이다. 이것은 종종 "변함없는 사랑, 자애로움"(loving-kindness)으로 번역된다. 이 용어는 언약 안에서 충성, 연대와 일치하는 방식들로 행동함으로써 상대방에게 이전에 맺었던 맹세를 기초로 한 언약 의무들을 이행하는 것을 가리킨다. 따라서 라합은 이스라엘을 향해 **헤세드**를 행한 것으로 칭송을 받는다(수 2:12; 6:17을 보라).

그리고 다윗은 요나단(삼상 20:14-17; 삼하 9:1)에게, 그리고 암몬 족속(삼하 10:1)에게 한 그의 맹세를 지켰다, 그러나 간신히 지켰다. **아하브**와 달리, **헤세드**는 이미 확립된 언약 관계 내에서의 상호성을 보여 준다. 그러한 연대행위를 하는 사람은 의무를 불러일으키는 새로운 충실함의 관계를 확립하거나, 이미 존재하고 있는 의무를 이행한다. 이 용어는 연대, 충실함, 그리고 의무에 관한 인간의 거래들에 적용된다. 그러나 이스라엘의 이해 범위에서 야웨는 또한 충실함에 대한 확실한 맹세들에 기초하여 신실하게 행동하는 존재이다(출 20:5-6; 34:6-7; 삼하 7:11-16을 보라).

그러한 수사학의 결과는 사회적 삶이 이미 수용된 의무들을 지키고 이행하는 데에 의존한다는 인식이다. 언약적 전제들로 가득 채워져 있는 이러한 특징적인 성서적 수사학은 모든 것을 상품화와 이익으로 환원시키는 후기 현대 세계의 관습과 강력하게 대조된다.

이러한 세상에서, 어떠한 지속적 충실함도 공적 생활을 지탱하지 못한다. 언약적 충실함의 전통과 전자 상품화 사이의 현대적 긴장은 상상할 수 있을 만큼 충분히 첨예하다. 이러한 의무들이 "삶과 죽음의 길"(신

30:15-20에서와 같이)이라고 결론 내리는 것은 과장이 아니다. "죽음"은 맹렬한 공격과 처벌에 의해서가 아니라, 건강하고 지속할 수 있는 인간 삶에 필수불가결한 충실함에 관한 인간적 기본구조의 침식과 상실 때문에 온다.

참고 문헌

Heschel, Abraham J. *The Prophets* (New York: Harper & Row, 1962).

Moran, William L. "The Ancient Near Eastern Background of the Love of God in Deuteronomy." *CBQ* 25 (1963): 77-87.

Sakenfeld, Katherine Doob. *Faithfulness in Action: Loyalty in Biblical Perspective* (OBT; Philadelphia: Fortress Press, 1985).

Sakenfeld, Katherine Doob. *The Meaning of Hesed in the Hebrew Bible* (Missoula, Mont.: Scholars Press, 1978).

Snaith, Norman H. *The Distinctive Ideas of the Old Testament* (London: Epworth Press, 1955).

Weinfeld, Moshe. "The Covenant of Grant in the OT and in the Ancient Near East." *JAOS* 90 (1970): 184-203.

30. 사마리아인
Samaritans

"사마리아인"이라는 명칭은 북왕국의 수도, 사마리아를 중심으로 살았던 사람들을 통칭한다. 기원전 722-721년에, 이 도시와 정치적 왕국은 사르곤(Sargon) 치하의 아시리아 군대에 의해 파괴되었다(왕하 17:5-6). 표준적 제국이 취하는 절차의 일부로서, 아시리아인들은 그 도시와 왕국의 일부 지도자 계층을 추방했고, 사마리아 영토 내부의 사람들을 아시리아가 정복했던 다른 지역들의 다른 민족들, 즉 비이스라엘인들로 대체시켰다. 이러한 추방과 대체 정책은 제국에 대항할지도 모르는 그 어떤 심각한 저항 또는 반역도 일어나지 않도록 보장했다.

보다 구체적으로, "사마리아인"은 아시리아 정책의 결과로서 사마리아 주변을 차지하게 되었던 새로운, 비이스라엘 주민을 가리킨다. 열왕기하 17:24-41에 있는, 예루살렘 주변의 유대인의 관점으로부터 나온 그 주민에 대한 경멸적 평가에서, 북쪽에 거주하던 이 새로운 주민은 다른 종교적 관습들과 전제들을 통해 야웨 신앙을 위태롭게 했던 우상 숭배자로 간주된다.

이렇게 해서 두 종교 공동체 사이의 경쟁이 확립되었고, 이에 관한 성서의 인식은 당연히 예루살렘 공동체의 시각으로부터 비롯된 것이다. 예루살렘 공동체는 그들 자신을 유대 신앙의 진정한 전달자로 간주하고, 그리고 대안 공동체를 그 신앙에서 벗어난 위험한 이단적 이탈로 여겼다. 동일한 파괴와 추방의 운명이 한 세기 후에 바빌론인의 손에 의해 남쪽에도 닥쳤음에도 불구하고 말이다.

구약성서 자체에서, 이러한 두 공동체와 지도자들 사이에 나타나는 또 다른 중요한 충돌은 에스라와 느헤미야의 지도로 예루살렘의 재건이라는 상황에서 발생했다. 에스라 4장에서, 사마리아인들은 재건 프로젝트를 적극적으로 방해했던 자들이다. 사마리아의 페르시아 총독, 산발랏은 에스라 운동의 주요 반대자로 묘사되고, 예루살렘 기록에서 날 선 비판을 받는다(느 2:9-19; 4:1-7; 6:1-14).

구약성서의 후대 시기와 그 이후에, 사마리아인은 기독교 시대까지 계속해서 번성하여 유대교의 경쟁적 비전으로서 출현했고, 심지어 오늘날까지도 작은 공동체로 존속하고 있다. 특별히 흥미로운 점은 대안적 유대 공동체로서의 사마리아인이 히브리 성서의 가장 신뢰할 만한 본문을 확립하는 데 있어서 중요한 증거가 되는 토라(오경)의 대안 본문을 보존해 왔다는 사실이다. 그리고 그들은 예언서와 성문서를 권위 있는 것으로 인정하지 않는다[**정경**을 보라].

성서 자체에서, 사마리아인에 대한 가장 중요한 사실은 경쟁적 유대교 공동체들 사이에서 일어났던 분열이다. 그들은 둘 다 자신들이 진정한 유대교의 전달자라고 주장했다. 이 경쟁에 관한 우리의 가장 익숙한 평가들이 예루살렘 관점으로부터 나온다는 것이 중요하다. 분열에 관해 해결되지 않은 두 개의 쟁점이 남아 있다.

첫째, 이러한 경쟁적 해석 공동체들 사이의 단절, 즉 그들 사이의 오랜 적대감이 절정에 달한 시간이 분명하지 않다. 아마도 그 단절은 페르시아 초기 시대보다는 더욱 후대에 일어났을 것이다.

둘째, 이 단절이 종교적, 아니면 정치적, 아니면 민족적인 토대들을 두고 있는 것인지 또한 분명하지 않다. 그러나 결국 그 단절은 이러한 모든 요소를 포함했다. 그 이유는 비록 우리가 가진 본문에서는 종교적으로 묘사된다고 할지라도 본래 정치적이었을 것이다.

어쨌든, 성서를 읽는 기독교 독자의 관심을 끄는 것은 신약성서에서 예루살렘 유대인이 사마리아인을 향해 표현했던 강한 적대감이다. 표면화된 적대감의 종류는 자격이 없고 무가치하다고 무시된 경쟁적 주민에 대한 것이다. 이런 무시는 특징적으로 종교적, 정치적, 그리고 민족적 차원들을 포함하고 있다. 시작부터 유대교의 특별한 한 분파인 예수 중심으로 모였던 공동체는 사마리아인을 향한 이러한 동일한 인식을 초기부터 반영한다(마 10:5; 눅 9:51-52; 요 4:9; 8:48).

그러나 이 전통은 예수를 둘러싼 공동체가 다른 방식으로 경멸받는 사마리아인을 향해 손을 내밀었을 때 그러한 오랜 적대감의 태도를 의도적으로 깨뜨렸음을 나타낸다(눅 10:25-27; 17:11-19; 요 4:39-42; 행 8:25). 사도행전 1:8은 사마리아인이 환영받는 복음의 후보자들이라고 전제한다. 이 전통은 결국 열왕기하 17장의 초기의 계획적 본문 안에 이미 존재하고 있는 악마화로 인해 오랫동안 악마화되었던 "사촌들"(cousins)을 향한 관대함을 촉구했다.

참고 문헌

Coggins, R. J. *Samaritans and Jews* (Atlanta: Scholars Press, 1975).

Crown, A. D. ed. *The Samaritans* (Tübingen: J. C. B. Mohr [Paul Siebeck], 1989).

Purvis, J. "The Samaritans and Judaism." in *Early Judaism and Its Modern Interpreters,* ed. R. A. Kraft and George W. Nicklesburg (Philadelphia: Fortress Press, 1986).

31. 사탄
Satan

"사탄"이라는 용어는 히브리어 단어를 문자 그대로 번역한 것이다. 대중적 용례에서 이 용어는 악의 인격적 구현을 의미하지만("악마"에서처럼), 구약성서 자체의 맥락에서 이 용어와 그 사용을 이해하는 것이 중요하다.

신학적 중요성을 얻기 오래전에, "사탄"이라는 용어는 "대적", "적대자" 혹은 "반대자", 특별히 군사적 대적을 의미했다(삼상 29:4; 삼하 19:22; 왕상 5:3; 11:14, 23, 25). 창세기 26:21에서, 이 용어는 경제적 이익에 대한 경쟁자, 즉 분쟁의 장소에 싯나(Sitnah)라는 전통적 이름을 부여한 반대자를 가리킨다.

또한, 이 용어는 사법적 맥락에서 고소인 또는 검사, 때로는 불공정한 사람을 가리키기 위해서 사용된다(시 38:21; 71:13; 109:4, 20, 29). 후대의 몇몇 본문에서, 인간 대적자는 하나님에 의해 일어나고 지명되지만, 이 용례들은 일상적인 사회적 거래들을 가리킨다.

특징적으로, 구약성서는 어떠한 특별한 혹은 특권적인 신학적 어휘를 갖고 있지 않고, 단순히 일상적인 경험에 관한 평범한 언어를 사용한다. 대부분의 경우, 구약성서는 하나님이 자기 뜻에 따라 선을 행하거나 혹은 악을 행할 능력을 갖추고 있다고 확언한다(신 32:39; 사 45:7을 보라).

이사야 45:7에서, "평안"과 "환난"이라는 단어 쌍은 하나님에 의해 야기된 **웰빙**(*shalom*)과 고난의 상태를 나타낸다. 그러나 후대의 구약성서 본문에서, 이스라엘의 신학적 상상력은 종종 하나님에게 할당되었던 부정적 역할들을 분리하기 시작하고, 이제 그것들을 특별한 대리인, 즉 부정적 일을 하지만, 여전히 하나님의 명령에 순종적인 대리인인 사탄에게 부과한다.

세 개의 본문(욥기 1-2장, 역대상 21:1, 스가랴 3:1-2)이 이러한 신학적 발전을 보여 주는데, 거기에서 부정적인 것들은 뚜렷이 구별되는 한 대리자에게로 분리된다.

첫째, 가장 잘 알려진 것은 욥기 1-2장인데, 거기에서 식별 가능한 대리자 "사탄"은 욥이 믿음에 대해서 얼마나 진지한지를 하나님이 알아볼 수 있도록 하나의 계획을 하나님과 의논하고 하나님에게 제안한다. 이어지는 시(욥 3:1-42:6, 역자 주)의 발판이 되는 내러티브(욥 1-2장; 42:7-17, 역자 주)에서, 사탄은 욥을 파괴하는 것이 아니라, 하나님이 진실을 발견하도록 돕는 것에 관련된다.

사탄은 시편에 나타나는 보다 이른 시기의 비신학적 용례에 상응하는 사법적 은유의 관점에서 제시되고, 검사 또는 악마 변호인의 역할을 한다. 욥기의 최종 형태에서, 제안된 계획은 효과가 있고, 하나님은 욥이 "옳은 것"을 말하고 있다는 것을 알게 된다. 사탄은 효과적으로 하나님의 관심사에 기여한다.

둘째, "사탄"이라는 용어의 가장 흥미로운 사용은 사무엘하 24:1과 관련된 역대상 21:1에 있다. 일반적으로 더욱 이른 시기의 본문으로 간주하는 사무엘하 24:1에서, 하나님은 자신의 가혹한 심판을 다윗에게 가져오는 행동을 하도록 다윗을 "선동하였다." 여기서 하나님은 부정적인 일을 직접 행한다.

그러나 역대상 21:1의 후대 내러티브에 의하면, 사무엘하 24장에서는 나타나지 않은 한 인물인 사탄이 다윗을 "선동했던" 자이다. 지금, 뚜렷이 구별되는 대리인인 사탄은 하나님이 계속해서 주관하고 있는 내러티브 안에서 부정적 역할을 맡는다. 따라서 사탄은 하나님으로부터 분리된 역할 혹은 기능이다. 이는 아마도 야웨의 성품의 선함을 유지하기 위함일 것이다(민 22:22, 32에 나타나는 동일한 역할을 보라).

현대의 정치적 용어로, 이러한 기능적 분리는 하나님이 타당한 부인권(plausible deniability: 조직의 위계 구조에서 다른 사람들이 저지른 악한 행동에 대한 지식이나 책임을 부인하는 공식적 또는 비공식적 명령 계통에서 통상적 고위자가 가진 자격, 역자 주)을 즐기는 것을 허용한다.

셋째, 아마도 가장 늦은 시기의 용례로 보이는 본문은 스가랴 3:1-2이다. 다시 사탄은 기소자의 역할을 한다. 그러나 우리는 이 사건의 세부사항들에 대해 듣지 못한다. 이 사례에서, 하나님은 사탄을 "책망한다." "책망하다"라는 동사는 하나님과 사탄 사이에 어떠한 긴장이 생겼다는 것을 암시한다. 아마도 사탄은 하나님으로부터 부여받은 기소자의 권한을 넘어섰을 것이고, 하나님은 위반되어서는 안 되는 하나님의 지속적 약속들을 사탄에게 상기시켜야 한다.

이러한 긴장에 관한 암시는 사탄이 하나님의 심각한 대적이 되고, 하나님의 목적들을 거부하고 부정하고자 하는 이후의 신학적 발전을 예견한다.

구약성서 자체는 사탄이 유혹하는 자와 악마라는 대중적 인물로 등장하게 되는 어떠한 자료도 제공하지 않는다. 기독교인이 창세기 3장에서 그러한 역할을 읽어 내는 경향은 후대의 본문들로부터 이 본문을 역으로 투영한 것이다. 그러한 전체적 발전은 후대에, 구약성서 이후 아마도 페르시아에서 기원된 신흥 종교의 이원론의 자극하에, 혹은 아마도 묵시적 전통 안에서 유대교 내부에 등장한 이원론으로부터 발생했을 것이다.

이러한 이원론은 선과 악이 독립적 세력으로 서로 대립하고 있고, 따라서 하나의 세력으로서의 악은 하나님의 선으로부터 자율적이라고 주장한다. 물론 그러한 발전된 이원론은 신약성서에서 훨씬 더 두드러지게 나타난다.

이러한 독특한 세 본문으로부터 두 가지 중요한 사안이 우리에게 교훈을 준다.

첫째, 신학적 전통은 단일한 방식으로 어떤 것들을 말하지 않고 다양한 맥락에서 다양한 형태를 발전시키고 수용한다. 사무엘하 24:1과 역대상 21:1의 비교는 하나님과 관련하여 내러티브 플롯이 어떻게 다양한 방식들로 표현될 수 있는지를 나타낸다.

둘째, 부정과 악의 세력은 이스라엘에게 있어서 어려운 신학적 문제를 구성한다. 물론 이스라엘은 자신들의 삶 한가운데에 나타나는 그러한 부정에 관해 알고 있다. 그러나 그런 이유에서 악의 세력이 하나님과 관련되어 있음을 적절하게 말할 수 있는 방식을 발견하기는 쉽지 않았다.

의심의 여지 없이, 이러한 당혹감은 구약성서와 계속되는 전통들에서 왜 이스라엘이 하나님과 악의 부정들에 관한 긴장된 사안에 대해 부득이하게 한 가지 이상의 방식으로 말할 필요가 있었는지를 보여 준다.

참고 문헌

Brown, William P. *Character in Crisis: A Fresh Approach to the Wisdom Literature of the Old Testament* (Grand Rapids: Eerdmans, 1996).

Day, P. L. *An Adversary in Heaven: Satan in the Hebrew Bible* (Atlanta: Scholars Press, 1988).

Petersen, David L. *Haggai and Zechariah 1-8* (OTL; Philadelphia: Westminster Press, 1984), 187-202.

Ricoeur, Paul, *The Symbolism of Evil* (Boston: Beacon Press, 1967).

32. 산당
High Place

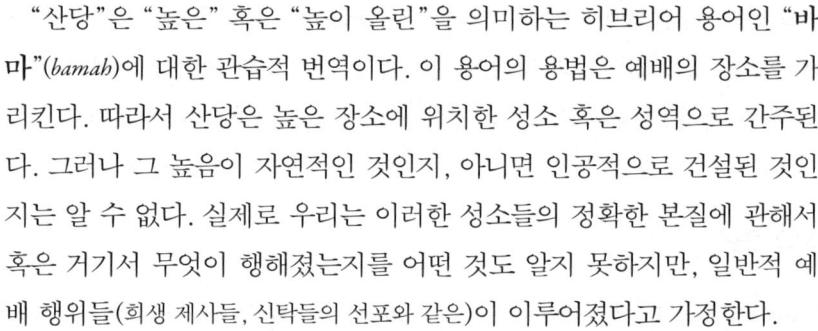

"산당"은 "높은" 혹은 "높이 올린"을 의미하는 히브리어 용어인 "**바마**"(*bamah*)에 대한 관습적 번역이다. 이 용어의 용법은 예배의 장소를 가리킨다. 따라서 산당은 높은 장소에 위치한 성소 혹은 성역으로 간주된다. 그러나 그 높음이 자연적인 것인지, 아니면 인공적으로 건설된 것인지는 알 수 없다. 실제로 우리는 이러한 성소들의 정확한 본질에 관해서 혹은 거기서 무엇이 행해졌는지를 어떤 것도 알지 못하지만, 일반적 예배 행위들(희생 제사들, 신탁들의 선포와 같은)이 이루어졌다고 가정한다.

외견상 산당들은 지역의, 지방의 혹은 마을의 성소들이었던 것처럼 보인다. 그것들은 수적으로 많았고, 어떠한 외부적 권위와의 연관 또는 감독 없이 지역 제사장들에 의해 운영되었다. 예를 들어, 사무엘상 9:1-10:16의 내러티브에서(여기에서 NRSV는 "바마"를 규칙적으로 "성소"로 번역한다) "산당"은 특별하지 않은 장소다. 사람들은 "하나님의 사람"으로부터 지침을 얻기 위해 그곳에 쉽게 갈 수 있었을 것이다. 게다가 여러 희생 제사들이 그곳에서 정기적으로 행해졌다.

만약 우리가 그 현상을 일상적이고 평범한 것으로 취급하는 용어의 사용들에만 주의를 기울였다면, "산당"의 개념은 우리에게 특별히 흥미롭지 않았을 것이다. 우리의 관심을 불러일으키는 것은 구약성서에서 가장 자의식적인 신학적 궤도인 신명기 전통에서, 산당이 지속적이고 가혹한 비판을 받는다는 사실이다[**신명기 신학**을 보라].

신명기 전통은, 다른 내러티브 기사들과는 대조적으로 여러 산당이 매우 부적당한 곳이고, 따라서 파괴되어야 한다고 단순히 전제한다. 우리는 산당이 이 전통의 엄격한 신학적 주장을 따르지 않는다는 점을 제외하고

32. 산당(High Place)   175

는, 그것이 왜 부적당한지에 대해 듣지 못한다.

그리고 우리는 지역의 시골 제사장이 있는 어떠한 시골 성소가 공동체의 민간종교에 적응되었을 것으로 추측할 수 있다. 이 경우에 민간종교는 가나안 종교, 아마도 "가나안 풍요 종교"일 것이다[**풍요 종교**를 보라]. 따라서 신명기 사가의 반대는 그 관행의 혼합주의에 대한 것, 그리고 제1계명(신 5:6-7; 6:4-9)을 위반하는 야웨 신앙의 타협에 대한 것일 수 있다.

솔로몬은 그의 백성과 함께 산당들에서 예배를 드렸고(왕상 3:2-4), 르호보암과 여호람은 산당을 세웠다고 전해진다(왕상 14:23; 대하 21:11). 그러한 예배의 장소에 관한 가장 중요한 내러티브들 중 하나는 모리아 산에서의 아브라함에 관한 창세기 22장이다. 분명히 그러한 설치는 일반적으로 부적당한 것으로 인식되지 않았다.

게다가 종교개혁을 시작했던 유다의 왕들도 규칙적으로 산당을 파괴하는 것 바로 앞에서 멈추었다(왕상 15:14; 22:43). 아마도 그들은 산당을 제거하지 못했을 것이다. 왜냐하면, 이들의 개혁이 급진적이지 않았기 때문이다. 지방 성소들에 대항하여 행동하는 것은 아마도 정치적으로 위험했을 것이다. 또는 아마도 산당들이 부적당한 것으로 판단되지 않았을 것이다. 왜냐하면, 신명기 사가의 엄격성이 널리 공유되지 않았기 때문이다. 확실히 왕실 집단 내에서는 아니었다.

어쨌든 히스기야(왕하 18:4, 22; 대하 31:1; 32:12)와 요시야(왕하 23:5-9)가 행한 두 번의 대대적인 왕실 개혁은 확실히 산당들을 부적당한 것으로 간주했고, 그것들을 파괴했다[**히스기야의 개혁**, **요시야의 개혁**을 보라]. 이러한 개혁을 행한 두 명의 왕은 가장 열성적인 개혁자들로서 기억되거나, 또는 역으로 내러티브 안에서 신명기 신학을 위한 대리인들로 보이도록 만들어진다. 그 신학은 **한 장소**(one place; 신 12:2-12), 짐작컨대 예루살렘에서 **한 하나님**(one God; 신 6:4)에 대한 예배를 제공하는 신명기의 촉구에 깊이 전념하고 있다.

신학적으로 우리는 그 개혁 프로그램이 제1계명의 "오직 야웨"라는 요구를 가장 엄격한 형태로 시행하기 위해 착수되었다고 결론지을 수 있다(출 20:2-3; 신 5:6-7). 그러나 모든 마을 성소들의 폐쇄와 모든 공인된 예배를 예루살렘으로 중앙화하는 것은 개혁을 행한 왕들의 편에서 단지 사심 없는 행동은 아니었을 것이라는 제안이 종종 제기된다.

적어도, 이러한 행동들은 예루살렘에 예배에 대한 독점권을 제공했고, 그 도시와 그 곳을 주재했던 왕을 크게 강화시켰다. 그 외에, 일부 학자는 예배를 중앙화하는 것이 왕실 예산의 이익을 위해, 여러 기관을 통해 흐르는 돈을 통제하기 위한 왕실의 책략이었다고 제안한다.

산당들은 우리에게 흥미롭다(비록 우리가 그것들에 대해 많은 것을 알지 못한다고 할지라도). 왜냐하면, 산당들은 구약성서 본문의 엄청난 종교적 다원주의에 주의를 환기시키기 때문이다. 몇몇 본문에서 산당들은 관습적 예배 장소로 일상적으로 받아들여진다. 다른 본문들에서 동일한 종류의 성소가 가혹한 논쟁과 억압을 야기한다.

우리가 교회에서 이러한 본문을 읽을 때, 우리는 아마도 엄격한 신명기적 반대들에 이끌리게 되고, 따라서 독자로서의 우리 자신을 개혁자 왕들과 일치시킬지도 모른다. 의심의 여지없이 본문의 최종 형태는 우리가 그렇게 하도록 의도한다. 그러한 이야기는 종교적 관행들의 순수성에 대한 관심을 나타낸다.

동시에, 여러 산당에 관한 신명기적인 정죄는 본문 안에서 일관적이지 않다. 그 정죄의 목소리는 많은 것들 중 단지 하나의 주장일 뿐이다. 본문이 산당에 대한 매우 다양한 인상을 제공한다는 사실은 우리가 성서 안에서 다원적 판단들에 직면할 때(우리가 종종 그러하듯이), 우리가 그러한 목소리들을 판단하는 그 방식에, 그리고 우리가 다른 것들보다 하나의 주장을 수용하는 여러 토대에 큰 관심을 가질 수 있다는 것을 시사한다.

(우리가 지금 우리의 현대 사회에서 "문화 전쟁"[culture wars]이라고 부르는 현상 [서로 다른 생활 방식들과 여러 가지 다른 개인적 선택과 관련하여, 그리고 교회 안에서 다양한 종류의 음악과 예배 방식과 관련하여] 안에서, 아마도 우리는 이스라엘이 산당에서 직면했던 것과 똑같은 어려운 논쟁들을 직접 만나고 있는지도 모른다. 그 고대의 사건과 현대의 사건들 모두에서 이러한 논쟁들이 강하게 느껴지며, 결국

그 문제를 판단하는 것에 많은 것이 달려 있다.)

우리는 하나의 관점이 확실히 "옳다고" 순진하게 생각할 수 없을 것이다. 왜냐하면, 모든 관점은 다른 사람들 앞에서 하나의 주장이 되기 때문이다. 구약성서 본문에서 신명기 전통은 최종적 발언을 하는 것처럼 보이지만, 유일한 발언은 아니다.

참고 문헌

Albertz, Rainer. *A History of Israelite Religion in the Old Testament Period I: From the Beginnings to the End of the Monarchy* (OTL; Louisville, Ky.: Westminster John Knox Press, 1994).

Barrick, W. Boyd. "What Do We Really Know About 'High Places'?" *Svensk Exegetixk Arsbok* 45 (1980): 50-57.

de Vaux, Roland. *Ancient Israel: Its Life and Institutions* (New York: McGraw-Hill, 1961).

Emerton, John A. "The Biblical High Place in the Light of Recent Study." *Palestine Exploration Quarterly* 129 (1997): 116-132.

Miller, Patrick D. *The Religion of Ancient Israel* (Library of Ancient Israel; Louisville, Ky.: Westminster John Knox Press, 2000).

33. 서기관
Scribes

구약성서가 등장한 고대 세계에서, 글을 쓸 수 있는 능력은 누구에게나 주어지는 것이 아니라 오히려 학식 있는 엘리트 소수 집단의 특별한 영역이었고, 그 집단은 의심의 여지 없이 막강한 영향력을 행사하는 특별한 사회적 네트워크에 속해 있었다. 당연히 서기관의 존재는 특징적으로 권력의 거대한 중심 한가운데에서 일어나고, 따라서 서기관은 정부 혹은 성직의 행정 중심지들에 자주 연결된다(삼하 11:14와 왕상 21:8은 착취적 왕실 권력을 위해 글쓰기 기술을 무자비하게 사용한, 두 가지 부정적 예를 제공한다).

이러한 행정 중심지들에서, 기록을 유지하는 것은 중요했다. 그리고 여러 기록은 일반적으로 재산, 세금 및 부채와 관련되어 있으므로 글쓰기 관리는 권력의 축적과 부를 쌓는 것에 결탁되었다.

그러나 서기관의 기능이 일종의 학식이 있는 자들의 협회(guild)로서 단지 권력에만 초점이 맞추어져 있는 것은 아니었다. 그 기능은 지식의 축적과 보전에도 몰두했다. 따라서 서기관은 잠언 모음집들을 생산했던 "지혜 교사"와 밀접하게 연관될 수 있다. 또한, 서기관은 왕실과 연결되어 있고, 엘리트 계층의 젊은 세대를 양성하고 발전시키는 기능을 했던 학교들을 운영했을 것이다. 지식과 권력의 측면에서, 분명히 글쓰기의 힘은 소작농을 희생시키면서 엘리트를 발전시켰고, 이러한 방식은 컴퓨터 접근이 "미발달자들"(underdeveloped)을 희생시키면서 "이용이 가능한 자들"(accessed)에게 봉사하는 것과 유사하다.

서기관들의 신학적 관심사는 기록된 자료들의 생성과 전달이라는 더욱 일반적인 과업에 관련된다. 이는 그러한 과업이 이후에 유대교의 성서가 된 여러 본문, 두루마리들과 정확하게 관련될 때 그러하다. 서기관들은 지식인으로서 두루마리의 관리인이었고, 유대교 종교 전통의 최고 해석자가 되었다. 아마도 세 명의 특별한 서기관이 대표적일 것이다.

첫째, 바룩은 예레미야라는 예언자의 생애 및 경력과 밀접하게 관련되어 있었고, 이후에 예레미야서가 되었던 두루마리의 형성과 보존에 책임이 있었다(렘 32:12-16; 36:4-32; 45:1-2을 보라). 예레미야와 바룩의 관계는 (그것이 역사적으로 무엇이었든지 간에) 두루마리를 만들어 내는 예언자와 예언자가 생산한 두루마리를 보존하는 서기관 사이의 관계를 전형적으로 보여 주었다. 바룩은 아마도 유대교를 책의 종교로 만든 정경화 과정의 시초가 되었던 신명기 운동을 중심으로 종교 두루마리들의 생산에 협력했던 서기관 가문들의 조직(network)에 관련되었을 것이다.

둘째, 에스라는 유대교의 설립자로 인정되는 서기관 인물이고, 유대 신앙을 위한 중요성에 있어서 랍비 전통에서는 모세 다음 인물로 간주된다(스 7:6을 보라). 그의 역할은 토라 두루마리의 탁월한 교사이자 해석자로서 나타난다. 느헤미야 8장에서 보고된 극적 사건에서, 에스라는 장로들과 함께 "모세의 율법 책"을 읽고 해석하면서, 유대 공동체를 그 시점에서 어느 정도 고정된 형태를 띤 토라 두루마리에 재헌신하도록 한다. 이러한 행동으로, 에스라는 유대교를 두루마리에 의해 중재된 하나님과의 언약에 전념하는 공동체로서 재구성한다.

셋째, 기원전 2세기의 한 서기관인 벤 시라(Ben Sira)는 자신의 작업에 대해 마치 그것이 특징적인 사회적 역할인 것처럼 기록한다.

> [1] 그러나 온 정력과 정신을 기울여
> 지극히 높으신 분의 율법을 연구하는 사람은 다르다.
> 그들은 옛 성현들의 지혜를 탐구하고
> 예언을 연구하는 데 자기 시간을 바친다.
> [2] 그는 유명한 사람들의 말을 보전하고
> 비유의 깊은 뜻을 파고든다.

³ 그는 격언의 숨은 뜻을 연구하고

난해한 비유를 푸는 데 흥미를 느낀다.

⁴ 그는 벼슬에 올라 군주들을 섬기고

통치자들 사이에서 중책을 맡는다.

외국을 두루 여행하며

인간 사회의 좋은 것과 나쁜 것을 체험으로 안다.

…

⁷ 그는 공정한 판단력과 올바른 지식을 얻을 것이며

주님의 신비를 명상할 것이다.

⁸ 그는 배운 지식을 밝히 가르칠 것이며

주님의 계약인 율법을 빛낼 것이다.

⁹ 많은 사람들이 그의 총명함을 칭찬할 것이며

그의 이름은 길이 남을 것이다.

그는 사람들의 기억에서 사라지지 않을 것이며

대대로 그의 이름은 빛날 것이다

(집회서 39:1-4, 7-9, 공동번역 개정판).

유대교가 정치 권력을 약화시켰던 기원전 2세기에, 서기관은 귀중하고 권위 있는 두루마리들을 보존하고 가르치면서 유대 종교 생활의 전문가들이 되었다. 그 밖에도, 서기관은 두루마리들을 해석하고, 발전시키고 생성적 방식으로 그것들에 전통을 추가했다. 성서 이후의 유대교에서, 서기관의 직무는 유대교를 역동적 해석 공동체로 만들었던 방식으로 계속해서 고대 종교적 문서들의 현대적 중요성에 주의를 기울이는 것이었다. 이는 동시에 유대교를 전통에 깊이 뿌리 내리게 하고, 새로운 환경에 매우 유연하게 적응할 수 있도록 만들었다.

기독교 전통에서, 서기관은 일반적으로 바리새인과 연결되는데, 왜냐하면 이 두 집단의 사회적 세력들이 규범적 전통을 해석하는 것에 관심을 가졌기 때문이다(마 5:20; 23:13, 15, 23, 25, 27, 29를 보라). 비록 이 단어

쌍이 초기 교회의 가르침에서는 종종 경멸적으로 사용된다고 할지라도, 그들에 대한 반복적 언급은 그들이 지속적 유대교 해석에서 인정받는 중추적 인물이라는 것을 가리킨다.

기독교의 고정관념들이 서기관을 그들의 가르침에 있어 격식에 치우치고 파괴적인 자들로 묘사하는 반면(마 23장에서와 같이), 마태복음은 또한 호감 있게 서기관을 옛 전통을 새롭고 신실한 공식으로 중재하는 데에 중추적 존재로 인정하기도 한다.

> 예수께서 이르시되 그러므로 천국의 제자된 서기관마다 마치 새것과 옛것을 그 곳간에서 내오는 집주인과 같으니라(마 13:52).

지식과 권력이 서기관의 해석에서 특징적 쟁점들이라는 사실(그리고 렘 8:8에서처럼, 그것들은 쉽게 왜곡되고 현혹되었다)이 오늘날 독자에게 서기관이 특징적으로 그러했다고 결론을 내릴 만한 근거를 제공하지 않는다. 적대적 환경에서 살아남은 유대교의 초창기 형태들에서, 서기관은 (뿌리 깊고 상상력이 풍부한) 큰 학식을 바탕으로 믿음이 유대인들 사이에서 여전히 중요하고 실질적인 에너지로 남아 있다는 것을 확인했다.

참고 문헌

Davies, Philip R. *Scribes and Schools: Canonization of the Hebrew Scriptures* (Louisville, Ky.: Westminster John Knox Press, 1998).

Dearman, J. Andrew. "My Servants, the Scribes: Composition and Context in Jeremiah 36." *JBL* 109(1990): 403-421.

Fishbane, Michael. *Biblical Interpretation in Ancient Israel* (Oxford: Clarendon Press, 1985).

Muilenburg, James. "Baruch the Scribe." *in Proclamation and Presence: Old Testament Essays in Honour of Gwynne Henton Davies*, ed. John I. Durham and J. R. Porter (London: SCM Press, 1970), 215-238.

34. 선택
Election

"선택"은 야웨가 이스라엘을 세상 안에서 야웨의 특별한 백성이 되도록 "선택했고", 야웨는 자신의 미래를 이스라엘의 웰빙을 위해 매우 헌신했다는 확신을 표현하는 전통적 방식이다. 특별히 "선택하다"(*bhr*, 바하르)라는 동사에 의해 표현되는 이러한 확신은 구약성서 안에 퍼져 있는 지배적 신앙의 전제이다.

이 전제는 야웨가 그러한 결정을 내렸고, 이스라엘과 취소 불가능하게 연결된 하나님이라는 것, 그리고 이스라엘의 삶과 미래가 야웨의 성품과 목적에 빼앗을 수 없게 연결되어 있다는 것을 주장한다.

구약성서의 여러 전승은 이러한 확신을 표현한다. 아브라함에 관하여, 성서는 "내가 그를 선택했다"라고 진술한다(창 18:19). 출애굽 전승에서, 이스라엘은 야웨의 "장자"이다(출 4:22). 시내산에서 이스라엘은 "모든 민족 중에서 내 소유"가 되어야 한다(출 19:5). 더욱 오래된 시에서, 이스라엘은 야웨의 "분깃 … 기업 … 눈동자"이다(신 32:9-10). 신명기의 전승에서, 선택됨에 관한 확신은 가장 분명하게 결정적으로 표현된다.

> [6] 너는 여호와 네 하나님의 성민이라 네 하나님 여호와께서 지상 만민 중에서 너를 자기 기업의 백성으로 **택하셨나니** [7] 여호와께서 너희를 기뻐하시고 너희를 택하심은 너희가 다른 민족보다 수효가 많기 때문이 아니니라 너희는 오히려 모든 민족 중에 가장 적으니라 [8] 여호와께서 다만 너희를 사랑하심으로 말미암아, 또는 너희의 조상들에게 하신 맹세를 지키려 하심으로 말미암아 자기의 권능의 손으로 너희를 인도하여 내시되 너희를 그 종 되었던 집에서 애굽 왕 바로의 손에서 속량하셨나니 (신 7:6-8; 참조. 신 9:4-7; 14:2).

¹⁴ 하늘과 모든 하늘의 하늘과 땅과 그 위의 만물은 본래 네 하나님 여호와께 속한 것이로되 ¹⁵ 여호와께서 오직 네 조상들을 기뻐하시고 그들을 사랑하사 그들의 후손인 너희를 만민 중에서 **택하셨음이** 오늘과 같으니라 (신 10:14-15).

야웨의 선택된 백성이라는 이스라엘의 특별한 지위는 토라를 고수함으로써, 야웨께 순종하며 살아야 한다는 심오하고 타협 불가능한 요구사항을 수반한다. 야웨는 땅의 모든 민족 중에서 이스라엘을 야웨 자신의 소중한 백성으로 선택했다. 이는 이스라엘이 야웨의 뜻을 따르도록 하기 위한 것이다. 따라서 선택의 경이로움은 토라 계명들의 실재와 직접 연결된다.

이스라엘을 사랑하는 하나님은 이스라엘의 삶에서 주권자가 될 하나님이다. 그리고 그 때문에 8세기와 7세기의 예언자들은 그러한 특별한 지위가 불순종으로 인한 심판의 근거라고 꾸준하게 말한다.

> 내가 땅의 모든 족속 가운데
> 너희만을 알았나니
> 그러므로 내가 너희 모든 죄악을
> 너희에게 보응하리라 하셨나니 (암 3:2).

6세기의 재앙(예루살렘의 파괴와 추방)은 야웨의 선택된 백성으로서 이스라엘에 대한 강력한 거절이라고 이해될 수 있다. 그러나 여러 전승 자체는 그러한 거절의 깊이에 관하여 일치하지 않는다. 어떠한 경우든, 포로기 이사야의 구원 신탁들은 이스라엘이 야웨의 선택된 백성이며, 깊은 단절을 견디고 있는 상태라는 점을 재확인한다.

> ⁸ 그러나 나의 종 너 이스라엘아
> 내가 **택한** 야곱아
> 나의 벗 아브라함의 자손아

> ⁹ 내가 땅 끝에서부터 너를 붙들며
>
> 땅 모퉁이에서부터 너를 부르고
>
> 네게 이르기를 너는 나의 종이라
>
> 내가 너를 **택하고** 싫어하여 버리지 아니하였다 하였노라
>
> ¹⁰ 두려워하지 말라
>
> 내가 너와 함께 함이라
>
> 놀라지 말라
>
> 나는 네 하나님이 됨이라
>
> 내가 너를 굳세게 하리라
>
> 참으로 너를 도와주리라
>
> 참으로 나의 의로운 오른손으로 너를 붙들리라
>
> (사 41:8-10, 강조는 저자의 첨가).

> ¹ 나의 종 야곱,
>
> 내가 **택한** 이스라엘아 이제 들으라
>
> ² 너를 만들고 너를 모태에서부터 지어 낸
>
> 너를 도와 줄 여호와가 이같이 말하노라
>
> 나의 종 야곱, 내가 **택한** 여수룬아
>
> 두려워하지 말라(사 44:1-2, 강조는 저자의 첨가; 참조. 43:1; 겔 20:5).

　이러한 언급들에는, 심지어 견딜 수 없는 포로기의 상실도 영속적 선택에 관한 확신의 내부에 포함되어 있다.

　또한, 전승은 야웨(선택하는 하나님으로서, 보다 덜 유명한 방식으로)가 다른, 부차적 선택을 한다는 것을 확언할 수 있다. 여기에는 특정한 계급의 제사장들(신 18:5; 시 105:26), 그리고 예레미야의 경우(렘 1:5)와 이사야 49:5에서처럼 특정한 개인들이 포함된다. 이사야 49:5에서 "종"은 아마도 의인화된 이스라엘일 것이다. 가장 흥미로운 것은 시편 78편에 나오는 주장인데, 거기에서 야웨는 성전(이에 대해서는 대하 7:16 참조)과 왕조를 포함

한 예루살렘의 설립에 헌신한다.

> ⁶⁷ 또 요셉의 장막을 버리시며
> 에브라임 지파를 택하지 아니하시고
> ⁶⁸ 오직 유다 지파와
> 그가 사랑하시는 시온 산을 택하시며
> …
>
> ⁷⁰ 또 그의 종 다윗을 택하시되
> 양의 우리에서 취하시며
> ⁷¹ 젖 양을 지키는 중에서 그를 이끌어 내사
> 그의 백성인 야곱,
> 그의 소유인 이스라엘을
> 기르게 하셨더니 (시 78:67-71, 강조는 저자의 첨가).

따라서 선택에 관한 확신은 매우 특별한 것이 될 수 있고, 명백하게도 쉽게 이념적으로 사용될 수도 있다. 왜냐하면, 이 본문은 예루살렘을 지지하는 주장뿐만 아니라, 북쪽을 지지하는 경쟁적 주장에 반대하는, 특별히 실로의 성소에 반대하는 주장을 보여 주기 때문이다(60절).

구약성서의 이러한 결정적 확신은 본문 안에 또한 존재하는 인식과 긴장 가운데 놓여 있다. 그것은 이스라엘의 하나님이 하늘과 땅의 창조주이고, 그러므로 많은 민족의 하나님이라는 인식이다. 전통적 용법에서, "노아 언약"의 기능은 야웨에 관한 이러한 우주적 주장을 분명히 표현하는 것이다(창 9:8-17). 구약성서의 본문은 야웨의 통치의 광범위한 영역과 이스라엘에 대한 야웨의 특별한 헌신 모두를 동시에 확언하기 위하여 함께 놓인다. 비록 서로 다른 본문들이 서로 다른 방식들로 그 긴장을 포함하고 있지만 말이다.

창세기 12:1-3에 있는 아브라함에게 한 야웨의 약속은 아브라함을 통해 모든 민족이 복을 받게 될 것이고, 따라서 심지어 이 개인적 약속 안에도 다른 민족들이 시야 안에 있다는 것을 제공한다. 예를 들어, 아모스 9:7에서 시인은 야웨가 이스라엘의 출애굽과 함께 많은 민족(이스라엘의 적들을 포함하여)을 위한 다양한 "출애굽들"(exoduses)을 행하고 있다는 사상을 품는다.

이사야 42:6-7과 49:6에서, 이스라엘은 "이방의 빛"이 되어야 한다. 게다가 이사야 19:23-25는 다가오는 한 시기, 즉 야웨가 다수의 선택한 백성들을 갖게 되고, 이스라엘이 그 지위를 독점하지 않게 되는 시기를 예견한다. 본문은 이 하나님이 선택에 관한 자신들만의 고유한 이야기를 지닌 여러 민족을 갖게 된다는 것을 여러 번 암시한다.

선택에 관한 주장은 모든 특수성을 피하고, 하나님이 세상에서 누군가의 편을 든다고 생각하는 것을 혐오스럽게 여기는 "보편 이성"(universal reason)에 대한 모독임이 틀림없다. 이러한 소위 "특수성의 스캔들"(scandal of particularity, 야웨가 "이스라엘을 선택했다")은 옥덴 내쉬(Ogden Nash)의 가벼운 시(light verse)에서 친숙하게 알려져 있다.

> 하나님이 유대인들을 선택한 것이
> 얼마나 이상한가!

선택은 오해의 여지 없이 본문이 지닌 결정적 기이함(oddity)이다. 게다가 본문에 대한 그러한 주장의 결정적 특성을 인식하는 데 실패하는 것은 구약성서 본문이 얼마나 깊이 오해될 수 있는가에 대한 척도이다. 실제로, 서양 문화의 길고 잔혹한 반유대주의의 역사는 성서가 의존하거나 주장하고 있는 특수성에 관한 주장을 말살하려는 악의적 노력이라고 할 수 있다.

그러나 그러한 모든 시도 이후에, 야웨는 이러한 특정한 방식으로 세상에 참여했고, 중립적이고 초당파적이며 헌신하지 않은 하나님이 아니라(결코 그렇게 의도되지 않는)는 입장이 여전히 서 있다. 이스라엘을 선택하는 것은 그에 관한 어떠한 설명도 제공되지 않는 하나의 전제이다. 이 행동은 어떠한 설명을 제공할 필요가 없는 이 하나님의 행위이다(참조. 출 33:19).

선택에 대한 세 가지 파생적 요점들이 여기서 유익할 것이다.

첫째, 야웨가 이스라엘을 선택했다는 "특수성의 스캔들"은 로마서 9-11장에 있는 바울의 어려운 추론에서 명백하게 나타나는 것과 같이 기독교 신앙을 계속해서 괴롭힌다. 게다가 "메시아로서의 예수"라는 기독교의 주장은 비록 파생적일지라도 기독교 신앙(하늘과 땅의 창조주가 이 한 사람 안에 완전히 나타났다)이 기초하거나 무너지는 유사한 주장이다. 따라서 유대교와 기독교는 하늘과 땅의 창조주에 관한 이 "스캔들을 담은 주장"을 공유한다.

둘째, 중앙아메리카에 있는 로마가톨릭의 해방신학은 "가난한 자들을 향한 하나님의 우선적(preferential) 선택"이라는 해석 아래 선택에 관한 새로운 개념을 명확히 밝혔다. 이 표현은 하나님이 가난한 자들을 하나님의 특별한 백성으로 선택했다고 주장한다. 이 주장은 이스라엘이 시초에는 인종적 공동체가 아니었으나, 하나님이 그 땅의 가난한 민족들을 모아 그들을 이스라엘의 공동체 내부로 형성했다고 생각하는 성서의 독법에 뿌리를 두고 있다.

선택에 관한 그러한 주장은 선택에 관한 유대인의 주장과 긴장 가운데 놓여 있었다. 왜냐하면, 유대인의 주장은 선택에 관한 여러 인종적 차원들을 가지고 있기 때문이다. 해방신학의 주장은 아마도 믿을 수 있을 만한 방식으로 지속할 수 있을 것이다. 그러나 이는 오직 선택에 대한 최초의 유대인 주장으로부터 파생될 때만 가능할 것이다.

셋째, 선택과 같은 독특한 주장은 뻔뻔스럽고 아마도 파괴적일 수 있는 이념적 조작에 열려 있다. 본문 자체 안에서, 그러한 선택은 여호수아서에 다른 민족들의 전멸에 대한 보장이 되었다(수 12:7-24). 교회의 긴 역사 안에서 (그리고 아마도 현대 이스라엘의 국가 안에서) 선택이라는 개념은 선택하는 하나님과 조화를 이루지 않는 여러 행동에 대한 자기 정당화로 기능했고, 계속해서 기능할 것이다.

기독교 신학의 계속되는 발전 안에서, 특별히 존 칼빈(John Calvin)의 전통 안에서, "선택"의 개념이 굳어졌고, 아마도 유감스럽게도 그것은 예정론과 이중 예정론에 대한 가르침으로 구체화하였다. 이러한 공식들은 불가해한 하나님의 뜻 안에 구원의 확신을 뿌리내리게 하려는 여러 시도다.

그러나 그러한 공식은 이 연구의 범위를 훌쩍 넘어서고, 야웨의 선택이라는 개념을 본문 안에서 의도되거나 예견되지 않은 여러 방식으로 바꾼다. "하나님의 선택된 백성"이라는 선택된 기독교인 중에서, 더욱 약화한 승리주의적 관점이 21세기 교회의 선교에 관한 좀 더 새로운 분별 안에 등장하고 있을지도 모른다.

참고 문헌

Bellis, Alice Ogden and Joel S. Kaminsky, eds. *Jews, Christians, and the Theology of the Hebrew Scriptures* (Atlanta: Society of Biblical Literature, 2000).

Brueggemann, Walter. "'Exodus' in the Plural (Amos 9:7)." in *Many Voices, One God: Being Faithful in a Pluralistic World: In Honor of Shirley Guthrie*, ed. Walter Brueggemann and George W. Stroup (Louisville, Ky.: Westminster John Knox Press, 1998), 15-34.

Brueggemann, Walter. "A Shattered Transcendence? Exile and Restoration." in *Biblical Theology Problems and Perspectives: In Honor of J. Christiaan Beker*, ed. Steven J. Kraftchick et al. (Nashville: Abingdon Press, 1995), 169-182.

Levenson, Jon D. *The Hebrew Bible, the Old Testament, and Historical Criticism* (Louisville, Ky.: Westminster/John Knox Press, 1993), 127-159.

Miller, Patrick D. "God's Other Stories: On the Margins of Deuteronomic Theology." in *Israelite Religion and Biblical Theology: Collected Essays* (JSOTSup 267; Sheffield: Sheffield Academic Press, 2000), 593-602.

Rowley, H. H. *The Biblical Doctrine of Election* (London: Lutterworth Press, 1950).

Van Buren, Paul. *Discerning the Way: A Theology of the Jewish-Christian Reality* (New York: Seabury Press, 1980).

35. 성
Sexuality

　구약성서는 인간의 성(性)에 대한 건강한 이해와 실천을 위한 토대를 제공하며, 그와 동시에 가부장적 전제들의 결과로서 인간의 성에 대해 심하게 왜곡된 그림도 제공하고 있다. 그러므로 우리가 구약성서에서 발견하는 것은 대체로 이러한 모티프 중 어떤 것이 강조되는지에 달려 있다.
　창세기 1-2장의 창조 본문들은 성(性)이 구약성서에서 창조의 한 측면으로서 건강하고 기쁨을 주는 하나님의 선물로 이해된다는 주장의 근거를 제공한다.

　첫 번째 창조 내러티브에서, "인간"('adam)은 "남성과 여성"으로 창조되고, 하나님에 의해 다스리고 번성하라는 복을 받는다(창 1:26-28)[**축복**, **하나님의 형상**을 보라]. 이 특별한 표현은 "남성과 여성"을 함께 "인간"의 가치를 구성하는 것으로 이해한다. 그들은 서로 완전히 동등하고 적합한 존재로 제시되는데, 이들 둘 다 하나님의 형상을 띠고 있다. 즉, 인간의 미래를 위한 하나님의 선한 의도를 지니고 있다.
　두 번째 창조 내러티브에 나오는 사건은 더욱 복잡하다. 왜냐하면, 여성은 남성의 "갈빗대"로부터 나오고, 따라서 종속적, 파생적이기 때문이고(창 2:22), 또한 여성은 남성에 대한 "내조자"(helpmate; 전통적 번역)가 되어야 하기 때문이다(창 2:18). 이러한 두 가지 표기법은 여성을 보다 열등하고 의존적인 피조물로 정의하면서 남성에게 종속시키는 강력한 해석 전통으로 이어졌다.
　그러나 창세기 2:23의 시와 함께 창세기 2:24-25의 내러티브 결론은 종속을 용납하지 않는 결속(solidarity)을 보여 준다. 우리는 아우구스티누스(Augustin)로부터 칼 바르트(Karl Barth)에 이르기까지 여성이 남성에게 종속되어 있다는 쟁점과 씨름한 오랜 해석 전통을 고려해야 한다. 그러나 우리는 또한 그러한 강력한 해석 전통과 그러한 종속을 명백하게 지지하지 않는 본문 자체의 이해 사이를 구분해야 한다. 독자들은, 비록 종속에 대한 충분한 단서들이 여전히 그러한 읽기를 허용한다고 할지라도, 필리스 트리블(Phyllis Trible)이 말한 바와 같이, 평등(equality)과 대칭(symmetry)에 대한 토대를 여기서 발견할 수 있다.

두 번째 창조 내러티브와 관련하여, 창세기 3장에서 남성과 여성 모두 저주 아래 놓인다(창 3:16-19). 대중적 오독과 달리, 기독교 전통에서 "타락"으로 읽히는 이 위반은 성에 관한 어떠한 죄와도 관련이 없다[**타락**을 보라]. 만약 창세기 3장이 인간의 상태가 만연하게 왜곡되어 있고, 현재 인간의 삶이 하나님으로부터 소외되어 있다고 ("타락"에 대한 기독교 가르침의 요지) 주장한다면, 인간의 성은 그러한 왜곡과 소외에 참여하지만, 이 경우는 성 자체에 집중하지는 않는다. 하나님이 제공한 성은 인간 삶의 어떠한 부분도 예외가 되지 않는 왜곡의 중요부분일 것이다.

만약 창세기 1:26-28에 있는 "하나님의 형상"이 남성과 여성이라는 건강한 인간의 성을 수반한다면, 창세기 5:3과 9:6에 있는 "하나님의 형상"은 "타락"에 의해서도 "홍수"에 의해서도 무효화되지 않는다. 인간성의 이러한 특징은 심지어 그러한 결정적 혼란을 통해서도 확인된다.

두 가지 창조 이야기 안에 주어진 인간의 성에 관한 건강하고 긍정적인 표현은 아가에서 격렬하게 기념되고 강조된다. 이것은 어떠한 수치심과 소외감 없이 낭만적이고 관능적인 용어로 인간의 사랑을 표현하는 일련의 사랑의 시(love poem)들이다. 아가가 성서에 있는 창조신학의 가장 완벽한 표현이라는 것이 제안되었다. 왜냐하면, 두 인간 피조물이 하나님의 형상으로 신뢰, 기쁨, 웰빙, 즉 하나님이 제공한 충실함과 기쁨의 완벽한 실행(enactment) 안에 있는 것으로 묘사되기 때문이다.

이스라엘의 근본적 시로부터 이스라엘의 율법으로의 움직임은 냉철한 전환이다. 캐롤린 프레슬러(Carolyn Pressler)와 해롤드 워싱턴(Harold Washington)은 신명기 20:14, 22:13-20, 24:1-5의 율법들이 남성과 여성의 성 역할들을 매우 성차별적(sexist)으로 "구성하고 있는" 방식을 보여 주었다. 비록 동반자 관계의 여러 증거가 존재한다고 할지라도, 대부분 경우 율법은 여성을 남성의 소유물로, 확실히 종속적이며, 동등한 권리를 갖지 못한 존재로 표현한다.

따라서 탐하는 것에 대한 금지(출 20:17, 신 5:21)는 "아내"를 "밭"에 평행시키면서, 이 두 가지 소유물을 존경과 존중을 받아야 하는 남성의 소유물로 나타낸다. 실제로 남성이 행한 간음은, 만약 그것이 결혼하지 않은 여성과 행한 것이라면, 간음이 아니다. 그 행위는 만약 그것이 다른 남성의 아내와 행해지고, 따라서 그 모욕이 근본적으로 그 여성의 남편에 대한 것인 경우에만 오로지 간음이 된다. 왜냐하면, 그러한 행위로 다른 남성과 그의 아내의 관계가 파괴되고, 그는 사회적 수치의 대상이 되기 때문이다(레 20:10; 렘 5:8; 7:9; 9:2; 29:23).

분명히 몇몇 본문에서 여성 또한 간음을 행한다. 그러나 그것은 특징적으로 그녀의 남편을 파괴하는 남성과의 공모이다(호 3:1; 4:13-14; 겔 16:32; 23:27). 간음이 남성의 "특권"이라는 증거가 두드러진 것은 아니지만, 주요 증거는 그 방향을 가리킨다.

매춘은 보통 상대한 여성의 간음으로 간주된다(레 21:9; 신 22:21을 보라). 그러나 심지어 그러한 불법적 여성의 자유에도, 간음은 남성의 특권과 관련되어 정의된다. 매춘에 대해서, 필리스 버드(Phyllis Bird)는 다음과 같이 표현한다.

> 그것은 가부장적 사회에서 남성과 여성 사이의 지위와 권력에 대한 불공평한 분배의 산물이자 표시이다. 이는 무엇보다도 성 역할, 의무, 그리고 기대에 대한 비대칭으로 나타난다. 이것은 남성 상대자인 매춘녀의 부족에서 나타날 수 있다. 여성 매춘은 그들의 아내들의 성에 대한 배타적 통

제와 더불어 다른 여성들에 대한 성적 접근을 원하는 남성들의 상충되는 요구에 대한 수용이다. 사회에서 여성들에 대한 접근이 아내와 결혼 적령기의 미혼 여성에 대한 제한들로 인해 더욱 어려워질수록, 제도적으로 합법화된 "다른" 여성에 대한 필요성도 더욱 커진다. 매춘부는 용인되지만 비난받는, 갈망되지만 배척받는 그러한 "다른" 여성이다(200-201).

레위기 21:9와 신명기 22:21의 사례에서, "아버지의 집"을 더럽히는 것은 위태로운 일이다. 그렇기에 심지어 여성의 행동조차 남성의 명예에 미치는 영향에 의해 규정된다. 버드(Bird)는 세 명의 매춘부, 즉 다말(창 38장), 라합(수 2장), 그리고 열왕기상 3장의 매춘부에 관한 내러티브들을 검토한다. 각각의 경우에, 버드는 내러티브 자체의 관점에서 매춘부가 영웅으로 만들어지고 있음을 보여 준다. 그런데도, 그 근저에 놓인 사회적 숨은 의미(subtext)는 그들에게 할당된 사회적 역할에 나타나는 그 여성들에 대한 수치심과 반감이다.

이러한 연결 선상에서, 잠언에서 교훈을 받는 한 아들의 웰빙에 대한 위협으로 간주되는 "음녀"(loose woman; 몇몇 영어 번역에서는 "이방 여인")가 언급될 만한 가치가 있다(잠 2:16; 5:3, 20; 6:24; 7:5). 이 여성에 관한 많은 어리석음이 신화적 언급으로 기록되었다. 그러나 그 위협은 훨씬 더욱 일상적이고 구체적이다. 간단히 말해서, 다른 신앙에 헌신하고 있는 다른 문화로부터 온 여성은 잘못된 방향으로 이끌고 타락시킬 것이다. 가족의 결속은 어떤 희생을 치르더라도 보호되어야 한다.

따라서 성(性)은 개인적 권리나 자유의 측면에서가 아니라, 사회적 결속에 관한 보다 큰 공동체의 필수적 일부로서 가족의 결속과 웰빙의 측면에서 고려된다. 게다가 요더(Yoder)는 위험한 한 여성에 대한 이 논쟁이 중요한 경제적 측면을 갖고 있음을 보여 주었다. 이 사안은 모두 남성의 손안에 있는 사회적 권력의 관점에서 구성될 필요가 있다. 매춘 혹은 간음이라는 이러한 일탈 중 어느 하나에 관한 특징 묘사에서, 핵심적 관심은 수치심이고, 계명들은 수치심의 부식의(erosive) 힘으로부터 가족을 보호하기 위해 고안된다.

　현대 교회의 논의에서, 동성애에 관한 문제들에 많은 에너지가 집중되고 있다. 그러나 모든 논의에 있어서, 구약성서는 이 쟁점에 대해 놀랍도록 거의 관심을 보이지 않는다. 이러한 맥락에서 종종 인용되는 창세기 19장과 사사기 19장의 내러티브는 그것들이 사실상 집단 강간(gang rape)에 관한 것이기 때문에 이 논의와는 관련이 없다.

　창세기 19장의 내러티브에 나타나는 소돔에 관한 특정한 언급과 관련하여, 예언자들이 그 용어를 사용한 것(사 1:9-10; 3:9; 렘 23:14; 겔 16:46-56)은 창세기 내러티브를 해석하는 데 있어서 폭넓은 가능성을 보여 준다. 동성애에 관한 두 개의 중요한 본문은 레위기 18:22와 20:13이다. 두 경우에서, 공동체의 결속과 통합을 보호하기 위해서 동성애 경험을 한 남성 가해자가 처형되어야 한다는 전제하에 이 사실은 분명하게 나타난다.

　이러한 경우들이 확실하다고 말할 수 있지만, 문제는 거기에서 끝나지 않는다.

첫째, 이 두 구절은 단지 동성애를 말하기 위해서만 다루어질 수는 없다. 오히려 그것들은 공동체를 위협하는 여러 위법행위에 관한 긴 목록에서 나타난다. 이 본문들은 매우 다양한 위협적 상호작용들을 열거한다. 이 두 본문은 엄격한 부부관계를 분명하게 고수하고 있는데, 거기에서 어떤 제3자와의 관계는 죽음을 몰고 온다. 이는 결속에 관한 깊은 불안을 겪고 있는 공동체를 분명하게 반영한다.

둘째, 레위기 18장과 20장은 학자들에 의해서 "성결법전"(Holiness Code)이라고 별명 붙여진 보다 광범위한 본문(레 17-26장)의 일부이다. 거기에서 삶의 모든 측면은 야웨가 진노하여 떠나지 않게 하려고 특정한 요구들에 따라 엄격히 조정되어야 한다.

　레위기 18:22와 20:13의 두 계명은 이러한 맥락 밖에서 다루어질 수 없고, 더욱 폭넓은 가르침의 일부에 속한다. 이 본문들에 대한(맥락에서 벗어난) 현대의 집착은 거의 터무니없다. 왜냐하면, 그것들에 관한 긴급성은 종종 성결법전의 다른 모든 부분을 현실로부터 동떨어진 것으로 특징짓는 사람들에게서 나오기 때문이다. 비록 구약성서의 율법에 대한 기독교의 해석 안에 오래되어 온 흐름이 존중되어야 한다고 할지라도, 레위기 18장과 20장은 도덕적 가르침들이 아니라, 종교 의식적 요구사항들이다.

마지막으로 두 가지보다 광범위한 해석적 질문들이 다루어질 필요가 있다.

첫째, 성서는 문화적으로 조건지어져 있고, 그것의 세부사항에서 모든 문화에 무차별적으로 규범적인 절대적 가르침으로서 취해질 수 없다. 물론 성서는 기독교인들에게 신앙과 도덕의 문제들에 관한 유일한 지침서이다. 그러나 그러한 공식화는 오랫동안 주의 깊게 발전되었고, 여전히 역동적 교회의 해석 전통에 대한 언급을 항상 포함했다.

둘째, 성에 관한 문제에 있어서, 성서는 전통적이고 가부장적인 전제를 확실히 보여 주는데, 그것은 개인의 자유를 어떠한 실현 가능한 관계 안에 있는 하나의 구성요소로 알고 있는 계몽주의 이후의 문화로 쉽게 이전될 수 없다. 본문을 진지하게 다루는 것은 여전히 건설 중인 교회의 전통과 관련하여, 그리고 현대 문화와 관련하여 본문과 씨름하는 것이다. 왜냐하면, 본문은 새로운 맥락들 안에서 "의미"가 달라지기 때문이다.

여기서 촉구되는 해석은 문제가 되는 여러 본문에 대한 "자유주의" (liberal)적 묵살의 시도가 아니라, 오히려 모든 새로운 상황에서 성서가 새롭게 읽혀야 한다는 건전한 해석적 원칙에 관한 주장이다. 이 원칙은 성(性)보다는 돈에 관한 성서의 가르침을 잠깐 고찰해 보는 것으로 쉽게 점검될 수 있다.

신명기 23:19-20에 따르면, 공동체의 구성원들에게 대출한 것에 대한 이자는 청구될 수 없다. 물론, 현대 경제에서 우리는 이 계명이 대면 관계들의 민속 문화를 위한 것이었고, 따라서 복잡한 도시 경제에는 적용되지 않는다고 말하면서 그 가르침을 조정할 것이다. 이것이 내가 말하는 정확한 요점이다. 우리는 필연적으로 새로운 상황을 허용한다. 해석은 한 본문이 의미했던 것이 아니라, 그것이 현재 의미하고 있는 것을 결정하기 위한 허용의 과정이다.

교회에서 우리는 성서와 도덕성의 여러 쟁점, 심지어 간음과 이혼의 경우에 성(性)에 관련된 쟁점을 쉽게 허용한다. 여기서 제안은 간단히 말해서 성서로부터의 윤리적 추정(교회의 핵심적 해석 행위)이 성을 포함한 모든 사안에 있어서 중요하다는 것이다. 그러나 우리는 해석 과정에 주의를 기울이고, 우리가 절대적이라고 하는 여러 쟁점을 고르고 선택하는 것을 피해야 한다. 결국, 맥락과 해석의 씨름 없이 어떠한 성서적 주장도 절대적인 것으로 단순하게 선언될 수 없다.

구약성서 저자들은 성적 관계들이 모든 관계 중에서 가장 친밀하고, 소중하고, 가치 있고, 그리고 다루기 어려운 것임을 분명하게 이해했다. 정확하게 이러한 이유로 인해, 구약성서 본문들은 야웨와 이스라엘의 언약적 관계에 관하여 말하는 가장 근본적인 비유로서, 가장 신랄하게 남편과 아내의 관계에 호소한다.

예레미야 2:2는 언약이 적절히 기능할 때 그것을 허니문 기간으로 말한다.

> 내가 네 청년 때의 인애와
> 네 신혼 때의 사랑을 기억하노니
> 곧 씨 뿌리지 못하는 땅,
> 그 광야에서 나를 따랐음이니라 (렘 2:2).

호세아 2:19-20은 회복되고 화해된 관계에 대해 말하기 위해 동일한 이미지를 사용한다.

> ¹⁹ 내가 네게 장가들어 영원히 살되
> 공의와 정의와 은총과 긍휼히 여김으로
> 네게 장가들며
> ²⁰ 진실함으로 네게 장가들리니
> 네가 여호와를 알리라 (호 2:19-20).

그러나 신혼여행과 화해 사이에서, 동일한 이미지가 야웨와 관련된 변덕, 배반, 그리고 불충실에 대해 말하기 위해 사용된다(사 57:3; 렘 3:8; 겔 23:37; 호 2:4). 이미 출애굽기 34:15에서, 다른 신들에 대한 숭배는 "매춘"(개역개정은 "음란하게 섬기는 것", 역자 주)이다. 이사야 54:5-6에서, 포로기의 이스라엘은 남편에게 "버림받은" 여성에 비유된다. 이러한 수사학의 목적은 남편인 야웨에게 수치를 가져오는 모욕과 더불어 심한 범죄의 심각성을 강조하는 것이다.

가장 극적으로, 예레미야는 신명기 24:1-4에 있는 가부장적 결혼 계명을 예레미야 3:1-4:4에 있는 회복을 위한 야웨의 놀라운 초대로 전환함으로써 그 이미지를 사용한다. 모세의 옛 가르침에서, 버림받은 아내는 그녀의 남편에게 되돌아갈 수 없다. 예레미야의 예언적 전환에서, 모욕을 당한 남편인 야웨는 그 관계를 위해 시내산 토라의 옛 규정들을 기꺼이 위반한다.

예레미야는 불충실한 동반자의 회복, 즉 상처와 열렬한 사랑에 뿌리를 둔 회복의 고통과 경이로움을 정확하게 전달하기 위해서 이 이미지를 사용한다. 실제로, 우리는 만약 시인이 그러한 급진적 이미지를 사용할 수 없었다면, 그 문제는 심도 있게 언급되지 않은 채 남아 있었을 것으로 의심할 수 있다.

그러한 긍정적인 이미지의 사용을 인정하면서, 또한 우리는 레니타 웜스(Renita Weems)와 캐롤 뎀프시(Carol Dempsey)를 따라, 구약성서에서 이 이미지가 균형적이지 않기 때문에 야웨의 통치와 관련하여 남편-아내 이미지가 위험하다는 것을 주목해야 한다. 야웨는 특징적으로 선한 남편이고, 이스라엘은 형벌과 거절을 받아 마땅한 변덕스럽고 비난받는 아내이다. 따라서 이는 가부장제의 성향들을 위험스럽게 강화하고 있다.

남편-아내 이미지를 신학적으로 사용하는 것은 우리를 한 남성과 한 여성의 성적 사랑에 관한 솔로몬의 노래(아가)로 한 번 더 이끈다. 또한, 해석 전통을 따라 이 시를 하나님과 이스라엘 사이의 혹은 기독교적 전환에서는 그리스도와 그의 교회 사이의 강렬한 사랑에 관한 것으로 이해한다.

비록 비판적 해석자들이 그러한 알레고리적 충동을 거부한다고 할지라도, 가장 깊은 신뢰와 친밀의 단계에서 작동하는 언약적 관계에 대해 말하기 위해 가장 관능적인 이미지에 의존해야 하는 신앙을 숙고하는 것은 실제로 유용하다. 야웨와 이스라엘의 관계를 읽는 그러한 방식은 모든 계약적, 법적 모델을 뒤로, 아래로 밀어 버린다. 그러한 용법의 결과는 친밀함에서는 영광스러운 관계이고, 파괴에서는 손실이 막대하다.

성서는 성이 대가와 기쁨의 궁극적 무대라는 것을 이해한다. 이러한 이유로 인해, 성적 이미지는 이스라엘의 가장 소중한 관계를 나타내는 데 적절하다. 교회는 (모든 것을 상품으로 축소하는 세속적 사회에서) 가장 친밀하면서(intimate) 동시에 가장 궁극적인(ultimate) 것에 대해 말하는 그러한 방식을 회복시키기 위해 해야 할 까다로운 일을 확실히 갖고 있다.

개혁주의 전통에 있는 교회의 사람들은 대부분 로마가톨릭에 의해서 생생하게 유지된 신비적 해석 전통에 많은 주의를 확실히 기울여야 한다. 무엇보다, 솔로몬의 노래에 나오는 사랑에 관한 이 신학적 드라마를 가장 깊이 탐구한 클레르보의 베르나르드(Bernard of Clairvaux)는 존 칼빈(John Calvin)의 신앙을 형성하는 데 있어서 중요한 영향을 끼쳤다.

참고 문헌

Bird, Phyllis A. *Missing Persons and Mistaken Identities: Women and Gender in Ancient Israel* (OBT; Minneapolis: Fortress Press, 1997).

Day, Peggy L. ed. *Gender and Difference in Ancient Israel* (Minneapolis: Fortress Press, 1989).

Dempsey, Carol J. *The Prophets: A Liberation-Critical Reading* (Minneapolis: Fortress Press, 2000).

LaCocque, Andre. *Romance She Wrote: A Hermeneutical Essay on the Song of Songs* (Harrisburg, Pa.: Trinity Press International, 1998).

Pressler, Carolyn. *The View of Women Found in the Deuteronomic Family Laws* (BZAW 216; Berlin: de Gruyter, 1993).

Selinger, Suzanne. *Charlotte von Kirschbaum and Karl Barth: A Study in Biography and the History of Theology* (University Park, Pa.: Pennsylvania State University Press, 1998).

Trible, Phyllis. *God and the Rhetoric of Sexuality* (OBT; Philadelphia: Fortress Press, 1978).

Washington, Harold C. "Violence and the Construction of Gender in the Hebrew Bible: A New Historicist Approach." *Biblical Interpretation* 5 (1997): 324-363.

Weems, Renita J. *Battered Love: Marriage, Sex, and Violence in the Hebrew Prophets* (OBT; Minneapolis: Fortress Press, 1995).

Yoder, Christine Roy. *Wisdom as a Woman of Substance: A Socioeconomic Reading of Proverbs 1-9 and 31:10-31* (BZAW 304; Berlin: DeGruyter, 2001).

36. 성전
Temple

예루살렘 성전은 구약성서의 종교적 상상력에서 두드러진 위치를 차지한다. 비록 성전의 기원과 기능이 많은 문제를 지니고 있다고 할지라도, 그리고 비록 성전이 예언 전통의 가혹한 신학적 비판뿐만 아니라 공적 역사에서 예측 불허의 변화와 폭력의 대상이 되었다고 할지라도 그러하다.

예루살렘 성전의 역사는 세 번의 건축과 그 이후의 파괴들로 구성되어 있다. 최초의 탁월하고 가장 극적인 것은 솔로몬의 성전이다. 전통에 따르면, 다윗왕은 성전을 위한 땅을 구입했으나(삼하 24:18-25), 하나님의 신탁 때문에 성전을 짓는 것이 금지되었다(삼하 7:4-7). 그의 아들 솔로몬(기원전 962-922년)이 성전을 준비하고, 자금을 조달하고, 건축하고, 적합하게 봉헌했는데, 이 성전은 기원전 587년 바빌론 군대에 의해 파괴될 때까지(왕하 25:1-22) 400년 동안 예루살렘 왕조의 전망과 종교적 비전을 지배했다(왕상 5-8장).

예루살렘 지도층의 추방(참조. 렘 52:28-30)과 페르시아의 허가 아래 바빌론으로부터 유배민이 최초로 귀환한 이후에(참조. 스 1-2장), 훨씬 더 평범한 성전이 지어졌는데, 이는 일반적으로 제2성전으로 언급된다. 스룹바벨의 지도로, 이 건축은 기원전 520-516년 동안 예루살렘에서 공적이고 합법적으로 질서 잡힌 생활의 회복과 재개를 의미했다. 건축 프로젝트는 학개서와 스가랴 1-8장의 신탁들에 반영되어 있고, 기원전 537년 이후 유대에서 패권을 행사했던 페르시아 제국과 깊이 관련되어 있었다.

에스겔 40-48장의 환상 신탁들은 재건된 성전, 즉 유대인의 독립과 합법성의 회복을 가리키는 강력한 상징을 예견한다. 제2성전은 페르시아

당국에 의해 승인, 허용되었고 또한 그들에 의해서 자금을 조달받았을 것이다. 더욱이 성전은 신흥 유대교 신앙의 중심지로뿐만 아니라, 제국의 세금 징수의 도구로서, 그리고 유대 지도자들이 신앙의 관습과 공동의 삶이라는 유대인의 내부적 자유를 대가로 페르시아의 정치적 지배를 수용해야 한다는 가시적 표시로서 기능했다.

제2성전은 기원후 70년, 로마인들이 성전 통제가 가진 상징성에 따라 예루살렘 영토의 통제를 위한 전투 중 성전을 파괴했을 때까지 지속하였다. 그러나 그보다 더 이른 시기인 기원전 1세기, 로마의 압박에 직면한 유대인의 독립 투쟁이 성전에 대한 분쟁을 야기했다.

기원전 37년, 헤롯은 성전 부지를 점령하고, 대대적 보수 공사에 착수했다. 헤롯의 재건축은 때때로 "제3성전"으로 간주된다. 그러나 성전의 기능에 있어서 제2성전의 중단은 발생하지 않았다. 헤롯의 프로젝트는 세 번째 구별되는 노력으로 여겨질 수 있으나, 실제로는 단지 제2성전의 각주일 뿐이다. 오늘날 예루살렘에 있는 소위 "통곡의 벽"(Wailing Wall)은 현재까지 여전히 서 있는 헤롯 건축의 서쪽 벽을 가리키고, 이스라엘의 가장 신성한 장소, 즉 예루살렘의 종교적-정치적 정당성에 대한 핵심적 상징이다.

솔로몬 성전의 계획과 건축에 대한 주의 깊은 관심은 성전이 실제로 이스라엘의 종교적 삶의 새로운 특징이었다는 것을 보여 준다. 물론 시초부터, 이스라엘에는 모세 전통의 하나님에 대한 예배가 실행되었던 산당과 성소들이 있었다. 그러나 그것들은 아마도 건축과 기능에 있어서 매우 단순했을 것이다. 대조적으로 솔로몬의 성전은 규모에 있어서 매우 화려했다. 그 재료와 장인들은 솔로몬의 무역 파트너인 페니키아인 히람(이스라엘의 언약 전통에 절대 익숙하지 않았던)으로부터 충당되었다.

성막이 예루살렘 성전에 대한 역투사(backward projection)였다는 것은 가능성이 있다. 즉, 그것은 사실상 실제로는 존재하지 않았을 것이나, 성전에 대한 후대 세대의 신학적 주장들을 지지하기 위해서 출애굽 역사 안에 소급하여 놓였을 것이다. 그러나 크로스(Cross)는 성막과 성전이 이스라엘의 종교적 삶에 있어서 상당히 대조적인 중요성을 갖고 있었다고 제안한다.

성전 건축에 있어서 두 가지 특별한 요소는 주목할 만하다.

첫째, 평면도는 세 개의 구별된 공간을 제공했다. 바깥 뜰, 성소, "지성소"인데, 이 세 개의 공간에 대한 계획은 가나안의 그 밖의 다른 곳에서도 사용되었고, 명백히 관습적인 디자인이었다. 솔로몬이 관습적 디자인을 사용한 것은 이스라엘이 유대교의 "배타적인" 면에도 불구하고 거리낌 없이 가나안의 문화적 환경에서 활용 가능한 것을 기꺼이 사용했음을 가리킨다. 가장 중요한 것은 그러한 디자인이 "거룩함의 단계들"(gradations of holiness)을 제공한다는 것이다.

따라서 "지성소"를 향해 더욱 가까이 나아갔던 사람일수록, 보다 "자격을 갖춘" 사람이어야 했다. 이는 종교적 계층의 차이들을 나타내고, 왕정에 영합하는 특별한 제사장 계급에 포함된 엘리트를 보장한다. 이러한 제도는 이스라엘의 더 이른 시기의 예배가 지닌 민주적이고 공동체주의적인 양태들(the democratic communitarian modes)과는 확실히 대조적이었다.

둘째, 성전을 위한 재료들은 비쌌고 심지어 이국적인(exotic, 백향목과 엄청난 양의 금)이었다. 이는 솔로몬 왕조의 호화로움을 보여 주는데, 더 이른 시기의 소작농 경제의 예배 제도들과는 분명히 대조적이다.

계층화와 부유함 모두의 측면에서, 성전은 의심의 여지 없이 솔로몬 왕권하의 사회경제적, 정치적 혁신들을 반영했다. 물론 성전이 경쟁적 신들보다 야웨를 높이도록 의도되었지만, 계층화와 부유함은 또한 솔로몬의 엄청난 업적과 성공들을 기념하고 높였다.

따라서 이스라엘의 변화된 경제적 상황을 의미했던 성전은 모세의 혁신적 토대들에서 벗어나 성공과 위신으로 표시되는 왕실의 평정과 안정에 대한 증거물로 이스라엘의 신학적 정체성을 결정적으로 재형성했고 재정의했다. 이러한 이스라엘의 재특징화는 필연적으로 이스라엘의 하나님에 대한 결정적인 재특징화를 가져왔다.

성전의 기본적 기능은 야웨에 대한 예배, 즉 야웨의 예전적 임재에 대한 보증된 제공이다. 또한, 그러한 모든 야웨 신앙의 행위는 아마도, 그리고 불가피하게 성전을 관장하는 왕조를 정당화하는 행위였을 것이다. 따라서 예루살렘 성전은 무엇보다 공동체적 성소가 아니라, 오히려 통치 기관을 섬겼던 "왕실 예배당"(royal chapel)이었을 것이다(또한, 암 7:10-17을 보라). 진지한 신학적 의도성과 함께, 성전은 그 기능에 있어서 사회경제적, 정치적 기득권에 봉사하는 이념적 화물을 아마도 많이 싣고 있었을 것이다.

게다가 여러 신학적, 이념적 기능들은 좀처럼 구분될 수 없었을 것이다. 이는 예루살렘의 왕들이 성전에 끝없는 관심을 기울인 것에서 명백하다(왕하 12:1-16을 보라). 성전의 세 가지 특징적 활동이 이러한 신학과 이념의 이중적 역할을 담당했다.

첫째, 성전은 **희생 제사의 장소**(a place of sacrifice), 즉 성례전적 중요성을 지닌 물질적 행위 때문에 야웨의 통치에 복종하는 공적 행위들의 장소였다. 레위기 1-7장의 목록은 합법적 제사장 계통에 의해 면밀하게 감독되는 희생 제사 관습들의 복잡한 체계를 제안한다. 학자들은 이것이 포로기 혹은 포로기 이후에, 즉 솔로몬 성전의 파괴 이후에 성문화되었다고 생각한다. 후대의 성문화는 정권과 공동체 모두를 향한 야웨의 임재와 호의를 보증하려고 고안된, 보다 이른 시기의 정규화된 관습들을 반영한다.

둘째, 성전은 **찬양하는 장소**(a place of singing), 즉 서정적이고 시적으로 야웨를 이스라엘의 하나님이자 하늘과 땅의 창조주로서 높이는 장소였다. "시온의 노래"(Songs of Zion)는 특별히 성전과 예루살렘 도시를 생명의 선물, 정의의 비전, 그리고 삶을 위한 실현 가능한 질서의 보증을 제공하는 우주의 신화적 중심지로 묘사했다(시 46, 48, 84, 87편을 보라). 이 시편들은 더욱 이른 시기의 이스라엘의 전통들에 대한 언급과 함께, 야웨 예배 이전에 예루살렘에 아마도 이미 존재했었던 거대한 신화적 언급을 특징으로 한다.

실제 시온의 노래는 "성전 가수들"(temple singers)과 찬양대(choirs)의 지휘에 대한 언급 때문에 아마도 더욱 구체적으로 파악될 것이다. 그것들은 역대하에서 성전 직무자들로 확인되고, 시편의 표제들에서 "아삽"과 "고라"와 같은 지휘자들로 알려져 있다. 확실히 역대기와 시편 모두의 연대는 일반적으로 후대로 간주되지만, 그러한 표현은 예배 행위에 있어서 의심의 여지 없이 고상하고 "전문적"이었던 보다 이른 시기의 성전 관습들을 분명히 반영한다.

성전의 영광과 중요성을 기념하고 있는 시온의 노래에 대한 대응물은 시편 74편, 79편, 137편의 공동체 탄원시(communal lamentations)와 예레미야애가이다. 이러한 노래들과 시들은 성전의 파괴와 상실을 비통해하고, 시온의 노래에서 성전을 위해 만들어졌던 거대한 종교적 주장들에 대한 총체적 무효화를 인정한다. 따라서 긍정적 시들과 부정적 시들은 성전의 실재와 상실 때문에 촉발된 깊은 열정을 감지하도록 함께 다루어져야 한다.

셋째, 성전은 정기적으로 모든 혼돈의 위협에 직면하여 창조의 질서 정연함을 확고히 하고, 파생적으로 성전 제의들을 후원하고 감독한 다윗의 후계자들을 높이려는 의도와 효과를 지녔던 **화려한 예전적 상연장**(extravagant liturgical enactments)이었다.

학자들은 그러한 정규화된 제의적 기념이 언약의 갱신, 시온의 갱신, 혹은 야웨의 신적 왕권의 갱신에 대한 것이라는 가설을 세운다. 어떠한 경우든, 위대한 야웨의 대관식시들(93편, 96-99편)은 왕국의 **샬롬**(shalom)을 보증하는 야웨의 최고 통치에 영향을 미치거나 그것을 기대했던 제의적 드라마를 분명히 반영한다.

열왕기상 8장이 특별히 주목되어야 한다(또한, 대하 6장을 보라). 그것은 성전과 그것의 광범위한 신학적 주장들에 대한 복잡한 성찰을 제공한다.

이 본문은 아마도 솔로몬 제의에 관한 실제적 회상들을 포함할 수 있지만, 오랜 발전 시간을 거치면서 실제 환경에 대한 후대의 조정들도 반영하게 되었다.

- 이 장(왕상 8장, 역자 주)은 성전의 제의적 정당성을 다시 이야기하고, 그러한 위대한 봉헌식의 정기적 재연을 위한 대본을 제공할 수 있다(왕상 8:1-13).
- 이 드라마는 법궤를 성전 안으로 옮기는 것을 포함하는데, 그것을 통하여 초기 이스라엘의 기본적 토템(totem: 북아메리카 원주민이 집 앞에 세우는, 가족·종족의 상징으로 숭배하는 자연물·동물, 역자 주)을 보다 광범위하고, 보다 포괄적인 왕정의 상징적 주장들에 종속시킨다(왕상 8:4). 이 드라마는 부족의 기억을 왕실의 현실에 복속시킨다.
- 제사장, 장로, 레위인에 관한 제의적 행렬은 왕권의 차등에 상응하는, 매우 계층화된 종교적 제도를 반영한다(왕상 8:1-4).
- 열왕기상 8:10의 "구름"은 감지할 수 있는 하나님의 임재를 나타내고, 성막에 나타난 "영광의 구름"과 밀접한 평행을 이룬다(출 40:34-37). 이러한 임재는 열왕기상 8:12-13의 노래에서 야웨를 솔로몬 성전의 후원자(그리고 아마도 갇힌 자)로 만든다. 이 구절들은 전통의 어느 곳에서나 보증된 하나님의 임재에 대한 가장 극적인 주장을 표현한다. 게다가 성막 전통에 대한 암시적 언급은 성전이 이스라엘의 웰빙뿐만 아니라, 성막의 형태가 복제하고 있는 모든 창조 질서와 관련이 있음을 보여 준다.
- 열왕기상 8:9, 27의 표기는 감지할 수 있는 야웨의 임재에 대한 그러한 고도의 주장들이 세상에서 변혁적으로 행동할 수 있는 야웨의 유명한 자유를 박탈할 위험을 무릅쓴다는 이스라엘의 비판적 인식을 나타낸다(이에 관해서 삼하 7:6-7을 보라). 이 구절들은 열왕기상 8:12-13과 함께, 이스라엘이 하나님의 임재와 하나님의 자유에 관하여 항상 알고 있었던 것에 관한 심오한 긴장을 증언한다.

- 솔로몬의 축복 기도는 성전이 이스라엘에서 야웨의 **샬롬**을 위한 발생기(a generative instrument)로 알려져 있었다는 것을 증명한다(왕상 8:56-61).
- 열왕기상 8:30-53의 긴 낭독은 확실히 본문의 후속적 발전이다. 패배(33-34절), 가뭄35-36절), 기근과 전염병(37-40절), 그리고 유배(46-53절)를 언급함으로써, 이 낭독은 이스라엘의 오래된 저주 공식(curse formula)에 호소한다(레 26:14-39; 신 28:15-68; 그리고 암 4:6-11을 보라). 그러나 지금 그러한 저주 공식은 땅의 회복을 희망하면서 야웨께 모든 죄의 용서를 구하고 있는 후대의 포로 공동체를 위해 사용된다. 공동체의 필요들과 상황을 고려해 볼 때, 이제 성전은 뚜렷한 임재에 관한 것이라기보다는, 성전으로부터 멀리 떨어져 (포로지에) 있지만, 성전 안에서 알려진 하나님의 관심과 은혜에 전적으로 의존하는 사람들을 용서할 수 있는 하나님의 관심에 관한 것이다. 성전은 이후에 야웨와의 화해와 땅의 회복이라는 이스라엘의 희망에 관한 강력한 상징이 된다.

성전은 우주적 신화의 사용, 수사학의 시적 과장, 그리고 거룩함의 단계들에 의해 야웨의 찬란한 초월성을 나타내고자 의도된다. 그러나 왕실의 관심사와의 밀접한 관련성 때문에, 하나님의 초월성에 대한 성전의 증언은 실제로 매우 자주 야웨를 길들임(the domestication of YHWH)으로 기득권 정권의 관심사에 기여한다. 결과적으로, 성전과 그것이 구현하고 있는 길들여진 종교가 심각한 예언적 비판의 대상이 되었다는 것은 놀라운 일이 아니다. 예언자들은 그들의 가장 맹렬한 수사학에서, 성전을 야웨에 대한 왜곡으로 이해하게 되었다.

가장 잘 알려진 것은 예레미야 7장의 혹평이다. 그것은 만약 이스라엘이 이웃 간의 토라 순종에 참여하지 않는다면 예루살렘 성전이 철저하게 (massively) 파괴된 북쪽의 실로 성소와 같이 끝장나게 될 것이라고 예견한다. 이러한 위협은 에스겔 8-11장의 매우 다른 환상적 비판에 상응하는

데, 그것은 성전을 하나님의 임재를 확실히 떠나게 하는 역겨운 "가증함"의 장소로 인용한다.

요시야가 자신의 개혁에서 모든 지방의 예배 장소들("높은 곳들")을 폐쇄하고 모든 것을 성전으로 집중시켰다는 것은 주목할 만한 가치가 있다 **[요시야의 개혁**을 보라]. 비록 열왕기하 22-23장의 본문에서 많은 칭송을 받는다고 할지라도, 분명히 이 행동은 순수한 것만은 아니었다. 그의 강화로, 요시야는 이스라엘의 종교적 상상력에 대한 독점권을 얻으면서 왕정의 영향력을 강화했다.

이러한 고대 세계에서의 행동은 현대 세계에서의 대중매체의 독점과 다르지 않다. 따라서 예루살렘 성전은, 그러한 모든 종교적 상징과 마찬가지로, 종교적 헌신이라는 명목으로 이루어지는 공리주의적 착취에 취약했다.

결국, 성전은 이스라엘의 상상력 안에 있는 매우 모호한 기구(fixture)이다. 또한, 성전은 야웨의 우주적 통치와 이스라엘을 향한 신실한 편애에 관한 확언이다. 한편으로는 하나님에 대한 왜곡도 이스라엘 안에서 존재한다고 전해지기도 한다. 파생된 기독교 전통은 새 하늘과 새 땅, 그리고 새 예루살렘(참조. 사 65:17-25)에 관하여 말하고 있는 요한계시록 21:1-5의 거대한 기대에서 성전이 전혀 언급되지 않음을 종종 주목한다.

아마도 성전은 이제 새롭게 정돈된 하나님의 통치에서 불필요한 것으로 간주되는 것 같다(요 4:21-24를 보라). 물론 그러한 주장은 모호성을 깔끔하게 해결하지는 못한다. 왜냐하면, 기독교 전통도 그들의 신앙을 지속시키기 위해서 필연적으로 "임재의 장소들"을 즉각적으로 찾았기 때문이다.

임재의 어떠한 공식화들도 유대교든 기독교든 임재와 자유의 긴장을 말끔하게 해명할 수 없다. 특징적으로 모든 시도는 어느 한 쪽으로, 즉 "하나님의 자유가 축소된 임재" 혹은 "하나님의 임재가 불확실한 자유"로 쏠리게 될 수밖에 없다. 성전의 주님에 관한 포착하기 어려운 특성을 고려해 볼 때, 아마도 이러한 상황은 그 밖에 다른 방식으로는 존재할 수 없을 것이다.

참고 문헌

Ackroyd, Peter R. "The Temple Vessels: A Continuity Theme." *Studies in the Religious Tradition of the Old Testament* (London: SCM Press, 1987), 46-60.

Albertz, Rainer. *A History of Israelite Religion in the Old Testament Period,* vol. 1 (Louisville, Ky.: Westminster John Knox Press, 1994), 126-138.

Brueggemann, Walter. "The Crisis and Promise of Presence in Israel." *HBT* 1 (1979), 47-86.

Cross, Frank Moore. *From Epic to Canon: History and Literature in Ancient Israel* (Baltimore: Johns Hopkins University Press, 1998), 84-95.

Haran, Menahem. *Temples and Temple Service in Ancient Israel: An Inquiry into Biblical Cult Phenomena and the Historical Setting of the Priestly School* (Winona Lake, Ind.: Eisenbrauns, 1985).

Lundquist, John M. "What Is a Temple? A Preliminary Topology." in *The Quest for the Kingdom of God: Studies in Honor of George E. Mendenhall,* ed. H. B. Huffmon et al. (Winona Lake, Ind.: Eisenbrauns, 1983), 205-219.

Meyers, Carol. "David as Temple Builder." in *Ancient Israelite Religion: Essays in Honor of Frank Moore Cross,* ed. Patrick D. Miller et al. (Minneapolis: Fortress Press, 1987), 357-376.

Ollenburger, Ben C. *Zion: The City of the Great King: A Theological Symbol of the Jerusalem Cult* (JSOTSup 41; Sheffield: Sheffield Academic Press, 1987).

Stevenson, Kalinda Rose. *The Vision of Transformation: The Territorial Rhetoric of Ezekiel 40-48* (SBL Dissertation Series 154; Atlanta: Scholars Press, 1996).

Terrien, Samuel. *The Elusive Presence: Toward a New Biblical Theology* (San Francisco: Harper and Row, 1978).

37. 속죄
Atonement

"속죄"라는 용어는 보통 신학적인 의미를 지닌다. "속죄"는 "하나가 되어"(at one), "또 다른 누군가와 하나가 되어"(at one with another), "동의하는 것", "화해되는 것"으로부터 파생한 것이다. 그리고 이 "속죄"는 "완전히 뒤덮다"(cover over)라는 의미를 지닌 히브리어 용어 **카파르**(*kpr*)를 번역하는 데 대부분 사용된 단어이다.

구약성서에서 이 용어는 특별히 제사장 자료에서 정화(purgation)와 정결(purification)의 제물들이 지닌 유익한 효과를 말하는 데 사용된다. 이러한 제물들은 죄와 오염 그리고 그로 인한 결과들을 "완전히 덮는다." 그렇게 함으로써 이스라엘(죄를 짓고 오염된 자들)과 야웨(죄와 오염을 불쾌하게 여기는 이)가 서로 간 화해할 수 있고, "하나가 될 수"(at one) 있다. 이러한 제사장적 본문들은 죄와 오염을 매우 진지하게 다룬다. 그러므로 죄의 처리 방안과 회복의 조건으로서 "덮는 것"(covering)은 진지하게 접근하고 상세한 지침에 따라 주의 깊게 제정된다.

제사장적 속죄 의식들의 초점은 **대(大)속죄일**(*Yom Kippur*)에 잘 나타난다. 이것은 성서에서 오직 레위기 16장에서만 자세하게 주목된다. 대제사장(아론)에 대해 여기서 규정된 절차는 두 부분으로 되어 있다.

첫째, 정화 의식(the act of purgation)이다. 이것을 통하여 제사장은 "살아 있는 염소" 위에 이스라엘의 모든 부정한 것들을 두고, 그것들은 염소에 의해 진 밖으로 옮겨진다. 그렇게 함으로써 거룩한 장소는 더러움으로부터 깨끗하게 된다.

둘째, "정결" 제사(an offering of purification)가 행해진다. 이것을 통하여, 그 집단은 죄로부터 정결하게 되고, 따라서 그것은 용서받을 수 있다(레 16:9). 정결과 정화라는 두 가지 의식은 이스라엘이 그들의 죄에서 자유하게 되고, 거룩한 장소가 하나님이 거할 수 있는 장소가 되도록 하는 하나의 과정을 완성한다. 이 의식은 하나님과 올바른 관계를 회복하고, 삶이 복 가운데 재개되도록 해 준다.

여러 제사장 규정들에서 특징적인 것처럼, 의식 수행자가 무엇을 해야 하는지가 언급된다. 그러나 여기서 본문은 거의 모든 본문에서와 마찬가지로, 오직 무엇이 행해져야 하는 지만을 언급한다[**제사장 전승**을 보라]. 이러한 해석적 전승은 화해 과정의 중심에 제사장들을 위치시킨다.

따라서 제사장적 독점(또는 제사장직의 독점)은 이스라엘에게 중요한 종교적 보장을 제공할 뿐만 아니라, 또한 동시에 어마어마한 정치적 힘의 중심축을 창조한다. 우리는 예를 들면, 희생양(scapegoating)의 과정에 관한 설명을 듣지도 못하고, 염소의 피가 그 과정에서 왜 중요한가에 대해서도 알지 못한다.

우리는 이러한 행위 안에서 죄와 더러움이 뚜렷한, 거의 물질적인 위협으로 간주되고, 따라서 그 능력에 있어서 강력하고 동등하게 물질적인 것만이 유일하게 이러한 위협에 대응할 수 있다는 결론을 내릴 수 있을 뿐이다. 따라서 피는 더러움의 힘을 무효로 하거나 그 위협을 봉인하는 기능을 하는데, 이 위협은 봉쇄되어야만 하는 핵 낙진의 오염만큼이나 뚜렷한 위협이다.

비록 제사장 규정이 제사장의 여러 행위를 명령하는 것을 추구한다고 할지라도, 레위기 16장은 그것들을 합리화하거나 설명하는 것을 추구하지 않는다. 왜냐하면, 그 행동이 원시적이고 뚜렷한 더러움의 힘에 맞서고, 동등하게 원시적 해결책을 제안하고, 그것에 권한을 부여하고 있기 때문이다. 매우 오래되고 기본적인 관습들이 이러한 제사장적 처방의 배후에 놓여 있다.

그러나 우리는 이러한 관습이 현대인들에게 원시적이라는 인상을 준다고 하여 의식절차의 제안을 헐뜯어서는 안 된다. 왜냐하면, 우리는 심지어 현대의 치료 공동체들 안에서도 죄, 소원(疏遠, estrangement), 소외(alienation)가 비록 합리적 해결책에는 적합하지 않지만, 원시적 힘을 가지고 있다는 것을 배웠기 때문이다.

따라서 속죄 의식은 이스라엘의 성례전적 의식 안에 깊이 뿌리 내리고 있다. 심지어 (성막 또는 성전이 없는) 이후에는 실제 행위가 아니라 단지 문서만이 존재한다고 할지라도, 대속죄일의 이미지는 실제적 더러움과 관련하여 쉽게 이해된다. 그러한 물질적 더러움은 하나님과의 교제를, 그리고 인간적 합리성을 초월하는, 하나님에 의하여 제공되는 회복을 막는다. 중요하게도 **욤 키푸르**(우리말로 '대속죄일'의 히브리어, 역자 주)의 드라마는 실제적인 성전 관습을 거의 제거한 현대 유대교에서조차 그것의 변화시키는 힘을 이어 나간다.

사실 기술적 합리성의 세상에서, 대부분 감추어졌고 변화된 의식절차들을 유대교가 보존하고 계속해서 품고 있다는 사실은 정신이 번쩍 들게 한다. 아마도 이러한 의식절차와 그것의 지속적 힘의 가장 놀라운 실재는 과거에는 제의적 수행이었던 것이 지금은 본문의 잔여 유산이라는 점, 따라서 그 의식이 다시 재현되기보다는 기억된다는 점일 것이다. 그런데도 기억된 절기들은 유대교 공동체를 위한 엄청난 힘을 지니고 있고, 유대교 공동체는 가장 깊은 존재의 수준에서 각 절기 때마다 야웨와 화목한다.

유대교의 성례전적 의식 규정으로부터, 우리는 두 가지 파생된 현상들에 주목할 수 있다. 예수를 이해하려는 초대 교회의 노력 안에서, 신약성서에 나타나는 초대 교회는 욤 키푸르의 전승에 호소했고, 예수가 속죄에 관한 더 오래된 유대교의 관습들을 대체했다고 주장했다. 예수는 이제 속죄를 "단번에" 이루었다(히 10:10). 속죄 관습에 관한 기독교의 적용에 있어서, 더욱 오래된 전승에 나타나는 것보다 그 문제에 관한 더 합리적인 의미는 나타나지 않는다.

유대교적 관점에서처럼, 기독교의 증언에서 성례전적 주장은 어떤 신학적 설명도 초월한다. 유대교와 기독교는 모두 새로운 시작을 가능하게 하고, 짐을 내려놓게 하며, 자유롭게 하나님 자신의 삶에 접근할 수 있도록 하는 하나의 관습을 지속해 나간다.

마지막으로 심리치료의 다양한 이론과 실제에서, 웰빙에 대한 현대의 관심사는 그것이 할 수 있는 최고의 방식들로 일종의 "하나로 만듦"(at-one-ment)을 이루어 내는 것을 추구하는데, 기술 사회의 합리성에 기초하고 있는 이론들이 용인하는 것보다 훨씬 더 기본적이고 불가해한 것이다.

결과적으로 화목에 관한 현대의 수많은 관례와 이 전승에서 제공된 심오한 성례전적 주장들 사이에는 엄청난 차이가 존재한다. 그리고 그러한 차이는 계속되는 관심을 정당하게 만든다. 유대교의 전승에서, 그리고 파생적으로 기독교의 전승에서 속죄에 관한 쟁점은 죄가 실재하며 위험하다는 것을, 그리고 결국 하나님과의 교제가 정화와 정결의 제사이자 희망이라는 것을 단언한다.

참고 문헌

Knohl, Israel. *The Sanctuary of Silence: The Priestly Torah and the Holiness School* (Minneapolis: Fortress Press, 1995).

Milgrom, Jacob. *Leviticus 1-16: A New Translation with Introduction and Commentary* (AB3; New York: Doubleday, 1991).

Miller, Patrick D. *The Religion of Ancient Israel* (Louisville, Ky.: Westminster John Knox Press, 2000).

38. 신 현현
Theophany

"신 현현"은 구약성서학에서 하나님이 특정한 역사적 인물과 역사적 공동체를 향해 행하는 직접적 대면들을 가리키기 위해서 사용되는 용어이다. 이 용어는 두 개의 헬라어 단어, **테오스**(*theos* = 하나님)와 **파이노스**(*phainos* = 나타나다)의 합성어이고, "하나님의 나타남"은 흩어지고 혼란스럽게 하는 거대한 빛의 두려운 혹은 불길한 출현과 매우 자주 관련된다.

성서 본문 안에서 우리에게 주어진 신 현현의 직접적인 경험은 내러티브 형태를 어느 정도 양식화했다. 이 형태는 다음을 포함한다.

- 두렵고 "초자연적인" 하나님의 출현을 나타내기 위한 "자연적" 힘들(폭풍과 같은)의 파괴적 제정,
- 혼란스러운 상황에서 전해지는 하나님의 발언, 이 발언은 하나님의 임재, 자기 정체성, 주권, 그리고 가장 자주 명령들을 확언한다.
- 하나님의 출현에서 언급되는 사람(들)이 하나님을 향해 갖는 두려운, 그리고/또는 순종적 반응,
- 그 만남이 모든 것을 변화시켰다는 표시.

신 현현은 개인 혹은 공동체의 삶에서 이루어지는 만남이고, 그것으로 인하여 미래는 급진적이고 갑작스럽게 재정의된다. 밀고 들어오는(intrusive) 방식으로 이러한 극적인 하나님의 출현을 보여 주는 주된 실례는 불타는 떨기나무 에피소드이다. 여기서 하나님은 모세를 만나고 그의 삶을 파라오에 저항하게 함으로써 위태로운 상황에 놓이게 하는, 급진적으로 새로운 소명에 그를 묶는다(출 3:1-6).

이 만남은 유일한 가시적, "초자연적" 특징으로서 불이 붙어 있지만 "소멸하지는 않는" 떨기나무를 제시한다. 그러한 불타는 떨기나무로부터, 하나님은 모세에게 직접 강력하게 말한다. 모세는 이에 반응하고 파라오와의 출애굽 만남이 시작된다.

이와 유사한 직접성이 열왕기상 19:11-18에 나오는 하나님과 엘리야와의 만남에서도 명백하다. 엘리야 내러티브가 모세 내러티브와 특징적으로 병행하지만, 여기의 신 현현의 만남은 모세의 것과는 다르다. 왜냐하면, 그것은 바람, 지진 혹은 불이 아니라, 오직 "세미한 소리"만 포함하기 때문이다(12절). 이와 동일한 강력한 만남(논쟁) 소명이 예언자의 소명 내러티브에서 예언자 가운데서도 발생한다(사 6:1-10; 렘 1:4-10을 보라).

특별히 중요한 점은 비록 "자연적" 현상의 파괴적 실행이 이 만남을 서술하는 양식화된 방식이라고 할지라도, 내러티브가 대부분은 이러한 현상들에 관심을 두는 것이 아니라, 오히려 이스라엘과 세상에 있는 하나님의 미래의 길에 관한 새로운 소명으로 수신인들을 모으는 것에 초점을 맞추고 있다는 것이다.

신 현현은 또한 전체 공동체에게 일어날 수 있다. 이에 관한 고전적 사례는 시내산에서의 이스라엘과의 만남이다(출 19:16-25; 참조. 신 4:9-14). "자연적" 현상의 요란함에 관한 서술은 명백하게 나타난다. 그러나 내러티브에서 중요한 것은 이 요란함 가운데로부터 나오는, 십계명에 관한 하나님의 말씀이다. 이 십계명은 이스라엘을 토라의 백성으로 규정하는 결정적 측면이 된다(출 20:1-17).

이와 동일한 종류의 공동 경험이 다양하게 이스라엘과 여러 국가에 임할 하나님의 공적 심판에 관한 예언적 기대 안에서 제공 또는 기대된다(습 1:14-18을 보라). 이러한 생생한 시나리오들은 야웨의 다가오고 있는 저항 불가능한 주권을 강조한다. 이때 야웨는 극도로 파괴적이고, 위험하고, 감당하기 어렵다.

하나님의 대결적 나타남에 관한 이러한 양식화된 묘사에서, 성서의 수사학은 묘사를 거부하고 범주화를 거절하는 하나님의 변혁적 침투와 하나님과의 만남을 증언하려고 시도한다. 이러한 잘 발달한 서사적 보도와 시적 구현의 양태들은 그러한 만남에 관한 경이로운 심각성을 증명한다. 그러나 그것들은 그 어떤 이성적 또는 설명적 방식으로 무엇이 발생했는지를 특징지을 수 없다. 정확히 말하면, 그것들이 말하고 있고 증언하고 있는 여러 상황이 보도나 묘사 안에 포함되거나 그것에 의해 길들 수 없기 때문이다.

신 현현의 문학 장르는 항상 파악하기 힘들고 항상 그 어떠한 설명적 능력 너머에 있는 만남들을 다룬다. 신 현현의 수사학은 그러한 하나님과의 직접적 대면을 표현하기에는 불충분한 수단이지만, 이 수단의 불충분함은 그 자체로 엄청난 신학적 중요성을 지닌다. 바로 그러한 불충분함은 하나님의 원초적 실재(raw reality)가, 만약 그것을 직접 대면하게 된다면, 인간의 범주화를 허용하지 않는다는 주장과 확신을 증명한다. 왜냐하면, 초월성, 거룩함, 그리고 신성한 영광의 이러한 영역은 인간의 이해를 넘어서고 있기 때문이다.

그러한 만남에 관한 보도는 물론 더욱 넓은 신앙의 표현에 있어서 필수적이다. 왜냐하면, 공동체의 지속적 신앙은 바로 그러한 말로 표현할 수 없는 만남으로부터 일어나기 때문이다. 필연적으로 부족한 이 보도의 불충분함은 사실상 그 자체로 사건과 보도 사이에 있는 불가피한 비교 불가능성(incommensurability)에 관한 증거이다. 기억해야 할 핵심요점은 항상 우리의 파악과 이해를 벗어나는 사건의 보도를 오해하지 않는 것이다.

신 현현은 전적으로 하나님의 측면에서 만남의 직접성을 다룬다. 직접성은 인간 현실 가운데 나타나는 두려움으로 가득한 하나님의 임재의 경이로움이지만, 신 현현은 항상 불충분함의 장르이다. 이러한 원초적 신학적 인식에서 파생된 다섯 가지 요점이 다음과 같이 제안될 수 있다.

첫째, 이러한 신 현현 내러티브들은 실제로 드물고, 이스라엘의 신앙에 관한 긴 내러티브 기사에서 매우 드물게 발생한다. 그것들은 이스라엘의 신앙의 삶이 그러한 거룩한 침투 없이 관습적으로 시행되던 긴 시간 동안에 발생한다. 또한, 전통의 최종 형태에 나타나는 다양한 요소는 신성한 만남을 다르게 표현한다. 때때로 그 만남들은 직접적이고 즉각적이다. 때때로 그것들은 천사에 의해서 혹은 꿈을 통해서 중재된다. 희소성 때문에, 우리는 하나님과의 친밀함을 자주 경험한다는 현대의 종교적 주장들을 의심할 수 있다. 왜냐하면, 이 하나님은 쉽게, 선뜻 또는 빈번하게 접근할 수 있거나 친밀하지 않기 때문이다.

둘째, 대부분 하나님과 함께한 이스라엘의 삶은 중재된 형태들("매개 없이"를 의미하는 "직접적"인 것이 아니다)로 실행된다. 하나님의 거룩함은 도달 불가능하다. 따라서 이스라엘의 여러 종교 전통(모든 종교적 관습과 마찬가지로)은 하나님의 임재를 중재하는 여러 형태를 고안했다. 그것 중에는 토라, 제사장직, 지혜, 그리고 왕권이 있다. 전반적으로, 공동체는 세심한 주의를 기울여 실행되어야 하는 중재된 임재 형태들의 실행에 의존하고 그것에 의해 유지된다.

셋째, 공적 예배와 양식화된 제의는 특징적으로 이스라엘에 있는 하나님의 신 현현 임재에 관한 원초적 중재들이다. 다양한 방식으로, 제의는 원초적 신 현현을 복제하려고 노력한다. 출애굽기 19:16-25와 같은 신 현현 내러티브들은 제의적 형태를 반영하는 방식들로 양식화되어 있다. 예를 들어, 이사야 6장에 나타나는 소명 환상은 성전에서 이루어지는데, 이는 아마도 여러 제의적 형태들과 신 현현 묘사에 나타나는 성전의 건축 모두에 호소하는 듯하다. 게다가 성전은 이스라엘이 "하나님 보기를" 기대하는 장소이다(시 11:7; 17:15에서처럼).

우리는 그러한 수사학이 의도하고 있는 것이 무엇인지 분명히 알지 못한다. 그러나 아마도 성전은 때때로 직각적으로 경험되고, 알려진 중재된 임재를 제공할 것이다. 물론 하나님의 임재를 보증하지는 않지만, 제의는 직접적 만남을 위한 어느 정도의 준비를 하게 하는 여러 형태를 제공한다.

넷째, 상황은 신약성서에서도 다르지 않다. 후대 교회 해석의 범주들에서, 예수는 사실상 결정적인 "하나님의 신 현현"으로 인식될 수 있다.

> ¹ 태초에 말씀이 계시니라 이 말씀이 하나님과 함께 계셨으니 이 말씀은 곧 하나님이시니라…¹⁴ 말씀이 육신이 되어 우리 가운데 거하시매 우리가 그의 영광을 보니 아버지의 독생자의 영광이요 은혜와 진리가 충만하더라 (요 1:1, 14).

> 어두운 데에 빛이 비치라 말씀하셨던 그 하나님께서 예수 그리스도의 얼굴에 있는 하나님의 영광을 아는 빛을 우리 마음에 비추셨느니라 (고후 4:6).

그러나 만약 우리가 직접적 만남에 대한 구체적 내러티브 보도들에 초점을 맞춘다면, 우리는 베들레헴 탄생 내러티브와 신 현현의 광채 가운데 나타난 천사들의 출현(눅 2:9-14)과 다메섹으로 가는 도중 바울의 회심적 만남에 관한 내러티브 보도를 주목할 수 있다(행 9:3-9). 신약성서에 나타나는 직접적 만남에 관한 내러티브 기사들은 구약성서의 신 현현 보도들에 관한 내러티브 관습들에 의해 깊이 영향을 받았다.

다섯째, 현대 세계에서 신 현현에 관한 원초적 직접성은 쉽지 않다. 왜냐하면, 현대는 모든 것을 하나님의 거룩함에 관한 언급 없이 설명하려는 합리성을, 그리고 하나님과의 편리한 관계를 추구하며, 초월자와의 그러한 극적 만남을 회피하려는 종교적 순수함과 친밀함의 유혹에 노출되어 있기 때문이다.

따라서 신 현현은 하나님의 개입, 하나님의 주권, 하나님의 초월성을 강조하는 하나님과의 만남의 질과 확고함을 진술한 것으로, 하나님의 원초적 실재를 편리한 동료애로 축소하려는 지속적 시도들에 대항하는 중요한 원천으로 이해되어야 한다. 신 현현의 하나님은 특징적으로 만만한 친구가 아니라, 까다롭고 삶을 변화시키는 권위자이다.

현대 세계에서, 루돌프 오토(Rudolf Otto)는 숭고함(Sublime)을 특성화시키는 임마누엘 칸트(Immanuel Kant)의 증거들을 따르면서, 『두려운 신비』

(*Mysterium Tremendum*)를 저술한 것으로 유명하다. 오토는 이 전문용어를 사용하여 모든 이성적 길듦에 대항하는 불길하고 두려운 하나님의 속성을 나타낸다. 그는 힘과 위험에 있어서 하나님의 실재를 포함하려는 모든 인간의 능력을 초월하여 급증하는 하나님의 무시무시한 실재를 언급한다.

20세기 초에, 칼 바르트(Karl Barth)는 그 당시 문화에서 만연했던 민족주의와 자연주의에 하나님을 끼워 맞추려는 대륙 신학의 유혹에 대한 항변으로 "절대적 타자"(Wholly Other)로서의 하나님에 관해 단호하게 썼다.

보다 최근에, 아서 코헨(Arthur Cohen)은 유사한 언어를 사용하여 유대인 홀로코스트 상황의 한가운데 숨겨진 하나님의 실재를 증언했다. 그는 만행의 특별한 에피소드를 신학적 현실로 보았고, 그리고 어떤 종류의 교리적, 도덕적, 이성적 견제도 거부하는 신학적 문제로 보았다. 신학적으로 볼 때, 신 현현 보도들의 증언은 하나님이 확실히 단순화할 수 없는 하나님, 즉 피조물이 복종해야 하는 유일한 분이라고 깊이 확신한다.

그러나 여기저기에서 하나님으로 알려진 존재는 하나님 자신의 임재를 구체적 순간들에 제공한다. 진정으로 하나님이신 하나님의 직접성은 불가해하고, 설명할 수 없고, 길들여짐을 초월한 어떤 것에 열려 있는 증언의 장르를 요구하는 놀라운 경험이다.

참고 문헌

Cohen, Arthur A. *The Tremendum: A Theological Interpretation of the Holocaust* (New York: Crossroad, 1981).

Kuntz, Kenneth. *The Self-Revelation of God* (Philadelphia: Westminster Press, 1967).

Miller, Patrick D. Jr. *The Divine Warrior in Early Israel* (Cambridge: Harvard University Press, 1973).

Otto, Rudolf. *The Idea of the Holy* (London: Oxford University Press, 1924).

Terrien, Samuel. *The Elusive Presence: Toward a New Biblical Theology* (San Francisco: Harper and Row, 1978).

39. 신명기 신학
Deuteronomic Theology

학자들은 일반적으로 "신명기 신학"이라는 표현을 사용하는데, 그것은 구약성서에 관한 여러 해석서 안에서 반복된다. 18세기와 19세기 구약성서에 관한 강렬한 역사 비평적 연구의 시기 동안에(대부분 독일 개신교 연구자들), 학자들은 서로 다른 문학-신학적 자료들을 본문 안에서 식별하고 구분할 수 있었다. 이 시기에, 이 자료들은 이후에 함께 편집되었던 분명한 "문서들"로 간주되었다.

하지만 오늘날 우리는 그것들을 "문서들"(documents)보다는 본문 안에 있는 "목소리들"(voices)이라고 부르는 것을 더 선호할 수도 있다. 이러한 자료들의 정확한 연대와 장소는 많은 논란 가운데 있다. 그러나 서로 다른 "목소리들"이 본문 안에서 발언권이 있다는 개념에 대해서는 이견이 없는 것처럼 보인다.

이러한 서로 다른 목소리(=해석적 전승들) 중에서, 아마도 가장 중요하고 가장 쉽게 인식될 수 있는 것은 학자들이 "신명기 신학"이라고 일컫는 지속적이고 강력한 해석적 전승이다. 이 특정한 신학적 주장은 신명기에 기초를 두고 있고, 그것에 의해 영향을 받은 것처럼 보인다. 물론, 우리가 앞으로 살펴볼 바와 같이, 이 생생한 해석적 전승은 신명기 자체를 넘어서 계속되고 있다.

신명기는 자신을 "요단 저쪽 모압 땅에서" 모세에 의해 전해진 일련의 설교로서 소개한다. "요단 저쪽 모압 땅"은 시내산으로부터 공간상, 시간상으로 어느 정도 떨어진 장소다(신 1:5). 이 책(그리고 책 안에서 소개되는 "신명기 운동")에 대한 비평적 판단은 최종적으로 신명기로 형성되었던 이 문헌이 기원전 8세기와 7세기, 즉 아마도 당시 아시리아의 조약 문서들의 영향 아래에서 만들어졌다는 것을 암시한다.

학자들은 신명기의 어떤 버전이 아마도 열왕기하 22장에 나오는 성전 안에서 발견되었고, 이것이 그 이후에 요시야왕에 의한 주요한 종교개혁, 즉 "신명기 개혁"의 추진력이 되었을 것으로 생각한다[**훌다**, **요시야의 개혁**을 보라].

구약성서신학을 이해하는 데 신명기의 중요성을 언급하는 것은 과장이 아니다. 신명기는 언약의 여러 범주를 이스라엘의 신앙을 위한 규범적인 것으로서 제시하는데, 이는 아마도 이제 시작단계에 있는 시내산과 모세 전승의 범주들을 발전시키면서 언약에 관한 규범적이고 충분히 발전된 이해를 이스라엘 내부로 도입하고 있는 것 같다.

우리는 신명기가 지닌 신학의 세 가지 측면을 확인할 수 있다.

첫째, 신명기의 구조는 의도적인 언약적 패턴을 반영하는 듯이 보인다.

> 야웨의 구원 행위에 관한 선언(신 1-11장)
> 야웨의 언약 계명에 관한 표현(신 12-25장)
> 언약적 신뢰에 관한 상호 간의 맹세 체결(신 26:16-19)
> 복과 저주라는 상벌들에 관한 설명(신 28장)

이러한 순서를 통해(아마도 예전적으로 수행되었을 것이다), 야웨와 이스라엘은 신뢰에 관한 엄숙한 서약으로 서로에게, 그리고 이스라엘의 편에서는 순종의 서약으로 결속된다.

둘째, 계명-서약-상벌이라는 순서는 토라에 대한 순종을 신앙의 핵심에 놓는다. 따라서 도식적 방식으로, 순종하는 이스라엘은 복을 받고 불순종하는 이스라엘은 저주를 받는다. 또는 더욱 광범위하고 일반적으로, "의인은 번성하고 악인은 고통받는다." 이렇게 규정하는 공식은 신명기 30:15-20에서 표현되고, 그것은 결국 이스라엘이 587년의 예루살렘 파괴를 언약에 대한 불순종으로 인해 야기된 언약적 저주로서 이해하고 해석하는 주요한 방식이 되었다.

전승이 이 공식을 가다듬고 미묘한 차이를 나타내기 위해서, 그리고 그것의 어려움을 인식하기 위해서 발전했던 반면에, 이러한 언약적 공식의 핵심 주장은 역사적 과정에 대한 완전한 주도권을 쥐고 있는 주권자 하나님에 의해 주도되는, 도덕적으로 일관된 세상을 산출하는 행위-결과에 단단히 결합하여 있다. 도덕적 일관성에 관한 그러한 광범위한 이론은 다양한 특정 본문들의 세부사항을 통해서 작동된다.

셋째, 시간이 흐르면서, 이러한 지속적인 신학적 전승에 관한 해석적인 관습은 신학적인 지평과 윤리적인 관점뿐만 아니라, 특정한 수사학적 패턴과 언어학적 용법의 반복에서 주목할 만한 일관성을 입증한다. 따라서 특정한 패턴들(가령, 신 13:4에서와 같이)은 하나의 용법에서 또 다른 용법으로 쉽게 변화되고, 그것들은 그 밖의 다른 곳에서 나타날 때 쉽게 인식될 수 있을 정도로 매우 일관적이다.

신명기 전승이 의심의 여지 없이 더욱 오래된 기억들과 전승들에 의지하고 있지만, 열왕기하 22장에 있는 두루마리를 발견하는 과정과 그것에 순종으로 반응하는 것은 이스라엘을 두루마리 전승과 연관시키는 데 있어서 매우 중요했다. 이 두루마리 전승은 정경이 되었고, 결국 책의 종교로서 유대교가 탄생하게 되었다.

신명기에서 쉽게 확인되는 신학과 수사적 패턴에 기초하여, 1943년에 마틴 노트(Martin Noth)는 주요 가설(a master hypothesis)이 된 이론을 제시했다. 노트는 여호수아서로부터 사사기와 사무엘서를 거쳐 열왕기까지 이르는 확장된 문헌 덩어리가 역사에 관한 "신명기" 신학을 구성한다고 제안했다. 즉, 그것은 이스라엘이 그 땅으로 들어가는 것으로부터(수 1-4장) 시작하여 그 땅으로부터의 추방과 상실까지(왕하 25장)의 이스라엘에 관한 이야기를 신명기의 신학적 확신을 통해 반영한다.

우리가 너무나 쉽게 "역사서"라고 부르는 이러한 성서 책들에 대해, 노트는 그것이 실제로는 역사에 관한 해석이고, 그 해석은 수많은 오래된 자료들을 사용했지만 여러 자료와 기억들을 신명기의 렌즈를 통해 재해석함으로써 매우 다양한 자료를 이스라엘과 유다의 이야기에 관한 일관된 해석으로 만들었다고 주장했다.

따라서 가장 중요한 패턴은 이스라엘의 왕들에 의한 이스라엘의 토라에 대한 불순종이라는 특징적 관습을 고려하는 것, 그리고 예루살렘 파괴와 그 땅의 상실이라는 절정에 이른 저주를 긴 불순종의 역사에 대한 하나님의 반응으로 간주하는 것이다.

이러한 관점으로부터, 노트는 이 긴 역사가 587년의 파괴를 신명기의 하나님에 의해 실행된 심판으로 설명하기 위하여 이러한 방식으로 다시 이야기된 것이라고 결론지을 수 있었다. 따라서 이 자료는 결코 역사적 보도가 아니라, 오히려 근본적으로 신명기를 "서론"(introduction)으로 하여 형성된 상당히 자기 인식적인 해석이다.

이 해석적 전승의 결정적 특징들에는 다음과 같은 네 가지가 있다.

첫째, 사사기에서, 되풀이되는 4중 공식이 내러티브를 지배하고, 역사에 대한 야웨의 통치라는 신명기적 이해들을 반영하기 위해 일반적으로 사용된다.

① 불순종
② 대적 민족을 통한 심판
③ 야웨를 향한 도움의 부르짖음
④ 야웨에 의한 구원자-사사라는 선물 (삿 3:7-11; 10:6-16에서와 같이; 참조. 신 11:8-32).

둘째, 여러 왕에 대한 특징적인 부정적 판단(왕상 14:9-14에서와 같이; 15:3, 11-15), 특히 솔로몬에 대한 언급(왕상 11:1-8)으로 첨예하게 제시된 판단은 대부분 왕이 토라에 순종하는 것에 실패했고, 그래서 언약적 저주들에 적합하게 그들의 왕국들을 무너지게 했다는 신명기적 판결이다

(참조. 신 17:14-20).

셋째, 사무엘하 7:1-16에 있는 야웨가 다윗에게 한 특별한 약속은 단순한 불순종-저주 공식 안에서 중요한 자격요건을 구성한다. 다윗 왕조에 대한 야웨의 특별한, 외견상 무조건적인 약속은 더욱 단순한 공식의 수정을 요구한다. 이 불순종하는 다윗 왕조가 합리적으로 예상했던 것보다 훨씬 더 오랫동안 존속했다는 토대들 위에, 그것에 관한 해석이 허용되어야 한다. 다윗 약속은 신명기 이론의 중요한 수정이고, 이스라엘의 신앙에 대한 결정적인 신학적 기준이다.

넷째, 선한 왕인 요시야는 여러 왕에 관한 반복되는 부정적 판단의 중요한 예외를 나타낸다(히스기야는 또 다른 중요한 예외이다). 결과적으로, 요시야는 신명기 사가에게 참된 언약의 지킴이(keeper)로서 하나의 본보기로 등장한다(참조. 왕하 23:25).

신명기 및 신명기 역사서와 함께, 우리는 최종 형태의 예레미야서를 또한 고려해 볼 수 있다. 예레미야서는 유다가 자신의 파멸을 향해 고집스럽게 나아갈 때 발생한 야웨의 분노와 연민을 반영하는 여러 시의 모음으로 이루어져 있다. 그러나 이 시는 일련의 산문 단락들에 따라 편집되었고 구성되었는데, 그것들은 특정한 해석을 시문에 부여하고, 그 밖의 다른 곳에서 신명기적인 것으로 간주하는 것과 동일한 전제들과 운율들을 분명히 반영한다.

예레미야서의 신명기적 편집(Deuteronomic edition)은 아마도 그 시가 증언하고 있는 예루살렘의 파괴에 대한 뒤늦은 반영일 것이다. 이는 이후 포로 공동체의 여러 세대가 토라에 순종하는 백성으로서의 정체성을 회복하도록 준비시키기 위함일 것이다.

예레미야서에 있는 세 가지 특정한 요점이 신명기적 연결을 설명한다.

첫째, 서기관 바룩(렘 36장, 45장)과 스라야(렘 51:59-64)의 존재는, 바인펠트(Weinfeld)가 의견을 밝힌 것과 같이, 이 책의 신명기적 편집이 새롭게 부상하는 유대교를 형성할 수 있었던 서기관적 영향력의 발전을 반영하고 있음을 제안한다.

둘째, 예레미야 36장에 있는 예레미야의 두루마리를 여호야김왕이 파괴한 것과 그 두루마리를 재작성한 것은 열왕기하 22장에 있는 두루마리를 발견한 것에 대한 부정적 평행을 시사한다. 따라서 요시야와 그의 아들 여호야김은 각각의 경우에 "선한 왕과 악한 왕"의 표본이 되고, 또한 각각 신명기 운동의 협력자와 적대자가 된다.

예레미야 36장에 있는 두루마리에 대한 언급은 신명기 운동이 "두루마리 의식"(scroll consciousness)의 발전이라는 생각을 지지하는데, 이것은 이후에 정경과 책의 민족이라는 개념이 된 것을 이제 시작단계에 있는 방식이지만 이미 반영하고 있다.

셋째, 예언자 예레미야에 대한 후원자이자 예루살렘의 왕실 정책에 반대하는 친바빌론 입장을 취한 사반 가문이라는 강력한 존재는 예루살렘의 정치 안에 지속적인 신명기 전승을 위치시키는 데에 도움이 될 수 있었을 것이다(렘 36:10-12; 왕하 22:3-14; 그러나 렘 26:24; 39:14; 40:5-11; 41:2; 43:6에는 분명하게 다른 사반이 언급된다). 즉, 이 전승의 언약신학은 단순히 "종교"가 아니라, 언약 전승에 깊숙이 뿌리내린 사회정치적인 옹호인 동시에 예루살렘 왕실의 자기-기만적이고 자기-파괴적인 경향에 대한 저항이다.

초기 신명기 운동이 서기관주의(scribalism)로 발전함에 따라, 동일한 해석적 강조점 중 일부가 역대기상하의 보다 후기 해석적 역사 안에서, 그리고 유대교를 토라의 종교로 재구성하는 것에 있어서 주목할 만한 에스라의 업적 안에서 다시 등장하고 기능한다(참조 느 8장). 따라서 신명기 전승의 창의적, 생산적, 해석적 추진력은 모세에 대한 옛 기억들과 유대교를 창시한 후대 서기관적 작업 사이를 중재하는 힘으로써 존재한다.

언약주의(covenantalism)에 관한 이러한 신학적 전승은 신약성서(신명기는 신약성서 안에서 가장 잘 인용되는 구약성서 본문 중 하나다) 내부로, 그리고 서양 정치 이론의 언약적인 측면들 내부로 활력을 갖고 계속 이어졌다. 다른 여러 주장 중에서, 이 전승은 (순종으로서 혹은 불순종으로서) 인간의 행동이 공적 미래의 형성에 결정적인 요인이라고 주장한다. 토라를 지키는 것은 공적인 삶의 여러 전망에 있어서 중요하다!

참고 문헌

Campbell, Anthony F. and Mark A. O'Brien. *Unfolding the Deuteronomic History: Origins, Upgrades, Present Text* (Minneapolis: Fortress Press, 2000).

McCarthy, Dennis J. "2 Samuel 7 and the Structure of the Deuteronomic History." *JBL* 84(1965): 131-138.

Nicholson, E. W. *Preaching to the Exiles: A Study of the Prose Tradition in the Book of Jeremiah* (Oxford: Blackwell, 1970).

Noth, Martin. *The Deuteronomistic History* (JSOTSup 15; Sheffield: JSOT Press, 1981).

Olson, Dennis T. *Deuteronomy and the Death of Moses: A Theological Reading* (OBT; Minneapolis: Fortress Press, 1994).

Polzin, Robert. *Moses and the Deuteronomist: A Literary Study of the Deuteronomic History*, Part One: *Deuteronomy Joshua Judges* (New York: Seabury, 1980).

Stulman, Louis. *Order Amid Chaos: Jeremiah as Symbolic Tapestry* (The Biblical Seminar 57; Sheffield: Sheffield Academic Press, 1998).

Weinfeld, Moshe. *Deuteronomy and the Deuteronomic School* (Oxford: Clarendon Press, 1972).

von Rad, Gerhard. *Old Testament Theology I* (New York: Harper & Brothers, 1962), 69-77, 219-230, 334-347.

Wolff, Hans Walter. "The Kerygma of the Deuteronomic Historical Work." in *The Vitality of Old Testament Traditions*, ed. Walter Brueggemann and Hans Walter Wolff (Atlanta: John Knox Press, 1975), 83-100.

40. 신앙
Faith

구약성서의 중심적인 신학적 구조는 언약이다. 이것은 야웨와 야웨의 백성 사이의 열정적이고 상호적인 관계이다. 그러한 관계는 역사적 현실의 모든 예측 불가능한 변화들 가운데 존재하는 자유롭고 헌신적인 두 당사자 간의 상호작용으로서 제시된다. 따라서 그러한 언약적 관계의 우선적, 결정적 쟁점이 충실함(fidelity)이라는 것은 놀랍지 않다.

두 당사자는 서로를 향해 우선적 충성을 맹세했다. 그리고 신실함(faithfulness)은 야웨가 이스라엘을 향해서 그리고 이스라엘이 야웨를 향해서 그렇게 맹세된 충성이 이행되는 방식들에 관련되어 있다(예를 들면, 참조. 겔 11:20; 14:11).

충실함에 관한 주요한 단어는 자주 함께 등장하는 두 가지 용어인 "헤세드"와 "에메트"를 사용하고, 그것들은 "변함없는 사랑과 신실함"으로, 그리고 최종적으로 "은혜와 진리"로 번역된다(요 1:14). 두 용어는 함께 상대방에 대한 한쪽 편의 언약 당사자(무엇보다도, 야웨)의 완전한 신뢰성(reliability)을 보여 준다. 시편 기자는 모든 상황에서의 "변함없는 사랑과 신실함"에 대한 야웨의 행동을 송축한다(시 25:10, 우리말 개역개정에는 "인자와 진리"로 번역되어 있음, 역자 주).

이스라엘과 이스라엘의 모든 개인은 모든 상황에서 주의를 기울이는 야웨의 충실함을 확신할 수 있다(시 40:10; 57:3; 61:7; 85:10; 89:14; 115:1; 138:2). 이스라엘 신앙의 핵심 주장은 야웨가 전적으로 신뢰할 만하다는 것이다. 이러한 전적 신뢰성은 이스라엘의 가장 활기 넘치는 송영의 주제와 이스라엘의 가장 진심 어린 불평 안에 나타나는 호소의 토대가 되었다.

두 용어(헤세드와 에메트, 역자 주)는 함께 기능하고 하나의 병합된 의미를 지닌다. 그러나 각각의 용어는 또한 홀로 취해지기도 한다.

헤세드(*ḥesed*, "자비"[KJV], "변함없는 사랑"[NRSV]으로 표현된다, 우리말 개역개정은 "인자"로 번역됨, 역자 주)는 이전에 표현되었던 언약적 맹세들과 약속들에 따른 언약적 사랑이다. 처음 시작하는 사랑의 행동과 구별되는 **헤세드**는 이미 진행 중인 한 관계가 장기적으로 지속하는 것과 관련된다.

시편 103편에서, 이 용어는 4, 8, 11, 17절에서 서로 다른 다양한 방식으로 사용된다. 4절의 용례는 "자비"와 짝을 이루어, 야웨의 원시적(primal) 성향을 특징짓는다. 8절에서, 이 용어는 출애굽기 34:6-7의 보다 오래된 신조의 확언으로부터 인용하고 있는 것처럼 보이는 일군의 용어 중에 있다. 11절에서, 이 용어는 단독으로 등장하고, 깨진 관계를 기꺼이 용서하고 회복하려는 야웨의 관대함을 나타낸다. 그러나 17절에서, 이 용어는 오직 언약에 순종하는 백성에게만 적용된다. 이러한 몇 가지 용례는 야웨의 신실함이라는 개념을 해석하고 그것에 미묘한 의미적 차이를 부여할 수 있는 몇몇 방식을 제시한다.

"신실함"으로 번역되는 **에메트**(*'emeth*)는 당연히 가까운 동의어이고, 두 가지 특정한 방식으로 흥미를 끈다. 에메트라는 히브리어 단어로부터 우리는 "아멘", 즉 "네, 그렇습니다"라는 우리의 용어를 받아들인다. 게다가 창세기 15:6과 하박국 2:4에서처럼, 우리는 이 용어를 "믿는다"(believed)라고 번역한다. 이 구절은 "이신 칭의"(justification by faith)의 의미와 관련하여 종교개혁의 투쟁에서 핵심이 되었다.

폰 라트(von Rad)는 이사야 7:9, 출애굽기 14:13-14, 그리고 이와 관련된 여러 본문에 기초하여, "믿음"에 관한 이스라엘의 개념이 전쟁이라는 위험한 상황들로부터 직접 나온다고 제안했다. 그때 이스라엘은 스스로 감당할 만한 상황을 넘어선 여러 위협에 직면하여 온전히 신뢰할 만한 하나님에게 완전하게 의존하는 것을 배웠다. 즉, 야웨의 신실함은 이스라엘이 만든 하나의 확언인데, 그것은 야웨의 신뢰할 만한 임재와 개입이 구체적 차이를 만들어 낸다고 언급되고 알려졌던 실제 삶의 상황으로부터 등장했다.

충실함이 언약적 용어이기 때문에, 또한 이스라엘은 야웨를 향한 자신의 언약적 헌신들을 알고 존중하도록, 그리고 순종을 통해 신실함을 행하도록 기대된다. 이스라엘의 언약적인 책무에 관한 친숙한 언급들이 두 가지 예언 본문 안에 포함되어 있다.

> 나는 인애(steadfast love)를 원하고
> 제사를 원하지 아니하며
> 번제보다
> 하나님을 아는 것을 원하노라(호 6:6, 강조는 저자의 첨가).

> 사람아
> 주께서 선한 것이 무엇임을 네게 보이셨나니
> 여호와께서 네게 구하시는 것은
> 오직 정의를 행하며
> 인자(kindness)를 사랑하며
> 겸손하게 네 하나님과 함께 행하는 것이 아니냐(미 6:8, 강조는 저자의 첨가).

야웨에 대한 이스라엘의 신실함은 토라에 대한 순종으로 이행된다. 그러나 순종은 단순히 특정한 계명들을 따르는 것 그 이상을 요구한다. 오히려 순종은 긍휼, 자비, 그리고 용서에 의해 표시되는 야웨의 광범위한 여러 의도를 아우르고 있는 삶에 참여하는 것을 의미한다.

충실함에 관한 동일한 표현이 인간의 여러 가지의 거래들 안에서 작용한다. 그에 따라 서로에게 헌신하는, 혹은 우정으로 결속된 사람들은 책임감을 지게 된다. 가장 좋은 예는 다윗과 요나단 사이의 관계다. 그 안에서 다윗은 앞으로 다가올 시기에 요나단과 그의 가족에게 신실할 것을 약속한다. 분명하게 요나단은 다윗으로부터 맹세를 확보한다. 왜냐하면, 이 두 사람이 위험하고 중대한 정치적 모의에 관련되어 있기 때문이다.

¹⁴ 너는 내가 사는 날 동안에 여호와의 **인자하심**(faithful love)을 내게 베풀어서 나를 죽지 않게 할뿐 아니라 ¹⁵ 여호와께서 너 다윗의 대적들을 지면에서 다 끊어 버리신 때 에도 너는 네 **인자함**(faithful love)을 내 집에서 영원히 끊어 버리지 말라 하고(삼상 20:14-15, 강조는 저자의 첨가).

사무엘하 9:1에서, 내러티브는 요나단에 대한 다윗의 엄숙한 맹세로 돌아가고, 요나단에 대한 그의 지속적 책무에 관해 다윗이 주의를 기울이고 있음을, 따라서 다윗이 신뢰할 만하다는 것을 보여 준다. 또한, 사무엘하 10:2를 보라. 거기에서 다윗은 국제적인 영역에서의 충실함을 약속한다. 두 경우 모두에서, 냉소적 사리사욕 추구는 다윗의 충실한 이행을 표시할 수 있다.

신뢰성과 충실함에 관한 이스라엘의 주목할 만한 이야기는 물론 그러한 신실함이 항상 위험에 처해 있다는 인식을 불러일으킨다. 이스라엘은 심지어 야웨의 편에서도 불신실함과 불충실함에 관해서 또한 말할 수 있다. 따라서 탄원시는 야웨로 하여금 맹세를 저버리지 않고, 신실함을 실행하도록 하는 곤경과 항의의 외침들이다.

예를 들어, 시편 89:49에서 우리의 결정적 단어 쌍은 이스라엘이 자신의 현재 위기에서 야웨의 세심한 신뢰성에 대한 증거를 식별할 수 없다는 것을 단언하기 위하여 사용되고, 실제로 야웨가 적극적으로 신실하지 않다고 결론을 내린다.

구약성서 신앙의 가장 놀라운 특징 중 하나는 야웨가 충실함의 맹세들이 파괴될 때 때때로 부재하고 침묵하며 태만하고, 이스라엘은 그러한 이유로 인해 위험에 노출된다는 사상을 구약성서가 (고통의 경험으로부터) 받아들이고 있다는 점이다.

시편 44편은 이러한 정서의 가혹한 예를 들려준다. 이스라엘은 그들의 고통을 특징짓고, 야웨가 이스라엘을 학대했다고 고소한다(9-16절). 게다가 이스라엘은 야웨에게 신실했다(17-18절). 따라서 유일한 결론은 야웨가 신실함을 지키지 않았다는 것이다. 그러나 이러한 고발에 직면하여,

이스라엘은 마침내, 26절에서, 이스라엘의 희망과 기대의 유일한 토대로서 야웨의 신뢰성에 정확하게 호소한다. 따라서 심지어 그것이 기대되지 않는 곳에서도, 야웨의 신실함은, 야웨가 그러하겠다고 맹세했던 것과 같이, 야웨가 다시금 신실할 것이라는 희망과 기대의 토대가 된다.

평행한 방식으로, 예언자들을 통하여 이스라엘은 야웨에게 불신실했다고 종종 고발된다. 심지어 두 당사자가 신실하게 행동하는 경우 언약이 기념되는 순간에도, 각 당사자는 (이스라엘은 탄원으로, 야웨는 예언자들을 통하여) 언약을 위반했다는 것에 대하여 다른 쪽을 고발할 수 있다. 이스라엘이 언약을 위반했을 때, 그것을 회복하는 것은 이스라엘의 회개와 그 관계를 위해 기꺼이 용서하려는 야웨의 준비된 상태에 의존했다.

"신앙"은 약속의 성격을 띤 관계에 주의 깊게 참여하는 것에 관련된다. 구약성서는 "신앙"이 이스라엘이 "믿어야" 한다는 가르침의 본체라고 매우 드물게만 제시한다. 이스라엘의 신앙은 규범적인 본질을 반드시 결여하고 있는 것도 아니고 공허한 것도 아니다. 오히려 관계는 그러한 관계를 반영하는 실질적 가르침보다 더욱 근본적인 것이다.

구약성서에서 "신뢰하다"(trust in)로 여겨지는 신앙이 "동의하다"(assent to)보다 더욱 근본적이라는 사실은 공식적인 신학적 표현들에서 종종 무시되는 문제이다. 그러나 "신뢰"(trust)는 감정적인 용어들로 주로 이해되어서는 안 된다. 신뢰는 토라에 대한 순종과 그것의 구체적 요구사항들을 수반하는 하나의 실천이다. 야웨를 향한 이스라엘의 충실함은 결혼에서의 충실함과 다르지 않고, 따라서 상대방을 매우 진지하게 받아들이는 구체적 행동들로 구성된다.

신실함에 관한 개념이 구약성서에서 대단히 다양하게 받아들여지고 있다고 할지라도, 우리는 핵심요점을 놓쳐서는 안 된다. 야웨에 관해 알려진 것과 야웨와 이스라엘이 서로 연결되도록 유지하는 것은 웰빙에 관한 공유된 삶의 전망에 나타나는 상호적이고 근본적인 충성(loyalty)이다. 성서적 신앙에서 매우 중심적인 충실함에 관한 이러한 개념은 종종 관계적 충실함을 개인적 충성을 제한하고 제거하는 계약적 문제 안으로 용해

시키기를 원하거나, 혹은 마치 본질적 의미를 규정하는 관계가 단지 또는 주로 인지적일 수 있는 것처럼, 충실함을 확신 안으로 납작하게 만들기를 원하는 현대 세계에서 특별한 자산이다. 서로에 대한 언약 당사자들의 상호적 열정과 관계의 회복에 대한 의지는 계약의 해체와 인식의 모호함 모두를 막는다.

이스라엘의 큰 기쁨과 확신은 자신의 삶과 세상의 삶을 유지하는 한 분 하나님(the One)이 완벽하게 신뢰할 수 있는 존재라는 것이다. 이스라엘은 그에 상응하여 신뢰할 수 있는 삶을 살 것을 제안한다. 이스라엘 편에서의 그러한 확언은 사회적 여러 관계 안에서 이스라엘을 위한 큰 책임이고, 관계성에 무관심한 세상 안에서 저항을 위한 토대이다. 가장 깊은 상실의 순간에, 이스라엘은 지식정보(data)가 제시하지 못하는 확신을 결연하게 주장했다.

> 22 여호와의 인자(steadfast love)와
> 긍휼이 무궁하시므로
> 우리가 진멸되지 아니함이니이다
> 23 이것들이 아침마다 새로우니
> 주의 성실하심(faithfulness)이 크시도소이다 (애 3:22-23, 강조는 저자의 첨가).

이러한 깊고, 영원하며, 되풀이하는 확신(세상 한가운데에서 하나님의 성품에 관한, 그리고 정확하게 그러한 시로부터 나오는)으로부터 교회는 담대하게 노래한다.

> 오 신실하신 주 내 아버지여
> 늘 함께 계시니 두렴 없네
> 그 사랑 변찮고 날 지키시며
> 어제나 오늘이 한결같네
> 오 신실하신 주

오 신실하신 주
날마다 자비를 베푸시며
일용할 모든 것 내려주시니
오 신실하신 주 나의 구주

참고 문헌

Heschel, Abraham. *The Prophets* (New York: Harper & Row, 1962).

Lindström, Fredrik. *Suffering and Sin: Interpretations of Illness in the Individual Complaint Psalms* (Stockholm: Almqvist & Wiksell, 1994).

Sakenfeld, Katharine Doob. *Faithfulness in Action; Loyalty in Biblical Perspective* (OBT; Philadelphia: Fortress Press, 1985).

Sakenfeld, Katharine Doob. *The Meaning of Hesed in the Hebrew Bible* (Missoula: Scholars Press, 1978).

Snaith, Norman H. *The Distinctive Idea of the Old Testament* (London: Epworth Press, 1944).

von Rad, Gerhard. *Old Testament Theology* vol. 2 (San Francisco: Harper and Row, 1965), 155-164.

41. 신정론
Theodicy

"신정론"이라는 (기원후 18세기에 유럽의 철학 용어로 도입된) 용어는 무질서와 악에 의해 분명하게 표시된 세상에서 하나님의 선하심과 능력에 대한 질문과 관련된다. **테오-디케**(*theo-dike*)라는 용어는 "하나님-정의"(God-justice)에 해당하는 헬라어 단어들을 결합한 것이고, 불의한 세상에서 하나님의 정의에 대해 질문한다.

현대 철학의 논리는 이 중요한 주제에 관한 논의를 지배하여, 다음과 같은 답변 불가능한 수수께끼를 만들어 냈다.

- 만약 **악이 없다면**(no evil), 하나님은 **전능하고 선하실**(powerful and good) 것이다.
- 만약 하나님이 **전능하지 않다면**(not powerful), 하나님은 **선하실**(good) 수 있으나 거기에는 **악**(evil)이 있을 수 있다.
- 만약 하나님이 **선하지 않다면**(not good), 하나님은 **전능할**(powerful) 수 있으나 거기에는 **악**(evil)이 있을 수 있다.

이 수수께끼는 맥클리시(MacLeish)의 *J.B.*(맥클리시가 1958년에 쓴 연극을 위한 시의 제목이자 이 시의 주인공 이름, 역자 주), 즉 욥에 관한 현대적 소개에서 현대 실존주의적 표현을 얻었다.

> 만약 하나님이 하나님이라면 그는 선하지 않다.
> 만약 하나님이 선하다면 그는 하나님이 아니다.
> (A Play in Verse, 11).

이 질문의 세 가지 요소(선, 능력, 악) 중에서, 어떤 두 가지는 함께 논리적으로 긍정될 수는 있지만, 어떠한 논리적 방식으로도 세 가지 요소 모두를 결합할 수는 없다.

구약성서는 합리적, 논리적 해결을 거부하는 이러한 인간의 문제들을 다루며, 대신에 하나님, 세상, 그리고 신앙 공동체에 관한 관계적 이해를 선택한다. 이 성서적 관점은 그러한 살아 있는 관계가 서양 신학이 선호한 것과 같은 그러한 냉철한 합리성들로 축소되는 것을 절대 허용하지 않는다.

성서는 하나님의 세계의 심오한 도덕적 응집력에 대한 확신으로 진행된다. 이는 시내산의 계명들에서 다양하게 표현되고, 신명기에서 분명히 나타나고, 예언자들에 의해서 표명되고, 지혜 교사들에 의해서 확언된다. 즉, 도덕적 응집력에 대한 감각은 고대 이스라엘 신앙의 모든 곳에 존재한다. 이러한 일관성은 순종하는 사람들은 하나님으로부터 복을 받고 불순종하는 사람들은 저주를 받는다고 주장한다. 대부분, 구약성서는 그러한 일관성에 만족하고, 이는 신명기 30:15-20에 잘 요약되어 있다.

그러나 이러한 신정론적 해결은 불순종하는 사람이 복을 받고 순종하는 사람이 저주를 받는다는 정직한 인식으로 인해 위태롭게 된다. 삶의 증거는 언약을 지키고, 계명을 지키는 순종과 언약적 저주 혹은 복들 사이에 신뢰할 만한 연결점이 존재하지 않는다는 것이다. (이스라엘이 매우 소중히 여기고 확언하는) 신정론적 해결의 실패는 살아 있는 삶에서 인식하기 어렵지 않다. 더욱이 그러한 실패는 신정론의 위기로 이어진다. 왜냐하면, 구약성서는 살아 있는 경험이 신학적 혹은 도덕적 절대성들로 축소될 수 없다는 것을 충분히 인식하고 있기 때문이다.

그렇게 경험되고 인식된 언약적 일관성에 대한 여러 "위반들"이 고대 이스라엘에서 항상 일어났음은 틀림없다. 그러나 이러한 불협화음 중 많은 것이 죄의 범주에 포함될 수 있었기에 인간의 실패가 고통의 원인이 되고, 그럼으로써 하나님의 선하심이나 하나님의 능력은 문제시되지 않았다. 그러한 공식화에서 순종과 복의 명백한 모순은 순종에 실패했다는 점이 인정되지 않는 데서 비롯된다. 따라서 이는 불순종과 저주에 대한 연결에도 유지된다.

그러한 설명은 종종 적절할 수 있었으나, 예루살렘이 파괴된 기원전 587년의 위기를 둘러싼 고대 이스라엘에서는 완전히 들어맞는 것은 아니었다. 비록 더욱 공인된 해석들이 이스라엘의 죄의 측면에서 그 위기를 설명했다고 할지라도(열왕기상하에서와 같이), 대안적 목소리들이 그렇지 않다고 용감하게 주장했다. 이러한 대안적 목소리들은 다음의 두 가지 주목할 만한 본문을 포함한다.

> …악한 자의 길이 형통하며
> 반역한 자가 평안함은 무슨 까닭이니이까(렘 12:1).

> 어찌하여 악인이 생존하고
> 장수하며 세력이 강하냐(욥 21:7).

이 두 절규는 명백한 불의에 대해서 하나님에게 항의하고 있다. 어떤 경우에도, 항의의 외침은 하나님으로부터 적절한 응답을 받지 못한다. 하나님은 이 쟁점으로 끌려가기를 거부한다. 욥기는 구약성서에서 이러한 쟁점에 관한 가장 완전한 투쟁이다. 욥의 항의는 십중팔구 욥기 38-41장에서 답을 얻는다. 그러나 하나님은 욥의 실제 질문에 대한 답을 제공하지는 않는다. 오히려 폭풍 가운데 있는 화자는 단순히 질문을 무시하는, 하나님의 능력에 초점을 맞추는 것에 의해 욥의 질문을 중단시킨다.

의미에 관한 탐구는 불가피하게 신정론의 질문을 표면화하고, 진지한 도덕적 응집성을 주장하는 모든 종교적 관점에서 필연적으로 질문된다. 그러나 구약성서는 이러한 논리적, 합리적 방식으로 구성된 질문에 절대 대답하지 않는다. 실제로 신명기 32:39, 사무엘상 2:6-7, 그리고 이사야 45:7과 같은 본문들은 야웨의 자유를 강조한다. 그 자유는 모든 설명을 거부하고, 그 대신 자유와 충실함의 관계가 지닌 모든 위험을 요구한다.

구약성서는 여러 설명에 관심을 두는 것이 아니라, 오히려 설명 불가능한 고통 속으로 하나님 자신을 참여할 수 있게 하는, 깊고 위험한 공동의 친밀감에만 관심을 둔다. 모든 합리적 해결책을 거부하는 신정론의 위기에 대한 대인관계의 반응을 보여 주는 주요 증거는 탄원시와 항의의 시에 있다. 그것들은 특징적으로 고통으로 시작하여, 하나님의 참여적 임재(attending presence) 때문에 기쁨으로 끝난다.

이 까다로운 질문에 대한 성서적 접근은 근본적으로 목회적이고 관계적이지, 논리적 설명으로 끌려가기를 단호하게 거부한다. 그러한 설명 불가능한 고통 가운데서 이스라엘의 입장은 괴로움과 희망을 표현하는 것, 그리고 하나님에게 관심을 두고 움직이게 하려는 항의의 정당성을 주장하는 것이다. 특징적으로 그러한 항의에 대한 하나님의 응답은 보살핌, 생명 유지, 그리고 긍휼을 제공하는 주의 깊은 관심이다. 하나님은 여전히 어떠한 도덕적 계산논법에도 갇히지 않을 것이고, 임재(presence)와 연대(solidarity) 안에서 그러한 계산논법을 무시할 것이다.

최근에 신정론의 문제는 나치 홀로코스트에서 발생한 유대인의 고통에서 가장 첨예하게 일어났다. 그것은 사실상 시도된 대량학살이었고, 어떠한 논리적 정당성 혹은 설명도 배제하는, 모든 합리성을 무시한 악이었다. 철학은 결코 그 악에 대한 적절한 대응이 아니다. 왜냐하면, 결국 그 위기는 논리에 관심이 없고, 가장 견디기 어려운 극한에서 오히려 분명히 다가갈 수 있는 하나님의 원초적(raw) 거룩함에 대한 직접적 접근을 요구하기 때문이다.

모든 위험한 헌신에 대한 믿음의 실천은 설명 불가능한 악의 신비에 반응하는 하나의 방식을 제공한다. 그러한 위기에서, 믿음은 구약성서 안에서 제공되는 특징적 반응이다. 이스라엘은 악의 문제에 관한 어떤 것도 거부하지 않고, 오히려 어떤 경우에도 고통의 한가운데에서 발견되는 하나님을 붙들고 있다.

참고 문헌

Blumenthal, David R. *Facing the Abusing God: A Theology of Protest* (Louisville, Ky.: Westminster/John Knox Press, 1993).

Braiterman, Zachary. *God after Auschwitz: Tradition and Change in Post-Holocaust Jewish Thought* (Princeton: Princeton University Press, 1998).

Crenshaw, James L. ed., *Theodicy in the Old Testament* (Philadelphia: Fortress Press, 1983).

MacLeish, Archibald. *J. B.: A Play in Verse* (Cambridge, Mass.: Riverside Press, 1956-1958).

Tilley, Terence W. *The Evils of Theodicy* (Washington: Georgetown University Press, 1991).

42. 십계명
The Decalogue

　십계명은 윤리에 관한 모든 구약성서의 사고 핵심과 기준을 구성한다(출 20:1-17). 십계명이 시내산에서의 언약 체결 과정(출 19-24장)이라는 상황에 놓여 있다는 사실은 그것들이 실증적 법칙이 아니라, 이스라엘이 현재 야웨와 맺고 있는 언약의 조항들로서 이해되어야 한다는 것을 가리킨다. 즉, 야웨는 이스라엘의 수호자이자 보호자가 되겠다고 약속했고, 이러한 조건들 아래에서, 그런 상호신뢰의 관계는 더 풍성해질 수 있다.

　열 개의 계명 목록이 길고 복잡한 역사를 갖고 있다는 것은 타당하다고 생각되는 전제이다. 열 개의 목록이 언제 고정되었는지 결정하는 것은 불가능하다. 그러나 더욱 중요한 것은 이러한 열 개의 계명들이 본문의 정경적 형성 안에서 차지하고 있는 특이한 위치이다. 이것들은 신 현현이라는 맥락 안에서 야웨가 산 위에서 직접 이스라엘에게 한 발언으로 제시된다(출 19:16-25). 그 이후에 이스라엘은 두려움에 사로잡혀 모세에게 중재자가 되어달라고 요청한다(출 20:18-21). 따라서 이 본문은 이스라엘을 향한 야웨의 유일한 직접적 발언이다.

　게다가 이 계명들(출 20:8-11, 12를 제외하고)은 "너는 … 하지 말라"라는 절대법 양식(apodictic form)으로 나타난다. 이것들은 절대적이고, 어떠한 조건도 없고, 심지어 불순종에 대한 처벌의 가능성도 포함하지 않는다. 그것들은 전적으로 협상 불가능한 상태로 이스라엘에게 주어진다.

　출애굽과 관련하여 2절의 서문을 고려해 볼 때, 여러 계명은 이집트로부터 이스라엘의 해방이라는 맥락 안에서 이해되어야 하고, 파라오의 공동체와는 완전히 대조되는 대안적 공동체를 위한 여러 지침을 제공하는 것을 목적으로 한다. 그것들은 우상 숭배(그리고 물신 숭배)를 못하게 하고, 착취에 대항하여 이웃의 웰빙을 지키는 것이다. 결과적으로 그것들은 평등주의 방향으로 기울여진 공동체주의 윤리(a communitarian ethic)를 승인하고 예견한다(클라인스[Clines]의 반대의견을 참조하라). 이러한 계명들이 언약적이고 이웃 친화적(neighborly)인 윤리를 제공하기 때문에, 그것들은 또한 자기 안정에 기초한 통제되지 않은 욕심으로 인해 일어나는 사회적 혼돈에 대한 경계를 제공한다.

십계명은 급진적인 사회적 상상력을 만들어 냈고 또한 계속하여 만들고 있다. 그것은 삶의 모든 측면(개인적이고 공적인)을 언약을 체결하는 하나님의 통치 아래로 가져오는 것을 추구한다. 그는 해방을 일으키고, 생산적인 웰빙을 위하여 하늘과 땅에 질서를 부여했다.

첫째, 십계명이 신명기 5:6-21에서 반복되고 있다는 것은 대단히 중요하다. 약간 변형된 형태는 안식일 계명(신 5:12-15)을 위한 동기를 창조의 구조로부터(출 20:11에서와 같이) 사회적 공평과 휴식에 관한 경제적 사안들로 두드러지게 이동시킨다. 이러한 차이는 계명들의 유연성과 해석에 있어서 다름에 대한 개방성을 가리킨다.

게다가 몇몇 학자는 신명기 12-25장의 율법이 열 개의 목록을 중심으로 순차적으로 조직되어 있다고 제안한다. 따라서 신명기는 십계명에 대한 초기의 해석으로 간주할 수 있다. 즉, 십계명은 단조로운 목록이 아니라, 이스라엘이 언약의 지속이라는 맥락 안에서 그들의 급진적이고 열정적인 윤리적 성찰을 계속하는 것으로부터 등장한 규범적 자료이다.

둘째, 호세아 4:2와 예레미야 7:9에서, 예언자들은 명백하게 십계명의 목록들에 호소하고 그것의 영향을 받는다. 이러한 예언자들이 십계명을 쉽게 사용할 수 있었기 때문에 우리는 그것이 일반적으로 이스라엘의 언약적 성찰의 역동성 안에서 중요한 요소였다고 추측할 수 있다.

셋째, 십계명은 분명하게 유대교 내에서 지속적 판단의 기준이다. 따라서 예수는 훌륭한 랍비적 방식으로 자신이 요구하는 가르침에 관한 판단으로 십계명을 암시한다. 마태복음 5:21-37에 나오는 "옛것/새것"이라는 진술에서, 그는 십계명이 지속적 해석에 공헌하고 그것을 필요로 하는 방식을 보여 준다(참조. 마 19:16-30).

넷째, 다양한 방식들로, 그리고 때때로 큰 논쟁과 함께, 십계명은 서양 문화의 윤리적 전제들을 형성하는 데 결정적 요소로 기능했다. 교회의 규범적 신학 전통들의 반복되는 판단, 계속되고 있는 유대교의 윤리적 급진성, 그리고 거룩함의 핵심과 인간의 생명, 인간의 가치에 관한 보장들과 관련된 서양 문화의 시민적 전제들은 모두 그 계명들의 생산적 능력을 증언한다.

그 계명들은 부정적으로는 파라오를 모방하는 모든 전체주의에 대한 저항으로, 그리고 긍정적으로는 인간의 통제를 탈절대화(deabsolutize)하고 이웃들 간의 권리를 조성하는 하나님의 신비를 중심으로 공적 삶을 재조직하도록 하는 급진적 초대로 서 있다. 유감스럽게도 많은 해석은 여러 계명을 적절한 언약적 맥락으로부터 제거했고, 그 결과 그것들은 시내산에서 전혀 의도된 적이 없었던, 즉 관계에 관한 참조가 없는 규칙들로 이해된다. 이러한 왜곡된 이해에 관한 유감스러운 사례는 십계명을 미국 법정의 벽에 보관 또는 복구하려는 현재의 여러 시도 안에서 명백히 드러난다.

참고 문헌

Brueggemann, Walter. *Theology of the Old Testament: Testimony, Dispute, Advocacy* (Minneapolis: Fortress Press, 1997), 181-201.

Childs, Brevard S. *Old Testament Theology in a Canonical Context* (Philadelphia: Fortress Press, 1985), 63-83.

Clines, David J. A. "The Ten Commandments, Reading from Left to Right." in *Interested Parties: The Ideology of Writers and Readers of the Hebrew Bible* (JSOTSup 205; Sheffield: Sheffield Academic Press, 1995), 26-45.

Crüsemann, Frank. *The Torah: Theology and Social History of Old Testament Law* (Edinburgh: T. & T. Clark, 1996).

Harrelson, Walter. *The Ten Commandments and Human Rights* (OBT; Philadelphia: Fortress Press, 1980).

Miller, Patrick D. "The Human Sabbath: A Study in Deuteronomic Theology." *The Princeton Seminary Bulletin* 6/2 (1985): 81-97.

Nielsen, Eduard. *The Ten Commandments in New Perspective* (SBT 7, Second Series; Chicago: Allenson, 1968).

Olson, Dennis T. *Deuteronomy and the Death of Moses: A Theological Reading* (OBT; Minneapolis: Fortress Press, 1994).

Phillips, Anthony. *Ancient Israel's Criminal Law: A New Approach to the Decalogue* (Oxford: Blackwell, 1970).

Pleins, J. David. *The Social Visions of the Hebrew Bible: A Theological Introduction* (Louisville, Ky.: Westminster John Knox Press, 2001).

43. 아세라
Asherah

아세라에 관한 주제는 단지 가끔 그리고 미미하게만 구약성서에서 등장하지만, 그것은 이스라엘 종교의 특징을 연구하는 학자들을 사로잡았다. 아세라는 셈족의 종교 안에서 증언되는 한 여신으로 알려져 있는데, 여러 우가릿 문서들 안에서 여러 남신들과 여신들로 이루어진 복잡한 공동체의 일부분으로서 특별히 두드러진다. ("아스타르테"[Astarte]라는 용어가 관련되었을 수 있으나 그 연결점은 분명하지 않다.)

구약성서에서 "아세라"라는 용어는 여러 번 등장하지만, 그 의미는 불분명하여 학자들은 이것을 놓고 논쟁 중이다. 가나안의 여신은 또한 이스라엘 종교의 몇 가지 형태 안에서 알려졌을 것이다(참조. 왕상 15:13; 18:19). 이러한 개념은 남쪽의 대상(caravan)이 머물렀던 곳에서 아마도 기원전 9세기 것으로 보이는 야웨 "그리고 그의 아세라"에 관해 말하고 있는 비문이 발견됨으로써 강화되었다. 비문에 쓰인 "그리고 그의 아세라"라는 인용구는 야웨가 고대 근동 관습에 나타나는 몇몇 집단의 다른 최고신들이 그랬던 것처럼, 여성 배우자를 갖고 있었던 것으로 알려져 있음을 시사한다.

구약성서에서 이 용어는 종종 신성한 대상, 아마도 "신성한 기둥"(개역개정에는 "아세라 목상"으로 나온다, 역자 주)을 언급하는 듯하다(왕하 21:3; 23:4). 히브리어를 헬라어와 라틴어로 번역한 초기 번역본은 이 용어를 하나의 나무 혹은 작은 나무숲으로 이해했으며, 이는 다산의 한 측면을 암시하는 것처럼 보인다.

구약성서의 몇몇 본문이 제의 대상으로서의 아세라를 야웨 신앙(Yahwism)에 대한 위협으로 비난하지만(신 16:21), 이 "기둥"(그것의 중요성과 기능이 이스라엘에게 있어서 무엇이었든지 간에)은 분명 야웨 신앙에 반하는 것이 아니었다. 더욱이 그 밖의 다른 곳에서 증언되는 여신과 이스라엘에서 다양하게 평가된 "기둥" 사이의 관계 역시 불확실하다. 이러한 제의 대상이 고대 이스라엘에서 존재했다는 점은 분명하지만, 이것의 지위와 중요성은 덜 분명하며, 아마도 확고하지는 않았을 것이다.

논쟁은 복잡하고, 자료는 불분명하며, 학자들은 사용하기에는 부족한 자료의 의미에 대해서 서로 동의하지 않는다. 이스라엘이 이러한 여신에 대해서 알고 있었고 혹은 관심을 가졌을 경우 그리고 (그것이 비난받고 있음에도 불구하고) 신성한 기둥이 직접적인 방식으로 여신을 암시했을 경우, 두 가지 학문적 교훈이 나타난다.

첫째, 고대 이스라엘의 실제적인 종교적 관습은 몹시 다양했고 경쟁적이었다. 우리가 가진 구약성서는 틀림없이 고대 관습에 관한 매우 편파적이고 일방적인 표현이다. 야웨 신앙에 따라 이 정경을 형성한 자들은 본문 전승으로부터 그들이 허위라고 생각하거나 해로운 것이라고 여겼던 부분을 배제하기 위해 심사숙고했다[**유일신론**을 보라].

더 나아가, 이 형성자들은 그들 스스로 자각하고 있었던 해석적 이해가 공동체를 위한 규범이 되도록 의도했다. 실제로, 교회의 관습에서는 정경 안에 우리에게 주어진 규범적인 전통이 우세하며, 신앙과 삶을 위한 지침으로 신뢰할 수 있는 것으로 널리 받아들여진다.

그러나 그 규범적 해석을 읽으면서, 우리는 시간이 지남에 따라 책의 공동체가 정확하고 믿을 만한 판단들로 수용했던 포함 및 배제에 관한 의도적 과정에 의해 그러한 규범성이 진행되는 방식을 유용하게 깨달을 수 있다.

둘째, 아세라가 여신이라는 점에 있어서, (심지어 비난에 의해서도) 그녀에게 기울여진 주의는 여신의 특성과 역할들이 이스라엘의 신앙 안으로 그리고 아마도 야웨의 특성으로 통합되었음을 보여 준다. 유일신론에 관한 고전적 전승은 하나님의 성품에 나타나는 여성성에 관한 암시들을 의심의 여지없이 가능한 한 최대로 배제했다.

구약성서에서 아세라의 존재(혹은 그 존재에 관한 억제된 단서들)는 신성의 여성적 측면이 야웨의 성품 안으로 흡수되었다는 인식을 가리킬 수 있다. 어떠한 경우든, 아세라의 등장은 야웨에 관하여 단순하고, 일차원적으로 특성화시키는 것을 배제한다. 본문에 따르면 야웨는 복잡하고 경쟁적인 종교적 환경에서 출현한 것으로 이해되어야 한다.

참고 문헌

Albertz, Rainer. *A History of Israelite Religion in the Old Testament Period*. vol. 1, *From the Beginnings to the End of the Monarchy* (OTL; Louisville, Ky.: Westminster John Knox Press, 1994).

Day, John. "Asherah in the Hebrew Bible and Northwest Semitic Literature." *JBL* 105 (1986): 385-408.

Hadley, Judith. *The Cult of Asherah in Ancient Israel and Judah: Evidence for a Hebrew Goddess* (Cambridge: Cambridge University Press, 2000).

Miller, Patrick D. *The Religion of Ancient Israel* (Louisville, Ky.: Westminster John Knox Press, 2000).

44. 아시리아
Assyria

아시리아는 제국을 이룩한 하나의 국가였고, 메소포타미아 북쪽(오늘날의 이라크)에 위치해 있었다. 아시리아는 수 세기 동안 지속하였고, 마치 불길한 "북쪽의 거상(巨像)"(Colossus of the North)처럼 여러 위협적 방식들로 이스라엘의 역사 위에 맴돌았다. 아시리아의 오래되고 복잡한 역사는 그들 자신의 기록물 안에 산발적으로 잘 기록되어 있다. 그것은 아시리아가 초강대국에 걸맞은 잔인한 통치를 펼칠 수 있는 무자비한 특징을 지닌 국가였다는 것을 보여 준다.

우리의 목적을 고려하면, 여러 세기를 거치면서 일어났던 이 국가의 역사를 고려하는 것은 필요치 않다. 우리는 단지 아시리아의 관심사들이 이스라엘과 유다 왕국의 관심사들과 중첩되었던 여러 지점에만 주목하면 된다.

기원전 9세기 중반에, 사마리아의 왕 아합은 작은 국가들 (다마스쿠스의 국가인 시리아와 함께) 연합체의 일부였다. 이들 연합체는 아시리아 왕 살만에셀 III세와 충돌하고 있었다. 이 충돌은 아시리아가 자신들의 승리를 주장하며 세웠던 기념비를 통해 잘 알려져 있다. 그러나 사실상 그 결과는 승자 없이 마무리되었던 것처럼 보인다.

이스라엘이 아시리아와 벌인 더욱 격렬하고 중요한 교전은 기원전 8세기, 이스라엘의 북왕국 시대 동안에 그리고 북왕국의 마지막 시대 이후에 일어났다. 불안감이 감돌던 시기 이후에, 국제적 통치에 대한 아시리아의 잠재력은 디글랏빌레셀 III세, 또한 불(Pul)이라고 불렸던 왕(745-727년)의 지도력을 통해 소생되었다. 디글랏빌레셀은 아시리아의 군사력을 동원했고 서쪽, 지중해를 향해 영토 확장을 시작했다. 필연적으로 이는 이스라엘의 두 국가(북왕국과 남왕국, 역자 주)의 이해관계와 충돌했다. 기원전 734년에서 732년까지의 시기 동안에 북이스라엘은 아시리아의 힘을 저지하기 위해서 다시금 동맹연합체에 가입했다.

그러나 끝내 이스라엘은 제국의 맹공격 앞에서 무력할 수밖에 없었다. 사르곤 II세(721-705년)의 지도력 아래에서, 아시리아 군대는 북왕국의 수도 사마리아를 기원전 721년에 정복했고 이스라엘이라는 국가를 멸망시켰으며 지도층 주민들을 사마리아로부터 그 제국의 다른 지역으로 추방했다(참조. 왕하 17:5-23). 결과적으로, 독립된 정치 국가로서의 이스라엘은 근동의 정치 현장에서 사라졌다.

북왕국의 정복과 멸망은 산헤립(705-681년)에 의한 유다 공격과 예루살렘 포위(705-701년)에 상응한다. 기원전 705-701년의 예루살렘 포위로부터 이 도시는 "기적적으로" 구원을 얻었다. 아시리아제국은 기원전 663년 이집트를 급습할 때 절정에 이르렀다. 그러나 50년이라는 짧은 시간이 흐른 뒤 제국은 힘을 잃었다. 니느웨라는 아시리아의 수도는 국가 아시리아가 기원전 612년에 멸망할 때 함락되었다. 나훔서는 이 사건에 관해 이야기한다.

이스라엘의 신학적 성찰이 야웨와 관련하여 이러한 사건들을 재기술한 방식을 고려하기 위해서, 우리는 열왕기하와 이사야서라는 두 성서에 주의를 기울여야만 한다. 열왕기하에서 아시리아 사람들은 북왕국의 멸망과 예루살렘에 대한 위협에 관한 내러티브 기사 안에서 주로 등장한다. 이미 사마리아의 왕 므나헴의 시대(745-737년)에 이스라엘은 디글랏빌레셀의 예속 상태에 있었고, 그에게 공물을 바침으로써 독립을 획득할 수 있었다(왕하 15:17-22). 기원전 722년에, 살만에셀 V세(727-722년)는 이스라엘의 마지막 왕 호세아로부터 공물을 받았다. 그러나 이는 아무 효과가 없었다(왕하 17:3-4). 북왕국은 아시리아의 공격에 함락되었다. 이 위기는 내러티브 안에서 야웨의 심판으로 이해되었다(왕하 17:5-6, 7-18).

남왕국 유다 역시 동일한 위협에 영향을 받았다. 열왕기하 16장에서, 유다의 왕 아하스는 디글랏빌레셀에게 굴복하는 것으로 보도된다.

나는 왕의 신복이요 왕의 아들이라 이제 아람 왕과 이스라엘 왕이 나를 치니 청하건대 올라와 그 손에서 나를 구원하소서 하고(왕하 16:7).

유다의 언약적 자기 이해에 따르면 이 공식은 유다의 왕이 오직 야웨에게만 할 수 있는, 일종의 충성(fidelity) 맹세다. 따라서 이러한 아하스의 정치적 굴복은 시내산 언약의 1계명을 위반한 행위로 신학적으로 이해된다(출 20:3). 유다와 예루살렘에 대한 아시리아의 집착(preoccupation)은 이사야 36-39장과 그것의 평행 본문인 열왕기하 18-20장에서 보도된 놀라운 사건들을 마침내 촉발했다.

기원전 705-701년 사이, 산헤립은 예루살렘을 포위했지만 상당한 기간이 지난 후에, 아시리아 군대는 승리하지 못하고 귀환했다. 이스라엘 백성들은 이러한 예루살렘의 구원을 야웨로 인한 강력한 승리로 이해했다. 그리고 이러한 이해는 예루살렘을 침범할 수 없는 도시로 확립하는 데 기여했다(왕하 19:32-34, 35-37).

관련 있는 본문들의 두 번째 모음은 이사야서에 나타난다. 이사야서는 끊임없이 예루살렘에 관심을 두고, 이스라엘과 비교하여 아시리아의 지위에 관한 세 가지 중요한 본문 상황을 제공한다.

첫째, 아시리아의 세력과 더욱 시급한 문제인 시리아의 세력(당시 남 유다에 대항해 북이스라엘과 시리아가 동맹한 세력을 말한다. 역자 주)의 위협에 아하스가 처음 직면하게 되었을 때, 예언자 이사야는 유다 왕에게 이 위기가 신앙의 위기라고 제시한다(사 7:9). 즉, 제국의 위협에 직면하여, 예언자는 야웨에 대한 신뢰가 방어 정책의 기반이 되어야 한다고 충고한다. 그러한 맥락에서, 이사야서는 신앙의 의미를 생각해 내는 것처럼 보인다.

둘째, 히스기야왕 시대에 산헤립이 예루살렘을 포위한 때에, 예언자는 왕에게 야웨의 능력을 담대하게 증언한다. 그것은 결국 아시리아의 험악한 위협도 압도할 것이다(사 37:22-29).

셋째, 기원전 8세기 예언자 이사야 자신의 것보다 훨씬 후대에 나온 본문에서, 이사야 전승은 이스라엘이 아시리아와 평화롭게 지내고 아시리아가 야웨의 선택된 백성 중 하나가 될 다가올 시대를 상상한다(사 19:23-25).

예언적 전승에서, 아시리아는 심지어 잔인한 초강대국에 직면할 때조차도 야웨의 주권을 확인하기 위한 하나의 기회로써 이해된다. 아시리아는 야웨의 목적을 위한 도구이며(사 10:5), 야웨의 적이고(사 37:22-29), 결국 야웨에게 보호받고 사랑받는 대상(사 19:23-25)으로 다양하게 나타난다. 예언자적 해석에서, **현실정치**(Realpolitik)의 무대는 야웨의 생명력과 주권이 결정적인 하나의 그물망 안으로 급진적으로 전환된다.

이러한 세상에서, 아시리아의 힘, 즉 모든 자주적 힘에 관한 비유는 기껏해야 끝에서 두 번째에 위치한다. 심지어 명백하게 언급되지 않는 곳에서도, 아시리아는 아모스 7:10-17에서와 같이, 야웨의 위협의 도구로서 그 배후에 도사리고 있다.

아시리아에 관한 세 번째 매우 다른 본문은 요나에 관한 이야기이다. 이 내러티브는 추정컨대 매우 후대의 것으로 보이는데, 이 내러티브는 아시리아에 관심을 두기보다는, 니느웨라는 수도를 사용하여 이스라엘이 야웨의 성품과 순종적, 포괄적 믿음의 특성에 관해 성찰하는 것을 돕고자 한다.

참고 문헌

Clements, Ronald. *Isaiah and the Deliverance of Jerusalem* (JSOTSup 13; Sheffield: JSOT Press, 1980).

Oppenheim, A. L. *History of Assyria* (Chicago: University of Chicago Press, 1923).

Saggs, H. W. F. *The Might That Was Assyria* (London: Sidgwick & Jackson, 1984).

Seitz, Christopher R. *Zion's Final Destiny: The Development of the Book of Isaiah: A Reassessment of Isaiah 36-39* (Minneapolis: Fortress Press, 1991).

45. 안식일
Sabbath

"안식일"이라는 용어의 근본 의미는 "중단하다 혹은 멈추다"이다. 이스라엘의 신앙에서 일곱째 날은 생산적 일과 정상적 활동들을 중단하는 날이었다. 일곱째 날의 준수는 아마도 고대 근동 문화에서 선례가 있었던 것 같지만, 이스라엘 신앙에서는 후대에 이르러서야 결정적인 것이 되었다. 그런데도, 구약성서 본문의 최종 형태에서 안식일은 유대교 신앙의 결정적 표시, 즉 그 신앙 공동체 구성원들을 그들이 사는 일반적 문화로부터 구별 짓는 가시적이고 정기적인 규율이 되었다.

안식일은, 출애굽기 20:8-11과 신명기 5:12-15의 계명에 따르면, 두 가지 매우 뚜렷하게 다른 신학적 근거들이 있다. 출애굽기 버전에서, 안식일은 창조의 일곱째 날 하나님이 창조 사역으로부터 쉬었다는 기억 때문에 승인된다(창 2:1-4a). 따라서 중단과 쉼은 야웨가 명령하고 축복한 것으로서 바로 창조의 구조에 근거를 두고 있다. 이와 동일한 해석 전통이 아마도 출애굽기 16:27-30과 출애굽기 31:12-17의 근거가 될 것이다. 출애굽기 16장에서, 안식일은 창조주의 지속적 선물들과 임재가 하나님의 생명의 축복을 벗어나 있는 것처럼 보이는 광야에서조차 작동하고 있다는 것을 인정하기 위해 준수된다. 출애굽기 31장에서, 안식일은 출애굽기 25-31장에 있는 성막 건축의 절정이 된다. 그리고 이는 창세기 2:1-4a에 있는 창조의 절정으로서의 안식일과 평행을 이룬다. 세 본문 모두는 하나님이 인생을 위해 세운 세상의 질서에 안식일의 근거를 둔다.

안식일에 대한 두 번째 매우 다른 근거는 신명기 5장에서 주어진다. 거기에서 야웨의 안식일 휴식은 파라오 편에서의 생산 요구와 대조된다. 즉, 파라오가 명한 생산 할당량으로부터의 출애굽 해방은 이스라엘 공동체가 생산성에 인간의 삶을 바치는 것에 대한 거부로서 안식일 준수에 따라 다르게 행동하도록 보장하는 것이다.

신앙을 위한 안식일의 결정적 특징은 다른 두 본문에서 분명히 나타난다.

아모스 8:4-6에서, 예언자는 상업 계층에 속한 사람들이 상업 거래에 내재한 착취 관행들로 돌아가려고 안식일을 성급히 회피하기 원한다고 책망한다.

신흥 유대교의 포괄성과 관련된 후대의 본문에서, 이사야 56:3-7은 놀랍게도 안식일 준수를 공동체로의 입회 허가에 대한 두 가지 필수적 조건 중의 하나로 지정한다. 이 용례에서, 모든 것의 성패는 정기적, 규율적, 가시적 생산 중단이라는 안식일 실천에 달려 있다. 이러한 준수의 결정적 특징은 두 개의 관련된 방식으로 이해될 수 있다.

첫째, 안식일 절기는 경제적 문제들과 관련된다. 그날은 작업 중단의 날이다.

> 일곱째 날은 네 하나님 여호와의 안식일인즉 너나 네 아들이나 네 딸이나 네 남종이나 네 여 종이나 네 소나 네 나귀나 네 모든 가축이나 네 문 안에 유하는 객이라도 아무 일도 하지 못하게 하고 네 남종이나 네 여종에게 너 같이 안식하게 할지니라(신 5:14).

출애굽 기억에 관한 맥락에서 읽을 때, 안식일 준수는 한 인간의 삶을 그의 생산성에 의해 규정하는 것에 대항하는 저항의 행동이다. 삶에는 파라오 왕국의 만족할 줄 모르는 요구사항인 생산보다 더 많은 것이 존재한다.

둘째, 체베트(Tsevat)가 주목했던 것처럼, 안식일 준수는 신학적 행동이다. 안식일은 단순한 일로부터의 휴식이 아니라, 자율성과 자만(self-sufficiency)을 포기하는 날이다.

일곱째 날마다 이스라엘인들은 그들의 자율성을 포기하고, 그들에 대한 하나님의 통치를 확언한다. … 다시 말해서, 공간에 대한 하나님의 통치와 시간에 대한 그의 통치는 크게 볼 때 동일한 것의 두 측면, 즉 사람에 대한, 특별히 이스라엘에 대한 그의 통치이다. 그러므로 일곱째 날마다 이스라엘인들이 시간에 대한 통치를 포기함으로써 자율성을 포기하고, 시간에 대한 하나님의 통치를 인정함으로써 자신에 대한 통치를 인정할 수 있다는 결론에는 모순되거나 대담한 것이 존재하지 않는다. 안식일을 지키는 것은 하나님의 주권에 대한 수용이다(sevat, 48-49).

따라서 안식일은 야웨의 의지와 목적에 삶을 바쳤다는 이스라엘의 가장 기본적인 주장에 관한 가시적 선언이고, 그러한 거룩한 소명과 상충되는 어떠한 의지 혹은 목적에 대한 단념이다. 안식일 준수의 경제적이고 신학적인 차원들은 서로 밀접하게 연관된다.

정당한 이유로, 최근 현대 세계에서 안식일을 회복하는 것에 많은 에너지가 투자된다. 끊임없는 성장과 모든 것을 상품으로 축소하는 것에 전념하는 소비자 경제 속에서, 유능한 사람들은 그들 자신을 넘어서는 어떤 기준점 없이 자수성가하고, 자급자족하고, 그리고 자아실현을 할 수 있다고 쉽게 상상할 수 있다.

따라서 일(생산)을 억제하고 우리가 우리의 삶을 생산하지 못한다는 것을 인정하라는 오래된 압력은 소비를 억제하는 것, 즉 삶이 우리의 소모성을 위해 우리에게 양도되지 않았다는 인정과 일치될 수 있다. 게다가 생산과 소비와 관련하여 인간 사회를 재정의(再定義)하는 현대의 능력은 삶의 더욱더 많은 것을 인간의 통제 아래로 가져온 것처럼 보이는 확장된 기술에 의해 강화된다.

이러한 방식으로 인간 사회를 다시 특징짓는 데 드는 사회적 비용은 막대하다. 삶은 만족할 줄 모르는 상품 추구들로 구성되게 된다. 이는 가장 생산적인 사람에게는 상을 수여하고, 반면에 덜 생산적인 사람과 비생산적인 사람들은 일종의 임시적 부류로 취급된다. 삶을 살아가는 것은 무수한 재화들을 위해 경쟁하는 것으로 축소되고, 이웃 사랑은 완전히 사라진다. 우세한 태도는 "하나님 없이 모든 것이 가능하다"라는 것처럼 보인다.

안식일은 하나님이 삶의 중심에 있다는 가시적 증거를 제공한다. 즉, 생산과 소비는 모든 창조의 하나님에 의해 세워지고 축복을 받고 제한되는 세상에서 일어난다. 안식일을 중심으로 사회적 시간을 재정렬하는 것은 모든 시간이 하나님의 손에 있다는 것, 그리고 인간의 생산력과 소비력 관리가 기껏해야 끝에서 두 번째라는 사실을 가시적으로 선언하는 것이다. 이러한 인간의 관리는 이웃 사랑을 명령한 하나님의 사랑에 의해 제한되어야 한다.

기독교의 관습에서, 안식일은 토요일에서 일요일로 옮겨졌다. 이는 그 날을 부활절로 중심에 두기 위한 것이다. 그러나 그러한 변화를 고려하더라도, 구약성서 안식일의 중요성, 천부성(giftedness), 의무들은 계속해서 기독교 관습에 적용되고 있다.

참고 문헌

Brueggemann, Walter. *Finally Comes the Poet: Daring Speech for Proclamation* (Minneapolis: Fortress Press, 1989), chap. 4.

Dawn, Marva J. *Keeping the Sabbath Wholly: Ceasing, Resting, Embracing, Feasting* (Grand Rapids: Eerdmans, 1989).

Heschel, Abraham Joshua. *The Sabbath: Its Meaning for Modern Man* (New York: Farrar, Straus & Giroux, 1951).

Lowery, Richard H. *Sabbath and Jubilee* (St. Louis: Chalice Press, 2000).

Miller, Patrick D. "The Human Sabbath: A Study in Deuteronomic Theology." *The Princeton Seminary Bulletin* 6 (1985): 81-97.

Peli, Pinchas H. *The Jewish Sabbath: A Renewed Encounter* (New York: Schocken Books, 1988).

Plaut, W. Gunther. "The Sabbath as Protest: Thoughts on Work and Leisure in the Automated Society." in *Tradition and Change in Jewish Experience*, ed. A. Leland Jameson (Syracuse, N. Y.: Syracuse University Press, 1978), 169-183.

Tsevat, Matitiahu. "The Basic Meaning of the Biblical Sabbath." in *The Meaning of the Book of Job and Other Biblical Studies: Essays on the Literature and Religion of the Hebrew Bible* (New York: KTAV Publishing House, 1980), 39-52.

46. 야웨
YHWH

히브리어로 이 네 개의 문자는 구약성서의 하나님 이름을 의미한다. 이 이름이 네 개의 자음으로 이루어져 있으므로, 학자들은 이 용어를 "신명사문자"(神名四文字, tetragrammaton)라고 언급한다. 그것들은 발음되지 않은 채로 남아 있는, 성서 히브리어 본문에 나타나는 네 개의 자음이다. 그것들은 발음하는 데 필수적 모음들이 결여되어 있다. 이 네 개의 자음으로 된 용어는 이스라엘의 하나님에 대한 "고유명사"이다.

반면 이스라엘의 하나님에 대한 다른 익숙한 언급들(하나님[God], 주[Lord], 엘 샤다이[El Shaddai])은 신을 총칭하는 이름들(이 중 많은 것이 성서의 세계에 등장한다), 또는 이 하나님에 대해 존경을 표하거나 하나님의 속성들을 식별하는 칭호들이다.

대부분 영어 번역 성서에서, "하나님"은 **엘로힘**(*Elohim*)에 대한 번역인 반면, "주"(Lord)는 야웨 혹은 **아돈**(*Adon*)을 다양하게 번역한 것이다. 어느 경우든, 그것들은 "고유명사들"이 아니다. 따라서 네 개의 자음으로 된 언급은 하나님에 대한 모든 호칭 중에서 독특하고, 성서의 독자를 이스라엘 하나님의 불가해한 실재로 가장 가깝게 이끈다.

이 이름은 의도적으로 발음할 수 없게 되어 있다. 자음과 짝을 이루는 모음들이 전통 안에서 우리에게 주어지지 않는다. 그러므로 그 이름은 아마도 발음하도록 의도되지 않은 것 같고, 이는 그 이름의 신비와 명명되는 존재의 자유를 보존한다. 확실히 전통적 히브리어 본문에서, 표준적 필사 장치(a standard scribal device)를 통해 여러 모음이 자음의 위와 아래에 나타난다.

그러나 이 모음들(e, o, a)은 자음에 속한 것이 아니다. 기민한 독자는 이 모음들이 독자에 의해 "이해는 되지만" 본문 안에 새겨져 있지 않은 다양한 자음이 필요하다는 것을 인식한다. 따라서 "제공된" 자음과 함께, 모음은 아도나이(adonai)="나의 주"(my Lord)라는 용어를 산출한다. 이 용어는 제공된 자음으로부터 나온 것이고, YHWH에 나타나는 네 개의 자음과 연관되지 않는다. 게다가 전통적 부조화가 관습에서 발생하고, 이로써 네 개의 자음이 본문에 있는 모음과 함께 발음되어, "여호와"(Jehovah)를 만들어 낸다.

그러나 그러한 용어는 완전한 오해이고, 서로 함께 결합될 수 없는 모음과 자음들을 합쳐서 비단어(nonword)를 만들어 낸 것이다. 이러한 변칙은 아마도 히브리어에 대해 무지한 16세기 기독교의 곡해였을 것이고, 그 이후로 지속되었다. 게다가 추측과 기독교 학자들의 관습은 네 개의 자음에 적합한 모음들이 a와 e라는 가설을 세웠고, 이는 "야웨"(Yahweh)를 만들어 냈다. 이러한 독법은 많은 책에서 발견된다.

이러한 기독교 학문적 관습은 특징적으로 정통 유대인에게는 모욕적인 것이다. 왜냐하면, 그것은 야웨와의 친밀함과 친근함을 가정하는데, 이는 불가능하거나 신성모독적인 것이기 때문이다. 다양한 이유로 인해, 이러한 관습들 모두(아도나이, 여호와, 야웨)가 다양한 장점이 있고 다양한 이유로 사용되고 있음은 분명하다. 그러나 그것 중 어떤 것도 그 이름 자체의 의미에 접근하지는 못한다. 그것은 여전히 발음되지 않고 발음될 수 없다.

학자들 사이의 공통적 제안은 YHWH라는 이름이 동사 **하야**(*hyh*), "있다"(to be)로부터 유래한다는 것이다. 이 동사는 첫 글자 "y"와 함께 사역동사가 되고, 그렇게 하여 "~이 있게 하다"(cause to be), 따라서 "창조하다"(create)라는 의미를 띤다.

프랭크 무어 크로스(Frank Moore Cross)는 파울 하웁트(Paul Haupt)의 계통을 따라 다음과 같이 제안했다. YHWH는 "창조하는 존재," 따라서 "YHWH"이고, 이 동사를 직접 목적어 "만군"(hosts)과 함께 완전한 것으로 만들고, 따라서 "만군을 창조하는 존재", 따라서 "만군의 야웨"(YHWH of hosts)가 된다. ("만군"은 다양하게 하늘의 군대 혹은 이스라엘의 군대를 가리킨다. 왜냐하면, 야웨가 "만군의 주"로 나타날 때, 그 언급은 군대의 통솔에 관한 것이기 때문이다.) 비록 어느 정도 장점을 갖고 있고 우리가 갖고 있는 가장 완벽한 가설을 대표한다고 할지라도, 여전히 이 제안은 명명된 하나님에 대한 신비나 작명에 나타나는 이스라엘의 의도를 관통하지 못하는 단지 하나의 설명적 시도이다.

"~이다"라는 동사로부터 취해질 경우, 이 이름은 하르너(Harner)가 이 사야서에서 식별한 "나는 ~이다"라는 진술과 관련하여 이해될 수 있다. 이는 네 번째 복음서에 나타나는 예수의 "나는 ~이다"(I am)라는 진술과 연관성들을 갖고 있다. 이 이름은, 이스라엘의 용법에 있어서, 분명히 단일 주권을 입증한다. 이 주장은 복잡한 방식으로 유일신론의 등장, 천상회의, 그리고 하나님의 여성 배우자에 관한 문제와 관련되어 있다[**아세라, 천상회의, 유일신론**을 보라].

이 하나님의 이름의 기원은, 그리고 따라서 이 하나님의 기원은 그것의 발음과 의미만큼이나 모호하다. 몇몇 사람은 이 하나님과 이 이름이 사막에서 유래한다고 제안했지만, 구약성서 안에서는 어떠한 설명도 주어지지 않는다. YHWH는, 그것이 본문에서 나타나는 것처럼, 이미 확립되어 있고 완전하게 기능하는 하나님이고, 그에 관한 기원의 문제는 질문되지 않는다.

우리의 주제에 대해 아마도 가장 중요한 본문은 출애굽기 3:14일 것이다. 이 본문에서 YHWH는 하나님의 고유한 이름을 모세에게 수수께끼처럼 알려 준다. 이 진술은 다양하게 번역되어 왔다.

- "나는 곧 나다"(I AM WHO I AM).
- "나는 내가 되고 싶은 나다"(I am what I will be[come]).
- "나는 내가 되고 싶은 나가 될 것이다"(I will be what I will be[come]).

그러나 이러한 공식화는 그것이 계시한다고 주장하는 것을 오히려 숨길 뿐이다. 게다가 이 내러티브 본문은 하나님을 다음과 같이 식별하도록 만든다.

- 창세기에 나타나는 조상들의 하나님으로(출 3:15-16),
- 노예 생활로부터 새로운 땅으로 이스라엘을 구원하겠다고 지금 약속하고 있는 하나님으로(또한, 출애굽기 6:2는 야웨에 관한 새로운 어떤 것이 모세 안에서 그리고 모세를 통해서 알려지게 된다는 것을 인정한다.)

즉, 모세에게 계시가 된 하나님은 YHWH가 그 안에 내재되어 있고, YHWH의 의도, 행동, 그리고 속성들에 대해 말하고 있는 여러 내러티브와 노래 때문에 알려진다. 이스라엘의 송영 안에서 이 하나님은 피조물을 지배하고 폭풍과 불 속에서 나타나는 분으로 알려진다(출 19:16-25를 보라).

동시에, 본문의 계시에 필수적인 요소로, 이 하나님은 주로 이스라엘의 하나님으로 알려진다. 그는 언약으로 이스라엘과 결속되어 있고, 이스라엘의 삶과 역사에서 실행된 "기적들" 안에서, 그리고 "기적들"을 통해서 알려진다. 따라서 이 하나님은 이스라엘 안에서 그리고 이스라엘을 통하지 않고는, 파생적으로 이 본문 안에서 그리고 이 본문을 통하지 않고는 알려지지 않고 접근 불가능하다.

YHWH를 하늘과 땅의 창조주로, 언약의 당사자로, 그리고 이스라엘의 구원자로 나타내는 모든 신학적 확언은 해석적이고 송영적인 과정에 의해서 수수께끼 같은 네 개의 자음들 안으로 부어진다. 따라서 발음할 수 없는 이 이름은 이러한 모든 전통 안에서 풍부하게 알려진 존재를 가리킨다.

유대인과 기독교인이 대화에 더욱 진지하게 참여함에 따라, 발음에 대한 사안은 예민한 문제가 된다. 왜냐하면, 전통적 기독교의 번역 "야웨"(Yahweh)는, 이미 언급했던 것처럼, 정통 유대인들에게는 모욕이기 때문이다. 게다가 전통적 유대교의 "아도나이"(주님)는 페미니스트의 감수성과 관련하여 문제가 없지 않다.

우리는 이름 자체를 대체하는, **하쉠**(*ha-shem*, "그 이름")이라는 유대교의 신비주의적 관습에 의지할 수 있다. 우리는 지금으로서는 그 이름을 발음할 수 있는 적절한 방식을 갖고 있지 않다. 최선의 접근은 "YHWH"라고 쓰고, 구두 표현이 무엇으로 제시되든지 간에 적절하지 않다는 것을 인정하는 것이다. 이것이 정확한 의도이다. 왜냐하면, 우리의 언급들은 이스라엘의 불가해한 거룩한 존재의 임재 안에 있기 때문이다. 기록된 "YHWH"는 창조와 구원에 관한 전체 전통의 지식을 네 개의 자음으로 가져온 사람들에게만 의미가 있다.

그러나 이 내러티브와 노래를 잘 알고 있는 사람들은 YHWH의 이름을 시도해야 한다. 너무 가까이 다가가는 사람들은 아마도 YHWH를 일반적인 무엇인가로 축소할 것이고, 그러므로 여전히 우리의 이해를 넘어서는 하나의 이름에 달린 모든 것을 곡해하고 위반할 것이다. "나는 ~이다"(I am)라고 주장되는 동사는 신약성서에 개방되어 있다. 그러나 그것은 우리의 질문 너머에 놓여 있다.

참고 문헌

Cross, Frank Moore. *Canaanite Myth and Hebrew Epic: Essays in the History of the Religion of Israel* (Cambridge: Harvard University Press, 1973), chap. 3.

Harner, Philip B. *Grace and Law in Second Isaiah: "I Am the Lord"* (Lewiston, N. Y.: Edwin Mellen Press, 1988).

McCarthy, Dennis. "Exod. 3:14: History, Philology, and Theology." *CBQ* 40 (1978): 311-321.

Mettinger, Tryggve N. D. *In Search of God: The Meaning and Message of the Everlasting Names* (Philadelphia: Fortress Press, 1988), chap. 2.

Miller, Patrick D. *The Religion of Ancient Israel* (Louisville, Ky.: Westminster John Knox Press, 2000), chap. 1.

Seitz, Christopher. *Word Without End: The Old Testament As Abiding Theological Witness* (Grand Rapids: Eerdmans, 1998), chap. 17.

47. 야웨의 날
The Day of the Lord

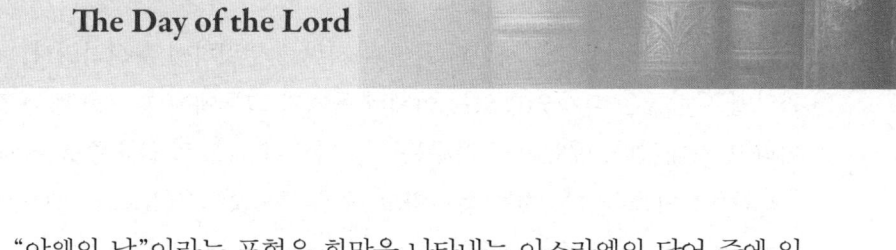

"야웨의 날"이라는 표현은 희망을 나타내는 이스라엘의 단어 중에 있는 전문용어이다. 그 희망은 권능의 행위와 자기-주장이 완전하고 결정적으로 야웨의 통치를 수립하는 순간을 기대한다.

이스라엘 편의 활기 넘치는 기대행위로서, 이 표현은 실제적이고 구체적이며 이 세상에 속한 사건을 대담하게 고려하고, 야웨의 다가오는 통치에 대한 주장을 전적으로 믿을 만하고 의심할 여지가 없는 것으로 간주하며, 이러한 다가오는 통치에 관한 어떤 시간 혹은 일정을 추측하는 것을 거부한다[희망을 보라].

따라서 이 표현은 이스라엘의 깊고 지속적인 희망과 세상 속에서 이루어질 야웨의 통치에 대한 의존 사이의 부분집합이다. 세상 속에서 정의와 웰빙을 수립하는 것은 야웨 없이는 영원히 요원하며, 불가능하다. 이러한 확신에 찬 희망은 이스라엘의 수사법에서 모든 경쟁자를 패배시키는 야웨의 냉혹한 심판과 또는 선한 통치에 관한 야웨의 승리 넘치는 영광스러운 설립과 다양하게 연관된다.

"그 날"은 실제로는 이스라엘에 대항하는 심판의 날이 될지도 모른다. 이러한 입장에 대한 가장 잘 알려진 본문은 아모스 5:18-20이다.

> [18] 화 있을진저 여호와의 날을 사모하는 자여
> 너희가 어찌하여 여호와의 날을 사모하느냐
> 그 날은 어둠이요 빛이 아니라
> ...
> [20] 여호와의 날은 빛없는 어둠이 아니며

빛남 없는 캄캄함이 아니냐

야웨와 함께하는 그들 자신의 특권적 지위를 뚜렷하게 확신하면서, 이스라엘 사람들은 다가오고 있는 야웨의 통치가 그들에게 호의를 베풀 것이라고 기대했다. 예언자의 책무는 이스라엘이 극도로 불순종했을 때, "그 날"이 이스라엘을 치는 날이라고 주장하는 것이다(참조. 사 2:12-22; 욜 2:1-2; 미 2:1-4). 역으로 그리고 보다 자주, "그 날"의 가혹한 심판은 (파생적으로 이스라엘에게 유익을 주는 방식으로) 다른 민족들을 향할 것이다. 왜냐하면, 다른 민족들은 야웨의 통치를 인정하지 않았고, 그것에 순종하지 않았기 때문이다(참조. 사 24:21; 렘 46:10; 슥 14:12-14).

심판의 "그 날"에 대한 가장 뚜렷하고, 가장 유창한 선언들 중 하나에서, 그 지시대상은 완전하게 확인되지 않는다.

> ^{14} 여호와의 큰 날이 가깝도다
> 가깝고도 빠르도다
> 여호와의 날의 소리로다
> 용사가 거기서 심히 슬피 우는도다
> ^{15} 그날은 분노의 날이요
> 환난과 고통의 날이요
> 황폐와 패망의 날이요
> 캄캄하고 어두운 날이요
> 구름과 흑암의 날이요
> ^{16} 나팔을 불어 경고하며
> 견고한 성읍들을 치며
> 높은 망대를 치는 날이로다(습 1:14-16).

이 구절들 자체에 따르면, 그것들은 다른 민족, 다른 이방의 나라를 가리킬 수 있다. 그러나 문맥상 이 시의 주체는 분명하게 유다와 예루살렘이다. 따라서 이스라엘과 다른 나라들은 맹렬하게 다가오는 야웨의 통치 앞에 함께 서 있다. 스바냐서로부터 유래한, 다른 맥락에 있는 이와 동일한 구절들은 아마도 이방 민족에게 제시되는 것일 수 있다.

다른 언급에서, "그 날"은 예루살렘이 민족들의 눈에 영화롭게 보이게 될 때와 같이 긍정적으로 구원, 해방, 그리고 웰빙의 날일 수 있다(참조. 사 11:10; 암 9:11-15). 이 동일한 수사법은 마찬가지로 (사 19:23-25에서와 같이) 민족들을 위한 웰빙, 치유, 복을 기대할 수 있다.

부정적으로 혹은 긍정적으로, 이스라엘을 위한 혹은 민족들을 위한 심판으로서 혹은 구원으로서, 이 모든 가능성은 모두 "그 날"에 실현된다. "그 날"의 주체는 그들 중 누구도 아니고, 오직 야웨 뿐이다. 즉, 주체는 결정적이고 변혁적인 방식들로 행동하는 야웨의 주권적 권위와 야웨의 결단이다. 그렇게 말하고 상상하는 방식에 대한 원천은 알려지지 않았다.

이 언어가 군사적 수사법에서 파생된 것이라는 점은 확실히 가능성이 있다. 많은 용법이 그러한 맥락을 반영한다. 그 날은 야웨가 패배와 승리를 결정짓는 군사적 활동의 시기이다. 예를 들어, 이사야 9:4에서 "미디안의 날"은 미디안 사람들의 패배를 기억한다. 이러한 문맥에서 그것은 다윗 계열의 지도자를 통해 다가오는 야웨의 군사적 승리에 대한 구실이 된다.

그러나 다른 학자들은 "그 날"이 위대한 예전적 사건이라고 말한다. 그때 공적 예배 안에서 야웨의 새로운 통치가 인식되고 기념되고, 아마도 예전적 과정 안에서 세워질 것이다. 그러한 절기들은 크리스마스와 부활절, 즉 교회가 그리스도 안에서의 구원에 대한 새로운 실재를 기념하는 시기의 위대한 기독교 예전적 의식들과 다르지 않았을 것이다.

이러한 몇몇 설명적 가설 사이에서 어느 하나를 선택하는 것은 불필요하고 불가능하다. 왜냐하면, 의심의 여지 없이 이스라엘에서 표준이 되었던 수사적 용법은 이스라엘이 자신의 모든 것을 걸고 있었던, 야웨의 다가오는 통치에 관하여 신선한 방식으로 말하기 위해서 다양한 자료들을 차용했기 때문이다.

우리가 전통적인 종교적 억양으로 말하고 생각한다면, "그 날"에 대한 이러한 주장은 평범하고 전통적인 것처럼 들릴 것이다. 그러나 우리는 이러한 수사법 안에 있는 항상 "낯설고 새로운" 하나의 주장, 즉 세상의 공적 삶이 이 하나님의 개인적 통치에 전적으로 응답해야 한다는 이스라엘의 지속적 주장에 주목해야 한다. 이러한 주장은 우리의 인간적 가식들, 자기 확신에 찬 초강대국들의 모든 주장, "힘이 정의다"라고 생각하는 맹적인 믿음, 그리고 세상의 질서를 세우고 통제가 가능하다고 생각하는 도덕적 계산법의 모든 개념의 절대성을 무너뜨린다.

이스라엘의 신학적 수사법에서 특권을 잃은 그러한 모든 주장에 대항하여 클라우스 코흐(Klaus Koch)는 "메타역사"(metahistory) 혹은 "초역사"(suprahistory)에 대해 올바르게 설명했다.

> 야웨의 통치는 권력의 공적 과정들을 "이 시대의 모든 통치자"의 의지를 초월한 형태와 방향들로 바꾸신다.

이러한 신학적 확신 안에서 이스라엘이 말하는 방식은 하나님의 통치의 도래에 관한 하나의 기대이다. 그러한 이스라엘인들의 기대에 비추어, 우리는 예수의 심오하고 급진적인 주장, 즉 "하나님의 나라가 가까이 왔으니"(막 1:15)를 이해할 수 있다. 기독교의 확언에 있는 최초의 주장은 이스라엘이 기대했던 "날들"이 현재 모두 예수의 손안에 있다는 것이다.

이스라엘의 희망과 초대 교회의 주장은 자동으로 연결되지 않는다. 그러나 우리는 신약성서의 해석자들이 어떻게 이스라엘의 이러한 기대들을 대담하게 다루었고, 어떻게 그것들을 예수에 관해 주장했는지를 볼 수 있다(긍정적으로는 고전 1:8; 빌 1:10; 그리고 부정적으로는 마 10:15; 롬 2:5; 요일 4:17; 계 6:17을 보라).

참고 문헌

Cerny, Ladislav. *The Day of Yahweh and Some Relevant Problems* (V Praze, Nákl: Filosofické Fakulty Univ. Karlovy, 1948).

Koch, Klaus. *The Prophets*, vol. 1, *The Assyrian Period* (Philadelphia: Fortress Press, 1983).

von Rad, Gerhard. "The Origin of the Concept of the Day of Yahweh." *JSS* 4 (1959): 97-108.

48. 약속
Promise

이스라엘과 맺은 야웨의 약속은 이스라엘의 믿음과 자기 이해의 주요 요소를 구성한다. "하나님의 약속"은 미래에 관한 보편적 확신이나 포괄적 느낌이 아니라, 오히려 본문 안에 주어져 있는 야웨의 입에서 나오는 정확한 말씀이다. 이를 통해 야웨는 특별한 미래들을 일으킬 것을 이스라엘에게 엄숙하게 맹세했는데, 그것들은 "자연적" 발전들 또는 현재로부터의 추정들이 아니라, 야웨의 주권적 의지를 통해서 작용하는 능력의 행동들이다.

믿음은 구약성서에서 야웨의 약속들이 신뢰할 만하다는 이스라엘의 확신으로 이해된다. 그에 대한 응답으로, 이스라엘은, 심지어 그러한 약속이 사실과 완전히 모순된다고 할지라도, 그것에 자신의 미래를 걸 준비가 되어 있다. 실제로 이스라엘은 최선을 다해 오직 그러한 약속에 기초해서만 의미가 있는 구체적인 실제적 조치들을 현재 취할 준비가 되어 있다(최초의 실례로 창 15:6을 보라).

창세기 12-50장의 조상 내러티브들은 약속의 주된 중심지이다. 그것들은 이스라엘의 시야 또는 통제를 훨씬 초월하는 야웨의 미래로 이스라엘을 끝없이 몰아가는 엔진으로 간주될 수 있다. 그러나 조상들에 대한 약속들보다 하나님이 노아와 맺은 더 큰 약속들이 앞선다(창 8:21-22; 9:8-17). 홍수 내러티브에서 이미, 야웨는 약속을 맺는 존재로 계시된다.

이스라엘에 대한 야웨의 결정적 약속은 야웨가 아브라함과 사라에게 새로운 땅을 약속하는 창세기 12:1-3에 있다. 그 결정적 약속의 지지는 그러한 약속, 축복, 그리고 위대한 이름을 유지할 다음 세대의 상속자에 대한 확신이다. 이스라엘 자신의 삶에 대한 헌신을 넘어서, 또한, 야웨는 창세기 3-11장에서 특징지어진 저주의 세계가 이스라엘을 통해 축복을 받을 것이라고 약속한다.

야웨가 말한 약속은 성서에서 이어지는 모든 것의 주요 모티프가 된다. 그 약속은 잇따른 각 세대와 함께 반복되고 재정립된다. 따라서 각각의 새로운 세대는 약속을 신뢰하고 그 약속을 미래로 전달하는 존재로 이해된다(참조. 창 18:18; 22:18; 26:4; 28:13-15). 여호수아 21:43-45의 주목할 만한 본문은 성취된 약속의 확언을 구성하고, 따라서 야웨는 약속을 지킨다는 것, 그리고 야웨가 신뢰할 수 있는 분으로 알려진 구체적 대리자라는 것을 증언한다.

아마도 전통의 역사에 있는 조상 약속들과 관련하여, 상당히 다른 약속은 나단을 통해 다윗에게 주어진 야웨의 약속일 것이다(삼하 7:1-16). 그 약속(시편 89편에서 기념되고, 시편 132편에서 조건적으로 바뀜)은 이스라엘의 왕정 배후에 있는 원동력이고, 신명기 역사의 역사 편찬을 위한 핵심 열쇠이다. 그러한 해석적 역사에서, 다윗에게 주어진 약속의 신탁은 이스라엘의 되풀이되는 불순종에 대한 야웨의 분노의 영향을 제한하는데, 이러한 제한은 예루살렘 시설의 잔혹한 종말 이전의 마지막 극심한 순간까지 유지된다.

그러한 파괴에도 불구하고, 이스라엘은 계속해서 다윗을 향한 야웨의 경이로운 약속 안에서 역사 내의 새로운 가능성에 대한 토대를, 심지어 모든 역사적 상황이 그러한 역사적 가능성에 반하여 증언했을 때조차도, 발견했다.

6세기의 추방과 예루살렘, 성전, 왕의 멸망에서, 이스라엘을 향한 야웨의 약속들은 무효화된 것처럼 보였다(애 5:22을 보라). 그러한 상황에서, 포로기의 위대한 예언자들(사 40-55장; 렘 29-33장; 겔 33-48장)이 그러한 약속과 반대되는 역사적 상황에서 정확히 야웨의 새로운 약속들을 주장할 수 있었다는 것은 주목할 만하다.

포로기와 그 이후, 유대교는 현재 상황을 다루지만, 야웨가 임박한 약속들을 실행할 새로운 미래에 깊이 전념하는 공동체가 되었다. 도식적 방법으로, 우리는 야웨의 지속적 약속들에 반응하는 유대교 내의 두 가지 신앙의 흐름을 식별할 수 있다.

첫째, 야웨의 약속은 **메시아적**(messianic)이다. 다윗 가문의 한 새로운 왕이 장차 나타날 것이며, 따라서 "오실 그이가 당신이오니이까"라는 특징적이고 되풀이되는 질문이 제기된다(눅 7:19을 보라).

사무엘하 7장의 옛 신탁에 기초하고 있는 이 약속은 계속해서 생동감 있게 되었다(사 9:2-7; 11:1-9; 렘 23:5-6; 33:14-16; 학 2:6-7, 21-22; 슥 3:8; 4:14; 6:10-13; 9:1-10에서 분명하게 나타나는 것과 같이). 이 약속은 매우 구체적이기 때문에, 미래에 대한 하나님 약속의 충만함이 하나님이 지정한 인간 대리자에 의해 실행되어, 이 세상에서의 웰빙으로 실현될 것이라고 유대인들에게 확신시킨다.

둘째, 미래에 대한 상당히 독특한 기대는 특별히 다니엘서에서 표현되는 **묵시적**(apocalyptic) 희망의 형태를 띤다. 이러한 더욱 급진적인 희망은 야웨의 확실한 새로움이 인간의 대리행위에 관한 언급 없이, 그리고 현재의 역사적 상황에 국한되지 않고, 야웨 자신의 결정적 개입 때문에 일어날 것이라고 믿는다. 그러한 기대에 대한 중심 본문은 다니엘 7:13-14이다.

이 본문은 한 천상적 존재인 인자(a Son of Man)가 인간의 대리행위 때문에 또는 현재 인간의 역사 안에서 성취될 수 없는 것을 행하기 위해 구름을 타고 올 것이라는 환상이다. 이러한 희망의 신학적 핵심은 미래가 야웨 자신의 손안에서 확실히, 결정적으로, 그리고 유일하게 야웨 자신의 뜻에 따라 제정된다는 것이다.

이러한 메시아적, 묵시적 범주들은 모든 약속을 철저히 다루거나 포함하고 있지는 않다. 그것들은 인간의 대리행위 없이 실행되는 이 세상의 약속들이다(사 2:2-4; 58:8-9, 11-12; 미 4:1-4을 보라).

미래에 관한 이 심오한 감각은 계속해서 유대교에 영향을 미쳤다. 전반적으로, 랍비들은 묵시적 희망을 억제 또는 제한하려고 노력했고, 장차 올 메시아를 기다렸다. 동시에 초기 기독교 운동은 그 자체로 메시아적이고 묵시적인 방식들 모두로 표현된 희망의 행동이다.

많은 공통점을 가진 유대교와 기독교 양쪽 모두의 기대들을 넘어서, 세속화되고 왜곡된 형태의 진보에 관한 현대적 이념은 성서 전통으로부터 전용된 희망의 양식이다. 그러나 그러한 세속화된 형태에서, 개방적이고 좋은 미래는 역사적 진보 자체에 내재한 것으로 간주하는데, 이는 마르크스주의와 계몽적 자본주의에 따라 다양한 방식으로 공유되는 미래에 관한 막연한 의미이다.

야웨의 약속에 미래를 거는 이러한 믿음의 능력은 히브리서 11장에서 잘 표현된다. 거기에서 신실한 자들의 긴 행렬은 야웨의 약속들에 따라 살았던 것으로 기념된다. 이 경이로운 낭독의 마지막은 39-40절에서 신실한 자들의 현재 세대가 현재 상황을 받아들이길 거부하고, 야웨의 손에 있는 확실한 미래, 즉 개인적이고, 공동체적이고, 우주적인 웰빙으로 기대되는 미래를 기대해야 한다는 제안으로 끝난다.

유대인과 기독교인이 공유하는 미래에 관한 이러한 비전은 절망에 대한 강력한 해독제이다. 이는 하나님 자신이 이스라엘과 세상을 위한 웰빙의 미래에 스스로 헌신하신다는, 하나님 자신의 엄숙한 말씀 안에 뿌리를 두고 있다.

참고 문헌

Alt, Albrecht. "The God of the Fathers." in *Essay on Old Testament History and Religion* (Oxford: Blackwell, 1966), 1-77.

Brueggemann, Walter. "Faith at the Nullpunkt." *The End of the World and the Ends of God: Science and Theology on Eschatology*, ed. John Polkinghorne and Michael Welker (Harrisburg, Pa.: Trinity Press International, 2000), 143-154.

Gowan, Donald E. *Eschatology in the Old Testament* (Philadelphia: Fortress Press, 1986).

Miller, Patrick D. "Syntax and Theology in Genesis 12.3a." in *Israelite Religion and Biblical Theology: Collected Essays*, ed. idem (JSOTSup 267; Sheffield: Sheffield Academic Press, 2000), 492-496.

Mowinckel, Sigmund. *He That Cometh* (Nashville: Abingdon Press, n.d.).

von Rad, Gerhard. *Old Testament Theology*, vol. 2, *The Theology of Israel's Prophetic Traditions* (San Francisco: Harper and Row, 1965).

Westermann, Claus. *The Promises to the Fathers: Studies on the Patriarchal Narratives* (Philadelphia: Fortress Press, 1980).

Wolff, Hans Walter. "The Kerygma of the Yahwist." *Interpretation* 20(1966): 131-158.

49. 언약
Covenant

하나님이 이스라엘과 체결한 언약은 아마도 구약성서가 지닌 중심적이고 결정적인 신학적 확언일 것이다. 그와 동시에 언약은 신학적 신념, 예전적 관습, 이스라엘 내의 지속적 공적 제도다. 가장 넓은 의미에서, 언약은 모든 창조의 하나님이 이 선택받은 민족, 이스라엘을 향한 신의에 관하여 변함없이 헌신(commitment)을 했다는 것을 확언한다. 게다가 이 헌신은 그 관계 안에 있겠다는 하나님 자신의 결단 외에 그 어떤 것에도 기초하고 있지 않다.

이러한 신의에 관한 변함없는 헌신 때문에, 이스라엘은 모든 시대에 걸쳐 야웨의 백성으로 표시되었고, 야웨는 모든 시대에 걸쳐 이스라엘의 하나님으로 표시되었다(렘 11:4; 24:7; 30:22; 31:33; 32:38; 겔 11:20; 14:11). 이러한 쌍무적 헌신(bilateral commitment, 이는 시내산에서 제정되었다, 출 19-24장)은 성서가 근본적으로 관계를 맺고 있는 한 하나님에 관한 것이라는 점을 확고히 한다(고립된 영광 가운데 있는 하나님에 관한 것이 결코 아니다).

이러한 관계성은 구약성서 안에서 흥미롭고 생산적인 것과 신앙에 대해 문제가 되는 것 모두를 야기한다. 야웨가 아브라함(창 15:7-21), 노아(창 9:8-17), 다윗(삼하 7:1-16)과 맺은 여러 편무적(unilateral) 언약의 헌신들은 이 언약을 보완한다. 비록 쌍무적 언약이 우선한다고 할지라도, 두 가지 방식 모두 언약적 충실함에 관한 이스라엘의 생각에서 필수적이다.

언약 체결의 핵심(상호적 약속과 책임에 관한 즉각적인 예전적 행동으로서)은 출애굽기 19-24장의 시내산 전승 안에, 그리고 더욱 확장하면, 출애굽기 19:1-레위기-민수기 10:10 안에 놓여 있다. 실제로, 구약성서에서 가장 권위 있는 전승들은 이러한 시내산에서의 만남에 관한 기억을 목적으로

하고, 그것을 중심으로 여긴다. 정기적인 예전적 행동으로서 언약을 체결하고 갱신하는 행동은 수많은 독특한 특징들을 갖고 있지만 우리는 특별히 세 가지만 확인할 것이다.

첫째, 하나님은 "십계명"(출 20:1-17)으로 우리에게 친숙한 언약의 결정적 **명령과 조건들**(commands and conditions)을 이스라엘에게 직접적으로 선언한다. 이 명령들은 절대적인 것이고, 이스라엘의 삶의 모든 부분을 야웨의 통치 아래로, 그리고 야웨의 의지와 목적에 대한 순종 안으로 데려오는 것을 추구한다. 이러한 계명들은 야웨와 이스라엘의 관계를 위한 토대를 분명히 표시하고, 특별히 신앙 공동체에 특별히 관계가 있다.

둘째, 이스라엘은 **충성의 맹세**(oath of fidelity)를 하고, 모든 세대가 이러한 관계의 용어들에 순종하도록 묶인다(출 24:3, 7).

셋째, **여러 제재들**(sanctions)은 이러한 계명들에 대한 순종이 삶과 웰빙의 필수조건이라는 점을 분명히 나타낸다(레 26장과 신 28장). 여러 계명이 위반되는 곳에서, 저주는 그 공동체의 삶을 비참하고 견딜 수 없게 만들 것이다. 여러 저주의 가혹함은, 시내산 언약이 엄격하게 조건적 용어들로 형성된 것처럼, 순종이 생명 혹은 죽음의 문제라는 것을 가리킨다.

이 설립(founding) 언약은 그 위치를 시내산 전승에 두고 있는데, 의심의 여지 없이 다양한 예전적 배경 안에서 주기적으로 반복, 재연되기 위해 형성되었다. 짐작건대 이스라엘은 이 언약을 갱신하는 데 주의를 기울였고, 그렇게 함으로써 새로운 각 세대에서 이 언약의 자손들은 서원을 갱신하고, 명령을 수용하고, 그것의 제재들에 복종했을 것이다.

왜냐하면, 야웨와 맺은 이 약속이 각각 이어지는 세대 안에 있는 이스라엘을 규정했기 때문이다. 비록 각 세대에서 갱신되었다고 할지라도, 시내산 언약은 이스라엘의 위대한 예언자들(호세아, 아모스, 예레미야)에 의해 전달된 짐이었다. 성서의 현재 입장에서와 같이, 이스라엘은 이 언약을 심각하게 위반했기 때문에 멸망할 수밖에 없었다.

그러한 심판(불순종이 하나님으로부터 재앙을 가져오는 것이라는)은 구약성서가 기원전 587년 예루살렘 파괴와 그것에 이어지는 포로기를 이해하는 특징적 방식이다. 언약은 엄격하게 조건적이기 때문에, 그것은 이스라엘의 삶을 해석하고, 인생 경험의 예상 밖 변화들을 이러한 관계의 기반 내부에 유지시키는 기능을 한다.

이스라엘과 하나님의 관계가 구약성서에서 결정적이기는 하지만, 언약의 또 다른 두 가지 측면 또한 현저하게 중요하다.

첫째, 언약은 특별히 이스라엘과 관련이 있다. 따라서 창세기 9:8-17에 있는 홍수 이후의 언약은 "모든 생물"(즉, 모든 민족과, 그리고 인간을 제외한 피조물과)과 맺어진다. 게다가 이 언약은 무조건적이며 또한 세상의 미래의 웰빙을 위한 편무적 확약(unilateral guarantee)이다. 이스라엘과 약속한 하나님은 창조의 웰빙을 약속한 하나님이다. 이 주목할 만한 확언은 생태학적 관심과 지구를 돌보는 윤리를 위한 중요한 원천이 된다.

둘째, 이 하나님이 이스라엘과의 언약보다 창조의 언약을 그 규모에 있어서 더 크게 만든 것 같이, 이 동일한 하나님은 더 작은 규모로, 특별히 이스라엘의 기억에 있는 핵심적 사람들과 언약을 맺는다. 구체적으로, 전승은 처음부터 하나님이 이스라엘의 믿음의 조상인 아브라함과 언약을 맺고, 그럼으로써 하나님의 충실함 안에 있는 하나의 구성요소인 약속의 땅이 모든 시대에 걸쳐 이스라엘에게 확약된다고 주장한다(창 15:7-21).

세대들을 통해 기억되는 아브라함과의 약속은 다윗과 다가오는 모든 시대에 등장할 다윗의 혈통과 맺은 약속의 결실로 실현된다. 게다가 아브라함-다윗과 맺은 하나님의 특정하고 매우 개인적인 헌신은 무조건적이고, 값없는 완전한 약속이다(삼하 7:1-16; 시 89:1-17, 하지만 시 132:11-12에서 다윗의 혈통에 대한 약속은 순종이라는 조건부가 붙는다). 이러한 개인적 약속의 성격을 띤 언약들은 아마도 완결된 전승 안에서 시내산 언약의 하위 요소로서 이해되었을 것이다.

따라서 무조건적 약속들은 더욱 폭넓은 계명에 기반을 둔 시내산 약속에 이바지한다. 어쨌든, 여러 본문이 각각의 것에 맞도록 확인될 수 있는 것처럼, 이 증거는 조건적, 무조건적 질문들, 그리고 쌍무적, 편무적 질문들을 둘러싼 풍부한 해석적 영역을 가리킨다.

시내산에서 맺은, 그리고 아브라함 및 다윗과 맺은 몇몇 언약들은 기원전 587년 전후의 사건들에 의해 매우 큰 위험에 놓이게 되었다. 그 시기에 이스라엘은 하나님이 그들을 버렸고, 언약을 포기했고, 하나님 자신이 약속한 충실함을 철회했음을 알아차렸다.

그러나 이 위기는 이스라엘의 가장 생산적인 신학적 시기로 판명되었다. 왜냐하면, 바로 지금, 이스라엘을 향한 하나님의 언약적 헌신들에 대해서, 그리고 야웨에 대한 이스라엘의 의존과 반응에 대해서 신선하고 상상력 풍부한 어떤 것이 언급될 필요가 있었기 때문이다. 요컨대 이스라엘은 언약을 종결시키는 생각을 품지 않았다. 그래서 그것을 확언할 수 있는 다른 방식을 찾을 필요가 있었다. 이 위기에 대한 세 가지 반응은 계속해서 중요한 신학적 원천들이 된다.

첫째, 이스라엘은 야웨의 "영원한 언약"에 대해 말했다. 그것은 파기될 수 없고, 불순종 때문에 궁극적으로 훼손될 수도 없었다(창 9:16; 17:7-19; 사 55:3; 61:8; 겔 37:26). 이러한 확언은 이스라엘을 향한 야웨의 사랑이 편무적이고, 이스라엘의 순종에 의존하지 않고, 따라서 포로기를 포함하는 모든 상황에서 신뢰될 수 있다는 것이다. 가장 주목할 만한 것은 이러한 진술들이 포로기 때에 등장했다고 판단되는 본문들에서 특징적으로 형성되었다는 점이다. 즉, 하나님의 신뢰성에 관한 이스라엘의 가장 깊은 확언은 이스라엘의 가장 큰 환난 한가운데서 형성된다.

둘째, 이스라엘은, 야웨에 대한 그들의 깊은 확신에도 불구하고, 상실, 추방, 부재라는 깊은 경험을 부정할 수 없었다. 그것들은 야웨의 버림으로 인해 발생했다고 밖에 설명될 수 없다. 그러한 이유로 인해, 이스라엘은 포로기에 야웨의 일시적 버림을 인정했지만, 여전히 그 부재가 단지 일시적인 것일 뿐이고, 언약의 종결을 의미하지 않는다고 주장한다.

따라서 이사야 54:7-8은 하나님이 "짧은 순간 동안" 부재하다는 것, 그러나 그 순간은 "큰 긍휼"과 "영원한 사랑"(개역개정은 "영원한 자비", 역자 주)에 의해 즉시 극복될 것이라고 확신할 수 있다. 여기서의 "큰 긍휼"과 "영원한 사랑"은 "변함없는 사랑"(개역개정은 "떠나지 않는 자비", 역자 주)과 "나의 평화의 언약"(10절)을 반영한다. 이스라엘의 삶으로부터 야웨의 부재는, 비록 강력하지만, 끝이 아니라 일시적으로 가려진 것(eclipse)이다.

셋째, 더욱 급진적으로, 포로기의 이스라엘은 언약이 이스라엘의 불순종 때문에 바로잡을 수 없을 정도로 파괴되었다는 생각을 품을 수 있다. 그러나 이 파괴된 관계는 갱신된 관계가 될 것이다(렘 31:31-34). 정확히 이는 야웨가 이스라엘과의 관계를 지속하고자 결심하기 때문이다. 게다가 이 새로운 언약은 이스라엘과 맺은 갱신된 언약이다. 그리고 그것은 그리스도교 해석이 수없이 제안했던 것처럼, 이스라엘에 대한 거절과 그리스도교에 대한 수용이 아니다.

언약은 단일하고 획일적인 공식으로 환원될 수 없는 이스라엘의 핵심적인 신학적 단위로서, 언약은 그 어떠한 생생한 관계만큼이나 풍부하고 다양하다. 이스라엘이 깊은 신뢰 안에서 야웨의 가혹한 요구사항들과 깊은 헌신들에 대해 판결을 내리는 한, 언약은 여전히 살아 있다. 언약은 이스라엘에게 하나님의 충실함, 그리고 하나님을 향한 충실함이라는 어려운 문제를 제기한다. 이스라엘은 하나님 편에서의 충실함이 값없이 주어지지만, 결코 싸구려가 아니라는 점을, 결코 조롱될 수 없다는 점을 알고 있다.

그리스도교 전승에서 예수는 새로운 언약의 담지자다(히 8:8-13). 그것은 성만찬에서 뚜렷하게 제시된다(고전 11:25). 또한, 마태복음 26:26-29에서, 예수 자신이 그의 제자들을 위한 자신의 의미와 관련하여 언약 공식을 전한다. 하나의 예전적 단위로서, 이 언약은 이후에 존 칼빈(John Calvin)의 전통을 통하여 결정적 신학적 원리가 되었고, 그리고 이후에 공권력의 민주적 질서에 관한 이론의 기초가 되었다.

참고 문헌

Anderson, Bernhard W. *Contours of Old Testament Theology* (Minneapolis: Fortress Press, 1999).

Hillers, Delbert R. *Covenant: The History of a Biblical Idea* (Baltimore: Johns Hopkins Press, 1969).

Lohfink, Norbert. *The covenant Never Revoked: Biblical Reflections on Christian-Jewish Dialogue* (New York: Paulist Press, 1991).

McCarthy, Dennis J. *Old Testament Covenant: A Survey of Current Opinions* (Oxford: Blackwell, 1972).

McKenzie, Steven L. *Covenant* (St. Louis: Chalice Press, 2000).

Nicholson, Ernest W. *God and His People: Covenant and Theology in the Old Testament* (Oxford: Clarendon Press, 1986).

Rendtorff, Rolf. *The Covenant Formula* (Edinburgh: T. & T. Clark, 1998).

50. 언약궤
The Ark

　일종의 상자 용기 같은 언약궤는 고대 이스라엘에서 야웨의 임재를 나타내는 핵심적 상징 중 하나였다. 출애굽기 25:10-16은, 아마도 후대의 것이긴 하지만, 어떻게 언약궤가 기억되고 개념화되었는지에 관한 하나의 세부적 묘사를 제공한다.
　하지만 이것의 목적 혹은 의도에 관한 분명한 진술은 어느 곳에서도 찾을 수 없다. 기껏해야 임시방편의 언급들로부터 우리는 언약궤의 세 가지 매우 다른 기능들을 확인할 수 있다. 이러한 기능들은 서로 중복되기는 하지만 다른 상황들에서 나타난 서로 다른 해석적 주제(agenda)를 반영한다.

　첫째, 언약궤는 이스라엘에서 고대 지파 시대부터 있었던 핵심적 상징으로서 기억되었다. 이 용기는 야웨를 향한 충성심으로 뭉친 지파들 사이에서 통일성과 일관성을 의미했다. 동시에 위험한 여정 가운데 있는 이스라엘에게 뚜렷하고 헌신적인 야웨의 임재를 표현하는 것이다.
　특별히 언약궤는 야웨가 군사적 노력으로 이스라엘을 돌보는 수단이었다. 따라서 야웨는 이스라엘의 전쟁에서 지도자와 보증으로서, "만군의 여호와"(=군대들)로 이해되고 신뢰될 수 있었다. 이 기능은 야웨의 임재, 보호, 지도력에 의존했던 이스라엘의 시적 슬로건(slogan)에 관한 매우 오래되어 보이는 내러티브에서 명백하게 나타난다.

　35 궤가 떠날 때에는 모세가 말하되 여호와여 일어나사 주의 대적들을 흩으시고 주를 미워하는 자가 주 앞에서 도망하게 하소서 하였고 36 궤가 쉴 때는 말하되

여호와여 이스라엘 종족들에게로 돌아오소서 하였더라(민 10:35-36).

또한, 민수기 14:14와 사무엘상 4:3을 보라. 후자의 보도에서, 블레셋 사람들이 이스라엘을 완패시킨 후에, 이스라엘 사람들은 추가적 의지의 수단으로 언약궤를 전쟁에 가져온다. 그러나 이 전쟁에서 언약궤는 도움이 되지 않았다. 이 내러티브에서 언약궤에 대한 야웨의 애착은 거침없는 자유와 통제될 수 없는 힘으로 분명히 가득 차 있었다. 따라서 언약궤는 이스라엘의 승리를 보장하지 않으며, 블레셋 사람들도 그 궤를 사로잡을 수 없다.

둘째, 그리고 아마도 파생적으로, 언약궤는 이스라엘에서 야웨의 예전적 임재에 관한 하나의 표상으로 이해된다. 대개 이 표상은 비록 어떠한 보장도 하지 않지만, 이스라엘을 안심시키는 기능을 한다. 하지만 결국 언약궤가 있었던 바로 그 성전이 파괴되고 나서야 이스라엘은 야웨의 부재를 깨닫게 된다.

아마도 이스라엘은 그 언약궤를 야웨의 보좌, 즉 보이지 않는 야웨가 앉아 있던 장소로 이해했던 것으로 보이며, 언약궤는 위엄 있는 왕인 야웨의 발판을 위한 "발등상"으로 이해되었을 가능성이 높다(참조. 대상 28:2; 시 99:5). (남쪽의 언약궤와 예루살렘에 관한 이데올로기적 주장의 경쟁 대상으로서 북쪽의 "송아지"가 유사한 방식으로 이해되었을 것이라는 점을 주목하라[왕상 12:25-33]. 언약궤는 송아지와 같이, 삶과 웰빙을 보장하는 야웨의 임재에 관한 하나의 상징으로 이해된다).

이렇게 인식된 언약궤는 종교적인 행렬과 절기에서 그 역할을 수행할 수 있었고, 그렇게 함으로써 야웨는 행렬의 맨 앞에 서게 된다(삼상 6:10-7:2; 삼하 6:1-19; 왕상 8:1-8; 시 132:8-10, 13-14, 그리고 "영광의 왕"이라는 언급과 함께 시 24:7-10도 그러할 것이다). 이러한 행렬을 넘어서, 열왕기상 8:12-13의 예전적 보도는 행렬이 끝나고 언약궤가 예루살렘 성전에 놓임에 따라, 야웨가 다윗 왕조의 후견자로서 이제 성전을 영구적 거주지로 정했다는 것을 나타낸다. 이러한 방식으로 야웨의 역동성에 관한 이전의 표현은 이제 항구적 임재에 관한 하나의 표상으로 바뀌고, 이 표상은 그러한 임재가 수반하는 확신, 보호, 정당성도 함께 지닌다.

셋째, 언약궤에 관한 세 번째 이해는 신명기 전승에서 제시된다. 이 신명기 전승에 따르면 언약궤는 단순히 모세가 시내산에서 받았던 십계명의 두 돌 판을 담기 위한 용기로서 이해된다(신 10:1-5; 왕상 8:9). 언약궤에 관한 이러한 묘사는 훨씬 더 큰 해석적 논쟁을 반영한다. 그러한 논쟁을 통해 이 전승은 다른 전승들에서 발견되는 (언약궤가 하나님의, 역자 첨가) 실재적 임재라고 말하는 고도의 제사장적 주장을 거부하려고 한다.

따라서 이 전승은 야웨에 관한 이스라엘의 지식이 시내산 계명 안에 들어 있다고 주장한다. 즉, 이스라엘이 야웨에게 나아갈 방법은 언약적 순종의 형태를 취하는 것이다. 따라서 언약궤는 전승 간의 논쟁 속에서, 해석적 논란과 다원성이 명백히 나타나는 또 하나의 씨름판이 된다. 언약궤는 단순한 해석을 허용하지 않는다. 또한, 몇 가지 신학적 주장을 담고 있는데, 각각의 주장은 야웨의 임재를 매우 다른 방법으로 설명한다.

토라와는 달리, 언약궤는 이스라엘의 신앙을 위한 항구적 수단이 될 수 없음이 증명됐다. 언약궤에 관한 마지막 언급은 예레미야 3:15-18에 나타난다. 이 본문에서 언약궤는 성전이 파괴되는 기원전 587년의 격변기에 사라질 제의적 표상으로서 인식된다. 기원전 2세기의 유대인 전설들은 예레미야가 느부갓네살과 바빌론 사람들로부터 언약궤를 지키기 위해 그것을 숨겼다고 보도했다(참조. 마카비2서 2:4-8; 바룩2서 6장[칠십인역에서는 예레미야의 편지로 불리며, 불가타역과 루터역에서는 바룩서 6장으로 나온다, 역자 주]).

언약궤는 신학적으로 해석적 활동의 풍성함에 관한 증거로서뿐만 아니라 야웨의 임재에 관하여 신앙적으로 말하는 데 큰 어려움을 보여 주는 증거로서도 중요하다. 여기에는 야웨의 임재가 확신과 보장의 모든 수단을 초월하여 자유롭게 스며들어 있다.

참고 문헌

Brueggemann, Walter. *(I)chabod toward Home* (Grand Rapids: Eerdmans, 2002).

de Vaux, Roland. *Ancient Israel: Its Life and Institutions* (New York: McGraw-Hill, 1961).

Haron, Menahem. *Temples and Temple Service in Ancient Israel: An Inquiry into Biblical Cult Phenomena and the Historical Setting of the Priestly School* (Winona Lake, Ind.: Eisenbrauns, 1985).

Miller, Patrick D. *The Religion of Ancient Israel* (Louisville, Ky.: Westminster John Knox Press, 2000).

Miller, Patrick D. and J. J. M. Roberts. *The Hand of the Lord: A Reassessment of the "Ark Narrative" of I Samuel* (Baltimore: Johns Hopkins University Press, 1977).

Seow, Choon Leong. *Myth, Drama, and the Politics of David's Dance* (Atlanta: Scholars Press, 1989).

von Rad, Gerhard. "The Tent and the Ark." in *The Problem of the Hexateuch and Other Essays* (New York: McGraw-Hill, 1966), 103-214.

51. 언약법전
Book of the Covenant

"언약법전"은 출애굽기 21:1-23:33에 있는 계명들의 모음집을 명명하기 위해서 학자들에 의해 사용되는 관용적 표현이다. 언약법전의 의도는 출애굽기 21:1의 도입 공식에 의해 나타난다. 본문은 그 이름을 출애굽기 24:7에 나오는 "언약서"(a book of the covenant)라는 언급으로부터 얻는다. 출애굽기 24:7과 그것의 명명법을 21:1-23:33에 나타나는 명확한 공식어구에 연결하는 것은, 비록 그러한 연결이 전승의 뒤늦은 발전에서 비로소 의도된 것이라고 할지라도, 이해하는 데 도움이 된다.

언약법전의 연대는 보통 이스라엘의 삶의 초기 시대로 생각할 수 있다. 그 모음집은 현재 토라라고 이해되는 모든 법 모음집 중에서 확실히 가장 이른 시기의 것이다. 이 모음집의 일부는 소규모로 서로 대면하는 농경 공동체로부터 등장했고, 그 공동체를 위해 고안된 것으로 보인다. 이러한 공동체 내에서는 이웃의 소 혹은 양에 관한 관심이 존재할 수 있다(출 22:10-13). 그러나 이 모음집의 다른 부분들은 매우 다른 관점, 즉 촌락 생활에 좀처럼 어울리는 것으로 볼 수 없는 관점을 제공한다.

이 모음집은 흥미롭다. 왜냐하면, 그것이 이스라엘의 사회 형성에 관한 가장 초기의 결정적인 관심사 중의 몇 가지를 입증하기 때문이다. 조건법 모음집의 창작이 이에 대해 말해 준다. 한편으로, 우리는 우호적(인도주의적) 관심사들을 향한 가장 초기의 자극 중의 몇 가지를 볼 수 있다. 가장 초기의 법령이 고용노예제도를, 그리고 그에 관련된 부채를 제한하고 있다는 것은 확실히 중요하다. 이 놀라운 조항은 명백하게 전체적인 채무경제를 약화하고자 의도했고, 결국 신명기 15:1-18에서 표현된 것과 같이 "면제년"이 되었다.

야웨의 직접 제재와 함께 등장하는, 출애굽기 22:21-27에 있는 사회적으로 취약한 자들(거류민, 과부, 고아)을 위한 정의(justice)를 이뤄 내도록 하는 놀라운 의무에 관한 부분을 또한 주목하라[**임시 거류민, 과부**를 보라]. 게다가 출애굽기 23:6-9에 있는 공정한 정의에 대한 요구는 고대 이스라엘의 전체 사회 구조의 초석이 되었다(신 16:18-20을 보라).

다른 한편으로, 이 모음집은 또한 극단적 공동체주의(communitarianism) 전승을 반영하고 있는데, 그것은 오로지 공동체를 보호하는 것(즉, 개인적인 권리를 공동체의 인지된 웰빙에 종속시키는 것)에만 관심을 갖는다.

출애굽기 21:15-17은 소규모의 연속되는 계명들을 담고 있는데, 그것들은 철저하게 절대적이고(조건법과 같은 구조가 아니다), 무조건적인 사형을 가리킨다(또한, 출 22:18-20을 보라).

게다가 출애굽기 21:22-25에서는 성서 모든 본문의 기반이 되는 가장 완전한 **동태복수법**(*lex talionis*)의 진술이 표현되어 있다. 아마도 눈에는 눈이라는 공식은 종종 제안되는 것과 같이 "눈에는 눈 이상의 보복을 하지 말라"는 것을 의미하는 듯하다. 어떠한 경우든, 처벌은 단호하고 무조건적이다.

출애굽기 21:26-27에서는 눈과 이가 다른 것들보다 훨씬 더 가치 있고 더 보호되어야 한다고 한다. 이것이 함축하고 있는 바는 일반적인 복수의 원칙이 진술된 후에도 더욱 특정한 판결이 여전히 필요하다는 것을 보여 준다. 26-27절의 삽입은 이러한 법적인 질문이 관례적이고 냉철한 "법과 질서"가 제안할 수 있는 것보다 훨씬 복잡하다는 것을 제안한다.

언약적이고 인도주의적인 조항들과 절대적인 냉철함 사이의 확실한 긴장은 고대 이스라엘의 계속되는 법적 지평에 만연해 있고, 아마도 지속하는 모든 법적 전승에서도 회피될 수 없을 것이다. (우리는 사형에 관한 현대 미국의 논쟁 안에서 동일한 긴장을 관찰할 수 있다. 왜냐하면, 그 문제는 공동체의 합법적인 관심사들뿐만 아니라, 가해자와 희생자의 상대적인 불모지대들에 관심이 있기 때문이다.)

사회 형성과 유지를 위한 극단적 선택을 표현하고 있는 이러한 두 가지 관점들 외에도, 이 법 모음집은 또한 수많은 경우에 대한 판결들을 포함하고 있는데, 이것들은 여러 관심사가 분명히 충돌할 때 이웃들 간에 어떻게 잘 지내고, 또한 어떻게 논쟁을 해결하는지에 관한 다소 상식적인 판결들이다(출 21:18-21, 28-36; 22:1-7).

끝으로 그 모음집은 땅의 휴식(출 23:10-11)과 공동체의 쉼(출 23:12-13)에 대한 안식일 규정에, 그리고 자의식이 강한 공동체의 정체성을 강화하도록 고안된 교회력에 따른 예배의 모태로서의 절기에 관한 규정에 초점을 맞춘다(출 23:14-17; 참조. 신 16:1-17)[**절기**를 보라]. 이 모음집은 이스라엘의 공적 수행에 대한 세 개의 절대적 조항과 함께 결론을 맺는다. 이러한 조항들은 가나안에 있는 문화 종교적 환경과는 다른 이스라엘의 차이점을 인식하기 위한 것이다.

이 법 모음집은 십중팔구 촌락과 같은 곳에서 있었던 재판의 판례들과 윤리적 가르침들의 모음으로 발생했던, 독립적 법전으로서 시작했을 것이다. 신학적 인식이 이 법전 안에서 작용하기는 하지만, 그 강조점은 구성원들 모두의 웰빙을 위해 소규모의 정치적 경제를 체계화하는 데 필요한 실용적 요구들과 규제들 위에 놓여 있다. 그러한 공동체를 위한 실용적 질서의 필요성은 그 구성원들의 행동에 단호한 규제들을 부여한다.

특정한 경우에서 생겨난 이러한 질서는 출애굽기 22:23-24, 27에서 나타나는 것과 같이 야웨의 법 확립 의지에 호소함으로써 강화된다. 그러나 야웨에 관한 언급은 기대하는 것만큼 강하지 않다. 왜냐하면, 야웨에 관한 실제적 언급이 사실상 희박하기 때문이다. 이와 비슷하게, 우리는 그 법 뭉치가 우선 신학적 원리에 의해 문제 되지도 않고, 혹은 그것에 관심을 두지도 않는 사회적 관습에서 생겨났다고 이해할 수 있다.

비록 이 모음집이 독립된 것처럼 보이고 특별한 공동체의 관습 내에서 생겨났다고 할지라도, 성서 내에서 이 본문이 현재 자리 잡은 위치는 중요하다. 학자들은 출애굽기 19-24장이 시내산에서 하나님과 중요한 교제가 이루어지는 성서의 특별한 부분을 이루고 있다고 주목해 왔다.

따라서 출애굽기 19-24장은 학자들에 의해 "시내산 단락"(The Sinai Pericope)이라는 별명을 얻었다. 이 단락은 출애굽기 19장과 언약의 체결에 관한 24장으로 경계가 이루어진다. 출애굽기 19장은 시내산에서 야웨와 이스라엘과의 교제를 시작하고, 출애굽기 24장은 언약을 보증하고(3-8절), 그런 다음에 시내산에서 야웨와의 직접적 만남이 가능하게 됨을 나타낸다(9-18절).

출애굽기 19장과 24장은 본문의 최종 형태 안에서 "언약법전"을 위한 맥락을 제공한다. 혹은 그 진술을 뒤바꾸어 보면, "언약법전"이 현재 "언약 단락"에 삽입되었고, 이는 이 초기의 계명들의 모음집이 출애굽기 20:1-17의 십계명 바로 다음에 배치되도록 하기 위한 것이었다[**십계명**을 보라].

이 모음집을 "언약법전"이라고 일컫는 것은 그것이 율법의 첫 번째 본체로 여겨진다는 것을 의미한다. 그 율법은 십계명의 일반 원칙들을 살아 있는 현실의 세부사항들로 이동시킨다. 이것의 현재 형태에서, "언약법전"은 십계명에 관한 고대 이스라엘의 가장 초기의 설명으로서 이해될 수 있다. 이는 일반적인 토라 원칙들이 여러 가지 사례로 전해지는 방식을 나타낸다[**토라**를 보라]. "언약법전"은 실제로 십계명과 직접적으로 관련되지는 않는다. 그러나 현재의 형태 안에서 그것은 십계명의 목적을 수행하고, 시내산 언약이 살아 있는 인간 영역의 현실성 안에서 어떻게 시행되어야 하는지를 보여 준다.

정경적인 목적을 수행하는 이러한 독립적인 법적 문헌집의 재설정은 재해석의 과정이 고대 이스라엘에서 어떻게 일어났고, 성서 안에서 어떻게 계속해서 작동하는지에 관한 하나의 강력한 예시이다.

"언약법전"은 그 자체로 따로 분리하여 고려될 수 없다. 오히려 그것은 토라 해석의 역동성에 관한 중요한 공헌으로서 고려되어야 한다. "언약법전"은 십계명 가까이에 놓여 있다. 동시에 수많은 연구는 "언약법전"이 신명기 12-25장의 법 문헌집의 발전에 관한 여러 주제를 제공했음을 보여 준다. 이 신명기법 문헌집은 이후에 더욱 완전하게 발전되었고, 성서 해석에 있어 훨씬 더 영향력을 끼치게 된다. 따라서 "언약법전"은 성서 율법의 대단히 복잡한 과정 가운데 놓여 있는 한 요소다.

에르하르트 게르스텐베르거(Erhard Gerstenberger)의 제안은 언급할 만한 가치가 있다. 그는 신명기가 요시야 개혁의 원동력이 되었던 것과 같이(왕하 22-23장), "언약법전"이 히스기야 개혁의 원동력이 되었다고 말한다(대하 29-31장)[**히스기야의 개혁, 요시야의 개혁**을 보라]. 이 참신하고 사색적인 가설은 구약성서 안에 있는 보다 오래된 전승이 항상 보다 새로운 전승의 발전에 계속해서 중요한 영향을 끼칠 수 있다는 흥미로운 실례가 된다.

참고 문헌

Albertz, Rainer. *A History of Israelite Religion in the Old Testament Period.* vol. 1, *From the Beginnings to the End of the Monarchy* (OTL; Louisville, Ky.: Westminster John Knox Press, 1994), 180-186.

Crüsemann, Frank. *The Torah: Theology and Social History of Old Testament Law.* (Edinburgh: T. & T. Clark, 1996), 109-200.

Hanson, Paul D. "The Theological Significance of Contradiction within the Book of the Covenant." *Canon and Authority: Essays in Old Testament Religion and Theology*, ed. George W. Coats and Burke O. Long (Philadelphia: Fortress Press, 1977), 110-131.

Knight, Douglas A. "Village Law and the Book of the Covenant." in *"A Wise and Discerning Mind": Essays in Honor of Burke O. Long*, ed. Saul Olyan and Robert C. Culley (Providence, R.I.: Brown Judaic Studies, 2000).

Marshall, J. W. *Israel and the Book of the Covenant.* (Atlanta: Scholars Press, 1993).

Patrick, Dale. *Old Testament Law* (Atlanta: John Knox Press, 1985), chap. 4.

Sprinkle, J. M. *"The Book of the Covenant": A Literary Approach* (JSOTSup 174; Sheffield: Sheffield Academic Press, 1994).

52. 에스라
Ezra

신학적 주제들을 다루는 이와 같은 책에서, 인물들을 언급하는 것은 약간 이상해 보일 수 있다. 그러나 나는 전승으로부터 주어진 네 사람(모세, 다윗, 엘리야, 에스라)을 언급할 것이다. 왜냐하면, 각각의 개인들은 구약성서의 핵심적인 신학적 주장을 나타내기 때문이다.

기원전 5세기 중반, 정부 관리 느헤미야와 함께 짝을 지어 등장한 서기관 에스라는 예루살렘을 재건하고 이스라엘의 신앙을 회복했다. 그것들은 587년의 멸망으로부터 결코 완전히 회복되지는 않았다. 최근까지 기독교 연구는 대체로 에스라를 무시해 왔다. 의심의 여지 없이, 이는 일반적으로 포로기 이후 유대교에 대한, 그리고 특별히 에스라 운동에 대한 통상의 기독교적 희화화 때문이다. 그러나 유대교 자체에서, 에스라는 유대인 전통에서 모세 이후 가장 중요한 인물로 간주되고, 포로기 이후 새로운 활기를 불러 일으킨 유대교의 창시자로 인정받는다.

우리의 목적을 위해서 에스라에 관하여 세 가지 사안이 언급할 만한 중요성을 지닌다.

첫째, 에스라는 결정적 기준점으로서 토라의 중심성을 수립했다(혹은 회복했다). 이는 이후에도 모든 유대교에서 지속되었다. 그는 토라에 준거하여 유대인의 삶의 모든 측면에 대한 엄격하고 광범위한 여러 개혁을 제정했다(스 6:19-22; 9:1-4; 참조. 느 10-13장). 더욱 극적으로, 느헤미야 8장에서 에스라는 일반적으로 유대교 설립 사건으로 간주하는 한 집회를 주재했다(이러한 포로기 이후의 유대교 신앙은 모든 방식에서 "초기 이스라엘"의 신앙과 구별되어야 한다). 그 사건에서, 우리는 서기관 에스라가 그의 동료들과 함께 다음을 했다는 것을 듣는다.

> ⁷ 백성이 제자리에 서 있는 동안 그들에게 율법을 깨닫게 하였는데 ⁸ 하나님의 율법책을 낭독하고 그 뜻을 해석하여 백성에게 그 낭독하는 것을 다 깨닫게 하니 (느 8:7-8).

즉, 에스라와 그의 동료들은 옛 토라의 가르침을 그들의 현재 상황에 맞게 해석했다. 이는 신명기에서 모세가 한 일과 다르지 않다(참조. 신 1:5). 모세와 같이, 에스라는 토라의 역동성을 이해하고 실행했는데, 둘 모두 해석을 허용하고 요구했다.

둘째, 에스라와 느헤미야는 페르시아 제국의 승인에 따라 일했다. 페르시아 당국은 예루살렘의 회복과 그것의 예배 공동체를 재정적으로 지원했고 인정했다. 이러한 활동은 페르시아의 정책과 일반적으로 조화를 이루었다.

그러므로 유대교는 특히 유대인들에게 정치적 수용에 관한 주장이나 요구를 하지 못하고 예배의 사안들에만 국한된 제의 공동체가 되었다. 그 이후로 유대교는 특징적으로 자신의 특별한 종교적 주장들에 일반적으로 무관심하거나 적대적인 제국 지배자들의 실제적인 현실에 순응해야만 했다. 따라서 에스라의 성취 맥락으로서 페르시아 제국의 현실은 유대교의 특징적인 표시에서 중요한 것이 되었다.

셋째, 에스라와 느헤미야가 페르시아에 의해 권한을 부여받았고 페르시아의 제국적 인식을 수용하기 위해 준비를 했던 반면에, 또한 그들은 바빌론으로 추방되었던, 그리고 영향력 있고 학식 있는 디아스포라 유대교를 발전시켰던 포로기 유대인 공동체의 구성원이자 대표자들이었다. 이 특별한 유대인 공동체는 유대교의 많은 대안적이고 경쟁적인 방식 중에서 지배적인 주도권을 차지하게 되었고, 따라서 에스라 사역의 실질적 효과 중 하나는 유대교를 재정의하는 데 있어서 바빌론의 유대인들에게 우월성과 특권을 주는 것이었다.

에스라와 느헤미야는 아마도 예레미야 24장의 "좋은 무화과"인 포로 공동체로부터 유래한 도시 엘리트의 구성원들이었을 것이다. 그들은 그 전승 안에 있는 자신들을 이스라엘의 언약주의(covenantalism)에 대한 주된 계승자로 제시하고, 신명기와 예레미야 전승에 반영된 토라의 강조점들을 계속 이어 간다.

토라에 대한 그들의 긍정적 헌신은 추방이라는 상황에 대한 적절한 결정이다. 따라서 유대교는 어떠한 혼란의 시기에서도 스스로를 유지할 수 있는 원천들을 지녔다. 에스라의 지도력은 아마도 기본적으로 그에 의해 이행되었을 이러한 성취를 상징한다.

참고 문헌

Blenkinsopp, Joseph. *Ezra-Nehemiah* (OTL; Philadelphia: Westminster Press, 1988).

Brueggemann, Walter. "Always in the Shadow of the Empire." in *The Church as Counter-Culture*, ed. Michael L. Budde and Robert W. Brimlow (Albany: SUNY Press, 2000): 39-58.

Grabbe, Lester L. *Judaism from Cyrus to Hadrian: Sources, History, Synthesis: The Persian and Greek Periods*, Vol. 1 (Minneapolis: Fortress Press, 1991).

Klein, Ralph. "Ezra and Nehemiah in Recent Studies." in *The Mighty Acts of God: In Memoriam G. Ernest Wright*, ed. Frank M. Cross et al. (Garden City, N. Y.: Doubleday, 1976): 361-376.

53. 엘리야
Elijah

신학적 주제들을 다루는 이와 같은 책에서, 인물들을 언급하는 것은 약간 이상해 보일 수 있다. 그러나 나는 전승으로부터 주어진 네 사람(모세, 다윗, 엘리야, 에스라)을 언급할 것이다. 왜냐하면, 각각의 개인들은 구약성서의 중요한 신학적 주장을 나타내기 때문이다.

엘리야는 구약성서의 내러티브에서, 흔히 "전설들"(즉, 학자들이 본문의 비평적인 중요성을 확보하기 위해서 하나의 본문에 대해 요구하는, 일종의 질 좋은 "역사적 증거"가 없는 내러티브들을 말한다)로 간주되는 자료들 안에서 단지 간략하게만 나타난다. 모세와 다윗과 마찬가지로, 우리는 성서 본문 자체 안에 주어진 엘리야에 관한 표현에만 제한하여 살펴볼 것이다.

엘리야는 모세의 뒤를 잇는 전형적 예언자로서 제시된다. 그는 아마도 신명기 18:17에서 예상된 "너와 같은 한 예언자"로서 언급되는데, 이는 분명하게 모세에게 연결되고, 그의 본을 따라 유형화된 것이다.

첫째, 엘리야는 변혁적 기적을 수행할 수 있는 주목할 만한 능력을 갖추고 있고, 그것은 그의 삶을 통해 야웨의 생생한 현존을 보여 준다(왕상 17:8-16, 17-24).

둘째, 엘리야는 바알 숭배(Baalism)와의 생사를 건 투쟁 안에서 야웨와 종교적 야웨 신앙의 위대한 승리자로 제시된다(왕상 18장). 소위 갈멜산 "대결"은 북이스라엘의 오므리 왕조에 의해 옹호되었던 바알 숭배가 야웨 신앙의 날카로운 대립으로, 그리고 야웨의 통치에 대한 근본적 위협으로 간주되었던 시기의 이스라엘 종교사에서 결정적 순간이다. 예언자적 맹렬함 안에서, 엘리야는 견고한 종교적, 정치적 힘에 대항하여 야웨에 관한 단독 주장을 내세우는 두려움 없는 야웨의 승리자로 묘사된다.

셋째, 야웨 대(對) 바알이라는 맹렬하고 심오한 종교적 대조는, 내러티브의 표현에 따르면, 종교적 주장들과 관련된 땅과 재산에 관한 경쟁적인 경제 이론들 사이에서 나타나는, 동일하게 맹렬한 갈등과 연결된다. 열왕기상 21장에서, 나봇을 대신하는 엘리야는 땅을 매매 가능한 상품으로 여기는 왕실의 개념을 불가능하게 하는 오래된 지파 상속이론의 대언자이다.

열왕기상 18장의 종교적 대결을 21장의 경제적 갈등에 연결함으로써, 본문은 종교적 충성과 경제-정치적 관행들이 서로 밀접하게 연관되어 있다는 것을 분명하게 한다. 나봇의 대립 결과는 엘리야가 아합 왕조에 대항하여 강력한 예언자적 위협을 선포하는 것이다(왕상 21:20-24). 그것은 열왕기하 9:30-37에 이르기까지 성취되지 않는다. 신탁과 내러티브 성취 사이의 연결은 엘리야의 예언적 말이 역사적 과정에서 실제로 강력하고 효과적이라는 것을 증명하는 기능을 한다.

넷째, 열왕기하 2:9-12에서, 엘리야는 목격자들 앞에서 육신의 몸으로 하늘로 올라간다. 그가 "승천했다"는 것은 그가 죽지 않았고 계속해서 살아 있다는 것을 증언한다. (구약성서에서 그와 같은 유일한 다른 경우는 에녹에 관련된 이야기다. 에녹에 관하여 본문은 "하나님이 그를 데려가셨다"라고 간결하게 보도한다[창 5:24]. 이 보도는 유대교의 신비주의에서 엄청나게 생성적이 되었고, 그 결과 에녹에 관한 확장된 사변적 문헌을 낳았다). 내러티브는 승천에 관한 이 주목할 만한 기사에 어떠한 흥미도 보이지 않는다.

그 대신 발전하는 전승에서 중요한 점은 엘리야가 여전히 살아 있다는 주장이다. 그의 떠남은 결국 그가 이스라엘의 미래에 상상할 수 없는 방식으로 다시 나타날 수 있는 능력을 갖추고 있다는 것을 의미한다. 즉, 그는 미래에 능력을 갖추고 "다시 올" 것이다.

열왕기하의 내러티브는 의심의 여지 없이 엘리야의 제자 엘리사를 엘리야가 보여 준 것과 동일한, 헤아릴 수 없는 능력을 갖춘 전수자로 이해한다. 엘리야의 지속적 능력에 관한 증거는 기독교의 구약성서에서 (유대교의 히브리 성서와는 달리) 엘리야가 말라기의 마지막 구절들에서 약속의 성격을 띤 방식으로 등장하도록 배치되었다는 사실이다.

> [5] 보라 여호와의 크고 두려운 날이 이르기 전에
> 내가 선지자 엘리야를 너희에게 보내리니
> [6] 그가 아버지의 마음을
> 자녀에게로 돌이키게 하고
> 자녀들의 마음을
> 그들의 아버지에게로 돌이키게 하리라
> 돌이키지 아니하면
> 두렵건대 내가 와서
> 저주로 그 땅을 칠까 하노라 하시니라(말 4:5-6).

기독교 구약성서의 이 마지막 부분에서, 정경은 엘리야와 함께 극적으로 그리고 예언적으로 미래로 도약할 준비를 하고 끝맺는 것처럼 보인다. 실제로, 그는 확실히 그러하다. 그의 승천에 관한 개념으로부터 미래에 대한 사색을 제공한 정경 밖에 있는 확장된 문헌이 등장했다. (그 문헌은 동일한 이유로 인해 에녹으로부터 등장했다.)

그러한 미래로의 도약에서, 엘리야는 두드러지고 중요한 방식들로 신약성서 안에 나타난다. 따라서 그는 이스라엘의 핵심적 예언신앙이 신약성서로 전달되는 주요한 수단으로서 중요하다. 그는 역사적인 가능성 이상이다. 그의 예언적인 관점이 미래에까지 계속해서 작용하기 때문에 그는 미래진단(futuring)의 장치이다. 이러한 타당한 이유로 인해, 신약성서에 있는 초대 교회는 그의 미래진단이 그들이 예수에 대해 인식했던 것과 공명한다는 것을 발견했다.

엘리야는 선구자로서 세례 요한과 밀접하게 연관된다(마 11:14; 17:11-12; 막9:11-13; 눅9:8, 19).

어떤 사람들은 예수 자신을 엘리야로 혼동한다(마 16:14; 막 8:28; 요 1:21-25).

엘리야는 산에서 모세와 함께 예수에게 나타난다. 아마도 그들은 "율법과 예언자들"을 구현하는 한 쌍이었을 것이다(마 17:3; 막 9:4-5; 눅 9:30-33).

십자가 위에 있는 예수는 엘리야에게 호소한다고 생각된다(마 27:47-49; 막 15:35-36).

더구나 누가복음 1:17은 말라기 4:5-6을 암시한다. 더욱 광범위하게, 누가복음 4:25-26, 로마서 11:2-4, 그리고 야고보서 5:17은 모두 엘리야의 삶과 사역을 기독교인의 삶에 현존하는 실재를 이해하는 방식으로 회상한다. 따라서 엘리야는 신약성서에서 현존과 생명력을 계속해서 지닌 구약성서의 주요한 인물이다. 이는 신구약성서와 두 해석 공동체를 함께 연결한다.

기독교인들은 분명히 엘리야의 미래에 관한 독점권을 가지고 있지 않다. 유월절에 유대인들의 모임 중에서 한 자리는 비어 있는 채로 남겨 둔다. 이는 유대인의 삶과 신앙의 현실로 엘리야가 귀환하기를 기대하는 것이다. 이 기대는 메시아적 시대의 징조(harbinger)가 된다.

참고 문헌

Brueggemann, Walter. *Testimony to Otherwise* (St. Louis: Chalice Press, 2001).

Culley, Robert C. *Studies in the Structure of Hebrew Narrative* (Philadelphia: Fortress Press, 1976).

Napier, Davie. *Word of God, Word of Earth* (Philadelphia: United Church Press, 1976).

54. 역대기 사가
The Chronicler

"역대기 사가"라는 용어는 역대기상하를 생산했던 사람, 사람들 혹은 해석 전승을 말한다. 학자들은 역대기 사가의 작품이 에스라서와 느헤미야서의 본문들을 포함하고 있다고 오랫동안 생각해 왔다. 그러나 현재의 견해는 이러한 본문들을 역대기와는 구별되는 것으로, 그리고 다른 손길을 거쳐 이루어진 것으로 간주한다.

오직 역대기상하에서만 알려진 역대기 사가는 페르시아 시대, 즉 기원전 5세기 혹은 아마도 4세기에 이스라엘의 역사적인 기억을 재작성하고 재해석했다. 저자의 의도는 이스라엘의 고대 기억을 페르시아 시대의 유대교의 관습 및 이해와 관련짓고 그것을 알리는 것이다. 이러한 일은 지도자급 유대인들이 바빌론 유배지에서 귀환하고, 제한적 형태의 자치 정부와 더불어 실행 가능한 예배 공동체를 재구성한 후에 일어났다.

역대기 사가는 의심의 여지 없이 더 오래된 문서 자료들을 사용했고 변화시켰다. 특별히 역대기 사가는 신명기 사가의 작품에 의존했고 그것을 활용했다[**신명기 신학**을 보라]. 그러나 이 자료에 대한 역대기 사가의 사용은 광범위한 편집의 과정을 거쳤고, 그것을 통하여 그 자료는 매우 새로운 진술로 바뀌었다. 역대기 사가의 작품이 신명기 사가의 것을 사용하고 반영하고 있으므로, 일반적 가정은 신명기 역사서 자체가 역대기 사가의 것보다 더욱 믿을 만한 것이라고, 그리고 실제로 역대기 사가는 "역사적 사실"을 아무렇게나 대하는 일종의 종교적 환상을 제공한다고 주장한다[**역사**를 보라].

드 브리스(De Vries)는 역대기 사가의 묘사를 "이상적 이스라엘"(ideal Israel)이라고 명명한다. 이러한 것과 또 다른 이유들로 인해서, 역대기 사가는 성서 연구의 긴 역사에서 거의 연구되지 않았다 (또 다른 그럴듯한 이유는 이 전승이 대개 제의적이고 예전적인 사안들에 몰두하고 있기 때문이다. 이러한 주제는 성서 연구를 지배하고, "역사"에 관한 질문들에 사로잡혔던 개신교인들에게는 별로 관심거리가 되지 못했다). 역사를 아무렇게나 대하는 것으로 간주된 본문은 역사적 질문들에 초점을 맞추고 있었던 학자들에게 별로 흥미가 없는 것이었다.

그러나 더욱 최근에, 역대기 사가가 단순히 신명기 사가에 대한 부족하고 믿을 만하지 못한 아류가 아니고, 오히려 역대기 사가 또한 신명기 사가가 사용하지 않은 자료들도 사용했다고 생각하는 학자들이 점점 많아지고 있다. 결과적으로, 역대기 역사서는 이제 이전에 생각하던 것보다 더 믿을 만한 역사적 문서로 고려되고 있다(이러한 견해의 변화는 신명기 역사서 역시 "역사적 사실 그대로의 역사"가 아니라, 역대기 역사서만큼이나 역사적인 연출에 기울어진 해석적 **경향**[Tendenz]에 전념하고 있다는 인식에서 비롯된다).

역대기 역사서는 비록 특정한 자료가 다루어지는 방법과 그것들이 판결될 수 있는 방식에 있어서 큰 주의가 기울어져야 함에도, 현재는 믿을 만한 역사적 자료로 받아들여지고 있다.

역대기 역사서는 전승을 해석 공동체의 현재 상황과 연결하기 위해, 오래된 기억, 전승, 본문들을 "해석의 문화" 안에서 끝없이 재구성하는 유대교의 끊임없는 과정에 대한 하나의 연구주제로서 특별히 관심받고 있다. "객관적" 관점, 즉 계몽주의의 합리성이라는 개념에서 보면, 이러한 과정은 매우 의심스럽다.

그러나 해석이 특유한 신학적 상상력으로 실행되는 진지한 신앙의 역동적 과정으로 간주된다면, 대부분 외면받던 이러한 본문들은 유대교의 신앙을 이해하는 데에 중요한 자료가 되고, 동시에 이러한 "책의 종교" 안에 있는 불가피한 해석적 과정에 참여하도록 하는 하나의 초청이 된다.

역대기 사가의 해석적 업적을 평가하는 데 있어서 가장 흥미롭고 중요한 사안은 본문의 결정적 특징들에 주목하는 것이다 (다행스럽게도, 우리는 대조를 해 볼 수 있는 신명기 역사서를 갖고 있다. 그러나 우리가 역대기 역사서를 살펴보는 것은 관례로 그렇게 해 왔던 것처럼 신명기 역사서에 어떤 특혜를 주면서 이루어져서는 안 된다). 역대기 역사서의 결정적 특징 중에는 다음과 같은 여섯 가지가 있다.

첫째, 역대기 역사서는 하나의 긴 계보와 함께 시작한다. 이 계보는 아담까지 거슬러 올라가고(대상 1:1), 여러 이름의 긴 목록들을 통과하여 사울, 그의 아들 요나단, 그의 손자 므립바알에 대한 마지막 단락으로 이동한다(대상 9:35-44). 비록 이 본문이 거기에서 언급된 제사장 집안의 역사와 내력을 복구하는 데 사용되었던 흥미로운 자료를 포함하고 있지만, 우리는 전체 단위의 더 넓은 시야를 놓쳐서는 안 된다.

이 계보(눅 3:23-38과 다르지 않게)는 역사의 특수성과 창조에 관한 우주적 드라마 사이에 원대한 연결을 만든다. 따라서 이스라엘 안에서 구체적으로 기억된 여러 이름은 세상의 역사와 곧바로 연결된다.

둘째, 역대기상 9:35-44의 드문 언급 이외에, 사울은 단지 그의 죽음에 대한 보도로 한정되는 오직 한 장에서만 주목된다(대상 10장). 역대기상 10:13-14의 결정은 사울을 비난하고, 그를 그 장면에서 제외하는 기능을 한다. 이는 결과적으로 다윗을 위한 길을 열어 놓는다. 이 저자는 사무엘상의 내러티브들 안에서 제시되는 사울과 다윗 사이의 오랫동안의 탈 많은 만남을 자신의 내러티브에서 교묘하게 생략한다. 이 "역사가"가 언급해야 하는 이야기는 오직 다윗에 관한 이야기뿐이다. 사울은 주요 인물로 나아가는 과정에서 거의 걸림돌이 되지 않는다.

셋째, 다윗은 역대상 11-29장 전체를 차지한다. 이 본문은 솔로몬의 대관식으로 막을 내린다. 모든 것이 다윗에게 초점을 맞추고 있다. 그러나 이곳에서의 다윗은 사무엘서에서 묘사되는 것과 같이 모호한 인물이 아니다. 그는 성전을 건축하는 것, 그리고 성전 건축의 올바르고 신실한 실행을 준비하는 일에 전념하는 일편단심의 지도자이다. (사무엘서에서 결정적인 내러티브인 우리야와 밧세바에 관한 기억은 여기서 전혀 관심을 두지 않는다.)

따라서 역대기상하는 예루살렘의 작은 공동체가 진지한 정치적 전망을 보이지 못하고, 마지못해 예배 공동체로 전환되었던 페르시아 시대에, 그 당시 필요로 했고, 또한 쉽게 떠올릴 만한 인물인 다윗을 그렸다고 할 수 있다. 그러한 환경에서, 공동체의 유지와 웰빙은 올바른 예배에 의존했다. 비록 분명히 활력이 넘치고 능력 있는 여러 담당자가 적절한 예배를 인도할 수 있었다고 할지라도(이들은 일반적으로 상당한 힘을 가진 합창단 체로 생각된다. 예를 들어, 시편의 여러 표제에서 언급되는 집단인 레위인들, 그리고 아삽과 고라의 자손들. 시 76편; 77편; 78편; 84편; 85편을 보라), 다윗은 이 핵심적 사역을 위해 공동체에 권한을 부여하는 존재이다.

다윗 보도의 정점에서, 이 왕은 위대한 제의 행위, 즉 감사의 기도를 한다. 그것을 통해 다윗은 그의 성공의 모든 공로를 야웨의 관대함에 이양시킨다.

> ¹⁰ 다윗이 온 회중 앞에서 여호와를 송축하여 이르되 우리 조상 이스라엘의 하나님 여호와여 주는 영원부터 영원까지 송축을 받으시옵소서 ¹¹ 여호와여 위대하심과 권능과 영광과 승리와 위엄이 다 주께 속하였사오니 천지에 있는 것이 다 주의 것이로소이다 여호와여 주권도 주께 속하였사오니 주는 높으사 만물의 머리이심이니이다 ¹² 부와 귀가 주께로 말미암고 또 주는 만물의 주재가 되사 손에 권세와 능력이 있사오니 모든 사람을 크게 하심과 강하게 하심이 주의 손에 있나이다 ¹³ 우리 하나님이여 이제 우리가 주께 감사하오며 주의 영화로운 이름을 찬양하나이다(대상 29:10-13).

다윗의 순종적 경건은 야웨가 "높아짐"에 따른 그의 "낮아짐" 안에서 절정에 이른다.

> 나와 내 백성이 무엇이기에 이처럼 즐거운 마음으로 드릴 힘이 있었나이까 모든 것이 주께로 말미암았사오니 우리가 주의 손에서 받은 것으로 주께 드렸을 뿐이니이다(대상 29:14).

이 결론적 진술은 많은 교회 안에서 헌금에 관한 친숙하고 소중한 진술이 되었다. 그것은 신앙생활의 참된 토대가 청지기로서 역할을 감당하며 나오는 감사에 있음을 나타낸다. 여기서 말하고 있는 다윗은 사무엘서에서 발견되는 것과 같은 교활한 자기 잇속만 챙기는 존재와 절충되지 않는다.

넷째, 당연히 성전 건축자 솔로몬은 성전에 대한 전체 기획을 세웠던 그의 아버지만큼 많은 분량은 아니지만 확장된 범위로 다뤄진다(대하 1-9장).

다섯째, 솔로몬의 죽음(922년)으로부터 예루살렘 멸망(587년)까지 예루살렘의 왕조 역사는 다윗 계통의 이야기를 통해서 전개된다(대하 10-36장). 신명기 역사서와는 달리, 역대기 역사서는 북쪽의 왕정에 대하여 실제적 관심을 두고 있지 않다. 북왕국의 왕들은 남왕국의 역사에 관련될 때만 단지 부수적으로 언급될 뿐이다(대하 13:2-20; 16:1-6; 그리고 18:1-34에서와 같이). 역대기 사가는 과거의 이해에 있어서 그다지 중요하지 않은 북왕국의 왕들에 관한 연속되는 이야기에 신경 쓰지 않는다.

두 명의 북왕국 예언자(미가야[대하 18:8-27]와 엘리야[대하 21:12-15])가 언급되지만, 그 내러티브에서 그들의 역할은 열왕기 내러티브에서 우리가 알고 있는 역할에 비해 현저하게 축소되었다. 이 이야기의 흐름은 히스기야(대하 29-31장)와 요시야(대하 34-35장)의 놀라운 개혁에도 불구하고, 특이하게도 예루살렘의 멸망이라는 종국을 향해 나아간다(대하 36:17-21).

여섯째, 특별히 흥미로운 점은 역대기 사가 작업의 결말이다(대하 36:22-23). 역대기 사가는 신명기 사가의 수수께끼 같은 결말을 포함하지 않는다(왕하 25:27-30; 참조. 렘 52:31-34). 오히려 그는 역사적 표기를 넘어서 페르시아 정권의 초대장을 주목한다. 역대기의 최종 단락은 그것의 특징적 표현일 수 있다.

역대기 사가에게 가장 중요한 사안은 오래전에 바빌론으로 유배된 유대인들을 본국으로 귀환시키려는 페르시아의 왕 고레스의 용의(用意)이다(참조. 또한, 스 1-2장). 고레스 칙령은 귀환, 예루살렘의 회복, 그리고 장차 유대교의 재형성이 가능하도록 길을 연다. 고레스는 이제 본국으로의 귀환을 허가했다. 이 이야기에서, 누가 반응하고 (예루살렘으로, 역자 첨가) 올라갈 것인지는 아직 알려지지 않았다.

> 너희 중에 그의 백성 된 자는 다 올라갈지어다 너희 하나님 여호와께서 함께하시기를 원하노라 하였더라 (대하 36:23).

아마도 역대기 사가는 귀환자에 대한 정보를 숨기고 있는 것처럼 보인다. 아마도 역대기 사가는 귀환이 광범위한 현상이 아니었고, 다시 도전해야 하는 엘리트 지도자들의 엄청난 용기에 의존했다는 점을 우리가 인식하기를 원하고 있는지도 모른다. 어쨌든 최종 단락은 유대교의 새로운 시작에 깊이 고정된 희망과 가능성에 대한 분명한 진술이다.

이 결론은 우리가 히브리 정경에서 역대하가 성서 목록의 가장 마지막에 놓여 있다는 것을 주목할 때 더욱 놀랍다[**정경**을 보라]. 결과적으로 이 구절은 히브리 성서의 마지막 구절이다. 마지막 진술 내용은 유대인들이 고향으로 돌아갈 수 있다는 것이다.

그리스도교 독자에게 이 주장은 유대인 디아스포라와 이스라엘 국가를 고려해 볼 때, 심지어 오늘날에도 충분히 인식되어야 할 필요가 있다. 그것을 넘어서, 만약 우리가 이 유대인 성서의 결말을 말라기 4:5-6에 나오는 그리스도교 성서의 결말과 대조한다면, 우리는 정경이 어떻게 다르게 끝나는지 숙고해 볼 수 있을 것이다.

역대기의 두 본문(역대상 4:9-10과 역대하 7:14)은 오늘날 북미의 대중적 종교에서 관심을 받고 있다. 역대상 4:9-10에 있는 야베스의 기도는 물질적 성공을 위한 손쉬운 공식으로서 수없이 사용되고 기념된다. 역대하 7:14은 국가주의의 역할에서 가장 편협한 종류의 도덕주의적 촉구들을 만드는 데 사용된다. 이 두 가지의 현대적 적용은 다음을 제안한다.

첫째, 역대기 역사서는 해석적 왜곡에 취약하다. 왜냐하면, 거의 모든 보도가 이해되기 어렵기 때문이다.

둘째, 대중적 미국의 종교에서 성서에 대한 현재의 이해와 사용은 가장 무비판적 종류의 물질주의와 국가주의에 대한 관심 안에서 뻔뻔할 정도로 이념적이고 부끄러울 정도로 주전론적(主戰論的, jingoistic)이다.

역대기 역사서는 신학적 상상력의 수행이다. 역사는 진지하게 다루어진다. 하지만 역사는 한 가지 이상의 방식으로 이야기될 수 있다. 여기서 취해지는 방식은 충실함과 불충실함에 관한 삶의 이야기를 특정한 순간 안에 착륙시켜 놓은 것이다. 성서의 줄거리는 특징적으로, 상이한 매 순간을, 심지어 고레스와 같은 이방인들에게도 말씀을 주는 창조의 하나님의 변치 않는 현실과 특별하게 연관된 매 순간을 구체적으로 건드린다.

참고 문헌

Braun, R. L. "Solomon, the Chosen Temple Builder: The Significance of I Chronicles 22, 28, 29 for the Theology of the Chronicler." *JBL* 95(1976): 581-590.

Braun, R. L. "Solomonic Apologetic in Chronicles." *JBL* 92(1973): 502-514.

Brettler, Marc Zvi. *The Creation of History in Ancient Israel* (London: Routledge, 1998).

De Vries, Simon J. *1 and 2 Chronicles* (The Forms of the Old Testament Literature XI; Grand Rapids: Eerdmans, 1989).

Japhet, S. *I and II Chronicles: A Commentary* (OTL; Louisville, Ky.: Westminster John Knox Press, 1993).

Jones, Gwilym H. *1 and 2 Chronicles* (Old Testament Guides; Sheffield: Sheffield Academic Press, 1993).

Myers, Jacob M. "The Kerygma of the Chronicler: History and Theology in the Service of Religion." *Interpretation* 20(1966): 259-273.

Newsome, J. D. "Toward a new Understanding of the Chronicler and His Purpose." *JBL*

94 (1975): 201-217.

Throntveit, M. A. *When Kings Speak: Royal Speech and Royal Prayer in Chronicles* (Chico, Calif.: Scholars Press, 1987).

von Rad, Gerhard. *Old Testament Theology I* (San Francisco: Harper & Brothers, 1962), 347-354.

von Rad, Gerhard. "The Levitical Sermons in I and II Chronicles." in *The Problem of the Hexateuch and Other Essays* (New York: McGraw-Hill, 1966), 267-280.

Williamson, Hugh G. *Israel in the Books of Chronicles* (Cambridge: Cambridge University Press, 1977).

Williamson, Hugh G. *1 and 2 Chronicles* (NCB; Grand Rapids: Eerdmans, 1982).

55. 역사
History

구약성서의 민족, 이스라엘은 확실히 역사의 여러 상황 아래서 살았고, 역사의 예측 불허한 변화, 위험, 가능성들의 지배를 받았다. 게다가 구약성서의 하나님은 이스라엘의 역사와 세상의 역사에 실질적으로 그리고 결정적으로 관여하는 존재로 표현된다. 이스라엘 백성과 이스라엘의 하나님이라는 두 가지 측면에서, 구약성서의 신앙은 역사와 깊이 연관된다. 불가피하게 구약성서에 관한 비평적 연구는 역사적 과제로 오랫동안 이해되어 왔다.

"역사"라는 용어는, 그것이 구약성서 연구에서 사용될 때, 대단히 복잡하고, 결론적으로 애매하고 규정하기 어려운 개념이다. 사실상 구약성서 연구에서 "역사"는 적어도 세 가지 상당히 상이한 의미들을 지닐 수 있다.

첫째, 기억된 역사(Rememebered history)

"역사"는 과거에 관하여 기록되고 작성된 것이다. 역사에 관한 이러한 개념은 여러 학자가 위대한 비평적 학식을 가지고 고대 시기의 이스라엘의 과거에 관한 그들의 견해(version)를 표현할 때마다 현대의 비평적 학문에 적용될 수 있다.

또한, "기록되고 작성된"이라는 개념은 구약성서 자체 내에 있는 "역사들"을 가리킬 수 있다. 따라서 여러 학자는 "신명기 역사서"(Deuteronomic Hitory: 여호수아, 사사기, 사무엘서, 그리고 열왕기로 구성되어 있는) 혹은 역사가로서의 "역대기 사가"(Chronicler: 역대기상과 역대기하로 구성되어 있는)를 언급한다 [**역대기사가, 신명기 신학**을 보라].

확실히, 과거에 관한 고대의 견해들과 현대의 비평적 견해들은 서로 매우 다르다. 왜냐하면, 현대의 견해들은 고대인들이 사용할 수 없었던 여러 비평적 방법론들을 활용하기 때문이다. 그럼에도 불구하고, 과거에 관한 이러한 두 가지 종류의 표현은 그것들이 "견해들"(versions)이라는 점에서 공통점을 지닌다.

즉, 그것들은 기록하고 작성하는 사람들의 관점과 상상력에 의해 형성되고 그것을 통해 여과된 과거에 관한 번역들이다. 과거에 관한 서로 다른 (고대의 혹은 현대의) "견해들"이 "실제 과거"를 어느 정도 적절하게 사용하긴 하지만, 고대와 현대의 모든 "견해"는 객관적이거나 사실에 가깝다고 주장할 수 없는 견해이다. 구성력으로서의 상상력은 다양한 종류의 자료를 과거에 관한 믿을 만한 내러티브 기술로 종합하는 데 있어서 불가피하게 작용하고 있다.

둘째, 실제 역사(Actual history)

기록되고 작성된 것과는 매우 다르게, 또한 "역사"라는 용어는 과거에 발생했던 사건을 가리킬 수 있다. 이러한 의미의 차원은 성서의 증언이 실제 사건들과 일치한다고 주장함으로써 그것의 신뢰성을 나타내고자 할 때 작용한다. 이러한 주장은, 만약 성서가 "역사적으로 신뢰할 만한 것"으로 판명된다면, 우리가 그것의 신학적 유효성에 틀림없이 의존할 수 있을 것이라고 종종 가정한다.

또는 부정적으로 말해서, "역사적 신뢰성"을 약화시키는 것은 성서의 신학적 유효성에 대해 의문을 제기하려는 하나의 시도일 수 있다. 자주 전제되는 이러한 연관성은 흔히 인식되는 것보다도 훨씬 더 많은 문제를 가지고 있다.

사실상 과거에 일어났던 일은 우리와 동떨어져 있고, 대부분 복구 불가능하다. 왜냐하면, 우리는 검증 가능한 자료로 간주되는 정보에 접근할 수 없기 때문이다. 최근 50년 전까지만 해도, 비평학자들은 성서의 본질적 줄거리가 과거에 일어났던 일에 대한 정확한 자료이고, 따라서 두 가지가 밀접하고 신뢰할 수 있는 방식으로 서로 관련되어 있다고 추정하는 경향이 있었다.

그러나 지난 두 세대 동안, 새로운 방법론들, 관점들, 그리고 질문을 구성하는 방식들로 인하여 성서적 증거 자체가 과거에 일어났던 일에 대한 빈약하고, 믿을 수 없는 지표라고 결론을 내리는 강력한 학문적 경향이 나타났다. 왜냐하면, 해석의 여러 목적들과 경향들이 성서적 증거를 형성하고, 따라서 그것을 믿을 수 없는 것으로 만들기 때문이다.

따라서 비평학의 최근 합의는 과거에 일어났던 일을 복구하려는 시도에 있어서 주로 비성서적 증거에 호소한다. 고고학적 증거와 비성서적 문서 증거에 특별한 관심이 주어지는데, 그중 대부분은 고대 이스라엘 외부에서 유래한 것이다.

최근의 방법들은 지난 10년 동안 몇몇 학자로 하여금 구약성서에서 주장된 많은 것에 대한 역사적 증거가 존재하지 않으며, 그리고 7, 6세기 혹은 5세기 이전에 발생했다고 보도되는 것에 관한 신뢰할 만한 역사적 증거가 현저히 부족하다고 결론짓도록 이끌었다. 일부 학자는 이 문제를 2세기까지 늦추려고 했다.

"객관주의자"(objectivity)의 절차들과 가정들에 의해 전적으로 인도되는 이러한 더욱 최근의 학문은 매우 진지하게 다루어질 필요가 있다. 그러나 객관성에 대한 모든 주장과 자료들에 대한 냉정한 평가에도 불구하고, 이 학문 또한 "객관성" 테스트에 실패하고, 그 자료들이 고려되기 전에 여러 가정에 있어서 사실상 최소주의자(minimalist)가 된다. 결과적으로, 이 학문은 과거에 관한 또 다른 견해일 뿐이다.

이스라엘의 과거에 관한 이러한 최소주의자의 설명에서 적어도 세 가지 요소가 생성될 수 있다.

① 이 프로젝트는 계몽주의 인식론을 기반으로 하며, 본문 자체가 그것의 역사적 내러티브에 강력한 종교적 차원을 포함하고 있음에도 불구하고, 과거에 발생했던 일에 대한 종교적 차원을 고려사항에서 제거하는 것에 처음부터 관심을 가져왔고 계속해서 관심을 기울이

고 있다. 계몽주의 인식론은 매우 많은 문제를 갖고 있다. 왜냐하면, 과거에 발생했던 것은 특정한 현대적 합리성이 신뢰할 수 있는 것에 의해 측정되기 때문이다. 그것은 성서 본문의 경우에서처럼 그러한 합리성의 외부로부터 등장했던 문서들을 받아들이지 못한다.

② 몇몇 최소주의 학자의 관점은 종교적 권위주의에 대한 보다 이른 시기의 개인적 경험들에 의해 깊이 형성된다. 몇몇 경우에 있어서, 성서의 역사적 주장들을 최소화하는 것은 아마도 그 자체로 성서적 주장의 일부는 아니지만 쉽게 그 안으로 유인되는 권위주의에 대한 반응일 것이다.

이러한 관계가 작용할 때, 비록 그것이 숨겨지고 인식되지 않는다고 하더라도, "객관성"에 관한 주장은 당연히 그러한 학문을 평가하는 데 있어서 거의 적절하지 않다. 회의주의가 언제 타당한 학문적 입장이 되는지, 그리고 그것이 언제 감정적으로 추진되는 이념적 입장으로 넘어가는지를 결정하는 것은 쉽지 않다.

③ 성서의 "역사적 주장들"이 때때로 "약속의 땅"에 대한 현대 이스라엘의 정치적 주장들에서 사용되기 때문에, 이러한 주장에 대한 "학문적" 폭로가 종종 발생한다. 그것은 현대의 정치적 논쟁 안에서 성서 본문을 이념적으로 사용하는 것을 축소하기 위해 고안된 폭로이다. 나는 이러한 접근법이 성서의 역사성에 대한 현대적 문제제기의 주요 구성요소라고 제안하는 것은 아니지만, 적어도 그것은 과학적 해석의 한가운데서 관심이 작동하는 방식의 대표적 예로서 주목될 필요가 있다.

셋째, 고백된 역사(Confessed history)

역사에 관한 매우 다른 개념은 성서 해석자들이 (성서 자체의 주장 이후에) 하나님이 역사 안에서 행동한다고 주장하는 곳에서 작용한다. 이러한 종류의 확언은, 지금은 매우 문제가 많은 것으로 보이는데, 한 세대 전에 성서 해석에 강력한 영향을 미쳤다. 그 구절에 의해 학자들은, 예를 들어 실제 일어났던 사건들로 표현되는 출애굽(출 1-15장) 혹은 땅 획득(수 1-12장)에 관한 이스라엘의 성서적 서술 안에서, 서술된 사건들은 활동하고 있는 등장인물로서 야웨의 결정적 행위를 포함하고 있고, 그 없이는 내러티브 기사 자체가 의미가 없다고 단순히 말했다. 즉, 이스라엘 내에서 소중하게 여겨지는 출애굽 사건을 야웨의 결정적 행위와 관련 없는 그저 하나의 사건으로 상상하기란 거의 불가능하다.

이러한 연구에 관한 학자들의 마지막 세대에서, 야웨를 핵심적 "역사적 인물"로 만드는 이러한 주장에 관한 문제점이 과거에 일어났던 사건에 관한 무신론적 설명을 추구하는 사람들뿐만 아니라 "하나님/역사"에 관한 "범주의 오류"(category mistake)의 어려움을 인식하고 있는 진지한 신학적 해석자들에 의해 인식되었다.

일어났던 일(이는 이스라엘의 신앙생활에 자금을 지원하는 "구원 사건들"로 기억된다)에 대한 신학적, "복음주의적" 설명은 그 안에서 하나님이 결정적으로 관여하지 않았던 "역사적 사건들"에 호소할 수 없다. 이러한 확정적인 신학적 주장은 현대 세계의 합리적인 지적 가정들에 따라 그들의 신앙을 (그들 자신과 그들의 자녀들에게) 이해할 수 있게 만들고자 하는 성서의 신자들에게 있어서 끊임없이 문제가 된다.

따라서 "역사"라는 용어는 여러 방향에서 변화하고, 엄청난 모호성들을 지닌다. 이 용어에 관한 이러한 세 가지 용례의 상호연관성은 어려운 문제일 뿐만 아니라 진행 중인 성서 해석 공동체를 위한 중요한 과제를 구성할 것이다. 혹자는 과학적 회의론자로서 단순히 세 번째 용례를 괄호로 묶고, 이스라엘의 "역사"를 현대의 상식에 따라서 묘사할 수 있다.

그러나 이러한 지평은 신학적으로 진지한 성서 해석자들을 만족하게 하지 못할 뿐만 아니라, 우리가 회복해야 한다고 주장하는 공동체의 증언으로부터 동떨어진 역사를 제공한다. 즉, 그 한가운데에 하나님의 임재가 없는 회복된 과거는 성서 내러티브를 형성하고 보존했던 사람들에게는 어떠한 관심도 없었을 과거이다.

기억된 역사, "실제" 역사, 그리고 고백된 역사에 관한 문제가 어떻게 판단될지는 두고 볼 일이다. 학계는 최근 "최소주의"의 태도를 보인다. 그러나 이 관점이 오히려 한 세대 전에 있었던 "최대주의"(maximalist)적 투사에 대한 급격한 전환이라는 사실을 고려할 때, 우리는 현재 입장이 조만간 다른 가설들에 자리를 내줄 것이라고 예상할 수 있다.

이 문제는 어렵다. 그리고 우리는 어떤 쉬운 해결책을 상상해서도 안 되고, 이 문제를 **인신 공격식**(ad hominem: 특정인의 주장을 반박하는 대신 그의 인격을 모독하거나 훼손하는 문학적 용어이다, 역자 주)의 묵살들로 무시해서도 안 된다.

회의주의가 현재 시대의 풍조인 반면, 더욱 오래된 신앙주의(fideism)는 현재 학계의 해석가들 사이에서 사용 가능한 선택이 아니다. 그런데도 내 판단에는, 결국 회의주의가 본질에서 우월한 입장은 아니지만, 그것은 특별한 개인적 역사와 그에 따른 여러 지적 가정들을 가진 몇몇 해석자들에게는 더 나은 역할을 할 수 있다. 하나의 대안으로서의 신앙주의(기꺼이 믿을 준비가 되어 있는)는 학계의 회의주의의 대척점으로서 그 문제에 대하여 교회 안에서 어떤 특권도 주장할 수 없다.

언제나 그렇듯이, 성서는 우리가 설명할 수 있는 범주들을 빠져나간다. 우리가 본문의 서술(기억된 역사) 또는 우리의 최선의 과학적 재구성(실제 역사)에 따라 과거에 발생했던 것을 숙고한 후에, 우리는 성서 자체가 비록 현대적 의미에서 "역사"라고 주장될 수 없다고 할지라도, 그것의 중심 인물에 대한 증언에 있어서 타협하지 않는다는 것을 발견한다. "역사/하나님"은 "범주의 오류"일 수 있지만, 그것은 회당과 교회가 그들의 신앙을 걸었던 범주의 오류이다. "범주들을 바로잡는 것"(그럼으로써 흥미롭고 위험한 모든 것이 제거되는)의 비용을 지불하는 것은 적절하지 않다.

참고 문헌

Barth, Karl. "The Strange New World Within the Bible." in *The Word of God and the Word of Man* (New York: Harper & Brothers, 1957), 28-50.

Buber, Martin. "The Man of Today and the Jewish Bible." *On the Bible: Eighteen Studies*, ed. N. N. Glatzer (New York: Schocken Books, 1968), 1-13.

Davies, Philip R. *In Search of "Ancient Israel"* (Sheffield: JSOT Press, 1992).

Dever, William G. *What Did the Biblical Writers Know and When Did They Know It?* (Grand Rapids: Eerdmans, 2001).

Finkelstein, Israel and Neil Asher Silberman. *The Bible Unearthed: Archeology's New Vision of Ancient Israel and the Origin of Its Sacred Texts* (New York: Free Press, 2001).

Halpern, Baruch. *The First Historians: The Hebrew Bible and History* (San Francisco: Harper & Row, 1988).

Lemche, Niels Peter. *Ancient Israel: A New History of Israelite Society* (Sheffield: JSOT Press, 1988).

Lemche, Niels Peter. *The Israelites in History and Tradition* (Library of Ancient Israel; Louisville, KY.: Westminster John Knox Press, 1998).

Thompson, Thomas L. *Early History of the Israelite People: From the Written and Archaeological Sources* (Leiden: Brill, 1992).

Van Seters, John. *Abraham in History and Tradition* (New Haven, Conn.: Yale University Press, 1975).

Van Seters, John. *Prologue to History: The Yahwist as Historian in Genesis* (Louisville, Ky.: Westminster/John Knox Press, 1992).

Whitelam, Keith W. *The Invention of Ancient Israel: The Silencing of Palestinian History* (New York: Routledge, 1996).

Yerushalmi, Yosef Hayim. *Zakhor: Jewish History and Jewish Memory* (Seattle: University of Washington Press, 1982).

56. 영
Spirit

구약성서는 그것의 문화적 환경과 마찬가지로 세상이 많은 "영들"(spirits)로 가득하고 그것에 매여 있다고 가정한다. 그 영들의 힘의 결과는 세상에서 관찰할 수 있지만, 그 힘들은 여전히 "인격 이전"(prepersonal)의 미확정 상태로 남아 있다. 즉, 세상은 공허하고 세속적이기보다 오히려 "매혹적"(enchanted)이다. 그러나 우리의 관심은 야웨의 속성과 대리인으로서의 "영"(spirit)에 더 적절하다. 영은 야웨가 의지와 능력의 대리인으로서 세상에서 결정적으로 일하는 방식이라고 전해지고 알려진다.

> 영은 여전히 먼저 구약성서에서 하나님의 특권적 캇 엑소켄(*kat' exochen*)이자, 그의 탁월한 계시와 행동의 도구이다(Jacob, 123). (헬라어 구절 *kat' exochen*은 **탁월함**[*par excellence*]과 동의어이다.)

"영"으로 번역되는 히브리어 용어는 **루아흐**(*rûaḥ*)이다. 이 용어는 또한 "호흡" 혹은 "바람"으로도 번역될 수 있다. 이 모든 용어는 야웨와 관련되어 있지만, 비가시적이고 불가해하고 저항 불가능한 어떠한 특별한 힘이 세상으로 방출되는 것을 신학적으로 표현하려고 한다.

몇몇 본문은 이러한 각각의 번역으로 특별히 식별될 수 있다. 예를 들어, 시편 104:29-30에서, **루아흐**(*rûaḥ*)라는 용어는, 비록 30절에서 NRSV(개역개정도 "영"으로 번역함, 역자 주)는 "영"으로 번역하고 있다고 하더라도, "호흡"을 의미한다.

이 구절은 숨을 들이쉬고 내쉬는 능력, 즉 살아 있는 존재의 가장 기본적인 활동에 관한 것이다(창 6:17; 민 16:22; 전 12:7을 보라). 출애굽기 14:21

과 15:8에서, 이 용어는 바람, 즉 물들을 뒤로 몰아낼 수 있는, 알려져 있으나 보이지는 않는 그러한 힘을 분명하게 가리킨다. 사무엘상 16:14-16에서, 이 단어는 신학적-심리학적 특수성을 지닌 대리인의 충돌을 의미한다.

그런데도, 비록 이 용어가 이러한 여러 방식으로 분류될 수 있다고 할지라도, 대부분은 그러한 다른 용례들을 분류하는 것은 실수이다. 왜냐하면, 히브리어에서 **루아흐**(*rûah*)는 야웨의 뜻과 목적에 깊이 연결되어 있고, 세상의 현실을 붕괴시키고 변화시킬 수 있는, 세상 안에서 작용하고 있는 파급력을 가리키는 보다 전체론적인 의미에서 그것들 모두를 정기적으로 내포하고 있기 때문이다.

따라서 **루아흐**(*rûah*)의 "신성"(Godness)은 하나님이 인간 능력의 이해나 통제를 초월하여 선이든 악이든 삶의 현실을 결국에는 정돈하고 결정한다는 것을 확언하기 위해서 증명된다.

이러한 불가사의하지만 의심할 수 없는 하나님의 힘은 창조에서 결정적 행위자이다(창 1:2; 시 33:6; 104:29-30). 영은 강력하고 변혁적인 순종으로 인간 대리자를 파견할 수 있는 행위자다(왕하 2:9-18을 보라). 이 구절들에서, 비록 영이 엘리사에게 임한 "엘리야의 영"으로 불린다고 할지라도, 분명하게 이 언급은 그보다는 엘리야 위에 놓여 있던 하나님의 영에 관한 것이다. 이사야 42:1-4에서는 영에 의해 권능을 받은 종이 정의를 가져올 것이고, 이사야 61:1-4에서는, 변혁적 사회정책이 영에 의해 파견된 인간 대리자로 인하여 예견된다.

그러한 하나님의 영(세상에 나타나는 하나님의 임재와 의지의 저항할 수 없는 힘)은 시편 51:11에서 하나님의 "거룩한 영"(holy spirit)으로 표현된다. 거기에서 이 표현은 생명을 주는 영을 의미한다. 에스겔 11:14-21과 36:22-32에서, 이 표현은 신성모독에 의해 오염되지 않고 왜곡되지 않은 하나님의 깨끗한 이름을, 따라서 세상의 생명을 위한 하나님 자신의 독특한 능력을 대표한다.

이 용어의 특별히 주목할 만한 사용은 요엘 2:28-29(참조. 행 2:14-21)에 나타난다. 거기에서 영은 상상력 풍부한 자유의 선물이 될 것이고, 그것을 통해 신앙 공동체의 모든 구성원은 이스라엘 삶의 현재 상황을 초월하여 미래를 진단할 수 있다. 여기서 영은 이스라엘을 해방하고, 이스라엘을 인간의 실패 혹은 절망을 초월한 세상 안으로, 그리고 하나님의 약속된 웰빙 안으로 인도한다.

"영"은 세상이 인간의 설명이나 통제를 초월한 야웨의 통치 무대라는 이스라엘의 확신에 관해 말하고자 하는 시도이다. 영에 관한 구약성서의 명확한 표현은 역동적이지, "삼위일체의 세 번째 위격"으로서의 성령(Spirit)과는 관련이 없다. 이러한 기독교적 표현은 초대 교회 안에서 성서의 신앙이 헬레니즘 철학의 실체적 범주들로 옮겨졌을 때 나타났다. 일반적으로 삼위일체론적 기독교 신학은 성령에 대한 발전된 결과를 가져오지는 못했다. 정확하게 아마도 이는 그 힘이 이러한 지적 표현에 적합하지 않았기 때문일 것이다.

일반적으로 오순절주의(Pentecostal)로 특징지어지는 교회들은 직접적 방식으로 생명을 주는 힘으로서의 영을 계속해서 경험하고 있다. 반면에, 고전적인 기독교의 노선에 있는 더 많은 "주류" 교회들은 성령을 침투적이고 생명을 주는 힘이라기보다는 다른 방식인 "세 번째 위격"(The Third Person of the Trinity)으로 표현했다. 어떠한 경우든, 구약성서에서 영은 인간의 통제 혹은 설명을 훨씬 초월하여 인간의 삶을 결정적으로 통치하는 방식으로 작동한다고 언급된다.

참고 문헌

Jacob, Edmund. *Theology of the Old Testament* (New York: Harper and Brothers, 1958), 121-127.

Moltmann, Jürgen. *The Spirit of Life: A Universal Affirmation* (Minneapolis: Fortress Press, 1992).

57. 영광
Glory

"영광"이라는 용어는 광채와 힘의 기운, 즉 통치할 수 있는 능력을 나타낸다. 히브리어 "카베드"(kbd)라는 용어는 문자적으로 "무거운"을 의미한다. "영광"을 소유하고 있는 사람은 무게감, 영향력, 권세, 명망, 그리고 진지함을 지닌 사람이다. 이 용어는 "무게감 있는" 인물을 가리키기 위해 사용되었는데, 많은 다른 용어들처럼, 그것은 신학적인 용어로 변화되었고 야웨의 광채, 위엄, 그리고 비할 데 없는 능력을 증언하게 되었다.

이와 비슷한 동의어 "거룩함"과 같이, "영광"이라는 용어는 구약성서의 용례, 즉 제사장 전통과 신명기 전통들 안에서 두 개의 다른 방향들로 사용된다. 제사장 전통들 안에서, 이 용어는 이스라엘 내의 야웨의 제의적 임재, 즉 시편 50:2에서처럼, 가시적으로 "빛나는" 빛의 밝음으로 알려진 임재를 암시한다[**제사장 전승**을 보라].

폰 라트는 **영광 신학**(theology of glory)이 **이름 신학**(name theology)과 대조될 수 있고, 그 두 신학이 각각 제사장 전통과 신명기 전통들 안에서 나타나고, 차례대로 시각적인 것과 청각적인 것을 강조한다는 것을 제안했다. 야웨의 임재는 제사장 전승에서 손에 만져질 듯한, 거의 물질적인 임재로서 이해된다. 따라서 시내산 기슭에 있는 출애굽기 24:15-18과 성막과 관련된 출애굽기 40:34-38에서 그 임재는 압도적이고 많은 공간을 채운다.

관련된 전통 안에서, 에스겔은 야웨의 도래와 떠남, 즉 예루살렘 성전에서의 부재와 임재를 증언하기 위해 영광의 개념을 사용한다. 따라서 에스겔 10:18-19에서 그 영광은 그룹의 날개를 달고 성전을 떠나서 바빌론에 있는 유배자들에게 간다. 이 본문의 주의 깊은, 그러나 포괄적 표현은 이 예언자가 하나님의 능력에 관해 말로 표현될 수 없는 것을 말하려고 노력하고 있음을 보여 준다.

에스겔 43:1-5의 상호 보완적인 단락에서, 영광은 성전으로 돌아온다. 영광이 본질적으로는 시각적이지만, 에스겔의 보도는 또한 하나님의 영광에 대한 청각적 경험을 포함한다. 거룩한 장소에서 보이는(혹은 들리는) 영광은 이스라엘을 위한 야웨의 접근할 수 있고, 사용 가능한 임재를 가리킨다. 그러나 동시에 야웨의 임재는 항상 자유롭고, 오고 갈 수 있고, 제의적 도식 안에 갇히지 않는 것으로 묘사된다.

그러나 제의 안에서 알려진 하나님은 자비롭고 수동적인 존재가 아니었다. 그리고 그러한 이유로 인해, 동일한 용어 "영광"은 능력과 주권을 위한 대결들 안에 야웨의 참여를 증언하기 위해 훨씬 더 역동적인 방식으로 사용된다. 야웨는 다른 신들도 통치권이 있음을 주장하는 세상에서 살고 있고, 때때로 도전자들과 대결을 하고 적수가 없는 통치권을 주장하기 위하여 다른 신들을 물리칠 수 있는 능력을 보여 주어야 한다.

그러므로 이 용어는 군사적 함축을 띠고 있는 어떤 것이고, 때때로 그 안에 야웨의 영광이 언약궤에 부착된 것으로 인식되는 이스라엘의 군사적 관행의 고정물인 언약궤와 연결된다(참조. 민 10:35-36). 이스라엘의 송영들에서, 야웨는 다른 예배자들로부터 예배 안에서 영광을 얻는다고 전해지는데, 그 예배자들 안에는 이스라엘, 아마도 다른 나라들, 그리고 야웨에 패배하고 그의 주권을 인정한 다른 신들이 포함되어 있다(시 29:1-2, 9; 96:4; 97:6-7).

실제로, 시편 19:1에서 하늘과 땅은 세상의 모든 곳에서 명백해 보이는 주권의 기운을 증언하는 기쁨의 증인들이 된다. 예배의 맥락에서, 야웨는 영광을 소유하고 있는 것으로 나타난다. 그러나 야웨는 또한 야웨의 위엄 있는 광채를 인정하고 경의를 표하는 사람들로부터, 그리고 도전 혹은 경쟁을 명백히 초월하여 야웨의 주장에 그들 자신의 주장들을 굴복시킨 사람들로부터 영광을 받는다.

그러나 야웨의 뚜렷한 영광(혹은 주권의 기운)은 예배에 국한되지 않고 세상의 삶에서도 나타난다. 따라서 출애굽기 14:4, 17에서, 출애굽은 야웨가 파라오를 압도하는 "영광을 얻는" 행위, 즉 경쟁자가 되려는 파라오를 제압하고 패배시킬 힘을 증명하는 행위로 간주된다. 사무엘상 4-5장은 "카베드"에 대한 정교한 언어유희를 내포한다. 이스라엘(그리고 야웨)의 패배는 언약궤를 빼앗기는 것에서 구현되는데, 이것은 "이가봇"(Ichabod), 즉 "**카보드가 떠났다**"로 요약된다.

그러나 그 후에 내러티브는 배경을 뒤바꾼다. 사무엘상 5:6, 7, 11에서, 야웨의 손이 "무겁다"(heavy)라고 전해지고, 동일한 용어 "카베드"가 사용된다. 야웨의 주권이 다시 작동하고, 이는 블레셋 사람들과 그들의 신 다곤에게 완전히 가시적으로 나타난다. 다곤 신은 야웨의 우월한 능력에 패배하고 수치를 당한다. 게다가 주권에 대한 야웨의 주장은 바빌론의 신들이 더욱 강력하고 야웨를 패배시킬 수 있는 것처럼 보인 포로기에 혹독하게 시험받았다. 그러나 시인에 따르면, 야웨는 동요하지 않고, 힘을 찬탈하거나 공유하기 원하는 신적 적대자들에게 어떤 것도 양보하지 않는다.

> 나는 여호와이니 이는 내 이름이라
> 나는 내 영광을 다른 자에게,
> 내 찬송을 우상에게 주지 아니하리라(사 42:8).

> 내 영광을 다른 자에게 주지 아니하리라(사 48:11; 참조. 사 46:1-7).

능력에 대한 모든 대결에서, 이 본문은 야웨가 도전을 완전히 초월하는 힘을 가지고 있다고 특징짓는다. 경쟁자가 되려고 하는 어떤 자도 대결이 불가능하다. 따라서 성전에서 끝없이 찬양받고, 존경받고 "영화롭게 되는" 존재는 세상의 실제 갈등과 대결들 속에서 비할 데 없는 합법적 주권을 얻고, 확립하고, 입증했던 존재이다. 이스라엘 가운데에 "체류하는"(sojourn) 존재는 찬양과 순종을 받기에 전적으로 합당한 존재이다.

기독교인들은 예배에서 이 용어에 매우 친숙하므로 "영광"은 거의 관심을 받지 못한다. 이 용어는 누가복음 내러티브에서 예수의 탄생을 알리는 하나님 사자들의 입술을 통해 멋지게 나타난다. 거기에서 하나님의 사자들은 하나님의 "주권의 기운"이 새로 탄생한 이 아기에게 연결된다고 주장한다(눅 2:14). 게다가 기독교인들은 "아버지와 아들과 성령께 영광이 있기를"이라고 정기적으로 찬양한다.

그럼으로써 교회는 찬양과 순종을 정당하게 만드는 삼위일체로 명명된 하나님의 온전한 통치권을 기쁘게, 그리고 거리낌 없이 수용하고 인정한다. 초대 교회 안에서 예수에 대한 주요 주장은 나사렛 예수 안에서 "우리가 그의 영광을 보니 아버지의 영광이요 은혜와 진리가 충만하더라"(요 1:14)가 가시적으로 된다는 것이다. 이러한 심오한 주장은 야웨의 합법적 통치가 확립되고 증언되는 이스라엘의 제의적, 내러티브적 전통들에 참여할 때만 유일하게 이해 가능하다.

참고 문헌

Balthasar, Hans Urs von. *The Glory of the Lord* vols. 1-3 (San Francisco: Ignatius Press, 1982-1986).

Brueggemann, Walter. *(I)chabod toward Home* (Grand Rapids: Eerdmans, 2002).

Rad, Gerhard von. *Studies in Deuteronomy* (SBT 9; Chicago: Henry Regnery Co., 1953), chap. 3.

Terrien, Samuel. *The Elusive Presence: Toward a New Biblical Theology* (New York: Harper and Row, 1978).

58. 예루살렘
Jerusalem

예루살렘은 고대 이스라엘의 정치적 상상력을 지배했고, 그 지역은 유대인과 기독교인 모두에 대한 상당한 양의 현대 정치적 에너지를 계속해서 알려 준다. 이 도시는(고대에 여부스라고 불렸다) 이스라엘보다 오래전에 있었던 옛 도시였으나, 다윗이 그것을 정복하고 돌이킬 수 없게 "다윗의 도시"로 만들었을 때에 이스라엘 역사와 신앙의 지평 안에 들어오게 되었다(삼하 5:6-10).

고고학자들은 이 "옛 도시"의 어떤 부분이 "다윗의 도시"(결코 "이스라엘의 도시"가 아니라)로 기능했는지, 그리고 어떤 부분이 실제로 "시온"이었는지 결정했다. 이 도시는 결코 이스라엘 혹은 유다의 일부인 적이 없었고, 다윗 가문의 사유 재산으로 남아 있었다. 이러한 구별들이 형성되었던 반면, 이스라엘의 신학적 담론에서 "시온"과 "다윗의 도시"는 신앙과 이스라엘의 미래를 위해 엄청난 중요성을 지닌 전체 도시의 전경을 가리킨다.

예루살렘은 구약성서 안에서 두 가지 이유로 역사적으로 중요하다.

첫째, 이 도시는 다윗이 그의 수행단을 헤브론으로부터 이동시켰을 때, 다윗 왕조의 자리가 되었고(삼하 5:5), 그 이후 그의 왕조는 놀랍게도 400년 동안 지속됐다.

둘째, 이 도시는 솔로몬 성전의 자리였다. 그것은 이스라엘의 정치적-경제적 성공의 핵심이자 정당성, 그리고 야웨가 수여할 미래에 대한 이스라엘의 희망의 중심이 되었다.

이스라엘의 예전적 상상력에서, 다윗 왕조와 성전에 대한 여러 주장은 야웨가 이스라엘에게 했던 두 가지 결정적 약속들로 쌍을 이룬다.

> ⁶⁸ 오직 유다 지파와
> 그가 사랑하시는 시온 산을 택하시며
> ⁶⁹ 그의 성소를 산의 높음같이,
> 영원히 두신 땅 같이 지으셨도다
> ⁷⁰ 또 그의 종 다윗을 택하시되
> 양의 우리에서 취하시며
> ⁷¹ 젖 양을 지키는 중에서 그를 이끌어 내사
> 그의 백성인 야곱,
> 그의 소유인 이스라엘을 기르게 하셨더니(시 78:68-71).

시간이 흐르면서 예루살렘에 관한 상상적-해석적 중요성은 구체적인 정치적 기능을 훨씬 능가했다. 왜냐하면, 이 도시가 현재에 야웨가 거주하는 장소로서(왕상 8:12-13), 그리고 야웨가 약속한 놀라운 새로움의 중심이 될 미래에 대한 이스라엘 신앙의 자리가 되었기 때문이다. 구체적인 정치적 현실과 구체적인 현실을 초월한 깊은 신학적 희망 사이의 상호작용과 긴장은 예루살렘이라는 도시가 보장했던 신앙의 경이로움들 중에 나타난다.

이스라엘의 예전적 상상력 안에서 예루살렘에 관한 세 가지 해석이 등장했다.

첫째, 예루살렘, 성전, 그리고 다윗의 도시에 관한 모든 것은 야웨가 거주하고 이스라엘이 야웨의 임재 안으로 들어갈 수 있는 현재의 제의적 실재로 이해된다. 다윗의 도시에서 이스라엘과 맺은 야웨의 약속들이 확언되었고, 야웨는 왕이자 창조주로서, 특별히 위대한 대관식시 안에서 정기적으로 기념되었다(시 93편; 96-99편). 그 결과 예루살렘은 야웨의 진지한 예배자들이 큰 기쁨과 기대를 가지고 정기적으로 방문했던 순례의 장소였다(시 122:1). 예루살렘에서 신실한 자들은, 비록 그러한 표현들이 무엇을 의미하는지를 정확하게 알기는 어렵지만, 하나님을 바라보는 것을 심사숙고했다(시 11:7; 17:15; 그리고 덜 직접적으로는 시 73:17을 보라).

예루살렘은 신앙에 관한 이스라엘 최고의 확언들이 모여 있고, 이스라엘의 삶을 보장하는 야웨가 거주하는 곳이다. 이스라엘의 신앙뿐만 아니라 정치에서 이 도시의 중요성은 시온의 노래(the Songs of Zion)에서 가장 잘 표현되어 있다. 그중 가장 잘 알려진 것은 시편 46편이다.

> ^{1} 하나님은 우리의 피난처시오 힘이시니
> 환난 중에 만날 큰 도움이시라
> …
> ^{4} 한 시내가 있어 나뉘어 흘러
> 하나님의 성
> 곧 지존하신 이의 성소를 기쁘게 하도다
> ^{5} 하나님이 그 성 중에 계시매
> 성이 흔들리지 아니할 것이라
> 새벽에 하나님이 도우시리로다
> …
> ^{7} 만군의 여호와께서 우리와 함께 하시니
> 야곱의 하나님은 우리의 피난처시로다(시 46:1, 4-5, 7; 참조. 시 48; 76; 84; 87편).

안전과 웰빙에 관한 이 영광스러운 단언은 대단히 신학적이다. 그러나 이러한 제의적 주장이 야웨를 이 도시에 거주하는 다윗 가문의 보증자이자 후원자로 만드는, 상당히 명백한 이념적 기능 또한 갖고 있다는 점을 주목하라. 따라서 고대 "시온이즘"(Zionism)의 전성기에는 완전히 병합된 제의적 신학적 요소와 정치적 이념적 요소를 분리하는 것은 거의 불가능했다. 그러한 병합은 정당성을 추구하는 헤게모니 권력의 목표였다.

따라서 그 도시에 대한 신학적 주장은 히스기야왕이 예언자 이사야의 명령을 따라 아시리아의 공격에 저항할 수 있었던 기원전 705-701년의 위기에 정치적 결실을 맺었다(사 37:22-38).

둘째, 예루살렘의 결정적 위기와 구약성서 신앙의 최악의 순간은 기원전 587년 바빌론인들의 손에 의한 그 도시와 성전의 파괴였다. 이 재앙은 본문에서 바빌론이 단지 도구일 뿐인 야웨의 의도된 심판(따라서 계속되어 온 예언적 경고들을 성취함)으로 이해되거나, 극심한 억압과 잔혹성을 행하는 바빌론인들의 손에 의한 무기력한 예루살렘의 희생으로 이해된다. 어느 쪽이든 구약성서는 예루살렘의 엄청난 상실에 대해 목소리를 내고 있으며, 그로 인해 신앙의 중심적 확언들은 산산이 부서진다.

이러한 상실은 그 도시의 치욕을 매우 비통해했던 예레미야애가에서, 그리고 추방된 백성의 쓰라림과 당혹감을 표현하고 있는 시편 74편, 79편, 137편에서 완벽히 표현된다. 따라서 시편 137:1의 첫 문장, "우리가 바빌론의 여러 강변 거기에 앉아서 시온을 기억하며 울었도다"는 참된 집으로서의 예루살렘에 대한 깊고 과장된 갈망 안에 표현되는 포로기 신앙의 중심 모티프이다. 시온의 노래들(시 46편, 48편, 84편, 그리고 87편)과 비통의 노래들(시 74편, 79편, 그리고 137편)의 병치는 구약성서의 신앙에서 분명히 드러나는 거의 견딜 수 없는 부조화를 나타낸다.

셋째, 포로기로부터 회복, 갱신, 재건된 예루살렘에 관한 깊은 희망이 생겨났다. 왜냐하면, 야웨는 야웨의 참된 집이자 모든 피조물의 진원지로 간주되었던 곳을 최종적으로 포기하지 않을 것이기 때문이다 (슥 1:14; 8:2-8을 보라). 예루살렘의 "역사적" 회복은 학개와 스가랴 1-8장의 예언적 발언들 안에, 그리고 에스라와 느헤미야의 지도로 이루어진 수수하지만, 구체적인 회복 안에 반영되어 있다. 그러나 "새 예루살렘"에 대한 서정적 희망은, 비록 혼란 중인 이 도시의 가시적 증거가 그 반대였음에도 불구하고 계속되었다.

포로지에서 그리고 아마도 특별히 포로민을 위해 예루살렘이 고대 솔로몬의 영화로운 날들로부터 기억된 모든 것을 능가하는 새로운 영광으로 회복될 것이라는 깊고, 단호하고, 서정적인 기대가 등장했다.

따라서 포로기의 예레미야는 놀라운 귀환과 예루살렘의 재건을 숙고했다(렘 31:4-14). 보다 성직자적 시각에서, 에스겔은 야웨가 영광중에 성전으로 귀환할 것을 기대했고(겔 43-44장), 따라서 그 도시의 새로운 이름은 "여호와가 거기에 계시다"가 될 것이다(겔 48:35).

이는 야웨가 이 도시에 부재한다는 현재의 경험과 대조적이다. 가장 웅변적으로, 후대의 이사야(제3 이사야, 역자 주)는 야웨의 "새 하늘"과 야웨의 "새 땅"에 상응하는 새 예루살렘을 상상한다(사 65:17-25). 이 놀라운 시는 장차 야웨가 제공할 새로운 도시 체제를 상세히 설명하는데, 그것은 완전한 웰빙, 모든 위협의 부재, 하나님에 대한 즉각적 접근, 그리고 삶의 모든 측면의 화해로 특징지어진다.

> 24 그들이 부르기 전에 내가 응답하겠고
> 그들이 말을 마치기 전에 내가 들을 것이며
> 25 이리와 어린 양이 함께 먹을 것이며
> 사자가 소처럼 짚을 먹을 것이며
> 뱀은 흙을 양식으로 삼을 것이니
> 나의 성산에서는 해함도 없겠고 상함도 없으리라
> 여호와께서 말씀하시니라 (사 65:24-25).

이 희망의 차원은 의심의 여지없이 배타적이며, 예루살렘이 매우 오랫동안 추방되었던 유대인에게 고향이 될 것이라는 점이다. 그러나 이러한 확언과 함께 야웨가 제공할 다가오는 예루살렘에 관한 더욱 광범위한 비전에서, 예루살렘은 토라를 공부하기 위해 그곳으로 올 모든 나라를 위한 순례의 중심지가 될 것으로 예상된다. 왜냐하면, 토라가 도래하는 세상의 평화에 대한 단서를 제공할 것이기 때문이다.

> ³ 많은 백성이 가며 이르기를
> 오라 우리가 여호와의 산에 오르며
> 야곱의 하나님의 전에 이르자
> 그가 그의 길을 우리에게 가르치실 것이라
> 우리가 그 길로 행하리라 하리라
> 이는 율법[토라]가 시온에서부터 나올 것이요
> 여호와의 말씀이 예루살렘에서부터 나올 것임이니라
> ⁴ 그가 열방 사이에 판단하시며
> 많은 백성을 판결하시리니
> 무리가 그들의 칼을 쳐서 보습을 만들고
> 그들의 창을 쳐서 낫을 만들 것이며
> 이 나라와 저 나라가 다시는 칼을 들고 서로 치지 아니하며
> 다시는 전쟁을 연습하지 아니하리라 (사 2:3-4; 참조. 미 4:1-4).

다가올 예루살렘에 관한 이 비전은 유대인의 특별한 지위 혹은 다윗 통치의 회복에 대하여 어떠한 언급도 하지 않는다. 왜냐하면, 이 본문에서, 그러한 유대적 독특함들의 초월성이 다가올 시기에 구상되고 있기 때문이다. 그러나 동시에 이스라엘의 토라는 정확히 평화에 관한 새로운 비전의 핵심이다. 따라서 이스라엘의 희망은 세부사항에 대한 명확함 없이, 특별한 유대인의 미래와 유대인의 하나님이 다윗성을 통해 세상에 준 선물인 거대한 인간의 미래 모두를 함께 고수한다.

구약성서의 지평에서 약속된 예루살렘은 물론 구체적으로 결실을 맺지 못한다. 비록 그 도시가 크게 회복되었다고 할지라도, 고대의 희망은 확실히 미완의 사업으로 남아 있다. 따라서 예루살렘은 설계자이자 건축가인 하나님이 아직 건설하지 않은 한 도시에 대한 제한 없는 초청으로 남아 있다.

현대의 시온주의에서, 아직 건설되지 않은 이 예루살렘은 유대인이 "예루살렘의 평화"를 위해 기도하는 것처럼, 유대인에게 매우 안전한 곳으

로 기대되는 장소이다. 또 다른 방식으로, 예루살렘은 하나님이 모든 것 안에서 모든 것이 되는 순간 도래할 하나님의 통치를 희망하는 기독교 전통에서 참조의 기능을 한다.

> ² 또 내가 보매 거룩한 성 새 예루살렘이 하나님께로부터 하늘에서 내려오니 그 준비한 것이 신부가 남편을 위하여 단장한 것 같더라 ³ 내가 들으니 보좌에서 큰 음성이 나서 이르되
> "보라 하나님의 장막이 사람들 중에 있으매
> 하나님이 그들의 하나님으로 그들과 함께 계시리니
> 그들은 하나님의 백성이 되고
> 하나님은 친히 그들과 함께 계셔서"(계 21:2-3).

다소 다른 운율(cadences)에서, 유대인과 기독교인은 "예루살렘"이 창조에 관한 하나님의 약속들의 궁극적 성취에 관하여 말하는 방법이라고 생각했다. 이러한 서로 다른 운율들은 고대의 기억들에 의존하나, 동시에 미래를 생성하고, 도시를 회복하는 야웨의 능력에 대한 신뢰를 표현한다. 서로 다른 운율들로, 그러나 공통의 목소리로 유대인과 기독교인들은 확실히 무슬림들과 함께하여, 예루살렘의 평화를 위해 기도한다. 왜냐하면, 예루살렘이 평화로워질 때, 세상은 태초에 야웨가 의도했던 더욱 완전한 세상이 될 것이기 때문이다.

그러한 새 예루살렘은 고대의 기억, 오래된 논쟁, 그리고 깊은 상처들을 간직할 것이지만, 고대 이스라엘은 야웨의 새로움이 (여러 기억, 논쟁, 그리고 상처들로 표시될 때조차도) 구체적 형태를 취하고 하나님의 백성을 말로 표현할 수 없는 기쁨에 남겨 둘 것을 또한 알고 있다. 이러한 모든 특징은 이 한 도시, 즉 오래되고, 파괴되고, 재건되고, 기다려지고 … 약속된 이 한 도시에 의해 수행된다!

참고 문헌

Brueggemann, Walter. "A Shattered Transcendence? Exile and Restoration." in *Biblical Theology: Problems and Perspectives,* ed. Steven J. Kraftchick et al. (Nashville: Abingdon Press, 1995), 169-182.

Hoppe, Leslie J. *The Holy City: Jerusalem in the Theology of the Old Testament* (Collegeville, Minn.: Liturgical Press, 2000).

Hess, Richard and Gordon Wenham. *Zion, City of Our God* (Grand Rapids: Eerdmans, 1999).

Ollenburger, Ben C. *Zion, The City of the Great King: A Theological Symbol of the Jerusalem Cult* (JSOTS 41; Sheffield: Sheffield Academic Press, 1987).

Porteous, Norman W. "Jerusalem-Zion: The Growth of a Symbol." in *Verbannung und Heimkehr: Beitrage zur Geschichte und Theologie Israel's im 6. und 5. Jahrhundert v. Chr.,* ed. Arnulf Kuschke (Tübingen: J. C. B. Mohr, 1961), 235-252.

Roberts, J. J. M. "The Davidic Origin of the Zion Tradition." *JBL* 92 (1973): 329-344.

von Rad, Gerhard. "The City on the Hill." in *The Problem of the Hexateuch and Other Essays* (New York: McGraw-Hill, 1966), 232-242.

59. 예배
Worship

특정한 상황에 기초하고 있는 모든 역사적 공동체와 마찬가지로, 구약 성서의 고대 이스라엘 공동체는 되풀이되는 인간 현실의 세상 곧 출생과 죽음에 관한 지역적, 가족적 현실들, 그리고 여러 전쟁과 전쟁의 소문이라는 공적 현실들에서 살았다. 예배의 맥락에서 이스라엘이 살았던 상황 역시 결코 예외가 아니었다. 만약 우리가 그러한 일반적 맥락에서 예배를 이해해야 한다면, 우리는 다음의 여러 접근 중 하나를 받아들일 수 있다.

우리는, 알베르츠(Albertz)와 밀러(Miller)처럼, **역사적**(historical) 접근을 고려하고, 절기, 희생 제사, 정결 규례와 같은 이스라엘의 종교적 관습들에 주의를 기울일 수 있다.

우리는, 크라우스(Kraus)처럼, 보다 **신학적**(theological) 접근을 취하고, 심판하고 구원하시는 야웨, 그리고 이스라엘, 여러 민족, 전체 창조물을 통치하는 야웨에 대해 제시된 주장들에 주목할 수 있다.

여기서 선택된 대로, 우리는 예배에 관한 **문화적-상징적 인류학**(cultural-symbolic anthropological)의 관점을 고려할 것이다. 사무엘 발렌타인(Samuel Balentine)의 연구에서 전형적으로 제시되는 이 접근법은 매리 더글라스(Mary Douglas), 클리포드 기어츠(Clifford Geertz), 그리고 빅터 터너(Victor Turner)의 인류학적 관점들에 크게 영향을 받았다. 이 접근에서, 분명히 예배는 새롭고, 다양하고, 대안적인 방식으로 세상을 나타내고 재묘사하기 위한 여러 상징의 관리와 제정(制定, enactment)이다.

이러한 이해는 예배의 신학적 "진지함"을 손상하지 않는다. 왜냐하면, 확실히 예배를 인도하고 참여했던 사람들은 제정된 상징화를 실제적이고 실질적인 것으로 받아들였기 때문이다.

예를 들어, "출애굽의 하나님"은 단순한 상징이 아니라, 이집트의 속박으로부터 이스라엘의 실제적 해방을 일으켰던 실제적인 행위 주체로 이해된다. 따라서 이스라엘의 예배 안에서 발생하는 현실의 재묘사는 출생과 죽음이라는 가족적 세상, 전쟁과 경제라는 공적 세상을 야웨(그러한 예배 안에서, 그리고 예배를 통해서 일어나고 있는 세상의 핵심 인물로 보이는)와 관련지어 재특성화하는 것이다.

비록 이러한 예배 공동체가 모든 인간 공동체 안에서 공통적으로 나타나는 삶의 자료들을 계속 차지한다고 할지라도, 야웨의 모든 "두께"(Thickness) 안에서 야웨에 관한 언급을 통하여 현실을 구체적으로 표현한다는 것은 그러한 예배의 결과(그리고 그에 따른 가정)가 다른 숭배나 상징화로 인한 세상과는 매우 다른 세상이라는 것을 의미한다. 예배에서 이스라엘은 다음을 재묘사한다.

- 야웨가 효과적인 주권과 관대한 은혜로 다스리는 야웨의 피조물로서의 세상.
- 야웨가 불러일으켰고 긍휼, 자비, 정의의 공동체가 되기를 원했던 하나의 공동체로서의 인간 사회.
- 순종하는 공동체로서, 그리고 야웨의 풍성함으로부터 자신의 삶과 세상을 받았고 기쁨으로 자신의 삶을 야웨에 돌려주겠다고 기꺼이 충성을 맹세한 공동체로서 세상에 있는 자신의 삶. 이러한 이유로, 확장된 시내산 전통들은 토라의 중심에 있다. 왜냐하면, 이스라엘을 만난 하나님은 명령하는 존재, 순종을 받을 존재이기 때문이다.

다음의 여섯 가지 관습은 이스라엘과 함께 거류하는 하늘과 땅의 창조주에 대한 이스라엘의 상상력 풍부한 관계에서 핵심적이다.

첫째, 이스라엘의 예배는 열정적인 **찬양의 행동들**(acts of praise)로 이루어져 있다. 이는 시편에서 증언된다(예를 들어, 시 145-150편을 보라). 찬양은 경이로움, 놀라움, 감사로 야웨에게 삶을 양도하는 억제되지 않은 기쁨의 행동이다. 찬양은 다른 모든 신과 다른 충성을 희생시키면서 삶과 야웨의 보호를 증진하려고 노력한다.

둘째, 이스라엘의 예배는 시편에서 분명히 알 수 있는 것처럼 **탄원과 불평**(lament and compalint)으로 이루어져 있다(시 3-7편을 보라). 이스라엘은 "그로부터 어떤 비밀도 숨길 수 없는" 이 하나님과 관련되어 있다. 그러한 이유로, 이스라엘은 야웨 앞에서 그들의 상실에 대해 완전하고, 자유롭게 말한다. 이 강조점은 기원전 6세기 포로기 이스라엘의 예배에서 두드러지게 되지만, 이 주제는 곳곳에 스며 있다. 그러한 기도들은 특징적으로 희망의 행동이다. 왜냐하면, 이스라엘은 야웨의 능동적이고 개입하는 응답을 온전히 기대하는, 긴급한 간구들을 공표하고 있기 때문이다.

셋째, 이스라엘의 예배는 **정결함과 거룩함**(purity and holiness)의 요구들에 대한 주의 깊은 관심으로 이루어져 있다. 이스라엘이 예배하는 하나님은 거룩하다. 즉, 모든 통제 혹은 비교를 초월하고, 정결함과 의로움으로 특징지어진다. 예배에서 이스라엘은 야웨가 공동체 안에 임재할 수 있도록 야웨의 그러한 특징에 자신을 일치시키기를 추구한다.

넷째, 이스라엘의 예배는 **이웃에 대한 주의 깊은 관심**(attentiveness to the neighbor)으로 이루어져 있다. 이것은 야웨를 향한 단일한 헌신으로부터 파생되고 그에 상응하는 것이다. 따라서 이스라엘의 여러 절기와 희생 제사들은 때로는 궁핍한 이웃을 먹이는 것에 관한 규정이고, 그것으로부터 이웃에 대한 윤리가 도출될 수 있다.

다섯째, 이스라엘의 예배는 야웨의 "강력한 행동들"에 대한 **활기 넘치고 잘 훈련된 기억하기**(vigorous, disciplined remembering)로 이루어져 있다. 이는 주로 야웨의 선하심에 대한 기억이지만(시 105편, 136편에서처럼), 또한 야웨에게 보인 이스라엘의 반항에 관한 기억이기도 하다(느 9장, 시 106편에서처럼). 세상은 놀라운 변혁적 기적들을 위한 무대로서 재묘사된다.

여섯째, 이스라엘의 예배는 **미래에 대한 활기 넘치는 상상력**(vigorous imagination about the future)의 행동으로 이루어져 있다. 이로써 세상은 야웨의 목적과 의도에 완전히 부합하는 방식들로 해석된다.

이러한 예배의 과정을 통해서, 이스라엘은 자신의 공동체와 세상을 야웨에 의해 전적으로 선물 받은 것으로, 그리고 야웨에게 응답하는 것으로 묘사했다. 동시에, 야웨 자신의 성품과 목적은 이 과정을 통해서 이스라엘에게 더욱 완전하고 뚜렷하게 나타난다. 이러한 단호하고 반복되는 재묘사는 거룩한 하나님에게 헌신하는 거룩한 백성을 생성시키는 데 있어서 결정적 역할을 했다.

물론, 이스라엘의 예배는 매우 다양하다. 본문은 수많은 다양한 문학적 자료, 시대, 상황, 관점으로부터 등장한 수많은 다양한 예배 관습을 보여 준다. 각각은 세심한 관심이 필요하다. 그런데도, 예배의 주요 흐름은 예배가 "야웨의 언약적 동반자로서 이스라엘이 야웨를 숙고하는 것"이라는 점에서, 예배가 자신의 환경의 지배적 가정들에 대응하는 한 공동체의 형성과 관습이라는 것을 보여 준다.

관습의 역사적 독특성들은 주목할 만한 가치가 있기는 하지만, 그것들은 대안적 사회 세계를 건설하기 위한 수단과 도구로 이해되어야 한다. 이스라엘의 예배는 야웨에 대한 신학적 확신을 반영할 뿐만 아니라, 그러한 확신을 생성했다. 삶의 현실과 생생하게 연결된 상태를 유지하기 위해 신학적 확신을 수용하는 것은 지속적인 제의적 실행과 재묘사에 의존한다. 따라서 예배는 이스라엘이 토라 안에서 알려진 야웨에게 즐겁게 순종하는 백성이 되도록 하는 지속적 활동이다.

개신교 교회 전통들은 (진보적, 보수적 모두) 예배가 정확하게 세상에서의 대안적 삶을 위한 힘, 통찰력, 그리고 결심이 생성되는 장소라는 것을 좀처럼 인식하지 못한다. 지극히 개인적 요소가 이스라엘 예배 안에 명백하게 나타나기는 하지만, 그러한 개인적 표현은 공동체의 생성적 과정들 안에 완전히 자리 잡고 있다. 따라서 시편 기자는 하나님에 대한 가장 개인적이고 친밀한 갈망을 표현할 수 있다.

하나님이여
사슴이 시냇물을 찾기에 갈급함 같이
내 영혼이 주를 찾기에 갈급하나이다(시 42:1).

그러나 동일한 시편 기자는 지정된 공동체 예배 장소에서 예배 공동체에 참여하는 것이 진정한 기쁨이고 개인적 갈증의 해소라는 것을 알고 있었다.

³ 주의 빛과 주의 진리를 보내시어
나를 인도하시고
주의 거룩한 산과 주께서 계시는 곳에
이르게 하소서
⁴ 그런즉 내가 하나님의 제단에 나아가
나의 큰 기쁨의 하나님께 이르리이다
내가 수금으로 당신을 찬양하리이다
하나님이여 나의 하나님이여
내가 수금으로 주를 찬양하리이다(시 43:3-4).

참고 문헌

Albertz, Rainer. *A History of Israelite Religion in the Old Testament Period*, 2 vols. (OTL; Louisville, Ky.: Westminster John Knox Press, 1994).

Anderson, Gary A. *A Time to Mourn, A Time to Dance: The Expression of Grief and Joy in Israelite Religion* (University Park, Pa.: Pennsylvania State University Press, 1991).

Balentine, Samuel E. *The Torah's Vision of Worship* (OBT; Minneapolis: Fortress Press, 1999).

Brueggemann, Walter. *Israel's Praise: Doxology Against Idolatry and Ideology* (Philadelphia: Fortress Press, 1988).

Harrelson, Walter. *From Fertility Cult to Worship: A Reassessment for the Modern Church of the Worship of Ancient Israel* (Garden City, N. Y.: Doubleday, 1969).

Kraus, Hans-Joachim. *Worship in Israel* (Richmond, Va.: John Knox Press, 1966).

Miller, Patrick D. *The Religion of Ancient Israel* (Library of Ancient Israel; Louisville, Ky.: Westminster John Knox Press, 2000).

60. 예언자
Prophets

구약성서의 중심인 예언은 고대 근동의 현상이다. 이스라엘 예언의 독특한 특징들을 살펴보기 전에, 이 사안을 보다 일반적으로 고려하는 것이 도움이 될 수 있다.

심리학적으로, 예언자는 다른 사람들에게는 감춰져 있는 하나님의 뜻과 목적에 관한 문제들에 드물게 접근할 수 있는 사람이다.

인류학적으로, 고대 이스라엘의 예언자는 다른 사회적 표현들과 매우 많은 공통점을 갖고 있고, 따라서 예언자의 독특한 지식은 다른 문화권의 주술사들(shamans)에 의해 고수되었던 것과 크게 다르지 않다.

사회학적으로, 예언자는 현실적으로 사회적 권력의 쟁점들 가운데에 위치하면서, 하나님의 뜻과 목적에 일치한다고 전해지는 다양한 사회적 관심사들에 대한 대변인이자 옹호자로서 기능한다.

이스라엘의 예언자는 의심의 여지 없이, 인류학적으로, 심리학적으로, 그리고 사회학적으로 더욱 일반적인 예언 현상에 참여한다.

이스라엘에서, 예언자적 인물은 이따금 안정적인 사회적 관계들이라는 기존의 "추정된 세계" 밖에 있는 것처럼 보인다. 이 예언자들은 붕괴 혹은 때때로 변혁으로 경험되는 **새로움**(Novum)을 이스라엘 사회에서 실행 또는 설명할 수 있다. 그들은 통찰과 변혁에 관한 독특한 능력들의 담지자로서, 질서, 권력 혹은 지식이라는 더욱 전통적인 방식에 의해 설명되거나 그 안에 포함되기를 거부한다.

우리는 고대 이스라엘에서 "황홀경의 순간들"에 "하나님의 메시지"를 받은 예언자들을 식별할 수 있다(삼상 10:9-13; 19:20-24을 보라). 그러나 결국 그러한 황홀경의 순간들은 그 대상의 삶이 하나님의 목적에 따라 재정의, 재설정되는 "소명 내러티브" 내부로 옮겨진다(사 6:1-8; 렘 1:4-10; 겔 1-3장을 보라). 예언자 중 몇몇은 여러 내러티브 안에 내재되어 있다(특별히 엘리야[왕상 17-21장]와 엘리사[왕하 2-9장]). 그러나 심지어 그러한 경우에서조차, 일반적으로 그들의 발언들은 내러티브의 결정적 요소이다.

이와 유사하지만, 보다 후대에 나타나는 주로 "여호와께서 말씀하시되"라는 공식에 의해 특징적으로 소개되는 신탁과 같은 발언들 때문에 알려진 예언자들이 존재한다. 이 공식은 왕을 포함한 기존의 어떠한 권위를 초월하여 대변인의 권위를 확립하려는 의도를 지닌다.

몇 세기에 걸쳐 그러한 다양한 거룩한 발언이 이스라엘에서 선언되었다. 그들의 발언은 공동체의 다른 구성원들에 의해 귀하게 여겨지고, 기억되고, 수집되었다. 그리고 그 모음집들은 편집되고, 결국 성서 두루마리(책)가 되었다. 결과적으로, 이 예언자적 인물들은 대중적 지지를 받았으나 거짓 예언자로 판단되어 정경으로부터 배제되었던 보다 이른 시기의 예언자들과는 대조적으로, 가장 잘 기억되며 종종 "고전적 예언자"(classical prophets)로 명명되었다(신 13:1-5; 왕상 18:40; 렘 23:9-22, 28:1-17; 겔 13:1-19을 보라).

이 예언자들은 하나님의 말씀과 하나님의 영이 그들을 움직였을 때 즉석에서 나타났다. 그 후의 전통은 산발적이고 무질서한 과정이었음이 틀림없는 것에 다소간 질서를 부여했다.

첫째, 예언자적 인물들(그들의 연대를 알 수 있는 한)은 이스라엘의 **엄청난 공적 위기들**을 중심으로 모여 있는 경향이 있다.

- 8세기: 아모스, 이사야, 호세아, 미가
- 7세기: 예레미야, 스바냐, 나훔, 하박국
- 6세기: 예레미야의 더 많은 부분, 에스겔, 후대의 이사야(제2 이사야와, 제3 이사야, 역자 주).

우리의 지식이 허락하는 한 최대로, 이러한 발언들은 상당히 구체적인 사회정치적 비상상황들이라는 맥락에서 이해되어야 한다.

둘째, 이러한 몇몇 화자들이 대단히 상상력이 풍부하고 생성적인 반면, 그들은 다음과 같은 **특징적인 신탁의 패턴들**로 말했다.

- 하나님의 계명에 불순종한 것에 대해 이스라엘을 고발하고 언약의 제재들에 적합한 형벌들을 이스라엘에게 선고하는 **심판의 연설들** (speeches of judgment)
- 회개하고 언약적 순종으로 돌아오라는 **권고들**(Summons)
- 하나님이 주실 웰빙이라는 새로운 선물에 대한 **약속들**(Promises)

이러한 반복되는 연설 방식의 효과는 이스라엘-유다의 모든 삶이 야웨의 통치의 현존 안에 있다는 것, 그리고 하나님의 백성으로서 그들의 삶의 모든 영역이 하나님의 목적과 일치해야 한다는 것을 확인하는 것이다. 예언자적 신탁의 시적 형태는 세상에서의 인간의 삶을 주권적이며 세심한 하나님 앞에서 살았던 삶으로써 재기술, 재해석, 재상상하는 것에 참여하는 것이다.

셋째, 따라서 연설의 특징적 형태들은 모든 풍부하고 다양한 발언에 대해, 예언자적 신탁들이 **심판과 구원**(judgment and deliverance)이라는 주제들을 반복하는 경향을 보인다는 더욱 폭넓은 일반화를 허용한다. 반항하는 백성에 대항하여 선포된 심판은 반드시 재앙으로 끝날 것이다. 구원은 심판 안에서, 심판을 통해, 그리고 심판을 초월하여 하나님이 인지된 역사적 가능성을 넘어서는 새로움을 일으킬 것이라는 소식이다. 심판과 구원에 관한 여러 주제는 그 자체로 볼 때 단호하고 안정된 방식으로 이해될 수 있다.

그러나 이러한 표현들 속에서, 예언자는 하나님의 내면적 삶을 대담하게 묘사한다. 그의 위엄 있는 권위는 긍휼과 연민에 의해 깊이 자격을 갖추게 된다. 따라서 단순히 군주와 봉신의 관계에 불과할 수 있는 것이 문제가 되는 충실함과 상호성이라는 훨씬 더 심오하고 복잡한 관계가 된다. 예언자들에 의해 발언된 관계의 복잡성은 그 발언을 제공한 사람들의 창조적인 상상력과 일치한다.

예언에 관한 연구들은 우리가 그 이름을 알고 있는 본래의 인물들에게 엄청난 양의 관심을 기울였다. 또한, 이러한 본래의 인물들로부터 유래한 자료들이 편집되고 정경적 책들이 되었던 편집 과정에도 관심의 초점이 맞춰져야 한다. 성서에서 우리가 가진 것은 기껏해야 우리가 직접 접근할 수 없는 기억된 인물들과 후대의 신학적 사용을 위해 현재 형태로 가다듬어진 발언들뿐이다.

사람에서 책으로 옮겨가는 주요 요인은 확실히 신명기 전통의 작업이다. 이는 지속적인 해석적 과정으로, 후기 유대교의 서기관 전통으로 귀결된 구약성서의 정경화 작업을 분명하게 주도했다. 신명기 18:15-22는 "너(모세)와 같은" 한 예언자의 도래를 주장한다. 따라서 이 전통은 이스라엘을 위해 모세가 했던 것을 이스라엘을 위해 수행할, 즉 언약에 대한 충실함을 보증할 후대의 예언자를 기대한다. 예레미야가 모세와 같은 인물에 대한 전통의 한 후보자이지만, 열왕기하 17:13에 나오는 동일한 신명기 해석 전통은 예언자들의 의도적 계승과, 그들 모두가 "돌이키라"라고 말했음을 전제한다.

예언자들에 관한 이러한 해석적 표현은 이스라엘에 나타났던 실제 인물들로부터 매우 동떨어져 있다. 그들은 지금보다 큰 신학적 의제에 봉사하기 위해 변화되었다. 즉, 예언자적 신앙은 일련의 화자들을 통해 이스라엘을 야웨의 신실한 언약의 백성으로 형성하고 개혁하는 모세의 기능을 지속한다.

게다가 이러한 신학적 편집과 해석의 과정에서, "예언서들"(prophetic books)이 되었던 자료는 심판과 구원이라는 두 개의 쌍둥이 주제가 본문의 대부분을 지배하도록 특별하게 편집되었다. 이 주제들은 예루살렘이 파괴되고 이스라엘 지도층들이 추방되었던 기원전 587년의 고대 이스라엘의 역사적 경험과 특별히 관련되어 있다. 하나님의 심판은 예루살렘의 멸망으로 드러나고, 이후의 구원은 추방된 자들의 예루살렘으로의 귀환과 유대교의 형성으로 나타난다.

그러나 그러한 쌍둥이 해석은 특별한 역사적 경험에 얽매이지 않고, 현재 예언자 신앙의 결정적인 신학적 주제가 되었다. 모든 시간과 장소에서, 인간의 역사는 언약을 체결하고, 언약을 이어 가고, 언약을 끝맺는 하나님의 통치 아래 있으므로, 심판과 상실은 하나님의 명령에 따라 일어난다. 게다가 새로움은 동일한 하나님의 관대함, 충실함, 그리고 긍휼을 통해 온다.

생성적 인물들로부터 정경 두루마리들로의 이동 과정은 정경의 세 부분(히브리 성서의 오경, 예언서, 성문서, 역자 주) 중에서 두 번째 부분인 히브리 성서의 예언 정경에서 절정을 이룬다. 여덟 권의 "책들"이 예언 정경을 구성한다. 처음의 네 권(여호수아서, 사사기, 사무엘서, 열왕기)은 유대교 전통에서 "전기 예언서"로 간주한다. 즉, 이 문헌은 기독교인들이 흔히 말하는 "역사"가 아니라, 하나님의 능동적 실재에 따라 과거/현재/미래를 재상상하는 행위인 "예언"이다.

예언 정경의 또 다른 네 권의 "책들"은 이사야서, 예레미야서, 에스겔서, 그리고 "열두 예언서"(소예언서)이다.

비록 이 책들이 의심의 여지 없이 여러 생성적 인물들에 의해 그 씨가 뿌려졌다고 할지라도, 그것들은 하나님의 실재와 세상에서의 자신들의 삶과의 연결점들을 만들어 온 각 세대의 해석자에 의한 여러 세대에 걸친 긴 해석 과정의 결과이자 산물이다.

"예언자들"은 많은 기독교 해석에서 형편없이 희화화되었고, 이러한 희화화들은 학습되어서는 안 된다. 한편으로, "예언자"는 "나는 선지자(先知者)가 아니며…"에서처럼 너무 자주 "예측하는 자"(predictors)로 받아들여졌다. 확실히 예언자들은 하나님이 주실 미래를 기대한다. 그러나 미래를 알 수 있는 그러한 능력은 조작하고, 미래를 말하는 절차들 때문이 아니다. 이러한 것들은 고대 이스라엘이 단호히 거부했다(신 18:9-14). 오히려, 예언자들은 심오하고 친밀한 방식으로 하나님의 성품에 대해 알고 있고, 따라서 하나님의 불변성을 기대할 수 있다. 그것은 과거와 마찬가지로 미래에도 결정적일 것이다.

다른 한편으로, 예언자들은 "사회적 행동"과 "예언적 사역"의 방정식에서처럼, 특히 "진보적" 유혹인 사회 활동가들(social activists)로 간주된다. 세상에 정의를 세우려고 추구하는 사회적 행위는 확실히 성서적 근거들에 기반을 두고 있지만, 이는 "예언적"이라기보다는 "언약적"으로 이해될 가능성이 더 크다. 사실상 이 예언자들은 구체적 쟁점들에 관해 놀라울 정도로 거의 말하지 않고 있으며, 특정한 행동을 좀처럼 촉구하지도 않는다. 그들은 본래 안정된 전통 밖 세상에서 목소리를 내는 시인들이다.

비록 미래가 하나님의 실재에 관한 그들의 분별력 안에 내포되어 있고, 정의가 그들의 특징적 발언에 내재되어 있다고 할지라도, 그들의 연설의 가장 중요한 측면은 세상을 하나님의 신실한 통치의 영역으로 재인식(reperception)하는 것이다. 그러한 고대 공동체에서, 이 시인들은 특징상 대개 환영받지 못하고 거부된 반대-목소리들(countervoices)이었다.

(이러한 주장이 모든 경우에 사실은 아니라는 점에 주목하라. 윌슨[Wilson]은 확립된 구조 속에서 영구적이고 합법적인 위치를 자치하고 있는 예를 들어, 나단과 이사야와 같은 "중앙 중재자들"[central intermediaries]을 식별했다. 그러나 이러한 예언자들조차도 확립된 질서에 반하는 발언들을 한 것으로 기억된다[삼하 12:1-15; 사 5:1-7]).

성서로 취해진 예언적 정경은 계속해서 야웨가 삶의 공적 과정들의 결정적 주체로 간주될 때 얼마나 다르게 삶을 살아야 하는지를 설명하는 지속적인 반대의 목소리이다. 그러한 반대의 목소리는 불순종으로 마쳐된 사회에 도래할 심판에 관해 알고 있다. 또한, 그 구절은 절망에 의해 마비된 사회를 위한 구원에 관해서도 알고 있다. 이러한 발언 전통은 자만 또는 실패로 폐쇄된 어떤 사회에서도 대안을 살아 있게 한다.

참고 문헌

Barton, John. *Oracles of God: Perceptions of Ancient Prophecy in Israel after the Exile* (Oxford: Oxford University Press, 1986).

Blenkinsopp, Joseph. *A History of Prophecy in Israel: From the Settlement in the Land to the Hellenistic Period* (Philadelphia: Westminster Press, 1983).

Heschel, Abraham. *The Prophets* (New York: Harper and Row, 1962).

Koch, Klaus. *The Prophets: The Assyrian Period,* vol. 1 (Philadelphia: Fortress Press, 1983).

Koch, Klaus. *The Prophets: The Babylonian and Persian Periods,* vol. 2 (Philadelphia: Westminster Press, 1984).

Overholt, Thomas W. *Channels of Prophecy: The Social Dynamics of Prophetic Activity* (Minneapolis: Fortress Press, 1989).

Steck, Odil Hannes. *The Prophetic Books and Their Theological Witness* (St. Louis: Chalice Press, 2000).

von Rad, Gerhard. *The Message of the Prophets* (New York: Harper & Row, 1962, 1965).

Wilson, Robert R. *Prophecy and Society in Ancient Israel* (Philadelphia: Fortress Press, 1980).

61. 왕권
Kingship

왕권은 고대 이스라엘이 출현했던 세계에서 매우 오래된 개념이자 제도였다. 완전한 권위를 지닌 단일 인간 통치자에 의한 통치는 고대 세계에서 사회 권력의 지배적 방식이었다. 이는 매우 천천히 민주적 과정들로 대체된다. 인간 왕권에 관한 이론은 그 특징상 신적 왕, 즉 때때로 하위 신들의 종속적 자문위원회를 가지고 지상의 모든 일을 주재하는 신적 왕권(a divine king), 즉 신-통치자(a god-ruler)라는 개념에 기초한다.

이스라엘은 그들의 문화적 맥락으로부터 신적 왕권의 개념과 인간적 왕권의 제도 모두를 차용했다. 이스라엘의 하나님 야웨는 "천지의 주재"(창 14:19에서처럼)로서, "신 가운데 신이시며 주 가운데 주시요 크고 능하시며 두려우신 하나님"(신 10:17), 곧 세상의 모든 일과 다신론적 세계에서 모든 신적 일 또한 주관하는 존재로서 확증된다. 게다가 야웨의 신적 왕권은 예루살렘 성전의 찬양 제의들(시 93:1; 96:10; 97:1; 98:6; 99:1을 보라) 안에서 정기적으로 기념되는데, 거기에서 야웨는 완전한 통치자로 인식된다.

아마도 그러한 찬송가(hymnody)는 본질에서 그 통치의 완전한 확립과 앞으로 도래할 모든 대적의 패배를 바라는 희망의 행동일 것이다. 또는 찬송가의 제의적 행위 자체가 효과적 즉위 행위로 이해될 수 있는데, 이를 통해 이스라엘의 찬양 제의가 야웨로 하여금 왕이 되게 하고, 따라서 야웨는 "이스라엘의 찬송들 위에 즉위하게 된다"(시 22:3).

어느 쪽이든, 이스라엘과 온 세상에서 도전받지 않는 지배자로서의 야웨의 완전한 권위는 혼돈, 악 혹은 죽음의 모든 힘이 감소한다는 것을 의미한다. 야웨만이 홀로 죽이기도 하고 살리기도 하며(신 32:39), **샬롬**을 행하고 재앙을 일으킨다(사 45:7). 왕으로서 야웨는 "정의를 사랑하는 자"이다. 그는 세상이 질서 정연하게 되도록 만들고(시 99:4; 사 61:8), 세상에서 특별히 약하고 상처받기 쉬운 사람들을 위해 정의를 창조하고자 행동한다(시 146:7-10).

그러나 그러한 신적 왕권은 이스라엘 일부에서 일상생활의 긴급한 상황들로부터 동떨어져 있고, 이스라엘이 불가피하게 직면해야 했던 여러 위기에 적절하지 않은 것처럼 보였다. 야웨가 출애굽으로부터(출 15:18) 이스라엘이 야웨 자신의 "제사장 나라"가 되기를 의도하는 왕이 될 수 있는 반면(출 19:6), 즉시 이스라엘 내에서는 인간 왕, 곧 긴급한 군사적, 경제적, 사법적 문제들을 다룰 수 있는 왕을 세우려는 노력이 이루어졌다. 인간 왕권은 고대 세계에서 실질적 필수요소인 것처럼 보였을 것이다.

그러나 이 제도는 고대 이스라엘의 일부 사람들에 의하여 다음의 두 가지 근거들로 거부되었다.

첫째, 야웨가 왕이고, 인간 왕은 야웨 자신의 통치에 대한 불필요한 거부 반응이다.

둘째, 인간 왕은 특징적으로, 그리고 필연적으로 불의하고 착취적이다 (삼상 8:10-17).

인간 왕권의 제도에 관한 격렬한 논쟁은 야웨의 "직접적 통치"를 적절한 것으로 간주했던 사람들과 안정적 인간 통치를, 아마도 더욱 실용적으로, 정치적 필수요소로 생각했던 사람들을 서로 대항하게 만들었다(삼상 7-15장).

사울의 실패한 왕권 이후에(삼상 13-15장을 보라), 이스라엘의 내러티브에 나타나는 관심은 다윗(삼상 16장-왕상 1장), 그의 더 위대한 아들 솔로몬(왕상 3-11장), 그리고 587년에 종결된 오랫동안 지속된 다윗의 왕조에 초점을 맞춘다(왕상 14장-왕하 25장).

의심의 여지없이 고안된 왕실 이념에 의해 지지를 받은 다윗은 매력적인 지도자이자 유능한 군대 사령관임이 입증되었다. 그는 적절한 때에 왕으로 기름 부음 받았고, 이는 "성례전적"(sacramental) 권한 부여의 행위였다(삼상 16:1-13). "기름 부음"은 히브리어 동사 **마샤흐**(*mšh*)로부터 유래하고, 그로부터 "메시아"(messiah)라는 명사, 즉 야웨의 **기름 부음 받은**(anointed) 대리자가 등장한다는 것에 주목하라. 따라서 다윗의 등장과 함께, 인간 왕권에 대한 긴장은 다윗과 그의 가족을 향한 지속적 충성심에 흡수되었다.

불길한 역설임에 틀림없지만 다윗은 본문 내에서 큰 관심을 받는다. 시편(참조. 시 2편, 72편, 89편, 110편, 132편)은 사무엘하 7:1-7의 신탁과 함께 야웨의 의지의 제정으로서 다윗 왕권에 대한 강력한 신학적, 제의적 지지를 제공한다. 그러나 그러한 권한 부여 외에, 사무엘하의 내러티브들은 다윗과 그의 가족의 누더기를 걸친 삶에 관하여 멋있는 묘사를 제공한다(왕상 15:4-5을 보라).

본문의 증언은 이러한 내러티브 기사들을 시편의 서정적 확언들과 조화시키려고 노력하지 않는다. 의심의 여지 없이 현실적 내러티브와 제의적 이념의 병치는 왕정에 대해 이스라엘이 느꼈던 깊은 양면성을 인증한다.

왕조에 관한 고귀한 주장들과 긴장 관계에 있는 시내산 언약 전통은 이스라엘의 왕들이 토라에 복종해야 한다고 주장한다. 구체적으로 토라는 왕에게 순종을 명령하고 왕의 탐욕을 제한하려고 한다(신 17:14-20). 열왕기상하에 있는 왕정에 관한 긴 내러티브 기사의 평가는 전체적으로 이스라엘의 왕정이 토라의 요구사항들에 주의를 기울이지 않았기 때문에 실패했다는 것이다.

결국, 왕권의 실패는 예루살렘 파괴와 지도층 시민들의 추방에 대한 기초가 된다(왕하 21-25장; 겔 34장). 토라를 지키지 못한 왕의 실패는 제의 안에서 왕들에게 할당된 임무인 정의와 공의에 관한 언약적 방식들을 실천하지 못한 이기적이고 방종한 권력의 결과로 표현된다(시 72편을 보라).

따라서 그 왕조는 추방과 강제 이주라는 유감스러운 결말을 맞이하고, 그 위에 다윗 계열 왕 중 마지막 왕인 여호야긴에 대한 수치스러운 감시가 더해진다(왕하 25:27-30).

그러나 구약성서 신앙의 특징 중 하나는 587년 대격변의 사건들이 왕정에 관한 이스라엘의 꿈을 종결시키지 못했다는 것이다. 587년의 파괴와 종말의 사건들 안에 신적 왕인 야웨의 주권적 힘이 작용했다는 것을 어느 사람도 의심하지 않았다. 왜냐하면, 그 재앙이 야웨의 통치 작업으로 이해되었기 때문이다. 그러나 그것을 넘어서, 이스라엘은 인간의 왕권에 대해서, 그리고 다윗의 혈통이 야웨에 의해 영원히 보장된다는 다윗 가문과 맺은 야웨의 엄숙한 약속에 대해서 궁금해했다(시 89:38-51을 보라).

지상에서 야웨의 대리인으로 기름 부음을 받고 권위를 부여받은 다윗 계열의 왕은 587년에 실패했다. 그러나 다윗의 집에 대한 약속의 성격을 지닌 야웨의 신탁은 지속된다(삼하 7:1-17). 이러한 이유로 인해, 심지어 가장 깊은 패배 가운데서도 이스라엘인들은 적절한 때에 야웨가 왕권을 회복하고 새롭게 기름 부음 받는 왕, 즉 세상에서 야웨의 뜻을 효과적으로 수행할 "메시아"를 일으킬 것이라고 믿었다.

구약성서의 예언 자료들은 현재 시제로 실패한 다윗 계열의 왕들 앞에서 미래의 기름 부음 받은 왕, 곧 장차 올 "메시아"가 올바르게 통치할 것이라는 약속과 기대들로 가득하다(사 9:2-7; 11:1-9; 렘 23:5-6; 33:14-16; 겔 34:23-24; 암 9:11-12; 슥 9:9-10).

다윗 계열 왕의 회복에 대한 실제적이고 즉각적인 희망이 페르시아 시대에 좌절되었을 때, 도래하는 왕(메시아)에 관한 예언적-시적 기대는 현실(data)에 직면하여 웅변적이고 용감하게 표명되었다. 미래의 다윗에 대한 계속되는 희망과 함께 이스라엘의 이방인인 고레스는 이사야 45:1에서 놀랍게도 "메시아"로 불린다.

그 기대는 야웨의 옛 약속들에 뿌리를 내리고 있고, 다가오고 있는 고대하던 다윗 자손의 왕이 장차 올 시기에 야웨를 대신하여 효과적으로 통치할 것이라는 점이다. 그러한 통치의 결과는 땅이(사회적, 정치적, 경제적, 환경적으로) 하나님의 통치, 즉 "하나님의 나라"로 회복될 것이라는 것이다.

신적 왕(divine king)과 **인간 왕**(human king)에 관한 이중적 확언은 성서로부터 유대인과 기독교인의 희망으로 이어진다. 이 두 가지 발전된 전통 안에서 하나님이 하나님의 통치를 세울 것이라고 기대한다. 따라서 기독교인은 정기적으로 "나라가 임하시오며 뜻이 하늘에서 이루어진 것 같이…"(마 6:10를 보라)라고 기도한다. 게다가 유대인과 기독교인 모두는 세상에서 하나님의 뜻을 인간적으로 수행할 장차 올 메시아를 기대한다.

유대교 전통에서 그 장차 올 인간 존재는 이름이 밝혀지지 않았고, 아직 인식될 수 없다. 기독교 전통에서 물론 "메시아적" 확신은 나사렛 예수를 중심으로 전개된다. 초대 교회는 "오실 그이가 당신이오니이까"(눅 7:20)라는 질문을 던졌다. 게다가 교회는 성찬에서 기쁨의 행동으로, "…그가 오실 때까지"라고 정기적으로 선언한다. 메시아로서, 즉 약속된 기름 부음 받은 하나님의 사람으로서 예수의 정체성은 유대인과 기독교인을 결정적으로 분리시킨다. 비록 둘 모두 도래할 메시아를 기다리고 있기는 하지만 말이다.

참고 문헌

Frick, Frank. *The Formation of the State in Ancient Israel* (Sheffield: JSOT Press, 1985).

Gray, John. *The Biblical Doctrine of the Reign of God* (Edinburgh: T. & T. Clark, 1979).

Halpern, Baruch. *The Constitution of the Monarchy in Israel* (Chico, Calif.: Scholars Press, 1981).

Roberts, J. J. M. "In Defense of the monarchy: The Contribution of Israelite Kingship to Biblical Theology." in *Ancient Israelite Religion: Essays in Honor of Frank Moore Cross* ed. Patrick D. Miller Jr. et al. (Philadelphia: Fortress Press, 1987), 377-396.

Whitelam, Keith. *The Just King: Monarchical Judicial Authority in Ancient Israel* (Sheffield: JSOT Press, 1979).

62. 요시야의 개혁
Reform of Josiah

이 용어는 열왕기하 22-23장에서 기억되는 사건을 가리킨다(대하 34-35장을 보라). 거기에서는 예루살렘의 성전 복구를 위한 왕실 프로젝트 기간에 두루마리 하나가 발견되었고, 요시야왕은 그 두루마리에 근거해 왕국의 주요 종교적-정치적 개혁을 시행했다고 보도된다. 확실히, 신학적 주제들을 조사하는 이와 같은 책에서 그러한 보도된 사건을 인용하는 것은 다소 이례적이다.

그러나 이 기억된 사건은 신명기 역사의 해석적 중추적인 표시이고, 아마도 이것은 결국은 구약성서 신앙의 지배적인 신학적 표현일 것이다. 따라서 이 기억된 사건은 유대인들에게 그리고 기독교인들에게 결정적인 것이 되었던 신앙의 표현에서 핵심적이다[**신명기 신학**을 보라].

고대 근동에서, 왕들은 정기적으로 성전을 복구했다. 성전에 대한 왕의 헌신은 위대한 경건함의 표현으로 받아들여졌다. 게다가 성전은 왕정을 정당화하는 강력한 상징이었다. 따라서 성전에 관한 관심은 그 특징상 순수한 행동이 아니라, 적어도 간접적인 방식으로 매우 자기-이익적인 행위였다.

언급된 것처럼, 열왕기하 22-23장은 기원전 621년에 왕실의 세입들이 성전을 복구하기 위해 사용되었고, 그 복구 기간에 두루마리가 발견되었다고 보도한다[**훌다**를 보라]. 그것은 즉시 중요한 것으로 인식되었고, 경건하고 반응하는 신앙인으로 묘사된 요시야왕에게 큰 소리로 읽혔다.

요시야왕이 두루마리에 적힌 내용을 들었을 때, 그는 토라 순종에 대한 진지한 강조를 인식했다. 그에 대한 반응으로, 요시야는 참회의 표시로 "자신의 옷을 찢었고", 토라에 대한 불순종과 야웨를 향한 충성을 타협하는 영역을 제거하는, 공적 종교 관습에 대한 주요 개혁을 시행했다. 열왕기하 23장은 이 개혁을 구체화하고, 유월절 절기의 중앙화에 관해 보도한다. 이 개혁을 이해하기 위해서, 그 두루마리가 사실상 신명기의 일부 형태였다는 광범위하게 공유되는 학문적 합의와 그에 따른 "신명기적 개혁"(the Deuteronomic Reform)이라는 용어를 고려해야 한다.

그러므로 개혁을 위한 요시야의 노력은 성서에 있는 언약신학에 관한 가장 분명한 진술인 신명기의 토라 요구사항들에 자신의 왕국을 순응시키고자 하는 노력이다. 그러한 전통은 언약적 요구사항들(토라 계명)과 언약적 제재들(축복과 저주)에 관한 제안을 포함한다. 따라서 요시야의 개혁은 모세에 의해 권위를 부여받고 시내산에 기초를 두고 있는 토라의 의도에 따라 이스라엘의 공적 삶을 재형성하고자 하는 극적 노력이다.

이 사건에 관한 해석의 역사에서 다음과 같은 다섯 가지 점이 중요하다.

첫째, 19세기의 학자들은 성전에서 발견된 두루마리가 사실상 오래되고 한 번 분실되었던 두루마리가 아니라, 의도된 "경건한 사기"(pious fraud), 즉 한 세기 전 사마리아와 북왕국의 멸망 이후에 두루마리를 남쪽으로 가져와서 그것을 거기에 숨겼던 선의의 종교인들(아마도 레위인들)에 의한 속임수였다고 결론지었다.

오랜 시기 동안 널리 지지받았던 이러한 학문적 판단은 두루마리의 고대성을 거부하지만, 이 "사기"를 자행했던 사람들의 신학적 진지함 또는 의도성은 의심하지 않는다. 즉, 그 "사기"는 고대성에 관한 역사적 주장에 관심을 두지만, 두루마리 자체의 진실성은 의심되지 않는다.

둘째, 요시야의 통치 기간(639-609년)은 근동 내에서 제국 권력의 공백기에 발생했다. 아시리아의 오랜 지배력은 완전히 힘을 잃었고, 바빌론의 힘은 이제 막 시작되고 있었다(왕하 23:28-30을 보라). 그러한 공백기에, 요시야는 유다의 독립을 재주장할 수 있었을 뿐 아니라, 오랫동안 아시리아의 통제하에 있었던 영역들, 즉 옛 북왕국 이스라엘의 일부분을 그의 왕국 안으로 재통합하는 여러 조치를 취할 수 있었다. 따라서 종교개혁은 본문 자체가 제안하는 것보다 더 많은 정치적 동기가 있다.

셋째, 성서 연구에서 사회학적 비평의 등장과 함께, 요시야 개혁에 관한 재평가가 가능해졌다. 클래번(Claburn)과 보다 완전하게 나카노즈(Nakanose)는 요시야의 개혁이 도시 전역의 농경 사회의 상품과 생산물을 몰수했던 중앙화에 대한 주요 군주적 노력이었다고 제안했다. 따라서 유월절 기념을 위한 예루살렘을 향한 움직임은 모든 중요한 행동과 그에 따른 모든 중요한 재정적 자원들이 왕과 그와 관련된 도시 엘리트의 손과 그들의 처분에 집중되도록 요구하는 왕의 권력을 상징했다.

이러한 견해는 이제 그 "경건한 사기"가 사실상 왕실에 의해 계산된, 아마도 냉소적인 재정적 강탈을 위한 종교적 허울을 제공한다는 매우 다른 의미를 취하게 됨을 제안한다. 이러한 관점은 성서 본문들과 그것이 보도하는 여러 사건을 순수하게 혹은 액면 그대로 취해서는 안 된다는 사실을 우리에게 경고한다.

넷째, 최근의 "최소주의자"(minimalist)의 역사적 관점들의 등장과 함께, 현재 몇몇 학자는 이 개혁이 사실상 역사적 사건이 전혀 아니었고, 오히려 어떤 이념적 주장들을 제기하기 위해 신명기 사가들이 고안하고 창안한 문학상의 창조물이었다고 제안한다. 이러한 판단은 "경건한 사기"라는 옛 개념과는 다르다. 왜냐하면, 더욱 오래된 그 견해는 사건의 역사성에 대해서는 의심하지 않았기 때문이다.

만약 보도된 사건이 허구라면, 우리는 그 허구적 표현의 의도가 무엇인지를 질문할 수 있다. 아마도, 토라를 위반하고 따라서 공적 왕국을 하나님의 심판 위험에 처하게 했던 제멋대로인 왕들에 관한 장황한 설명 이후에(왕하 23:26-27을 보라), 요시야는 그에 대한 대응의 역할로, 토라를 실행했던 유일하게 진실한 왕으로 제시된다.

이러한 문학적 창작은 그를 다른 모든 왕(히스기야는 예외로 가능하다)과 대조시키고, 한 선한 왕, 토라를 지킨 왕을 역사의 끝에서는 악한 왕들과 대조되는 자로서, 또한 역사의 시작에서는 여호수아와 상응하는 자로서 위치시킨다. 따라서 신명기 내러티브의 시작 부분에 토라는 약속의 땅에서의 삶에 대한 유일한 요구사항이다.

> ⁷ 오직 강하고 극히 담대하여 나의 종 모세가 네게 명령한 그 율법을 다 지켜 행하고 우로나 좌로나 치우치지 말라 그리하면 어디로 가든지 형통하리니 ⁸ 이 율법책을 네 입에서 떠나게 말게 하며 주야로 그것을 묵상하여 그 안에 기록된 대로 다 지켜 행하라 그리하면 네 길이 평탄하게 될 것이며 네가 형통하리라…. ¹⁶ 그들이 여호수아에게 대답하여 이르되 당신이 우리에게 명령하신 것은 우리가 다 행할 것이요 당신이 우리를 보내시는 곳에는 우리가 가리이다 ¹⁷ 우리는 범사에 모세에게 순종한 것 같이 당신에게 순종하려니와 오직 당신의 하나님 여호와께서 모세와 함께 계시던 것 같이 당신과 함께 계시기를 원하나이다 (수 1:7-8, 16-17).

끝부분에서, 요시야에 관해 이렇게 전해진다.

> 요시야와 같이 마음을 다하며 뜻을 다하며 힘을 다하여 모세의 모든 율법을 따라 여호와께로 돌이킨 왕은 요시야 전에도 없었고 후에도 그와 같은 자가 없었더라
> (왕하 23:25).

이렇게 여호수아와 요시야라는 두 인물이 토라를 감싸고, 따라서 유다와 이스라엘의 전체 왕실 역사는 토라에 관한 최우선시되는 주장들과 궁극적 확신 안에 놓이게 된다. 이러한 계획적이고 기교적인 본문의 배열에서, 열왕기하 23:26의 "그러나"는 더욱 충격적이다. 왜냐하면, 토라에 대한 (특별히 므낫세에 의한) 불순종이 토라를 지키는 자들의 유익을 중단시킬 것이라고 주장되기 때문이다. 따라서 머지않아 곧 닥쳐올 예루살렘의 파괴는 토라 위반의 결과로 제시된다. 요시야에 관한 보도가 허구일 수 있다는 점은 이러한 신학적 해석에 자유를 제공한다.

다섯째, 어쨌든 열왕기하 22장의 두루마리는 (이는 예레미야 36장의 예레미야 두루마리에 상응한다) 정경의 생성 과정이 되었던 "두루마리 운동"을 유다에서 시작한다. 그러한 운동은 "두루마리의 민족"(people of the scroll)

이라는 유대교에 관한 개념을 발전시켰다. 만약 신명기 사가의 이 본문이 포로기의 산물이라면, 토라에 관한 기념과 문학적 정경에 관한 기대는 성전과 왕권 모두의 상실에 비추어 이스라엘 신앙의 대안적 기준으로 이해될 수 있다.

요시야에 관한 내러티브 보도는 다양한 역사적, 문학적, 신학적, 이념적 판단들을 인정한다. 그러한 모든 판단 중에서, 본문은 유대교가 고대 이스라엘의 기억들과 해석들로부터 두루마리 공동체로 출현했던 과정의 중심점으로 서 있다.

참고 문헌

Brueggemann, Walter. *1 & 2 Kings* (Smyth & Helwys Bible Commentary; Macon, Ga.: Smyth & Helwys, 2000).

Campbell, Antony F. and Mark A. O'Brien. *Unfolding the Deuteronomistic History: Origins, Upgrades, Present Text* (Minneapolis: Fortress Press, 2000).

Cazelles, Henri. "Jeremiah and Deuteronomy." in *A Prophet to the Nations: Essays in Jeremiah Studies*, ed. Leo G. Perdue and Brian W. Kovacs (Winona Lake, Ind.: Eisenbrauns, 1984), 89-111.

Claburn, W. Eugene. "The Fiscal Basis of Josiah's Reform." *JBL* 92(1973): 11-22.

Lohfink, Norbert. "Die Bundesurkunde des Königs Josias." in Norbert Lohfink, *Studien Zum Deuteronomium und zur Deuteronomistixchen Literatur*, vol. 1 (Stuttgarter biblische Aufsatzbände; Altes Testament 8; Stuttgart: Verlag katholisches Bibelwerk, 1990), 99-165.

Nakanose, Shigeyuki. *Josiah's Passover: Sociology and the Liberating Bible* (Maryknoll, N. Y.: Orbis Books, 1993).

Nicholson, E. W. *Preaching to the Exiles: A Study of the Prose Tradition in the Book of Jeremiah* (Oxford: Blackwell, 1970).

63. 용서
Forgiveness

이스라엘의 죄에 대한 야웨의 용서라는 쟁점은 구약성서의 신앙에서 복잡하고 중요한 문제이다. 이스라엘은, "율법주의"(legalism)라고 주장되는 기독교의 고정관념이 때때로 암시하는 것처럼, 깊고 만연한 죄책감에 압도당하지 않았다.

그런데도, 이스라엘은 야웨와의 완전하고 잘 작동하는 관계에 대해 열렬하게 관심을 가졌고, 죄가 그러한 완전하고 자유로운 관계를 훼손했고, 따라서 반드시 해결되어야 한다는 것을 인식했다. 그러한 되풀이되는 인식과 상황 안에서, 이스라엘이 언약을 어겼을 때 모욕을 당한 당사자인 야웨만이 죄를 용서하고 관계를 회복할 수 있는 유일한 존재였다.

그러한 이유로 인해, 야웨의 용서하는 능력은 이스라엘의 미래에 있어서 핵심적이다. 야웨의 용서하는 능력은 정형화된 방식으로 이해되어서는 안 되고, 다차원적 관계의 모든 위험 요소와 복잡성, 그리고 개방성의 한가운데 설정되어야 한다. 또한, 야웨는 무자비하게 "엄격하고 용서하지 않거나" 혹은 은혜의 자동적 원천으로 이해되어서도 안 된다. 오히려 진지하게 계속되는 이스라엘과의 관계에서, 야웨는 제멋대로인 동반자를 다룰 때(참조. 호 2장) 이용 가능한 여러 선택사항과 대안들을 항상 가지고 있는 상위 파트너(senior partner)이다. 그러한 개방적이고 복잡한 관계에 적절한 측면 중에는 다음과 같은 것들이 있다.

첫째, 용서는 보통 (그러나 항상은 아니다) 회개에 의존한다. 회개는 방향을 바꾸고 야웨의 통치에 새롭고 순종적인 방식들로 재복종하는 결단이다. 따라서 열왕기상 8:33-53에 있는 솔로몬의 긴 기도는 용서에 대한 청원들이지만, 모든 경우에 회개를 전제조건으로 한다. (또한, 겔 18장의 "돌이킴"[turning]에 대한 강조를 참조하라.)

둘째, 죄를 범한 이스라엘은 강력한 중재로부터 매우 큰 유익을 얻었다. 그러한 중재에 의해 유명한 지도자들은 이스라엘을 대신하여 야웨에게 말했고, 그들을 용서하도록 야웨를 설득했다. 가장 유명한 사례들은 출애굽기 32:11-13, 32; 34:9, 그리고 민수기 14:13-20에 있는 모세의 놀라운 기도이다. 그러나 부정적으로는 예레미야 15:1을 보라.

셋째, 용서는 재판관이 단순하게 용서를 선언하는 법정적 행동으로서 이해될 수 있다. 그러나 다른 맥락들에서 용서는 제사장의 활동에 의존하는 제의적 행동이자 성례전적(sacramental) 과정이다(참조. 레 4:20, 26, 31, 35; 5:16, 18). 이러한 본문들은 절대 설명되지는 않지만 이행되고 있는 성례전적 활동을 조화시키는 것에 대한 완전한 확신을 표현한다. 극단적 예는 욤 키푸르, 즉 대속죄일(레 16장)이지만, 여러 본문은 그러한 지배적 사례와 함께 제사장의 활동을 통한 용서의 정기적 관행들이 존재했음을 보여 준다.

넷째, 용서의 문제는 하나의 개체로서의 이스라엘 전체 공동체와 관련되어 있다. 그러나 용서는 또한 이스라엘 공동체의 개별 구성원들을 위한 중요한 종교적 의제이다. 용서에 관한 공적 의제는 예루살렘의 막대한 상실이 죄에 대한 심판으로 이해되었던 시기인 6세기의 추방에 특별히 관련되어 있다. 이스라엘을 위한 용서의 선언은 이사야 40:1-2, 특별히 55:7에 나타나는 것처럼 포로기 이사야의 시적 선포들에서 중요한 요소이다.

용서에 관한 보다 개인적이고 친밀한 측면은 소위 참회시(penitential Psalms) 안에서 특별히 표현된다(시 6, 32, 38, 51, 102, 130, 143편). 그중에 시편 51편이 가장 잘 알려져 있다. 이 시편에서, 화자는 죄를 완전히 인정하고 용서를 구한다. 고백의 기도는 야웨가 용서할 수 있고 용서할 것이라는 확신 안에서 분명하게 제시된다. 야웨의 용서에 관한 전망은 시편 130:3-4에서 확신 있게 표현된다. 시편 32편은 죄의 파괴적 힘에 관한 예리한 분별(3-4절), 그리고 완전하고 솔직한 시인(acknowledgment) 안에서 그리고 그것을 통하여 일어나는 용서의 확신을 보여 준다(5-6절).

실제로 이 시편들은 죄와 용서에 관한 이해를 보여 주는데, 그러한 이해는 용서가 어떠한 조건에서 가능하다는 현대의 "치료적"(therapeutic) 이해만큼이나 날카롭고 정교하다.

다섯째, 야웨는 몇몇 본문에서 죄를 용서할 수 없고 기꺼이 용서하지도 않는다(참조. 신 29:20; 왕하 24:4; 애 5:22). 이러한 경우들은 확실히 극단적이고, 예루살렘에 왕정을 설립하는 것의 실패와 관련하여 심판에 관한 신명기적 평결과 관련이 있다[**신명기 신학**을 보라]. 하나의 역사철학을 구성하고 있는, 예루살렘에 대한 이러한 가혹한 해석적 판결은 간음(신 22:22), 살인(신 19:11-13) 혹은 불순종(신 21:18-21)과 관련하여 가혹한 심판들을 공표했던 보다 오래된 조건법(case law)과 대략적 연속성을 지니고 있다.

여기에는 "용서받을 수 없는 죄"에 관한 일반적 원칙은 나타나지 않고, 단지 이러한 언약적 관계 안에 이스라엘이 야웨를 밀어붙일 수 없는 한계들이 존재한다는 것에 관한 인식이 등장할 뿐이다. 물론 이러한 역학은 구약성서에서 은혜가 아니라 언약이 은혜를 그 하위범주로 가지고 있는 신앙의 결정적 범주라는 것을 시사한다.

그러나 이러한 본문들에서 매우 깊이 비난받고 있는 예루살렘의 죄는 두 세대 이후 예언자들에 따르면, 너그럽게 용서받게 되는 동일한 죄이다(사 40:1-2; 55:7; 렘 31:34; 겔 36:22-33). 따라서 용서에 대한 야웨의 거절은 "원칙"이 아니라 때에 맞는 심판이고, 이는 결국 "아직은 아닌"(not yet) 것이 되었다. 왜냐하면, "사랑할 때가 있고, 그리고 미워할 때가" 있기 때문이다(전 3:8). 이러한 관계에서 적절한 것은 여러 본문에서 제시된 것과 같이 시기를 조절하는 야웨의 뜻에 의존하는 것이다. 야웨는 주어진 상황에서 용서할 수도 있고 용서하지 않을 수도 있다(참조. 애 3:42).

여섯째, 야웨의 선언 중의 몇 가지는 용서에 관한 전폭적이고 무조건적인 주장들이다. 이것들은 야웨의 관대함과 자애로움을 온전히 보여 준다. 아마도 가장 극적인 것은 예레미야 31:34에서 나타날 것이다.

> 내가 그들의 악행을 사하고 다시는 그 죄를 기억하지 아니하리라 (렘 31:34).

포로기의 세대를 향한 용서의 행동은 이스라엘의 신앙에 있어서 전형적이다. 이 행동은 야웨가 이제 제공할 미래에 대한 개방성과 함께 이스라엘이 새로운 삶을 시작하는 것을 가능하게 한다.

제사장의 행위에 의존하는 용서에 관한 **제의적-성례전적**(cultic-sacramental) 이해와 재판관이 선언한 판결에 의존하는 **사법적인**(juridical) 모델과 함께, 용서에는 또한 **경제적인**(economic) 차원이 존재한다: 채무 면제. 밀러(Miller)는 이사야 61:1에서 "자유를 선포하라"(*drr*, 데로르)라는 표현이, 해방의 해(the Year of Release)와 희년(참조. 레위기 25:10; 사 58:6; 그리고 눅 4:18-19에서 그 본문에 대한 인용)에서처럼, 경제적인 회복과 여러 채무의 탕감을 가리키고 있음을 관찰했다.

이러한 이미지 안에서, 용서는 여러 채무(우선적으로는 경제적이지만, 아마도 많은 다른 종류의 채무들일 것이다)가 탕감되는 경제적 처리 과정이다. 이러한 용례는 교회가 다음과 같이 기도하는 친숙한 주기도문에 아마도 반영된 것이다.

> 우리가 우리에게 빚진 자(우리말 개역개정은 "죄지은 자"-역자 주)를 사하여 준 것 같이 우리 빚(우리말 개역개정은 "죄")을 사하여 주시옵고 (마 6:12).

이러한 의미가 갖는 풍부한 어조들은 이 하나님의 파트너들이 두려움과 죄책감으로 굽실거릴 필요도, 안심하게 어떠한 값싼 은혜를 가장할 필요도 없다고 주장한다. 용서는 상호신뢰를 회복하는 기능을 한다. 그러므로 용서는 서로를 대하는 당사자들의 성향에 따라 특별한 시간과 상황에서 발생한다.

구약성서에 있는 용서에 관한 전문용어는 용서하는 야웨에 초점을 맞추었다. 왜냐하면, 이스라엘이 다음과 같이 고백하기 때문이다.

> 내가 오직 주께만 범죄하여(시 51:4).

그러나 야웨와의 거래는 용서에 관한 여러 인간적 거래에 대한 잠재적 모델이다. 이는 특별히 약한 자들을 용서하는 강한 자들과 채무자들의 빚을 면제하는 채권자들에 대한 것이다. 용서가 소외감과 적대감의 악순환들을 깨는 것으로 이해된다면, 용서는 현대의 삶에서 분명히 긴급한 공적 문제가 된다.

오늘날 세계에서 가장 다루기 어려운 여러 문제(미국의 백인과 흑인, 북아일랜드의 가톨릭 교인과 개신교인, 그리고 중동의 팔레스타인인과 이스라엘인) 중에서, 용서의 행동은 결정적으로 중요하다. 용서는 사적이고 개인적인 문제로 축소되어서는 안 되며, 단순히 심리-치료적 차원(중요한 것이기는 하나)으로 간주되어서는 안 된다.

현대 세계에서, 용서에 관한 두 가지 주목할 만한 행동들은 다음과 같은 모델로서 기능할 수 있다.

첫 번째 모델인 "남아프리카의 진실과 화해위원회"(the Truth and Reconciliation Commission in South Africa)는 공개적 방식으로 다시 시작하기 위한 매우 성공적인 기제(메커니즘)였다. 이 위원회는 진실을 말하는 것에 의존했는데, 왜냐하면, 진실을 말하지 않고는(시 32편이 분명히 보여 주는 것처럼) 미래로 나아가는 새로운 길이 나타나지 않기 때문이다.

두 번째 모델인 "희년 2000"(Jubilee 2000)은 지배와 박탈의 잔혹하고 파괴적인 고리들을 끊는 문제로 제3세계의 채무에 대한 탕감에 관심을 가졌다.

야웨의 성품 안에 있는 용서의 신학적 근원은 세상의 삶에 엄청난 영향을 미친다. 기꺼이 용서하고자 하는 하나님의 의지가 이웃 간에 용서의 실천을 가능하게 만들고 그것에 권한을 부여한다. 이스라엘은 용서하는 하나님의 사랑과 용서를 받아야 하는 이웃의 사랑 사이를 갈라놓지 않을 것이다.

참고 문헌

Heyward, Carter and Anne Gilson. eds. *Revolutionary Forgiveness: Feminist Reflections on Nicaragua*, Amanecida Collective (Maryknoll, N. Y.: Orbis Books, 1987).

Jones, L., Gregory. *Embodying Forgiveness: A Theological Analysis* (Grand Rapids: Eerdmans, 1995).

Miller, Patrick D. "Luke 4:16-21." *Interpretation* 29 (1975): 417-421.

Patton, John. *Is Human Forgiveness Possible? A Pastoral Care Perspective* (Nahsville: Abingdon Press, 1985).

Ringe, Sharon. *Jesus, Liberation, and the Biblical Jubilee: Images for Ethics and Christology* (OBT; Philadelphia: Fortress Press, 1985).

Sakenfeld, Katharine. "The Problem of Divine Forgiveness in Numbers 14." *CBQ* 37 (1975): 317-330.

64. 유일신론
Monotheism

유일신론은, 고전적 서양 기독교 신학에서 나타나는 것과 같이, 오직 한 분 하나님이 모든 존재를 주재한다는 지적 주장이다. 이러한 지적 주장은, 전통적으로 표현되는 것처럼, 성서에 관해서는 관심을 거의 두지 않고, 성서를 이해하는 데 끝없는 장애를 야기했다. 성서의 관점에서 그러한 주장이 흥미롭지 않고 장애가 되는 이유는 성서가 야웨를 어마어마한 복잡성과 내면성에 의해 특징지어지는 완벽히 기능하는 인격으로 표현하기 때문이다.

이 점은 "한 분 하나님"이라는 전통적인 이성적 이해들 안에서 특징적으로 배제된다. 성서적 질문은 신들의 수(數)가 아니라[한 분!], 경쟁적 다신론(polytheism)으로 전제된 세상 안에 나타나는 야웨의 행위와 성품이다. 그것은 이 하나님이 (다른 신들 가운데서) 알려지는 방식들, 그리고 이스라엘이 이 하나님과 관계를 맺는 방식들이다. "한 하나님"에 관한 이러한 주장은 고대 세계의 일반적 전제인 단일신론(henotheism)과는 구별되어야 한다. 단일신론은 각 신이 자신의 고유한 영역을 주재하지만, 그 영역 안에 한정된다고 생각한다(삼상 26:19을 보라).

구약성서는 최종 형태에서 "여호와만이 홀로 하나님이다"라는 확언으로 분명하게 종결된다. 이러한 확언은 포로기 이사야서에서 가장 뚜렷하다(사 43:11; 48:12). 송영의 형태로 이루어진 그러한 고백은 지적 혹은 이성적 결론이 아니다. 오히려 그 확언은 추방된 이스라엘이 포로지에서 그들의 가장 근본적인 신앙의 헌신들에 관하여 계속해서 "신뢰하고 순종하게" 하려는 상당히 실천적인 의도를 지닌 신앙 고백이다.

이스라엘이 (즉각적 필요에 대한 반응으로) 이러한 확언에 이르렀다는 것은 "송영적 유일신론"(doxological monotheism)까지의 이스라엘의 신앙, 그리고 "송영적 유일신론" 이후의 이스라엘의 신앙을 고려할 수 있는 지점을 제공한다.

현대 학계는 전형적으로 역사적 관점으로부터 성서의 유일신론에 관한 질문을 고려하고, 이스라엘의 신앙 고백들을 구성하고 있는 진술들의 연속성을 연구하고, 그러한 연속성을 역사적 상황과 관련하여 이해하려고 시도한다.

지금은 대략적인 학문적 합의가 존재한다. 그것은 활기찬 다신론(polytheism)의 풍부한 세계, 곧 최고 신 엘(엘 엘리욘)이 주재하는 통치 아래에 있는 신들의 세계 안에 야웨가 다른 많은 신 중에서 이스라엘의 기억 안에 등장한다는 것이다. 야웨는 초기에는 신들의 세계에서 상당히 하위의 대리자로, 아마도 처음부터 이스라엘과 연합하고 헌신했던 신으로 이해되었을 것이다.

이스라엘은 자신의 해석적 전통들 안에서 시간이 지남에 따라 계속해서 야웨에 관한 자신의 증언을 재형성했다. 이스라엘에게 종속적인 하나님이 통치에 관하여 점점 더욱 큰 영역들을 맡기 시작했다. 그리고 마침내 이스라엘의 증언 안에서 야웨는 엘(El)이 오랫동안 신학적 상상력 안에서 천상회의의 수석 주재자로 고수했던 역할을 차지하게 되면서 가장 뛰어난 위치를 맡게 되었다[**천상회의**를 보라].

이스라엘은 매우 후대에 이르기까지 다른 신들의 존재를 거부하거나 무효화하지 않았다. 오히려 이스라엘은 특징적으로 이스라엘과 관련된 야웨의 언약적 배타성을 주장했다. 다른 신들이 실제로 존재했을지도 모른다. 그러나 이스라엘은 그들을 신뢰하거나 그들에게 순종할 자유가 없었다. 왜냐하면, 이스라엘은 시내산에서 배타적으로 야웨와 언약을 맺었기 때문이다. 따라서 야웨의 "질투"는 언약적 배타성의 기능이다(겔 16:41-42을 보라). 야웨의 진노를 불러일으키는 이스라엘의 죄는 출애굽기 20:2-3의 제1계명에 반영된 유일한(singular) 충성 맹세에 대한 양보이다.

또한, 이스라엘은 야웨에 대한 자신의 배타적 주장의 정당성을 주장하면서, 다른 신들은 무력하고, 그들의 약속들을 이행할 수 없고, 따라서 어떠한 주목이나 헌신을 받을 만하지 못하다는 부정적 주장을 형성하는 데에 몰두했다. 노래와 내러티브 안에서 그러한 주장은 야웨 앞에서의 다곤의 무익함(삼상 5장)과 갈멜산에서의 바알의 침묵(왕상 18:26-20)을 보여줌으로써, 그리고 바빌론의 여러 신들이 짐처럼 옮겨져야 함을 관찰함으로써 제시된다(사 46:1-2).

이러한 신들이 희미한 방식으로 존재할 수 있을지는 모르지만, 그들은 연약하고 무력했다(시 115:4-8; 135:15-18). 그들은 권능으로 가득하고 이스라엘의 완전한 신뢰와 온전한 순종을 받을 만한 야웨와 뚜렷하게 대조된다.

> ⁵ 그것이 둥근 기둥 같아서
> 말도 못하며
> 걸어 다니지도 못하므로
> 사람이 메어야 하느니라
> 그것이 그들에게 화를 주거나
> 복을 주지 못하나니
> 너희는 두려워하지 말라 하셨느니라
> ⁶ 여호와여
> 주와 같은 이 없나이다
> 주는 크시니
> 주의 이름이 그 권능으로 말미암아 크시니이다
> ⁷ 이방 사람들의 왕이시여
> 주를 경외하지 아니할 자가 누구리이까
> 이는 주께 당연한 일이라
> 여러 나라와 여러 왕국들의 지혜로운 자들 가운데
> 주와 같은 이가 없음이니이다
> …

> ¹⁰ 오직 여호와는 참 하나님이시오
> 살아계신 하나님이시오
> 영원한 왕이시라…(렘 10:5-7, 10).

보다 최종적인 유일신론에 관한 기대가 엘리야와 호세아의 전통들 안에 존재한다고 할지라도, 오직 6세기의 전통들 안에서만 이러한 기대가 명백하게 되었다. 놀랍게도, 유배라는 이스라엘의 가장 절망적인 상황에서, 이스라엘의 시인은 야웨에 대한 최고로 엄청난 주장을 만들었다.

> ¹⁰ 나의 전에 지음을 받은 신이 없었느니라
> 나의 후에도 없으리라
> ¹¹ 나 곧 나는 여호와라
> 나 외에 구원자가 없느니라
> ¹² 내가 알려 주었으며
> 구원하였으며
> 보였고
> 너희 중에 다른 신이 없었나니
> 그러므로 너희는 나의 증인이요
> 나는 하나님이라
> 여호와의 말씀이니라
> ¹³ 과연 태초로부터 나는 그이니
> 내 손에서 건져질 자가 없도다
> 내가 행하리니 누가 막으리요(사 43:10-13).

이러한 송영적 주장은 실제적이고 논쟁적이고, 바빌론의 제국적 신들에 대한 묵살, 그리고 결과적으로 바빌론 제국의 권위에 대한 불신에 다다른다.

직접적인 목회적, 실존적 힘을 지닌 이스라엘의 이러한 송영적 주장을 받아들이면서, 서양 기독교 신학의 지배적 전통은 시간이 지남에 따라 활기차고 관계적인 확언을 성서적 송영의 활력이 사라져 버린 단조로운 확신의 원칙으로 바꾸었다. 결국, 이렇게 바뀐 확언은 이성적, 철학적 공식의 압력 아래에서, 대체로 송영적 능력이 결여되고, 고정된 절대적인 신학적 명제들로 발표되었다.

이러한 공식들 중에 가장 익숙한 것은 하나님은 "전능하고, 편재하고, 전지하다"라는 교리문답서의 강요적 주장이다. 물론 논리적으로 옹호될 수 있지만, 이러한 공식은 성서적 신앙이 특징적으로 감사와 순종에 관한 삶과 죽음의 맥락에서 고백적 진술로 주어지는 방식들과는 거리가 멀다.

따라서 송영적 유일신론에 가까운 쪽에서(즉, 야웨에 대한 이 주장이 포로기 이사야서에서 확립된 이후에) 유일신론에 관한 더욱 해석적인 작업이 이루어질 필요가 있었다. 이스라엘은 야웨가 어떠한 영향도 미치지 않는 초월적 통치자로서가 아니라, 오히려 이스라엘과 관련된 것으로 알려진, 그리고 그 자신의 삶과 능력이 이스라엘과 그리고 세상의 삶과 관련된, 완전히 인격적인 하나님으로서 이해되어야 한다고 주장했다.

맥페이그(McFague)가 이해했던 것처럼, 유일신론은 매우 단조롭고 얄팍해져서 우상 숭배로 전락해 버릴 큰 위험을 떠안게 되었다. 이러한 우상 숭배는 안정되고, 고정되고, 예측 가능한 하나님을 갖기 위해 하나님을 모든 생명력으로부터 멀어지게 만든다. 유일신론이 우상 숭배가 되는 것을 막고자 하는 이스라엘의 수사적 전략은 야웨의 두터운 특이성을 풍부한 비유들의 집합 안에서 표현하는 것이었다.

그것들 각각은 야웨의 어떤 것을 드러내는 기능을 했지만, 그것 중 어느 것도 다른 것들을 지배하거나 제거하도록 허용되지 않았다. 군사적, 사법적, 가족적, 의학적, 예술적, 농경적, 정치적인 것을 포함하는 다양한 은유의 군집들이 거의 무한한 다양성 안에서 이스라엘의 "한 분 하나님"에 관한 표현을 위해 사용되었다(Breuggemann, 229-266).

야웨에 관한 가장 풍부한 은유들은 심각한 위기의 시기에 출현하는 경향을 보였다. 가장 놀라운 것은 (북왕국 이스라엘이 멸망했을 때) 호세아, (유다가 멸망했을 때) 예레미야, 그리고 (포로기가 끝났을 때) 제2이사야의 전통들 안에 있다. 각각의 경우에, 시인들은 특정한 위기에 특별히 가슴 아파하고, 그 위기와 밀접한 관련이 있는 야웨의 어떤 점을 완전히 드러내기 위해 상상력을 발휘했다.

이러한 풍부한 은유는 야웨 자신의 삶에 관한 동등하게 풍부한 내면성의 감각을 제공한다. 이는 야웨가 이스라엘의 주장과 다른 신들 사이에서 차지하는 야웨 자신의 위치에 관한 주장을 끊임없이 판결해야만 하는 충실함과 논쟁의 내면성에 대한 감각을 제공한다. 헤셸(Heschel)이 보여주었던 것과 같이, 대담한 시인들에 의해서만 성공적으로 표현된 야웨의 풍부한 내면성은 야웨 자신의 고통을 나타내는 파토스(pathos)에 의해 독특하게 특징지어지고, 이는 시간이 지남에 따라 이스라엘 안에서, 그리고 세상의 삶 안에서 새로움을 위한 토대가 되었다.

본문에서 제공되는 유일신론의 풍부한 은유들은 이스라엘이 한 하나님을 증언하지만, 이 하나님은 전통적인 신학적 공식들에 맞춰지거나 길들여지지 않을 것을 의미한다. 이 유일신론은 사전에 형성된 모든 양상을 거부하는 방식들로 오고 가고, 상처 주고 치료하고, 심판하고 구원하는 하나님에 관한 표현과 규정이다.

송영적 유일신론에 관한 본문들에서 뚜렷하게 나타나는 그러한 활동적인 하나님은 통제와 확신 위에서 번성하는 제도적 신앙에 비해 종종 너무 풍부하고 거칠다. 따라서 신학의 제도적 형태들은 이 하나님이 거주하고, 이 하나님이 이스라엘에서 알려진 풍부한 은유적 영역을 제한하고, 좁히고, 단조롭게 하기를 끊임없이 갈망한다.

결국, 이스라엘은 이렇게 고백할 수 있다.

> 이스라엘아 들으라
> 우리 하나님 여호와는 오직 유일한 여호와이시니 (신 6:4; 막 12:29).

"여호와는 한 분이다" 혹은 "오직 여호와만." 어느 쪽이든, 그러한 확실한 확언은 그 아래에 이스라엘의 증언에 관한 두터운 시적 표현이 머무는 거대한 우산이다. 야웨는 한 분이다. 그는 이스라엘에서 전사, 왕, 어머니, 의사, 예술가, 바위로 알려진 오직 한 존재이지만, 풍부하고 다양한 방식으로 표현된 한 존재이다.

성서의 독자들은 이러한 증언에 관심을 기울이고, 익숙하고 전통적인 제한적 방식들에 저항할 수 있다. 이러한 방식으로, 유일신론 고백은 복잡성 안에서 풍부하게 접근 가능한 하나님이 마찬가지로 복잡성 안에서 풍부하게 접근 가능한 언약 공동체의 대응 상대(counterpart)라는 실제적 문제가 된다.

신명기 6:4의 원초적 고백은 위험한 상황들 속에서 이스라엘이 자신의 언약적 정체성 안에 굳건하게 설 수 있게 해 주었다. 위협 아래 있는 신앙(faith-under-threat)이라는 상황에서, 신들의 본질과 수에 관한 이성적 명제들은 전혀 도움을 주지 못한다. 이스라엘에게 중요한 것은 자신이 전적으로 신뢰할 만하다고 생각했던 충실함과 열정에 관한 풍부한 수사학에 나타나는 확신이다. 왜냐하면, 그 확신은 이스라엘이 자신의 고유한 삶 속에서 알게 되었던 한 분(the One)에 관한 말을 했기 때문이다.

참고 문헌

Banks, Robert. *God the Worker: Journeys into the Mind, Heart, and Imagination of God* (Valley Forge, Pa.: Judson Press, 1994).

Brueggemann, Walter. *Theology of the Old Testament: Testimony, Dispute, Advocacy* (Minneapolis: Fortress Press, 1997), 229-313.

Edelman, D. V. ed. *The Triumph of Elohim: From Yahwisms to Judaisms* (Grand Rapids: Eerdmans, 1996).

Heschel, Abraham. *The Prophets* (New York: Harper & Row, 1962).

Johnson, William Stacy. "Rethinking Theology: A Postmodern, Post-Holocaust,

Post-Christendom Endeavor." *Interpretation* 55 (2001): 5-18.

McFague, Sallie. *Metaphorical Theology: Models of God in Religious Language* (Philadelphia: Fortress Press, 1982); Miles, Jack, God: A Biography (New York: Knopf, 1995).

Sanders, James A. "Adaptable for Life: The Nature and Function of Canon." in *Magnalia Dei: The Mighty Acts of God: Essays on the Bible and Archaeology in Memory of G. Ernest Wright*, ed. Frank Moore Cross et al. (Garden City, N. Y.: Doubleday, 1976), 531-560.

Schwartz, Regina M. *The Curse of Cain: The Violent Legacy of Monotheism* (Chicago: University of Chicago Press, 1997).

Smith, Mark S. *The Early History of God: Yahweh and the Other Deities in Ancient Israel* (San Francisco: harper & Row, 1990).

65. 윤리
Ethics

구약성서는 당연히 윤리와 관련된 문헌이다. 그러나 구약성서의 윤리적 측면은 매우 복잡하고, 종종 그것을 취급하기 쉬운 단순성으로 환원시키고자 하는 여러 시도 때문에 남용된다. 구약성서는 세상을 야웨와 관련하여 재묘사하려는 하나의 노력이다. 그는 하늘과 땅의 창조주이고, 이스라엘의 언약 파트너이다.

윤리에 관해서, 구약성서는 야웨의 뜻과 목적이라는 측면에서 인간의 책임감 있는 행위를 재해석하려고 시도한다. 그러나 세상에 관한 재묘사와 인간 행위에 관한 재해석은 어떤 체계적인 방식으로는 해결되지 않는다. 오히려 내러티브, 노래, 시, 그리고 율법의 이런저런 조각들이 존재하는데, 그것들은 다양한 방식들로 연결되고 이해될 수 있다.

게다가 야웨의 뜻과 목적에 관한 분별은 구체적인 역사적 상황과 사회적 관심을 통해 걸러진다. 따라서 우리는 구약성서를 분명하고 명백한 윤리적 안내서로, 혹은 윤리적 행동에 관한 사례집으로 여기려는 어떤 시도에 대해서도 처음부터 미리 주의를 받는다.

우리는 구약성서에 나타나는 윤리를 몇 가지 뚜렷한 구조들을 통해서 고려할 수 있다.

첫째, 구약성서는 **언약적 윤리**(covenantal ethic)를 반영한다. 즉, 이스라엘은 야웨와 결속되어 있다. 야웨는 최고 통치자로서 이스라엘이 순종해야 하는 대상이다. 그렇기에 윤리에서 핵심 쟁점은 야웨의 성품과 의도이다. 따라서 순종은 인간의 삶을 야웨와의 조화 안으로 데려오는 것이다. 결과적으로 신학적 관점으로부터, 어떠한 독단적 통치 혹은 실증주의적 율법이 아니라, 오직 이스라엘이 책임감 있게 반응하기를 추구하는 언약적 주의 뜻만이 존재한다. 윤리의 실천은 이러한 결정적 관계에 충실하기 위한 노력이다.

둘째, 구약성서에서, 언약적 주의 뜻은 **시내산의 계명**(commands of Sinai) 안에서 주어지는데, 그것은 두 개의 불균등한 부분으로 구성되어 있다. 즉, 십계명과 토라의 나머지 부분이다.

첫 번째 부분인 십계명은 출애굽기 20:1-17에 나오는 열 가지 계명이다[**십계명**을 보라]. 시내산의 경탄할 만한 신 현현의 상황에서, 야웨는 이스라엘에게 직접 열 가지 계명을 공표했는데, 그것은 모든 성서적 윤리의 기초를 형성한다. 그 계명들은 다음에 관심이 있다.

① 우상 숭배의 왜곡을 회피하기 위한 야웨에 걸맞는 존중
② 이웃의 삶을 존중하고, 따라서 이웃과 함께하는 사회를 가능하게 만드는 이웃 사랑 실천들

나머지 토라의 가르침은 신학적 의미에서 시내산의 열 가지 계명으로부터 유래하고 그것들을 해석하는 것이라고 볼 수 있다. 시내산의 핵심 가르침으로부터 등장한 지속적인 해석 전승들의 목적은 야웨의 주권적 목적이 모든 상황 안에서 이스라엘 삶의 모든 단계에까지 미치고, 따라서 이스라엘이 자신의 삶을 가능하게 만들었던 야웨에게 기쁘게 반응하면서 삶을 살 수 있도록 보장하는 것이다.

여러 해석 전승은 하나님 사랑(거룩함의 실천)과 이웃 사랑(정의의 실천)에 주의를 집중하는 것이다. 시내산에 기초하고 있고 출애굽기-레위기-민수기-신명기에서 표현되는 이 확장된 해석적 자료가 충분히 다양하고 주의 깊게 상세하긴 하지만, 우리는 시내산으로부터 나온 두 가지 극적 추론들(extrapolation)만을 실질적으로 다룰 것이다.

하나님 사랑에 관한 해석적 궤도와 관련하여, 본문은 대속죄일에 도달한다. 그것은 거룩한 하나님과의 교감에 대한 이스라엘의 갈망을 나타내

는 극적 표현이다. 이 절기에 이스라엘은 속죄라는 방법을 통하여 그러한 교감을 나눌 수 있는 자격을 얻게 된다(레 16장). 이와 동시에, 이웃 사랑에 관한 극적 표현은 희년이라는 절기에서 표현된다. 그것은 심지어 취약한 이웃들의 절대적 권리를 제정한다(레 25장). 이러한 두 절기는 현실에 관한 급진적인 대안적 비전을 제공하는데, 이는 그것을 명령하는 하나님의 급진적 성품으로부터 등장한다.

셋째, 대체로, **8세기와 7세기 예언자들의 예언 전승**은 토라의 언약 전승에 기반을 두고 있다고 주장하는 윤리적 표현이다. 여러 예언자가 다양한 기원과 사회적 위치를 가졌지만, 정경적 형태 안에서 이러한 시적 전승들은 다음 사항들에 관심을 갖는다.

① 야웨의 언약적 계명들
② 그러한 계명에 대한 이스라엘의 지속적이고 체계적인 위반
③ 이스라엘의 불순종이 불러일으킨 불가피한 처벌들

이러한 관심으로부터, 대부분 부정적 목소리를 내는 정의에 관한 비전이 출현했다. 그것은 야웨를 향한 신뢰에 기초를 두고 있고, 취약하고 자원이 없는 자들을 향한 분배적 정의(distributive justice)로 표현되는 공공정책을 예견한다.

넷째, 정경적 형태에서 예언 전승들을 지지하는 시내산 전승과 나란히 **창조 전승들**이 존재하는데, 그것들은 친숙한 창조 내러티브들 안에서뿐만 아니라 이스라엘의 송영들 안에서도 나타난다. 이러한 전승들 안에서, 창조는 피조물적 관계들의 연결(network)로 이해되는데, 그것은 창조주의 능력과 선함에 의한 일관적이고, 윤리적인 완전함을 형성하도록 배열되어 있다. 야웨는 창조가 화려한 방식으로 삶과 웰빙을 생산하는, 생성적 유기체가 되도록 계획한다. 그러나 야웨의 풍성한 선물로서의 창조는 윤리적인 형태가 전혀 없는 것은 아니다. 왜냐하면, 시내산의 하나님은 도덕적으로 무관한 세상을 창조하지 않았기 때문이다.

창조 전승은 창조 안에 있는 타협될 수 없는 윤리적 "수여"(givenness)의 고유한 의미와 창조의 과정에 내재하여 있는 윤리적 억제 모두를 지니고 있다. 따라서 두 개의 창조 이야기에서, 인간 피조물은 긍정적 명령들(창 1:28; 2:15)과 자율성을 배제하는 금지명령(창 2:17)을 받는데, 이것의 위반으로 인해 죽음의 근원들이 전달된다.

창조를 도덕적 일관성으로 표현하면서, 이스라엘의 송영 전승들은 언약적 사안들에 특별히 호소하지 않는다. 그런데도 창조 그 자체는 존중되어야 하는 순종에 관한 여러 명령을 공표한다. 이 명령들은 창조의 파괴적 자율성이나 자신의 피조물들의 어떤 것을 억제하도록 설계되었다. 이러한 설계는 창조의 관대함을 기념하지만 엄중한 경고와 함께 끝을 맺고 있는 창조에 관한 두 개의 위대한 찬양의 결론에서 증언된다.

> 죄인들을 땅에서 소멸하시며
> 악인들을 다시 있지 못하게 하시리로다 (시 104:35).

> 여호와께서 자기를 사랑하는 자들은 다 보호하시고
> 악인들은 다 멸하시리로다 (시 145:20).

"악인들"에 관한 내용은 구체화되지 않지만, 의심의 여지 없이 시내산 계명들의 내용을 가리킨다. 그러나 그 나름대로 "악함"은 창조 자체에 내재하여 있는 요구사항들을 위반하는 것에 관련하여 경고했다. 그것들은 후대에 이르러서야 환경적 위기를 통해 비로소 주목받게 되었다.

창조의 내재적 요구사항들에 관한 이러한 개념은 바르트(Barth) 신학적 저항의 여파로 여러 학자가 "자연신학"(natural theology)을 상정하도록 이끌었다. "자연신학"이란 피조물 자체가 위반되어서는 안 되는 하나님의 의도에 관한 무언가를 알고 있다는 것이다. 바튼(Barton)은 예를 들어, 아모스 1-2장에 있는 열방 신탁들이 여러 나라의 비윤리적 관행을 맹렬하게 정죄하고 있음을 관찰했다. 그들은 시내산 전승에 관하여 아무것도 알지 못하지만, 그들의 피조성 안에서 잔인함과 폭력의 한계들을 알고 존중하도록 기대된다.

다섯째, 언약과 창조의 전승들은 완전히 한 조각이다. 그것들은 **이스라엘의 시편** 안에 알맞게 합쳐져 있다. 이것은 일종의 에큐메니컬한 모음집을 구현하는데, 이 모음집은 이스라엘의 몇몇 구별되는 전승들을 창조 안에 있는 야웨의 장엄함과 언약 안에 있는 야웨의 연대(solidarity)에 대한 기쁨의 반응이라는 통일된 확언으로 모아진 것이다. 이러한 전승은 이스라엘의 노래 안에 함께 결합되어 있다. 다음과 같은 두 가지 예를 볼 수 있다.

① 시편 19편에서, 7-10절들은 토라의 계명들을 기념하고, 토라에 대한 순종이 삶과 웰빙의 원천이라는 것을 확언한다. 그러나 1-6절에서는 창조의 경이로움이 기념된다. 완성된 시편 안에서, 창조는 그 안에 토라의 특수성이 자리 잡고 있는 행렬이다. 따라서 이 두 가지는 함께 토라에 대한 순종이 창조주로부터 이스라엘이 삶의 선물을 받는 길이라는 확신으로 이어진다.

② 시편 24편에서, 이스라엘은 세상이 야웨에게 속해 있고(1-2절), 영광의 왕, 하늘과 땅의 창조주가 이스라엘 가운데 있다고 확언한다(7-10절). 이러한 두 개의 위대한 송영의 말들 사이에서, 이스라엘은 언약적 이웃 사랑(neighborliness)에 관한 매우 특정한 요구를 숙고하고 받아들인다(3-6절). 기꺼이 책임감 있게 행동하려는 상태는 "규율에 기초한 것"이 아니다. 그 대신 이러한 몇몇 전승으로부터 야웨의 관대함과 신뢰감에 반응하며 살아갈 때 순종적인 삶, 생산적인 삶, 그리고 기쁨의 삶이 어떻게 나타나는지에 관한 매우 분명한 묘사가 등장한다.

여섯째, 창조에 기초하고 있는 윤리적 전승은 **잠언의 지혜 가르침**(the wisdom teaching of the book of Proverbs) 안에서 상세하고 지속적인 표현으로 나타난다. 그것은 그 밖의 다른 곳에서 많이 사용되지 않는 용어인 "지혜"와 "어리석음"에 관한 언급을 포함한다. 현재 학자들은 지혜 가르침이 본질적으로 삶을 향상하거나 약화하는 행동들의 종류를 결정하기 위한 창조에 관한 면밀한 숙고라는 점에 일반적으로 동의한다.

그러므로 "지혜"는 창조의 질서 정연한 방식과 조화되고, 따라서 삶을 향상하는 행위이다. 반대로, "어리석음"은 창조를 위한 야웨의 의지에 반대되고, 따라서 삶을 약화하고 궁극적으로 죽음을 가져오는 행위이다. 더구나 지혜적 운동들에 대한 윤리적 성찰은 이스라엘에게 국제적인 윤리에 관한 광범위한 지평을 열어 놓았다. 왜냐하면, 지혜 성찰이 많은 문화에서 공유되기 때문이다. 이러한 방식의 성찰에 대한 개방성은 더욱 엄격한 시내산에 관한 내부의 전승과 함께 놓이고, 이스라엘에게 매우 광범위한 영역에서 세상의 관점을 가져다준다.

일곱째, 윤리에 관한 또 다른 하나의 본문은 특별히 흥미롭다. **신명기**(the book of Deuteronomy)는, 그리고 특별히 신명기 12-25장의 명령은 시내산과 관련되어 있다. 그러나 이 명령은 시내산에서 주어진 것이 아니다. 이것은 후대에 "모압 땅에서" 전해진다(신 1:5). 신명기는 보다 이후의 시기, 장소, 그리고 상황과 관련된 시내산 윤리에 관한 급진적 재진술로서, 야웨의 요구를 끊임없이 재검토하고, 해석에 개방된, 매우 신선한 방향으로 예상되었던 역동적 과정들에 관한 성서 안에 있는 하나의 실례이다. 신명기는 구약성서의 윤리가 폐쇄적이고, 고정되어 있고, 단조롭고, 고착화된 행동강령이 아니라는 명백한 증거이다.

오히려 구약성서 윤리는 특정한 상황에서 창조주의 관대함과 시내산의 하나님에 대한 기대에 어떻게 기쁘게 응답할 수 있을지 결정하기 위하여 착수된 지속적인 해석 전승이다. 윤리적 지침의 폭넓은 가닥들은 분명히 야웨의 성품과 조화롭게 취해진다. 그러나 윤리적 행위의 구체성과 특수성은 맥락 안에서 해결되어야 한다.

윤리적 성찰 안에서 성서를 사용하기 위하여 이용 가능한 쉽고 직접적인 방식은 존재하지 않는다. 우리는 이러한 관점에서 두 가지 커다란 유혹을 손쉽게 확인할 수 있다.

첫 번째 유혹은 극단적으로 단순화된 방식으로 성서 본문의 특정한 표현을 취하여, 그러한 모든 본문의 언급이 특정한 상황 안에 놓여 있다는 인식 없이 그것을 단조롭고 절대적인 규율로 바꾸는 것이다. 이렇게 극단적으로 단순화된 도덕화는 특정한 것을 절대적인 것으로 끌어올리려는 경향을 보인다. 이는 기쁘게 응답하고 감사하는 중요점을 놓치는 것이다.

두 번째 유혹은 구약성서의 "율법"에 관한 기독교인들의 단순한 고정관념들 안에서 쉽게 나타나는데, 이는 기독교의 복음이 "구약성서 율법"의 특정한 요구사항들을 대체하거나 쓸모없게 만들었다고 생각하는 것이다. 물론, 이러한 경멸적 태도는 윤리적 책임감의 힘든 부담을 피하기 위한 단순한 편의에 불과하다.

대안은 단순화된 율법주의(simplistic legalism)와 거부된 반(反)율법주의(dismissive antilegalism)로 존재한다. 그것은 비판적인 해석적 성찰이다. 구약성서의 윤리적 힘에 책임감 있게 참여하는 것은 **새로이**(*de novo*) 또는 진공상태에서 이루어지지 않는다. 유대교와 기독교 안에 있는 윤리적 가르침에 관한 긴 해석 전승들은 지속적인 윤리적 성찰을 수행하기 위한 상황(context)을 형성한다. 이러한 접근은 유대교가 지닌 몇 가지 형태들의 극단적 가부장제 안에서 또는 기독교가 지닌 몇 가지 형태들의 노예제도와의 결탁 안에서와 같이 윤리적 전승들 자체가 왜곡을 행할 수 있다는 점을 부정하지 않는다.

그러나 모든 것을 감안해 볼 때, 해석 전승들의 깊이와 오랜 지속성은 현시대의 순종에 안정감(ballast)과 지혜를 제공한다. 이스라엘의 하나님은 순종적으로 되기를 추구하는 이 민족과 오랜 역사를 갖고 있다. 현재 세대(유대교와 기독교)가 이 과업을 짊어질 때, 해석의 오랜 과정이 현재로 나아온다. 우리 자신의 성찰이 가진 긴급성은 감소하지 않는다. 그러나 우리의 윤리적 성찰은 순종과 감사의 공동체 내부에 깊이 자리 잡는다.

참고 문헌

Barton, John. *Amos's Oracles Against the Nations: A Study of Amos 1:3-2:5* (Cambridge: Cambridge University Press, 1980).

Barton, John. "Understanding Old Testament Ethics." *JSOT* 9 (1979): 44-64.

Birch, Bruce C. *Let Justice Roll Down: The Old Testament, Ethics, and Christian Life* (Louisville, Ky.: Westminster/John Knox Press, 1991).

Childs, Brevard S. *Biblical Theology of the Old and New Testaments: Theological Reflection on the Christian Bible* (Minneapolis: Fortress Press, 1993), 658-716.

Crüsemann, Frank. *The Torah: Theology and Social History of Old Testament Law* (Edinburgh: T. & T. Clark, 1996).

Fohrer, Georg. "The Righteous Man in Job 31." in *Essays in Old Testament Ethics*, ed. James L. Crenshaw and John T. Willis (New York: KTAV Publishing House, 1974), 1-22.

Janzen, Waldemar. *Old Testament Ethics: A Pragmatic Approach* (Louisville, Ky.: Westminster John Knox Press, 1994).

Muilenburg, James. *The Way of Israel: Biblical Faith and Ethics* (New York: Harper & Brothers, 1961); Petersen, David, *The Roles of Israel's Prophets* (Sheffield: JSOT Press, 1981).

Pleins, J. David. *The Social Visions of the Hebrew Bible* (Louisville, Ky.: Westminster John Knox Press, 2001); Rad, Gerhard von, *Wisdom in Israel* (Nashville: Abingdon Press, 1972).

66. 의로움
Righteousness

구약성서의 핵심적인 신학적 모티프인 의로움은 광범위한 영역의 의미들을 포괄하고, 하나님의 성품과 인간의 행동 모두와 관련되어 있다. 신학적 해석의 목적을 위해, 모든 언약 구성원이 "하나님을 사랑"하고 "이웃을 사랑"해야 할 의무가 있다는 언약의 맥락에서 의로움을 이해하는 것은 유용한 접근이다.

가장 중요한 것은 의로움이 공동체의 웰빙을 유지하고 향상하기 위해 공동체 안에서 생성적으로 살아가는 사람들을 표시하는 데에 사용된 윤리적 용어라는 점이다. "의인"은 특징적으로 가난한 자와 궁핍한 자에게 특별한 관심을 보이면서 공동체에 에너지를 쏟아붓는 사람이다. 이러한 공동체 윤리는 시편 15, 24, 37편, 그리고 욥기 31장에서 다양하게 묘사된다. 의인을 특징짓는 시편 112편은 다음과 같이 선언한다.

> [4] 정직한 자들에게는 흑암 중에 빛이 일어나나니
> 그는 자비롭고 긍휼히 많으며 의로운 이로다
> [5] 은혜를 베풀며 꾸어 주는 자는 잘 되나니
> 그 일을 정의로 행하리로다
> [6] 그는 영원히 흔들리지 아니함이여
> 의인은 영원히 기억되리로다
> [7] 그는 흉한 소문을 두려워하지 아니함이여
> 여호와를 의뢰하고
> 그의 마음을 굳게 정하였도다
> [8] 그의 마음이 견고하여 두려워하지 아니할 것이라

그의 대적들이 받는 보응을 마침내 보리로다

⁹ 그가 재물을 흩어 빈궁한 자들에게 주었으니

그의 의가 영구히 있고

그의 뿔이 영광 중에 들리리로다(시 112:4-9).

공동체의 윤리를 정기적으로 실천하는 사람들은 탐욕적이거나 자기 충족에만 머무는 사람들이 아니라, 관대하게 이웃을 돌보고 야웨를 향한 헌신에 확고한 사람들이다.

"의로움"은 잠언에서 성실함과 진지함을 갖고 사는 사람들, 그리고 그들의 존재와 행동 때문에 공동체에 안정감을 제공하는 사람들을 표시하는 데에 정기적으로 사용된다(잠 10:2, 7, 11; 11:5, 6, 8, 10). 예언자들은 이 용어를 특별히 가난한 자들에 대한 돌봄과 관련하여 사용한다. 따라서 그것은 경제적 요소를 포함한다.

그러나 보다 일반적으로 "의로움"은 공동체에 대하여 책임을 지는 것을 가리킨다(사 5:7; 암 5:7, 24; 6:12; 호 10:12). 슈미트(Schmid)가 보여 주었던 것처럼, 가장 광범위한 범위의 의로움은 생명과 웰빙을 바라는 창조주에 의한 창조의 선한 질서수립과 관련이 있고, 따라서 책임감 있게 사는 것은 창조주가 제정한 제한과 요구사항에 순응하는 것이다. 그러므로 의로움은 하나님의 다가오는 통치에 대한 주요 표시가 된다(사 9:7; 51:7; 60:17; 61:10-11; 렘 4:2; 23:5; 33:15).

의인들에 대한 반명제는 악인들이다. 그들은 가난한 자를 돌보지 않기 때문에 이기적이고, 탐욕스럽고, 결국 파멸되는 자로 정기적으로 특징지어진다.

²⁷ 새장에 새들이 가득함 같이

너희 집들에 속임이 가득하도다

그러므로 너희가 번창하고 거부가 되어

²⁸ 살지고 윤택하며

또 행위가 심히 악하여
자기 이익을 얻으려고
송사 곧 고아의 송사를 공정하게 하지 아니하며
빈민의 재판을 공정하게 판결하지 아니하니(렘 5:27-28).

게다가 시편 10편은 이웃을 향한 탐욕스러운 태도가 야웨의 성품과 통치에 대한 무시와 밀접하게 연결되어 있음을 분명하게 보여 준다.

³ 악인은 그의 마음의 욕심을 자랑하며
탐욕을 부리는 자는 여호와를 배반하여 멸시하나이다
⁴ 악인은 그의 교만한 얼굴로 말하기를
여호와께서 이를 감찰하지 아니하신다 하며
그의 모든 사상에 하나님이 없다 하나이다.
...
⁸ᵇ 그의 눈은 가련한 자를 엿보나이다
⁹ 사자가 자기의 굴에 엎드림 같이
그가 은밀한 곳에 엎드려
가련한 자를 잡으려고 기다리며
자기 그물을 끌어당겨 가련한 자를 잡나이다
¹⁰ 그가 구푸려 엎드리니
그의 포악으로 말미암아 가련한 자들이 넘어지나이다
¹¹ 그가 그의 마음에 이르기를
하나님이 잊으셨고
그의 얼굴을 가리셨으니 영원히 보지 아니하시리라 하나이다(시 10:3-4, 8b-11).

구약성서의 모든 부분은 공동체의 웰빙을 위해 창조를 명령했던 존재인, 언약을 체결하는 하나님의 의도에 기초하고 있는 언약적, 공동체주의적 윤리를 주장한다. 따라서 의인은 생명을 보증하는 사람들이고, 악인은 공동체에 죽음의 힘을 가져오는 사람들이다.

그러나 이에 대한 윤리적 주장은 제재와 집행을 요구하고, 그러한 이유로 인해 윤리적 용어는 동시에 법적 용어가 된다. 이스라엘의 언약적 상상에서, 공동체의 모든 구성원은 공동체의 향상과 축소에 책임이 있다고 주장된다. 따라서 "의로운"과 "악한"이라는 용어는 또한 "무죄"(자신의 행위의 정당성을 입증할 수 있는 자들)와 "유죄"(공동체의 윤리를 위반하고 형벌을 받기에 마땅한 자들)로 번역된다.

이러한 책임에 관한 개념은 시편 1편에서 명백하게 나타난다. 그것은 "패망할" "악인의 길"(=특징적 행동)과 형통할 "의인의 길"(=특징적 행동)에 대해 말한다. "심판에 서다"와 "의인의 모임"이라는 표현은 아마도 법적 생활로부터 나왔을 것이다(5절). 이 언어가 신학적-윤리적 언어로 수용될 때, 판결의 무대는 아마도 제의일 것이다.

거기에서 "의롭고 무죄한" 자와 "악하고 죄 있는" 자는 야웨의 뜻으로 간주되는 공동체의 행위 규범들에 따라 분류된다. 그러면 예배는 의로움의 질문들과 마주하는 무대가 된다. 이러한 관습은 예를 들어, 시편 15편과 24편에서 명백하게 나타나는데, 거기에서 예배로 입장하는 것은 토라에 대한 공동체의 규범을 고수하는지에 의해 결정된다.

제의의 법적 과정은 결국 토라에 대한 순종 혹은 불순종과 관련하여 신뢰할 만하고, 공정한 판단을 제공하는 의로운 하나님이라고 간주하는 야웨에게 호소한다. 실제로, 의로운 재판관은 세상(창조)이 신뢰할 만하고 윤리적으로 일관된 방식으로 작동하는 것을 보증하는 창조주이다(창 18:25을 보라). 이러한 의로운 재판관은 다음과 같은 존재로 고려될 수 있다.

> … 사람을 외모로 보지 아니하시며 뇌물을 받지 아니하시고 고아와 과부를 위하여 정의를 행하시며 나그네를 사랑하여 그에게 떡과 옷을 주시나니(신 10:18).

야웨가 고아와 과부들에게 의롭다는 것은 이 재판관이 권력, 돈 혹은 영향력에 의해 매수될 수 없다는 것을 의미한다. 적어도 야웨는 공정한 재판의 보증자이다. 그러나 그것을 넘어서, 야웨는 웰빙을 회복하기 위해 적극적으로 개입하는 존재로 알려져 있다.

그러한 적극적 개입들은 "의로움의 행동들"이라고 말하는데, 이에 관해서는 사사기 5:11("승리": 우리말 개역개정은 "공의로우신 일"로 번역, 역자 주), 사무엘상 12:7("구원 행위": 우리말 개역개정은 "공의로운 일"로 번역, 역자 주) 그리고 미가 6:5("구원 행동": 우리말 개역개정은 "공의롭게 행한 일"로 번역, 역자 주)를 보라.

이 모든 구절은 히브리어 "의로움들"(복수 형태)을 번역하고, 따라서 이스라엘의 신앙을 구성하는 기적의 역사 전체는 웰빙의 창조와 언약 공동체를 회복하기 위해 고안된, 야웨의 적극적 개입들에 관한 사례로 간주된다. 이러한 용법에서, "의로운"이라는 용어는 "도덕적"이라는 대중적 개념을 뛰어넘고, 야웨의 신비로운 구원의 능력을 나타낸다. 따라서 야웨의 의로움은 야웨의 해방하는 구원으로 구성된다.

야웨는 세상에서의 삶을 가능하게 만드는 의로움의 온전한 구현으로 간주되지만, 야웨의 의로움에 대하여 두 가지 항의가 나타난다. 예레미야 12:1-4에서, 예언자는 야웨가 실제로 정의와 공의를 보증하기 위해 행동하는지를 질문하기 위하여 야웨의 의로움에, 아마도 빈정대는 어조로, 호소한다. 이 항의는 실제로 이스라엘 신앙의 가장자리에서 맴도는 깊은 의심이다. 요나는 매우 다른 방식으로, 야웨의 관대한 성향을 확인하는 자로서, 그것이 이스라엘이 경멸하는 적, 아시리아까지 확장되어야 한다는 것 때문에 매우 분개한다(욘 4:1-2).

야웨의 의로움은 의심되거나 반감의 대상이 될 수 있다. 야웨의 의로움에 관한 기본적 주장은 이스라엘이 기념적 송영으로부터 의로운 분노에 대한 불쾌한 항의에까지 이르는 일련의 관심사들을 표현할 수 있는 전제가 된다. 이 모든 것을 통해, 야웨는 세상을 웰빙 안에서 유지시키기로 확고하게 결의했다고 전해진다.

야웨의 의로움은 단순한 형평성의 보증을 넘어서 웰빙을 위한 적극적인 개입주의(an active interventionism)로 나아간다. 이러한 개입주의의 한 형태는 사법적인 것이다. 즉, 의로움에 관한 이러한 개념(죄 있는 자들을 무죄하다고 선언하고, 정당화될 수 없는 자들을 법령에 따라 정당화할 수 있는 사법적 능력)은 은혜에 관한 기독교적 이해의 토대이다(눅 18:14; 롬 3:24; 딛 3:7을 보라).

갈라디아서 3:6에서 되풀이되는 창세기 15:6은 이러한 주장에 관한 주된 본문이 되었고, 용서에 의해 "의롭다고 칭하려는" 야웨의 편에서의 이러한 경향은 구약성서 안에서 강력하게 입증된다(예를 들어, 시 103:8-14; 130:3-4을 보라).

따라서 기독교 신앙의 핵심적인 신학적 주장이 된, 특별히 종교개혁(Reformation)의 가르침에서 강조된 것의 중심 뿌리는 언약 당사자들을 위한 야웨의 관대한 판결을 기뻐하는 고대 이스라엘의 경축행사 안에 결정적으로 존재한다.

참고 문헌:

Knierim, Rolf P. *The Task of Old Testament Theology: Method and Cases* (Grand Rapids: Eerdmans, 1995).

Schmid, H. H. "Creation, Righteousness, and Salvation: 'Creation Theology' as the Broad Horizon of Biblical Theology." in *Creation in the Old Testament*, ed. Bernhard W. Anderson (Philadelphia: Fortress Press, 1984), 102-117.

Stuhlmacher, Peter. *Reconciliation, Law, and Righteousness: Essays in Biblical Theology* (Philadelphia: Fortress Press, 1986).

von Rad, Gerhard. "'Righteousness' and 'Life' in the Cultic Language of the Psalms." in *The Problem of the Hexateuch and Other Essays* (New York: McGraw-Hill, 1966), 243-266.

67. 이세벨
Jezebel

　구약성서는 철저히 가부장적이다. 남성이 문헌의 대부분을 지배한다. 예상되는 결과로, 여성들은 단지 미미한 역할만 하고, 대부분 경우에 현대 독자들은 여성의 존재와 중요성의 흔적들만을 가질 뿐이다. 그러나 하갈, 룻, 에스더에 관한 내러티브에서처럼 몇몇 주목할 만한 예외가 존재한다. 또한, 최근의 몇몇 페미니스트 연구들은 전통적인 가부장적 해석이 놓쳤던 본문에 나타나는 여성의 중요한 역할들에 대한 주의를 환기했다. 그렇다고 하더라도, 본문 내의 가부장적 주도권은 대부분의 해석에서처럼 명백하다.

　이 책에서 나는 내가 언급한 모세, 다윗, 엘리야, 에스라라는 네 명의 중요한 남성과 더불어 네 명의 저명한 여성(미리암, 한나, 이세벨, 훌다)에 관한 언급을 포함할 것이다. 나는 각각의 남성이 전통화 과정을 통해서 실제 삶보다 더 확장된 은유적 중요성이 있게 되었다고 제안한다.

　마찬가지로 나는 한나, 미리암, 이세벨, 훌다 또한 비록 그들이 전통화의 과정 안에서 지속적 소외를 동시에 경험했다고 할지라도 은유적 중요성을 지니고 있다고 주장한다. 페미니스트 관점에서 나온 이러한 몇몇 주제에 관한 광범위한 문헌은 가부장적 전통화 과정의 작업과 비용들을 이해하기 위한 필수적 독서물이다.

　내가 대표적 유형들로 논의한 다른 세 명의 여성(미리암, 한나, 훌다)과 달리, 이세벨은 고대 이스라엘에서 악하고 거부되는 모든 것을 가리키는 은유이다.

　이세벨은 오므리 왕조의 상황과 이스라엘에서 이 왕조가 기억되는 방식 안에서 이해되어야 한다. 상당한 경제적, 정치적 성공을 누렸던 오므리 왕조는 창시자 오므리, 그의 아들 아합, 그리고 잇따르는 그의 두 아들인 아하시야와 여호람(876-842년)으로 구성된다. 그러나 성서의 해석적 관점으로 보면 이 왕조는 진지한 야웨 신앙과 정반대였고, 그 결과 엘리야에 의해 특별하게 그리고 미가야와 엘리사에 의해 보다 덜한 방식으로 표현된 지속적 논쟁의 대상이 된다.

갈멜산 대결의 중추적 드라마(왕상 18장)는 두 가지 종교적 충성, 즉 야웨와 바알(왕상 18:21), 혹은 아마도 야웨와 아세라 사이의 대결로 보인다(왕상 16:31-33을 보라). 불확실한 점을 제쳐 두면, 그 심오한 대결의 종교적 차원은 경쟁하는 사회적 이론들, 즉 경제적, 정치적 관점의 개념들에 밀접하고 분명하게 연결되어 있다.

따라서 열왕기상 18장의 종교적 대결은 확실히 21장의 내러티브에 나타나는 땅에 관한 분쟁(그리고 땅에 관한 경쟁적인 이론들)과 연관된다. 마침내 오므리 왕조는 거부된(종교적, 경제적, 정치적) 체계를 제거하고 "순수한"(pure) 야웨 신앙을 회복하기 위하여 폭력을 사용했던 야웨 신앙의 순수주의자들(purists)에 의해 궤멸되고 몰살되었다(왕하 9-10장을 보라).

이방인이자 시돈 왕가의 공주였던 이세벨은 아합과의 결혼을 통해 그의 아내로서 오므리 왕조에 들어왔고(왕상 16:30-31), 아마도 아하시야(왕상 22:52)와 여호람(왕하 3:2)의 어머니였을 것이다. 오므리 왕조는 이웃인 도시 국가 시돈과 전략적 평화를 맺으려 했다. 왜냐하면, 오므리는 항구 도시에 대한 상업적 접근을 절실히 필요로 했고, 지중해에 위치했던 시돈이 그것을 제공했기 때문이다. 따라서 오므리 가문의 아합과 이세벨의 결혼은 오므리 가문에게 대단한 외교적 성과였다.

동시에 이세벨이 이스라엘 궁정으로 올 때 자신의 관습들과 종교적 관련사항들을 가지고 왔을 것이라는 점은 예상치 못했던 바가 아니었다(상대적으로 왕상 11:1-8을 참조하라). 왕후가 왕실 정치에서 중요한 역할을 하는 또 다른 일이 일어나는 것은 당연했고, 이세벨은 북왕국의 수도인 사마리아의 정치 환경에서 특히 강한 세력으로 묘사된다.

신명기 역사가(Deuteronomic Historian)는 "이방 아내들"에 대해 강력한 비판을 제기한다. 이방 아내들은 이스라엘에 들어올 때 신명기사가들(Deuteromists)이 강하게 지지했던 이스라엘의 언약적 전통들과 일치하지 않는 이질적인 종교적 신념들과 대안적인 사회경제적, 정치적 개념을 가져왔다(왕상 11:1-8에 나타나는 포괄적 논쟁을 참조하라).

시돈 왕가의 이세벨이 자격과 특권에 관한, 이스라엘의 언약적 믿음과 실천에 적대적인 왕실의 전제들을 이스라엘에 가져왔다는 것은 전적으로 신뢰할 만하다. 오므리 왕조는 "이방 공주"와 결혼할 준비가 되어 있음을 보여 주었기 때문에, 그녀의 종교-사회적 성향은 북부 이스라엘 왕실 집단에 쉽게 받아들여진 것 같다. 그녀는 엄격한 야웨 신앙에 대하여 이미 미심쩍어 했던 왕실 측근들을 굳이 납득시킬 필요가 없었다.

갈멜산에서의 대결(왕상 18장)과 나봇의 포도원에 관한 기사(왕상 21장)에서 이 왕조(그리고 이세벨)는 엘리야, 아마도 전체 전통에서 가장 급진적인 야웨 신앙의 대변인과 대면하게 된다. 이들의 맞닥뜨림은 성서의 모든 본문 가운데서 가장 논쟁적이다. 신명기적 관점에서 기록된 이 맞닥뜨림의 결과는 오므리 왕조에 대한 가혹한 비난과 심판선언이다(왕상 21:19-26). 이 심판선언은 열왕기하 9:30-37에서 폭력적으로 실행되고, 이는 엘리야의 정당성, 그리고 야웨를 향한 헌신의 행위, 즉 내러티브가 전개됨에 따라 바알 신앙의 위협과 유혹을 제거했던 행위로 보도된다.

이세벨은 당연히 이러한 강렬한 논쟁의 일부분이다. 이세벨은 외국의 이념을 이스라엘의 삶 안으로 침투시킨 "이방인"으로 우선적으로 이해될 수 있다. 그녀는 아마도 새로이 등장한 유대교를 "정결하게 하기"(purify) 위해 에스라와 느헤미야가 행한 "이방인 아내들"에 관한 후대의 거부에 대한 전조일 것이다(스 9:1-4; 느 13:23-27; 요셉 내러티브[창 39장] 안에 이미 나타난 "이방인 아내"의 위험성을 보라). 따라서 이세벨은 전통 전반에 걸쳐 흐르고 있는 제도적 논쟁의 "주인공"(point person)이다.

이세벨에 대한 논쟁은 아마도 그녀가 단순히 "이방인"일 뿐만 아니라, "이방 여성"이기 때문에 더욱 첨예할 것이다. 따라서 가부장제의 무게 또한 그녀에게 맞서서 가해진다. 따라서 아합은 "그의 아내 이세벨에 의해 충동을 받게 되는데"(왕상 21:25), 이는 아마도 음녀(temptress)의 목소리를 암시하는 듯하다. 일종의 성적 매력이 부여된 그러한 역할은 "이세벨이 눈을 그리고 머리를 꾸미고"라는 열왕기하 9:30의 보도에 의해 강화된다고 할 수 있다.

따라서 자신의 남편과 아들들, 그리고 결국 모든 이스라엘을 "유혹하는" 한 여성의 행위들에 의해 근본적인 제도적 논쟁이 강화된다. 이렇게 그녀를 음녀로 특징짓는 것은 기독교 전통에서는 요한계시록 2:20에 반영되어 있다. 비록 요한계시록의 그러한 수사학이 특별히 성(sexuality)에 관한 것은 아니라고 할지라도, 거기에서 그녀는 음행을 꾀한다.

어쨌든 프랭키 레인(Frankie Laine, "미스터 리듬"이라는 별명으로 1940-50년대에 인기를 끌었던 미국의 재즈 가수이자 배우, 역자 주)의 팝송에 반영된 것처럼, 성에 관한 강조는 신앙에 대한 기본적 투쟁과 관련된 훨씬 더 중요한 제도적 논쟁을 손상한다. 1950년대에 유행했던 레인의 노래는 낙원을 약속하는 눈(eye)에 관해 이야기하며, "이세벨… 너였어!"라고 말했다.

제도적 논쟁과 이후의 성적 묘사에 관한 두 가지 측면에서, 이세벨은 신명기 사가가 순수하다고 여겼던 야웨 신앙을 대담히 주장한 예언자 엘리야와 대조적으로 악하고 왜곡된 모든 것을 구현한다.

이러한 예리하고 전체적인 대조는 확실히 성서 본문의 의도이다. 나는 필리스 트리블(Phyllis Trible)의 최근 연구가 없었다면 그것으로 만족했을 것이다. 그녀 역시 본문에서 확언된 전체적 대조에 주목한다. 그러나 트리블의 기민하고 장난기 많은 분석은 엘리야와 이세벨이 같은 종류의 두 사람이고, 동일한 종류의 일을 하고 있음을 보여 준다.

> 그의 승리[갈멜산에서의 엘리야의 승리]에 나타나는 아이러니들은 독자들로 하여금 갈멜산에서 누가 누구에게 대하여 승리했는지를 숙고하게 한다. 이세벨에 대항한 엘리야인지 엘리야에 대항한 이세벨인지 말이다. 승자와 패자는 그 대결의 헛됨을 폭로하기 위해서 정체성을 교환한다. …

승격된 지위로부터 두 인물은 유사한 방식으로 행동한다. …

엘리야는 아하시야를 조롱하는 데 두려움을 보이지 않는다. 이세벨은 예후를 조롱하는 데 두려움을 보이지 않는다.

그러나 그 결과들은 급격하게 갈린다. 엘리야는 승리한다. 아하시야는 "엘리야가 했던 여호와의 말씀에 따라" 죽는다(왕하 1:7). 이세벨은 패배한다. 예후는 그녀를 죽이라고 명령한다. 그러나 그 일이 일어나기 오래전에, 엘리야는 사라진다. …

엘리야와 이세벨은 사랑을 받고 미움을 받는다. 삶과 죽음에서 그들은 나뉘지 않는다. 자신들이 원하는 것을 얻기 위해 권력을 사용하면서, 야웨 숭배자와 바알 숭배자 모두 그들의 신, 책략, 그리고 살인을 촉진한다.

그들의 이야기에 나타나는 상황의 역전은 그들 사이의 유대를 조명한다.

친이세벨의 배경에서 엘리야는 여러 예언자들을 죽인 것에 대해서, 왕국에 자신의 신학을 강요한 것에 대해서, 왕들이 그의 명령에 따르도록 선동한 것에 대해서, 그리고 그 땅에서 문제를 일으킨 것에 대해서 비난받을 것이다. … 대조적으로, 이세벨은 그녀의 종교적 신념들에 끝까지 신실한 것에 대해서, 왕족의 특권들을 옹호한 것에 대해서, 그녀의 남편과 자녀들을 지지한 것에 대해서, 그리고 죽을 때까지 그녀의 적들에 대항한 것에 대해서 높은 존경을 받을 것이다. …

서로가 서로의 생명을 위협하는 것은 당연하다(Trible, 8, 14, 17-18).

물론 트리블의 분석은 성서 본문의 결에 반대된다. 왜냐하면, 본문은 짝을 이루는 "절대적 선"과 "절대적 악"을 가차 없이 대조시키고 있기 때문이다. 그러나 그녀의 분석은 우리로 하여금 이세벨이 다르게 읽힐 수 있다는 것을 인식하게 만든다. 그녀는 그녀 자신이었다. 바알 숭배는 북왕국 이스라엘에서 폭넓은 지지와 추진력을 받았을 수 있으며, 이세벨이 바알을 지지하는 것은 이례적인 것은 아니었다.

이는 엘리야의 승리를 통한 본문의 가혹한 비판에 의해서, 그리고 바알을 섬겼던 450명의 예언자의 존재에 의해서 아마도 입증될 것이다. 엘리야(그리고 본문)의 호전적인 야웨 신앙은 이스라엘 내의 유해한, 매우 소수의 의견을 대표할 것이다.

그러나 우리가 지금 본문에서 그녀를 보는 것처럼, 이세벨은 이스라엘에서의 어떠한 동정심이나 심지어 그녀를 이해하려는 그 어떤 시도보다도 그녀를 깊이 끌어들이는 이념의 매개자가 되었다. 이세벨이 본문에서 받는 부정은 깊은 이념적 논쟁의 결과이다. 그리고 그 논쟁조차도 여성이라는 그녀의 역할에 의해 최종적으로 보다 가혹한 어조를 얻는다는 것은 의심의 여지가 없다. 그녀는 해석의 극단을 불러일으키며, 최대한도로 극단적 해석을 받았다.

참고 문헌

Brodie, Thomas L. *The Crucial Bridge: The Elijah-Elisha Narrative as an Interpretive Synthesis of Genesis-Kings and a Literary Model for the Gospels* (Collegeville, Minn.: The Liturgical Press, 2000).

Camp, Claudia V. "1 and 2 Kings." in *The Woman's Bible Commentary*, ed. Carol A. Newsom and Sharon H. Ringe (Louisville, Ky.: Westminster/John Knox Press, 1992), 103-104.

Renteria, Tamis Hoover. "The Elijah/Elijah[sic] Stories: A Socio-cultural Analysis of Prophets and Peoplesre in Ninth-Century B.C.E. Israel." in *Elijah and Elisha in Socioliterary Perspective,* ed. Robert B. Coote (Atlanta: Scholars Press, 1992), 75-126.

Rofé, A. "The Vineyard of Naboth: The Origin and Message of the Story." *VT* 38(1988): 95-102.

Toorn, Karl van der. *Family Religion in Babylon, Ugarit and Israel: Continuity and Changes in the Forms of Religious Life* (Leiden: Brill, 1996).

Trible, Phyllis. "Exegesis for Storytellers and Other Strangers." *JBL* 114(1995): 3-19.

68. 이웃
Neighbor

"이웃"은 구약성서 윤리가 핵심적으로 몰두하는 주제이다. 가장 잘 알려진 것은 레위기 19:18의 명령이다.

> 네 이웃 사랑하기를 네 자신과 같이 사랑하라 (레 19:18).

"이웃"(ra', 라)이라는 용어는 "형제"로도 번역될 수 있고, 구성원들이 서로 돌보기로 맹세하고 서로의 이익을 지켜 줄 책임을 지니고 있는 사회-경제적 또는 아마도 민족적 공동체의 동료 구성원을 가리킨다.

"이웃"이라는 개념은 부족, 씨족, 또는 "아버지의 집"과 같은 소규모의, 얼굴을 맞대는 공동체에서 시작되었을 것이다. 이러한 집단들은 혈연 관계를 기반으로 하거나, 공통의 사회적 관심 또는 비전에 의해 의도적으로 결속된 집단이었을 것이다. 그러한 명령에 관한 신학적 이해가 레위기 19:18에서 "나는 여호와니라"라는 결론 공식과 함께 분명히 나타나는 반면, "이웃"은, 그의 신학적 열정이 무엇이든 간에, 의심의 여지없이 정치적으로, 경제적으로 상대해야 하는 가까이에 있는 사람이다.

명령형 동사 "사랑하라"는 우선 감정적 애착이 아니라, 사회적, 정치적, 경제적 형태를 띠는 의무를 가리킨다. 따라서 이 명령은 공동체적 연대감과 공동체를 희생시키면서 작동하는 사적 이익의 억제에 관해 주장하는 기능을 한다.

게다가 레위기 19:13-18의 큰 본문 단위는 사회적으로 "평등"하지 않은 공동체 구성원들 사이의 사회적 의무를 다룬다. 청각 장애인, 시각 장애인, 그리고 가난한 자들에 대한 언급은 강하고 부유하고 능력 있는 자들이 그들 자신의 필요를 다루는 것만큼 진지하게 약한 이웃들의 필요를 다루어야 한다고 요구한다.

"이웃"이라는 개념은 매우 제한적인 방식으로 이해될 수 있다. 따라서 이는 사회적 지평과 사회적 의무를, 입법 과정을 통제하는 땅 소유자들의 배타적 소집단(an in-group of land)에 해당되는 것으로 제한한다. 이러한 용법에서, 이웃 사랑의 범위는 제한되고, 오직 토지를 소유한 남성에게만 적용되는 것으로 한정적으로 이해될 수 있다. 따라서 예를 들면, 출애굽기 20:17에서 이 명령형은 이웃의 소유물(아내, 집, 노예, 그리고 가축들)에 대한 보호를 제공한다. 이 이웃은 명백하게 토지를 소유한 또 다른 남성이다.

이웃 사랑의 범위에 대한 질문은 구약성서의 윤리에서 끝없이 열려 있다. 확실히, 배제적인 진술은 이웃 사랑을 선택된 부류로 제한한다(신 23:1-8을 보라). 게다가 내부인에게는 금지된 위험한 고기를 외국인에게는 팔 수 있을 뿐만 아니라(신 14:21), 이웃의 요구사항들에 의해 보호받지 못하는 외국인들에게는 이자를 청구할 수 있다(신 23:20).

그러나 다른 진술들은 이웃 사랑의 지평을 훨씬 더 확장하여 놓는다. 이는 심지어 생식기에 장애를 가진 사람에게도 적용된다(사 56:3-7을 보라). 이 조항은 특별히 흥미롭다. 왜냐하면, 그것은 신명기 23:1에 나오는 모세의 더 이른 시기의 가르침을 무효화하기 때문이다. 레위기 19:34에서는 이렇게 명령한다.

> 너희와 함께 있는 거류민을 너희 중에서 낳은 자 같이 여기며 자기 같이 사랑하라 너희도 애굽 땅에서 거류민이 되었었느니라 나는 너희의 하나님 여호와이니라 (레 19:34).

"거류민"으로 표현된 용어는 **게르**(*ger*, 임시 거류민), 즉 환영받는 외부인이다. 그는 "이방인"(*nkr*, 노크리)보다 더욱 환영받는다(신 10:19을 보라). 그러나 "임시 거류민"에 관한 확언조차도 결국 "이방인"을 향한 개방성을 암시한다.

유대교와 기독교 모두에서 계속되는 해석적 과정은 이웃 사랑의 범위를 확장하려는 투쟁이다. 이것은 율법 교사의 질문에 대한 예수의 대답에 반영된 과정이다(눅 10:29-37). 그러한 과정은 지금도 진행 중이고, 현대 기독교의 해석에서 매우 열띤 논쟁이 되고 있다.

어떤 경우든, 그러한 포괄성은 오해의 여지 없이 구약성서 윤리의 핵심이고, 이는 명령형의 결론부에 있는 "나는 여호와니라"라는 명령에 따라 항구적으로 된다. 언약적 종류의 정의(justice)는 자기의 이익을 초월하여 자신의 이익만큼 타당하고 정당한 이웃의 이익에 대한 훈련된 시각을 요구한다.

참고 문헌

Birch, Bruce C. *Let Justice Roll Down: The Old Testament, Ethics and the Christian Life* (Louisville, Ky.: Westminster/John Knox Press, 1991).

Douglas, Mary. "Justice as the Cornerstone: An Interpretation of Leviticus 18-20." *Interpretation* 53 (1999): 341-350.

Gerstenberger, Erhard S. *Leviticus: A Commentary* (OTL; Louisville, Ky.: Westminster John Knox Press, 1996), 268-272.

Malamat, Abraham. "'You Shall Love Your Neighbor as Yourself': A Case of Misinterpretation?" *Die Hebräische Bibel und ihre zweifache Nachgeschichte: Festschrift für Rolf Rendtorff zum 65. Geburtstag*, ed. Erhard Blum et al. (Neukirchen-Vluyn: Neukirchener Verlag, 1990), 111-115.

Mollenkott, Virginia and Letha Scanzoni. *Is the Homosexual My Neighbor?* (San Francisco: Harper & Row, 1978).

69. 이집트
Egypt

매우 오래된 고대의 문화로서, 구약성서 시대에도 이미 고대였던 이집트는 비옥한 초승달 지대의 남쪽에 정박한 닻으로서 비타협적 태도로 있었다. 이 국가는 특징적으로 북쪽의 흥망성쇠 하는 지배세력들에 대한 대응 세력으로서 정치적으로 그리고 군사적으로 기능했다. 이러한 이유로 인해, 이집트는 정기적으로 시리아-팔레스타인의 중간 영토를 자신의 북쪽 경쟁자들에 대항하는 완충장치로서 주장하려고 했다.

결과적으로, 이스라엘 땅을 정복하는 것은 언제나 이집트의 목표였고, 때때로 그들은 성공했다. 구약성서 시기에 등장하는 이스라엘에 대한 이집트의 침공은 특별히 시삭의 급습에서(왕상 14:25), 그리고 이집트가 바빌론의 신흥 세력에 대한 저지로서 기능했던 그 이후의 이스라엘의 왕정 시대에 분명하게 나타난다(참조. 왕하 23:28-29).

구약성서에 있는 이집트에 관한 창의력 넘치는 해석 안에서, 정치-군사적 실재로서의 이집트는 역사적으로 확립될 수 있었던 어떤 것을 넘어서는 중요한 상징적, 은유적 힘을 분명하게 가리킨다. 우리는 이스라엘의 자기표현에서 이집트가 지니고 있는 다섯 가지 중요한 요점들을 확인할 수 있다.

첫째, 요셉 내러티브(창 37-50장)에서, 이집트는 세계의 곡창지대 중 일부분에 속했기 때문에 당시에 가뭄을 겪고 있던 다른 민족들이 그곳으로 들어왔다(참조. 창 12:10-20). 그러나 풍요의 땅으로서 이집트는 창세기 47:13-26에서 이미 소작농들에게서 그들의 땅과 생계를 박탈한 독점 세력으로 묘사되었다. 심지어 "곡창지대"로서의 이집트에 관한 확언은 다가을 출애굽 내러티브의 예고 역할을 한다. 우리는 이미 창세기 47장에서 어떻게 몇몇 사람이 노예가 되었는지를 알고 있다.

둘째, 구약성서에 있는 이집트에 관한 주요 언급은 출애굽 내러티브에 관한 것이다. 그것은 이집트를 야웨가 이스라엘을 거기로부터 해방했던 결박의 장소로 묘사한다. 이집트의 권력은 야웨의 의지에 완전히 적대적인 세력으로서 묘사된다. 따라서 출애굽기 7-12장에 나오는 파라오와 야웨 사이의 대결은 이집트의 진정한 주권자를 결정하는 대결이다.

이스라엘의 여러 노래와 내러티브 안에서 주장되는 야웨의 승리는 구약성서의 신앙을 위한 결정적 기준점이다. 부정적으로, 신명기 28장의 매우 긴 저주 낭독에 나타나는 궁극적 저주는 이집트와 관련된 것이다.

> 여호와께서 너를 배에 싣고 전에 네게 말씀하여 이르시기를 네가 다시는 그 길을 보지 아니하리라 하시던 그 길로 너를 애굽으로 끌어가실 것이라 거기서 너희가 너희 몸을 적군에게 남녀 종으로 팔려 하나 너희를 살 자가 없으리라(신 28:68).

이 저주는 이집트로의 극적 귀환을 이야기하고 있는 예레미야 43-44장의 내러티브에서 실행되는 것처럼 보이며, 따라서 해방에 관한 전체 역사를 무효화시킨다(참조. 신 17:16).

셋째, 솔로몬 내러티브(왕상 3-11장)에서, 이 본문은 결혼이라는 방식으로 솔로몬을 파라오와 연결하려고 노력한다(왕상 3:1; 7:8; 9:24; 11:1). 내러티브 전체에 흩어져 있는 이러한 언급들은 솔로몬과 이집트 사이의 중요한 정치적 동맹을 가리킬 것이다. 그러나 만약 우리가 이 본문이 역설적 측면을 갖는 것을 허용한다면, 이 내러티브는 독자들이 솔로몬이 그의 성공과 부유함 안에서 파라오와 같이 무자비하게 착취하는 방식으로 통치하기 시작했음을 알아차리도록 의도하는 것처럼 보인다.

따라서 이 내러티브는 동맹으로 인한 솔로몬의 죄를 확고히 하는 기능을 한다. 왜냐하면, 그의 통치가 이스라엘의 자기 이해에 있어서 매우 핵심적인 언약적 규제들과 가능성을 크게 무시했기 때문이다.

넷째, 아마도 솔로몬에 관한 기억과 관련하여, 이집트의 전승들은 분명히 이스라엘의 지혜에 영향을 미쳤을 것이다. 잠언 22:17-23:12의 본문은 이집트의 "아메네모페의 교훈"(Instruction of Amenemope)에 분명히 의존하고 있는데, 이는 공유되는 문화의 공통요소를 암시한다.

다섯째, 열방에 대한 보다 후대의 신탁 안에서, 이집트는 뚜렷하게 등장한다(사 19장; 렘 46장; 겔 29-30장, 32장). 이러한 언급은 더욱 후대 시기의 이집트가 끊임없이 이스라엘의 문제들에 간섭했기 때문에 발생할 수 있었을 것이다. 이집트는 이스라엘의 기억 시초에서부터 야웨의 통치에 대하여 적대감을 가진 결정적 이미지가 되었을 가능성이 크다.

따라서 에스겔 29:3에서, 이집트는 자율성(autonomy)에 관한 엄청난 주장을 하는 것으로 인용된다. 바로 이 자율성은 창세기 47장에서 파라오가 독재자가 되는 것을 허락했고, 출애굽 내러티브에서 억압 정책을 허용했다.

시편 87:4에서, 이집트에 관한 동일한 부정적인 판단은 시인이 이집트를 "라합"으로, 즉 혼돈 속에서 야웨의 통치에 저항하는 악한 바다 괴물로 명명할 때 강화된다(참조. 사 30:7). 야웨에 대한 저항의 상징으로서, 에스겔이 야웨에 대한 저항으로 인해 생존할 수 없는, 멸망한 이집트에 대한 애가를 부르는 것(겔 30-32장)은 놀라운 일이 아니다. 심지어 반항하는 "이집트"는 야웨의 주권을 확인하는 하나의 방식이 된다.

두 개의 주목할 만한 본문이 결국 이집트조차도 야웨의 주권이 미치는 범위를 벗어나지 못한다는 이스라엘의 궁극적 희망을 제안한다. 이사야 19:23-25는 이집트가 "나의 백성"이 될 것이라고 예견한다. 엘렌 데이비스(Ellen Davis)가 보여 주었던 것처럼 에스겔 32:31에서 파라오는 결국 회개하고 야웨에게 복종할 것이다.

이러한 깨달음들은 야웨의 선한 주권 안에 있는 이스라엘의 희망의 절정으로써 중요하다. 그러나 대부분은 이스라엘이 이집트를 위협과 유혹으로 보고 있으며, 그에 대한 유일한 대안은 야웨의 해방적, 언약적 통치이다.

이집트 이미지의 지속적 힘은 신약성서에서 뚜렷하다. 마태복음은 이집트를 예수와 그의 부모가 빠져나왔던 장소로 언급한다(마 2:19-23).

참고 문헌

Ash, Paul S. *David, Solomon, and Egypt: A Reassessment* (JSOTSup 292: Sheffield: Sheffield Academic Press, 1999).

Brueggemann, Walter. "Pharaoh as Vassal: A Study of a Political Metaphor." *CBQ* 57 (1995): 27-51.

Davis, Ellen. "'And Pharaoh Will Change His Mind…'(Ezekiel 32:31): Dismantling Mythical Discourse." in *Theological Exegesis: Essays in Honor of B. S. Childs*, ed. Christopher R. Seitz and Kathryn Green-McCreight (Grand Rapids: Eerdmans, 1998), 224-239.

Fretheim, Terence E. "The Plagues as Ecological Signs of Historical Disaster." *JBL* 110(1991): 385-396.

Friedman, Richard E. "From Egypt to Egypt: Dtr1 and Dtr2." in *Traditions in Transformation: Turning Points in Biblical Faith*, ed. Baruch Halpern and Jon D. Levenson (Winona Lake, Ind.: Eisenbrauns, 1981), 167-192.

Grimal, N. *A History of Ancient Egypt* (Oxford: Blackwell, 1992).

Redford, Donald B. *Egypt, Canaan, and Israel* (Princeton: Princeton University Press, 1992).

70. 임시 거류민
Sojourner

"임시 거류민"(*ger*: 게르)으로 번역되는 이 용어는 "거주 이방인", "피난민" 혹은 "이주민"으로도 번역될 수 있다. "임시 거류민"의 전통적 번역이 지닌 문제는 그것이 과도하게 "목회적"이고 낭만적인 것에 가까운 상황을 암시할 수 있다는 것이다. 사실상 **게르**(*ger*)라는 개념은 추방된 사람들을 반영하는데, 이들은 경제적, 정치적 혹은 군사적 혼란으로 인해 추방된 자들이다. 그들은 자신들이 속하지 않은 새로운 장소에서의 삶을 추구한다. 왜냐하면 그들은 자신들이 거주해 왔던 예전 장소에서 더 이상 환영받지 못하거나, 또는 더 이상 생계를 지속할 수 없기 때문이다.

새로운 장소에서, 그러한 추방된 사람은 환영받을 수도 있고 그렇지 못할 수도 있다. 그러나 분명히 그들은 달갑지 않은 위협을 정기적으로 인식하는, 사회 내의 타자성을 구성하는 외부인들이다.

성서적 환경의 장기적인 정치적 상황은 의심의 여지 없이 정치적, 경제적, 그리고 군사적 격변들을 공유하고 있었고, 그것들은 거주 이방인들, 즉 새로운 사회적 상황에서 새로운 삶을 추구하는 사람들을 끝없이 생산했다. 구약성서의 지평 위에 확고하게 존재하는 그러한 사회적 조건에 대해, 다음의 세 가지 측면이 관련이 있다.

첫째, 이스라엘의 기억과 자의식은 그들 자신의 과거가 그러한 상황이 예고하는 모든 위태로움을 안고 있는 임시 거류민의 과거였다고 주장한다. 조상 아브라함은 이집트에서 음식을 구하면서 그러한 역할로 던져지고(창 12:10-20), 야곱과 그의 가족의 이집트 도착은 이방 환경에 노출된 삶을 가리킨다(창 46:1-47:13).

창세기의 조상들과 함께, 이집트에서의 노예 생활로 이어지는 기간은 삶이 끝없는 위험 가운데 처한 낯선 땅에서의 체류 시기로 이해된다(신 10:19; 15:15; 23:7을 보라). 히브리인의 정체성에 관한 복잡한 역사적 질문은 초기 이스라엘의 상황과 관련된다. 왜냐하면, 분명히 히브리인은 질서 잡힌 정치적 경제의 주변부에 끝없이 머무르던 집단이었기 때문이다.

둘째, 이스라엘의 신앙 낭송은 야웨가 위태로움에 처한 노예와 도피자들의 공동체인 이스라엘을 구원했고, 그들 자신의 땅이 아닌 다른 땅에서 이방인과 외부인이었던 민족에게 고국(homeland)을 주었다는 확신을 중심으로 삼는다. 비록 "약속의 땅"에 대한 수용이 복잡하고 문제가 많다고 할지라도, 이러한 맥락에서 야웨는 이스라엘이 더 이상 이방인 혹은 외부인의 역할이 아닌 새로운 웰빙의 장소를 갖게 하는 하나님이다.

셋째, 토라는 이스라엘에게 임시 거류민을 호의적으로 환영하고, 어떠한 분깃(claims) 혹은 기업(resources)도 갖지 못한 외부인을 돌보라고 명령한다(신 14:29; 16:11, 14; 24:17-21; 26:11-13; 27:19). 이러한 항목들에서, 임시 거류민은 특징적으로 과부와 고아, 즉 사회에서 가장 연약한 범주들에 속한 사람들과 연관된다. 따라서 토라는 빈곤한 외부인을 향한 야웨 자신의 성향에 뿌리를 둔 관용과 환대의 실천을 임시 거류민에게 제공한다.

임시 거류민들에 관한 자신의 증언에서, 이스라엘은 야웨의 성품, 그들 자신의 역사적 기억, 그리고 모든 거류민의 하나님이 명령한 윤리적 실천을 함께 고수할 수 있다.

"타인"을 환영하는 이스라엘의 능력은 성서 윤리의 독특한 특징뿐만 아니라, 그 범위가 확장되고 있는 생생한 해석의 궤적의 일부가 되었다. 타인에 대한 발전적 개방성의 한 사례는 이사야 56:3-8이 신명기 23:1의 엄격함을 의도적으로 뒤집는 것처럼 보이는 방식이다.

이러한 관점에서, 토라의 명령은 현대의 성서적 윤리 안에 있는 대단히 적절하고 긴급한 명령이다. 왜냐하면, 현재 교회는 조직적으로 난민들을 양산하고, 도움이 필요한 그들에게 상습적으로 비우호적인 글로벌 경제 속에서 살아가고 있기 때문이다. 임시 거류민들에 대한 토라의 명령은 지속적 인간의 성향인 타인에 대한 거부에 직면하여 주목할 만한 것이다.

비록 이스라엘이 그들 자신의 땅에 정착했음에도 불구하고, 고대 이스라엘의 경건의 한 가닥은 심지어 이스라엘인들조차도 야웨의 집에 있는 환영받는 외부인들이라는 것을 계속해서 상기시켰다.

> 토지를 영구히 팔지 말 것은 토지는 다 내 것임이니라 너희는 거류민이요 동거하는 자로서 나와 함께 있느니라(레 25:23).

> 나의 기도를 들으시며
> 오 주여
> 나의 부르짖음에 귀를 기울이소서
> 내가 눈물 흘릴 때에
> 잠잠하지 마옵소서
> 나는 당신과 함께 있는 나그네이며
> 나의 모든 조상들처럼 떠도나이다(시 39:12).

환영받는 외부인이라는 지위는 과거 시제가 아니라 사실상 현재 시제이고, 이는 이 본문의 지지자들을 다른 외부인들에 관한 관심이 불가피할 정도로 긴급하다는 맥락 안에 위치시킨다.

참고 문헌

Miller, Patrick D. "Israel as Host to Strangers." in *Israelite Religion and Biblical Theology: Collected Essays* (JSOTSup 267; Sheffield: Sheffield Academic Press, 2000), 548-571.

Spina, Frank Anthony. "Israelite as *gerim*, 'Sojourners,' in Social and Historical Context." in *The Word of the Lord Shall Go Forth: Essays in Honor of David Noel Freedman in Celebration of His Sixtieth Birthday,* ed. Carol L. Meyers and Michael O'Connor (Winona Lake, Ind.: Eisenbrauns, 1983), 321-335.

71. 재앙
Plague

"재앙"이라는 용어는 일반적으로 특정한 공동체를 괴롭히는 파괴적 유행병을 일컫는 반면, 성서에서 그것은 특별히 주권과 심판의 행위로 창조주가 일으킨 환경의 대격변들을 가리킨다.

두 가지 특징적 용례 중에서, 가장 잘 알려진 것은 출애굽기 7-12장의 출애굽 내러티브를 지배하는 "열 가지 재앙"이다. 이러한 몇몇 재앙(개구리, 모기, 파리와 종기를 포함하고, 장자의 죽음에서 절정에 이르는)은 파라오 자신이 주권자라고 생각했던 파라오의 영역에 대한 야웨의 능력을 주장하고 확립하기 위해서 일어났다. 이러한 연속적 사건의 목적은, 파라오가 출애굽기 10:17의 놀라운 고백에서 한 것처럼, 자신이 항복해야 하는 주권자로서의 야웨를 "알게"(인정하게) 하는 것이다.

또 다른 용례는 "역병, 칼, 기근, 그리고 포로됨"으로 되풀이하여 발생하는 4중 패턴에 관한 것으로, 이는 특징적으로 완고한 백성들에 대한 야웨의 맹렬한 통치권의 표현이라고 전해지는 위협들의 모음이다(참조. 렘 15:2; 24:10; 32:24). 레위기 26장과 신명기 28장에서(그리고 또한, 왕상 8:31-53; 암 4:6-11을 보라), 가장 많이 인용되는 이 네 가지 위협은 주권자가 승인된 여러 조약과 언약들을 집행하기 위해 사용하는 부정적 제재사항들로 기능하는 더욱 넓은 저주들의 집합에 속한다.

이 4중 패턴은 요한계시록에서, 후대에 그리고 유명하게, 묵시에 관한 네 명의 기수로 등장하며, 그러한 용례들의 오랜 전통을 종결한다(계 9:18). 거기에서 그것들은 모두 도래할 통치자의 무시무시한 심판을 의미한다.

가장 중요한 점은 재앙들이 신학적으로, 즉 야웨와 관련하여 이해되어야 한다는 것이다. 그 재앙들을 자연적 현상으로 설명하려는 시도들이, 예를 들어 홀트(Hort)에 의해 제시되었다. 그러한 노력은 별로 도움이 되지 않는다.

첫째, 제안되어야 하는 설명에 관한 인과관계의 연결고리가 신뢰성을 무시한다.

둘째, 심지어 자연주의적 설명이 설득력이 있다고 하더라도, 그것은 야웨의 통치에 저항하는 창조 일부분에 대한 그의 통치권을 증명하고 규정해야 하는 성서 내러티브의 특징적 의도를 놓치는 것이다.

프레타임(Fretheim)은 특별히 유용한 제안을 했다. 그는 출애굽 내러티브가 단순히 파라오에 대한 심판과 이스라엘의 해방에 관한 것이 아니라, 모든 것의 창조주이자 통치자로서의 야웨를 기념하는 것과 관련되어 있다고 제안한다. 여러 재앙은 승리와 해방을 이루기 위해서 창조의 끝없는 측면을 동원할 수 있는 야웨의 능력을 보여 주고, 따라서 우리는 그것들을 "부정적 기적들"(negative miracles), 즉 사무엘상 5-6장에서 블레셋 사람들에게 나타났던 "종기"와 같이 파괴적 방식으로 야웨의 능력을 증언하는 여러 이적으로 받아들일 수 있다.

이러한 주장은 현대의 독자가 이스라엘의 수사학적 의도 안에서 이 재앙들을 이해하기를 요구한다. 그것은 이러한 대격변들을 "표징과 이적", 즉 야웨의 통치에 관한 표징들로 부르기를 선호한다[보응을 보라]. 두 본문(출애굽기 10:1-2과 시편 105편)은 요점을 분명하게 한다. 출애굽기에서 재앙의 사이클은 야웨가 파라오를 더욱 저항하도록 만들기 위해서, 그리고 이를 통해 야웨의 능력을 더욱 많이 나타내기 위해서 "파라오의 마음을 완고하게 하기 때문에" 명백히 연장된다. 이 내러티브는 여러 재앙의 연속이 파라오의 마음의 굳어짐을 통해 확장되는 이유를 제안한다.

> ¹ 여호와께서 모세에게 이르시되 바로에게 들어가라 내가 그의 마음과 그의 신하들의 마음을 완강하게 함은 나의 표징을 그들 중에 보이기 위함이며 ² 네게 내가 애굽에서 행한 일들 곧 내가 그들 가운데에서 행한 표징을 네 아들과 네 자손의 귀에 전하기 위함이라 너희는 내가 여호와인 줄을 알리라 (출 10:1-2).

후손들은 야웨가 파라오를 패주시켰음을 보고, 이를 통해 야웨의 완전한 통치권을 인정할 것이다.

재앙의 사이클에 관한 이러한 송영적 의도는 시편 105편에서 명백하게 형성된다.

> ²⁷ 그들이 그들의 백성 중에서 여호와의 표적을 보이고
> 함의 땅에서 징조들을 행하였도다
> ²⁸ 여호와께서 흑암을 보내서
> 그곳을 어둡게 하셨으나
> 그들은 그의 말씀을 지키지 아니하였도다
> ²⁹ 그들의 물도 변하여 피가 되게 하사
> 그들의 물고기를 죽이셨도다
> ³⁰ 그 땅에 개구리가 많아져서
> 왕의 궁실에도 있었도다
> ³¹ 여호와께서 말씀하신즉
> 파리 떼가 오며
> 그들의 온 영토에 이가 생겼도다
> ³² 비 대신 우박을 내리시며
> 그들의 땅에 화염을 내리셨도다
> ³³ 그들의 포도나무와 무화과나무를 치시며
> 그들의 지경에 있는 나무를 찍으셨도다
> ³⁴ 여호와께서 말씀하신즉
> 황충과 수많은 메뚜기가 몰려와

³⁵ 그들의 땅에 있는 모든 채소를 먹으며

그들의 밭에 있는 열매를 먹었도다

³⁶ 또 여호와께서 그들의 기력의 시작인

그 땅의 모든 장자를 치셨도다(시 105: 27-36; 참조. 시 78:42-53).

이 연속의 결론에 따라, 궁핍한 이스라엘과 완고한 이집트 모두 어떠한 저항도 용인하지 않고 어떠한 경쟁자도 용납하지 않는 진정한 주권자를 알게 된다(=인정하게 된다)(출 8:10; 9:14; 11:7을 보라).

참고 문헌

Brueggemann, Walter. "Pharaoh as Vassal: A Study of a Political Metaphor." *CBQ* 57 (1995): 27-51.

Fretheim, Terence E. "The Plagues as Ecological Signs of Historical Disaster." *JBL* 110 (1991): 385-396.

Hort, Greta. "The Plagues of Egypt." *ZAW* 69 (1957): 84-103, and *ZAW* 70 (1958): 48-59.

McCarthy, Dennis J. "Plagues and the Sea of Reeds: Exodus 5-14." *JBL* 85 (1966): 137-158.

72. 전쟁
War

전쟁은 구약성서에 널리 퍼져 있는 일반적으로 전제된 정치적 전략이다. 전쟁의 행동은 정책의 한 부분으로 이해될 수 있으나, 그러한 고대 세계에서(현대 세계에서와 마찬가지로) 전쟁의 실행은 종종 국가적 이유들로 용인되는 폭력과 잔인성으로 가득 차 있다.

이스라엘은 **현실정치**(*Realpolitik*)의 세계에서 자신의 길을 만들어야 했던 구약성서의 사회정치적 공동체였다. 그것은 종종 위험에 빠지고 위협 아래에 놓이며, 자신보다 더 강한 정치적 권력들에 의해 포위당하고 위협을 받는다. 이스라엘은 정기적으로 동맹을 형성하고, 연합체를 세우고, 전투에 참여했다.

독자들이 이러한 보도들에 대하여 가장 놀라는 것은 전쟁이 일상적이고 평범한 것으로 간주되고 있는 점이다. 이스라엘의 전쟁들을 해석하는 데 있어 여러 쟁점 중에 다음이 정기적으로 고려된다.

첫째, 이스라엘의 전쟁들은 방어적인가 아니면 공격적인가?

몇몇 학자들은 이스라엘은 오직 자신을 방어할 뿐이라고 제안해 왔다. 하지만 외교의 복잡성들은 언제나 상대방을 침략자로 만들려고 노력한다.

둘째, 전쟁들은 거룩한가 아니면 어떤 의미에서는 세속적인가?

전쟁에 관한 이스라엘의 수사학과 전쟁의 실행은, 삶의 모든 다른 영역과 마찬가지로, 야웨에 관한 언급들로 확실히 가득 차 있다. 때때로 이스라엘의 전투들은 명백하게 야웨의 명령에 따른 것이다(삼하 5:19). 다른 경우들에서, 전쟁은 사회가 보다 "세속적" 방향으로 이동함에 따라 "합리적" 정책의 일부가 될 가능성이 더 높아 보인다(삼하 8:1-12에서와 같이).

셋째, 전쟁은 시민 민병대에 의해서 수행되는가 아니면 국가의 상비군에 의해서 수행되는가?

가나안 땅 점령이 농민 봉기로 인한 것이었다는 가설은 민병대 소집이라는 개념을 만족하게 할 수 있지만, 다른 경우들에서 군대는 훨씬 더 정규화된 것처럼 보인다.

세 가지 질문 모두에 대해서 다양한 대답이 주어질 수 있다. 왜냐하면, 전쟁의 수행과 그것에 대한 해석적 수사학이 공동체의 정치적, 물질적 조건과 공동체 조직의 방식에 따라 매우 다양하게 나타나기 때문이다. 이러한 질문들의 모든 측면에서, 어떠한 형태의 전쟁은 확실히 이스라엘이 특별히 꺼리지 않고 지속해서 사용할 수 있는 전략이다.

우리의 목적에 있어서, 더욱 중요한 쟁점은 전쟁이라는 정치적 현실을 신학적으로 어떻게 만드는가에 관한 것이다. 이스라엘의 신학적 수사학의 핵심에서, 야웨는 "용사"이다(출 15:3). 야웨의 그러한 측면 없이는, 출애굽과 그에 뒤이은 이스라엘의 신앙에 관한 이야기는 발생하지 않았을 것이다. 따라서 이스라엘 전쟁의 일부는 야웨의 명령에 의한 것이지만, 몇몇 다른 전쟁에서는 야웨 자신이 직접 전투의 중심에 있다고 언급된다.

그러한 수사학에서 이스라엘은 자신의 환경의 공통된 신화적 유산(deposit)에 참여하고, 자신의 독특한 언약적 주장들을 위해 그것을 조정하려고 노력한다. 따라서 야웨는 그의 손이 "짧지 않은"(사 50:2; 59:1), 그리고 단호하고 폭력적인 방식으로 변화를 일으킬 수 있는 능력을 갖추고 있는 준비된 유능한 전사로 묘사된다.

전사 하나님(a warrior God)으로서의 야웨에 대한 개념(가장 일반적으로 "만군의 여호와"로 표현되는)은 이스라엘을 위한 중요한 신학적 주장들을 전해주는 매개체가 되었다.

첫째, 전사로서의 야웨는 열방에 대한 야웨의 주권을 행사하는 역할이다. 모든 주권은 통치를 실행할 능력을 갖추고 있어야 한다. 국가는 보통 경찰력 혹은 군대로 표현되는 "폭력의 독점"을 정기적으로 추구한다. 이스라엘의 수사학에서, 야웨는 조롱받지 않을 것이고, 야웨의 통치도 조롱받지 않을 것이다(사 36-37장). 대신에 야웨는 자신의 통치를 경시하거나 하찮게 여기는 자들에 대항하여 조치를 취할 것이다(삼상 17:16을 보라).

둘째, 전사로서의 야웨는 이스라엘의 특별한 보호자, 방어자, 그리고 해방자로서 일한다. 따라서 전사의 이미지는 이스라엘이 야웨의 거룩한 백성으로 선택받음에서 비롯된 한 역할이다. 따라서 출애굽기 14:13-14에서, 이집트 군대에 대항하는 야웨의 군사적 개입은 이스라엘을 위한 것이다.

> ¹³ 모세가 백성에게 이르되 너희는 두려워하지 말고 가만히 서서 여호와께서 오늘 너희를 위해 행하시는 구원을 보라 너희가 오늘 본 애굽 사람을 영원히 다시 보지 아니하리라 ¹⁴ 여호와께서 너희를 위하여 싸우시리니 너희는 가만히 있을지니라(출 14:13-14).

이스라엘의 증언에 따르면, 파라오와의 결투의 결과는 야웨가 모든 군사적 도전보다, 그리고 이스라엘의 정치적 대적들과 함께 있고, 그들을 편드는 모든 경쟁적 신들보다 더 뛰어나다는 것을 가리킨다.

셋째, 이스라엘을 보호하고 주권을 실행하는 용사로서의 야웨는 때때로 이스라엘이 반항할 때 그들에게 상해와 형벌을 가하기 위하여 이스라엘에 대항하는 용사로 행동한다.

> ⁴ 이스라엘의 하나님 여호와께서 이와 같이 말씀하시되 보라 너희가 성 밖에서 바빌론의 왕과 또 너희를 에워싼 갈대아인과 싸우는데 쓰는 너희 손의 무기를 내가 뒤로 돌릴 것이요 그것들을 이 성 가운데 모아들이리라 ⁵ 내가 든 손과 강한 팔 곧 진노와 분노와 대노로 친히 너희를 칠 것이며(렘 21:4-5).

따라서 전사로서의 야웨라는 이미지는 이스라엘이 자신의 하나님에 관해 주장하는 독특한 신학적 주장들을 형성할 수 있도록 다양한 방식으로 기능할 수 있는 매우 유연한 은유이다. 예를 들어, 스가랴 9장에서 이 이미지는 묵시적 담론을 제공하기 위해 손쉽게 변화된다.

핵심적인 해석적 문제는 전쟁과 용사에 관한 구체적, 실용적 현실과 그리고 더 이상 그러한 구체성에 밀접하게 연관되지 않는 이미지의 은유적 사용 사이에서 판단을 내리는 것이다. 은유는 그 자체로 신학적 삶을 취한다. 실제로 하나님이 악을 패배시키는 것(사탄의 힘을 예수가 패배시킨 것처럼)과 관련하여 묵시문학과 신약성서에서 계속되는 주장들은 그러한 어휘가 필요하다. 물론 문제는 은유적 방식으로 이미지를 사용하는 것이 그 이미지가 속해 있는 폭력의 구체성으로부터 절대 자유로울 수 없다는 것이다.

현재 이러한 뉘앙스를 제거하고 성서의 하나님을 보다 관대한 치료의 대행자로 변화시키려는 강한 열망이 유행하고 있다.

그러나 성서적 신앙이 하나님이 이끄시는 구원의 신앙으로 이해되는 한, 그러한 전사 이미지는 그것이 문제가 되는 만큼 여전히 중요한 부분으로 남겨질 것이다(문제가 되는 측면은 기독교 찬송가에서 전쟁 이미지를 없애려는 광범위한 노력에서 입증된다. 이와 유사한 실태가 "어려운 부분들"을 단순히 건너뛰는 『공동성서일과』[Revised Common Lectionary]의 많은 성구 읽기에서 명백하다. 비록 그러한 노력이 현실적이고 심오한 문제를 인지하고 있다고 할지라도, 그것들은 성서가 주장하는 이 이미지의 중요성에 대하여 그 어떠한 눈에 띄는 방식으로 직면하지는 않는다).

신학 해석자들은, 비록 폭력, 잔인성, 그리고 가부장적 성격의 수사학에 있는 첨예한 문제를 인정한다고 할지라도, 전쟁과 전사에 관한 풍부한 은유적 영역에서 쉽게 벗어날 수 없다. 평화에 관한 구약성서의 환상들에서조차도 만연한 폭력은 친숙한 세 개의 본문에서 발견될 수 있다.

첫째, 대림절에 기독교인들이 메시아적 맥락에서 많이 사용하는 본문인 이사야 9:6에서, 경이로운 확언은 도래할 왕을 기다리고 있다.

> 한 아기가 우리에게 났고
> 한 아들을 우리에게 주신바 되었는데
> 그의 어깨에는 정사를 메었고
> 그의 이름은
> 기묘한 모사라(우리말 개역개정은 "기묘자라, 모사라, 역자 주),
> 전능하신 하나님이라,
> 영존하시는 아버지라,
> 평강의 왕이라 할 것임이라(사 9:6).

도래할 왕은 "평강의 왕"이다. 자주 주목받지 못하고 때때로 생략되는 것은 바로 앞에 나오는 구절들이다.

> ⁴ 이는 그들이 무겁게 멘 멍에와
> 그들의 어깨의 채찍과
> 그 압제자의 막대기를
> 주께서 꺾으시되
> 미디안의 날과 같이 하셨음이니이다
> ⁵ 어지러이 싸우는 군인들의 신과
> 피 묻은 겉옷이
> 불에 섶 같이 살라지리니(사 9:4-5).

즉, 새로운 왕이 가져올 "평화"는 화해가 아니라, 적의 완전한 궤멸에서 기인한다.

둘째, 시편 46:10은 종종 고요함과 평정을 가져오는 보증으로 받아들여진다. 그러나 그 앞의 구절은 10절에서 표현된 하나님에 대한 확신이

적의 무기들에 대한 폭력적 압수, 즉 엄청난 힘에 의해서만 가능하게 되는 압수와 파괴에 기초하고 있다고 확언한다.

> ⁸ 와서 여호와의 행적을 볼지어다
> 그가 땅을 황무지로 만드셨도다
> ⁹ 그가 땅 끝까지 전쟁을 쉬게 하심이여
> 활을 꺾고 창을 끊으며
> 수레를 불사르시는도다 (시 46:8-9).

셋째, 미가 4:3(참조. 사 2:4)은 새로운 평화의 시대를 기대하고 있는 군비 축소에 관한 환상이다.

> … 무리가 그 칼을 쳐서 보습을 만들고
> 그들의 창을 쳐서 낫을 만들 것이며
> 이 나라와 저 나라가 다시는 칼을 들고 서로 치지 아니하며
> 다시는 전쟁을 연습하지 아니하고 (미 4:3).

정확하게 동일한 이미지가 요엘 3:9-10에서 정반대의 방식으로 사용된다.

> ⁹ 너희는 모든 민족에게 이렇게 널리 선포할지어다
> 너희는 전쟁을 준비하고
> 용사를 격려하고
> 병사로 다 가까이 나아와서
> 올라오게 할지어다
> ¹⁰ 너희는 보습을 쳐서 칼을 만들지어다
> 낫을 쳐서 창을 만들지어다
> 약한 자도 이르기를 나는 강하다 할지어다 (욜 3:9-10).

이 본문들은 여기에서 불가피하게 폭력을 동원하는 전쟁 모티프를 옹호하거나, 이 본문들 안에서 분명하게 들리는, 다가오는 평화에 대한 깊은 희망을 좌절시키기 위해 제시되는 것은 아니다. 오히려 이러한 본문들을 인용하는 목적은 이 사안이 얼마나 복잡하고 어려운지를 나타내기 위함이다.

여기서 다른 많은 질문과 마찬가지로, 본문은 이념적 확신을 허용하는 어떠한 단일한 답변도 제공하지 않는다. 오히려 본문의 복잡성은 끊임없이 해석적 협상으로 초대한다(그리고 요구한다). 물론 전사로서의 야웨는 하나님에 대하여 본문 안에서 제공되는 유일한 이미지는 아니다. 그러나 그 특성은 그 어떠한 쉬운 해결책도 허용하지 않을 만큼 충분히 두드러진다.

참고 문헌

Cross, Frank Moore. *Canaanite Myth and Hebrew Epic: Essays in the History of the Religion of Israel* (Cambridge: Harvard University Press, 1973).

Miller, Patrick D. Jr. *The Divine Warrior in Early Israel* (Cambridge: Harvard University Press, 1973).

Moran, William L. "The End of the Unholy War and the Anti-Exodus." *Biblica* 44 (1963): 333-342.

Myers, Ched. *Binding the Strong Man: A Political Reading of Mark's Story of Jesus* (Maryknoll, N. Y.: Orbis Books, 1991).

Niditch, Susan. *War in the Hebrew Bible: A Study of the Ethics of Violence* (Oxford: Oxford University Press, 1995).

von Rad, Gerhard. *Holy War in Ancient Israel,* trans. by Marva J. Dawn, with an Introduction by Ben C. Ollenburger (Grand Rapids: Eerdmans, 1991).

The Revised Common Lectionary: The Consultation on Common Texts (Nashville: Abingdon Press, 1992).

Wright, G. Ernest. *The Old Testament and Theology* (New York: Harper & Row, 1969), chap. 5.

73. 전통
Tradition

전통은 다음의 두 가지 모두를 가리킨다.

첫째, 양식화되고, 소중히 여겨지고, 다음 세대에게 전달된 공동체의 소중한 구전 지식(lore)
둘째, 한 세대가 이러한 소중한 것을 다음 세대에게 위탁하는 전달의 과정

구약성서에서 전통의 본질은 두 가지 방식으로 이해될 수 있다.

첫째, 거대 전통(the Great Tradition), 즉 결국 정경 성서의 중추가 되었던, 신앙의 내러티브 줄거리를 형성한다. 일반적으로 합의되기로는, 거대 서사(Great Story)는 차례대로 창조(창 1-11장), 조상들(창 12-50장), 출애굽(출 1-15장), 광야 체류(출 16-18장), 시내산(출 19장-레-민 10장), 광야 체류(민 11-36장), 시내산에 관한 재표현(신명기), 그리고 땅 차지(수 1-12장)를 포함한다. 이러한 정경이-된-전통(tradition-become-canon)은 야웨의 통치를 하늘과 땅의 창조주로서, 그리고 이스라엘의 언약 상대방으로서 증언한다.

게다가 이스라엘은 실재에 관한 이러한 이야기 안에 내재되어 있고, 야웨의 은혜의 주요 수령자이다. 따라서 각 새로운 세대의 모든 이스라엘인은 이 이야기를 그 혹은 그녀 자신의 삶에 관한 진정한 이야기로서 수용한다. 거대 전통은 하나의 방식 이상으로 실현될 수 있다. 예를 들어, 프리드만(Friedman)의 제안을 보라.

둘째, 거대 전통과 나란히, 그리고 그 한가운데에 보다 작은 많은 전통이 존재한다. 그것들은 훨씬 더욱 평범한 주장들을 형성하고, 훨씬 더욱 평범한 범위 내에서 작용하지만, 그럼에도 불구하고 성서에서 한 자리를 차지했다. 이러한 것들 중에는 예를 들어, 엘리야(왕상 17-21장)와 엘리사(왕하 2-9장)에 관한 내러티브들, 그리고 세계를 형성하고 그 안에 이스라엘을 위치시키는 것을 도왔던 기억들과 같은 많은 것이 존재한다.

이 작은 이야기들이 어떻게 거대 전통과 관련되는지는 언제나 분명한 것은 아니다. 그러나 작은 이야기들은 계속해서 자신의 고유한 말을 주장하고 거대 전통 안으로 완전히 흡수되지는 않는다. 거대 서사와 작은 이야기들 사이의 지속적 절충은 성서의 형성과 사용에 있어서 매우 중요하다.

또한, 여러 전통(거대 전통과 작은 이야기들)을 전달하는 과정은 "전통화 과정"(traditioning process)이라고 불린다. 고대 이스라엘에서 성서 정경의 형성으로 이어졌던 이 과정은 강한 활력과 상상력 넘치는 자유의 하나이다. 우리는 전달의 구체적 과정과 맥락들을 알지 못한다. 그러나 그것들은 가족과 마을(참조. 삿 5:10-11), 이스라엘의 공식적 예배 중심지들(참조. 출 12-13장), 그리고 후대 시대의 서기관 학교들 모두를 포함하고 있었음이 틀림없다. 다양한 관점을 지닌 다양한 행위자들에 의해 이루어진 전달의 몇몇 중심지는 다양한 방식으로 진행되었다.

더욱 이른 시기의 많은 전달은 구전이었고, 따라서 청취 공동체는 아마도 전통으로 주어진 것을 듣고 외웠던 것처럼 보인다. 전통(결정적 기억)을 기억하고 전달했던 사람들은 정경의 일부가 된 여러 이야기와 노래를 그렇게 전해 듣고, 기억한 것이다. 구전으로 형성되었던 자료는 다양한 시기에 중요한 두루마리들 안에 기록, 보존되었다. 시간이 지남에 따라 구전과 기록의 형태로, 이스라엘은 그들의 과거에 관한 질서 정연한 이야기를 확정지었다.

분명하게, 더욱 젊은 세대가 이스라엘의 정체성을 야웨의 백성으로 구성하는 구전 지식(lore)의 핵심 대상이자 수용자였다. 이러한 의도적 교육에 관한 여러 징후가 남아 있다(출 12:26-27; 13:8-10, 14-16; 신 6:20-25; 26:5-10; 수 4:20-24)[교육을 보라]. 실제로 출애굽기 10:1-2는 파라오에 대항하여 여러 재앙의 과정을 연장하는 야웨의 목적이 교육적이라는 것을, 따라서 조부모들은 그들의 후손들에게 야웨의 신비와 이스라엘의 운명에 대해 전달할 승리 내러티브에 관한 풍부한 공급을 얻게 될 것임을 제안한다.

게다가 이스라엘의 전통주의자들은 이스라엘에게 정체성과 소명을 주는 기억을 전달하는 것이 생사를 가르는 긴급성을 지니고 있음을 상당히 잘 인식하고 있다.

⁴ 우리가 이를 그들의 자손에게 숨기지 아니하고
여호와의 영예와 그의 능력과
그가 행하신 기이한 사적을
후대에 전하리로다
⁵ 여호와께 증거를 야곱에게 세우시며
법도를 이스라엘에게 정하시고
우리 조상들에게 명령하사
그들의 자손에게 알리라 하셨으니
⁶ 이는 그들로 후대
곧 태어날 자손에게 이를 알게 하고
그들은 일어나
그들의 자손에게 일러서
⁷ 그들로 그들의 소망을 하나님께 두며
하나님께서 행하신 일을 잊지 아니하고
오직 그의 계명을 지켜서
⁸ 그들의 조상들
곧 완고하고 패역하여
그들의 마음이 정직하지 못하며

그 심령이 하나님께 충성하지 아니하는
세대와 같이 되지 아니하게 하려 하심이로다(시 78:4-8).

전통화 과정은 미래 세대가 "자신들의 희망을 하나님에게 둘" 수 있도록 의식적으로 이루어졌음이 틀림없다. 부정적으로, 전통화 과정의 실패는 그것을 잊어버린, 그리고 잊게 될 때 불순종하게 되는 아이들(혹은 후손)의 세대를 낳을 것이다. 결국, 불순종은 신실할 수 없는 "완고하고 패역한 세대"를 생산할 것이다. 따라서 전통화 과정은 직접적인 실제적 방식으로 시급하다. 왜냐하면, 전통의 부재는 자의성(waywardness), 즉 이스라엘의 무효화로 이어지는 토라 계명으로부터의 일탈을 야기할 것이기 때문이다.

전통의 긴급성은, 아마도 놀랍게도, 전달 과정에 나타나는 엄청난 상상력의 자유에 상응할 것이다. 이스라엘의 결정적 기억의 전달은 차갑고 확정된 공식들 안에 있지 않았다. 오히려 전통은 각각의 세대에서 여러 매력적 방식들로 재형성되었다. 따라서 전통은 결코 과거가 아니라 항상 현재이고, 결코 "의미했던 것"(meant)이 아니라 항상 "의미하는 것"(means)이다. 각각의 새로운 세대는 이 기억을 그들 자신의 것으로 받아들이고 수용한다. 각각의 새로운 세대는 내러티브와 노래가 가리키고 있는 그 세대이다.

이러한 상상력 풍부한 재공식화의 유연한 능력은 심지어 성서 자체 안에 나타나는 성서 전통의 특징이다. 이러한 능력은 유대교로 하여금 얼어붙고 납작해진 근본주의와 전통의 여러 주장에 대한 멸시적 무관심 사이에서 하나의 길을 발견하도록 만들었다.

전통화 과정의 활력과 자유에 대한 평가는 불가피하게 여러 내러티브와 노래들의 역사적 신뢰성에 관한 의구심으로 이어진다. 역사적 신뢰성에 대한 비평적 판단들은 시기에 따라 다르다. 현재의 비평적 학문은 전통의 역사적 주장들을 최소화하려는 분위기를 지니고 있다. 현대의 성향들은 시간이 지남에 따라 서서히 사그라지거나 혹은 흐르게 된다.

그러나 이야기하고 노래하는 공동체 자체는 확실히 그러한 종류의 역사적 질문을 묻지 않았다. 왜냐하면, 전통은 시초부터 어떠한 경우에도 사실적인 것(facticity)으로 제시되지 않기 때문이다. 전통은 즐거운 순종을 산출하는 경이로움, 놀라움, 그리고 감사의 환경 안에서 제시된다. 가족의 전통을 규정하는 구전 지식(lore)처럼, 원칙은 사실성에 대한 질문을 배제한다. 그러한 질문을 한다는 것은 그 정의상 전통의 주장과 힘에 대한 외부인이 되는 것이다.

전달 과정에 나타난 이스라엘의 핵심적 통찰은 의식적 전달이 찬양과 순종에 관한 자의식적(self-conscious) 공동체의 유지를 위해 필수적이라는 것이다. 그러한 공동체는 동시대성이 모자란 납작해진 권위주의적 공식이나 전통에 대한 회의주의적, 멸시적 질문에 의해 유지될 수 없다. 이스라엘의 최고의 해석적 상상력을 불러일으킨 이러한 생생한 인식은 실제로 찬양과 순종의 공동체로서 교회의 미래를 걱정하는 사람들을 진지하게 만들 것이다.

서구의 (진보적 그리고 보수적) 교회는 신앙 전통들을 극복하려고 의도적으로 결의했던 계몽주의 의식에 의해 깊은 영향을 받고 있다. 더욱 진보적인 배경에서의 경향은 전통을 거의 묵살한다. 더욱 보수적인 배경에서의 유혹은 어떠한 활력도 없이 규범적으로 취해지는 단조로운 전통이다. 어떠한 접근법도 장기적으로는 찬양과 순종의 활력 있는 공동체를 유지하는 데 효과가 없을 것이다.

전통화 과정은 거대한 의도성(intentionality)을 요구한다. 그 이상으로, 이 과정은 세상에서 한 특정한 방식을 정당화하고 승인하는 전통의 주장들에 관여하고 살아가는 성인들을 필요로 한다. 전통화의 당사자들, 즉 전달자와 수용자들 모두는 다음과 같이 선언했던 가장 위대한 전통주의자인 모세의 전통 안에 서 있다.

> 이 언약은 여호와께서 우리 조상들과 세우신 것이 아니요 오늘 여기 살아 있는 우리 곧 우리 와 세우신 것이라 (신 5:3).

참고 문헌

Brueggemann, Walter. *Abiding Astonishment: Psalms, Modernity, and the Making of History* (Louisville, Ky.: Westminster John Knox Press, 1991).

Bruegemann, Walter. *The Creative Word: Canon as a Model for Biblical Education* (Philadelphia: Fortress Press, 1982).

Fishbane, Michael. *Biblical Interpretation in Ancient Israel* (Oxford: Clarendon Press, 1985).

Friedman, Richard E. *The Hidden Book of the Bible: The Discovery of the First Prose Masterpiece* (San Francisco: Harper, 1998).

Niditch, Susan. *Oral World and Written Word: Ancient Israelite Literature* (Louisville, Ky.: Westminster John Knox Press, 1996).

Toulmin, Stephen. *Cosmopolis: The Hidden Agenda of Modernity* (New York: The Free Press, 1990).

von Rad, Gerhard. *Old Testament Theology,* vol. 1 (San Francisco: Harper and Row, 1962).

Yerushalmi, Yosef Hayim. *Zakhor: Jewish History and Jewish Memory* (Seattle: University of Washington Press, 1982).

74. 절기
Festivals

고대 이스라엘에서 여러 절기 행사는 (많은 것을 자신의 문화적 환경으로부터 끌어내고 있는) 대중적 민간종교와 의식적인 신학적 의도의 불안정한 혼합체였다. 이러한 두 가지 힘들의 상호작용은 안정된 형태에 이르지 못했고, 대신에 끊임없이 재조정, 재구성되었다.

절기 행사들의 목적은 야웨의 백성으로서의 이스라엘, 그리고 이스라엘의 하나님으로서의 야웨라는 정체성에 공적이고 극적인 표현을 제공하는 것, 그러한 관계의 독특성을 기념하는 것, 젊은이들에게 그러한 공동체적 정체성을 심어 주는 것, 그리고 특별한 정체성의 렌즈를 통해서 세상을 상상하는 것이었다.

분명히 각각 특정한 절기는 그 자체의 기원과 목적이 있었다. 그러나 그것들 모두는 신학적으로 의식적 독특성을 주장하는 기능을 했다. 왜냐하면, 누스너(Neusner)가 현대 유대인의 관습에 관해 기술했던 것과 같이, "우리 모두는 우리가 지닌 상상력의 힘을 통한 유대인들이기 때문이다"(212).

여러 종교적 축제들을 통해 공동체는 일반적이고 당연한 것으로 간주하는 세상에서 벗어나서, 그 공동체 특유의 말과 행동의 억양들 안에 표현된 신학적 기억을 통해 해석되는 대안적 세상에서 살 수 있었다.

고대 이스라엘에서 절기의 "달력"(calendar)은 분명히 서서히 출현했을 것이고, 계속 유연한 상태로 남아 있었다. 그러나 출애굽기 23:14-17, 34:18-26, 레위기 23장, 민수기 28-29장, 그리고 신명기 16:1-17의 여러 달력에 반영된 것과 같이, 절기들을 세 가지 주요한 사건으로 정리하고 정규화하려는 노력이 있었다. 이러한 절기 중에 가장 중요한 것은 **유**

월절(*Passover*)이다. 유월절은 출애굽과 연관되었고, 따라서 새로운 세대를 그러한 기억으로부터 등장했던 이스라엘의 정체성 안으로 통합시키는 기능을 했다(참조. 출 12-13장).

다른 두 개의 절기(칠칠절과 초막절)는 농경 주기들로부터 발생했을 수도 있으나, 이스라엘의 역사적 기억의 영향권 안으로 들어왔다. 차후에 이스라엘의 역사적 기억들에 연결되는 여러 농경 절기들은 십중팔구 야웨가 "자연"의 규칙성들과 역사적 위기의 순간들 모두에 대한 자애로운 통치자라는 주장을 입증하고 제정하는 기능을 할 것이다.

비록 이 세 가지 절기가 이스라엘의 공식 달력에서 가장 중요하고 지배적인 것이라고 할지라도, 절기에 대한 이스라엘의 수용력은 분명히 개방된 채로 남아 있었다. 따라서 새로운 절기들이 요구되는 시간과 상황에 따라 도입될 수 있었다. 이것 중 가장 중요한 것은 **욤 키푸르**(*Yom Kippur*) 즉, 대속죄일이다(레 16장; 23:26-32).

구약성서의 끝자락에 있는, 에스더 3:7과 9:20-32는 **부림절**(*Purim*)을 합법화한다. 이것은 위기와 위협의 상황에서 유대인의 정체성을 기념하는 절기이다[**부림절**을 보라].

구약성서에서 언급되지는 않지만, 우리의 주제에 밀접한 관련이 있는 것은 **하누카 절기**(*Hanukkah*)이다. 이것은 예루살렘 성전이 헬레니즘 침입자들의 훼손으로 인한 파괴 이후에 재 봉헌되었던 기원전 2세기에 도입되었다. 이 절기의 이름은 "봉헌하다"(*ḥnk*, 하나크)라는 동사로부터 유래한다. 유대교가 역사적 신앙이기 때문에, 이러한 후대의 절기들은 중요한 순간들로부터 파생된 결정적 기억들이 그 공동체 안에서 역동적으로 사용될 수 있도록 유지하는 역할을 한다.

우리의 주제와 관련된 것은 히브리 성서 정경의 마지막 부분에 있는 "다섯 두루마리"(메길로트)의 형성이다. 이 다섯 두루마리의 각각은 특정한 절기의 제의적 기념행사와 관련되어 사용된다. 따라서 두루마리들은 구체적 성일들(Holy Days)을 위한 공동체의 상상력을 기록하는 기능을 한다.

- 전도서: 초막절
- 에스더서: 부림절
- 아가: 유월절
- 룻기: 오순절(=칠칠절)
- 예레미야애가: 아빕월의 아홉째 날(성전이 파괴된 때)

본문과 절기 사이의 연결은 이 책들 각각에 대한 해석적 환경에 결정적으로 영향을 미친다. 게다가 기독교 정경에서 이 다섯 두루마리는 정경을 통해서 명백하게 "역사적 토대"에 근거하여 분포되어 있고, 따라서 제의적 연결에 대한 그 어떠한 관심도 무효화한다.

여러 절기는 신앙을 통하여 세상에 관한 대안적 상상력의 수단으로 기능한다. 역사적 기억과 농경 주기, 대중적 종교와 의도적 신학, 안정적 질서와 유연한 발전 사이의 여러 긴장은 결코 해결되지 않으나, 뚜렷이 구별되는 신학적 정체성에 관한 지속적 기념행사 과정을 특징으로 한다. 기독교의 제의적 달력도 성탄절, 부활절, 그리고 오순절이라는 세 가지 큰 절기들을 중심으로 유사하게 기능한다.

참고 문헌

Albertz, Rainer. *A History of Israelite Religion in the Old Testament Period*, vols. 1 and 2 (OTL: Louisville, Ky.: Westminster John Knox Press, 1994).

de Vaux, Roland. *Ancient Israel: Its Life and Institutions* (New York: McGraw-Hill, 1961), chaps. 17-18.

Neusner, Jacob. *The Enchantments of Judaism: Rites of Transformation from Birth through Death* (New York: Basic Books, 1987).

Gadamer, Hans-Georg. *The Relevance of the Beautiful and Other Essays* (Cambridge: Cambridge University Press, 1987).

75. 정경
Canon

"정경"이라는 용어는 규범이 되는 책들(두루마리들)의 집합을 가리킨다. 그것들은 한 신앙 공동체를 위한 경전을 이루게 되고, 그 신앙 공동체의 삶, 신앙, 윤리에 대한 규범으로 간주된다. (또한, 최근에 "정경"이라는 용어는 서방의 문학적, 문화적 전통을 구성하는 문헌의 규범적 목록, 즉 "서방교회의 정경"[The Western Canon]을 언급하는 것이 되었다.)

히브리 성서 정경이 구성되었던 역사적 과정들을 이해하는 데에 대단한 학문적 열의가 쏟아 부어졌다. 히브리 성서는 전통적으로 세 부분(토라, 예언서, 성문서)으로 나뉜다. 이 각각은 서로 다른 시기에, 그리고 공동체를 위한 저마다 다양한 권위를 가지고 성서적 권위를 얻게 되었다.

첫째, 토라(히브리 성서의 처음 다섯 권의 책들=오경)가 가장 이른 시기에 규범적 지위를 얻었다. 아마도 이것은 기원전 5세기에 있었던 에스라의 운동과 연관이 있을 것이다. 이 전집은 유대교에서 가장 권위 있는 성서 본문이고, 모세의 권위와 연결된 전승이다.

둘째, 정경의 두 번째 부분인 예언서는 기원전 180년에 이르러 분명하게 성서 안에 자리를 잡았다(2세기에 나온 지혜서인 벤 시락서를 보라. 이것은 또한 집회서로 불렸다). 또한, 예언서는 유대교의 용어로 네 권의 "전기 예언서"(여호수아서, 사사기, 사무엘서, 열왕기)와, 네 권의 "후기 예언서"(이사야서, 예레미야서, 에스겔서, 그리고 열두 소예언서, 제일 마지막의 것은 하나의 두루마리 안에 제시된다)로 구성되어 있다.

특별히 흥미로운 점은 유대교의 범주에서는 여호수아서, 사사기, 사무엘서, 열왕기가 "예언서"(prophetic)로 여겨지는 데 반해, 기독교는 전통적으로 그것들을 "역사서"(historical)로 이해했다는 점이다.

셋째, 정경의 세 번째 부분은 성문서이다. 이것은 다소간 잡다한 종류의 모음집으로, 여기에는 시편, 욥기, 잠언, 다섯 두루마리(메길로트: 룻기, 아가, 전도서, 애가, 에스더서; 이 다섯 두루마리들은 유대교에서 특별한 절기의 때에 사용되었다), 그리고 다니엘서(히브리 성서에서는 "예언서"로 여기지 않는다), 역대상하, 에스라서, 느헤미야서가 포함된다. (존 바턴[John Barton]은 우리가 세 부분의 정경 대신에 히브리 성서를 오로지 두 부분으로 이해해야 한다고 제안했다. "토라", 그리고 "예언자들"로 간주되는 그 밖의 모든 것).

전통적 접근법에 의하면, 세 번째 정경(성문서, 역자 주)은 그리고 그에 따른 결과로 세 부분으로 구성된 전체 정경은 기원후 90년에 야브네(얌니아) 회의에서 그 위치를 얻고 확증되었다. 그러나 이 주장은 끝없이 모호하고 논란이 되고 있다. 정경을 확립했다는 시기가 후대의 유대교 자료들에는 반영되어 있지만, 최근 학계는 그것이 실제로 일어난 적이 없다고 결론지었다.

"권위를 지닌 책들"의 "목록"이 우리에게 오랫동안 숨겨진 방식으로 나타났다는 것은 분명하다. 게다가 사해 두루마리들에서 확인되는 매우 늦은 시기까지 그 목록의 경계는, 비록 그것의 핵심 내용이 매우 이른 시기에 정해졌음에도 불구하고, 안정적이지 않았다. 심지어 정경의 몇몇 책의 본문은 비교적 최근까지 매우 유동적이었다.

따라서 사해 두루마리들은 신약성서 시대만큼이나 늦은 시기까지 수많은 본문의 변동이 가능했다는 증거를 제공한다. 우리는 대략적 방식들로 "공인된" 정경화의 시기를 추적할 수 있을지도 모른다. 그러나 실제로 어떠한 문헌을 규범이 되는 것으로 받아들이는 과정은 그 공동체의 실제적 관습에서 이루어지는 검토와 사용의 과정이고, 그 이후에야 비로소 정식 인정과 확증을 받을 수 있다. 어쨌든, 기독교 시대로 전환될 무렵, 유대교는 규범적 책들에 관한 상대적으로 확정된 목록을 가지고 있었다.

그러나 본문의 확정성에 관한 문제가 과장되어서는 안 되며, 또한 우리는 정경이 공식화되는 시기에 오직 "한 권의 성서"만이 존재했다고 상상해서도 안 된다. 유대교 내의 다양한 경쟁 집단들은 서로 다른 정경을 고수했다. 또한, 우리는 오직 토라만을 정경으로 받아들였던 유대인의 한 분파인 사마리아인들에 대하여 특별히 주목해야 한다.

토라, 예언서, 성문서라는 세 부분의 정경은 히브리어로 **토라**(*Torah*), **느비임**(*Nebiim*), **케투빔**(*Kethubim*)이라고 불린다. 이들 각각의 첫 자음(T, N, K)을 취하여 **타나크**(*Tanak*)라는 용어를 만든 것은 완전한 정경 목록을 언급하려는 하나의 중립적 방식을 나타낸다.

유대인 정경에 관한 대안적 판본이 헬라어를 사용하는 알렉산드리아의 유대교에서 등장했고, 그것은 여러 책에 관한 대안적 목록을 생산했다. 이 헬라어 구약성서는 "셉투아진트"("칠십인역"=LXX)라고 불린다. 그 이유는 72명의 번역자가 각자 개별적이고 독립적으로 헬라어로 번역하는 작업을 했고, 그것이 완성되었을 때 72명의 모든 번역이 매우 상세한 부분까지 일치했다는 전설적 이야기 때문이다. 따라서 이 번역본은 영감과 신뢰성을 지닌 규범적인 성서로서 입증된다.

칠십인역과 이것의 사용에 대해서 우리는 다음의 네 가지 내용을 관찰할 수 있다.

첫째, 칠십인역은 규범적인 히브리 성서의 고정된 목록이 되었던 범위에 의해 한정되지 않았다. 셉투아진트는 히브리 성서 목록보다 더욱 포괄적으로 토빗기, 유딧서, 마카비1-4서와 같은 자료들을 포함하고 있다. 게다가 칠십인역의 범위는 매우 오랜 시간 동안 개방되어 있었고 불안정했다.

둘째, 칠십인역에서 책들의 순서는 규범적인 히브리 성서의 목록 순서와 다르다. 이는 분명히 "역사적 순서"와 같은 어떤 것에 따라 책들을 배열하려는 노력의 결과로 보인다. 매우 분명한 차이점은 히브리어 판본에서는 절기에 관한 두루마리로써 집단화되어 있는 "다섯 두루마리"(룻기,

아가, 예레미야애가, 전도서, 에스더서)가 칠십인역에서는 역사적 배치의 시도로 간주될 수 있는 여러 다른 책들 사이에 흩어져 있다는 것이다.

셋째, 유대인의 성서를 교회의 성서로 받아들인 기독교의 적용은 히브리 성서가 아니라, 칠십인역의 순서를, 즉 다소간 역사적 순서를 따랐다. 칠십인역이 말라기를 포함하여 예언서들을 정경의 끝부분에 위치시킨 것에 특별히 주목하라. 이러한 순서는 메시아적 기대를 강조했고, 초대 교회는 이러한 접근법을 쉽게 수용했다.

넷째, 루터를 따르는 개신교 교회는, 비록 책들의 순서에서 헬라어 성서를 따랐음에도 불구하고, 히브리 정경의 더욱 제한적인 목록을 유지했다. 그러나 루터가 자신의 해석적 작업에서, 신약성서의 책들인 야고보서와 요한계시록의 합법성을 거절한 것은 유명하다. 로마가톨릭은 더욱 일관되게 헬라어 성서의 순서와 그것의 더욱 포괄적인 목록을 모두 받아들였다.

로마가톨릭교와 개혁교회 전통 간의 깊은 다툼이 있던 시기에, 정경의 범위는 해석적 논쟁의 바탕이 되었다. 신학적 주장들을 위한 성서적 기반들이 로마가톨릭의 더욱 광범위한 정경(외경, 역자 주) 안에서는 발견되었다. 하지만 그러한 기반들은 개혁교회들의 더욱 제한적인 정경에서는 나타나지 않는다. 따라서 논쟁을 하고 있던 두 당사자는 특정한 신념 혹은 관습이 성서적으로 기반을 두거나, 혹은 두지 않았던 서로 다른 정경을 가지고 다툴 수 있었다.

더욱 최근에, 정경의 신학적 형태와 의도가 큰 관심을 받았다. 이러한 관점에서, 정경은 단순히 권위를 인정받은 목록(정경이 갖는 본래의 의미)만이 아니라, 또한 그 자체가 하나의 신학적 진술이다.

이와 관련하여 가장 중요한 것은 브레바드 차일즈(Brevard Childs)의 연구이다. 1979년, 그는 구약성서 각각의 책이 규범적인 하나의 신학적 진술을 만들기 위해 의도적으로 배열되었다고 주장했다. 더욱 최근인 1993년에 차일즈는 권위를 인정받은 교회의 해석과 더욱 밀접하도록 정경에 관한 자신의 이해를 바꾸었다. 이는 본문에 대한 "정경적인 읽기"(canonical reading)가 교회의 "신앙의 원칙"에 맞추어 이루어진 것이라고 제안하기 위한 것이다. 이러한 주장을 하면서, 차일즈는 성서와 전통의 관계에 관한 어렵고도 논쟁적인 16세기의 질문으로 돌아가는데, 이는 교회가 성서를 올바로 이해할 수 있는 능력을 가지고 있다는 전통에 손을 들어준 것으로 보인다.

제임스 샌더스(James Sanders)는 정경적 과정에 대한 보다 역동적인 이해를 제공하며, 그것이 유일한 참하나님에 관한 주장을 향한 해석적 경향을 특징으로 하지만, 그러한 주장이 그 견해에 관한 평면적이고 일차원적인 도입은 아니라고 주장한다. 오히려 유일신론에 대한 문제는 풍부하고 복잡한 본문과 관련하여 이해되어야 하고, 그것은 단순하거나 단일한 정경적 읽기를 인정하지 않는다. 어떠한 경우든, 정경에 관한 더욱 새로운 논의는 규범적인 문헌의 형성에 나타나는 신학적인 의도성이 엄청난 중요성을 갖고 있고, 따라서 정경의 특성(canonicity)이 단순한 역사적 질문이 아니라는 것을 확인시켜 준다.

아마도 정경화 과정(이는 물론 신학적인 면에는 관심이 없다)의 신학적 의도성에 관한 강력한 초점에 대한 반응으로, 정경화에 관한 더욱 핵심적인 관점이 현재 진행 중이다. 이 관점은 정경화 과정이 본질에서 정치적인 과정이고, 그러한 과정에 의해서 그 과정을 통제했던 사람들이 그들의 지배적 해석을 신앙 공동체에 강요했고, 그들이 반대했던 다른 해석적 주장들을 효과적으로 배제하고 묵살했다는 사실에 초점을 맞춘다.

확실히 정경으로부터의 배제는 반대되는 의견을 묵살하는 데 있어서 효과적이고 지속적인 방식이었다. 물론 정경에 대한 이러한 관점은 자신을 정경적 관점의 내부에 위치시키고, 정경의 과정을 진정한 가르침을 위해 거짓된 가르침을 배제하는 유효한 울타리로 간주하는 해석자들과는 깊은 긴장 가운데 놓여 있다.

정치적 시행으로부터 참된 해석에 관한 주장을 분리하는 것은 불가능하다. 그리고 그 문제에 관한 판단은 불가피하고 특징적으로 해석자의 사회적 지위와 지평을 반영한다. 어쨌든, 정경은 "참된 가르침"이 표명되는 하나의 수단이고 "거짓 가르침"을 막도록 설정된 경계이다. 따라서 정경은 자신의 최종 형태 안에서 한계를 설정하고, 지속적이고 유효한 신학적 해석이 일어나는 곳의 내부에서 관점을 수립한다.

그러나 문헌의 실제 범위는 폭넓은 재량을 허용하며, "정경적 읽기"라고 불리는 것과 가장 근접한 읽기로부터 촉구되는 여러 결론을 반드시 요구하지는 않는다. 심지어 정경 내부에도, 여러 독법 사이에 논쟁의 여지가 존재하고, 단순히 "정경적"이라고 주장하는 것 자체가 그 사실을 입증하는 것은 아니다.

더욱이 게렛 그린(Garrett Green)은 "정경적 상상력"(canonical imagination)이라는 개념을 멋지게 만들어 냈다. 그에 따르면, 계속되는 건설적인 신학적 작업은 상상력이 풍부한 개방성과 함께 이루어지지만, 그것은 규범적 문헌에 의해 지시되는 한도 내에서 수행된다. "정경"이 몇몇 질문을 해결하는 반면에, 그것의 권위와 주장은 신앙 공동체 내의 해석적 관습에서 계속되는 논쟁의 장을 열어 놓는다.

참고 문헌

Abraham, William, J. *Canon and Criterion in Christian Theology: From the Fathers to Feminism* (Oxford: Clarendon Press, 1998).

Alter, Robert. *Canon and Creativity: Modern Writing and the Authority of Scripture* (New Haven, Conn.: Yale University Press, 2000).

Barton, John. *Oracles of God: Perceptions of Ancient Prophecy in Israel after the Exile* (Oxford: Oxford University Press, 1986).

Bloom, Harold. *The Western Canon: The Books and School of the Ages* (New York: Harcourt Brace, 1994).

Brueggemann, Walter. *The Creative Work: Canon as a Model for Biblical Education* (Philadelphia: Fortress Press, 1982).

Childs, Brevard S. *Biblical Theology of the Old and New Testaments: Theological Reflection on the Christian Bible* (Minneapolis: Fortress Press, 1993).

Childs, Brevard S. *Introduction to the Old Testament as Scripture* (Philadelphia: Fortress Press, 1979).

Green, Garrett. *Imagining God: Theology and the Religious Imagination* (San Francisco: Harper & Row, 1989).

Leiman, S. *The Canonization of Hebrew Scripture: The Talmudic and Midrashic Evidence* (Hamden, Conn.: Academy of Arts & Sciences, 1991).

Saebo, Magne. *On the Way to the Canon: Creative Tradition History in the Old Testament* (JSOTSup 191; Sheffield: Sheffield Academic Press, 1998).

Sanders, James A. "Adaptable for Life: The Nature and Function of Canon." in *Magnalia Dei: The Mighty Acts of God: Essays on the Bible and Archaeology in Memory of G. Ernest Wright*, ed. Frank Moore Cross et al. (Garden City, N. Y.: Doubleday, 1976), 531-560.

Sanders, James A. "The Exile and Canon Formation." in *Exile: Old Testament, Jewish, and Christian Connections*, ed. James M. Scott (Supplements to the Journal for the Study of Judaism 56; Leiden: Brill, 1997), 37-61.

Sanders, James A. *Torah and Canon* (Philadelphia: Fortress Press, 1972).

Wisse, Ruth R. *The Modern Jewish Canon* (New York: Free Press, 2000).

76. 제사장
Priests

 다른 문화들에서처럼, 구약성서의 신앙 공동체는 공동체의 공식적 예배를 주관했던 승인된 제사장들을 인정했다. 제사장직의 목적은 이스라엘 한가운데 야웨의 임재를 보증하는 방식으로 제의 기구의 유효성을 감독, 보호, 보장하는 것이었다. 다른 모든 제사장직과 모든 종파와 마찬가지로, 이스라엘은 비록 야웨와의 직접적 접촉이 이따금 신 현현을 통해 발생할 수 있다고 할지라도, 대부분의 경우 공동체는 정규화된 제사장의 중재들에 의존한다고 추정했다.
 충실하게 규제된 제의의 의도된 효과는 더욱 큰 공동체의 질서, 삶, 그리고 웰빙을 보장하는 것이었다. 즉, 신중하게 규제된 예배는 모든 삶을 재구성, 재정렬하는 힘과 상상력의 생성적 원천으로 기능했다. 그러한 목적을 위해, 고대 이스라엘에서 제사장들은 모든 곳에서 다음과 같은 제사장의 특징적 임무와 역할을 수행했다.

 첫째, 제사장은 공동체의 질서 정연한 삶을 보호하는, "거룩한 것(holy)-속된 것(profane), 정한 것(clean)-부정한 것(unclean), 정결한 것(pure)-불결한 것(impure)"의 구별들을 유지했다(레 10:10; 겔 22:26을 보라). 레위기에 있는 거룩함에 대한 집중은 이 과업의 중요성을 증언한다. 그것은 근본적인 종교적 전제들로부터 파생되었을 뿐만 아니라, 위생의 문제와 건강의 실질적 유지와도 관련이 있었다.
 레위기의 예전적 해석은 역사적 묘사로서가 아니라, 주의 깊은 의미의 세계를 위한 창의적 제안으로서 이해되어야 한다. 그러나 무엇보다도, 이러한 구별들을 유지하는 것은 야웨를 중심으로 하는 질서 정연한 세상을 위한 지극히 상징적인 것이었다.

둘째, 제사장은 신탁들을 전달했고, 그것들에 의해 야웨의 뜻과 목적이 공동체 안에 권위 있게 알려지게 되었다. 따라서 이러한 신탁들은 야웨로부터 이스라엘에 도달하는 정규화된 계시의 통로였다. 둠밈과 우림(신 33:8) 혹은 에봇(삼상 23:6-12)과 같은 특별한 제의도구는 그러한 신탁들을 신뢰성 있게 전달하는 데 있어서 중요했다.

셋째, 제사장들은 야웨와 이스라엘 사이의 웰빙을 기념, 유지, 또는 회복시키기 위해 고안된 여러 희생 제사와 제물들을 제정했다. 레위기 1-7장에 나오는 일상화된 희생 제사의 목록은 이스라엘에게 가능했던 여러 희생 제사, 제물들에 대한 포괄적 실행과 그러한 행위들이 심각하게 간주되었음을 가리킨다. 그러한 행위들은 야웨의 임재가 땅에 대한 보증들을 제공하고, 희생 제사들이 야웨의 임재를 가능하고 유용하게 만드는 극적인 사업 중 일부이기 때문에 심각한 것이다.

넷째, 제사장들은 축복을 선언했다. 민수기 6:22-26에 나오는 친숙한 제사장의 축복은 특징적인 공식이다. 이것에 의해 제사장의 축복 전달은 이를 수용하고 신뢰하는 회중에게 웰빙을 위한 야웨의 능력을 중재하는 권위 있고 효과적인 행동이 된다.

다섯째, 아마도 이스라엘의 독특한 관습일 수 있는 일에서, 제사장들은 토라 가르침에 관여했다(신 10:8). 특정 계층의 제사장들은 토라의 가르침을 맡았다. 즉, 그들은 규범적인 신앙 전통의 교육자들이었다(신 33:10). 아마도 초기 형태에서, 그 임무는 단순히 공동체의 안전이 의존했던 거룩함과 정결함의 문제들을 식별하는 것이었다. 더욱 발전된 전통에서, 그러한 토라 가르침은 해석과 설명을 해야 했던 보다 광범위한 계명들의 체계를 가리킨다. 따라서 명백하게 레위계열 제사장들에 연결된 신명기 전통은 설명을 해야 했다.

게다가 느헤미야 8장에서 레위인은 에스라(그는 서기관이지만 또한 제사장으로도 불렸다)가 이스라엘에게 토라를 읽어 줄 때, 이를 "해석함으로" 도와준다. 제사장들의 임무는 계명과 가르침의 전통을 창의적 해석

(imaginative interpretation) 방식에 의해 이스라엘의 계속되는 삶에 사용할 수 있고 수용할 수 있게 만드는 것이었다.

제사장의 이러한 여러 기능은 야웨에 의해 생겨났고 야웨에 반응하는 공동체로서 이스라엘의 자기 특징화(self-characterization)를 반영한다. 구약성서에서 제사장직에 대한 증거는 매우 임의적이다(ad hoc). 어떠한 체계적 공식이 제공되지 않는다. 그러나 여러 학자는 이스라엘 내 제사장의 역사를 추적하는 데에 대단히 창의적 에너지를 사용했고, 따라서 현재 그 역사에 관한 대략적 합의가 여러 해석자 사이에 이뤄지고 있다.

우연적이고 임시적인 제사장들이 본문의 여기저기에서 나타나지만, 일반적으로 몇몇 제사장 계보(가문과 왕조들)가 식별될 수 있다. 그들은 여러 세대보다 우위를 지녔고, 큰 권위를 가지고 있었고, 해석을 통해 정치의 공적 과정들에서 막강한 권력을 행사했다. 게다가 이러한 몇몇 제사장 가계들은 서로 경쟁자 관계였고, 아마도 기독교 영역 내 다양한 교단의 성직자와 다르지 않게 신앙에 관한 다양한 개념을 반영하면서 그들의 임무에 다양한 미세한 차이점들을 제공했다.

사무엘하 15:29에서, 다윗은 명백하게 아비아달과 사독이라는 두 명의 제사장을 데리고 있었다. 학자들은 아비아달이 아마도 실로의 성소에서 기원했을 제사장 계보를 대표하고, 어쨌든 오래되고 철저한 언약 전통의 대표자라고 생각한다. 사독의 기원은 수수께끼이다. 그러나 그는 아비아달보다 덜 철저하고 가나안에 적응하는 것을 더 잘 받아들였던 제사장들의 계보를 대표할 것이다. 따라서 이 두 제사장은 서로 다른 장소들에 뿌리를 내리고 있고, 서로 다른 관점과 관심사들을 가진 서로 다른, 심지어는 경쟁적인 제사장 계보들을 구현한다.

열왕기상 1:7-8에서, 그 둘이 각각 서로 다른 관점들을 반영하는 다윗의 아들들과 연합할 때 이러한 방향성의 차이가 명백해진다. 사독이 지지하는 왕위 후보인 솔로몬이 왕위 계승 경쟁에서 승리하기 때문에, 사독은 왕국의 지배적 제사장이 되고 아비아달은 권력의 궁정으로부터 추방된다(왕상 2:27). 그 구절의 언급은 사무엘상 2:35의 기대, 즉 사독("충실한 제사장")의 지배가 다가오고 있고, 아비아달과 그가 대표하는 제사장 계보가 쇠퇴할 것이라는 기존의 기대를 암시한다.

만약 아비아달-사독 간의 경쟁을 명확한 것으로 받아들인다면, 우리는, 크로스(Cross)와 마찬가지로, 아비아달이 "무시 종족"(Mushite; 레위 지파 후손 중 하나, 참조. 민 3:33; 26:58, 역자 주), 즉 모세 계열 제사장직의 오래된 주장들에 뿌리를 두고 있고, 사독은 아론계열 제사장직과 관련되어 있다고 주장하는 전통으로 되돌아갈 수 있다.

사무엘상 2장의 관점과 상당한 대조를 이루는 출애굽기 32장에서, 아론은 불순종하는 제사장이고, 모세와 연결된 레위인들은 아론의 인도를 받는 사람들을 제거한 신실한 자들이다(출 32:25-29). 따라서 오래된 뿌리는 "모세-레위인"과 "아론-사독"이라는 솔로몬 시대의 더욱 후대의 경쟁과 연결된다.

만약 우리가 포로기와 포로기 이후의 전통들을 고려해 보면, 에스겔 44장은 사독 계열의 우세함을 반영한다. 왜냐하면, 10절에서 레위인은 하찮은 임무를 맡고, 15절에서 사독의 후손들은 회복된 성전에 대한 지배적 권위를 얻기 때문이다. 많은 학자가 이름들이 서로 관련된 것처럼 보이기 때문에 사독 계열 사람들(Zadokites)이 후기 유대교의 사두개인(Sadducees)들의 선구자라고 생각한다.

어떤 확신 혹은 정확성을 갖고 제사장직의 실제 역사를 추적하는 것은 불가능하다. 왜냐하면, 이러한 본문들은 상충하는 주장들에 합법성과 이념적 영향력을 제공하려는 문학적 노력의 결과물이기 때문이다. 그렇지만 틀림없이, 제사장 권위에 관한 (출애굽기 32장과 같은 이른 시기의 본문과 에스겔 44장과 같은 후대의 본문 안에, 그리고 다윗과 솔로몬을 둘러싼 구체적인 내러티브들로 보이는 부분 안에 반영된) 논쟁은 제사장직이 이스라엘의 특성과 그들과 야웨와의 관계에 관한 오래되고 심오한 신학적 긴장 안에 놓여 있었다는 것을 가리킨다.

신명기에서 레위인은 토라의 지지자지만, 아론-사독 계열은 제의적 실재에 훨씬 더 많이 관련되어 있다. 이러한 긴장은 이스라엘의 삶과 기억 전체를 관통한다. 서로 다른 제의적 강조점과 서로 다른 제사장의 권위는 결정적인 신학적 긴장들에 대한 단서들이다. 이러한 긴장들은 교회 역사를 통해 성례전, 조직, 예전에 관한 논쟁들에서 끝없이 다시 제기되었던 것들이다.

이러한 반복되는 긴장들은 결국 신앙 공동체의 삶을 구성하는 바로 그 신앙의 차원들과 관련되어 있다. 그러한 긴장에도 불구하고, 제사장의 제의 수행은 유대교의 생존과 활력에 크게 기여했던 뚜렷한 신앙의 상상력을 키웠다. 그 제의들은 유대교에 끝없이 중요하며, 역사적으로 다른 사회정치적 지원은 없었다.

참고 문헌

Brueggemann, Walter. *Theology of the Old Testament: Testimony, Dispute, Advocacy* (Minneapolis: Fortress Press, 1997), 650-679.

Cody, Aelred. *A History of Old Testament Priesthood* (Analecta Biblica 35; Rome: Pontifical Biblical Institute, 1969).

Cross, Frank Moore. *Cannanite Myth and Hebrew Epic: Essays in the History of the Religion of Israel* (Cambridge: Harvard University Press, 1973), 195-215.

de Vaux, Roland. *Ancient Israel* (New York: McGraw Hill, 1961).

Haran, Menahem. *Temples and Temple Service in Ancient Israel: An Inquiry into Biblical Cult Phenomena and the Historical Setting of the Priestly School* (Winona Lake, Ind.: Eisenbrauns, 1985).

Miller, Patrick D. *The Religion of Ancient Israel* (Library of Ancient Israel; Louisville, Ky.: Westminster John Knox Press, 2000).

Nelson, Richard D. *Raising Up a Faithful Priest: Community and Priesthood in Biblical Theology* (Louisville, Ky.: Westminster John Knox Press, 1993).

77. 제사장 전통
Priestly Tradition

    학자들 사이에서 흔히 사용되는 "제사장 전통"이라는 관용구를 이해하는 것은 중요하다. 왜냐하면, 그것은 구약성서에 관한 여러 해석서 안에서 반복되기 때문이다. 18, 19세기 구약성서에 관한 (독일 개신교 연구자들에 의해 대부분 이루어졌던) 역사-비평적 연구가 집중됐던 기간 학자들은 본문 안에 있는 다양한 문학적-신학적(literary-theological) 자료를 식별하고 구분할 수 있었다. 그 당시에 이러한 자료들은 뚜렷이 구별되는 "문서들"(documents)로 간주되었고, 그것들이 나중에 함께 편집되었다고 생각했다.

    하지만 오늘날 우리는 그것들을 "문서들"보다는 본문 내부의 "목소리들"(voices)이라고 부르는 것을 선호할 것이다. 그러한 자료들의 정확한 연대 산정과 장소는 많은 논쟁 가운데 있다. 그러나 본문의 최종 형태에서 서로 다른 목소리들이 분명하게 한 목소리를 내고 있다.

    이러한 자료 중에서, 아마도 오경의 형태와 증언에 대한 결정적 자료는 "제사장 전통"일 것이다. 이것은 공통의 특징들을 갖는 일련의 본문들(내러티브와 계명들 모두)에 학자들이 부여한 이름이다. 이 내러티브들은 제의 기관들에 관심을 갖는 경향이 있고, 이러한 전제된 자료에 할당된 계명들은 제의적 거룩함, 즉 정결에 관한 질문들과 정결의 제의적 수행에 몰두한다. 이 자료를 식별하고 이해하는 데에, 해석에 관한 비평적 범주들을 형성했던 독일 개신교 학자들은 경멸적 방식으로 "제사장적"이라는 용어를 사용했던 것 같다.

    이는 윤리적 고찰들을 선호하는 깊은 편견과, 그들이 원시적이고 마술적이라고 생각했던 제의적 문제들을 향한 마찬가지로의 깊은 반감으로 인해 생겨난 것이다. 따라서 이렇게 가정된 자료는 후대의 "퇴화된"

(degenerate) 유대교에 대한 표현으로 이해되었다. 학문의 역사에서 매우 중대하고 영향력이 있는 이런 태도는 유대교에 관한 기독교의 일반적 고정관념을 반영한다. 이차적인 방식으로, 개신교의 이런 명명법은 로마가톨릭에 대한 격렬한 비판을 암시했을 수도 있다.

로마가톨릭은 원시적이고 마술적인 것으로 인식된 "격식을 차리는" 제의적 관습들에 대한 헌신에서 동일하게 "제사장적"인 것으로 간주되었다. 자유주의적 개신교의 편견들로부터 어느 정도 자유로운, 보다 최근의 성숙한 이해는 제사장 전통이 유대교 내부의 생생하고, 사려 깊고, 생산적인 신앙의 목소리를 표현하고 있음을 인식할 수 있다. 그것은 신학적 상징주의의 풍부한 세계를 제공하면서, 동시에 윤리적 실천과 현실에 관한 열정적 비전을 유지한다.

자신의 최종 형태에서 제사장 전통은 그 자료와, 그리고 아마도 오경 전체가 최종 형태에 도달했던 시기인 포로기의 신앙 공동체의 신학적 필요와 인식을 반영하는 것 같다.

영향력 있는 연구에서, 메리 더글라스(Mary Douglas)는 "정결"(그리고 관련된 제의적 고려사항들)에 대한 강조가 심각한 사회적 위협 아래 있는 공동체의 특징적 의제(agenda)라고 제안했다. 제의적 상상의 세계에 대한 표현은 제의적으로 위치해 있는 질서 정연한 웰빙의 세상을 진지하게 제안한다. 이 세상은 적대적이고 혼돈스러운 것으로 인식된 포로기의 세계에 대한 대안이다.

완전히 추방된 포로 유대인들은 아마도 이러한 적대적이고 혼란스러운 방식으로 그들 주변의 세상을 경험했을 것이다. 신뢰할 수 있는 하나님이 주재하는 대안적 현실에 대한 제의적 비전은 매우 낯선 환경 속에서 뚜렷하고 확신에 찬 신앙 정체성을 유지할 방법을 제공했다.

그러나 포로지에서 최종적으로 형성되었던 이 전통은 분명하게 훨씬 더 오래된 전통들에 의존했고 가치를 부여했다. 왜냐하면, 정결함과 제의적 정체성에 대한 제의적 초점은 의심의 여지 없이 이스라엘 삶의 모든 시기에 걸친 신앙의 방식이었기 때문이다. 정결함에 관한 제의적 의제는 포로기 이스라엘의 신앙에서 단순히 반응적 또는 방어적 조치가 아니었다. 그것은 깊이 뿌리내린 방식들로 이스라엘이 되는 특징적 방법이었다. 이스라엘의 신앙은 공적 윤리, 그러나 활기찬 제의적 삶에 의해 유지되고 공급되는 윤리로 표현되었다. 제의적 삶 안에서 중재된 야웨의 현존은 상징적으로 확실히 보장되었다.

제사장 전통의 일부를 형성하는 거대한 내러티브들은 다음을 포함한다.

- 창세기 1:1-2:4a의 창조 내러티브: 이는 안식일에 대한 승인으로 끝난다. 안식일은 창조의 절정으로서 그리고 포로지의 유대인들과 이후의 모든 유대교를 위한 결정적 제도로서 승인된다.
- 홍수 내러티브의 일부: 이 일부는 제사장 전통에 만연되어 있는, "정한 것과 부정한 것"의 구별(창 7:1-16)과 전체 우주의 신뢰할 만한 질서와 관련하여 야웨 편에서의 언약적 충실에 관한 궁극적 약속에 몰두하고 있다(창 9:8-17).
- 창세기 17장의 내러티브: 이 내러티브는 할례를 언약의 표지로 간주한다. 심지어 할례는 포로지 유대인들을 위한 결정적 표지가 되었다.
- 창세기 35:9-15의 땅에 관한 약속: 이 약속은 추방된 포로민들에게 강력한 희망의 근원으로 기능한다.
- 출애굽기 6:2-9: 이 본문은 땅에 관한 약속과 함께 야웨의 자기 계시를 언급한다.

이러한 내러티브 본문들은 추방의 특정한 필요들을 충족시키기 위해 전통이 재상황화(resituated)되는 방식들을 보여 준다.

그러나 제사장 전통의 훨씬 더 확장된 부분은 정경화 과정을 통해 시내산에서 모세의 입을 통해 전달된 가르침의 부분으로 나타난다. 이 제사장 자료는 출애굽기 25-31장과 35-40장, 레위기 전부, 그리고 민수기 1:1-10:10을 포함하고, 그것은 이스라엘에게 제의적 상상력의 대안적 세계, 즉 시내산의 거룩한 하나님이 기꺼이 체류하려고 하는 적절하고 적합한 장소를 제공한다.

거룩한 관습들(거룩한 장소, 거룩한 백성, 거룩한 활동들)을 위해 만들어진 사려 깊은 조항은 다음의 심오한 신학적 확언을 산출한다. 심지어 포로지의 추방 상황에서도 이스라엘은 "준비된 거룩함의 장소"를 적절한 거주지로 인정하시는 거룩한 하나님, 따라서 포로지에서조차 뚜렷하게 임재할 수 있는 하나님을 영접할 수 있다. 정밀함, 정확함, 꼼꼼함, 그리고 반복으로 특징지어지는 계명에 관한 이러한 확장된 자료는 거룩한 하나님의 임재의 실재, 경이로움, 그리고 위험성에 대해 주의 깊게 관심을 기울이는 것에 초점을 맞춘다.

출애굽기 25-31장은 야웨의 은혜로운 임재를 위한 거처, "속죄소"가 있는 **성막 건축에 대한 여러 지침**을 제공한다. 블렌킨솝(Blenkinsopp)과 키어니(Kearney)는 이 자료가 모세의 일곱 연설 안으로 배열되어 있고, 안식일에 관한 계명에서 절정에 이른다는 것에 주목했다. 이 일곱 연설은 마찬가지로 안식일에서 절정에 이르는 창세기 1:1-2:4a에 나타나는 칠 일간의 창조와 상관관계가 있다. 이러한 평행성을 고려할 때, 우리는 성막이 포로기의 혼란 가운데서 사용할 수 있게 만들어진, 질서 정연한 창조에 대한 제의적 모형이자 구현으로 건축되었다는 결론을 내릴 수 있다.

출애굽기 35-40장은 출애굽기 25-31장의 **지침을 실행한다**. 그것은 출애굽기 40:34-38에서 절정에 이르며, 그 "준비된 장소"가 야웨의 영광을 적절하게 담는 곳임을 보증한다. 제사장 전통에 따르면, 출애굽기 24:15-18에서 증언된 "영광"은 추방된 이스라엘이 정기적으로 그리고 안정적으로 다가갈 수 있도록 이제 두려운 산으로부터 성막으로 옮겨진다.

레위기 1-7장은 이스라엘 내에서 **실행되어야 하는 희생 제사들에 관한 고도로 양식화된 목록**을 제공한다. 그러한 목록은 의심의 여지없이 우연히 그리고 임시로 발생했고 실행되었던 많은 제의 관습을 통합한다. 반면, 이 목록의 전체 효과는 생명을 선사하는 야웨의 거룩함과의 접촉을 기념하고 유지하기 위해, 동시에 그 관계가 위험에 처할 때 회복의 행위들을 수행하기 위해 야웨와의 교제를 위한 정기적이고 믿을 만한 수단을 제공하는 것이다.

특별히 밀그롬(Milgrom)은 보다 오래된 번역들에서 관습적으로 "속죄제"(sin offering)로 명명되었던 것이 사실상 이스라엘 내에 있는 야웨와 이스라엘의 관계를 방해하고 위태롭게 만드는 것에 대한 정결과 정화의 의식들이라는 것을 보여 주었다.

레위기 11-16장은 야웨의 거룩함을 맞이하도록 이스라엘을 준비시키기 위해 고안된 **정결 관습들**의 풍부한 목록을 제공한다. 우리는 특별히 레위기 16장과 대속죄일(Yom Kippur)에 대한 조항을 언급할 수 있다. 이스라엘은 야웨의 선하심에 따라 이 날을 야웨와 함께 생명을 회복하기 위한 상징적 제의 관습의 한 사례인 용서와 화해의 연례 절기로 승인했다.

학자들은 레위기 17-26장을 제사장 자료 내에 있는 뚜렷한 하위전통으로 간주한다. 이 장들은 **이스라엘의 거룩함에 대한 지속적 강조** 때문에 관습적으로 "성결법전"(Holiness Code)이라고 불린다.

> 너희는 거룩하라 이는 나 여호와 너희 하나님이 거룩함이니라 (레 19:2)

밀그롬은 성결법전이 오직 이스라엘 땅에만 적용된다고 주장했다. 그 땅은 야웨가 거기에 임재할 수 있기 위해서 정결해야 한다.

우리는 성결법전에서 세 가지 항목에 주목할 수 있다.

첫째, 레위기 18장과 20장은 성적 금기들의 목록을 포함하는데, 이는 이스라엘에서 야웨의 거룩함을 배제하게 하는 거룩함에 대한 위반사항들이다. 이 본문들은 동성애에 관한 교회의 집착 때문에 후대에 많은 주목을 받았다. 그러나 이 장들은 도덕에 관한 큰 문제들이 아니라, 제의적 정결함에 관한 문제들에 관심을 두고 있다.

역설적으로, 제의적 쟁점에 가장 관심이 있는 교회 보수주의자들은 관습적으로 구약성서의 오래된 제의법들(ritual laws)을 무시했고, 오직 기독교 전통 안에 남아 있는 도덕법들(moral laws)만을 가치 있게 여겼다. 그러나 레위기의 이 장들은 제의적 거룩함이라는 맥락에서 분명하게 등장한다. 그것들은 오직 제의적 적절성에만 관련된 것이고, 이는 일반적으로 신약성서 신앙에서 "극복되어야" 한다고 진술된다.

둘째, 레위기 19:18에서, 이스라엘은 예수가 두 번째 위대한 계명으로 인정한 "이웃 사랑"에 관한 가르침을 보존했다(막 12:31). (또한, "그 이웃들" 중에 "나그네"를 위치시키고 있는 레위기 19:33-34의 놀라운 가르침을 보라). 매리 더글라스(1999)는 이 장들의 건축적 배열 안에서 (성[sexuality]에 관한) 레위기 18장과 20장이 정의(justice)에 관한 레위기 19장의 틀을 제공한다고 예리하게 제안했다. 정의에 관한 핵심적 강조는 결과적으로 이 장의 다른 모든 것이 종속되는 지배적 주제이다. 그러한 판단의 효과는 성적 관심사들을 정의에 관한 관심사 아래에 포함하는 것이다.

셋째, 레위기 25장은 희년이라는 급진적 제안에 관한 성서 내의 핵심적 본문이다. 희년은 분명히 이스라엘의 경제적 비전을 특징짓는 정의의 원초적 실천이다. 이 조항이 성결법전 내에 놓여 있다는 것은 제의적 관습이 급진적 사회 비전을 제시할 수 있는 방식을 가리킨다.

제사장 전통 혹은 제사장(적) 편집자들은 아마도 이러한 장들에 최종 형태를 제공했던 사경(창세기에서 민수기까지)의 최종 편집자들이었을 것이다. 이러한 확장된 장들의 자료를 배열하기 위한 큰 "도식"은 본래 상당히 이질적 자료들에 형태, 일관성, 그리고 연속성을 제공하기 위해 의도적으로 그리고 전략적으로 배치된 **"계보들"**(*toledôt*, 톨레돗)에 관한 일련의 공식이다(창 2:4; 5:1; 6:9; 10:1; 11:10; 11:27; 25:12; 25:19; 36:1; 37:2을 보라).

학자들은 이렇게 반복되는 공식이 제사장의 렌즈를 통해 배열된 이스라엘의 전체 기억이 신뢰할 만하고 안정적 과거를 확립한 중요한 방식을 제공했다고 제안한다. 그러한 과거는 거룩함을 요구하는 야웨의 계명들과 이스라엘 내에 존재하는 거룩함에 관해 보도하는 내러티브들 안에서 차례로 거론되었다. 따라서 전통은 정적인 것에 접해 있는 야웨 자신의

"안정성"에 뿌리를 둔 안정감과 평형감을 매개한다.

이 문헌은, 만약 포로기가 그것의 최종 맥락이라면, 불균형과 불안정이라는 포로기의 세상의 심오한 대응물로 그러한 안정과 평형을 추구한다. 그러한 환경에서, 이스라엘은 거의 정적이었던 질서를 받아들이는 것을 분명하게 반대하지 않았다.

이와 같이 매우 의도적이고 자의식적인 본문 전통은 우발적이거나 늦거나 혹은 "퇴화된" 것이 아니라, 오히려 분명히 심각한 위험의 환경 안에서 이스라엘을 유지하기 위한 창의적 자원들을 제공한 생생하고 생산적이며 의도적인 신학적 전통의 목소리이다.

초기의 비평적 연구에서 그토록 높이 평가되는 윤리적 가르침의 극단적 "희박"(thinness)은 21세기 초의 깊은 사회적, 그리고 종교적 위기 상황에서는 부적절하다고 볼 수 있다. 따라서 인간의 행동(심지어 순종이라고 할지라도)은 인간의 가능성보다 우선권을 갖는 두터운 상징들의 네트워크 안에 깊이 자리 잡지 못한다면 인간의 삶에 충분하지 않다. 제사장 전통은 정확하게 이러한 성례전적 깊이를 이스라엘에게 제공하고, 토라를 준수하는 언약적 신앙이 되풀이되는 모체가 된다.

이 결정적 전통으로부터 등장한 두 가지 추정에 대해 평가하는 것이 여기서 적절할 것이다.

첫째, 에스겔의 전통은 제사장 전통과 밀접하게 연결되어 있다. 따라서 에스겔서의 목소리는 제사장 전통이라는 모체 안에 위치될 것이다. 에스겔은 성전의 실패에 대해(겔 9-10장), 그리고 야웨의 거룩함을 위한 장소로서의 성전을 회복시키는 것에 대해 관심이 있다(겔 40-48장). 특별히, 에스겔 22:26은 제사장 전통을 지배하는 거룩함의 쟁점들에 몰두하고 있다는 암시로 다루어질 수 있다(또한, 겔 36:22-32; 학 2:10-14를 보라).

> 그 제사장들은 내 율법을 범하였으며 나의 성물을 더럽혔으며 거룩함과 속된 것을 구별하지 아니하였으며 부정함과 정한 것을 사람이 구별하게 하지 아니하였으

며 그의 눈을 가리어 나의 안식일을 보지 아니하였으므로 내가 그들 가운데에서 더럽힘을 받았느니라(겔 22:26).

둘째, 제사장 전통은 신앙에 관한 신약성서의 공식화를 위한 맥락이다. 특별히, 히브리서 7-10장에서 예수의 중요성은 제사장 전통의 범주들 내에서 완전히 공식화된다. 확실히, 히브리인들에게 보내진 이 편지는 예수의 사역이 고대 이스라엘의 제사장 전통의 주장들을 "대체했다고" 주장한다.

동시에 예수에 대한 이러한 제사장적 관용구의 주장들은, 만약 그것들이 그러한 제사장 전통과 그 범주들에 의해 알려지지 않는다면, 전혀 의미가 없게 된다. 따라서 제사장 전통을 무시하게 되면, 우리는 교회가 "그리스도의 사역"에 관한 주요 공식들 중 하나를 도출했던 이 문헌에 있는 예수에 대한 주장의 깊이와 능력을 인식하지 못하게 될 것이다.

보다 일반적으로, "피로 인해 구원받음"에 관한 기독교 수사학은 제사장들의 이미지와 상징적 세계에 의존한다. 이러한 제사장적 전통은 기독교 전통에 결정적 방식으로 기여한다. 게다가 21세기 초의 척박하고 기술적인 세계에서 성례전적 유지에 대한 필요성은 우리가 이 강력하고 회복력 있는 제사장 전통의 의도와 주장을 이해하도록 돕는다.

만약 우리가 이 기이한 전통을 그것의 유배 시기로부터, 이 믿을 만한 상상의 행동에 적대적이거나 무관심한 세계 속에서 우리 자신에게 다가올 유배의 시기로 전용(轉用)한다면, 아마도 우리는 그것을 우리 자신의 것으로 주장할 수 있을 것이다.

참고 문헌

Blenkinsopp, Joseph. *Prophecy and Canon: A Contribution to the Study of Jewish Origins* (Notre Dame, Ind.: University of Notre Dame Press, 1977).

Crüsemann, Frank. *The Torah: Theology and Social History of Old Testament Law* (Edinburgh: T & T Clark, 1996), 277-327.

Douglas, Mary. "Justice as the Corner stone: An Interpretation of Leviticus 18-20." *Interpretation* 53 (1999): 341-350.

Douglas, Mary. *Purity and Danger: An Analysis of the Concepts of Pollution and Taboo* (Boston: Ark Paperbacks, 1984), 41-57.

Haran, Menahem. *Temples and Temple Service in Ancient Israel* (Oxford: Oxford University Press, 1978).

Kearney, Peter J. "The P Redaction of Exod. 25-40." *ZAW* 89 (1977): 375-387.

Knohl, Israel. *The Sanctuary of Silence: The Priestly Torah and the Holiness School* (Minneapolis: Fortress Press, 1995).

Lohfink, Norbert. *Theology of the Pentateuch: Themes of the Priestly Narrative and Deuteronomy* (Minneapolis: Fortress press, 1994).

Milgrom, Jacob. *Leviticus 1-16* (Anchor Commentaries 3; New York: Doubleday, 1991).

Milgrom, Jacob. *Studies in Levitical Terminology* (Berkeley: University of California Press, 1970).

von Rad, Gerhard. *Old Testament Theology*, vol. 1 (San Francisco: Harper and Row, 1962), 77-84, 232-279.

78. 조상들
The Ancestors

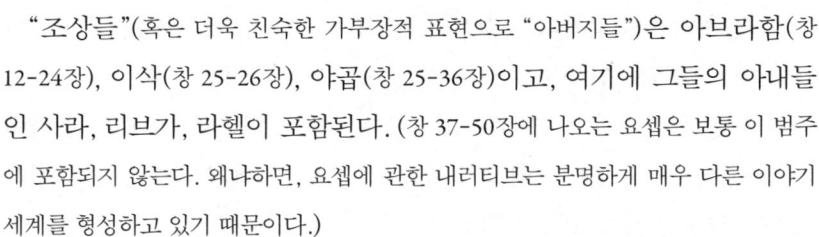

"조상들"(혹은 더욱 친숙한 가부장적 표현으로 "아버지들")은 아브라함(창 12-24장), 이삭(창 25-26장), 야곱(창 25-36장)이고, 여기에 그들의 아내들인 사라, 리브가, 라헬이 포함된다. (창 37-50장에 나오는 요셉은 보통 이 범주에 포함되지 않는다. 왜냐하면, 요셉에 관한 내러티브는 분명하게 매우 다른 이야기 세계를 형성하고 있기 때문이다.)

창세기에 나오는 조상 내러티브들의 역사성에 관한 질문들은 해결하기 대단히 어렵다. 그래서 결국에는 해결점이 없다. 역사고고학 연구의 옹호론자들은 쉽게 말해 조상들이 기원전 2천 년대에 살았다고 주장한다. 그러나 이러한 근거는 논란을 불러일으키고 대단히 회의적인 것으로 널리 인정된다.

그렇지만 확실히 이러한 내러티브의 인물들은 민간전설의 기억 속에 간직되어 있다. 내러티브 자료 자체의 배후를 넘어 복구 가능한 사실성에 접근하는 일은 현재의 역량으로는 불가능하다. 게다가 본문 전승의 형성 과정조차 모호하다. 현재로서는 그 어떠한 학문적인 의견 일치도 존재하지 않는다.

내러티브 자료 자체를 토대로 하여, 우리는 "조상들" 사이에 나타나는 몇몇 차이점을 찾을 수 있고, 또한 각각의 인물이 지닌 독특성에 주목해 볼 수 있다. 세 사람(아브라함, 이삭, 야곱, 역자 주) 중에 이삭은 가장 적게 보도되고 가장 불분명하게 기술된다(창 25-27장). 아브라함과 야곱은 서로 다른 지역에서 발견되고, 서로 다른 성소들을 중심으로 돌아다녔는데, 이는 아마도 조상 내러티브 기억들을 형성했고 보존했던 서로 다른 공동체들의 정체성을 반영하는 듯하다. 아브라함은 남쪽에, 특별히 헤브론에 있는 성소에 바탕을 두는 반면(창 13:18), 야곱은 북쪽과 벧엘에 있는 성소에 기초하고 있다(창 28:10-22). 뚜렷하게 구별되는 남쪽과 북쪽의 공동체들은 자신들의 내러티브를 보존했다.

그것 외에, 가장 우선적으로 아브라함은 하나님의 약속과 신앙에 관한 쟁점들을 주로 다루는 반면, 야곱은 훨씬 더 논쟁적이고 형제 에서와 그의 삼촌 라반과 계속되는 갈등 가운데 있다. 야곱이 끊임없이 몰두하는 것은 하나님의 축복과 물질적인 웰빙(well-being)을 보증하는 하나님의 능력이다. 각각의 인물들은 서로 다른 방식으로 그들의 미래를 보장받기 위한 투쟁에 참여한다. 그리고 그러한 투쟁은 갈등과 속임에 관한 일련의 가족 에피소드들을 통해 전달되는데, 이는 각 세대 간 가정을 뚜렷하게 역기능적인 것으로 표시한다.

그렇긴 하더라도, 내러티브들의 신학적 취지에 관한 문제들이 제기될 때, 각 조상에 관한 두드러진 내러티브 특징을 간과하는 것은 가능하다. 이를 통해 시간이 지남에 따라 구성된 기억의 총합이 이 세대 간 가정을 이스라엘의 약속 신앙의 고유하고 결정적인 전달자로 간주하고 있음을 볼 수 있게 된다. 조상들의 각 세대에서 하나님은 이 가족이 그들 각각의 새로운 세대에게 하나님이 엄숙히 맹세하신 "약속의 땅"을 받을 때까지 존속하게 될 것이라는 약속을 제공하고 반복한다.

첫째, 각 세대마다 하나님이 새로운 세대를 확실히 보장하겠다고 하는 약속이 선언된다[**약속**을 보라]. 하나님의 약속은 이스라엘 편에서 맺는 언약적 동의나 조건에 기초를 두고 있지 않다. 이 약속은 하나님이 값없이 주시는, 갚아야 할 의무가 없는 하나님의 선물이다.

둘째, 한 세대로부터 다음 세대로까지 약속을 유지하는 것은 당연히 미래를 위해서 가족의 신뢰를 받는 상속자가 있어야 한다는 것이 전제되어야 한다. 이 가부장적 체제에서는 아들이 상속자가 된다. 각 세대에서, 상속자를 낳을 장래의 어머니(사라[창 11:30], 리브가[창 25:21], 라헬[창 30:1])가 연속해서 불임이며 상속자인 아들을 얻을 가능성이 없다는 사실에 의해서 내러티브의 주된 줄거리는 한없이 복잡해진다. 따라서 미래에 대한 약속은 반복해서 큰 위기를 맞는다.

셋째, 그러나 각 세대의 조상들은 심지어 이 약속이 무효로 보이는 상황에 직면해서도 하나님의 능력을 믿는다. 성서는 약속에 대한 신뢰를 "믿음"으로 이해한다. 이는 인간의 신뢰가 하나님의 약속에 대한 적절한 반응이기 때문이다.

특별히 창세기 15:6("아브람이 여호와를 믿으니[신뢰하니] ⋯ 여호와께서 이를 그의 의로 여기시고")은 성서신학에서 하나의 주요한 모티프가 된다. 은혜의 신학에 대한 자신의 중요한 설명에서, 바울은 창세기 15:6을 예수 그리스도 안에서 가시화되기 이전에 시작된 하나님의 복음에 관한 진술로서 인용한다(갈 3:6).

마르틴 루터(Martin Luther)의 개념에 따르면, 아브라함은 하나님의 약속에 대한 그의 신뢰(=믿음) 때문에 "의롭다고 칭함을 받는다"(의로운 혹은 결백한 자로 여겨진다). 따라서 창세기 15:6은 루터가 종교개혁 사상을 설명하는 데 하나의 핵심적 말씀이 되었다. 약속과 신뢰의 접점(interface)은 창세기의 더 광범위한 내러티브에서 선명하게 된다. 그러나 창세기 내러티브의 말미에 이르기까지 땅에 관한 약속은 여전히 성취를 기다린다.

넷째, 비록 창세기 내러티브가 이스라엘의 미래에 초점을 맞추고 있기는 하지만, 그 내러티브는 이스라엘이 다른 민족에게 복이 되게 하려고 하나님이 이스라엘과 약속을 맺는다는 점을 규칙적으로 확인한다(참조. 창 12:2; 18:18; 22:18; 26:4; 28:14). 따라서 약속에 관한 내러티브는 이스라엘 민족을 자기 자신들의 웰빙을 넘어 창세기 3-11장의 "저주 아래" 있는 것으로 보이는 백성들을 보호하는 지평까지 이르도록 밀어붙인다. 바울은 이스라엘이 자신의 삶을 넘어서도록 밀어붙이는 이 약속에 관한 내러티브를 "미리 알고 먼저 전한 복음"(the gospel beforehand)으로 여긴다(갈 3:8).

이 조상 내러티브는 다음에 나오는 다섯 가지 방식으로 인해 성서 신앙에서 독특하고 결정적 위치를 차지한다.

첫째, 조상에 관한 이 전통은 그 기원과 전승에서, 아마도 모세 전통 혹은 시내산의 요구들과 어떠한 방식으로도 밀접하게 연관되지 않을 것이다. 어떤 의미에서 조상 전통은 이스라엘의 언약이 지닌 독특한 강조점들과는 분명히 다르다. 확실히 언약의 개념이 이 내러티브에서 나타나기는 한다(참조. 창 15:18; 17:2-21).

그러나 시내산 언약과 달리, 여기에서 언약은 땅에 대한 최고 통치자가 자유롭게 자신의 마음에 드는 대상에게 땅을 배정하는 언약일 가능성이 훨씬 더 높다(삼하 9:9-10에 나타나는 관습을 참조하라). 이러한 언약 이행은 다소간 쌍무적(bilateral) 시내산 언약과는 상당히 대조적이다.

둘째, 개별 조상들에 관한 아주 상이한 전통은 상당히 다른 신학적 어조를 가지고 있다. 단편적 기억들을 모으고 그것들을 하나의 통일성을 지닌 전통으로 만들었던 후대의 편집 작업이 있기 이전에, 약속의 하나님이 모세의 하나님인 야웨와 동일시되었다는 것은 불명확하다. "약속의 하나님"은 아마도 포괄적인 신학적 공식화에 관한 관심 속에서 이스라엘의 전통들에 통합되었던 신앙보다는 앞선 그 이전의 주제였을 것이다.

어떠한 경우든, 조상들의 하나님은 무조건적이고 미래까지 유효하게 지속하는 약속을 맺는 분으로 기억된다. 하나님으로부터 조상들에게 주어진 이러한 약속들은 현대의 시온주의(Zionism)에서 표현된 땅 신학의 기초를 이룬다. 이 시온주의 신학은 현재 이스라엘의 땅을 다가올 모든 시대의 유대인들에게 주시기 위해 하나님이 의도적으로 철저하게 세운 곳으로 본다.

셋째, 고대 이스라엘의 왕조 시대 동안에, 시내산 언약과 그것의 명령들과 그것의 제재들에 최고 우선순위를 두고 호소하는 예언자의 목소리들은 성서 자료들에서 지배적으로 나타난다. 결과적으로 조상들에게 주어진 약속은 이러한 예언문학에서 눈에 띄게 침묵한다. 대조적으로, 이스라엘이 약속의 땅에 대한 통제를 상실하고 그 땅으로부터의 추방에 직면해야만 했던 기원전 6세기의 예언문학에서 "약속된 땅"에 관한 앞선 기억들은 다시금 중요한 작용을 하게 된다(사 41:8; 51:2).

이러한 상황에서 그 약속들은 땅을 잃고 추방된 유대인들에게 땅에 대한 오래된 희망들이 여전히 강력하게 작용하고 믿을 만한 것이라는 사실을 보장해 주는 기능을 한다. 더욱 이후의 기원전 6세기 공동체를 위한 고대의 약속들에 관한 재표현은 후대가 새로운 위기 상황에 직면했을 때 오랜 전통들이 그들에게 신선한 신학적 원천으로서 기능하도록 하는 하나의 주요한 예시다. 하나님이 미래를 위해 오래전에 약속했던 것은 후대 시기에서도 확실한 미래로서 여전히 신뢰될 수 있다.

넷째, 기독교 전통에서 조상들에 관한 언급은 또한 희망의 기반으로서 기능한다. 예를 들면, 누가복음에서 마리아의 혁명적 희망 찬가는 "아브라함과 그의 자손에게" 호소한다(눅 1:55). 누가의 전통에서 예수는 궁핍하고 사회적으로 소외된 자들을 아브라함 약속의 범주에 포함한다(눅 13:16; 19:9). 바울의 "은혜신학"에서 아브라함과 사라는 정확하게 그들이 그 약속을 믿었기 때문에 하나님과 함께할 "자격을 갖춘" 신앙의 모델로서 다루어진다(롬 4:1-25; 갈 3:6-18; 4:21-5:1). 이에 더하여 히브리서 11:8-12, 17-22에서, 조상들은 신앙에 관한 최고의 모범으로 나타난다.

다섯째, 최근 에큐메니컬 신학에서 "아브라함의 신앙"은 세 개의 "책의 민족", 즉 유대인, 기독교인, 무슬림이 공유하고 있는 공통 기준이다. 그들이 가진 서로 아우르기 힘든 모든 차이점에도 불구하고, 이렇게 활발하게 작용하는 신학적 전승들과 그것들에 의존하고 있는 신앙 공동체들은 깊이 공유된 약속들에 뿌리를 내리고 있다.

이러한 고대로부터 공유된 본문 안에서 들리는 이러한 약속들은 매우 적대적이고 파괴적인 차이점에 관한 모든 후대의 발전 배후에 있다. 조상들(특별히 아브라함[그리고 사라])은 성서 신앙의 가장 폭넓은 범위, 하나님의 가장 큰 관용, 그리고 이스라엘과 그것의 몇몇 파생 공동체들의 가장 깊은 믿음을 가리키는 결정적인 지점으로 서 있다.

참고 문헌

Buechner, Frederick. *Son of Laughter* (San Francisco: Harper, 1993).

Clines, David J. *The Theme of the Pentateuch* (JSOTSup 10; Sheffield: JSOT Press, 1978).

Moberly, R. W. L. *The Old Testament of the Old Testament: Patriarchal Narratives and Mosaic Yahwism* (OBT; Minneapolis: Fortress Press, 1992).

Thompson, Thomas L. *The Historicity of the Patriarchal Narratives: The Quest for the Historical Abraham* (Berlin: Walter de Gruyter, 1974).

Van Seters, John. *Abraham in History and Tradition* (New Haven: Yale University Press, 1975).

Weinfeld, Moshe. "The Covenant of Grant in the Old Testament and in the Ancient Near East." *Journal of the American Oriental Society* 90 (1970): 184-203.

Westermann, Claus. *The Promise to the Fathers: Studies on the Patriarchal Narratives* (Philadelphia: Fortress Press, 1980).

79. 죄
Sin

구약성서 신앙은 하나님에 관한 만연한 확신에 상응하는 죄에 관한 넓고 깊은 개념을 갖고 있지만, 하나님에 관한 그러한 확신은 죄에 관한 어떤 생각보다 선행한다. 자신의 모든 피조물과 함께 그리고 그들을 위해, 웰빙의 세상을 창조하고 통치하고 좋아하는 하나님은 죄의 맥락을 형성한다. 즉, 죄는 창조주 하나님이 의도한 웰빙의 세상을 위한 하나님의 의지를 위반하는 것이다.

구약성서에서 죄에 대한 어휘는 세 개의 용어에 초점을 맞추지만, 다른 용례들 또한 존재한다.

첫째, 결핍, 실패 혹은 실수로서의 죄(*ḥṭ'*, 하타)
둘째, 반항과 반역으로서의 죄(*pš'*, 파샤아)
셋째, 도덕적 위반으로서의 죄(*'wn*, 아온)

각 용어는 뚜렷한 근원을 갖고 있다. 그러나 실용적 목적에서, 그것들은 출애굽기 34:7에서처럼 동의어로 다루어질 수 있다. 거기에서 그것들은 순차적으로 언급된다.

> … 악(아온)과 과실(파샤아)과 죄(하타)를 용서하리라 그러나 벌(나카)을 면제하지는 아니하고 아버지의 악행(아온)을 자손 삼사 대까지 보응하리라 (출 34:7).

각각의 용어는 자신의 특별한 뉘앙스를 보유할 수 있지만, 일반적으로 모든 용어는 인간이 하나님과의 적절한 관계를 파괴하는 것과 관련이 있다. (지혜의 가르침에서, "어리석음"은 잠언 10:21; 12:15-16; 13:19-20에서처럼, 회피될 수 없는 창조 질서를 존중하지 않은 것에 대한 실패, 즉 그 행위들이 타협 불가능한 창조 질서와 충돌하기 때문에 심각한 결과들을 초래하는 실패를 가리키기 위해 사용되는 용어이다.)

구약성서에서, 죄는 철저하게 하나님 중심적이다. 그 전제는 인간은 하나님에 대하여 기뻐하며 순종적 반응으로 살아가는, 하나님에 의해 그리고 하나님을 위해 창조된 하나님의 피조물이라는 것이다. 죄는 의존하고 반응하는 것을 거부함으로써 그러한 피조성(creatureliness)의 적절한 질서를 왜곡하거나 위반하는 것이다. 피조성은 그 안에 죄의 씨앗들을 갖고 있을지도 모른다.

그러나 구약성서는 죄가 피조성의 불가피한 산물이 아니라는 것을 분명히 나타낸다. 기독교의 구약성서 해석에서 피조성과 죄의 전형적 혼동은 교회의 익숙한 재의 수요일(Ash Wednesday)의 공식, 곧 "너는 먼지니 먼지로 돌아갈 것을 기억하라"에 반영되어 있다. "먼지"에 대한 언급은 피조성과 유한성을 인정하는 것이다(시 103:14에서와 같이). 그러나 교회의 사순절 배경에서 이 공식은 종종 "너는 죄인이라는 것을 기억하라"를 의미하는 것으로 받아들여진다.

피조성에 대한 왜곡과 위반은 근본적으로 하나님과의 관계에 대한 왜곡이다. 즉, 기쁨의 찬양, 감사, 그리고 순종의 관계에 있기를 거부하는 것이다. 구약성서에서 그러한 관계는 토라의 계명들, 가장 핵심적으로는 십계명에 의해서 적절하게 정돈되고 인도된다. 따라서 죄는 토라 지침들에 대한 위반으로 귀속되고, 이는 율법의 종교 혹은 규율의 종교라는 구약성서에 대한 기독교적 고정관념과 왜곡을 허용했다.

사실상 여러 계명은 관계에 대한 표현들이다. 따라서 시내산의 하나님 계명과 창조주 하나님에 의해 제공된 관계 사이에는 어떠한 쐐기도 박힐 수 없다. 계명 위반은 창조주에 대한 관계, 그리고 피조물을 위한 창조주의 뜻과의 관계를 무너뜨리는 무질서이다.

전반적 개요에서, 토라의 계명들은 두 가지 관심사를 중심으로 군집을 이루지만, 매우 다양한 세부사항이 그러한 관심사들의 형태를 산출하는 데 나타났다. 한편으로, 창조주 하나님과의 관계는 거룩함(정결함, 깨끗함)에 대한 관심사를 불러일으킨다.

> 너희는 거룩하라 이는 나 주 너희의 하나님이 거룩함이니라(레 19:2).

다른 한편으로, 토라 계명들은 정치적, 경제적 측면에서 사회 정의의 실천에 관심이 있다. 그래서 "하나님 사랑"은 불가피하게 이웃, 특별히 빈곤한 자 혹은 궁핍한 자들에 관한 관심을 요구한다(잠 17:5; 막 12:28-31을 보라). 이 후자의 궤적에서, 이웃에 대한 죄(이웃과의 상호 의존 및 연대의 위반)는 창조주 하나님과의 관계를 위반하는 것이다.

구약성서에서, 죄는 심각한 일이고, 심각하고 실제적이고 식별 가능한 결과들을 낳는다. 하나님과의 언약적 존재의 기초는 순종의 삶이 웰빙으로 이어지고, 불순종은 고난과 죽음으로 이어진다는 전제이다(신 30:15-20을 보라). 이는 성서적, 언약적 윤리에 대한 의심의 여지 없는 가정이다. 대부분의 경우 위법행위의 결과들은 위반의 과정에서 자체적으로 발생되지, 특징적으로 창조주 하나님의 진노 혹은 격노를 수반하지는 않는다. 변덕스러운 피조물의 행동은 자체적으로 제재를 가하는 경향이 있다.

그러나 인간 행동에 대한 도덕적 일관성과 도덕적 중요성을 보장하는 이 핵심적 신념은 동시에 끝없이 문제를 지닌다. 욥의 시가 주장하는 것과 같이, 인간의 살아 있는 경험은 그러한 단순한 인과관계(cause-and-effect)의 도덕적 계산 안에 포함되어 있지 않고, 그것에 의해 설명되지도 않는다. 실제로 린트슈트룀(Lindström, 1994)은 고난과 고통을 표현하는 많은 시편이 죄 혹은 죄책감을 인정하지 않는다는 것(실제로 어떠한 암시조차 하지 않는다는 것)을 보여 주었다. 따라서 비록 진지하게 다루어지기는 하지만, 죄는 모든 고난에 대한 위대한 도덕적 설명으로서 기능하지 않고, 기능할 수도 없다.

그러므로 죄는 인간 성격의 결정적 표시도 아니고, 하나님과 함께하는 삶의 결정적 특징도 아니다. 그러나 죄는 여전히 고백되고 시인되어야 한다. 시편 51편은 죄를 고백하고 용서를 구하는 시로 잘 알려져 있다. 시편 32편은 죄를 부인함(denied sin)이 장애를, 심지어 신체적 증상까지 유발한다는 것을 기민하게, 의도적으로 관찰한다(3-4절). 그러나 죄를 고백함(acknowledged sin)은 용서와 삶의 회복을 허용한다(5절).

비록 죄를 진지하게 다루고 있기는 하지만, 이스라엘은 하나님의 수용과 관용의 실재가 죄를 초월하여 훨씬 더 풍부하다는 것, 따라서 죄는 기껏해야 끝에서 두 번째이고 결국 신학적으로 중요하지 않거나 혹은 흥미롭지 않다는 것을 알고 있다. 정확하게, 구약성서에서 죄가 신 중심적(하나님의 실재에 초점을 맞춘)이기 때문에, 하나님은 죄가 피조물의 세상에서 어떠한 결정적 실재가 되지 않도록 지키는 존재이다.

죄를 효과적으로 다룰 수 있는 하나님의 능력은 구약성서에서 잘 알려진 확신이다. 한편으로, 하나님은 주권적 행동에 따라 기꺼이 사면하고 용서할 수 있는 분이라고 전해진다(렘 31:34를 보라). 다른 한편으로, 하나님은 관대하게 여러 제사장적 장치들을 제공했고, 이를 통해 이스라엘의 예배 절차들은 용서와 회복을 위한 구체적이고 사용 가능한 제도적 방법들을 제공한다(레 1-7장에서와 같이).

이스라엘은 용서에 관한 단순한 주장들과 제도적 회복의 형태들 사이에서 어느 하나를 선택하지 않았다. 하나님은 두 가지 모두를 위한 여러 기회를 제공했고, 두 가지 모두 죄책과 소외라는 복잡한 현실들을 해결하기 위해 필수적이다.

기독교적 구약성서 해석의 많은 부분은 창세기 3장과 "원죄"(original sin), 즉 "본질적 죄"(sin in principle)라는 개념에 특권적 영향을 끼쳤다. 창세기 3장에 대한 이러한 해석은 초기 유대교 안에서 출현했고, 바울로부터 아우구스티누스, 그리고 루터에 이르는 기독교의 신학적 궤적 안에서 한층 더욱 발전했다.

그러나 창세기 3장에 대한 주의 깊은 해석은 그러한 불길한 해석을 창출하지 않고, 구약성서 어디에도 하나의 규범적 진술로 표현된 근본적 죄성(sinfulness)에 관한 그러한 개념이 존재하지 않는다. 그러한 독법은 기독교적 자기 이해의 발전을 통해서 만들어진 구약성서에 대한 뒤늦은 희화화(caricature)이다.

본문에 대한 이러한 과도한 해석에서 나온 두 가지 불행한 결과가 여기서 언급될 만한 가치가 있다.

첫째, 서구 기독교의 많은 부분에서, 죄성(sinfulness)과 죄책감(guilt)은 신학적으로 자기 이해를 지배한다.

둘째, 유대인을 율법주의자로 보는 기독교의 고정관념이 본문에 가해졌다.

사실상 죄를 진지하게 고려하면서도, 구약성서는 하나님의 은혜로운 자기 증여(self-giving)를 **더욱**(*more*) 진지하게 다루고, 그것에 더 많은 결정적 중요성을 할당한다. 따라서 시편 기자는 (죄성을 주장하기 위해 자주 인용되는 시편 130편에서) 죄를 표현하고 용서받는 맥락인 하나님의 선한 용서를 기념함으로써 정확하게 반대로 행한다.

> ³ 여호와여
> 주께서 죄악을 지켜보실진대
> 주여
> 누가 서리이까
> ⁴ 그러나 사유하심이 주께 있음은
> 주를 경외하게 하심이니이다 (시 130:3-4).

토라는 토라 공동체의 구성원이 죄의 장애로부터 자유로워지고 "새롭고 의로운 삶"을 잘 살 수 있도록 의도한다.

¹¹ 내가 오늘 네게 명령한 이 명령은 네게 어려운 것도 아니요 먼 것도 아니라 하늘에 있는 것이 아니니 … ¹³ 이것이 바다 밖에 있는 것이 아니니 … ¹⁴ 오직 그 말씀이 네게 매우 가까워서 네 입에 있으며 네 마음에 있은즉 네가 이를 행할 수 있느니라 (신 30:11-14).

참고 문헌

Barth, Karl. *Church Dogmatics* IV/1 *The Doctrine of Reconciliation* (Edinburgh: T. & T. Clark, 1956), 423-432, 437-445, 453-458, 468-478.

Koch, Klaus. "Is There a Doctrine of Retribution in the Old Testament?" in *Theodicy in the Old Testament,* ed. James L. Crenshaw (Philadelphia: Fortress Press, 1983), 57-87.

Linsdtröm, Fredrik. *God and the Origin of Evil: A Contextual Analysis of Alleged Monistic Evidence in the Old Testament* (Lund: Almqvist & Wiksell International, 1983).

Linsdtröm, Fredrik. *Suffering and Sin: Interpretations of Illness in the Individual Complaint Psalms* (Lund: Almqvist & Wiksell International, 1994).

Miller, Patrick D. Jr. *Sin and Judgment in the Prophets: A Stylistic and Theological Analysis* (Chico, Calif.: Scholars Press, 1982).

Stendahl, Krister. "The Apostle Paul and the Introspective Conscience of the West." in *Paul among Jews and Gentiles* (Philadelphia: Fortress Press, 1976), 78-96.

80. 죽음
Death

고대 이스라엘에서 죽음은 부인할 수 없고 부정할 수 없는 현실이자 다양한 해석을 야기했던 심오한 신비였다. 상식적 관점(이스라엘의 수많은 경험을 포함했음이 틀림없는)에서 죽음은 불가피한, "자연적" 삶의 실재이며, 모든 살아 있는 실재가 속한 종착지이다.

신학적 관점으로부터 이 실재를 이해하기 위해서는, 우리는 이스라엘(그리고 일반적으로 고대 근동) 안에 전제된 인간의 특성에 관한 기본적 개념을 이해해야만 한다. 인간은 **육체**(*basar*, 바사르) 또는 **"먼지"**(*aphar*, 아파르, 땅의 재료)로 이루어져 있는데, 이것은 오직 하나님의 **숨**(바람, 영; *ruah*, 루아흐)이 육체에 불어 넣어질 때 비로소 생동감 있게 되고 활력을 얻는다. 육체는 스스로 활력을 가질 수 없고, 하나님이 육체에 숨을 불어넣을 때까지 활동이 멈춰 있고 수동적 상태로 있게 된다(참조. 창 2:7).

숨이 육체에 불어 넣어지면, 인간 유기체가 일어나게 된다. 네페쉬(*nephesh*)는 살아 있는 존재(a living human being)로 우리가 전통적으로, 그리고 상당히 부정확하게 "영혼"(soul)으로 번역하는 용어인데, "영혼"이라는 용어는 이원론의 한 부분이 아니라, 전체 유기체로서 이해될 때에만 적절하다(참조. 시 103:1-2).

이러한 인간 생리학의 개념은 상식적인 것이다. 왜냐하면, 숨이 떠나가면 유기체가 죽는다는 것을 누구나 알 수 있기 때문이다. 게다가 이 숨은 항상 인간의 생명이 의존하고 있는 하나의 선물이다. 이것은 "붙잡히거나" 소유될 수 없다. 따라서 인간의 생명은 매일, 매 순간 생명을 제공하는 창조주 하나님의 관용과 배려에 의존하고 있다. 그를 떠난 생명은 불가능하다.

인간의 생명에 관한 이러한 특성은 중요하다. 왜냐하면, 그것은 불멸의 영혼이라는 대중적인 종교적 관념과 완전히 반대되기 때문이다. 여기서 불멸의 영혼이란 죽음 속에서도 계속해서 살아 있고, 하나님으로부터 동떨어진 자아의 자립적 속성을 말한다.

신학적으로, 이스라엘은 인간의 생명이 그것을 제공하는 하나님에게서 왔고 하나님을 향해 나아간다고 이해한다. 이러한 구약성서의 이해 안에서, 자아는 그 자신의 항구적 속성들을 가진 것이 아니라, 궁극적이고 완전한 의존성에 의하여 표시된다.

삶의 일반적 과정에서, 이스라엘은 인간이 기껏해야 "칠십 년 혹은 아마도 팔십 년"(시 90:10)을 살며, 기한이 다 찬 이후에, 숨이 떠나고 사람이 죽는다는 것을 관찰하고 확증했다. 인간은 "그의 백성(혹은 '열조', 역자 주)에게로 돌아간다"(창 49:33), 혹은 땅의 중심에 있는 구분되지 않는 회색지대인 "스올에 내려간다"(참조. 시 139:8)고 표현될 수 있다.

따라서 구약성서는 일반적인 인간의 수명이 차단되지 않고, 생명이 하나님의 통치에 지배받고 복종하는 좋은 죽음에 대해 알고 있다(참조. 창 25:7-11; 49:29-33). 어떠한 표현 안에서도 그러한 운명은 심판 혹은 위협으로 표시되지 않는다. 죽은 자들의 장소는 죽은 사람이 기억될 수도 있는 미래로 무한히 뻗어 있는 비존재(non-being)의 장소일 뿐이다. 그러나 그곳에는, 말하자면, 어떠한 미래도 존재하지 않는다.

특징적으로 구약성서는 죽음을 종결로 간주하고, 본문을 만든 자들은 그것을 초월하여 접근할 수 없다. 물론 이스라엘의 생각은 달랐다. 그러한 대중적인 종교적 영향의 흔적들은 본문 안에서 뚜렷하다(참조. 삼상 28:3-25; 사 8:17-22).

이렇게 추정되고 비판할 수 없는 생리학을 고려할 때, 우리는 두 가지 중요한 인식을 언급할 수 있다.

첫째, "생명"과 "죽음"은 단순히 한 인간의 절대적 최종 상태들이 아니라, 강함과 약함이라는 영역의 양극단이다. 인간이 어떤 방식으로든(질병 혹은 굶주림 혹은 사회적 고립 때문에) 약해질 때, 그는 "죽어 가고 있다"고 말해질 수 있다. 역으로 인간이 강해질 때(치유 혹은 음식 혹은 사회적 지지 때문에) 그는 "생명을 부여받거나" 혹은 "생명을 회복한다."

둘째, 죽은 자들이 그들의 조상들과 함께 자거나 혹은 스올에 머무를 때, 그 죽음은 영원할 수 있다. 한 개인의 새로운 생명에 대한 희망은, 그것이 구약성서에서 나타나는 것과 같이, 창조주 하나님의 의지와 주권에 완전히 의존한다. 그는 죽은 자에게 호흡을 제공하고, 따라서 "새로운 생명으로 일으킬 수 있다." 죽은 자들은 그 자신 안에 새로운 생명을 위한 힘을 갖고 있지 않다. 대신에 그들은 하나님의 개입에 의존한다. 죽은 자에게는 남은 힘이 거의 없으므로 활력적 첫 행동인 하나님을 찬양할 수 없다(참조. 시 30:9; 88:10-12; 사 38:16-19).

우리는 에스겔 37:1-14에서 이러한 사고방식이 포로 상태에 있는 희망 없는 이스라엘에 대한 비유 안에 사용되고 있는 것을 볼 수 있다. 오직 구약성서의 가장자리에서만(이사야 25:6-9와 26:19에서 그리고 다니엘 12:2에서) 새로운 생명으로의 부활에 대한 전망이 표명된다. 인간의 인격성에 관한 이러한 이해는 "영적 몸"(spiritual bodies)이라는 바울의 공식으로 이어진다. 왜냐하면, 진정한 유대인이었던 바울은 육체적 형태 외에 하나님이 제공한 새로운 생명을 상상할 수 없었기 때문이다(고전 15:42-49). 게다가 사도신경 안에서, 교회는 "몸의 부활"에 관한 약속을 주장하는데, 이는 인간에 대한 동일한 이해에 호소한다.

위에서 말한 생명과 죽음에 관한 상식적인 통찰은 그 주제에 관한 수많은 구약성서의 사상을 지배한다. 그러나 보다 극적인 수사법이 등장하는데, 거기에서 "죽음"은 잘 살아온 삶의 일반적 종결이 아니라, 아직 완전히 살지 못한 삶의 환영받지 못하는 또는 시기상조의 중단이다.

첫째, 야웨 통치의 격렬한 법 제정 표현에서, 구약성서는 야웨가 여러 계명을 위반하는 반항자들을 죽음으로 처벌할 것이라는 생각을 품는다.

그들은 언약에 대한 부정적 제재사항들로 기능하는 여러 저주를 자신들에게로 가져온다. 따라서 신명기 28장과 레위기 26장의 언약 저주들은 기근, 전쟁, 전염병, 그리고 가뭄을 불순종한 자들을 심판하고 파괴하기 위하여 창조주가 제정한 제재사항들로 규정한다. 여기에 있는 하나님의 폭력적 행동은 통치 질서의 유지에 적합한 것으로 합리화될 수 있다. 그런데도 야웨의 가혹한 개입은 생명을 주는 하나님이 죽이는 행동을 하도록 야기한다.

여러 예언적 심판들은 냉혹한 수사법을 통해 이스라엘을 향한 하나님의 의도를 선포한다. 이러한 여러 신적 위협에 관한 언어는 광범위하고 극단적이다. 그리고 위에서 논의된 죽음에 대한 상식적 실재와 동일한 실질적, 직접적 단계 위에 있지 않다. 그런데도 신적 심판으로서의 죽음에 관한 이러한 수사법은 죽음이 언약의 범위 밖에 있는 자들에게, 그래서 결과적으로 생명의 하나님으로부터 가혹한 심판을 받는 자들에게 닥친다는 확신을 이스라엘의 지평으로 가져온다.

그는 오직 신적 통치와 관련하여서만 생명을 제공한다. 구약성서가 인간의 실재를 공동체적으로 생각하기 때문에, 죽음이라는 야웨의 가혹한 심판은 개인뿐만 아니라, 전체 공동체 혹은 국가에도 임한다(참조. 겔 37:1-14).

이러한 주장의 또 다른 버전은 지혜문학에서 발견된다. 거기에서 어리석음은 죽음, 즉 삶의 축소와 종료로 이어진다(참조. 잠 8:35-36). 이 주제에 관한 지혜적 표현은 야웨의 직접적이고 뚜렷한 개입을 암시하지 않는다. 오히려 위협은 삶과 그것을 선택하는 과정 안에서 일어난다. 그러한 이유로 신적 제재들은 덜 분명하거나 불가피하거나 또는 불길하지 않다. 잠언에 나타나는 지혜는 생명의 궁극적 희생 없이는 침해될 수 없는 질서 정연한 창조를 증언한다.

둘째, 이스라엘의 극단적 수사법은 야웨와 삶에 대한 야웨의 의지를 반대하는, 생명에 대항하는 힘이 창조 내에 존재한다는 관념을 품고 있다. 더욱 오래된 가나안 신화들로부터 취해진 신 **모트**(*Mot*)는 인간의 삶을 약화하고 파괴하기를 추구한다. **모트**(*Môt*)는 "죽음"을 나타내는 히브리어 단어다. 따라서 이 신은 죽음이라고 불린다. 야웨의 이 큰 대적은 시편에서 종종 언급된다.

> ⁴ 사망의 줄이 나를 얽고
> 불의의 창수가 나를 두렵게 하였으며
> ⁵ 스올의 줄이 나를 두르고
> 사망의 올무가 내게 이르렀도다(시 18:4-5).

> 그들의 영혼을 사망에서 건지시며
> 그들이 굶주릴 때에 그들을 살리시는도다(시 33:19).

> 그들은 양 같이 스올에 두기로 작정되었으니
> 사망이 그들의 목자일 것이라
> 정직한 자들이 아침에 그들을 다스리리니
> 그들의 아름다움은 소멸하고
> 스올이 그들의 거처가 되리라(시 49:14).

> 사망이 갑자기 그들에게 임하여
> 산 채로 스올에 내려갈지어다
> 이는 악독이 그들의 거처에 있고
> 그들 가운데에 있음이로다(시 55:15).

> 주께서 내 생명을 사망에서 건지셨음이라
> 주께서 나로 하나님 앞, 생명의 빛에 다니게 하시려고
> 실족하지 아니하게 하지 아니하셨나이까(시 56:13).

구약성서에서 죽음은 때때로 맹렬하고 공격적 힘으로 묘사되고, 그 힘 앞에서 인간 화자(speaker)는 무력하고 아무런 도움도 받을 수 없다(참조. 전 12:1-8). 이러한 경우들에서, 이스라엘의 기도는 화자를 대신하여 죽음의 세력에 대항하여 야웨를 동원하도록 설계된다. 왜냐하면, 야웨가 죽음의 세력보다 더 강하다는 사실은 의심의 여지가 없기 때문이다. 호세아 13:14(이는 고전 15:54-55에서 인용된다)에서, 야웨의 구원받은 자들은 죽음을 비웃고, 야웨가 승리하였을 때 그것의 실패한 힘을 조롱한다.

확실히 구약성서는 죽음과 관련된 몇 가지 흥미로운 심리적 질문들을 포함한다. 우리의 목적들과 관련하여, 이러한 문제들은 신앙의 문제들로 변화된다. 최종적으로 이스라엘은 죽음의 세력들이 야웨의 신실함 안에 주어진 웰빙을 철회할 수 없다는 것을 확신하면서 자신의 삶을 생명의 하나님인 야웨에게 맡긴다.

구약성서 대부분 죽음 너머에 있는 삶에 관하여 추측하기를 매우 주저한다. 그러나 그것이 그러한 사안들에 대해 말할 때 그 주제는 모든 위협에 직면하여 야웨의 신뢰성, 능력, 그리고 신실함과 결부된다. 따라서 바울은 그가 그러한 위협들에 직면하여 하나님의 적합성(adequacy)을 기념할 때 자신의 유대인 전통에 완전히 충실하다.

[38] 내가 확신하노니 사망이나 생명이나 천사들이나 권세자들이나 현재 일이나 장래 일이나 능력이나 [39] 높음이나 깊음이나 어떤 피조물이라도 우리를 우리 주 그리스도 예수 안에 있는 하나님의 사랑에서 끊을 수 없으리라(롬 8:38-39).

[7] 우리 중에 누구든지 자기를 위하여 사는 자가 없고 자기를 위하여 죽는 자도 없도다 [8] 우리가 살아도 주를 위하여 살고 죽어도 주를 위하여 죽나니 그러므로 사나 죽으나 우리가 주의 것이로다(롬 14:7-8).

어떠한 개인과 공동체도 죽음을 다루거나 이해할 수 있을 만한 충분한 자료를 갖고 있지 않다. 중요한 모든 것과 문제 되는 모든 것은 생명의 하나님에게 맡겨진 삶이다.

> 그는 죽은 자들을 지키고,
> 전적으로 신뢰할 만하고 분노하지 않고,
> 그리고 죽음의 세력들을 패배시킨다.

죽음의 실재에 대한 유일하고, 적절한 해결책은 야웨라는 보다 위대한 실재이다. 죽음의 신비에 대한 이스라엘의 확신에 찬 반응은 생명의 하나님에 대한 보다 위대한 신비이다. 그의 능력과 충실함은 지속적이고 신뢰할 만하다. 충분한 이유로, 죽음의 위협에 대항하는 이스라엘의 궁색한 불평은 특징적으로 생명의 하나님을 향한 기쁘고 열정적인 찬양으로 끝을 맺는다.

참고 문헌

Johnson, Aubrey R. *The Vitality of the Individual in the Thought of Ancient Israel* (Cardiff: University of Wales Press, 1949).

Levenson, Jon D. *Creation and the Persistence of Evil: The Jewish Drama of Divine Omnipotence* (Princeton: Princeton University Press, 1994).

Lindström, Fredrik. *Suffering and Sin: Interpretations of Illness in the Individual Complaint Psalms* (Stockholm: Almqvist & Wiksell International, 1994).

Martin-Achard, Robert. *From Death to Life: A Study of the Development of the Doctrine of the Resurrection in the Old Testament* (Edinburgh: Oliver and Boyd, 1960).

Pedersen, Johannes. *Israel: Its Life and Culture*. vols. 1 and 2 (London: Oxford University Press, 1954).

Sr. Bailey, Lloyd R. *Biblical Perspectives on Death* (OBT; Philadelphia: Fortress Press, 1979).

81. 지혜
Wisdom

　구약성서에서 "지혜"는 삶의 특징과 신비에 관한 분별과 성찰에 기초를 두고 있는 축적된 가르침의 모음을 말한다. 이 가르침은 "아래로부터"의 신학적-윤리적 성찰이다. 그것은 하나님의 기적들에 기초를 두고 있으며, 언약으로 표현되는 구원 역사라는 더욱 잘 알려진 전통들에 대한 대안적 전통을 구성하며, 경험에 토대를 두고 있다. 지혜 가르침은 구원의 기적들 혹은 언약적 계명들을 거의 포함하고 있지 않다. 그것은 단지 살아 있는 삶의 선물과 요구들에 대해서 천천히, 꾸준히 숙고할 뿐이다.
　이스라엘에 있는 이러한 지혜 자료들은 비(非)이스라엘의 지혜 가르침과 밀접하게 평행을 이루고, 부분적으로는 다른 곳으로부터 차용되었다. 지혜신학은 대부분 이스라엘 신앙의 원시적 독특성이 결여된, 매우 세련된 진리의 추구를 대표한다. 이러한 가르침들은 이스라엘이 후대에 과학적 성찰이 되고, 물질신학(material theology)이라고 불리게 된 것을 다룬 것과 유사하다. 지혜 자료들은 과학과 종교에 관한 문화 교류들에 있어서 가장 가치 있는 것이다.
　이 가르침은 상식에 기초하고 있고, 고도의 신중한 관심사를 갖고 있다. 즉, 지혜문학은 "무엇이 작동하고 있는지", 어떠한 위험들이 발생할 수 있는지, 어떠한 현실들이 믿을 만한지, 그리고 어디에서 인간의 선택, 인간의 자유, 인간의 책임감이 실행될 수 있는지에 대해 질문한다.
　그러나 이러한 신중함은 단순한 실용주의(pragmatism)가 아니다. 왜냐하면, 가장 실용적인 가르침조차 신학적으로 뿌리내리고 있기 때문이다. 이러한 실용적 접근은 효과적이고, 기쁘고, 안정된 삶을 살 수 있는 유일한 실행 가능한 맥락으로 수용되고 받아들여져야 하는, 거의 숨겨진 하나님의 질서를 받아들이기를 추구한다. 이렇게 숨겨져 있고 신학적으로 인정된 것들을 주장하는 실용적-신학적 관점은 삶이 전적으로 개방되어 있고 고분고분하며, 자신의 기분에 따라 다루어지거나 조작될 수 있다고 믿는 "바보들"의 성향에 맞서기를 추구한다.

부주의하게 혹은 교만하게 그러한 고의적 행동을 하는 이러한 바보들은 특징적으로 자신들에게는 파괴를, 공동체에는 곤경을 가져온다. 왜냐하면, 현실의 숨겨진 형태는 그러한 자율성을 따르지 않을 것이기 때문이다. 따라서 지혜 전통은 웰빙을 위해 공동체의 형태를 보존하려고 애쓰고, 기술이 그 어떤 억제되지 않는 변덕스러움에도 도움이 될 수 있는 문화적 맥락에 매우 밀접한 관련이 있다.

정확하게 이러한 인간의 능력과 독창성에 직면하여 지혜 전통은 절제된 방식으로 과도한 자기 주장에 맞서 하나님이 준 삶의 경계들을 주장한다. 지혜 가르침 안에 표현된 신중함은 하나님의 실재와 하나님의 뜻에 매우 깊이 뿌리 내리고 있다.

더욱 폭넓게 고려해 보면, 지혜 가르침은 창조신학이다. 그것은 창조주 하나님이 선언하고 보장한 현실의 질서로 간주하여야 하는 삶의 규칙들을 파악하려고 시도하는 생생한 경험에 대한 성찰이다. 그러한 규칙들은 매우 특징적으로 "교만이 오면 욕도 오거니와"와 같은 단순하고 흔한 속담으로 표현된다(잠 11:2를 보라).

그러나 단순하게 보이는 그러한 속담은 실제로는 많은 사례에 기초하고 있고, 예술적이며 상상력 풍부한 방식으로 표현된 분별력 있는 결론이다. 그러한 지혜 가르침은 경험에 관한 하나의 보도가 아니라, 새로운 세대가 더욱 오래된 경험에 대한 성찰로부터 등장한 축적된 통찰력을 통해 유익을 얻을 수 있도록 경험을 처리하고 일반화하는 현명하고 노련한 성찰이다.

반복되는 행위와 결과의 패턴들에 관한 식별과 표현은 지혜 교사가 하나님의 세상이 믿을 만하다고 주장하는 것을 허용한다. 그러나 그러한 주장은 계시보다는 경험에 기초하고 있다. 지혜 교사들이 주의를 기울이는 규칙들(주어진 것들, 제한들, 행위와 결과의 관련성, 그리고 규칙들 한가운데서 때때로 발견되는 은혜의 중단)은 자기 파괴적 행위가 없는 지속할 수 있는 공동체, 즉 거의 숨겨진 하나님의 목적에 일치하는 공동체를 가능하게 한다.

따라서 지혜 가르침의 축적된 구전 지식은 젊은이를 위한 사회화의 활동이자 윤리적 양육 및 훈계 프로그램이다. 그것을 넘어서, 지혜 관점들은 또한 구약성서가 과학적 사고에 접근하는 것만큼 밀접하다. 왜냐하면, 지혜 교사들은 인간 삶의 사회적 환경뿐만 아니라 자연적 환경에도 주의를 기울이고, 자연의 규칙들(=창조)을 숙고하기 때문이다.

그러한 가르침의 "본고장"(habitat)에 대한 학문적 일치는 존재하지 않는다. 따라서 그것은 복합적 맥락들을 반영하고 있을 가능성이 매우 크다. 그러한 가르침의 가능성 있는 장소는 다음과 같은 것들이 있다.

- **가족 혹은 씨족**(전형적으로 아버지가 아들에게): 이는 젊은이들을 가족이 승인한 방식으로 양육하는 것에 몰두한다.
- **궁정**(전형적으로 왕이 후계자에게): 이는 통치의 본질과 권력의 가능성과 제한들에 대해 성찰한다.
- **학교**: 이는 권력의 방식으로 엘리트의 자녀들을 양육한다.

이러한 맥락들에 대한 증거는 결정적이지 않다. 그러나 우리는 고대 이스라엘이 공동체를 위해 자신의 젊은이들을 책임감 있는 삶의 내부로 사회화시켰던 다소 공식적인 상황들을 가지고 있었음을 확신할 수 있다.

이러한 몇 가지 가능한 상황에서, 다양한 가르침의 형태가 공식화되었고, 그것들 모두는 특징적으로 분별력 있고 예술적이다. 지혜 가르침 중 몇 가지는 구전적이고 짧은 단위로 존재했음이 틀림없다. 반면 몇몇은 "보다 학문적으로" 보이고, 처음부터 더 확장되어 있고 아마도 문학적이었을 것이다. 어쨌든 시간이 지나면서 지혜 성찰과 교훈의 다양한 제안은 더욱 큰 모음집으로, 확장된 문학적 본체들로, 그리고 결국 "책"으로 성장했다.

구약성서에 있는 지혜서는 잠언, 욥기, 전도서이고, 로마가톨릭의 더욱 광범위한 정경에는 시락서(한글 가톨릭 성서는 "집회서", 역자 주)와 솔로몬의 지혜서가 포함되어 있다.

잠언은 (그뿐만 아니라 시락서도) 검증되고 참된 공동체의 일관성과 질서에 관련된 기본적으로 보수적이고, 관습적인 가르침들의 모음집이다. 이 교훈은 만약 위반할 경우 곤경과 죽음을 초래하는 인간 행동의 경계선들에 대해 특히 경고한다.

욥기는 잠언의 가르침과 같은 가르침을 전제한다(욥의 "친구들" 안에 반영된). 여기에서 경험에 관한 성찰은 선입견을 지닌 도덕성의 여러 유형에 순응할 수 있는 경험을 요구하는 교리적 확신으로 굳어지게 되었다. 따라서 욥기는 새로운 경험으로부터 배울 기회를 차단해 버린 잠언의 결론과 같은 것들에 대항하는 항의문학(a literature of protest)이다.

전도서는 항의(protest)가 아니라 체념(resignation)의 어조로 던져지는 후대의 지혜 가르침이다. 전도서의 기저를 이루고 있는 가르침은 현실이 질서 정연하나, 그것은 감추어져 있고 인간의 지식을 초월한다는 것이다. 따라서 결과적으로 인간이 할 수 있는 최선의 것은 전통적인 행동에 맞추는 것이다.

잠언, 욥기, 전도서의 풍부한 다양성은 지혜 전통이 기껏해야 그 안에서 다양한 해석자가 다양한 교훈적 판단을 제시한 진행 중인 성찰적 대화(an ongoing reflective conversation)였다는 것을 암시한다. 그러한 판단들은 어느 정도 개방되어 있고, 계속되는 경험에 직면하여 변경될 준비가 되어 있었다.

우리는 신약성서에 있는 바리새인들과 예수의 몇몇 논쟁에서 예수가 질서 정연한 삶이 요구하고 허락하는 것에 대한 대화적이고, 심지어 논쟁적인 질문을 계속한다는 것을 볼 수 있다(막 12:13-37에서와 같이).

예수를 복음서 내러티브에서 지혜 교사로 제시하는 전형적 양식은 그의 비유들 안에 나타나는데, 그 비유들은 히브리 잠언들이 내러티브적으로 발전된 것이다. 경험에 대한 그러한 개방성은 특징적으로 지혜 가르침이 절대적 결론이 되지 않게 만드는 경향을 보인다. 그러나 전통이 더 이상 새로운 경험에 대한 식별이 아니라 절대적인 것이 되었던 경우들 또한 인용될 수 있다.

지혜 교훈에 있어서 많은 것은 신중하지만, 그와 함께 특별히 잠언 8:22-31에서 명백하게 나타나는 직접적인 신학적 흐름은 실용적인 것이다. 이 시에서 "지혜"는 한 인격(여성!)으로서 이야기하고, 창조의 과정에서 하나님의 태곳적 동반자라고 언급된다. 이 주목할 만한 가르침은 신학적인 성찰에서 오랫동안 중요했다.

기독교 전통에서, 잠언 8장의 주제는 요한복음 1:1-18에서 "창조의 로고스"(logos of creation)로 보인다. 즉, 창조의 로고스란 기독교 신앙고백에서 나사렛 예수 안에서 구현된, 감추어져 있으나 결정적인 하나님의 창조의 합리성을 말한다. 따라서 예수는 지혜 교사일 뿐만 아니라, 하나님의 창조에 일관성과 가시성을 제공하는 하나님의 지혜 구현이다.

따라서 바울은 잠언 8장의 가르침을 반향하는 방식으로 예수를 "하나님의 지혜"라고 기록할 수 있었다(고전 1-2장). 게다가 교회의 지속적인 철학적 성찰에서, 세상에 편만한 하나님의 임재에 관한 이 지혜-로고스 주제는 삼위일체의 두 번째 위격으로서 표현되는데, 이는 단순히 역사적 예수보다 더욱 넓고 더욱 깊은 신학적 주장이다.

보다 최근에, 잠언 8장의 지혜를 하나님의 창조의 생성적 능력으로 나타내는 이러한 신학적 묘사는 페미니즘 신학적 성찰에서 특별히 중요했다. 왜냐하면, 히브리어에서 "지혜"(hokmah, 호크마)는 여성 명사이고, 따라서 몇몇 학자는 하나님의 피조물로서의 세상이 창조주 하나님을 상연하고(enact) 표현하고 있는 여성성의 원리를 자신의 추진력으로 가지고 있다고 제안했기 때문이다. 전통에서 여성적 인물로서의 지혜가 기독교의 삼위일체 교리의 발전(여기에서 두 번째 위격[아들]은 창조의 로고스[=합리성]이다)에 자원을 제공했다는 것은 전적으로 그럴듯하다.

지혜 전통들은 창조의 신비에 전념한다. 풍부한 문헌 안에서 표현된 이러한 지적, 윤리적, 신학적 헌신은 신학적 성찰을 위한 중요한 자원이다.

첫째, 지혜 전통은 하나님의 세계의 윤리적 실재들이 때때로 계시 안에서 주어진 전통적 계명들과 관련하여 생각되는 것처럼 일차원적이고 고정된 것이 아니라고 주장한다. 윤리는 해독되기를 거부하는 세상에서 완벽하게 고정될 수 없다.

둘째, 정보에 만족하고, 정보를 기술적 능력으로 변화시킴으로써 지식이 힘이라고 선언하는 현대/포스트모던 세상에서, 지혜 전통은 인간 삶의 여러 요구와 가능성이 기술이 제안할 수 있는 것보다 더욱 풍부하고, 더욱 복잡하고, 덜 직접적으로 사용 가능하다고 계속해서 주장한다. 부분적으로 안다는 것은 해독되지 않는 신비에 굴복하는 것을 필요로 한다.

셋째, 지혜 전통은 정보의 모두가 그 속에 다 들어 있지 않고, 따라서 윤리적 판단과 결론들은 끊임없이 잠정적이고 재구성의 여지를 갖고 있다고 증언한다.

서기관들이 채택한 지혜 교사들의 해석적 실천은 유대교(그리고 파생적으로 기독교)에 엄청난 해석적 활력을 주었는데, 이는 삶의 진리가 지속적인 분별력, 신선하고 상상력이 풍부한 표현, 그리고 오래된 합의들에 도전하고 그것들을 거부하는 것에 대한 수용성을 요구하는, 어려운 과제라는 것을 알고 있다. 지혜를 다음 세대에게 전달하는 과정은 제자들을 관찰하는(monitoring) 교육의 모델을 제공한다.

이러한 지평 위에 있는 교육은 자료의 수입이 아니라, 하나님의 창조 질서의 신학적 현실에 뿌리내리고 있는 윤리적 관점 내부로 사회화하는 것이다. 이러한 해석 전통의 역동적 특성은, 하나님이 불가해하지만, 결정적 통치를 유지하고 있는 하나님의 피조물로서의 세상에 가장 잘 어울린다.

참고 문헌

Brown, William P. *Character in Crisis: A Fresh Approach to the Wisdom Literature of the Old Testament* (Grand Rapids: Eerdmans, 1996).

Brown, William P. *The Ethos of the Cosmos: The Genesis of Moral Imagination in the Bible* (Grand Rapids: Eerdmans, 1999).

Crenshaw, James L. *Education in Ancient Israel: Across the Deadening Silence* (New York: Doubleday, 1998).

Crenshaw, James L. *Old Testament Wisdom: An Introduction* (Louisville, Ky.: Westminster John Knox Press, 1998).

Crenshaw, James L. *Urgent Advice and Probing Questions: Collected Writings on Old Testament Wisdom* (Macon, Ga.: Mercer University Press, 1995).

Gutierrez, Gustavo. *On Job: God-Talk and the Suffering of the Innocent* (Maryknoll, N. Y.: Orbis Books, 1987).

Murphy, Roland. *The Tree of Life: An Exploration of Biblical Wisdom Literature* (New York: Doubleday, 1990).

von Rad, Gerhard. *Wisdom in Israel* (Nashville: Abingdon Press, 1972).

Witherington, Ben. *Jesus the Sage: The Pilgrimage of Wisdom* (Minneapolis: Fortress Press, 1994).

Yoder, Christine Roy. *Wisdom as a Woman of Substance: A Socioeconomic Reading of Proverbs 1-9 and 31:10-31* (BZAW 304; Berlin: Walter de Gruyter, 2001).

82. 찬양
The Hymn

찬양은 이스라엘의 가장 두드러지고 가장 많이 사용되는 예전적 표현들 중 하나이다. 그것은 찬양의 대상인 야웨에 대한 기쁜 응답으로 자신의 삶을 재설정하는 이스라엘의 특징적 방식이다. 찬양은 구약성서 내러티브 책의 다양한 장소에서 나타나고(출 15:21, 삼상 2:1-10에서처럼), 특별히 시편에서 지배적 위치를 차지한다(시 145-150편의 결론적 모음집에서처럼).

찬양이라는 장르는 다신교의 세계 안에서 등장했던 것으로 보인다. 거기에서 한 특별한 신의 지지자들은 찬양받지 못했던 다른 신들과 대조적으로 그 한 신을 기쁘게 하고, 높이고, 영화롭게 하는 여러 방식으로 노래했다.

윌리엄 올브라이트(William Albright)와 그의 제자들인 프랭크 크로스(Frank Cross), 데이비드 노엘 프리드맨(David Noel Freedman)은 일찍이 가나안의 우가릿 모음집에 나타나는 시적 선행물에 관심을 가졌다. 그들은 시적 담화(poetic discourse)가 이스라엘의 신학적 표현의 초기에 등장했고, 다신교적 선행물들에 깊이 뿌리내리고 있었다는 것에 주목했다.

이스라엘의 신앙이 유일신론으로 나아감에 따라, "우리의 하나님"과 "다른 신들"을 대조시키는 이러한 행동은 덜 중요하게 되었고, 찬양의 노래들은 단순히 그 찬양 안에서 명명되는 하나님을 향한 기념, 경이로움, 감사에 관한 서정적 표현들이 되었다.

찬양의 노래에 대한 최초의 동력은 하나님의 공으로 인정된 개별적, 구체적 변화의 행동이었을 것이다. 예를 들면, 하나님의 구원 행동으로 이해되었던 전쟁에서의 승리를 들 수 있다(따라서 출 15:21). 불가해하고 놀라운 구원의 행동(출 15:21에서 이집트 노예 생활로부터의 구출)은 "하나님의 개입"이라는 용어로 명명되고 인정된다.

찬양의 관례에 관한 수사학적 발전에서 이스라엘의 찬양은 하나님 편에서의 개입이라는 개별적 행동들로부터 특징적 행동들, 즉 하나님이 항상 행하는 행동들로 바뀌었다. 히브리어 문법에서 하나님에 대한 이러한 주장들은 현재 진행 중인 행동을 나타내는 동사, 즉 분사의 형태로 표현된다.

> 7c 여호와께서는 갇힌 자들에게 자유를 주시는도다
> 8 여호와께서는 맹인들의 눈을 여시며
> 여호와께서 비굴한 자들을 일으키시며
> 여호와께서 의인들을 사랑하시며
> 9 여호와께서 나그네들을 보호하시며
> 그가 고아와 과부를 붙드시고
> 악인들의 길은 굽게 하시는도다 (시 146:7c-9).

찬양들이 발전해 감에 따라, 이스라엘이 하나의 안정적 목록으로 갖고 있었던 하나님의 특징적 행동들은 하나님의 고유한 속성들, 즉 하나님 자신의 성품과 성향의 표지들이 되었고, 그것들은 여러 행동 안에서 증명되었다.

> 8 여호와는 은혜로우시며 긍휼이 많으시며
> 노하기를 더디 하시며 인자하심이 크시도다
> 9 여호와께서는 모든 것을 선대하시며
> 그 지으신 모든 것에 긍휼을 베푸시는도다 (시 145:8-9; 참조. 시 103:8).

이러한 찬양에 대한 원시적 자료는 이스라엘 고유의 전통 안에서 알려지고 기억되었던 하나님에 관한 증거였다. 그러나 찬양은 이스라엘을 넘어서, 다른 민족들도 이스라엘의 하나님에 대한 찬양에 동참하도록 소환장을 발행했다(참조. 시 67:3-5; 117:1). 그러한 찬양의 토대는 이스라엘 자신의 삶 안에서 등장할 수 있다.

그러나 그러한 소환에 대한 추론은 이스라엘이 하나님에 관하여 알고 있는 것이 이스라엘을 넘어 모든 곳에서 알려지고 일어날 수 있다는 것, 따라서 그 찬양은 "온 세상을 자신의 손안에 두었던" 하나님에 대한 우주적이고 보편적인 주장을 확언하는 기능을 한다는 것이다.

찬양은 노래하는 회중이 그들의 관심을 공동체 자체를 넘어서 모든 관심을 보증하는 하나님에게로 이동시키는 시적 자기 부인(self-abandonment)의 행동이다. 게다가 찬양은 면밀한 묘사를 초월하여 감정을 고조시키고, 해방된 과장법에 관여하는 시적 행동이다. 즉, 감정적 헌신이 하나님에 대한 인지적 실체(즉, 진지한 신학적 주장)와 일치하는 표현 방식이다. 따라서 찬양은 하나님을 진정한 하나님으로 증언하는 것이며 이러한 하나님에게 즐겁게 신뢰하고 순종하는 삶을 살겠다고 다짐하며 노래하는 공동체의 일원으로 헌신하는 것이다.

찬양은 이스라엘 최고의 믿음, 즉 우리의 모든 설명 방식들을 능가하는, 말로 표현할 수 없는 하나님의 실재를 인식하는 믿음의 최상의 전달 수단이다. 따라서 나사렛 예수 안에서 알려진 하나님에 대한 신약성서의 가장 강력한 증언에서, 복음주의적 목소리들은 시적 자기 부인에 대한 내러티브 증언 또는 설명적인 신학적 공식을 결국 넘어서고 있음에 틀림없다. 하나님의 상상할 수 없는 은혜의 신비를 공식화하려는 바울의 시도들을 고려하라.

> 깊도다 하나님의 지혜와 지식의 풍성함이여
> 그의 판단은 헤아리지 못할 것이며
> 그의 길은 찾지 못할 것이로다(롬 11:33).

그러한 확언은 어떤 식으로든 논증이 아니라, 오히려 우리의 모든 추론을 초월하는 하나님에 관한 기쁘고, 열정적이고 놀라운 송영이다. 동일한 방식으로 요한계시록이 하늘과 땅 위에 도래할 하나님의 놀라운 통치를 특징짓기를 원할 때, 말할 수 있는 유일한 방식은 찬송의 풍부함 안에 있다.

> 우리 주 하나님이여
> 영광과 존귀와 권능을 받으시는 것이 합당하오니
> 주께서 만물을 지으신지라
> 만물이 주의 뜻대로 있었고 또 지으심을 받았나이다
> 하더라(계 4:11; 참조. 계 5:9-14).

현대적 용법에서, 찬양은 (삶의 초점을 "우리"로부터 벗어나 우리의 모든 관심을 받아야 하는 하나님에게로 다시금 맞추는, 설명을 초월한 열정적 과장법으로서) 신앙의 원시적 행동이다. 이러한 송영(doxology)은 교회의 생명에서 중요한 자원이다. 송영은 기술(technique)의 힘(모든 종류의 전기제어)에 대한 서정적이며 공동체적인 대항이기 때문이다. 반면에 기술의 힘은 생명력을 약화하고, 납작하게 하며, 고립시켜 "우리" 말고는 아무 활력(life)을 남기지 않는다.

찬양은 세상에서 하나님의 모든 것을 지우려고 하는 유혹에 맞서는 중요한 반대주장(counterassertion)이다. 이 세상은 세상 안에 실재하고 그것을 주재하는 하나님의 신비에 대한 경외심에 사로잡힌 감사로 채워져야 한다는 것이다.

참고 문헌

Brueggemann, Walter. *The Psalms and the Life of Faith* (Minneapolis: Fortress Press, 1995), 112-132.

Cross, Frank M. and David Noel Freedman. *Studies in Ancient Yahwistic Poetry* (Grand Rapids: Eerdmans, 1997).

Freedman, David Noel. *Pottery, Poetry and Prophecy: Studies in Early Hebrew Poetry* (Winona Lake, Ind.: Eisenbrauns, 1980).

Hardy, Daniel W. and David F. Ford. *Praising and Knowing God* (Philadelphia: Westminster Press, 1985).

Jacobson, Rolf. "The Costly Loss of Praise." *Theology Today* 57 (2000): 375-385.

Miller, Patrick D. *They Cried to the Lord: The Form and Theology of Biblical Prayer* (Minneapolis: Fortress Press, 1994), 178-243.

83. 창조
Creation

창조의 의미에 대한 확신은 하나님과 세상 사이의 독특한 관계를 확증하는 구약성서의 핵심 가르침이다. "창조", 하나님을 "창조주"와 동일시하는 것, 그리고 "창조하다"라는 동사는 모두 다음과 같은 사실을 증언한다.

- 하나님과 세상은 그 특징과 토대에 있어서 완전히 다르고 일치될 수 없다.
- 하나님과 세상은 신뢰의 관계 안에서 강렬하게, 그리고 결정적으로 서로 연결되어 있다.

구약성서는 여러 고대 사회의 위대한 설립 신화들이 표현했던 창조에 관한 보다 오래된 고대 근동의 전승들을 사용했다. 그러나 이스라엘은 이러한 선행 전승들을 단순히 이어받지는 않았다. 그것들은 이스라엘의 고유한 신앙고백을 제공하고 수용하기 위하여 극적으로 수정되었다.

더욱 오래된 자료들이 창조를 비현실적 신들에 의한 임의적 능력 과시로 묘사하는 경향이 있었던 반면에, 이스라엘은 창조를 언약 관계와 관련지어 묘사한다. 고대 이스라엘의 신앙에서, 하나님과 세상의 관계는 임의적인 것이 아니다. 오히려 그것은 생명을 유지하는 풍성한 체계를 창조할 수 있는 하나님의 생성적 능력이 즐겁고, 준비된 순종의 반응을 불러일으키는 신뢰의 행동으로서 실현되는 것이다. 하나님의 신뢰와 세상의 순종이라는 상호작용은 세상이 하나님의 피조물로서 생명을 주고, 생명을 향상하는 방식들로 질서 정연하게 정돈될 것을 보장한다.

한편으로, 하나님은 독단적으로 행동하지 않을 것이다. 다른 한편으로, 세상은 자율적이고, 독자적인 길을 걷는 것이 아니라, 창조주가 정해 놓은 의도에 따라 살고 기능해야 한다. 이러한 문서들은 분명하게 세상이 어떻게 존재하게 되었는지를 과학적으로 설명하도록 의도된 것도 아니고, 전혀 의도하지도 않는다. 오히려 그것들은 창조주가 누구이고, 창조물이 창조주 하나님에게 어떤 반응을 보여야 하는지에 관한 송영적이고 신학적인 주장들이다.

창세기 1-2장은 창조에 관한 하나의 거대한 파노라마식 비전과 함께 시작한다. 게다가 창세기 1:1-2:4a와 창세기 2:4b-25는 창조에 관한 두 개의 상당히 구별된 내러티브를 구성한다. 이 두 내러티브는 서로 다른 문체로 묘사되고, 상당히 다른 내러티브 기능을 수행한다.

이 본문 중 첫 번째 것인 창세기 1:1-2:4a는 장엄한 예전적 시, 즉 이스라엘 정경 문서의 시작에 있는 예배의 행동으로서의 강력한 송영이다. 그것의 위엄 있는 운율은 이스라엘 창조신앙의 주요한 주장들을 선포한다. 본문은 아마도 세계 창조의 제의(a world-making liturgy)일 것이고, 그것은 회중으로 하여금 "좋았더라 ⋯ 심히 좋았더라"라는 규칙적 반복구로 응답하도록 이끌 것이다.

창세기 1:1-2에 나타나는 하나님의 장엄한 세상 통치에 관한 예전은 하나님이 세상을 무(無)에서(*ex nihilo*) 만들지 않았고, 오히려 어둠에서 빛을, 물에서 땅을 "분리"하는 일련의 과정을 통해 이미 존재하던 혼돈에 질서를 세운 것이라고 증언한다[**혼돈**을 보라]. (하나님이 세상을 "무"로부터 창조했다는 분명한 표현은 매우 후대의 문서인 마카비2서 7:28 이전에는 형성되지 않았다.) 이러한 예전은 하나님이 식량 생산에 관한 생산적이고 일관성 있는 체계를 의도했다는 것, 하나님이 그 생산 체계를 감독하도록 인간(남성과 여성)을 지명했다는 것, 그리고 하나님이 창조세계 전체가 풍성한 생명의 장이 되도록 복을 주었다는 것을 확언한다.

극적 절정에서, 좋음에 관한 반복되는 확언은 창세기 1:31의 "심히 좋았더라"라는 표현으로 강화된다. 게다가 "좋음"에 관한 이 이야기는 안식일을 기념하는 것에서 절정에 이르는데(창 2:1-4a), 그것은 두려움이 없는 세상, 그리고 질서 정연하고, 믿을 만하고, 생명을 주는 세상의 특성을 안식일을 통해 하나님의 선물로서 제정한 유대인 공동체 모두를 가리킨다. 바빌론의 대응물이자 시기적으로 앞선 신화인, **에누마 엘리쉬**(Enuma Elish)와 달리, 이스라엘의 송영은 우주의 모든 측면이 창조주 하나님의 통치로부터 파생된 것이고, 그것에 의존하고, 그것에 의무를 진다고 주장한다.

창세기 2:4b-25에 나오는 두 번째 창조 내러티브는 더욱 본질적인 이야기다. 그것은 창조에서 인간의 역할과 위치에 더욱 특별한 관심을 둔다. 두 번째 내러티브는 인간이 땅의 일부(먼지로부터 만들어진)라는 것, 또한 인간이 그 땅 전체의 관리인이라는 것, 그리고 가장 특별하게는, "선과 악을 알게 하는 나무"라는 언급을 통해 인간의 행동에 여러 심오한 한계가 설정된다는 것을 확증한다.

이 내러티브는 하나님과 인간의 결정적 차이를 서술한다. 인간은 하나님보다는 나머지 피조물과 더 비슷하다. 그리고 하나님과 인간 사이에 놓인 결정적 차이를 깨뜨리려는 어떠한 시도조차 결국에는 죽음으로 끝이 날 것이다. 안식일의 평온으로 끝나는 첫 번째 창세기 이야기와 달리, 이 내러티브는 소외에 관한 심오한 이야기인 창세기 3장에서 절정에 이른다(아마도 이것은 창세기 4장에서 다음 세대로 확장된다). 두 개의 내러티브는 창조의 위엄과 불안정성을, 하나님에 의해 계획된 세상의 질서 정연한 창조능력과 쉽게 위험에 처할 수 있는 그 질서의 극단적인 취약성을 함께 증언한다.

창세기 6-9장의 홍수 내러티브가 창조 본문 이후에 바로 이어서 나온다. 홍수 내러티브에서, 하나님이 의도한 혼돈의 물들의 힘이 땅을 압도한다. 홍수 내러티브는 다음의 사실을 보여 준다.

- 피조물과 야웨의 복잡한 관계
- 세상의 끝없는 취약성

제의와 내러티브로서, 이러한 자료들은, 앞으로 등장하게 될 성서와 그 성서가 말하고 있는 이스라엘에 관한 이야기 모두를 형성한 공동체적 상상력의 행동들로서, 매우 관습적이고 비예외적인 형태로 자신의 여러 종교적인 주장을 표현한다.

그러나 모든 형식의 관습에 있어서, 여기서 형성된 여러 실질적 주장은 그 능력과 통찰의 측면에서 볼 때 놀라운 것이다. 그것은 창조주와 피조물 모두를 역동적이고 상호적인 신뢰의 맥락 안에 위치시키면서, 이러한 하나님-세계의 관계를 하나님의 독단적 주권과 세상의 자율성 모두를 거부하는 역동적 상호작용으로 특징짓는다.

그러나 이러한 창세기의 여러 도입 장을 창조에 관한 주요 구약성서의 가르침으로 다루는 것은 심각한 실수일 것이다. 확실히 중요한 것은, 비록 간과된다고 할지라도, 시편과 이사야 40-55장에 나타나는 송영적 자료들이다.

창조신앙은 다양한 시편 안에서 제공된다.

- 시편 8편은 피조물 중 인간 대리자들의 중심성을 기념한다.
- 시편 33편은 하나님의 말씀이 지닌 생성적 능력을 기념한다.
- 시편 29편은 폭풍 속에 나타나는 하나님의 거대한 능력을 묘사한다.
- 시편 96편은 바다, 산들, 땅, 그리고 나무들에 대한 하나님의 환영받는 통치를 생생하게 표현하고 기대한다. 이 모든 것은 공평과 정의로 다스려진다.
- 시편 104편은 모든 창조의 일관성을 모든 피조물을 지탱하고 유지하는 신뢰할 만하고 관대한 먹이 사슬로 그린다.

이러한 찬양들은 인간의 거주지로서 하나님이 제공했던 생명-친화적 세상에 대한 이스라엘의 생동감 넘치는 확신과 감사를 표현한다.

이사야 40-55장에 있는 두 번째 창조 송영들의 모음집 또한 하나님의 통치 위엄을 증언한다(사 40:12-31; 41:17-20; 45:18-19; 48:12-19). 시편과 달리, 이사야서의 시들은 구체적인 역사적 위기를 반영하는 더욱 넓은 맥락들 안에 위치되어 있다. 이사야 40-55장의 본래의 언급에서 보면, 그것은 바빌론 제국의 힘에 종속되어 있던 유대 포로들에게 전해진 것이었다. 창조의 찬양들은 이스라엘의 하나님(하늘과 땅의 창조주)의 능력이 바빌론의 신들보다 더 강하고, 승리할 것이라는 시적 단언들이다. 결과적으로 바빌론의 신들은 패배한다.

따라서 이스라엘은 자신들의 하나님과 함께 언약적 자유의 삶에 다시 참여할 수 있도록 해방된다. 이 특별한 용법은 "창조신앙"이 무해한 종교적 감성이 아니라, 세상의 공적 삶에서 결정적인 차이를 만드는 진리의 선포라는 점을 시사한다. 창조에 관한 주장은 삶을 위한 생존 가능한 장소로서 세상의 현실에 구체적으로 적용되고, 그 안에서 왜곡, 학대, 착취, 그리고 억압은 궁극적으로 옹호될 수 없고 결국 전복될 것이다.

시편과 이사야서 모두에서, 창조신앙이 열정적 송영으로서 서정적 시 안에서 표현된다는 점은 중요하다. 이러한 표현은 다루기 힘들고 논리 정연한 담론에서 제공되는 진리의 주장이 아니라, 오히려 더욱 기본적이고 억제되지 않은 신앙의 약속으로서 작용한다. 시편과 이사야서의 시는 세상에 관한 객관적 그림이 아니라, 찬양받고 있는 하나님에게 적합한 신실한 순종을 기꺼이 행하려는 상태를 가리킨다.

창조주에 대한 모든 열정에도 불구하고, 이스라엘은 피조물로서의 세상에 관하여 착각하지 않는다. 이스라엘은 세상이 잠정적이라는 것을 알고 있다. 그것은 오직 하나님의 관대함에 의해서만 존재하고, 생산하고, 번성한다. 그러므로 하나님의 뜻에 반항하고 저항하는 것은 세상을 위험 속에 빠뜨리는 것이다.

그러한 이유로 인해, 예레미야 4:23-26은 세상의 끝과 종말을 창세기 1장의 순서를 부정적으로 뒤집는 순서 안에서 예견한다. 그러한 격노로 인하여 세상을 철회시키는 것은 그에 대한 대응물로서 이사야 65:17-25에 나오는 새 창조에 관한 비전을 갖는다. 세상에 질서를 부여했던 하나님, 그리고 더 이상 참을 수 없어 세상을 끝낼지도 모르는 하나님은 여전히 능력과 은혜로 하나님의 의도에 더욱 온전히 반응하는 새로운 세상을 창조할 수 있다.

이 광범위한 전승들의 모음은 단일한 공식으로 환원될 수 없다. 오히려 이 전승은 하나님과 세상 간의 생생하고, 생성적이고, 노력이 필요하고, 희망으로 가득하고, 그리고 역동적인 상호작용을 증언한다. 그러한 중심적 확신으로부터, 세 가지 현대적 문제가 우리의 주제와 연관된다.

첫째, "창조와 진화"에 대한 현재의 여러 논쟁은 이러한 본문들에 다양하게 호소한다. 그러나 그러한 논란 속으로 창조 본문을 동원하는 것은 분명하게 잘못된 판단이다. 왜냐하면, 창조신앙은 세상의 기원에 관한 과학적 설명에 전념하거나, 그것에 연합되지 않는, 서정적이고, 송영적인 감사의 반응이기 때문이다.

창조신앙은 여러 기원에 관한 것이 아니다. 그것은 하나님과의 삶 속에서 세상을 특징짓는, 신뢰의 지속적 역동성에 관한 것이다. 이러한 신앙은 과학적 설명으로 왜곡되어서는 안 되고, 신학적 응답으로 이해되어야 한다. 소위 "창조-진화" 논쟁은 조직적인 인간의 불순종이 야웨가 관대하게 의도했던 세상을 손상하고 마침내 해체할 수 있다는 창조신앙의 가혹한 실재로부터 등장한 강력한 현대적 혼란이다.

둘째, 인간은 환경생태학의 현대적 위기에 관련되는 성서의 여러 주장에 매우 뒤늦게 관심을 두기 시작했다. 그러나 환경에 관한 질문들이 명확하게 제기될 때, 창조신앙의 주장은 (그 자신의 고유한 과학) 이전의 표현양식 안에서 창조의 여러 위험과 취약성에 대해 경고한다. 세상은 하나님에게 속해 있고 하나님에 의해 질서가 세워진다.

이러한 질서로부터 동떨어진 세상에 살고 있거나, 혹은 그것을 이용하려는 모든 시도는 인간 대리자와 비인간적인 창조적 환경 모두에게 불가피하게 파괴적일 수밖에 없다. 이 주제는 최근 등장하고 있는 성서 연구에서 매우 중요함을 입증하고 있다.

셋째, 물리학, 천문학, 우주론의 분야들에 있는 현대 과학은 어느 시점에 우리의 우주가 전소되거나 혹은 완전히 얼음으로 뒤덮일 것이고, 어느 쪽이든 인간의 죽음으로 끝날 것이라는 공통된 관점에 도달했다. 현재 확실시되는 과학적 판단에 직면하여, 창조신앙은 이것과 직접 관련이 있다. 왜냐하면, 그 신앙은 세상에 있는 어떠한 궁극적인 자신감에 대항해 항상 경고해 왔기 때문이다.

성서는 창조가 잠정적이고 제한적이라는 것을 항상 고백해 왔다. 확실히 성서의 신앙은 자신의 확신과 감사를 창조가 아니라, 창조주를 향해 둔다. 그는 좋은 시기에, 좋은 방법으로 풍요와 기쁨으로 가득한 새 창조들을 불러일으킬 것이다. 오직 세상에 대한 잘못된 집착만이 종말에 관한 과학적 판단에 심각한 문제를 야기한다. 창조신앙은 일시적 거주지로서의 세상과 오직 창조주에게만 뿌리를 둔 피조물의 웰빙을 위한 궁극적 토대 사이를 깊이 구별한다.

참고 문헌

Anderson, Bernhard W. *Creation Versus Chaos: The Reinterpretation of Mythical Symbolism in the Bible* (Philadelphia: Fortress Press 1987).

Anderson, Bernhard W. *From Creation to New Creation: Old Testament Perspectives* (OBT; Minneapolis: Fortress Press, 1994).

Brueggemann, Walter. "The Loss and Recovery of Creation in Old Testament Theology." *Theology Today* 53 (1996): 177-190.

Gilkey, Langdon. *Maker of Heaven and Earth: The Christian Doctrine of Creation in the Light of Modern Knowledge* (Lanham, Md.: University Press of America, 1985).

Hiebert, Theodore. *The Yahwist's Landscape: Mature and Religion in Early Israel* (Oxford: Oxford University Press, 1996).

Polkinghorne, John and Michael Welker. eds. *The End of the World and the Ends of God: Science and Theology on Eschatology* (Harrisburg, Pa.: Trinity Press International, 2000).

Stuhlmueller, Carroll. *Creative Redemption in Deutero-Isaiah* (Analecta Biblica 43; Rome: Biblical Institute Press, 1970).

Wybrow, Cameron. *The Bible, Baconianism, and Mastery over Nature: The Old Testament and Its Modern Misreading* (American University Studies Series VII, Theology and Religion 112; New York: Peter Lang, 1991).

84. 천사
Angel

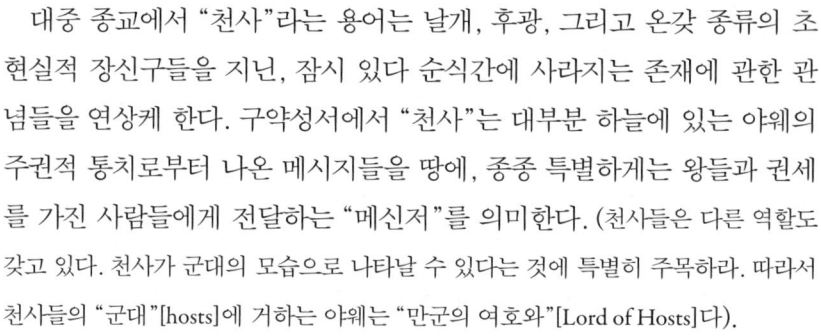

　대중 종교에서 "천사"라는 용어는 날개, 후광, 그리고 온갖 종류의 초현실적 장신구들을 지닌, 잠시 있다 순식간에 사라지는 존재에 관한 관념들을 연상케 한다. 구약성서에서 "천사"는 대부분 하늘에 있는 야웨의 주권적 통치로부터 나온 메시지들을 땅에, 종종 특별하게는 왕들과 권세를 가진 사람들에게 전달하는 "메신저"를 의미한다. (천사들은 다른 역할도 갖고 있다. 천사가 군대의 모습으로 나타날 수 있다는 것에 특별히 주목하라. 따라서 천사들의 "군대"[hosts]에 거하는 야웨는 "만군의 여호와"[Lord of Hosts]다).

　본문에서 천사는 다신론적 세계의 상황에서 이해된다. 이 다신론적 세계의 상황에서 하늘에 있는 하나님(혹은 신들)의 정부는 지상의 미래에 영향을 미치는 여러 결정을 내린다.

　그 지배권은 하늘 정부의 구성원인 천사를 파견하여 땅에서 벌어지는 일들에 대한 하늘의 결정을 선포하게 한다[**천상회의**를 보라]. 구약성서가 유일신론을 지향함에 따라 천사들은 야웨의 통치하에 이루어지는 천상법정에 순종하는 구성원들이거나 혹은 야웨 자신이 직접 땅에 참여하는 기능으로서 혹은 현현으로서 제시된다. 특별히 두 개의 본문(열왕기상 22:19-23과 이사야 6:1-8)은 후자의 역할을 입증한다. 열왕기상 22:19-23에서 야웨 통치의 구성원들은 하나님의 전략에 관한 계획을 돕는다.

　이사야 6:1-8에서 스랍은 하나님의 보좌를 강력한 찬양과 경배로 가득 채운다 (확실히 구약성서는 지위가 더 낮은 천사들, 즉 시편 82편에서와 같이 야웨의 의지에 반항하고 불순종하는 존재들에 대해서도 알고 있다). 열왕기상(왕상 22:19-23, 역자 주)과 이사야서(사 6:1-8, 역자 주)에서 천사들의 임무는 야웨의 통치가 땅에 이루어지게 하는 것이다.

천사들이 독립적 대리자였다는 점에서, 이들은 "하나님의 아들들", "만군의 여호와"의 "군대", "케루빔"(cherubim) 혹은 "스랍들"(seraphim)로 다양하게 불린다(참조. 시 29:1; 82:1; 사 6:1-7). 더욱 눈에 띄고 예외적인 경우들은 사탄(대상 21:1; 욥 1-2장)과 천상회의의 다른 구성원들(왕상 22:19-23), 창세기 6:1-4에서 언급되는 거인들의 역할이다. 이러한 명칭의 전체 집단은 확연히 차이가 나는 지상에 대한 야웨의 통치를 설명하는 방식들의 목록으로서 기능한다.

메신저들은 그들 자신의 말은 한마디도 하지 않고 오히려 "나를 보내신 분"인 야웨의 말씀만을 전한다. 메신저는 자신들의 말들을 메신저 공식("그러므로 여호와가 이르시기를")을 통해 특징적으로 소개한다. 이 메신저 공식은 어떤 정부의 대사와 같이, 전달되는 그 말씀이 그들 자신의 것이 아니라 야웨의 것이기에, 따라서 그에 알맞게 진지하게 받아들여져야 한다는 것을 가리킨다. 메시지가 야웨로부터 나오기 때문에 강조점은 그 특징상 메신저의 모습이나 중요성보다는 말하고 들린 것에 훨씬 더 많이 놓여 있다. 실제로 메신저의 모습에 주목하는 것은 기본적으로 전달된 메시지의 중요성을 강조하는 데 있다.

대개 천사들은 구약성서의 두 부분에서 나타난다.

첫째, 천사들은 창세기의 초기 내러티브에서 발견된다. 이러한 내러티브에서 엄격한 유일신론으로 신앙을 제한하는 것은 아직은 시행되지 않는다(참조. 창 16:7-11; 21:15-21; 22:11-12; 출 3:2-6; 23:20-23).

둘째, 천사들은 야웨의 독점이 매우 다양한 방식으로 표현되는 구약성서의 후대 본문들에서 나타난다(단 4:13-26; 7:10; 10:7-10, 20; 12;1; 슥 1:1-17; 6:1-8). 보다 후대 시기에 세계 안에서 야웨의 사역은 점점 초월적이 되고, 야웨의 충분하고 직접적인 관여 없이 이러한 보조자들에게 맡겨져 실행된다.

그러나 심지어 여기에서조차 "천사론"(angelology)에 관한 충분한 발전은 구약성서 시대 이후에 유대교와 신약성서 공동체가 출현하는 환경에서만 일어난다. 천사들에 관한 더 충분한 개념은 아마도 더 새로운 이방의 요소들이 유대교 신앙에 들어오게 되면서, 그리고 인간과 역사적 경험으로부터 야웨의 멀어짐이 증가한 결과 때문에 나타나게 되었을 것이다. 그러므로 중재하는 존재들이 야웨의 존재와 세상의 통치를 분명하게 표명하는 것에 있어서 더욱 중요하게 된다.

구약성서의 중간 시기(대략 왕정 시대)에 야웨의 단일한 통치권이 특별히 강조되었기 때문에 천사들은 훨씬 덜 일반적이다. 야웨는 홀로 위대하고 영화로우며, 돕는 자들 혹은 조언자들을 갖고 있지 않다. 이사야 6장에서 스랍들은 야웨의 위대함을 고조시키기 위해서 끝없이 찬양한다. 게다가 이 시기에 예언자들과 같은 인간 존재들은 야웨를 대표하는 목소리가 되었고, 그들 역시 자신의 말이 아닌, 메신저 공식 즉 "그러므로 여호와가 말씀하신다"에 의해 보증된 말을 한다.

고도의 유일신론과 인간 대변인들이라는 맥락에서 천사들의 역할은 분명히 덜 필요하였다. 그러나 후대 시기에 이스라엘 전통들은 야웨의 통치가 다수의 대리자와 중재자들을 요구했던 초기의 전통 방식으로 더욱 완전하게 되돌아간다.

어떠한 경우든 천사들은 야웨의 통치를 위한 보조자들이고, 야웨가 땅에서 결정적으로 통치하는 권능자라는 독특한 확신을 분명히 표명하려는 이스라엘 내부의 또 하나의 시도로서 나타난다. 이스라엘은 그러한 연결을 분명하게 하는 많은 수단이 필요했고, 천사들은 그중의 하나였다. 천사들은 구약성서에서 자율적인 의미를 갖지는 않지만, 나누어질 수 없는 야웨의 권위를 증명한다[**묵시 사상**, **천상회의**, **사탄**을 보라].

참고 문헌

Albertz, Rainer. *A History of Israelite Religion in the Old Testament Period*. vol. 2, *From the Exile to the Maccabees* (OTL; Louisville, Ky.: Westminster John Knox Press, 1994).

Jacob, Edmond. *Theology of the Old Testament* (New York: Harper and Brothers, 1958).

85. 천상회의
Divine Council

　구약성서의 신학적 설명은 결국 유일신론의 표현에까지 이르렀다. 한 분 하나님만 존재한다. 그러나 이러한 신앙의 표현은 더욱 이후에야 비로소 고대 이스라엘의 종교사 안에 합쳐졌다. 게다가 이스라엘의 신앙은 다신론의 문화적 세계(많은 신이 존재하고, 각각의 신들은 서로 다른 역할과 정체성을 갖고 있으며 다양한 민족에게 다양한 약속들을 제공한다는 확신과 관습) 안에서 출현했다. 이스라엘의 신학적 수사법은 이러한 다신론이라는 문화적 환경과 유일신론에 대한 후대의 신학적 열정 사이에서 절충되고 판정되어야 했다. 그러한 절충은, 심지어 비록 구약성서가 유일신론에 대하여 우선적 주장을 하고 있음에도 불구하고, 이스라엘의 수사법 안에 다신론의 분명한 잔여 유산을 남겼다.
　다신론과 유일신론의 문제들을 절충하는 최고의 방법은 학자들이 "천상회의"라고 부르게 되었던 것을 통해서였다. 그것은 많은 신(신들의 아들들, 천사들, 그리고 다른 거룩한 존재들)에 관한 신화적이고 시적인 확언이다. 그들은 살아 있고 활동적이며, 하늘에 모이고 협력하여 세상에 대한 궁극적 결정들을 내리는 존재다. 이스라엘이 차용한 가나안의 묘사 안에서, 엘(El)은 신들의 회의를 주도하는 최고신이지만, 그는 늙고 멀리 있다. 젊은 신 바알은 에너지와 활력을 갖고 있고, 주도권을 쥐고 있다.
　이러한 이미지에 관한 이스라엘의 버전은 그 신들을 이스라엘의 하나님 야웨가 완전하고 의문의 여지 없는 주권으로 주재하는 질서 정연한 공동체 내부로 체계화한다. 이 야웨는 엘처럼 주재하는 신이면서, 바알처럼 에너지와 활력을 갖고 있다. 야웨는 가나안의 구전 지식(lore) 안에서 구별되는 다양한 신의 여러 특징을 결합한다. 그 신들에 관한 질문을 시적으로 해결한 것은 또한 많은 신에게도 적용할 수 있고, 하늘과 땅에 대한 야웨의 단일 주권을 확언한다.

"천상회의"라는 개념은 열왕기상 22:19-23의 내러티브에서 가장 분명하고 극적으로 증언된다. 거기에서 예언자는 하나의 환상을 보았다고 보도된다. 그것은 평범한 것을 초월한 종교적 분별력이며, 내러티브 자체가 진지하게 다루고 있는 하나님의 실재에 대한 감각이다. 미가야의 환상은 "주님(야웨)"이 주재하는 회의의 "하늘의 만군"(the host of heaven)에 관한 것이다. 그것은 이스라엘의 아합왕의 통치를 전복시켜서, "따라서 그가 길르앗 라못에 올라가서 죽도록"(20절) 계획한다.

이 묘사는 사실상 원시적(primitive)이다. 왜냐하면, 그것은 왕의 죽음을 야기할 수 있는 방법에 관해 계략을 세우는 신들(gods)을 보여 주기 때문이다. 그것의 원시성을 인정하게 되면, 천상회의의 이미지는 신들의 통치가 공적 인간의 일들에 실제적이고 결정적인 영향을 미치고 있는 한 세상을 표현한다.

이러한 이미지는 독특한 신적 복수형을 설명하는 것을 돕는다. 그것은 예를 들어, 창세기 1:26, 3:22, 11:7과 욥기 1-2장에서 표현되는데, 거기에서 신들은 인간의 일들을 어떻게 관리할지에 대한 정책 결정들을 내린다. 게다가 예언자들은 천상회의가 땅의 일들에 대한 하늘의 판결을 알리기 위하여 자신들에게 권한을 부여하고 파견한다는 개념을 가지고 활동한다. 권한을 부여하는 공식은 "그러므로 여호와가 이르시되"이다. 이러한 지시문은 이사야 6:8의 신적 복수형과 예레미야 23:15-22, 아모스 3:7의 "천상회의" 안에 있는, 그리고 그것한테서 나온 존재에 관한 개념을 밝히도록 돕는다.

이스라엘의 송영 전승은 낮은 계급의 신들(the lesser gods)이 야웨, 즉 주재하는 하나님의 예배에 참여한다고 상상했다. 따라서 우리는 시편 29:1에서 "신들의 아들들"("천상의 존재")을, 그리고 시편 103:20-21에서 "천사들이여 ⋯ 능력이 있는 자들 ⋯ 천군이여"를 발견한다. 이 본문들은 야웨와 낮은 계급의 신들 사이의 조화를 상상한다.

그러나 시편 82편에서 하나님은 "천상회의"에 앉아 있고, 거기에서 야웨는 높으신 하나님이 맡긴 과부들과 고아들을 위하여 정의를 실행하지 못한 낮은 계급의 신들을 판결하고 심판선고를 내리는 존재로 묘사된다. 그러면 아마도 야웨의 통치 아래 있는 "회의"는 조화를 이루거나, 아니면 논쟁적인 갈등 안에 있을 수도 있다. 극단적인 논쟁(disputatiousness)은 성서 이후의 발전단계에서 "타락한 천사들"이라고 불리는 것, 즉 야웨의 통치를 거부하는 천상의 존재들을 만들어 냈을 것이다.

이러한 고대의 이미지와 삼위일체에 관한 기독교 교리의 더욱 이후의 발전 사이에 어떠한 직접적인 연결을 추적하는 것은 불가능하다. 그런데도 "천상회의"라는 개념은 사회적 신성(societal divinity)을 제시하는데, 이것은 위르겐 몰트만(Jürgen Moltmann)과 레오나르도 보프(Leonardo Boff)의 연구 안에서 삼위일체에 대한 기독교 교리의 이해 안에 재등장했던 개념이다. 두 경우 모두 고립된 단일체로서의 한 신적 인격이라는 환원주의자의 개념을 강력하게 약화한다. 두 경우 모두에서, 통치하는 하나님은 그 능력이 결정적으로 관계성에 의하여 특징지어지는 한 하나님이다.

참고 문헌

Boff, Leonardo. *Trinity and Society* (Maryknoll, N. Y.: Orbis Books, 1988).

Clines, David J. A. "The Image of God in Man." *Tyndale Bulletin* 19 (1968): 53-103.

Miller, Patrick D. "Cosmology and World Order in the Old Testament: The Divine Council as Cosmic-Political Symbol." *HBT* 9 (1987): 53-78.

Miller, Patrick D. *The Religion of Ancient Israel* (Louisville, Ky.: Westminster John Knox Press, 2000), 25-28.

Moltmann, Jürgen. *The Trinity and the Kingdom: The Doctrine of God* (San Francisco: Harper and Row, 1981).

Mullen, E. Theodore. *The Assembly of the Gods: The Divine Council in Canaanite and Early Hebrew Literature* (Cambridge: Harvard University Press, 1980).

86. 축복
Blessing

축복은 한 당사자가 삶을 위한 능력을 다른 당사자에게 전달하는 하나의 행동(언어 혹은 몸짓에 의한)이다. 강렬한 대인관계의 세계에서 일어나는 이러한 전달 행동은 어떠한 실증주의적 용어들로 설명되지 않는다. "원시적으로" 볼 때, 전달은 어느 정도 준(quasi)마법적이고 효과적인 소망의 표현이다. 신학적으로 볼 때, 전달은 성례전의 특성을 갖는다. 따라서 복의 전달은 설명될 수 있는 것보다 훨씬 더 심오하다.

축복 안에서 전달되는 삶을 위한 능력이 지닌 가장 특징적인 측면은 번영, 부, 건강, 풍요에 관심이 있다. 즉, 축복은 생식성(generativity) 및 생산성과 특징적으로 관련되는데, 이는 상당히 물질적인 종류의 웰빙을 보장하고 이후의 세대들로 이어지는 지속성을 지닌다.

따라서 축복은 수용자의 삶을 물질적 측면에서 향상하는 것을 목적으로 하는 의도적이고 계획적인 행동이다. 그러한 이유로 인해, 축복은 창조신학의 궤도에 속한 자연적 과정들에 관심이 있다. 이 창조신학 안에서 하나님의 선하고 생산적인 세상이 기념된다.

또한, 하나님은 축복에 대한 최초의 화자(speaker)이고 수여자다. 이미 창세기 1:22, 28에서 하나님은 땅과 그 땅의 거주자들에 대한 웰빙을 선언(결정)했다. 하나님의 말씀의 결과로, 세상은 하나님의 피조물로서 생육과 번성으로 가득하게 된다. 하나님의 세상에 대해 선언된 이 거대한 주장은 시편 128:3-4에서 구체성과 특별함을 얻는다. 예를 들면, 이 시편은 가족 내에서의 아이들의 탄생을 기념한다. 다소 많은 상황에서, 삶과 웰빙에 대한 하나님의 수여는 축복을 통해 실행된다.

삶을 위한 하나님의 능력이 하나님의 말씀으로 직접 제공되는 반면, 삶을 위한 하나님의 능력의 담지자로 보이는 인간 대리자들 또한 축복을 중재할 수 있다. 우리는 그러한 두 가지 경우를 주목할 수 있다.

첫 번째 경우, 창세기의 조상 내러티브를 지배하는 일련의 본문들(창 12:3; 18:18; 22:18; 26:4; 28:14)에서, 땅의 여러 국가는 이스라엘의 존재 안에서 그리고 이스라엘의 존재를 통해서 복을 받게 될 것이라고 전해진다.

창세기 12:3에서 아브라함에게 주어진 선언은 "저주"를 "복"과 나란히 위치시킨다. 하지만 그러한 연결은 그 이후의 내러티브 안에서 발전되지 않는다. (그러나 이러한 연결은 신 28장과 레 26장에서 발전되는데, 거기에서 복에 대해 긍정적으로 말하는 모든 것은 그것의 부정적인 대응물과 저주의 힘을 갖고 있다.) 복을 줄 수 있는 이스라엘의 능력에 관한 궁극적인 사례는 비애로 가득 찬 파라오의 간청에서 나타나는데, 그는 이스라엘이 이집트를 축복하도록 모세에게 간청한다(출 12:32).

두 번째 경우에서, 삶을 위한 하나님의 능력은 이것의 특별한 담지자로 알려진 제사장들을 통해 명백하게 중재한다. 이러한 널리 스며들어 있는 제사장들의 역할은 민수기 6:24-26의 친숙한 제사장의 축복에서 가장 잘 알려져 있다.

> ^{24} 여호와는 네게 복을 주시고
> 너를 지키시기를 원하며
> ^{25} 여호와는 그의 얼굴을 네게 비추사
> 네게 은혜 베푸시기를 원하며
> ^{26} 여호와는 그 얼굴을 네게로 향하여 드사
> 평강 주시기를 원하노라
> 할지니라 하라(민 6:24-26).

이러한 선언 안에서, 제사장은 평화를 "바라는 것" 이상을 행한다. 그는 그러한 선언에 의해 그것을 발생시키고, 보장하고, 수여한다. 많은 기독교의 모임 안에서, 그와 동일한 제사장적 축복은 표준적인 목회적 축복기도이다. 그것에 의해 신부 혹은 목사는 고대 제사장직의 직무를 수행하는 것으로 이해된다. 본래적인 정의 안에서, 그리고 현대적 반향들 안에서, 축복에 관한 제사장의 선언과 수여는 단지 정중한 소망 혹은 좋은 생각이 아니라, 목사 혹은 제사장을 통한 능력의 행동이다. 그는 지정된 직무를 통해 삶을 위한 하나님의 능력을 중재한다.

게다가 제사장의 기능은 레위기 26:3-13과 신명기 28:1-14에 있는 축복의 공식적 낭독(저주의 낭독들과 연결된다)에서 명백하게 나타난다. 이러한 낭독은 매우 양식화되어 있고 질서 정연한 예전의 일부를 구성한다. 따라서 그 특유의 예배 시간은, 언약적 과정 안에서, 축복의 장소이자 기회로써 이해된다.

이스라엘과 제사장이 특별히 삶을 위한 야웨의 능력을 전달할 수 있는 대리자들인 것처럼, 마찬가지로 다른 일반 사람들도 그러한 삶을 위한 복의 전달자들이 된다. 그리고 그들은 그 능력을 자신들과 관계를 맺고 있는 다른 사람들에게 전달할 수 있다. 가장 극적인 경우는 창세기 27장에 나오는 이삭이지만, 그러한 복의 전달은 또한 창세기 48:8-20에서도 명백하다(또한 창 47:7을 보라).

창세기 27장 내러티브에서 이삭은 삶을 위한 능력으로 가득 차 있고, 이것은 나중에 아들들과 손자들에게 주어진다. 그러한 인간 대리자들에 의해 전달되고 주어지는, 삶을 위한 능력이 직접적으로 하나님과 연결되어 있다는 점이 항상 분명하지는 않다. 그러나 더욱 의도적인 신학적 방식 안에서, 이러한 생명을 위한 모든 능력은 결국 창조주 하나님에게 되돌아간다.

가장 흥미로운 것은 인간 대리자(때로는 단독 화자, 때로는 신앙 공동체)가 야웨를 축복한다는 수많은 사례이다(시 16:7; 34:1; 63:4; 103:1, 2, 20, 21, 22; 104:1, 35; 115:18; 134:1; 145:1, 21). 만약 우리가 "축복하다"를 삶을 위한 능력의 수여로 이해한다면, 이 과정은 뒤바뀌어야 한다. 비록 문제가 되는 것은 아니라고 할지라도, 복이 인간 존재로부터 하나님을 향해 움직인다는 것은 이상해 보인다. 의심의 여지 없이 이러한 언어는 관례화되고 친숙해졌다. 그래서 그것은 "감사하다, 찬양하다"를 의미하게 되었고, 어떤 사람들에게 이 언어는 상상할 수 없는 것 이상의 것을 의미한다.

그러나 이러한 친숙한 언어 배후에는 때때로 야웨 역시 약해지고, 예배하는 공동체로부터 새로운 능력을 받는다는 종교적 의미가 놓여 있다. 이러한 수사법은 하나님이 상처받기 쉽고 여린 존재라는 것을 암시한다. 하나님은 삶의 능력에 관한 어떤 것을 하나님에게 다시 줄 수 있는 인간 대리자들에 의해 강화된다. 본문의 수사법에서 의심의 여지없이 나타나는 이러한 전환은 예배 안에서 찬양이 지니는 중요성을 재고하도록 해주고, 그리스도인들이 성금요일에 십자가 위에 있는 하나님의 약함을 언뜻 보도록 할 것이다.

어떠한 경우든, 기술적 통제와 인과관계의 추론이 존재하는 세계에서, 삶을 위한 능력이 다른 방식(인간 관계적으로, 성례전적으로, 비밀리에)으로 주어진다는 것은 숙고할 만한 가치가 있다. 이러한 전달 안에서 삶은 음식보다 중요한 것으로, 그리고 의복보다 중요한 몸으로 간주된다(마 6:25). 음식과 의복은 보다 직접적으로 확보될 수 있다.

그러나 삶은 모든 친숙한 설명을 거부하는 너그러움(generosity)의 방법으로 주어진다. 자신의 본문 안에서, 이스라엘은 삶의 선물에 관해 무엇이 말해져야 하는지 알고 있다. 그러나 여전히 이스라엘은 그것을 분명하고 설명할 수 있는 용어로 말할 수도 없고, 말하지도 않을 것임을 알고 있다. 왜냐하면, 삶을 위한 능력은 설명되거나 조절될 수 있는 상품이 아니기 때문이다. 이것은 오직 선언되거나 주어지는 것이다.

참고 문헌

Mitchell, C. W. *The Meaning of BRK "to Bless" in the Old Testament* (SBLDS 95; Atlanta: Scholars Press, 1987).

Westermann, Claus. *Blessing in the Bible and the Life of the Church* (OBT; Philadelphia: Fortress Press, 1978).

87. 출애굽
Exodus

출애굽은 성서의 신앙 안에서 선도적이고 결정적인 사건으로 이스라엘인들의 문학과 예전에서 기억된다. 이 사건을 역사적으로 위치시키고 입증하고자 노력하는 데에 많은 에너지가 소비되었다. 그러나 역사성에 대한 설득력 있는 증거는 거의 존재하지 않는다. 오히려 출애굽은 역사적 입증에 의존하지 않는 전승 과정을 통해서 이스라엘의 삶 안에 살아 있고 중심이 되어 왔던 기억이다. 언급될 수 있는 최대한의 것은 그 기억이 이 사건을 모세의 평생 사역 안에 위치시킨다는 점이다. 이것은 전통적으로 기원전 13세기에 있었던 것으로 간주된다.

그러나 하나의 기억된 전승으로서 출애굽은 엄청난 중요성을 갖고 있다. 이는 유월절에 관한 핵심 내러티브 안에서 그것이 갖는 중대한 역할에 의해 입증된다. 출애굽기 1-15장은 출애굽기 2:23-25에 있는 억압으로 인한 이스라엘의 부르짖음으로 시작하고, 출애굽기 15:1-18, 21에 있는 해방에 관한 이스라엘의 노래로 끝나는 사건에 관한 내러티브 기사이다.

억압으로 인한 부르짖음으로부터 해방의 노래로의 움직임은, 내러티브의 설명에 따르면, 일련의 야웨의 침입 행동들(모세와 아론에 의해 인간적으로 시작된)에 의해서 성취된다. 그것들은 파라오를 위협하고, 가르치고, 그리고 결국 그를 패배시킨다. 야웨가 파라오에게 보여 주는 엄청난 주권적 힘과 이스라엘을 향한 야웨의 열정적 헌신은 이스라엘이 자신의 취약한 역사적 존재를 시작하도록 허용하는 내러티브 안에서 이러한 급진적 전환을 성취한다.

이 내러티브는 성서의 형성에서, 이스라엘의 지속적인 해석적 상상력을 위한 동력이 된다. 물론 그 근원사건 자체는 기억된다. 그러나 동시에, 그 기억된 사건은 이스라엘에게 전형적인 것이 된다. 따라서 이스라엘의 삶과 전통 안에 있는 다른 사건들은 출애굽 사건의 반향들로 표현된다. 이러한 반향들은 다음을 포함한다.

- 우르로부터 아브라함의 떠남(창 15:7)
- 약속의 땅을 향해 요단강을 건넘(수 4:23-24)
- 블레셋의 패배(삼상 4:8; 6:6)
- 바빌론의 포로에서 이스라엘의 해방(사 43:16-21)

우리는 특별히 두 개의 또 다른 주목할 만한 용례를 인식할 수 있다.

첫째, 아모스 9:7에서, 예언자는 출애굽의 하나님과의 특별한 관계로 생긴 이스라엘의 교만한 자신감을 극복하고자 한다. 이를 위해 예언자는 이 동일한 하나님이 다른 민족들, 매우 특별히 이스라엘의 특징적 적들인 블레셋인과 시리아인을 위하여 여러 가지 출애굽들(exoduses)을 행한다고 주장한다.

둘째, 예레미야 21:5에는 출애굽에 관한 친숙한 언어가 이스라엘에 대한 야웨의 맹렬한 적대감과 이스라엘을 파괴하고자 하는 의지를 확언하기 위해서 사용된다. 따라서 이는 "반(反)출애굽"(anti-exodus)을 만들어 낸다.

출애굽 기억은 또한 유대인의 상상력을 계속해서 지탱하는데, 여기에는 현대 이스라엘 국가의 설립과 관련된 놀라운 사건들이 포함되어 있다. 이는 『영광의 탈출』(*Exodus*: 이스라엘의 국가 설립을 위해 투쟁하는 한 전사와 미국인 간호사 사이의 사랑을 그린 소설, 역자 주)에서 레온 유리스(Leon Uris)에 의해 유명해진 연결점이다. 해방에 관한 동일한 기억이 신약성서에서 여러 풍부한 방식으로 계속되었다. 그래서 그것은 초대 교회의 성찰에서 전형적인 것이 되었다.

- 마태복음 2:15(호 11:1을 인용한다)은 예수의 가족이 이집트라는 안식처에서 떠나는 것을 출애굽으로 표현한다.
- 누가복음 9:31은 "출애굽"("떠남")이라는 헬라어 용어를 사용하여, 예루살렘에서의 마지막 날들에 있었던 예수의 삶의 여러 극적 사건들을 가리킨다.
- 고린도전서 5:7에서, 바울은 그리스도를 "우리의 유월절 양"으로 언급한다. 혹은 다른 번역 성서들은 이것을 "우리의 유월절"로 언급한다.
- 누가복음 7:22에서 요약된, 예수의 일련의 변혁적 기적들은 예수가 출애굽을 이끄신 하나님의 능력을 행하면서 일으켰던 출애굽 같은 변혁들의 단편 모음을 떠올려 준다.
- 부활절과 죽음의 패배는 파라오의 패배에 대한 평행으로서 그럴듯하게 이해될 수 있다. 게다가 부활절 전통은, 유대인들에게 출애굽이 그러한 것처럼, 기독교인들에게도 매우 중요한 핵심적인 역할을 차지한다.

출애굽 내러티브가 유대인과 기독교인의 전승들 안에서 차지하는 특권적 위치는 그것이 성서신학의 수많은 핵심적인 확신을 분명히 표현하고 있다는 것을 의미한다.

첫째, 출애굽은 모든 경쟁자보다 뛰어난 야웨의 **주권적 능력**(the sovereign capacity)을 주장한다. 파라오가 "역사적으로" 누구였든지 간에, 그는 은유적으로 야웨에게 대항한 실패한 도전자이자 경쟁자로서 기능한다. 특징적으로, 파라오는 야웨를 거역한다. 따라서 그는 패배하고 결국 파멸한다. 파라오는 당대의 이집트 이념 안에서 하나의 "신"으로 이해되었다.

그리고 그는 마지막으로 남은 초강대국의 통치자와 유사한 방식으로 어떠한 규제도 받지 않고 통치할 수 있었다. (마지막으로 남은 초강대국 미국의 시민들에 의한 파라오에 대한 숙고는 우리가 자기 인식의 순간에 잠시 멈추게 할지도 모른다. 내러티브 안에 있는 파라오의 주목할 만한 교만은 예를 들어, 프란시스 후쿠야마[Francis Fukuyama]가 말한 것과 같이, 아마도 현재 미국의 교만에 대응될 것이다). 야웨의 뜻과 통치는 이 내러티브에 따르면 궁극적으로 저항될 수 없다.

둘째, 야웨의 주권적 능력은 **역사의 공적 과정의 구속**(the redemption of the public process of history)을 위한 의지로 이 내러티브 안에 나타난다. 이 내러티브로부터 구원자로서의 하나님이라는 교회의 고백에 대한 근원 자료가 등장한다. 그는 이스라엘에게 세상 안에서 살 만한 가치가 있는 삶을 (되돌려) 주는 존재이다. 다른 많은 전승처럼, 출애굽 사건은 성서적 신앙과 성서의 하나님이 역사의 공적 과정에 결정적으로 연결되어 있다는 것을 확증한다. 부정적으로는, 이 내러티브는 성서적 신앙이 개인적 웰빙의 행위 또는 하나의 종교적 "신념"(idea)으로 축소될 수 없다는 것을 확증한다.

셋째, 역사의 공적 과정에 나타나는 구속에 관한 이러한 주장은 파생적으로 야웨를 **해방의 하나님**(a liberating God)으로 특징짓는다. 그는 모든 억압적 세력에 대항하여 억압받는 자들의 편에 서 있다. 따라서 출애굽 내러티브는 20세기 후반에 나타난 해방신학의 원뿌리(taproot)가 되었다. 해방신학은 하나님의 사역이 억압받는 자를 해방시킨다는 확신이다.

넷째, 동시에, 프랫하임(Fretheim)은 구속-해방을 출애굽 내러티브의 핵심으로 간주하는 해석적 경향이 내러티브에서 야웨가 창조주 하나님의 생명 질서 의지에 대항하여 일하는 혼돈의 세력인 파라오를 패배시키기 위해서 창조의 세력들(모기와 우박과 같은 재앙으로)을 동원할 수 있는 **창조주 하나님**(the creator God)이라는 인식에 대응된다는 것을 분명하게 했다.

다섯째, 창조주이자 구원자로서 하나님의 주권적 의지가 동원되는 것은 근본적으로 내러티브 안에서 **야웨의 주권**(YHWH's sovereignty)을 확립하고, 주장하고, 그리고 기념하는 것에 기여한다. 야웨는 "영광을 얻을 것이다"(출 14:4, 17).

여섯째, 그러나 이러한 주권을 드러내는 것은 **이스라엘을 향한 헌신**(a commitment to Israel)을 수반한다. 따라서 이스라엘은 이 내러티브 안에서 창조주이자 구속자인 야웨의 능력에 대한 유일한 수령자인 것으로 제시된다. 그러므로 이 내러티브는 언약을 체결하고 토라를 받기 위해 시내산으로 빠르게 가는 길에 있는 야웨의 백성으로서의 이스라엘의 독특한 역할을 확언한다.

어떤 방식으로든 이스라엘에 대한 그러한 특수한 주장을 감소시키지 않으면서, 다른 억압받는 민족들을 야웨의 은혜로운 구원의 대상으로 포함시키기 위한 전승이 이스라엘로부터 필연적으로 추론되었다. 이는 결국 "가난한 자들을 위한 하나님의 우선적 선택"이라는 확신으로 등장한다. 이스라엘의 상당히 특별한 주장은 많은 다른 억압의 장소들에서 이와 동일한 하나님이 일한다고 보도록 하기 위한 거대한 해석적 자유를 위한 자료가 되었다(참조. 암 9:7).

일곱째, 출애굽 내러티브는 야웨를 창조주이자 구원자로 특징짓고, 이와 함께 이스라엘을 야웨의 관심을 받는 결정적 수령자로 특징짓는다. 동시에 이 내러티브는 더욱 광범위하게 **공적 역사**(제국적 관점에서 나타나는 사회적, 경제적, 그리고 정치적 권력의 실재)를 **특징짓는다**. 즉, 공적 역사를 야웨 주권의 영역으로, 따라서 야웨의 해방 목적이 발생하고 있는 새로운 장으로서 특징짓는다.

공적 역사에 관한 이러한 특수한 분별은, 왈처(Walzer)가 보았던 것과 같이, 출애굽 내러티브를 혁신적 정치 이론을 위한 결정적 본문으로 만들었으며, 이것은 심지어 현대 세계에까지 영향을 끼치고 있다.

여덟째, 출애굽 사건은 야웨의 단독적인 사역이다. 동시에, **인간 등장인물로서의 모세**(Moses as a human character)는 그 이야기에 없어서는 안 될 필수 존재이다. 따라서 출애굽은 자유를 향한 인간 의지의 중대성(cruciality)에 관한 증거이다. 이 내러티브는 힘없는 노예들이었던 모세와 아론이 "그들 자신의 역사 안에서 실행자들"이 되고, 이는 그들의 해방으로 이어진다는 것을 분명하게 한다.

출애굽 전승의 지속적 힘과 권위는 신앙 공동체들이 (그리고 파생적으로 그러한 공동체 밖에 있는 사람들이) 이러한 기억과 전통 안에서, 심지어 가장 억압적 전체주의조차도 결국에는 거부할 수 없는 희망과 역사적 가능성의 토대를 계속해서 발견한다는 것을 가리킨다.

파라오가 그러한 모든 억압자에 대한 전조(harbinger)가 되기 때문에, 이 내러티브는 파라오가 결국에는 항상 패배한다는 것을 분명히 한다. 이 내러티브와 그것의 엄청난 생성성(generativity)은 세상과 하나님의 실재가 서로 깊이 얽혀 있어서 세상의 웰빙이 하나님의 영광이 선사하는 선물이라는 결정적 확신을 천명하는 성서가 가진 가장 설득력 있는 방식을 나타낸다.

참고 문헌

Anderson, Bernhard W. "Exodus Topology in Second Isaiah." in *Israel's Prophetic Heritage: Essays in Honor of James Muilenburg*, ed. Bernhard W. Anderson and Walter Harrelson (New York: Harper & Brothers, 1962), 177-195.

Brueggemann, Walter. "The Book of Exodus: Introduction, Commentary, and Reflections." in *NIB* (Nashville: Abingdon Press, 1994), 675-981.

Brueggemann, Walter. "The Exodus Narrative as Israel's Articulation of Faith Development." in *Hope within History* (Atlanta: John Knox Press, 1987), 7-26.

Brueggemann, Walter. "'Exodus' in the Plural (Amos 9:7)." in *Many Voices, One God: Being Faithful in a Pluralistic World*, ed. Walter Brueggemann and George W. Stroup (Louisville, Ky.: Westminster John Knox Press, 1998), 15-34.

Buber, Martin. *Moses: The Revelation and the Covenant* (Atlantic Highlands, N. J.: Humanities Press International, 1988).

Dozeman, Thomas B. *God at War: Power in the Exodus Tradition* (Oxford: Oxford University Press, 1996).

Fretheim, Terence E. "The Plagues as Ecological Signs of Historical Disaster." *JBL* 110 (1991): 385-396.

Fukuyama, Francis. *The End of History and the Last Man* (New York: Free Press, 1992).

Gowan, Donald E. *Theology in Exodus: Biblical Theology in the Form of a Commentary* (Louisville, Ky.: Westminster John Knox Press, 1994).

Iersel, Bas von and Alton Weiler. *Exodus: A Lasting Paradigm* (Concilium; Edinburgh: T. & T. Clark, 1987).

Levenson, Jon D. "Exodus and Liberation." Jon D. Levenson in *The Hebrew Bible, the Old Testament, and Historical Criticism* (Louisville, Ky.: Westminster/John Knox Press, 1993).

Pixley, Jorge W. *On Exodus: A Liberation Perspective* (Maryknoll, N. Y.: Orbis Books, 1983).

Plastaras, James. *The God of the Exodus* (Milwaukee: Bruce Publishing Company, 1966).

Walzer, Michael. *Exodus and Revolution* (New York: Basic Books, 1985).

88. 타락
The Fall

"타락"은 고전 기독교 신학에서 지배적 모티프이다. 이것은 로마서 5:12-21과 고린도전서 15:21-22, 45-49에 나타나는 아담과 그리스도에 관한 바울의 논의로부터 유래한다. 이 본문들에서, 바울은 아담(그는 죄를 세상에 들여온다)의 의미를 그리스도(그는 아담의 죄에 대한 하나님의 최종적 해결책이다)와 대조시킨다.

"타락"이라는 용어는 하나님과의 관계로부터 부패(corruption), 타락, 그리고 결핍의 상태 안으로의 우주적이고 돌이킬 수 없는 전락을 시사한다. 그 안에서 인간 존재는 전적으로 무력하고, 오직 그리스도 안에서 하나님의 강력한 개입을 통해서만 희망을 품을 수 있다.

이러한 독법에서, 죄의 세력은 아담을 통해 세상에 들어왔고, 말하자면 "인간의 유전자를 통해" 세대에서 세대로 전해진다. "타락"이라는 개념은 인간의 죄에 대한 심오한 이해를 단언하고, 이것은 기독교 신학에서 예수 그리스도의 복음 안에 주어진 은혜에 관한 심오한 개념에 대응된다.

타락에 관한 교리는 창세기 3장의 내러티브에 기초한다. 거기에서 최초의 부부, 아담과 하와는 창조주의 명령에 불순종하고, 그 결과 에덴동산으로부터 불가역적으로 추방된다. 이 내러티브는 인간 부부를 불순종으로 유혹하는 뱀의 역할에 의해 복잡해지고, 이는 복음이 없는 인류의 부정적 운명을 영구적으로 봉인한다. 이 내러티브는 내러티브에 주어져 있는 뱀의 기원 혹은 특징에 관한 어떠한 설명도 제공하지 않는다.

인간의 유전적 부패에 관한 이러한 교리는 크게는 아우구스티누스(Augustine)의 지대한 영향을 통해서, 그리고 마틴 루터(Martin Luther)의 보다 덜한 영향을 통하여 기독교 신학에서 큰 역할을 발휘했다. 그러나 구약성서에서, 창세기 3장 자체는 유전되는 부패에 관해서 어떤 것도 말하지 않는다. 왜냐하면, 이 내러티브는 하나님과 인류 사이에 문제가 되는 상호작용을 기술하고 있는 많은 것 중 단지 하나인 것처럼 보이기 때문이다. 창세기 3장은 특별한 중요성을 지니고 있지 않은 것처럼 보이거나, 또는 뒤따르는 다른 내러티브들을 지배하거나 그것들에 우선하는 주요한 주제를 소개하는 것처럼 보인다.

일반적으로 구약성서는, 고전 기독교 신학이 그러한 것처럼, 인간의 죄성에 관한 심오한 혹은 두려움으로 가득한 개념을 고수하지 않는다. 창세기 3장에 관한 기독교적 읽기(혹은 과도한 읽기)는 어떠한 해석 전통이 그 자체로 생명력을 갖고, 본문에 부과될 수 있는 한 방식의 전형적 예가 된다. 예레미야 31:29-30과 에스겔 18:1-4에서, 예언 전통은 특정한 역사적 맥락에서 신앙의 한 세대가 다른 세대로부터 죄를 물려받는다는 어떠한 개념에도 거부하기 위해 노력한다(또한, 참조 신 24:16).

비록 바울이 타락을 기독교 신앙에 핵심적인 것으로 (그리고 죄의 고백을 기독교 제의에 핵심적인 것으로) 만든 주요한 해석자였다고 할지라도, 바울이 유전되는 죄에 관한 문제를 **새로이**(*de novo*) 표현했다고 추정해서는 안 된다. 아무튼 아마도 기원후 70년 직후의 연대로 추정되고 바울의 저작들과 동일한 세상 안에 있던 것처럼 보이는 외경 에스드라2서는 신앙인들이 인간 곤경의 무력함을 숙고하면서 알게 된 슬픔을 표현한다.

> 우리가 설명할 수 없는 악함과 고통의 세상 속에 태어나는 것보다 차라리 생기지 않는 것이 더 낫다. …
> 우리는 너나 할 것 없이 모두 죄인이다.
> 우리 때문에, 인류의 죄 때문에, 정의의 수확과 보상이 지체된다는 것이 있을 수 있는가? …
> 오 아담이여, 당신은 무슨 짓을 저질렀는가?
> 당신의 죄는 당신의 타락만이 아니었다. 그것은 또한 우리, 당신의 자손들 모두의 타락이었다. 우리가 죽을(mortal) 죄를 지었을 때 우리에게 영혼불멸(im-

mortality)의 약속이 얼마나 선한 것인가. 혹 영원에 대한 희망이 우리에게 온 비참하고 헛된 상태에서 얼마나 선한 것인가 …

우리는 우리의 집안을 부패 시켰다(에스드라2서 4:12, 38-39; 7:48-50, 54 NEB).

문헌적 의존성들을 추적하는 것은 불가능하다. 그러나 우리는 유대인 세계의 깊은 실망을 볼 수 있는데, 그 안에서 바울은 교회의 믿음을 분명하게 표현했다.

순종에 관한 구약성서의 이해들과 죄와 은혜에 관한 기독교의 이해들 사이에 있는 대조는 유대교와 기독교 사이에 있는 강조의 중요한 접점과 차이점을 제공할 수 있다. 리쾨르(Ricoeur)가 보여 주었던 것과 같이, 창세기 3장은 신선한 해석을 일으키는 매우 생산적인 종류의 본문이다.

동시에, 몇몇 현대 학자는 고전 기독교 신학을 지배하게 되었던 바울의 여러 범주가 그 이후의 해석에서 오해 또는 구상화되었을 수 있다고 주장한다. 이 문제는 어려운 것이다. 그러나 의심의 여지 없이, 유대인과 기독교인 사이의 신선한 교류는 오래전부터 내려온 여러 해석적 가정의 재고려에 대한 중요한 토대를 제공할 것이다.

참고 문헌

Barr, James. *The Garden of Eden and the Hope of Immortality* (Minneapolis: Fortress Press, 1993).

Barth, Karl. *Christ and Adam* (New York: Harper & Row, 1957).

Donfried, Karl P. *The Romans Debate* (Peabody, Mass.: Hendrickson Publishers, 1991).

Ricoeur, Paul. *The Symbolism of Evil* (Boston: Beacon Press, 1967).

Stendahl, Krister. "The Apostle Paul and the Introspective Conscience of the West." in *Paul among Jews and Gentiles* (Philadelphia: Fortress Press, 1976).

89. 탄원
The Lament

 탄원은 양식화된(주로 시적으로) 담화 양식이고, 이스라엘에서 선호되고 특징적인 간구 기도의 방식이었다. 그러한 탄원 기도들이 구약성서의 다른 곳에도 나타난다고 할지라도, 시편의 3분의 1이 탄원이다. 탄원은 이스라엘이 하나님에게 자신들의 필요를 말하고, 그 필요를 해결하거나 극복하기 위해 하나님이 결정적으로 반응해야 한다고 요청하는(또는 기대하거나 요구하는) 대담할 정도로 적극적인 방식이다.
 구약성서는 이스라엘의 강력한 간구가 적절하고 타당한 기도의 양식이라는 것, 그리고 이스라엘이 끈질긴 방식으로 하나님에게 요구할 권리와 의무를 갖고 있다는 것을 정기적으로 전제한다. 게다가 그 전제는 상호신뢰와 헌신의 언약으로 하나님에게 묶인 하나님 자신의 백성이 기도를 드리고 있기 때문에 하나님은 그 기도에 응답해야 하는 타당한 의무를 갖고 있다는 것이다. 아주 드문 경우에, 기도는 체념의 기분으로 하는 슬픈 탄원이다. 훨씬 더 종종 기도는 적극적으로 하나님으로부터의 좋은 해결을 기대하는 항의 또는 불평이다.
 이 양식화된 기도의 형식은 공동체의 구성원으로서 기도하지만 동시에 하나님과의 친밀한 사적 관계로부터 말하는 개인적 화자의 목소리 안에서 종종 나타난다. 그러한 개인적 기도들은 질병, 사회적 고립, 또는 아마도 감옥에서부터 하나님에게 간구할 수 있다. 때때로 이 기도는 죄의식을 표현하고 용서를 구한다. 그러나 훨씬 더 자주 이 기도는 야웨를 향한 충실함을 표현하고, 야웨로부터 상응하는 충실함을 구한다.
 탄원 기도들은 다소 다양한 형식으로 탄원 기도들은 전체 공동체가 전쟁 혹은 가뭄과 같은 공공의 위기에 처해 있을 때 공동체의 목소리로 제시될 수 있다. 구약성서에서 가장 특별하게 그러한 공동의 탄원들은 기원전 587년 바빌론인의 손에 예루살렘 성전이 파괴된 것과 구체적으로 관련된다. 이 심오한 관심은 시편 74편, 79편 그리고 예레미야애가의 시 모음집 안에 표현되어 있다. 이 시들은 상실의 슬픔, 파괴하는 적에 대한 정당한 분노, 그리고 하나님의 적극적 개입에 대한 깊고 확신에 찬 갈망을 표현한다.

이러한 기도 형식의 가장 흥미롭고, 아마도 가장 중요한 반복적 특징은 비록 그것이 특징적으로 궁핍, 슬픔 혹은 지독한 곤경으로 시작한다고 할지라도, 이러한 동일한 기도들이 특징적으로 찬양, 송축, 그리고 하나님이 행동했거나 혹은 행동할 것이라는 확신으로 끝난다는 점이다.

따라서 시편 13:1-4의 간청은 5-6절에서 찬양에 상응한다. 시편 22편에서, 1-22a절은 이후의 21b-31절의 해결로 이어진다. 시편 39편과 88편은 일반적 패턴에 대한 중요한 예외들이다. 왜냐하면, 이 시편들은 어떠한 긍정적 해결을 포함하고 있지 않기 때문이다. 그것들은 하나님이 특징적으로 기도에 응답할 수 있으나 자동적으로는 아니라는 것을 인정하는 솔직한 행동으로 이 모음집에 포함되어 있다.

하나님을 향해 말하는 명령형들로 가득한 이러한 까다로운 기도들이 특징적으로 응답된다는 사실은 네 가지 중요한 해석적 요점을 제안한다.

첫째, 이 기도들은 실제 기도이지, 단순히 화자가 자신의 필요를 큰 소리로 표현함으로써 "더 기분 좋게 느끼도록" 하는 심리적 카타르시스 행동들이 아니다. 이러한 기도들은 진지하게 하나님에게 드려지며, 응답될 것으로 기대된다.

둘째, 그중의 일부 탄원 기도는 절박함으로 인해 거칠게 표현되는데, 이는 하나님이 듣고 그에 반응하여 응답할 것이라는 확신 안에서 발화된 희망의 행동이다. 이 점은 매우 중요하다. 왜냐하면, 전통적 기독교의 경건함은 하나님을 향한 이러한 거친 언어를 모욕적이고, 공손한 신앙의 품위를 떨어뜨리는 것으로 간주하는 경향이 있기 때문이다. 이 기도들은 궁핍함이라는 어려운 환경 안에서 신앙이 하나님을 향한 공손함이 아니라, "어떠한 비밀도 숨겨질 수 없는" 하나님을 향해 표현된 궁핍함에 대한 완전한 솔직함을 요구한다는 이스라엘의 인식을 반영한다.

셋째, 이 기도들이 특징적으로 기쁨의 결단으로 끝난다는 사실은 이스라엘의 선포의 지평 안에서 그것들이 상황을 변화시키기 위해 개입하는 하나님으로부터의 변혁적 응답을 실제로 늘 불러일으키는 효과적인 기도라는 것을 나타낸다. 즉, 그것들에 관하여 "현대적" 신앙에 도전을 제기하는 열정적 현실주의가 존재한다. 그러한 현실주의(실제적 응답을 하는 실제 하나님을 향하여 실제적 희망 안에서 드리는 실제 기도)는 이스라엘이 자신의 기도를 경건한 역할놀이가 아닌 실제적 의사소통으로 이해했다는 것을 제안한다.

넷째, 널리 퍼져 있는 교회의 관행 안에서 (제의적 기도 안에, 그리고 개인적 헌신 안에) 이러한 기도들은 매우 중요한 발전인 신앙의 지평에서 거의 사라졌다. 아마도 그것들은 사용되지 않는 채로 있는 것 같다. 왜냐하면, 그것들은 "교양 있는 기독교인들"(nice Christians)에게는 너무 원초적이고 솔직하고 거칠기 때문이며, 그것들은 들으시고 행동하시는 하나님을 기대하지 않는 현대인들에게는 너무 지나친 희망이기 때문이다.

더욱 덜 까다로운 형식으로 기도의 톤을 낮추는 것은 많은 기도에 있어서 현실성의 상실, 솔직함의 상실, 활력의 상실을 구성한다.

이러한 시편들을 연구하고 사용하는 것은 아마도 이스라엘이 자신의 고유한 고대의 관용구 안에서 뒤늦게 12단계 프로그램의 형태를 취했던 상호작용론적 역학(interactionist dynamics)을 오랫동안 이해해 왔다는 것을 우리에게 제안할 것이다. 이러한 반복되는 패턴의 기도는 그것이 종교적으로 대담하고 까다로운 만큼 심리학적으로도 분별력이 있는 것이다. 이 시편들은 삶의 모든 차원을 돌보고 다스리는 하나님과 맺은 삶의 모든 차원의 실제적인 약속을 반영한다.

참고 문헌

Anderson, Gary A. *A Time to Mourn, A Time to Dance: The Expression of Grief and Joy in Israelite Religion* (University Park: Pennsybania State University Press, 1991).

Brueggemann, Walter. *The Message of the Psalms: A Theological Commentary* (Minneapolis: Augsburg Publishing House, 1984), 51-121.

Brueggemann, Walter. *The Psalms and the Life of Faith* (Minneapolis: Fortress Press, 1995), 33-111, 127-134, 258-282.

Fisch, Harold. "Psalms: The Limits of Subjectivity." in *Poetry with a Purpose: Biblical Poetics and Interpretation* (Bloominton: Indiana University press, 1988), 104-135.

Miller, Patrick D. *They Cried to the Lord: The Form and Theology of Biblical Prayer* (Minneapolis: Fortress Press, 1994), 55-177.

Westermann, Claus. *Praise and Lament in the Psalms* (Atlanta: John Knox Press, 1981).

90. 토라
Torah

　이 광범위한 히브리어 용어는 특징적으로 기독교 전통에서는 영어로 "율법"(law)으로 번역되고, 헬라어 신약성서에서는 **노모스**(*nomos*)로 옮겨진다. 아우구스티누스와 루터의 "율법"에 대한 엄격함을 고려해 볼 때, 그러한 번역은 불행한 축소이다. 히브리어 명사(*torah*)는 "내던지다", "던지다" 혹은 "겨누다"를 의미하는 동사 **야라**(*yarah*)로부터 유래한다. 그러한 동사적 행동으로부터 나온 명사는 "교훈"(instruction) 혹은 "지침"(guidance)을 의미하게 된다.

　우리는 먼저 토라(지침, 교훈)를 부모의 가르침과 같은 어떠한 권위 있는 가르침으로 이해해야 한다(잠 1:8; 6:20, 23을 보라). 그러한 권위 있는 가르침을 신앙의 영역 안으로 끌어오게 되면, 그것은 하나님의 교훈으로 이해되고, 제사장들(렘 18:18), 또는 아마도 훨씬 더욱 정확하게, 레위인의 직무를 통해 중재된다(신 33:10-11). 이 후자의 가르침들은 희생 제사와 정결함과 같은 종교적 문제들의 관리에 관한 상당히 구체적인 교훈들과 관련되어 있을 것이다. 불필요하고 의도하지 않은 하나님 모욕을 회피하기 위해서 적절한 가르침이 요구된다.

　그러나 구약성서의 형성에서, 토라의 개념은 그러한 구체성으로부터 공동체를 위해 일반적으로 권위 있는 것으로 간주되는 많은 가르침을 가리키는 것으로 옮겨진다. 구약성서의 최종 형태에서, 다양한 형태로 시내산에서 주어진 모든 계명은 시내산에서 하나님의 백성이 되는 것에 동의한 이스라엘의 책무에 관한 단일한 모음집으로 간주된다.

　따라서 토라는 언약의 기능이자 부분집합이다. 그 안에서 언약적 순종 안에 있는 이스라엘의 삶이 완전히 설명된다. 구체적 교훈으로부터 권위 있는 가르침의 본체로의 이러한 변화는 오랜 기간에 걸쳐 수많은 세대에 의한 여러 층의 해석을 통해 일어났다. 그러한 교훈의 본체는 이스라엘의 삶의 모든 측면이 순종 아래 있어야 한다고 의도한다. 아마도 이러한 계획적 주장의 가장 큰 두 가지 주제는 우선 정결함(purity), 그리고 다음으로 정의(justice)일 것이다.

궁극적으로 우리는 "토라"라는 용어의 두 가지 특징적이고 중요한 용례를 확인할 수 있다. 그 두 가지 모두는 야웨의 주권적 뜻을 나타내며, 이제 두루마리 안에서 뚜렷하게 사용할 수 있게 된 가르침으로 처리된다.

첫째, 이 용어는 신명기에서 특별히 "이 토라"(개역개정은 "이 율법", 역자주)에 대해 말할 때 사용되며(신 1:5; 4:8, 44; 17:18; 27:3, 8, 26; 28:58; 29:20, 27; 30:10; 31:9-12, 24, 26), 이는 신명기의 교훈적 두루마리 자체를 그것의 전통과 함께 자의식적으로 가리킨다. 토라의 계명 중 또 다른 중요한 요소들은 언약법전(출 21-23장), 그리고 성결법전(레 17-26장)을 부분 요소로 가지고 있는 제사장 전통(출 25:1-민 10:10)이다.

그러나 신명기와 그 파생 전통들은 중심적 부분을 차지하고, 새로운 상황들을 충족시킬 수 있는 해석을 통해 지속해서 발전하는 가르침 전통의 역동적 과정들을 예시한다. 어떤 의미에서, 신명기의 언약 전통은 이스라엘이 삶의 모든 측면에서 야웨에게 순종으로 반응해야 한다는 이스라엘의 확신을 가장 완전하게 표현한다.

둘째, "토라"라는 용어는 본문의 최종 형태에서 오경 전체를 가리키게 된다. 창세기부터 신명기까지 성서의 첫 다섯 권인 이 최종 모음집은 유대교에 대한, 그리고 파생적으로 기독교에 대한 결정적으로 권위 있는 문서이다. 이러한 용법에서, 토라는 교훈뿐만 아니라 내러티브도 포함한다. 오경의 법전들 안에 있는 여러 교훈은 이스라엘을 향한 하나님의 뜻이라는 일련의 상당히 뚜렷한 공식들을 포함하고 있고, 그것들은 시내산이라는 표제 아래 함께 모아져 있다.

이러한 다양한 모음집은 길고 복잡한 전통화 과정(traditioning process)을 대표하지만, 최종 형태에서 이스라엘을 향한 야웨의 단일한 뜻으로 이해된다. 이 모음집의 내러티브 부분에는 창세기의 창조 이야기와 조상들에 관한 이야기, 그리고 출애굽과 광야 전통이 포함되어 있다.

아마도 내러티브는 교훈을 위한 틀과 맥락을 제공하거나, 또는 내러티브 자체가 최종적 표현으로 교훈이 될 것이다. 즉, 기억하고, 낭독하고, 그리고 다시 이야기하는 행동은 사실상 "이스라엘이 되는 방법"에 관한 교훈이다. 왜냐하면, 언약 공동체의 현재 특징이 예상대로 전통 안에 이미 주어져 있기 때문이다.

오경의 최종 형태는 요약하면 공동체 존재를 야웨의 행동과 뜻에 관한 본문의 기사 안에 위치시킨다는 것이 무엇을 의미하는지에 관한 진술이다. 이러한 내러티브와 가르침으로서의 자료는 단순한 보도가 아니라, 오히려 신뢰와 순종의 반응을 의도하고 불러일으키는 문학이다.

이스라엘을 하나님의 언약 백성으로 계속해서 형성하고 재형성하는 전통의 이러한 역동적 과정은 지속적 전통 안에 있는 토라의 네 가지 용법에서 뚜렷하게 나타난다.

첫째, 에스라 시대에 이르러(아마도 기원전 450년경), 오경(성서의 처음 다섯 권의 책)은 아마도 "최종 형태"를 갖추었을 것이다[에스라를 보라]. 느헤미야 8장은 일반적으로 유대교의 설립 사건으로 간주하는 하나의 사건에 대해 보도한다. 에스라와 지도층 장로들은 "하나님의 율법 책을 낭독하고 그 뜻을 해석하며" 읽는다(8절). 이 보도는 문헌의 완성된 형태를 증언하는 것일 수도 있지만, 유대교 해석의 특징적 순간을 더욱 중요하게 보도한다. 왜냐하면, 이 순간에 에스라의 사역을 통해서 발생한 것이 유대교가 정기적으로 행하는 일이기 때문이다.

공동체는 이스라엘을 형성한 내러티브 교훈을 또다시 듣는다. 백성들은 그 교훈을 해석과 함께 듣는다. 이 해석은 교훈을 새로운 환경에서 실행할 수 있게 하고, 그렇게 함으로 교훈은 다시금 권위를 확인하고 권위를 부여하는 본문 안에 자리를 잡는다. 듣고 해석된 본문은 공동체에게 세상 안에서의 독특한 정체성과 소명을 제공한다. 따라서 토라는 공동체를 일깨우고(community-evoking), 공동체에 권위를 부여한다(community-authorizing).

둘째, 에스라 운동 이후의 어느 시기에 완성된 시편의 최종 형태에서, 시편집의 편집과 배열은 "토라 경건"(Torah piety), 즉 더욱 오래된 토라 두루마리들 안에 표현된 경건에 대한 헌신으로 실행되었을 것이다. 토라 시(Torah Psalms)인 1, 19, 119편의 전략적 배치는 이 시편들이 토라 교훈을 기쁘게, 순종하며 수용하는 것이 웰빙으로 가는 길이라는 확신을 갖고 시편 집을 읽고 노래하도록 이끄는 단서를 제공함을 암시한다.

오래된 아크로스틱 시(acrostic poem)인 시편 119편에 특별한 관심이 기울여져야 한다. 이것은 토라 경건에 관한 요약이다. 이 시편은 교육적 열정, 예술적 감성, 그리고 아마도 제의적 참여를 구현한다. 토라와 시편집의 접속 결과는 이 공동체가 배울 뿐만 아니라 노래도 함으로 이러한 경건이 이스라엘의 제의적 상상력을 키우고 형성한다는 것이다.

셋째, 에스라 이후의 시대에, 유대교는 대부분 서기관의 지도력을 통해서 형성되었다(느 8:1을 보라). 그들은 학식 있는 사람들로서 더욱 오래된 토라 두루마리들을 지혜롭게 그리고 계속되는 권위를 가지고 다루었다[**서기관**을 보라].

이 서기관들은 "새로운 가르침"의 목소리들이 아니고, 옛 토라 전통들을 가치 있게 여기고, 해석하고, 존속시킨 사람들이었다. 이런 방식으로, 옛 두루마리들로부터 멀리 떨어진 시기에 출현한 유대교는 계속되는 가르침과 해석을 통해 오래된 권위 있는 자료들에 지속해서 헌신했다. 그 결과, 유대교의 경건과 상상력은 계시가 되어 두루마리 안에 담긴 하나님의 뜻에 대한 순종이 유대인 삶의 목적이자 소명이라는 확신으로 형성되었다.

넷째, 구약성서 전체에서 가장 광범위하고 아마도 후대에 나타난 시적 환상 중 하나인 이사야 2:2-4와 미가 4:1-4의 예언 신탁은 모든 나라가

장차 다가올 시기에 웰빙을 위해 예루살렘으로 모일 것을 예견한다. 이 환상에 나타나는 여러 나라가 제왕적, 정치적 권력에 복종하기 위해서 예루살렘에 오는 것이 아니라는 사실이 중요하다. 오히려 그들은 군비축소, 평화, 그리고 웰빙을 가능하게 할 "교훈"(토라)을 얻기 위해 온다.

이 본문들은 토라가 유대교를 위한 결정적 교훈일 뿐만 아니라, 모든 나라를 위한 궁극적 교훈이라는 인식을 암시한다(참조. 사 42:4, 여기서 NRSV는 토라를 "가르침"[teaching]으로 번역한다: 개역개정은 "교훈"으로 번역, 역자 주). 이 토라는 세상을 위한 웰빙의 비밀, 요컨대 시내산에서 계시되었지만, 창조 전체를 위해 제공된 하나님의 뜻인 그 비밀을 담고 있는 가르침의 전통으로 대담하게 이해된다.

성서 이후 랍비 유대교의 발전에서, 이 확신과 관습은 비록 두루마리화되어 있지는 않았지만, 잘 알려져 있고 신뢰받는, 그래서 존중받는 가르침으로 수용된 권위 있는 전통인 "구전 토라"(oral Torah)에 등장했다. 게다가 토라는 중요한 방식으로 기독교가 유대교로부터 출현했던 모체이다. 기독교의 고정관념의 오랜 전통에서, 유대교는 불행하게도 "율법주의적"(legalistic)이라고 간주되고 표현되었다.

기독교 해석은 유대교에서 "영혼을 소생시키는"(시 19:7) 토라의 긍정적이고 생성적인 힘을 정기적으로 오해, 왜곡했다. 예수가 자신이 토라를 "완전하게" 하기 위해 왔다고 선포했던 것처럼(마 5:17), 우리는 그의 사역이 생명을 주는 토라의 능력에 관한 표현으로 받아들여졌다는 것을 이해할 수 있을 것이다.

기독교 해석자들이 이 유감스러운 고정관념들을 넘어서게 되면, 우리는 신약성서의 초대 교회에서, 비록 심지어 토라에 관한 기원후 1세기 해석이 매우 문제가 많았다고 할지라도, 토라가 계속해서 중요하고 권위 있는 자료였다는 것을 알 수 있다. 결국, 기독교인도 유대인과 마찬가지로, 하나님의 계시된 목적들에 대한 즐거운 순종에 관여한다. 토라는 신앙의 미래가 깊이 뿌리를 내리고 있는 그러한 계시의 근본 원천이다.

참고 문헌

Crüsemann, Frank. *The Torah: Theology and Social History of Old Testament Law* (Edinburgh: T. & T. Clark, 1996).

Miller, Patrick D. "Deuteronomy and Psalms: Evoking a Biblical Conversation." *JBL* 118(1999): 3-18.

Sanders, E. P. *Paul and Palestinian Judaism: A Comparison of Patterns of Religion* (Philadelphia: Fortress Press, 1977).

Sanders, James A. "Torah and Christ." *Interpretation* 29(1975): 372-390.

91. 페르시아
Persia

지금의 이란을 차지했던 민족인 페르시아 제국은 바빌론 세력을 패배시켰던 최초의 위대한 지도자 키루스(Cyrus: 우리말 개역개정에서는 "고레스", 역자 주) 시대(기원전 550-530년)부터 기원전 333년 알렉산더 대왕에 의해 멸망할 때까지 근동의 역사와 정치를 지배했다. 따라서 두 세기 동안, 페르시아 제국은 이 지역을 지배하는 세력이었다.

최근까지, 고대 이스라엘 공동체에 미친 페르시아인들의 영향력에 대해서는 많이 알려져 있지 않았고, 학자들도 그것에 많은 관심을 두지 않았다. 그러나 최근에 학자들은 페르시아의 패권 아래 있던 유대교의 시기가 유대교를 형성하는 데 있어서, 그리고 구약성서의 형성에 있어서 생성기였다는 전망을 고려하고 있다.

구약성서와 관련한 페르시아 정책의 주요한 특징은 정복된 민족들에 대한 새로운 정책이다. 페르시아인들은 아시리아와 바빌론이 시행했던 억압적 제국 정책을 뒤집었고, 그 대신에 종교와 정부의 지역적 자치권을 장려했으며, 지역적 허가사항들은 세금 징수에 관한 요구들과 제국의 이익에 대한 순응으로만 제한되었다.

더욱이, 지역적 주도권에 대한 이러한 다소 온건한 정책은 구약성서에서 상당히 긍정적으로 평가된다. 따라서 잔인한 바빌론과 온건한 페르시아 사이의 대조는 아마도 거기에서 과장되었을 것이다. 그럼에도 불구하고, 페르시아의 정책은 시간이 지남에 따라 바빌론에 있는 유대인 추방자들이 예루살렘으로 귀환하는 것을 허용했다.

우리는 페르시아 제국의 권력과 신흥 유대교 사이의 세 가지 결정적 접점을 식별할 수 있다.

첫째, 바빌론에 대한 고레스의 첫 승리는 포로기 이사야의 시에서 화려하게 기념되고, 야웨의 명령에 따른 하나님의 백성의 위대한 해방의 행동으로 인식된다. 따라서 이사야 44:28은 고레스를 "나의 목자"(즉, 야웨에 의해 지명된 "왕")로 나타내고, 45:1은 놀랍게도 고레스를 "기름 부음 받은 자"(=메시아)로 나타낸다. 이것은 제국의 대격변에 대한 야웨 신앙적인(Yahwistic)인 해석이다. 이를 통해 바빌론의 힘이 페르시아로 옮겨진 것은 야웨의 편에서 볼 때 "위대한 행동"으로 표시된다.

당연히 이러한 해석은 고대 이스라엘이 그들의 세계를 야웨와 관련하여 기꺼이 재기술할 준비가 되어 있다는 것을 반영한다. 고레스의 새로운 정책은 실제로 일부 지역의 자치를 실행할 수 있는 포로들의 귀환을 허용했다.

둘째, 고레스의 두 번째 계승자, 다리우스(Darius: 기원전 522-486년, 우리말 개역개정에는 "다리오", 역자 주)는 바빌론이 587년에 파괴했던 예루살렘 성전 재건을 후원했다. 고레스는 재건을 허가했다(대하 36:23; 에 1:2-4; 6:3-5). 그러나 재건은 다리오에 의해 착수되었다. 이러한 제2성전의 건축은 학개서와 스가랴 1-8장의 예언 자료들 안에 반영되어 있다.

학자들은 페르시아의 기금으로 지불된 예루살렘 성전이 유대인의 삶의 중심지로서, 또한 페르시아인을 위한 행정 및 세금 징수의 중심지로서 이중적인 사회적 기능을 가졌다고 생각한다. 따라서 유대교는 작은 구역의 자치권을 누렸으나, 페르시아 감독의 범주 안에 있었다.

셋째, 아르타크세르크세스(Artaxerxes: 우리말 개역개정에서는 "아닥사스다", 역자 주) 아래에서 에스라와 느헤미야라는 유대인 사이에서 새로운 지도력을 특징짓는 새로운 계획이 착수되었다. 그 임무의 시기는 불확실하다. 왜냐하면, 권한 있는 페르시아의 통치자, 아르타크세르크세스의 정체성이 불확실하기 때문이다.

어떤 경우든지 간에, 기원전 5세기에 서기관 에스라와 건축가 느헤미야는 예루살렘 도시를 복구하고, 유대교를 토라의 민족으로 재형성하기 위해 일했다. 느헤미야 8장의 사건과 관련하여, 에스라는 유대 전통에서 유대교의 창시자이자 모세 이후의 가장 중요한 인물로 여겨진다.

페르시아 제국의 지속적 힘에 적응하는 이스라엘의 신앙의 힘은 유대교의 미래에서 매우 큰 중요성을 지닌다.

첫째, 에스라와 느헤미야에 의해 대표되는 기원전 5세기의 귀환한 추방민들은 페르시아 제국의 힘과 중요한 연관성들을 지닌 자의식 강한 유대인의 엘리트 공동체를 이루었다. 따라서 유대교의 주된 가닥의 형성은 예루살렘의 권력 엘리트의 목소리와 이익을 대표한다. 그들은 유대교 내의 경쟁자가 되려는 목소리들로부터 자신의 해석적 이익을 보호하는 데 관심이 있었다.

둘째, 제국의 후원 아래 있는 의뢰인 공동체(a client-community)로서의 유대교(아마도 바인버그[Weinberg]의 제안에 의하면, "시민 성전 공동체"[a citizen-temple community])는 유대교에게 중요한 학습경험이었다. 그것은 유대교가 자신의 신앙 주장들에 대해 좀처럼 공감하지 않는 정치적, 사회적 환경 안에서 자신의 생존과 신실함에 관해 배워야 했던 여러 형태와 이미지를 제공했다. 즉, 유대교는 자신을 잘 대우했던 정치적 힘을 향한 일종의 실용주의를 학습했다.

셋째, 이 시기 동안, 토라(오경)는 최종 형태에 이르렀다. 실제로 토라는 제국의 현실 가운데서 이스라엘의 신앙 주장들을 판결하기 위해 고안된 문서로 정확히 인식될 수 있다. 따라서 페르시아 시기의 유대교는 구약성서에 결정적 형태를 부여했다. 그것은 열정적 신앙과 정치적 현실주의의 혼합이다. 점점 더 많은 학자가 페르시아 시기가 완성된 토라의 모체라는 견해를, 그리고 역으로 토라가 정확히 그러한 맥락 안에서 유대교에 기여하고 있다는 견해를 수용한다.

참고 문헌

Balentine, Samuel E. *The Torah's Vision of Worship* (OBT; Minneapolis: Fortress Press, 1999).

Berquist, Jon L. *Judaism in Persia's Shadow: A Social and Historical Approach* (Minneapolis: Fortress Press, 1995).

Grabbe, Lester L. *Judaism from Cyrus to Hadrian: Sources, History, Synthesis: The Persian and Greek Periods*, vol. 1 (Minneapolis: Fortress Press, 1991).

McNutt, Paula. *Reconstructing the Society of Ancient Israel* (Louisville, Ky.: Westminster John Knox Press, 1999).

Weinberg, J. P. *The Citizen-Temple Community* (Sheffield: Sheffield Academic Press, 1992).

92. 포로기
Exile

정복당하고 예속된 백성들을 강제 추방하고 이주시키는 과정은 고대 근동에서 희귀한 일이 아니었다. 지배적 제국의 세력들은 정복당한 공동체의 지도층 주민들을 이국의 정치적 환경들로 정기적으로 이주시켰던 것으로 보인다. 반면, 지배권에 대항하여 저항하거나 반역할 가능성이 적은 "비천한" 백성들은 거주지에 남겨 놓았던 것으로 보인다. 유배는 정복된 영역 안에 새로운 정치적, 경제적 질서를 설립하도록 고안된 제국 정책의 결과로 이해된다.

기원전 8세기와 7세기에 아시리아제국은 확실히 그러한 정책을 실행했었는데, 그것을 통해서 여러 개인과 가족들은 국가적 이유들 때문에 가혹하게 쫓겨났다(참조. 사 36:17). 특별히 열왕기하 17장은 722년, 아시리아 군대가 이스라엘의 북왕국과 수도 사마리아를 정복했을 때, 그 영토를 아시리아 자신의 제국 행정지역 안으로 편입시키면서 발생했던 추방을 보도한다.

본문은 "사마리아"라는 지역의 인구수가 줄어들었을 뿐만 아니라, 다른 곳에서부터 온 새로운 인구의 유입으로 다시 증가했다는 사실을 어느 정도 상세하게 기술한다. 하지만 이렇게 매우 논쟁적인 보도는 남쪽의 관점으로부터 주어진 것이고, 따라서 그 사건의 실재를 넘어서는 매우 과장된 내용일 가능성이 크다.

그러나 성서에서 722년 북쪽의 추방은 한 세기 후 바빌론 제국의 손에 의해 남쪽이 겪은 유다와 예루살렘으로부터의 추방에 관한 전조(harbinger)이다. 마지막 십 년 동안 다윗 왕조의 동요와 불안정 때문에, 바빌론과 유다 국가의 관계 또한 불안정했다. 결과적으로 바빌론인들은 세 번에 걸쳐 예루살렘의 지배층 주민들을 추방했고(렘 52:28-30), 그들을 고향에서 멀리 떨어진 바빌론에 정착시켰다(참조. 시 137편). 우리는 유다의 역사에서, 그리고 훨씬 더욱 이스라엘의 신앙에서 이러한 파괴와 추방이 지닌 결정적 중요성을 과장할 수 없다.

상당히 현실적이고 구체적으로, 세 번의 추방과 587년의 결정적인 예루살렘 파괴는 공적 제도로 잘 알려진 세계의 총체적 상실을 의미했다. 성전은 완전히 파괴되었고, 도시 벽은 분해되었고, 그리고 다윗 왕조는 불명예스러운 끝을 맞이했다. 이 파괴는 유다의 정치적 정체성의 종결(마카비 운동 동안에 짧은 시기를 제외하고)을 의미했다. 이것은 UN이 현대 국가인 이스라엘을 1948년에 형성할 때까지 지속됐다. 이러한 위기에서 공적, 정치적 상실은 막대한 것이다.

그러나 그것을 넘어서, 파괴와 추방의 사건은 야웨의 뜻, 목적과 관련하여 구약성서 성찰에서 신학적으로 이해되어야 한다. 유배가 구약성서 안에서 규범적으로 해석될 때, 두 가지 중심 주제가 명확하게 표현된다.

첫째, 이 위기는 하나님이 예루살렘을 포기하고, 이스라엘을 거부한다는 것, 그리고 그에 따라 하나님의 백성에게 야웨가 부재하다는 것에 관한 표시이다.

둘째, 그러한 포기, 거절, 그리고 부재는 대체로 야웨가 반항하는 공동체에 내린 맹렬한(당연한?) 심판으로 이해된다. 이는 예언자들이 매우 오랫동안 경고했던 것이다[**신명기 신학**, **보응**을 보라].

"여호와의 노래를 이방 땅에서 불러야" 했던 추방자들은 가시적 버팀목 없이 생존하고, 부재 가운데서 신실하게 살아가는 신앙의 형태들을 배워야 했다. 따라서 신학적으로 다루어진 유배는 구약성서에서 이스라엘의 삶에 정체성을 제공했던 모든 것의 사망으로 제시된다.

상실감(예레미야애가에서 표현된), 죄에 대한 인정(열왕기상하에서 보이는)과 더불어, "포로기"에 관한 가장 주목할 만한 사실은 혼란의 시기가 이스라엘에게 신학적 생산성의 주된 시기가 되었다는 것이다. 상실과 죄책감이라는 바닥에서부터 이스라엘에 일련의 새롭고, 창의적인 시적 목소리들이 일어났는데(사 40-55장; 렘 30-31장; 겔 33-48장), 그것들은 상실을 매우 심각하게 다루었으나, 포로 이스라엘이 희망을 품고 미래를 향할 수 있도록 기민하게 오래된 신앙 전승들을 재해석했다(예를 들어, 참조. 사 43:16-21; 렘 31:31-34; 겔 37:1-14).

이러한 해석을 통해, 포로 이스라엘은 이스라엘의 추방을 의도했던 하나님이 예루살렘과 유다에서 이스라엘의 안전과 안녕을 본연의 위치로 회복하는 일을 신실하게 행하실 하나님이라는 것을 믿고 신뢰하는 활기찬 희망의 공동체로 묘사된다.

고향으로의 귀환과 포로기의 종료는 강렬하게 기대되었다. 이러한 희망들의 성취는 절대 분명하지 않다. 파괴 이후 50년이 지난 537년, 귀환을 허가한 페르시아의 칙령 직후(참조. 스 1:2-11), 예루살렘으로의 첫 번째 귀환에 관한 여러 암시가 등장한다. 더욱 결정적인 것은 귀환과 학개와 스가랴가 520년에 외친 신중한(modest) 성전 재건이다. 더 나아가 그 다음 세기의 중반 즈음에, 에스라와 느헤미야에 의해 인도되었던 운동은 회복과 신흥 유대교를 결정적으로 형성했다.

그러나 귀환은 결코 완벽하게 성취되지는 않았다. 따라서 유대교는 "디아스포라"로 표시되는 흩어진 추방 공동체로 지속해서 특징지어진다. 회복의 미완성은 심지어 현대의 유대교에서조차 포로기를 깊이 통감되는 이미지로 만든다. 이러한 기반으로부터 외견상 해결될 수 없는 "거룩한 땅"이라는 영토의 관리와 배치에 관한 문제들과 "예루살렘의 평화"라는 매우 다루기 힘든 문제가 발생했다.

포로기라는 이미지가 지닌 영향력은 구체적인 역사적 현실과 매우 깊이 관련된다. 그러나 동시에 포로기는 그 시기의 역사성을 뛰어넘어 강력하고 까다로운 방식들로 발전해 온 신학적 상징이다. 이러한 이유로 인해, 예전적 상상력 안에서, 포로기에 관한 기억과 현실은 유대교의 모든 지지자에게 영향을 미친다.

"포로기"라는 용어가 지닌 두 개의 현대적, 파생적 용례들이 이 논의에 적합하다.

첫째, 세속주의와 다원주의의 결과로서 미국에 일어났던 국교의 폐지는 어떤 의미에서 교회의 자격을 박탈하였고, 그래서 교회를 "포로" 공동체가 되도록 야기한다. 즉, 교회는 무관심하거나 적대적인 환경 안에 있는 특이한 정체성을 갖는 신앙 공동체가 된다.

둘째, 우리에게 있어서 이 용어가 역사적, 신학적으로 예루살렘의 파괴와 유대인들의 추방에 기초하고 있는 반면에, "포로기"는 우리가 현대 세상 안에 있는 엄청나게 증가하는 포로들(쫓겨난 자, 소외된 자, 난민)의 숫자를 주목할 때 그 강렬함을 어느 정도 유지한다. 그렇게 포로들의 수가 증가하는 것은 야만적인 정치적-군사적 행동의 결과이고, 보다 덜 직접적으로는 몇몇 사람을 희망 없는 외부자(outsiders)로 쉽게 만들어 버리는 무관심한 경제적 실행들의 결과이다.

2001년 9월 11일에 일어난 사건에 비추어, 분노, 당혹감, 격노, 그리고 공통의 깊은 상실감에 대한 대중의 반응은 포로기에 대한 고대의 의미와 공명한다. 포로기와 관련된 이미지는 해석적 상상력에서 명백하게 엄청난 열매를 맺었다. 그러나 그러한 추정들은 파괴와 추방이라는 특정한 유대적 기반으로부터 절대로 분리될 수 없다. 포로기 동안, 이스라엘은 야웨가 포로들을 고향으로 모으는 하나님이라고 확신하는 것이 가능하다는 것을 발견했다.

> 이스라엘의 쫓겨난 자를 모으시는
> 주 여호와가 말하노니
> 내가 이미 모은 백성 외에
> 또 모아 그들에게 속하게 하리라 하셨느니라 (사 56:8).

참고 문헌

Ackroyd, Peter R. *Exile and Restoration: A Study of Hebrew Thought of the Sixth Century B. C.* (OTL; Philadelphia: Westminster Press, 1968).

Bayer, Charles. *The Babylonian Captivity of the Mainline Church* (St. Louis: Chalice Press, 1996).

Brueggemann, Walter. *Cadences of Home: Preaching among Exiles* (Louisville, Ky.: Westminster John Knox Press, 1997).

Klein, Ralph W. *Israel in Exile: A Theological Interpretation* (OBT; Philadelphia: Fortress Press, 1979).

Neusner, Jacob. *Israel in Exile: A Too-Comfortable Exile?* (Boston: Beacon Press, 1985).

Scott, James M. *Exile: Old Testament, Jewish and Christian Conceptions* (Leiden: Brill, 1997).

Smith, Daniel L. *The Religion of the Landless: The Social Context of the Babylonian Exile* (Indianapolis: Meyer Stone, 1989).

93. 폭력
Violence

 구약성서는 폭력으로 가득 차 있으며, 시민의 권리와 인권에 관한 더욱 최근의 개념들에 속하는 시민 구조나 규제에 대해 거의 또는 전혀 알지 못한다. 성서 독자에게 가장 중요한 과제들은 본문 안에 만연한 폭력의 어조를 직시하는 것, 그리고 이러한 폭력이 본문을 진지하게 받아들이고 있는 신앙 공동체에 엄청난 신학적 문제를 야기하고 있다는 것을 인정하는 것이다.

 본문에서 가장 명백한 폭력의 장소는 여호수아서의 정복 전통이다. "약속의 땅"은 다른 곳에서는 이스라엘에 대한 하나님의 선물로 언급되지만, 이 본문에서 그것은 이스라엘의 이전 점유자들에 의해 장악되어 있었다. 사실상 이스라엘의 이전 점유자들은 전멸되고 삶의 기회를 얻지 못하게 된다[**가나안 인**을 보라]. 폭력의 기반으로서의 땅 전통은 최우선적 중요성을 지닌다. 왜냐하면, 땅 전통들은 이스라엘의 고백과 자기 이해의 중심에 서 있기 때문이다.

 실행된 폭력에 대해 보도하고 있는 내러티브들과 함께, 예언자들이 사용했던 폭력의 수사학에도 관심을 가져야 한다. 신학적으로 불순종한 이스라엘(혹은 반항하는 민족 혹은 확인된 죄인)에게 임한 하나님의 심판은 실제로는 폭력적이고 학대적인 처신이다. 게다가 우리는 여러 페미니스트 해석자들로부터 비유적으로 기능하고 있는 남편-아내 혹은 부모-자녀라는 대인관계 수사학의 많은 부분이 여성과 어린이에 대한 폭력의 수사학을 구성하고 있음을 배웠다. 왜냐하면, 폭력을 행하는 하나님은 독단적인 부모 혹은 공격적인 남편 역할로 정기적으로 나오기 때문이다.

이스라엘의 기도들은 종종 공동체의 다른 구성원들을 향한 폭력에 대한 갈망을 구성한다. 이러한 폭력의 갈망은 물론 다른 폭력에 대한 반응으로 (항상) 이해되고 실행되지만, 그런데도 그것은 폭력의 소용돌이에 기여한다(시 3:7; 6:10; 7:12-13; 10:15을 보라). 굴욕과 분노로 가득 찬, 이러한 기도를 하는 사람은 그러한 기도가 정당한 것이라고 느낀다. 게다가 화자는 야웨가 그러한 갈망되는 폭력을 행할 능력을 가지고 있고, 실제로 그것을 행할 것이라는 사실을 의심하지 않는다.

폭력의 정복, 수사학, 기도들에 관한 이러한 강조점들은 모두 구약성서 본문에서, 야웨가 폭력 행사에 깊이 연루되어 있다는 인식으로 이어진다. 하나님 자신의 삶과 역사는 폭력으로 가득하다. 왜냐하면, 이 하나님은 때로는 하나님의 주권을 방해하는 자들에게 가장 야만적인 방식으로 자신의 의지를 부과하는 거칠고 무자비한 주권자이기 때문이다.

게다가 폭력을 향한 하나님의 성향은 "내 친구의 적이 나의 적이다"라는 전제에 토대를 두고 있는 그러한 폭력, 기도, 행동 안에서 이스라엘과의 연대에 의해서 강화된다. 결과적으로 시편 기자는 외견상 순수함으로 다음과 같이 기도할 수 있다.

> [21] 여호와여
> 내가 당신을 미워하는 자들을 미워하지 아니하오며
> 주를 치러 일어나는 자들을 미워하지 아니하나이까
> [22] 내가 그들을 심히 미워하니
> 그들은 나의 원수들이니이다(시 139:21-22).

이와 동일한 순수함이 특징적으로 하나님이 자신들의 열정과 확신을 완전히 공유한다고 무비판적으로 가정하는 사람들에 의해 행사된다.

하나님에 관한 묘사와 하나님과 함께하는 삶에 관한 묘사에 나타나는 이러한 폭력의 특징은 신학적 해석에서 엄청난 문제를 구성한다. 폭력은 기독교인과 유대인에게 신학적으로 문제가 된다. 이들은 성서가 정의와 자비에 대하여 일관성 있는 증언이 되기를 바라기 때문이다. 하나님에게 귀속된 폭력이 하나님을 지지하는 사람들과 자신들이 하나님의 뜻이라고 인식한 것을 행동하는 사람들의 편에서 폭력에 대한 보증이 될 때, 폭력은 파생적으로 문제가 된다.

"군사적 의로움"(militant righteousness)에 관한 긴 역사는 폭력적 하나님을 대행하는 폭력에 대하여 지나치게 예민하지 않다. 여기서 우리는 "종교 전쟁"의 긴 역사를 언급할 수 있다. 그것에는 베트남을 구하기 위해 그들의 마을들을 파괴한 베트남에서의 미국의 행위, 더욱 최근의 낙태 시술 병원에 대한 폭격이 포함된다. 이 모든 것은 하나님의 뜻을 대행한다.

본문에 나타나는 이러한 문제를 극복하기 위해 일반적으로 세 가지 전략이 사용된다.

첫째, 신앙 공동체 내에서 선호되는 전략은 그러한 본문들을 단순하게 지나치고, 그들이 거기에 없는 것처럼 여기는 것이다.

둘째, 하나의 이용 가능한 전략은 하나님의 뜻과 성품에 관한 그러한 설명들을 이념적 오류들로 이해하는 것이다. 즉, 그 본문 공동체는 사실상 하나님의 진정한 성품을 나타내지 않는 그러한 특성들을 하나님에게 부과했다.

셋째, 비평적으로 선호되는 반응은 점진적(developmental) 렌즈를 통해서 하나님을 설명하는 것이다. 이에 따르면, 초기의 원시적이고 폭력적인 하나님은 시간이 흐르면서 이스라엘의 종교적 발전이 진행됨에 따라 점차 자비롭고 상냥하게 된다.

이러한 개념을 보여 주는 가장 극적인 경우는 르네 지라르(Rene Girard)의 것이다. 그는 기독교의 복음 사역이 하나님에 관한 장기간의 폭력 문제를 극복한 것이라고 주장한다. 이러한 발전주의(developmentalism)는 그 내부에 수용 불가능한 대체주의(supersessionism)에 관한 단서들을 갖고 있다. 그에 따르면, 기독교의 진리는 "덜 고귀한" 유대교보다 우위를 차지한다고 말한다(잭 마일스[Jack Miles]는 동일한 "발전"을 추적했지만, 외견상 대체주의자적 성향은 보이지 않는다.)

　이러한 각각의 전략은 장점을 갖고 있으나 여전히 문제가 많다. 결국, 신앙 공동체의 폭력에 반영된 하나님의 폭력은 쉽게 해명될 수 없다. 만약 우리가 이 본문을 신학적 진지함을 갖고 다룬다면, 우리는 하나님 역사의 깊은 곳과 하나님 성품의 깊은 곳에 쉽게 극복될 수 없는 폭력에 대한 강력한 잔재들이 있다는 증언을 받아들여야 한다.

　몇몇 기독교의 해석은 이러한 하나님에 기초한 폭력이 성 금요일에 예수에 대해 일어났던 십자가 처형과 폭력 안에서 궁극적으로 표현된다고 제안한다.

　폭력과 하나님의 접점은 현대의 "발전된" 세계 중 가장 폭력적인 사회인 미국 안에 있는 신앙인들이 숙고해야 한다. 이 사회는 가장 극적인 경우들을 제외하고는 우리가 거의 알아차리지도 못할 만큼 많은 폭력으로 가득 차 있다. 게다가 광범위하게 실행되고, 수용되고, 허용되는 폭력이 그 배후에 심오한 신학적 정당성들을 갖고 있다고 주장하는 것은 그리 큰 상상력을 요구하지 않는다.

참고 문헌

Brueggemann, Walter. "Texts That Linger, Not Yet Overcome." in *Shall not the Judge of All the Earth Do What Is Right?" Studies on the Nature of God in Tribute to James L. Crenshaw,* ed. David Penshansky and Paul L Redditt (Winona Lake, Minn.: Eisenbrauns, 2000), 21-41.

Dempsey, Carol J. *The Prophets: A Liberation-Critical Reading* (Minneapolis Fortress Press, 2000).

Girard, Rene. *Violence and the Sacred* (Baltimore: Johns Hopkins University Press, 1977).

Gunn, David M. "Colonialism and the Vagaries of Scripture: Te Koot in Canaan (A Story of Bible and Dispossessior in Aotearoa/ New Zealand)." in *God in the Fray: A Tribute to*

Walter Brueggemann, ed. Tod Linafelt and Timothy K. Beal (Minneapolis Fortress Press, 1998), 127-142.

Levenson, Jor D. "Is There a Counterpart in the Hebrew Bible to New Testament Antisemitism?" *Journal of Ecumenical Studies* 22/2 (1985): 242-260.

Miles, Jack. *God: A Biography* (New York: Random House, 1997).

Schwartz, Regina M. *The Curse of Cain: The Violent Legacy of Monotheism* (Chicago: University of Chicago Press, 1997).

Suchocki, Marjorie H. *The Fall to Violence Original Sin in Relational Theology* (New York: Continuum, 1995).

Weems, Renita J. *Battered Love: Marriage, Sex and Violence in the Hebrew Prophets* (OBT; Minneapolis: Fortress Press, 1995).

94. 풍요 종교
Fertility Religion

"풍요 종교"라는 표현은 물론 구약성서에서 나타나지 않는다. 그러나 이것은 구약성서 연구의 해석적 문헌 안에 종종 등장하는데, 대부분 "가나안 풍요 종교"로 나타난다. 이 주제가 여기에 나오는 이유는 다음과 같다.

첫째, 주제에 대한 적절한 이해가 매우 중요하기 때문이다.
둘째, 20세기 구약성서 연구에서 "풍요 종교"의 학문적 역사가 성서 해석에서 강력한 과제이기 때문이다.

야웨 신앙(언약적, 이스라엘의 신앙)과 바알 숭배(가나안의 종교) 사이의 첨예한 대립은 갈멜산에서 엘리야가 벌인 대결만큼이나 오래된 것이다(왕상 18장). 1930년대 두 문제의 수렴은 20세기 구약성서 학계가 야웨 신앙과 바알 숭배 사이의 대립에 관한 엄청난 관심을 두도록 이끌었다 [**바알** 참조].

첫째, 1929년에 프랑스의 고고학 원정대는 우가릿(=현대 유적지, 라스 샤므라[Ras Shamra])이라는 고대 도시에서 후기 청동기 점토판들의 거대한 층을 발견했다. 이 점토판들이 해독되고 번역되었을 때, 그것들은 이스라엘의 왕정 시대 이전과 왕정 시대 동안에 가나안 땅에서 지배적 문화로 자리 잡았던 가나안 종교를 이해하는 데 가장 중요한 자료로 입증되었다. 바알은 이러한 토판에 풍요의 신으로 두드러지게 나타난다. 그는 가나안에서 봄의 도래, 여러 곡식의 성장, 그리고 매우 건조한 기후에서 좋은 곡식들을 생산하는 비의 선물을 책임지는 신으로 숭배되었다.

학자들은 이러한 문서들에 근거하여 "가나안 풍요 종교"라고 주장한다. 보다 이른 시기의 구약성서는 바알에 대항하는 끝없는 논쟁을 지속하고 있으며, 오직 야웨에게 충성을 바쳐야 한다면 바알 숭배는 잘못된 헌신이라고 주장한다.

둘째, 1930년대 라스 샤므라의 토판들이 해석되었고 학문적 관심을 얻었던 바로 그때, "혈통과 토양"(Blood and Soil)의 종교라는 히틀러(Hitler)의 공격적 이념은 아리아인의 인종차별주의를 내세우며 독일 교회에 맞섰다. 국가사회주의(National Socialism, 나치)의 이념에 따르면, 독일의 바로 그 토양은 아리아인의 혈통과 일치하여 "지배자 민족"(master race)을 생산했다.

1930년대의 신학적 해석의 생산적이고 대담한 분위기에서, 이러한 토판들을 통해 알려진 "가나안 풍요 종교"와 나치 이데올로기(직접, 그리고 큰 위험을 지닌 채 교회가 직면했던) 사이의 종교적 동등성을 주장하는 것은 상대적으로 쉬웠다(그리고 당시에는 확실히 잘못된 것이 아니었다). 독일 복음주의 교회의 심각한 위기는 야웨 신앙과 바알 숭배 사이에 구약성서학에서 만들어진 해석적 대립을 증가시켰다.

이러한 해석적 움직임에서 핵심 인물은 칼 바르트(Karl Barth)였다. 그는 히틀러에 대한 고백교회(Confessing Church)의 저항에서 매우 뛰어난 신학적 영향력을 발휘했다. 초기에 바르트는 일반적으로는 "종교"를(그에게 종교는 초월성의 측면과 급진적 윤리 모두가 결여되어 있는 의미의 문화적 실천을 가리켰다) 그리고 특별히 "자연신학"(natural theology)을(그에게 자연신학은 "자연"이 하나님을 우리에게 계시할 수 있다는 개념을 의미했다) 비판했다.

바르트는 성서 본문 안에 주어진 교회의 신앙은 하나님을 "자연 안에서" 드러내지 않는다는 것, 그리고 하나님은 오직 역사적 과정 안에 특별한 사건들을 통해서만 자기를 계시한다는 사실을 단호하게 주장하였다.

게르하르트 폰 라트(Gerhard von Rad)와 같은, 보다 젊은 구약성서 학자들은 "자연 종교"(국가사회주의와 가나안 풍요 종교 안에서 등장하는)를 "구약성서의 역사적 종교"로 불리게 된 것과 대조시키는 이러한 논쟁에서 바르트에게 합류했다.

후자는 하나님이 계절적 순환의 반복들과 규칙성에서가 아니라, 독특하고 단 한 번 발생하는 역사적 사건들(가령, 출애굽)을 통해 계시된다는 주장이다. "풍요 종교"에 대항하여, 이스라엘의 하나님 야웨는 "역사 안에서 활동하는" 하나님으로 알려지게 되었다.

돌이켜 생각해 보면, 이러한 극단적이고 결정적인 대조는 깊은 이념적 폭력 아래에 있던 교회가 국가사회주의의 전체주의적 체계 밖에 설 토대를 발견할 수 있었다는 점에서 분명히 중요한 해석적 움직임이다. 풍요의 신과 역사의 하나님 사이에 나타나는 이러한 극단적 대조는 돌이켜 생각해 보면 독일 고백교회의 여러 해석적 요구들을 잘 제공했으나, 구약성서의 주장들을 완전하게 반영하지는 못한 과장된 대조였다.

구약성서 연구에서 폰 라트와 가까운 동료인 클라우스 베스터만(Claus Westermann)은 20세기 중반에 구약성서 연구를 지배했던 그러한 대조에 관한 재고찰을 시작했다. 물론 베스터만은 이스라엘의 하나님이 구체적인 역사적 사건들 안에서 구원하는 존재라는 것에 동의한다. 그러나 그는 그러한 고정된 주장을 넘어서, 구원하는 하나님이 또한 복을 주는 하나님이라고 주장한다[축복 참조].

창세기의 창조 본문들에 관한 자신의 방대한 연구에서, 베스터만은 "축복"이 창조주 하나님의 역할이라는 것, 그리고 축복이라는 기본적 행동이 상당히 물질적인 종류의 비옥함(땅과 사람의, 그리고 식물과 동물의 번식하는 생식능력)에 관한 승인과 부추김(authorization and instigation)이라는 결론에 이르게 된다. 따라서 창세기 1:24에 있는 위엄 있는 명령형 "~을 내라"(bring forth)는 풍요의 하나님이자, 바알에게 잘못 할당된 바로 그 풍요를 일으키는 창조주 하나님에 의해 주어진, 풍요에 대한 축복의 전형적 사례이다.

20세기 말까지, 성서학계는 "역사"에 대한 지나치게 단순화된 집착으로부터 한발 물러났고, 가나안 종교와 이스라엘 종교 사이의 극심한 대립을 좀 더 누그러뜨렸다. 물론 야웨가 "풍요의 하나님"이라고 말할 때, 이 풍요의 하나님에게 바알에게서 발견되는 야비한 모든 특징을 할당하는 것은 필요하지도 않고 가능하지도 않다. 왜냐하면, 땅과 그것의 모든 창조물이 열매를 맺게 하는 이 하나님은, 바알과는 다르게, 파격적으로 친근한 순종을 요구하고 역사적 과정 안에서 실행되는 약속을 만드는 초월적 통치자이기 때문이다.

돌이켜 생각해 보면, 야웨를 풍요의 모든 이적으로부터 분리한 것은 손실이었다. 왜냐하면, 이러한 분리가 구약성서 연구에서 창조의 여러 주제를 무시하는 것으로 이어졌기 때문이다. 그러한 첨예한 대립을 강조하기 위하여, 해석은 야웨가 실제로 모든 생식성과 생산성을 가능하게 하는 창조주 하나님이라는 주장에 대한 풍부한 본문의 증거를 무시하려는 경향을 보였다.

- 창세기 8:22에 있는 야웨의 약속은 계절적 주기가 신뢰할 만하고, 보증된 것이라고 주장한다.
- 이사야 62:4에 있는 야웨의 또 다른 약속은 또 다른 강조점을 수반하는데, 이것은 땅이 "결혼하게 되고", 사랑받고, 그리고 열매를 맺게 될 것이라고 주장한다.

> 다시는 너를 버림받은 자라 부르지 아니하며
> 다시는 네 땅을 황무지라 부르지 아니하고
> 오직 너를 헵시바라 하며
> 네 땅을 **결혼한 자**[(Married), 우리말 개역개정은 "쁄라"]라 하리니
> 이는 여호와께서 너를 기뻐하실 것이며
> 네 땅이 결혼한 것처럼 될 것이라 (사 62:4).

- "결혼한 자"라는 용어(NRSV의 각주에서 지시되는 것처럼)는 "뿔라 땅"이고, "뿔라"는 "바알"이라는 단어의 발전된 형태이다. 따라서 야웨는 그 땅을 "바알화했다." 즉, 그 땅을 비옥하게 만들었다.
- 서정적인 시에서 음식을 제공할 수 있는 야웨의 능력에 대한 기념은 분명하게 축복과 풍요의 하나님과 관련된다(시 104:27-28; 145:15-16; 사 55:10).
- 무엇보다도, 호세아 2장은 이혼과 재혼에 관한 비유 하에 야웨를 풍요의 주로 묘사한다. 이혼에 관한 지시문 아래, 이 긴 시의 부정적 부분에서(2-13절), 야웨가 농업적 생산성의 주요 산물들인 곡식, 포도주, 그리고 기름을 주었고(8절), 이스라엘이 불순종했기 때문에 야웨가 곡식, 포도주, 양털, 그리고 삼을 주지 않을 것(9절)이라는 주장이 나타난다. 야웨는 분명히 농경 과정의 주인이고, 생명을 유지하는 농산물을 언제 주거나 그렇지 않을지를 자유롭게 결정한다.

재혼에 관한 지시문 아래, 시의 후반부는 가혹함의 어조를 뒤집고 야웨가 기꺼이 그 땅에서의 이스라엘의 삶을 회복할 것임을 보여 준다(14-23절). 16-17절에서 야웨는 "바알"이라는 칭호를 거부한다. 왜냐하면, 이스라엘이 바알을 취급하던 것과 같이 야웨를 다루려고 시도했기 때문이다. 이는 야웨에 관한 완전한 오해였다. 그러나 21-23절에서 야웨는 땅에 새로운 활기를 불어넣고, 그 땅이 완전한 언약적 회복의 표시들로서 곡식, 포도주, 기름을 생산하도록 만드는 하나님이다.

바르트의 논쟁적 범주들은 1930년대의 "교회 투쟁"에서 대단히 강력하고 필수적으로 중요했다. 지금, 매우 다른 상황에서 "자연" 혹은 "역사" 중의 양자택일은 그다지 유익한 구분이 아니다. 왜냐하면, 이스라엘의 증언 안에서 야웨는 자연과 역사 모두의 하나님인 것으로 나타나기 때문이다. 피조물에 대한 야웨의 통치권 때문에, 지상의 여러 축복은 토라 요구 사항들에 대한 순종과 직접 연관되고, 이 연관은 당연히 바알 숭배에 내재하여 있지 않다.

이러한 연결은 호세아 4:1-3에서 간결하게 나타나는데, 거기서 여러 계명(1-2절: "진실", "인애", "하나님을 아는 지식", "저주와 속임", "살인", "도둑질", 그리고 "간음", "포악으로 인한 유혈사태")에 대한 위반은 필연적으로 창조의 해체, 즉 창세기 1장의 역전(3절: "들짐승과 새… 심지어 물고기의 소멸)으로 이어진다.

"풍요 종교"라는 개념은 부적절한 의미에서 하나님이 현재 상황을 초월할 수 있는 변혁적 의지 없이 그저 생산적 과정들 안에 완전히 내재하도록 만들었다. 이 문제에 대한 재고찰은 다음과 같은 결과를 가져왔다.

첫째, 부분적으로 성서의 하나님이 지닌 모성적이고 지속시키는 역할에 관한 페미니스트적 인식들을 가져왔다.

둘째, 차례대로 페미니스트 해석학에 있어서 훨씬 더욱 광범위한 지평을 야기하고 촉진시켰다.

확실히, 페미니즘의 몇몇 형태는 비판해야 할 정도로 내재주의(immanentism)를 향해 간다. 그러나 그러한 접근이 우리가 풍요의 하나님이 모든 요구사항, 기쁨들과 함께 동시에 역사의 주이자 언약의 실행자라는 사실에 주의를 기울이는 페미니스트 해석들로부터 배우는 것을 거부하도록 해서는 안 된다.

참고 문헌

Barr, James. *Biblical Faith and Natural Theology: The Gifford Lectures for 1991* (Oxford: Clarendon Press, 1993).

Brueggemann, Walter. "The Loss and Recovery of Creation in Old Testament Theology." *Theology Today* 53 (July 1996): 177-190.

Habel, Norman C. *Yahweh Versus Baal: A Conflict of Religious Culture* (New York: Bookman

Associates, 1964).

Harrelson, Walter. *From Fertility Cult to Worship: A Reassessment for the Modern Church of the Worship of Ancient Israel* (Garden City, N. Y.: Doubleday, 1969).

von Rad, Gerhard. "The Theological Problem of the Old Testament Doctrine of Creation," in von Rad, *The Problems of the Hexateuch and Other Essays* (New York: McGraw-Hill, 1966), 131-143.

Westermann, Claus. *Blessing in the Bible and the Life of the Church* (OBT; Philadelphia: Fortress Press, 1978).

Westermann, Claus. "Creation and History in the Old Testament." in *The Gospel and Human Destiny*, ed. Vilmos Vajta (Minneapolis: Augsburg Publishing House, 1971), 11-38.

Westermann, Claus. *What Does the Old Testament Say about God?* (Atlanta: John Knox Press, 1979).

Wright, G. Ernest. *God who Acts: Biblical Theology as Recital* (SBT 8; London: SCM Press, 1952).

95. 하나님의 형상
Image of God

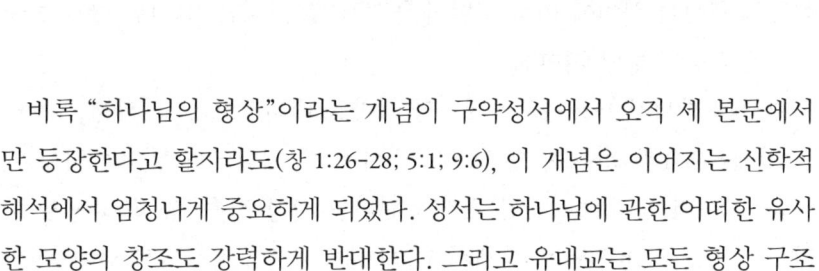

비록 "하나님의 형상"이라는 개념이 구약성서에서 오직 세 본문에서만 등장한다고 할지라도(창 1:26-28; 5:1; 9:6), 이 개념은 이어지는 신학적 해석에서 엄청나게 중요하게 되었다. 성서는 하나님에 관한 어떠한 유사한 모양의 창조도 강력하게 반대한다. 그리고 유대교는 모든 형상 구조물(iconic construction)을 반대하는 강력한 힘이다.

이스라엘 종교 내에 있는 불연속성 혹은 독특성의 핵심 요소들을 확인하기 위한 다양한 제안이 제시되었는데, 가장 가능성이 큰 후보들은 십계명의 초기 요구들, 야웨에 대한 배타적 숭배의 주장, 그리고 형상 금지 요구이다(P. Miller, 211-212).

따라서 두 번째 계명은 다음을 주장한다.

> [4] 너를 위하여 새긴 우상을 만들지 말고 또 위로 하늘에 있는 것이나 아래로 땅에 있는 것이나 땅 아래 물 속에 있는 것의 어떠한 형상도 만들지 말며 [5] 그것들에게 절하지 말며 그것들을 섬기지 말라…(출 20:4-5).

이 금지 규정은 가장 광범위한 영역에서 야웨에 대한 형상들, 그리고 다른 신들에 대한 우상 숭배적 표현들 모두에 적용된다. 야웨는 하나의 형상으로 만들어질 수 없다. 왜냐하면, 그로 인해서 야웨의 자유가 제한되고, 야웨의 주권이 축소되기 때문이다. 게다가 신명기적-예언적 전통들은 야웨와 경쟁하고 야웨를 훼손하는 여러 표상과 상징들의 파괴를 정기적으로 촉구하고 승인한다(출 34:13; 신 7:5; 16:22; 왕하 3:2; 10:26-27; 11:18).

다니엘서 2-3장에서 느부갓네살의 형상은 거부되어야 하는, 야웨에 대한 하나의 공격적 대안으로 불가피해 보인다. 야웨의 형상들과 다른 신들의 형상들 사이에 여러 구별이 형성될 수 있지만, 그러한 금지는 둘 모두에 적용되며 단호하다.

그러면 창세기 1:26-28의 제사장적 창조 내러티브와 그 파생 본문들인 창세기 5:1과 9:6에서 인간("남성과 여성")이 하나님의 형상을 하고 있다는 것은 더욱 더 놀랄만한 근거가 된다[제사장 전승, 성(sexuality)을 보라]. 가장 중요한 언급은 창세기 1:26-28에 있다. 거기에서 남성-여성 피조물은 다른 모든 피조물과 다르다. 왜냐하면, 그 인간 피조물들이 야웨의 특성을 닮았기 때문이다.

본문은 (아마도 의도적으로) "닮음"(likeness)이 어떤 점에서 구성되어 있는지를 우리에게 설명하지 않는다. 가장 그럴듯한 가설은 인간이 하나님의 통치를 증언하고 제정하기 위해서 모든 다른 피조물 중에 놓인다는 것이다.

이러한 해석에 대하여 자주 제기되는 유추(analogue)는 왕국의 모든 곳에 존재할 수 없기에, 누가 진정한 통치자인지에 대해 증언하고 상기시키는 것으로 그/그녀 자신의 성상들을 세우는 한 명의 다스리는 통치자에 관한 것이다. 유추에 의하면, 보이지 않는 하나님은 인간 피조물들을 창조 안에 놓았고, 따라서 인간 피조물을 볼 때 다른 피조물들은 야웨의 통치에 대해 상기하게 된다.

창세기 1장의 본문은 직접 "다스림"에 관해 계속해서 말한다. 그러므로 인간 피조물은 야웨의 통치를 보여 줄 뿐만 아니라, 다른 피조물들에게 가시적으로 존재하지 않는 통치자 하나님을 대신해서, 그리고 그 입장에서 실제로 야웨의 통치를 실행한다. 따라서 "하나님의 형상"은 "천사들보다 조금 못한"(시 8:5-8) 인간의 위엄과 권위를 기념하고 강화하기 위해 고안된 표현이다.

인간성에 내재된 다스림이라는 선물에는 막대한 책임감이 따른다. 왜냐하면, 인류의 일은 창조주가 이미 땅을 돌보기 시작했던 것처럼, 그것을 돌보는 것, 즉 하나님의 피조물로서의 땅을 보호하고 강화하는 것이기 때문이다. 따라서 형상이라는 개념은 땅의 웰빙에 대한 인간의 책임이라는 주제를 잘 나타내며, 이러한 추론에 따르면 하나님은 그 책무를 으뜸가는 피조물에게 맡겼다.

"닮음"의 두 번째 사용은 창세기 3장의 소외 내러티브가 인간들로 하여금 하나님의 형상으로서의 특성 혹은 정체성을 박탈당하게 하지 않았다는 주장을 증언한다(창 5:1)[**타락**을 보라]. 즉, 비록 창세기 3장이 고전적 기독교 전통에서처럼, "타락"으로 다루어진다고 할지라도, 죄성에 관한 이러한 심오한 판결조차 그 형상을 침식하지 못한다.

창세기 9:6에 있는 "형상"에 관한 세 번째 사용은 형상의 정체성과 특성이, "타락"에 의해서 그랬던 것처럼, 홍수에 의해서도 줄어들거나 무효화되지 않는다는 것을 평행 형식으로 증언한다. 따라서 "하나님의 유사성"(God's Likeness)이라는 표상은 인류에게 결정적이고 근절되지 않는다. 실패가 이러한 표상을 제거할 수는 없다.

인류는 정체성, 권위, 영원에 대한 책임의 표상을 지닌다. 많은 교회 신학은 인간의 죄성과 낮은 지위를 우선적으로 강조함으로써 인간성에 대한 이러한 주목할 만한 확언을 강력하게 부정한다.

게다가 창세기 9:6은 이러한 특성과 정체성 때문에 죽임을 당해서는 안 되는 인간들이 지닌 무한한 가치와 소중함에 관한 진술이다. 이러한 진술은 삶을 값싸게 여기는 기술적이고, 무정하고, 잔인한 사회에서 인간의 삶(모든 인간의 삶)을 평가하는 데에 있어서 매우 중요하다. 따라서 이 구절은 창세기 1:26-28로부터 이어지는 연속체의 절정 역할을 하며, 모든 피조물 중 이 피조물에 해를 가하는 것에 대항하여 단호한 보호선을 그린다.

놀랍게도 이 세 본문은 이 주제에 관한 유일한 구약성서 본문들이다. 그러나 그것들은 거기에서 파생되는 신학 전통에서 강력하게 기능해 왔다.

첫째, "하나님의 형상"이라는 표현은 예수에 관한 적절한 이해를 제공하기 위한 시도로 신약성서 안에서도 중요하다. "형상"이라는 언어가 "아들"과 같은 정통 기독론적 공식으로 승격되지는 않았지만, 신약성서는 예수를 진정한 하나님의 형상으로 증언한다. 그 안에서 우리는 하나님에 관하여 우리가 알 수 있는 모든 것을 알게 된다.

> 나를 본 자는 아버지를 보았거늘 (요 14:9).

예수의 통치 안에 하나님의 통치가 나타나고 가시화된다.

> 그중에 이 세상 신이 믿지 아니하는 자들의 마음을 혼미케 하여 그리스도의 영광의 복음의 광채가 비취지 못하게 함이니 그리스도는 하나님의 **형상**이니라 (고후 4:4).

> 그는 보이지 아니하시는 하나님의 **형상**이요 모든 창조물보다 먼저 나신 자니 (골 1:15).

둘째, 그러나 이 표현은 예수에 관하여 언급할 뿐만 아니라, 파생적으로 그리스도 안에 있는 모든 사람의 새로운 인간성에 관하여 언급하는 기능을 한다.

> ⁹ 너희가 서로 거짓말을 하지 말라 옛 사람과 그 행위를 벗어버리고 ¹⁰ 새 사람을 입었으니 이는 자기를 창조하신 이의 형상을 따라 지식에까지 새롭게 하심을 입은 자니라 (골 3:9-10).

> ²² 너희는 유혹의 욕심을 따라 썩어져 가는 구습을 따르는 옛 사람을 벗어 버리고 ²³ 오직 너희의 심령이 새롭게 되어 ²⁴ 하나님을 따라 의와 진리의 거룩함으로 지으심을 받은 새 사람을 입으라 (엡 4:22-24; 참조. 롬 8:29; 고전 11:7; 15:49).

이 구절은 유대교와 기독교 모두에서 인간의 삶을 강렬하게 평가하는 신학적 기반을 제공한다. 모든 인간은 (매력적이지 못한 사람들, 용납될 수 없는 사람들, 장애를 가진 사람들, 비생산적인 사람들을 포함하여) 모든 피조물 중에서 유일하게 창조주 자신이 부여한 존엄성과 다스림에 관한 환원될 수 없는 표시들을 지닌 피조물에 합당한 존엄성과 가치를 가질 자격이 있다.

이러한 주제에 관한 최근 페미니스트 문학들이 특별히 주목을 받을 만하다. 왜냐하면, "남성과 여성"에 대한 결정이 고대 세계와 현대 세계에서 여성들이 열등한 피조물이라는 가부장적 가정에 대항하는 강력한 증인으로 기능하기 때문이다. 성서에 등장하는 형상에 관한 최초의 언급은 "천사들보다 조금 못한"이라는 공통으로 할당된 지위와 특성에 관한 언급이다.

참고 문헌

Barr, James. "The Image of God in the Book of Genesis-A Study of Terminology." *The Bulletin of the John Rylands Library* 51 (1968/69): 11-26.

Bird, Phyllis. *Missing Persons and Mistaken Identities: Women and Gender in Ancient Israel* (OBT; Minneapolis: Fortress Press, 1997), chaps. 6-8.

Borresen, Kari E. *Image of God: Gender Models in the Judaeo-Christian Tradition* (Minneapolis: Fortress Press, 1995).

Miller, J. Maxwell. "In the 'Image' and 'Likeness' of God." *JBL* 91 (1972): 289-304.

Miller, Patrick D. "Israelite Religion." in *The Hebrew Bible and Its Modern Interpreters*, ed. Douglas A. Knight and Gene M. Tucker (Philadelphia: Fortress Press, 1985), 201-237.

Raschke, Carl A. and Susan D. Raschke. *The Engendering God: Male and Female Faces of God* (Louisville, Ky.: Westminster John Knox Press, 1996).

Stendahl, Krister. "Selfhood in the Image of God." in *Selves, People and Persons: What*

Does It Mean to Be a Self?, ed. Leroy S. Rouner (Notre Dame, Ind.: University of Notre Dame Press, 1992), 141-148.

Trible, Phyllis. *God and the Rhetoric of Sexuality* (Overtures to Biblical Theology; Philadelphia: Fortress Press, 1978).

96. 한나
Hannah

구약성서는 철저히 가부장적이다. 남성이 문헌의 대부분을 지배한다. 예상되는 결과로, 여성들은 단지 미미한 역할만 하고, 대부분 경우에 현대 독자들은 여성의 존재와 중요성의 흔적들만을 가질 뿐이다. 그러나 하갈, 룻, 에스더에 관한 내러티브에서처럼 몇몇 주목할 만한 예외가 존재한다. 또한, 최근의 몇몇 페미니스트 연구들은 전통적인 가부장적 해석이 놓쳤던 본문에 나타나는 여성의 중요한 역할들에 대한 주의를 환기했다. 그렇다고 하더라도, 본문 내의 가부장적 주도권은 대부분의 해석에서처럼 명백하다.

이 책에서 나는 내가 언급한 모세, 다윗, 엘리야, 에스라라는 네 명의 중요한 남성과 더불어 네 명의 저명한 여성(미리암, 한나, 이세벨, 훌다)에 관한 언급을 포함할 것이다. 나는 각각의 남성이 전통화 과정을 통해서 실제 삶보다 더 확장된 은유적 중요성이 있게 되었다고 제안한다.

마찬가지로 나는 한나, 미리암, 이세벨, 훌다 또한 비록 그들이 전통화의 과정 안에서 지속적 소외를 동시에 경험했다고 할지라도 은유적 중요성을 지니고 있다고 주장한다. 페미니스트 관점에서 나온 이러한 몇몇 주제에 관한 광범위한 문헌은 가부장적 전통화 과정의 작업과 비용들을 이해하기 위한 필수적 독서물이다.

"은혜"라는 의미의 이름을 가진 한나는 오직 사무엘상 1-2장의 본문 안에만 알려져 있고, 따라서 우리는 그녀를 구약성서의 주변 인물로 판단할 수 있다. 그러나 나는 세 가지 이유로 대표적 여성 인물로서의 그녀에게 초점을 맞춘다.

첫째, 한나는 사무엘의 어머니다. 사무엘은 한나의 불임 상태에서 하나님의 선물로서 그녀에게서 태어났다. 이러한 역할에서 한나는 사라(창 11:30), 리브가(창 25:21), 라헬(창 29:31), 그리고 마노아의 아내(삿 13:2)를 포함하여 이스라엘에게 상속자와 아들들을 제공하는 이스라엘 내의 모든 불임 여성들의 대표자가 될 수 있다. 이러한 "이스라엘 내의 다른 어머니들"이라는 맥락에서 그녀를 보게 되면, 우리는 한나 내러티브 또한 아내들 간의 경쟁과 뒤늦게 얻은 아들을 야웨를 섬기도록 바친다는 반복되는 특징을 포함하고 있음을 알아차리게 된다.

그러나 한나의 경우는 주목할 만하다. 왜냐하면, 우리는 한나가 경건함의 전형이었기 때문에, 그리고 하나님으로부터의 선물을 위해 변함없이 그리고 끈질기게 기도했기 때문에 그녀가 아들을 얻게 되었다고 듣기 때문이다. 한나는 수동적으로 기다리지 않고 야웨에게 적극적 청원을 하기 시작했다. 따라서 그녀는 열정적 신앙의 모범이 된다.

게다가 그녀의 아들 사무엘은 모세 이후 이스라엘 내의 "위대한 자"이다. 그는 위대한 다윗에게 결국 초점이 맞춰지는 왕정 체제를 승인하고 도입한 자이다(삼상 16:1-13; 참조. 렘 15:1). 사무엘이 지파 이스라엘과 왕정 이스라엘 사이의 과도기적 인물이라면, 한나는 그의 어머니이며, 따라서 이스라엘의 미래를 가능하게 하는 그러한 아들을 주기 위해 자신의 여러 가지 상황의 변화를 견뎌내야 한다.

둘째, 한나는 사무엘서의 시작점이고, 그녀를 통해서 내러티브가 이스라엘의 삶에서 새로운 시대를 시작하는 인물이다. 우리는 이 문헌의 진정하고 유일한 주인공이 다윗이라고 상상할 수 있다. 그러나 다윗을 소개하기 위해서는 사무엘이 필수적이다. 결국, 사무엘을 소개하기 위해서는 그의 어머니 한나가 내러티브에 필수적이다.

그러나 한나는 화자가 되돌아가야 할 만큼 멀리 떨어져 있다. 왜냐하면, 그녀 배후에는 그녀의 불임 외에는 아무것도 없기 때문이다. 그러나 그것은 장차 들려줄 경쾌한 왕실 이야기의 모체를 형성한다. 한나는 뒤따르는 전체 내러티브를 하나님의 선물로 규정하기 위한 하나님의 선물의 연약한 수령자이다. 따라서 그녀의 이름 "은혜"는 하나님과 왕정에 관한 전체 이야기를 "오직 은혜"에 관한 이야기로 특징짓는다.

셋째, 한나에 관한 전체적인 이야기는 어떻게 한 침묵의 여성이 자신감 넘치고, 확신 있고, 감사하고, 효과적 목소리를 지닌 여성이 되는지에 관한 이야기로 보일 수 있다. 처음에 한나는 너무나 우울해서 아무 말도 하지 못한다(삼상 1:7-8). 그 후에 그녀는 떨리는 입술로 조용히 기도한다(13절). 그녀는 임신하게 되자, 아이의 이름을 말로 표현하고, 자신의 서원에 대한 값으로 그를 엘리에게 기쁘게 맡긴다(20-28절).

내러티브가 사무엘상 2장으로 전개되면서, 한나는 담대한 야웨 신앙적 노래인 "한나의 노래"를 부른다(삼상 2:1-10). 이제 한나는 야웨를 향한 생기 넘치고 열정적인 찬양의 목소리이다. 그리고 이 목소리는 그녀의 아들을 통해 이스라엘의 미래에 결정적으로 영향을 미칠 것이다.

확실히 한나의 노래는 이스라엘의 기념 노래에 관한 전통적 자료에 속해 있으며, 이는 시편 113편의 평행 본문에서 증언된다. 그러나 비록 그 노래가 지금 한나의 입을 통해 불리고 있다고 할지라도, 그녀는 다윗의 이야기에 관한 원초적 주제를 노래하는 것이다. 이것은 가장 늦은 자가 처음이 되고 가장 낮은 자가 높아지는 방식에 관한 이야기이다.

한나의 입술로부터 나온 그러한 주제는 "마그니피카트"(Magnificat: 라틴어 성서인 불가타역에서 시작된 용어가 고유명사화되어 지금까지 쓰이고 있다, 역자 주), 즉 마리아 송가에서 계속된다. 그것을 통해 누가는 자신의 복음서 기사의 가장 급진적인 주제, 즉 하나님에 의해 초래되는 사회적 변혁에 관한 주제를 소개한다(눅 1:46-55).

따라서 한나는 이스라엘의 가장 혁신적인 노래의 원천으로서 또는 더욱 가능성 있게 중재자로서 기능한다. 자신의 노래 안에서, 한나는 미리암(출 15:20-21)과 드보라(삿 5:1-31)의 대담한 노래와 나란히 놓임으로써 이스라엘의 신앙에 관한 담대한 주장에 들어선다. 게다가 한나의 노래는 기독교의 예전에서 계속되고, 교회의 예전적 삶에 있는 모든 노래 중에 가장 많이 사용되는 찬양이다.

따라서 연약하고, 희망이 없는, 불임 여성인 한나는 이스라엘의 삶 안에서, 그리고 마리아가 예견한 것처럼 예수의 삶 안에서 경이롭게 주어지는 야웨의 은혜 충만한 역전(reversal)에 관한 표시이자 은유가 된다. 이스라엘의 가장 위험한 노래가 그녀의 입술 위에 있다는 것은 놀라운 것이 아니다. 한나는 이스라엘의 가장 깊은 희망의 목소리이다. 이 희망은 교회가 노래하는 믿음 안에서 반복된다.

참고 문헌

Brueggemann, Walter. "1 Samuel -A Sense of a Beginning." *ZAW* 102 (1990): 33-48.

Klein, L. R. "Hannah: Marginalized Victim and Social Redeemer." in *A Feminist Companion to Samuel and Kings,* ed. A. Brenner (Sheffield: Sheffield Academic Press, 1994), 77-92.

Meyers, Carol. "The Hannah Narrative in Feminist Perspective." in *Go to the land I Will Show You,* ed. J. E. Colesin and V. H. Matthews (Winona Lake, Ind.: Eisenbrauns, 1996), 117-126.

Miller, Patrick D. *They Cried to the Lord: The Form and Theology of Biblical Prayer* (Minneapolis: Fortress Press, 1994), 237-239.

O'Day, Gail R. "Singing Woman's Song: A Hermeneutic of Liveration." *Currents in Theology and Mission* 12/4 (August 1985): 203-206.

Willis, John T. "The Song of Hannah and Psalm 113." *CBQ* 25 (1973), 139-154.

97. 할례
Circumcision

할례의 기원과 그것의 초기 종교적 중요성은 우리가 쉽게 이해할 수 없다. 그러나 이 관습은 분명히 고대 이스라엘보다 더 앞서고, 더 멀리 도달했다. 여호수아 5:2-9는 지파들이 새로운 약속의 땅에 들어갔을 때 이스라엘 사람들이 행했던 할례에 관한 하나의 내러티브 기사를 제공한다(나는 출애굽기 4:24-26에 대해서는 이 본문이 단지 할례에 대해 언급하고 있다고만 말할 수 있다. 왜냐하면, 현재의 학문적 작업으로는 이 본문의 의미를 완전하게 파악할 수 없기 때문이다).

포로기로 연대가 산정되는 제사장 문서인 창세기 17장은 분명히 할례에 관한 신학적 이해에서 가장 중요하다. 이 본문에서, 할례는 언약에 대한 표시로서 이해되는데, 이는 사람이 야웨의 여러 약속과 요구들에 대한 한 당사자라는 것을 의미한다. 우리는 제사장 전승에서 이해되는 것과 같이 "표시"(sign)가 갖는 기능의 중요성을 과장할 수 없다. 왜냐하면, 그러한 표시는 몇몇 중요한 성례전적 방식으로 자신이 나타내는 사안에 관여하기 때문이다(마찬가지로 제사장 전승에서 안식일[창 2:1-4a]과 무지개[창 9:12]의 중요성을 살펴보라).

제사장적 본문의 연대가 일반적으로 기원전 6세기의 포로기이기 때문에, 할례는 포로기에 유일하게 유대인이라는 정체성을 나타낼 수 있는 결정적 표시가 되었을 것이다. 그러한 사회적 환경 안에서, 포로기의 유대인들은 그들을 둘러싸고 있는 국가들로부터 자신들을 구별할 필요가 있었고, 유대인의 정체성을 유지하는 것은 큰 훈련과 의도성을 요구했다.

따라서 할례는 이스라엘의 뚜렷한 표시가 되었다. 결국, 야웨의 백성은 "할례 받지 않은 자들"과 구별되었는데, 이러한 할례 받지 않은 자들은 "할례받은 자들," 즉 야웨의 승인을 받은 자들에 의해 사회적으로 그리고 신학적으로 자격을 박탈당한 자들로 모욕적으로 다루어졌다.

할례받지 않은 자 중 주된 이들은 블레셋 사람들이었다. 그들은 구약성서에서 전형적으로 버림받은 "타자"를 구성하고, 이스라엘은 이들에 대항하여 자신의 고유한 사회적 정체성을 구축했다(삿 14:3; 15:18; 삼상 14:6; 17:26, 36; 31:4). 더욱 폭넓게 보면, 동일한 기준이 사형선고를 받은 "타자성"을 나타내기 위해 사용된다(겔 28:10; 31:18; 32:19-32).

특별히 흥미로운 것은 예레미야 9:25-26이다. 이 본문은 할례받은 이스라엘과 할례받지 않은 백성들의 목록을 대조한다. 그러나 이러한 대조는 놀라운 전환을 나타내고, 할례받지 않은 자들이 아니라, "오로지 포피에만 할례를 받고", "마음에 할례받지 않은 자들"인 이스라엘에 대한 비난이다. 따라서 이 본문은 육체적 표시로서의 할례와 진지한 신학적 정체성으로서의 할례 사이에 구별을 만든다. 문자적인 것에서 은유적인 것으로의 변화는 하나의 은유로서 할례의 더 광범위한 사용을 위한 길을 연다.

> 마음의 할례(레 26:41; 신 10:16; 30:6; 렘 4:4)
> 귀의 할례(렘 6:10)
> 입술의 할례(출 6:12, 30)

이러한 본문들은 신체의 여러 기관들(음경 이외의)을 가리키기 위하여 할례의 개념을 은유적으로 사용한다. 그것들은 야웨 언약의 요구사항들에 대한 순종적 반응으로 새롭게 기능할 수 있다. 이러한 사용은 그 기관을 더욱 민감하고 즉각적으로 반응하게 만드는 방식을 제공한다. 따라서 이제 할례는 육체적 문자성으로부터 신학적 약속으로 바뀌게 된다.

구약성서를 넘어서 두 가지 중요한 발전에 주목할 수 있다.

첫째, 헬레니즘 세계에서, 할례는 유대인의 정체성(Jewishness) 표시였고, 그것은 몇몇 젊은 유대인 남자 사이에서 부끄러운 것이었다. 할례는 연무장(김나지움, gymnasium)에서 그들이 유대인이라는 것을 확인시켰고, 그들은 남자들 사이에서 무할례라는 자연적 상태와 비교하여 자신들이 이상하게 보이는 것을 바라지 않았다.

헬레니즘 상황에서 유대인들은, 마카비1서 1:15가 보도하는 것처럼, 포피를 회복시켜서 유대인이라는 구별됨과 기이함의 표시를 제거할 수 있었다. 그러한 포피의 회복은 육체적 문제인 반면에, 유대인의 신학적 정체성에 대한 부끄러움을 암시했다.

둘째, 바울은 복음서의 하나님에 대한 믿음을 "율법"의 외적 행동들과 대조시켰다. 이는 "외적" 종교로서의 유대교를 반박하는 하나의 방식이다. 이 논쟁의 중요성에서 볼 때, 바울은 할례를 부적절한 외적 표시로서 일축한다(롬 2:25-29; 갈 5:3, 6; 6:15; 고전 7:19).

유대인들과의 논쟁에서 그의 논증은 기독교의 신앙이 지닌 영적 실재를 유대교의 투박한 육체적 표시보다 우위에 있는 것으로 제시하려고 추구하지만, 사실상 바울은 예레미야 9:25-26에서 이미 표현되었던 중요한 주장들을 재해석하는 것 이상을 하지 않는다. 그는 그것에 대해 갈라디아서 5:6에서 명백하게 언급한다.

> 그리스도 예수 안에서는 할례나 무할례나 효력이 없으되 사랑으로써 역사하는 믿음뿐이니라 (갈 5:6).

예레미야 9:25-26에서처럼, 바울에게 언약의 외적 표시는, 만약 이것이 진지하고 의도적인 신학적, 언약적 열정에 상응하고, 그것을 보여 주지 않는다면, 신학적 중요성을 지니지 않는다.

그러나 유대교의 할례에 대한 논쟁은 그리스도교의 반유대주의 정책의 오랜 역사가 이 논쟁을 이용했음에도 불구하고 그리스도인들에게 어떤 도움이나 위로도 주지 않는다. 이는 신학적 책임이 없는 외적 할례에 대한 평행으로서, 그리스도교의 세례 역시 유럽-아메리카 기독교국의 오랜 역사를 거치면서 잘못된 관습이 되어 버렸기 때문이다. 대부분 세례는 무의미한 표시가 되었고, 신앙에서 대안적 정체성을 진지하게 제공하는 어떤 중요한 방식으로 기능하지 않는다.

사실 일찍이 16세기에 시작된 재세례파(Mennonite) 전통에서와 같이 기독교 국가(Christendom)와 세례에 관한 논쟁은 기독교 국가 내에 존재하는 세례를 거의 무의미한 표시로서 폭로했다. 따라서 기독교적 관습은 진지한 신학적 표시로서 할례의 첫 의식을 복구하려는 지속적 노력을 유대교와 공유한다. 확실히, 할례는 유대교 공동체의 남자 구성원들에게만 적용된다. 그러나 **필요한 부분만 약간 수정하면**(mutatis mutandis), 진지한 신학적 정체성이라는 문제는 유대교와 그리스도교 사이에서 평행하여 존재한다.

참고 문헌

Eilberg-Schwartz, Howard. *The Savage in Judaism: An Anthropology of Israelite Religion and Ancient Judaism* (Bloomington: Indiana University Press, 1990).

Fox, Michael V. "The Sign of the Covenant: Circumcision in Light of the Priestly '*oth* Etiologies." *RB* 81 (1974): 557-596.

Hays, Richard B. *Echoes of Scripture in the Letters of Paul* (New Haven, Conn.: Yale University Press, 1989), 34-83.

Jobling, David. *1 Samuel* (Berit Olam; Studies in Hebrew Narrative and Poetry; Collegeville, Minn.: The Liturgical Press, 1998), 199-211.

Neusner, Jacob. *The Enchantments of Judaism: Rites of Transformation from Birth through Death* (New York: Basic Books, 1987), 43-52.

98. 헤렘
Ḥerem

　이 히브리어 용어는 "몰살시키다", "완전히 파괴하다", "완전히 바치다", 그리고 "전멸시키다"로 다양하게 번역된다. 명사로서 **"헤렘"**(ḥerem)은 몰살의 대상을 의미하는 "금지, 바쳐진 것"으로 번역된다. 이 용어는 신을 위해 배타적으로 따로 구별된 것을 가리키고, 따라서 어원적으로 더욱 친숙한 단어 "하렘"(harem), 즉 통치자를 위해 배타적으로 준비된 아내들 혹은 여성들과 연관된다.

　히브리어 단어를 이와 같은 책에 포함한 것은 아마도 이상해 보일 것이다. 그러나 이 단어는 이스라엘의 가장 근본적인 신앙의 문제가 되는 차원을 반영하고 있다. 히브리어 **헤렘**은, 비록 그 전문적 측면이 친숙한 번역들 안에서 쉽게 인식되지 않는다고 할지라도, 일종의 전문용어 기능을 한다.

　이 용어는 이스라엘이 전쟁에서 사로잡거나 획득한 모든 것(전리품뿐만 아니라 사람들도)이 "완전히 파괴되어야 한다"는, 즉 큰 불(conflagration) 혹은 다른 몇 가지 살인 방식으로 야웨에 바쳐져야 한다는(따라서 야웨를 전쟁의 진정한 승자로 인정하는) 종교적 요구를 가리킨다. 정복하고 있는 이스라엘이 전쟁으로부터 얻은 어떠한 것도, 그것이 이익이 되는 가치 있는 전쟁 전리품으로서든, 혹은 남은 사람으로서든 간에, 보유되어서는 안 된다. 신명기 20:16-18의 지침에서 금지되는 이러한 관행은 흥미롭다. 왜냐하면, 토라가 이와 관련하여 분명한 지침을 제공하고, 그러한 관행이 이스라엘의 하나님 이름으로 승인되기 때문이다.

　적들에게 행하도록 승인된 대규모의 학살은 야웨의 주권에 관한 주장과 밀접하게 연결된다. 따라서 **헤렘**은 정복된 모든 것을 배타적으로 주재하고 요구하는 야웨의 완전한 주권을 표현한다. 이러한 주장에 따르면, 이스라엘의 유익을 위해 보존 또는 보관된 어떤 것은 승리가 오직 이스라엘을 위해 싸운 야웨에게만 속한다는 사실을 손상할 수 있다(이러한 관행은 야웨가 보다 나중에 한 주장, "내 영광을 다른 자에게 주지 아니하리라"[사 48:11]를 설명하는 구체적이고 잔인한 방식으로 인식될 수 있다).

이러한 승인은 어떠한 이성적 정당성도 초월하는 통치적 권위에 관한 주장에 뿌리내리고 있는, 심각한 폭력을 보여 주는 이스라엘의 신앙에 관한 (그리고 이스라엘의 하나님에 관한) 한 측면을 반영한다. 그러한 지침의 신학적 뿌리는, 슈바르츠(Schwartz)가 제안했던 것처럼 배타적인 신학적 주장을 폭력에 대한 보장으로 본다는 점에서 상당히 문제가 있다.

신명기의 지침은 이성적이거나 실용적인 설명을 거의 제공하지 않는다. 가까운 곳에 있는 정복된 적들에 대한 **헤렘**(herem)의 승인(신 20:16-17; 참조. 민 21:2-3; 신 2:34; 3:5-6; 수 6:17-21)과 "네게서 멀리 떠난" 정복된 적들에 대한 보다 인간적인 대우(신 20:14-15) 사이의 대조는 어떠한 합리성을 가리킬 수 있다.

이러한 구분은 손에 닿을 만큼 가까운 거리에 사는 여러 민족의 생존이 야웨의 백성이라는 이스라엘의 특별한 정체성으로부터 멀어지도록 하는 신학적인 유혹이자 꼬드김이라는, 어디에서도 명백하게 제시되지 않는, 실용적 숙고를 제안한다. 그러나 그러한 설명에 관한 어떤 것도 본문 안에서 언급되지 않고, 따라서 그 합리성은 단지 추론으로만 남는다.

어떠한 경우든, **헤렘**에 관한 지침과 관행은 이스라엘이 그들의 기억에 따르면, 적대적 이웃들 가운데서 생존을 위해 매우 격렬하게 투쟁했던 시기에 이스라엘의 정치적, 이념적 발전의 가장 원시적인 차원에만 적용되었던 것처럼 보인다(수 2:10; 10:28-40; 11:11-21).

이스라엘 내의 정치적이고 군사적인 여러 관행이 왕조 시대에 여러 국가적 이유에 따라 합리화되면서, 이러한 보다 원시적인 관행은 의심의 여지 없이 대체되었다. (따라서, 왕상 20장의 내러티브에서 아합왕은 그의 적, 시리아[우리말 개역개정은 "아람", 역자 주] 왕 벤하닷을 살려두었고, 42절에서 헤렘

[*herem*]을 실행하지 않음으로 인해 예언자에 의해 "진멸 아래"[헤렘: 우리말 개역개정은 "멸하기로 작정한", 역자 주] 대신 놓이게 된다. 아합왕은 분명히 여러 국가적 이유가 한때 적국이었던 경쟁국에 대한 그러한 행동을 막았다고 이해했다). 이러한 관행은 일반적으로 군사적 행동에 관한 구약성서의 여러 가정에 스며들어 있지 않다. 오히려 **헤렘**은 이스라엘 전통의 한 부분에 속해 있다.

헤렘 관습에 관한 가장 확장된 내러티브 기사는 사무엘상 15장에 나온다. 출애굽기 17:8-16과 신명기 25:17-19에 기초하여 이스라엘의 오래된 전통은 아말렉을 전형적인 적으로 간주하였고, 이스라엘은 기회가 있을 때마다 그들을 향하여 인종 청소에 가까운 정책을 시행하도록 명령을 받았다.

사무엘상 15장의 내러티브는 사울 왕이 아말렉 왕의 생명과 아말렉인의 전리품 일부를, 그의 말에 따르면, 그의 백성의 명령에 따라 남겨 놓음으로써 **헤렘**의 관습에 어긋나고 있음을 보여 준다. 가혹한 이념에 의해 충분한 정보를 얻지 못한, 상식적 판단은 아마도 사울을 포함한 일부 사람들에게 완전히 좋은 소를 파괴하는 것은 비합리적이고 경제적으로 어리석은 일이라고 제안했을 것이 틀림없다. 내러티브에 따르면, 그러한 상식적 판단은 사무엘의 확립된 권위에 의해 심각하게 비판받는다. 사무엘은 이 경우에 모든 전리품에 대한 야웨의 독점적이고, 심지어 폭력적 주장에 관한 오래된 급진적 전통의 목소리를 대표한다.

오래된 이념의 헌신에 대한 위반을 근거로 하여 사울을 왕으로서 이처럼 간단하고 빠르게 부정한 것은 의심의 여지 없이 다윗이 왕이 될 자리를 마련하기 위한 방식으로 사울을 처분하고 있는 전통의 더욱 큰 목적에 기여했을 것이다. 그러나 여러 역설적 표지들이 세 가지 측면에서 **헤렘**이라는 오래된 관행에 항의한다.

첫째, 사울은, 비록 사무엘 자신도 이전에 왕권 문제에 관한 그의 분명한 신학적 명령에 반대하는 대중의 의견에 굴복했음에도 불구하고(삼상 8:7, 22), **헤렘**을 어기고 구제를 촉구한 "백성들의 말을 들었기" 때문에 정죄를 받는다(삼상 9장; 24장).

둘째, 아말렉 사람들을 죽이지 않은 죄에 대한 사울의 고백은 거부되는 반면(삼상 15:24), 다윗은 그가 우리아를 살해한 것에 대해 고백했을 때 쉽게 용서받는다(삼하 12:13).

셋째, 사울은 아말렉의 전리품을 움켜쥐고 구한 것에 대해 정죄를 받은 반면(삼상 15:14-15), 다윗은 동일한 일을 하지만 그의 행위는 부정적 판단 없이, 심지어 한마디 언급도 없이 수용된다(삼상 30:18-20).

헤렘의 관행은 사무엘상 15장의 내러티브에서 전형적으로 예시된 것처럼 분명하게 이스라엘의 자기 분별 안에서 두드러진 이념적 자리를 차지했다. 그러나 이러한 이념적 주장은 불안정하고, 상황과 사건의 해석적 요구사항에 따라 여러 가지 해석이 가능하다.

스턴(Stern)은 비록 이러한 원시적 관습이 고대 이스라엘에 존재했을 수 있다고 할지라도, 본문의 최종 형태에서 그 관습에 대한 호소가 실제적인 폭력적 파괴를 위한 것이 아니라 주권에 대한 배타적인 신학적 주장으로 만들어진 것이라고 말한다. 이러한 신학적 주장은 이념적이지, 실제적 관습은 아니라는 것이다. 즉, 오래된 기억의 정경적 주장으로의 전환은 실제적 관행 배후에 남겨져 있는 신학적 주장의 잔여물을 구성한다는 것이다.

이러한 본문들이 이제 신학적으로 어떻게 이해될 수 있는지에 대한 이러한 설명은 신뢰할 만하다. 그러나 이러한 해석적 묘책은 우리가 야웨의 주권에 관한 주장에 뿌리를 두고 있는 근본적 폭력을 무시하거나 해명하는 것을 허용하지는 않는다.

참고 문헌

Gunn, David M. *The Fate of King Saul: An Interpretation of a Biblical Story* (JSOTSup 14; Sheffield: JSOT Press, 1980).

Schwartz, Regina M. *The Curse of Cain: The Violent Legacy of Monotheism* (Chicago: University of Chicago Press, 1997).

Stern, Philip D. *THe Biblical Herem: A Window on Israel's Religious Experience* (Brown Judaic Studies; Atlanta: Scholars Press, 1991).

99. 혼돈
Chaos

구약성서의 많은 부분에서, 야웨는 창조주로서 완전한 주권을 가지고, 모든 현실을 통제한다. 결과적으로 창조는 생명과 웰빙을 위한 질서 정연하고 안정된 환경이다. 그러나 현실에 관한 그러한 묘사와 대조적으로, 많은 본문이 혼돈의 세력에 대해 증언하는데, 그것은 세상에 있는 통제되지 않고 야웨의 통치에 반하는 세력이자 현실이다. 따라서 이 혼돈은 생명을 위협한다.

혼돈은 단순히 무질서의 상태가 아니라, 야웨의 통치에 도전하고, 삶의 가능성을 약화하고, 이 세상에서 웰빙의 기대를 무효화시키려는 것에 관여된 적극적 대행자(agency)로 이해되어야 한다. 그러한 무효화의 능력을 표현하는 데 있어서, 이스라엘은 의심의 여지없이 종교적 전승과 신화적 공식에 의지하는데, 이러한 것들은 이스라엘 고유의 신학보다 훨씬 오래된 시대의 것들이다. 신학적 정직함과 진지함은 이스라엘로 하여금 그러한 더 이른 시기의 전승들을 사용하도록 하였다.

이러한 적극적인 무효화의 능력을 나타내는 가장 중요한 표현은 "**토후바보후**"(*tohuwabohu*)이다. 이는 아마도 의성어적 표현일 것이다. 이 표현은 그 자체로 "혼란의 소리들이 들리다"를 의미하고, 친숙하게도 KJV에서는 "형체 없고 공허한 것"(formless and void)으로 번역된다(창 1:2[**창조**를 보라]). 결과적으로 창세기 1장에서 기념되는 창조는 "무로부터의 창조"(=*ex nihilo*)가 아니다. 그 대신에 그것은 이미 거기에 있었고, 야웨의 질서에 저항했던 형체 없는 재료의 자주적인 질서를 다룬다. 무로부터의 창조라는 개념은 기독교의 가르침에서는 일반적 주장이다.

그러나 이 개념에 관한 분명한 본문 증거는 마카비후서 7:28, 즉 매우 후대의 본문이 나타나기 전까지는 없었다. 구약성서 자체는 그러한 형체 없는 재료의 기원에는 관심이 없다. 그러나 그러한 형체 없는 재료가 거기에 존재하였고, 항상 거기에 존재하고, 질서를 세우는 창조주 야웨에 의해 항상 길들여지고 통제받는 존재라는 것에는 관심을 기울인다.

이러한 원시적(primordial) 이원론(즉, 야웨의 통치에 대한 적극적인 적대)을 상상하고 표현하는 이스라엘의 능력은 이전 시대에 먼저 나타났던 신화적 자료들에 부분적으로 의존한다. 그러나 마찬가지로 그러한 능력은 이스라엘이 살아가는 현실을 반영한다.

이스라엘이 살아가면서 겪는 경험 안에는 엄청나게 강력하고, 하나님이 주신 생명을 왜곡시키려는 죽음의 부정적 힘이 존재한다. 이 힘이 하나의 세력으로 인식되는 또 다른 친숙한 본문은 시편 46:2-3이다. 여기에서 이스라엘은 곳곳에 만연한 위협을 이겨 내는 야웨의 능력에 대한 완전한 확신을 표현한다. 혼돈의 세력이 대부분 공적이고 우주적인 용어들로 진술되는 반면, 개인 탄원 시들에서 화자는 종종 죽음의 힘의 손아귀에 사로잡혀 있는 듯이 말한다(시 18:4; 55:4를 보라).

혼돈의 개념에 들어 있는 두 가지 중요한 요소가 구약성서의 여러 부분에 나타난다.

첫째, 우주적이고 원시적인 혼돈의 세력은 때때로 역사적으로 다루어지고, 명명할 수 있는 역사적 형태로 존재한다고 언급된다. 예를 들면, 시편 87:4에서 이집트는 바빌론과 병행하여 "라합"이라는 이름으로 언급된다. 라합은 악한 바다 괴물이다. 이 언급은 역사적인 것이지만, 신화적 이름을 사용함으로써 이집트(와 파라오)는 세상에 있는 혼돈의 힘으로 간주한다.

물론 출애굽기 7-11장의 내러티브에서 파라오는 "자연적" 창조의 세상을 불안정하게 만드는 힘이다. 게다가 예레미야 4-6장에서, 시적 암시는 바빌론을 말하는 것 같은데, 바빌론은 혼돈의 속성들을 할당받는다. 더욱 일반적으로, 기원전 6세기의 유배는 우주적 혼돈에 대한 수사(rhetoric)가 설득력이 있을 정도로 극심한 무질서의 역사적 경험이었다.

따라서 이사야 51:9-10에서 야웨에게 명령조의 기도가 드려진다. 그는 혼돈을 물리쳤고, 지금은 바빌론과 맞서야 한다. 이사야 54:9에서 유배는 혼돈의 세력의 강력한 발현인 홍수에 비유된다.

둘째, 혼돈이 때때로 야웨에게 도전하는 적극적인 세력으로 이해되는 반면, 다른 본문들에서 야웨는 혼돈을 지배하고, 혼돈을 통치를 위한 도구로 사용한다(참조. 시 77:19; 사 5:26-29; 겔 38:19-20). 창세기 6-9장의 홍수 내러티브와 출애굽기 15장의 노래에서, 혼돈의 물은 야웨의 명령을 따라 야웨의 의지를 수행하기 위해서 분명하게 기능한다.

창세기 9:8-17(또한 사 54:9-10을 참조하라)에서, 야웨의 충실한 약속은 혼돈의 위협에 직면해 있는 이스라엘에게 확신을 준다. 게다가 시편 104:24-27은 혼돈(악한 바다 괴물)을 야웨의 장난감으로 표현한다. 이러한 모티프에 대한 또 다른 예는 예레미야 4:23-26이다. 여기서 시는 창조의 단계적 취소와 혼돈으로의 복귀를 상세히 나타내지만, 그것은 야웨의 진노에 따른 야웨의 명령에 따른 것이다.

성서 신앙에 나타난 혼돈에 관한 진지한 신학적 인식은 우리 사회에 만연해 있는 죄와 죄책감에 대한 전통적이고 단순한 몰두를 넘어 성서를 열어 놓는다. 이러한 인식은 우리의 문화에서 고려될 수 있는 포괄적인 신학적 쟁점들이 몇몇 소규모의 도덕적 질문이 아니라, 쉽게 위험에 처할 것으로 보일 수 있는 세상에서 생명의 질서에 관한 가장 큰 쟁점이라는 것을 시사한다.

성서적 신앙에 관한 이러한 모티프는 최근의 많은 해석에서 무시되었다. 그러므로 이러한 것을 회복하는 것은 중요하다. 왜냐하면, 서양의 신학적 해석은 현재 도덕적으로, 경제적으로, 정치적으로 혼돈으로 폭넓게 경험되는 "낡은 질서"의 붕괴를 다루어야만 하기 때문이다. 성서적 신앙은 하나님의 세계 안에 혼돈이 현재 실재한다는 것을 인식하고, 동시에 하나님이 혼돈을 다스린다는 복음적인 확신을 주는 엄청난 자산이다

(시 104:24-26에서와 같이).

구약성서의 범위를 넘어서, 우리는 고대 유대인의 문헌들에서 혼돈의 기원과 그것이 세상에 미칠 미래의 영향에 관한 수많은 고찰을 발견할 수 있으며, 그러한 고찰은 종종 묵시적 형태를 취한다. 그러나 구약성서 자체에서, 이스라엘은 대개 그러한 고찰에 저항했고, 혼돈과 하나님의 통치라는 두 가지 현실에 대한 신학적 주장들에 열중했다. 장기적으로 볼 때, 결국에는 하나님의 통치 방식이 승리할 것이다. 단기적으로 볼 때, 이스라엘은 아직 하나님의 통제 아래 놓이지 않은 현실로서 혼돈의 분명한 힘에 대해 알고 있다.

그리스도인들은 신약성서가 이러한 질문들을 해결했다고 너무 경솔하게 상상해서는 안 된다. 왜냐하면, 구약성서에 나타나는 혼돈에 관한 본문들이 이 세상에서 계속해서 존재하는 무질서의 현실에 가깝게 놓여 있기 때문이다. 확실히 이스라엘은 희망 가운데 살아간다. 그러나 그 희망은 이 땅을 계속해서 활보하고 있는 삶의 부정들에 대한 낭만적 거부가 아니다.

참고 문헌

Barth, Karl. *Church Dogmatics* III/3 (Edinburgh: T. & T. Clark, 1960), 289-368.

Childs, Brevard S. "The Enemy from the North and the Chaos Tradition." *JBL* 78(1959): 187-198.

Fishbane, Michael. "Jer. 4:23-26 and Job 3:1-13: A Recovered Use of the Creation Pattern." *VT* 21(1971): 151-167.

Levenson, Jon D. *Creation and the Persistence of Evil: The Jewish Drama of Divine Omnipotence* (San Francisco: Harper, 1985).

100. 회개
Repentance

회개의 맥락은 야웨와 맺은 이스라엘의 언약 관계이다. 이를 통해 이스라엘은 야웨의 토라에 대한 순종에 묶이게 된다. 이스라엘은 야웨와의 언약에 관한 토라의 요구들이 완전히 순종될 수 있고, 또 그렇게 될 것이라는 점을 매우 잘 알고 있다. 물론 이스라엘은 토라 순종이 완벽히 지켜지지 않고, 따라서 토라 위반에 비추어 볼 때 회복이 언약 신앙에서 주요 쟁점이라는 점 또한 알고 있다.

언약이 쌍무적(bilateral)이기 때문에, 언약으로의 회복이 두 당사자에 의한 결단을 수반할 것이라는 점은 놀라운 일이 아니다. 이스라엘이 깨뜨린 언약을 회복하려는 하나님의 준비된 상태는 두 가지 형태로 쉽게 증명된다. 하나님은 이스라엘이 용서받을 수 있고 화목하게 될 수 있는 희생 제사라는 제의적 장치를 제공하고 승인함으로써 회복된 관계를 가능케 한다[**속죄**를 보라].

대안적으로, 야웨는 신적 선언(divine decree)에 의해 단순히 용서와 회복을 주장할 수 있다. 그러한 행위들은 야웨 편에서의 "돌이킴"을 포함한다. 그에 관한 기본적 동사는 **니함**(*nḥm*)이다. 즉, 야웨는 판을 뒤집고, 분노와 심판을 끝내고, 이스라엘을 재수용한다.

그러나 언약을 회복시키는 것은 특징적으로 하나님 편에서의 일방적 노력이 아니다. 회복은 이스라엘의 완전하고 의도적인 참여가 필요하다. 이스라엘이 야웨와의 언약적 관계들로 돌아가는 것은 회개를 통해 이루어진다. 이스라엘의 전통들 안에는 일정한 균형이 존재한다. 제사장 전통은 화해의 수단으로 하나님이 제공한 제의적 기제들에 초점을 맞추지만, 신명기 전통은 회개를 최대한 활용한다. 회개에 관한 핵심 용어는 **슈**

브(šûb), "돌아오다"이다.

이 용어는 길(인생의 길, 토라의 길) 위에서 걷는다는 이미지로 순종의 삶을 나타낸다. 죄는 그 길에서 벗어난 것이고, 따라서 회개는 방향을 바꾸어 토라 순종의 길 위에서 걷는 것을 재개하는 것이다(시 1:6에서처럼). 따라서 회개는 신중한 행위이다. 즉, 회개는 토라 안에 알려진 야웨의 뜻과 방식에 따라 지금까지와는 다르게 행동하겠다는 일관되고 장기적인 결단을 포함하는 결심이다.

신명기 전통은 매우 오래된 것이지만, 돌이키는 것에 관한 신명기의 강조는 특별히 포로기에 위치된 것처럼 보인다. 신명기 신학은 이스라엘이 토라에 불순종했기 때문에 포로지로의 추방이 일어났다고 주장했다. 그러한 이유로, 당연히 추방에서의 역전은 추방에서 벗어나는 길이다. 이것은 그 전통으로부터 유래한 이 전승으로부터 유래한 세 개의 본문 안에서 특별히 명백하게 나타난다.

> [1] 내가 네게 진술한 모든 복과 저주가 네게 임하므로 네가 네 하나님 여호와로부터 쫓겨간 모든 나라 가운데서 이 일이 마음에서 기억이 나거든 [2] 너와 네 자손이 네 하나님 여호와께로 **돌아와** 내가 오늘 네게 명령한 것을 온전히 따라 마음을 다하고 뜻을 다하여 여호와의 말씀을 청종하면 [3] 네 하나님 여호와께서 마음을 돌이키시고 너를 긍휼히 여기사 포로에서 돌아오게 하시되 네 하나님 여호와께서 흩으신 그 모든 백성 중에서 너를 모으시리니(신 30:1-3, 강조는 저자의 것; 신 4:29-31; 왕상 8:31-53을 보라).

동일한 강조가 신명기로부터 큰 영향을 받았고 신명기에 밀접하게 연결되어 있는 예레미야 전통에서 분명히 드러난다. 예레미야서의 최종 형태는 예루살렘의 파괴와 예루살렘 사회 지도층들의 바빌론으로의 추방에 관한 증언이다. 예레미야서는 추방된 유대인이 예루살렘으로 돌아가는 것과 순종하는 유대교가 하나님과의 언약으로 돌아가는 것에 관한 질문에 집중한다.

추방과 귀향이라는 지리적 문제로 다루어지는 것은 언약의 파괴에 관한 그리고 회개와 토라 순종으로의 돌아감만이 달성할 수 있는 언약의 회복에 관한 신학적 쟁점이다. 예레미야서에서 이러한 강조에 관한 주된 사례는 예레미야 3-4장의 확장된 시에 나타난다.

> [12] 여호와께서 이르시되
> 배역한 이스라엘아 돌아오라
> 나의 노한 얼굴을 너희에게로 향하지 아니하리라
> 나는 긍휼이 있는 자라
> 노를 한없이 품지 아니하느니라
> 여호와의 말씀이니라.
> ...
> [14] 여호와의 말씀이니라
> 배역한 자식들아 돌아오라.
> ...
> [22] 배역한 자식들아 돌아오라
> 내가 너희의 배역함을 고치리라 (렘 3:12, 14, 22).

> [1] 여호와께서 이르시되
> 이스라엘아 네가 돌아오려거든
> 내게로 돌아오라
> 네가 만일 나의 목전에서 가증한 것을 버리고
> 네가 흔들리지 아니하며
> [2] 진실과 정의와 공의로
> 여호와의 삶을 두고 맹세하면
> 나라들이 나로 말미암아 스스로 복을 빌며
> 나로 말미암아 자랑하리라 (렘 4:1-2).

이 시의 마지막 행은 언약으로의 회복에 이르기 위해 수반되는 회개의 구체적 내용을 가리킨다. 게다가 그 기대는 토라로의 돌이킴이 공동체의 특별한 일부분, 즉 토라 신앙에 관해 충분히 열정적이어서 기꺼이 순종의 훈련을 받을 남은 자를 포함할 것이라는 점이다. 그러한 남은 자는 그 땅으로 그리고 언약으로 돌아오게 될 "좋은 무화과"라는 개념에서 암시된다.

> [5] 이스라엘의 하나님 여호와께서 이와같이 말씀하시니라 내가 이 곳에서 옮겨 갈 갈대아인의 땅에 이르게 한 유다의 좋은 포로를 이 좋은 무화과같이 잘 돌볼 것이라 [6] 내가 그들을 돌아보아 좋게 하여 다시 이 땅으로 인도하여 세우고 헐지 아니하며 심고 뽑지 아니하겠고 [7] 내가 여호와인 줄 아는 마음을 그들에게 주어서 그들이 전심으로 내게 돌아오게 하리니 그들은 내 백성이 되겠고 나는 그들의 하나님이 되리라(렘 24:5-7).

이 남은 자들은 의심의 여지 없이 유대교의 주요 흐름으로 부상했던 것의 담지자들이 되었다. 신실한 남은 자에 관한 동일한 개념이 느헤미야 9장과 에스라 9장의 참회 기도에 반영되어 있다.

> [29] 다시 주의 율법을 복종하게 하시려고 그들에게 경계하셨으나 그들이 교만하여 사람이 준행하면 그 가운데에서 삶을 얻는 주의 계명을 듣지 아니하며 당신의 규례를 범하여 고집하는 어깨를 내밀며 목을 굳게 하여 듣지 아니하였나이다 [30] 그러나 주께서 그들을 여러 해 동안 참으시고 또 주의 선지자들을 통하여 주의 영으로 그들을 경계하시되 그들이 듣지 아니하므로 열방 사람들의 손에 넘기시고도 [31] 주의 크신 긍휼로 그들을 아주 멸하지 아니하시며 버리지도 아니하셨사오니 주는 은혜로우시고 불쌍히 여기시는 하나님이심이니이다(느 9:29-31).

동일한 강조가 포로기의 위기에 대한 여러 반응을 구성하고 있는 다른 예언 전통들에서도 표현된다.

주 여호와의 말씀이니라 죽을 자가 죽는 것도 내가 기뻐하지 아니하노니 너희는 스스로 **돌이키고** 살지니라(겔 18:32, 강조는 저자의 것).

⁶ 너희는 여호와를 만날 만한 때에 찾으라

가까이 계실 때에 그를 부르라

⁷ 악인은 그의 길을,

불의한 자는 그의 생각을 버리고

여호와께로 **돌아오라**

그리하면 그가 긍휼히 여기시리라

우리 하나님께로 **돌아오라**

그가 너그럽게 용서하시리라(사 55:6-7, 강조는 저자의 것).

회개는 언약 신앙의 모든 곳에서 적절한 모티프이지만, 그것은 포로기에 대한 반응 안에서 결정적 주제가 되었다. 결과적으로 회개는 유대교가 포로기 이후 체계화될 때 그것의 주요 모티프, 즉 신실한 자들이 "주야로 묵상하는"(시 1:2) 토라 순종에 주의를 기울이는 신앙 공동체의 주요 모티프가 되었다.

이 주제에 관한 대척점은 하나님 또한 "후회한다"는 것, 즉 하나님이 마음을 바꿀 수 있다는 점을 종종 인정하고 있다는 사실이다. 야웨와 관련된 용례들에서, 다른 히브리어 용어 **니함**(*nḥm*)이 사용되는데, 그것은 다소 다른 의미를 지닌다. 그러한 모티프는 하나님이 이스라엘의, 변화 자세 또는 순종으로 하나님에게 묶여 있는 다른 피조물의 변화 자세를 고려하는 것을 허용한다. 이스라엘과 관련하여, 예레미야는 이렇게 주장한다.

만일 내가 말한 그 민족이 그의 악에서 돌이키면 내가 그에게 내리기로 생각하였던 재앙에 대하여 뜻을 **돌이키겠고**(렘 18:8; 강조는 저자의 첨가; 또한, 창 6:6도 보라).

이스라엘을 넘어, 니느웨 사람들에 대한 야웨의 새로운 반응은 회개에 관한 것이다.

> 하나님이 그들이 행한 것 곧 그 악한 길에서 돌이켜 떠난 것을 보시고 하나님이 뜻을 돌이키사 그들에게 내리리라고 말씀하신 재앙을 내리지 아니하시니라 (욘 3:10).

이러한 사례들에서, 하나님의 응답은 상호적 충실함의 관계를 기꺼이 재개하려는 준비가 되어 있음을 보여 준다. 그러나 그러한 준비는 하나님의 동반자 편에서의 의도성과 올바른 신앙의 표현에 의존한다. 이스라엘의 신앙 전통은 하나님의 관대한 주권 전체를 위해 하나님과의 진지한 관계가 결국 하나님의 동반자에 의해 진지하게 수용되어야 한다고 이해했다(그러한 회개 없이 용서하고자 하는 하나님의 준비와 능력에 관한 중요한 증거에 대해서는 **용서**를 보라). 이러한 맥락에서, 기독교 전통은 예수의 최초의 공적 발언이 동일한 강조점을 만들어 내고 있다고 이해한다.

> 회개하고 복음을 믿으라 (막 1:15).

자신의 사역을 시작하는 이 발언에서, 예수는 구약성서의 회개 전통 안에 온전히 서 있고, 이스라엘의 전통과 평행을 이루는 그 명령형을 긴박성을 가지고 되풀이한다.

참고 문헌

Fretheim, Terence E. *The Suffering of God: An Old Testament Perspective* (OBT; Philadelphia: Fortress Press, 1984).

Heschel, Abraham. *The Prophets* (New York: Harper and Row, 1962).

Holladay, William L. *The Root SUBH in the Old Testament with Paricular Reference to Its*

Usage in Covenantal Contexts (Leiden: E. J. Brill, 1958).

Hunter, A. Vanlier. *A Study of the Meaning and Function of the Exhortations in Amos, Hosea, Isaiah, Micah, and Zephaniah* (Dissertation, St. Mary's Seminary and University Baltimore, 1982).

Raitt, Thomas M. *A Theology of Exile: Judgment/Deliverance in Jeremiah and Ezekiel* (Philadelphia: Fortress Press, 1977).

Unterman, Jeremiah. *From Repentance to Redemption* (Sheffield: Sheffield Academic Press, 1987).

101. 훌다
Huldah

　구약성서는 철저히 가부장적이다. 남성이 문헌의 대부분을 지배한다. 예상되는 결과로, 여성들은 단지 미미한 역할만 하고, 대부분 경우에 현대 독자들은 여성의 존재와 중요성의 흔적들만을 가질 뿐이다. 그러나 하갈, 룻, 에스더에 관한 내러티브에서처럼 몇몇 주목할 만한 예외가 존재한다. 또한, 최근의 몇몇 페미니스트 연구들은 전통적인 가부장적 해석이 놓쳤던 본문에 나타나는 여성의 중요한 역할들에 대한 주의를 환기했다. 그렇다고 하더라도, 본문 내의 가부장적 주도권은 대부분의 해석에서처럼 명백하다.

　이 책에서 나는 내가 언급한 모세, 다윗, 엘리야, 에스라라는 네 명의 중요한 남성과 더불어 네 명의 저명한 여성(미리암, 한나, 이세벨, 훌다)에 관한 언급을 포함할 것이다. 나는 각각의 남성이 전통화 과정을 통해서 실제 삶보다 더 확장된 은유적 중요성이 있게 되었다고 제안한다.

　마찬가지로 나는 한나, 미리암, 이세벨, 훌다 또한 비록 그들이 전통화의 과정 안에서 지속적 소외를 동시에 경험했다고 할지라도 은유적 중요성을 지니고 있다고 주장한다. 페미니스트 관점에서 나온 이러한 몇몇 주제에 관한 광범위한 문헌은 가부장적 전통화 과정의 작업과 비용들을 이해하기 위한 필수적 독서물이다.

　예언자 훌다는 성서에서 오직 두 번, 열왕기하 22:14-20과 평행 본문인 역대하 34:22-28에서만 언급된다. 따라서 훌다는 전통 안에서 주변 인물이다. 나는 예언자라는 단독 모습을 통해 훌다가 행한 중요한 역할 때문에 그녀를 (미리암, 한나, 이세벨과 함께) 대표적 여성으로서 인용할 것이다. 예언자는 특별한 권위를 갖고 있고, 예언 신탁들을 통해 전달된 하나님의 뜻에 직접적으로 접근할 수 있다고 간주되는 존재이다. 고대 이스라엘과 같은 매우 가부장적인 사회에서, 하나님의 대변인으로서 이러한 여성을 받아들이는 것은 사소한 일이 아니다. (미리암이 출 15:20에서 예언자로 불리고 있음을 주목하라. 또한 느 6:14을 보라.)

게다가 훌다는 이스라엘의 왕실 역사에 관한 신명기적 기사 안에서 중심적 사건으로 표현되는 것, 그리고 유다의 왕실 역사에 관한 역대기 기사 안에서 동일한 방식으로 되풀이되는 것과 관련되어 있다. 그 중심적 사건은 성전 안에서 신명기의 판본으로 간주되는 한 두루마리를 발견한 것, 그리고 그에 뒤이은 요시야왕이 착수했던 개혁이다. 이 왕에 의한 이 사건은 이러한 본문 전통 안에서 표현된 것처럼 의심의 여지 없이 이스라엘 종교사에서 결정적 사건이다.

요시야가 이스라엘의 과거에 관한 이러한 신학적 해석에서 핵심적 왕이라는 사실은 의심할 여지가 없다. 기억되고 있는 그 사건의 중요성을 고려할 때, 열왕기하 22:14에서 왕의 가장 가까운 조언자들이 두루마리에 대한 예언적 논평을 받기 위해서 즉시 그리고 직접 훌다에게로 향했다는 것은 매우 중요하다. 훌다는 확실히 중요하고, 매우 눈에 띄는 사람이며, 게다가 왕실 관리직을 맡았던 사람과 결혼으로 연결되어 있다. 그녀는 유다 왕실 모임들 내에서 잘 알려진 신뢰할 만한 공적 인물이다.

두루마리의 불길한 어조에 대한 반응으로 훌다가 제공한 신탁은, 신명기사가들(Deuteronomists)의 표현대로 그녀가 핵심적 언약 전통의 분명한 대표자임을 보여 준다(왕하 22:16-20).

> 훌다는 왕실 궁정의 일원이고, 그녀의 중요성은 정부 고위관리들의 공식 대표단이 그녀에게 묻도록 보내졌다는 사실에 의해 나타난다. 요시야는 그녀를 모세와 같은 예언자로, 즉 야웨에게 중재할 수 있는 자로 인식한다. 모세와 같은 예언자들의 적절한 기능에 관한 신명기적 사상들과 조화를 이루면서, 훌다의 신탁은 이 책을 승인하고, 고대 에브라임의 종교 전통들을 회복시키고, 신명기적 개혁을 시작한다(Wilson, 220).

신탁은 두 부분으로 되어 있는데, 이는 권위 있는 신학적 해석자로서의 훌다의 능력을 반영한다. 그녀는 실패한 왕실 지도력 하에서 유다가 재앙으로 나아가고 있다는 신명기 사가들의 핵심적 확신을 되풀이한다(왕하 22:16-17). 그런데도 그녀는 선한 왕 요시야에게 토라의 수호자로서의 그의 정체성에 관련된 하나의 약속을 제공한다.

훌다를 유명하게 만든 그 단일 신탁은 예측 가능한 신명기 신학이다. 그녀는 그 전통 안에서 결코 독립적 목소리가 아니라, 오히려 왕실 정책에 대하여 비판적 입장에 서 있고 모세의 언약적 믿음에 뿌리를 두고 있는 신학적 전통에 대한 (역사적으로 또는 문학적으로) 대변자일 수 있다.

그러나 심지어 그렇다고 할지라도, 여러 역사가들은 전통의 핵심적 평결을 권위 있는 여성의 입술에 두는 것이 유용하고 설득력이 있다고 생각했다. 따라서 훌다는 미래를 규정하는 하나님의 말씀이 실제로 이스라엘의 하나님에 관하여 "여호와께서 이같이 말씀하신다"라고 말할 수 있는 한 권위 있는 여성에 의해 전달되고 전해질 수 있다는 확신을 신명기적 이스라엘 안에 구현한다.

> 훌다 자신은 에브라임 전통들의 담지자들과 관련성이 있었을 것이다. 만약 그렇다면, 그녀의 정형화된 연설과 행위는 그녀의 지지 집단의 여러 기대를 단순히 반영하는 것이고, 전적으로 신명기적 편집의 결과는 아닐 것이다 (Wilson, 223).

참고 문헌

Wilson, Robert R. *Prophecy and Society in Ancient Israel* (Philadelphia: Fortress Press, 1980).

102. 희년
Jubilee

"희년"은 레위기 25장의 토라 가르침에서 이스라엘을 위해 제정된 급진적인 윤리적-경제적 관습이다. "희년"이라는 용어 자체는 히브리어 **요벨**(*ybl*)에서 유래하고, 희년 절기를 알리기 위해 불었던 숫양의 뿔과 명백하게 관련된다.

토라의 가르침은 49년마다("안식년"의 "칠년이 일곱 번째"인 해, 이에 관하여 신 15:1-18을 보라) 땅이 그것의 본래 소유주들에게, 즉 일반적인 경제적 위험들로 인해 땅을 상실했을 수 있는 자들에게 되돌아가야 한다고 규정했다. 제안되고 명령된 관습은 매우 급진적이었다. 왜냐하면, 그것은 경제의 정상적인 과정들을 방해하고 억제하는 것을 목표로 했기 때문이다. 몇몇 땅은 궁극적으로 관습적인 경제적 거래들에 따라 다루어지는 것이 아니라, 가족 상속에 관한 보다 기본적인 주장들에 의해 최종적으로 규정되어야 했다.

희년의 사회학은 땅을 양도할 수 없는 가족의 유산으로 다루는 가족과 땅의 구조를 기반으로 한다(이에 대해 왕상 21장을 보라). 그러한 양도할 수 없는 가족의 유산은 한 개인 혹은 "핵가족"이 아니라, 구약성서에서 "아버지의 집"이라고 불리는 씨족의 하위집단에 속한다. 그러한 소규모 경제 단위는 경제의 불안정과 폭락에 매우 취약했고, 그래서 땅은 보다 과격한 경제적 거래들의 예상 밖 변화들에 맞서 그 작은 친족 단위의 생존을 위해 보장되고, 웰빙을 위해 보호된다. 이러한 이유로 나봇은 그에게 상속된 땅과 관련하여 아합과 거래하기를 거절한다(왕상 21장).

이 관습이 부족 사회학에 뿌리를 내리고 있는 반면, 구약성서에서 희년은 신학적으로 야웨의 명령으로 이해된다. 즉, 야웨 하나님은 상속을 약속하고, 강하고 탐욕스런 자들의 힘으로부터 힘이 없고 연약한 자들의 보호를 원하신다. 따라서 희년은 보존경제학과 언약신학의 수렴점이다. 언약의 하나님은 이러한 급진적인 경제적 관습을 명령한다.

학자들은 이 절기의 역사성에 관한 질문에 대답하려고 많은 에너지를 쏟아왔다.

이것은 실제 발생했는가?

이 특별한 관습과 관련하여 역사성에 관한 질문은 끝없이 제기되고, 나의 경험에 의하면, 성서에 있는 다른 어떤 가르침도 이것의 역사성에 대해 질문된 것만큼 의문시되지는 않았다. 나는 야웨의 모든 명령 중에서 이 토라의 가르침이 공동체 생활의 조직에 대한 기존의 모든 전제를 전복하고 훼손하므로 가장 위험하고 까다롭다는 것을 우리가 직관적으로 인식하기 때문에 이 질문이 제기되었다고 생각한다.

비록 몇 가지 암시가 느헤미야 5장에서처럼 나타나기는 하지만, 사실상 역사가들은 이 절기가 고대 이스라엘에서 시행되었는지 입증할 수 없다. 물론 고대 이스라엘의 언약적 상상력 안에 있는 많은 것은 역사적으로 입증될 수는 없다. 그런데도 희년의 가르침과 같은 가르침은 공동체의 대안적 미래와 관련된 윤리적 상상력의 대담한 행동으로 본문 안에 서 있다. 따라서 본문은 그것의 역사성에 관한 우리의 판단이 어떠하든지 간에 중요하다.

결국, 중요한 것은 야웨의 가장 깊은 언약적 헌신에 뿌리내리고 있다고 언급되는 사회적 상상력에 관한 이러한 급진적 행동을 토라가 보존해왔다는 것이다. "역사적"인지 아닌지에 상관없이, 이 명령은 이스라엘의 언약적 기억에 대한 가장 극단적인 윤리적 비전으로 서 있으면서, 심지어 복합적이고 탈산업화(postindustrial)된 경제에서조차 끊임없는 재고찰을 요구한다.

린지(Ringe)는 예수의 사역이 특별히 누가복음에서는, 희년을 제정하는 것이라고 주장한다. 누가복음 4:18-19는 이사야 61:1-4로부터의 인용이고, 두 본문에서 "여호와의 은혜의 해"라는 구절은 희년에 대한 암시로 간주된다.

희년이 현대의 탈산업화 경제와 관련되어 있는 정도와 방식은 엄청난 도덕적 상상력을 요구한다. 그러나 만약 희년을 위한 규정이 경제적 탐욕에 대한 제한으로 이해된다면, 이 오래된 토라의 가르침을 현대의 경제적 관심사로 전환시키는 것은 어렵지 않다. 세계 경제의 힘은 현재 그 힘에 취약한 지역 경제들에 대하여 위험할 정도로 파괴적이다.

레위기의 이 옛 본문은 사회의 인간 구조를 유지하고 강화하기 위하여 경제적 힘이 제한되어야 하는지에 관한 현대적 질문을 제기한다. 큰 관심을 끄는 것 중 하나는 밀레니엄의 전환기인 2000년에, 제3세계의 부채 탕감을 보장하기 위해 광범위한 기초적 계획이 착수되었다는 것이다.

"희년 2000"(Jubilee 2000)으로 알려진 이 계획은 몇 가지 중요한 성공을 거두었다. 이것은 "이웃"이 경제의 힘으로부터 끊임없이 위협받고 있는 후발 경제에서 오래된 씨족 관습(하나님의 명령이라는 틀이 잡힌)이 계속해서 주의 깊은 관심을 요구할지도 모른다는 방식에 관한 표지로 간주될 수 있다. 경제에 대한 그러한 선택은 신학적 열정뿐만이 아니라 냉정하고 기민한 경제적 분석도 필요로 한다. 본문 자체는 이러한 신앙 공동체가 신학적 열정과 경제적 분석의 접점에서 잘 작동할 수 있음을 보여 준다.

참고 문헌

Daly, Herman E. and John B. Cobb Jr. *For the Common Good: Redirecting the Economy Toward Community, the Environment, and a Sustainable Future* (Boston: Beacon Press, 1994).

Harris, Maria. *Proclaim Jubilee! A Spirituality for the Twenty-First Century* (Louisville, Ky.: Westminster John Knox Press, 1996).

Kinsler, Ross and Gloria Kinsler. *The Biblical Jubilee and the Struggle for Life* (Maryknoll, N.Y.: Orbis Books, 1999).

Lowery, Richard H. *Sabbath and Jubilee* (St. Louis: Chalice Press, 2000).

Meeks, M. Douglas. *God the Economist: The Doctrine of God and Political Economy* (Minneapolis: Fortress Press, 1989).

Neal, Marie Augusta. *A Socio-Theology of Letting Go: The Role of a First World Church Facing Third World Peoples* (New York: Paulist Press, 1977).

Ringe, Sharon H. *Jesus, Liberation, and the Biblical Jubilee: Images for Ethics and Christology* (OBT; Philadelphia: Fortress Press, 1985).

Weinfeld, Moshe. *Social Justice in Ancient Israel and in the Ancient Near East* (Minneapolis: Fortress Press, 1995).

Wright, Christopher J. H. *God's People in God's Land: Family, Land, and Property in the Old Testament* (Grand Rapids: Eerdmans, 1990).

Yoder, John Howard. *The Politics of Jesus: Vicit Agnus Noster* (Grand Rapids: Eerdmans, 1972).

103. 희망
Hope

구약성서는 모든 인간 역사에서 가장 오래되고, 가장 깊이 있고, 가장 회복력 강한 희망의 기반을 말한다. 이 희망은 유대인과 기독교인 모두에 의해 주장되었지만, 그러한 전통들을 넘어서 더욱 세속적인 방식들 안에서도 작용한다.

고대 이스라엘 안에서 표현된 희망은 미래에 관한 모호한 낙관주의 또는 일반적인 좋은 생각이 아니라, 이스라엘을 향한 야웨의 약속들에 명시적으로 뿌리내리고 있는 미래에 대한 정확하고 구체적인 확신과 기대이다[**약속**을 보라]. 특정한 본문에 담긴 그 약속에서 야웨는 현 세상의 상태를 초월하고, 어떤 신뢰할 만한 방법으로도 현재로부터 추론될 수 없는 미래의 웰빙을 이루겠다고 맹세했다.

구약성서 곳곳에 스며들어 있는 놀라운 희망의 행위는 이스라엘이 듣고 기억했던 약속들이 하늘과 땅의 창조주인 야웨의 성품과 의도를 이 세상의 구체적, 물질적 실재를 연결시킨다는 사실에 놓여 있다. 야웨의 약속들은 그 특성에 있어서 세상으로부터의 도피가 아니라, 세상 안에서의 변화에 관한 것이다.

이스라엘의 희망은 야웨의 성품에 기초하는데, 그는 약속의 말씀을 하고 이스라엘은 이 말씀을 신뢰할 만한 것으로 여겼다. 실제로 야웨의 본성은, 이스라엘이 고백했듯이 약속을 하고 그 약속들이 결실을 맺도록 지켜보는 것이다(참조. 수 21:43-45). 따라서 구약성서는 약속을 하는 것(promise-making)과 약속을 지키는 것(promise-keeping)의 지속적 과정이다.

야웨의 약속들은 구약성서 본문의 특정한 네 부분, 조상 내러티브들, 레위기와 신명기의 언약적 축복들, 예언서, 시편에 모여 있는 경향이 있다.

첫째, 창세기 12-36장의 조상 내러티브들은 야웨가 이스라엘에게 땅을 주고 풍요가 보장되는 그 땅에서 이스라엘로 하여금 번성하게 할 것이라는 약속들, 그리고 여러 민족이 복을 받을 것이라는 약속들로 가득하다(창 12:1-3; 28:13-15을 보라).

둘째, 여러 약속은 시내산 전통들과 관련된 언약적 축복들 안에서 다른 양식을 띠고 있다(레 26:3-13; 신 28:1-14). 창세기의 약속들과 달리, 축복은 행위에 따른 보상 방식(quid pro quo arrangement)의 일부이다. 따라서 이스라엘에게 주어진 약속들은 이스라엘이 계명들에 순종할 때 보장된다. 이러한 전통에서 명령은 희망의 조건이다.

셋째, 예언적 약속들은 현재를 초월하여 바라보고, "다가올 그날에 있을" 세상의 새로운 방식을 예견한다[**야웨의 날**을 보라]. 이 약속들은 예측이 아니라, 야웨가 과거에 했던 일에 기초하여 새로운 미래들을 대담하게 예견하는 신실한 상상력의 행동들이다. 여러 약속들이 예언문학의 다양한 곳에 등장하지만, 그것들은 이사야 40-55장, 예레미야 30-33장, 그리고 에스겔 33-48장 같은 포로기의 자료들 안에 특별히 집약되어 있다.

넷째, 시편에서 우리는 희망에 관한 두 가지 수사학적 방식을 발견할 수 있다.

① 위대한 "대관식시"(the Psalms of Enthronement: 시 93편; 96-99편)에서, 도래하는 야웨의 통치를 모든 창조물이 기념하고 환영한다.

> [11] 하늘은 기뻐하고
> 땅은 즐거워하며
> 바다와 거기에 충만한 것이 외치고
> [12] 밭과 그 가운데에 있는 모든 것은 즐거워할지로다
> 그 때 숲의 모든 나무들이 여호와 앞에서 즐거이 노래하리니
> [13] 그가 임하시되
> 땅을 심판하러 임하실 것임이라

그가 의로 세계를 심판하시며

그의 진실하심으로 백성을 심판하시리로다(시 96:11-13).

② 이 거대한 공적인 송영은 두 번째 수사학적 방식과 어울린다. 그것은 그 안에서 개별 이스라엘인들이 야웨에 대한 그들의 무조건적 확신 때문에 미래에 대한 완전한 희망을 표명하는 훨씬 더욱 친밀한 신앙의 방식이다.

여호와는 나의 빛이요 나의 구원이시니

내가 누구를 두려워하리요?

여호와는 내 생명의 능력이시니

내가 누구를 무서워하리요(시 27:1; 참조. 시 30:4-5).

이 모든 본문과 그 다양한 이미지는 야웨가 이스라엘과 세상을 위한 새로운 웰빙을 약속했고 제정할 의도가 있다는 이스라엘의 확신을 증언한다. 야웨의 약속은 그 특징상 평화, 안전, 번성, 풍요, 의로움, 그리고 정의에 관한 것이다. 그것들은 이 땅이 갖고 있는 어떠한 권리 때문이 아니라, 이스라엘의 귀에 여러 약속을 선포하는 존재가 이스라엘 안에 신실하다고 알려진 하늘과 땅의 창조주이기 때문에 이 땅에 도래할 것이다.

따라서 이사야 2:2-4, 이사야 11:1-9, 그리고 미가 4:1-4의 경이로운 약속들에서, 야웨는 현재의 땅이 야웨 자신의 충실함에 의해 치유될 것이라고 약속한다. 그러므로 이스라엘은 야웨가 모든 장애를 극복할 것이고, 야웨가 세상을 위해 의도한 웰빙에 대한 모든 저항을 물리칠 것이라고 확신한다.

구약성서가 발전해 감에 따라, 야웨에 대한 이스라엘의 희망은 두 가지 특별한 방식으로 표현된다.

한편으로, 구약성서 신앙은 **메시아적**(messianic)이다. 이는 야웨가 특정한 인간 대리자, 즉 야웨가 약속했던 새로운 시대를 일으킬 사람을 파견하고 그에게 권한을 부여할 것이라고 믿는다. 따라서 희망은 현재의 창조 질서 내에서 "현세적"(this worldly)이다.

다른 한편으로, 구약성서 신앙은 **묵시적**(apocalyptic) 양태로도 발전했다. 이것은 야웨가 어떠한 인간의 대리행위 없이 야웨 스스로 새로운 세상에 영향을 미칠 것이라는 천지개벽의(cataclysmic) 희망이다.

이러한 여러 차이점에도 불구하고, 두 전통은 다가올 "야웨의 통치"를 증언하는데, 그 안에서 모든 창조물은 평화, 안전, 그리고 정의에 관한 야웨의 의도에 맞는 질서를 부여받을 것이다. 구약성서의 더욱 후대의 전통들은 이러한 신앙의 양태들 사이에서 어느 하나를 선택하는 것이 아니라 긴장 속에서 그것들을 함께 고수한다.

야웨의 이러한 약속들을 신뢰하는 이스라엘의 능력이 신앙의 본질이다. 야웨의 약속들에 대한 신뢰는 특별히 "종교적" 사업이 아니라, 오히려 세상에서 다르게 살아가는 것에 관한 것이다. 구약성서가 야웨가 장차 행할 일을 그 자체를 넘어서 바라보고 있는 것처럼, 하나님에 대한 그러한 강력한 기대는 유대교와 기독교의 여러 해석적 전통에 의해 다양하게 언급되었다. 어떤 단일한 전통도 야웨의 약속들에 대한 독점권을 갖지 못하고, 어떤 단일한 전통도 희망에 관한 지정된 관리자가 되지 않는다.

탈산업화, 기술적 세계의 결정적 표시가 절망, 즉 약속되었지만 아직 주어지지 않을지도 모르는 어떠한 새롭고 좋은 미래를 신뢰할 수 없는 무능력이라는 강력한 주장이 제기되었다. 절망이 신앙에 관한 현재의 사회적 환경을 나타내는 만큼, 희망은 위험하고 혁명적인 사회적 잠재력을 지닌 신앙의 독특한 표시이다.

참고 문헌

Gowan, Donald E. *Eschatology in the Old Testament* (Philadelphia: Fortress Press, 1986).

von Rad, Gerhard. *Old Testament Theology,* vol. 2 (San Francisco: Harper and Row, 1965).

Westermann, Claus. *Prophetic Oracles of Salvation in the Old Testament* (Louisville, Ky.: Westminster John Knox Press, 1991).

Westermann, Claus. "The Way of the Promise through the Old Testament." *The Old Testament and Christian Faith: A Theological Discussion,* ed. Bernhard W. Anderson (New York: Harper and Row, 1963), 200-224.

Wolff, Hans Walter. *Anthropology of the Old Testament* (Mifflintown, Pa.: Sigler Press, 1996), 149-155.

Zimmerli, Walther. *Man and His Hope in the Old Testament* (SBT Second Series 20; Naperville, Ill.: Alec R. Allenson, n. d.).

104. 희생 제사
Sacrifice

구약성서의 신앙 공동체는 하나님에게 희생 제사를 드리는 것에 많은 에너지와 주의를 기울였고, 이는 공동체의 삶을 위한 하나님의 결정적인 중요성의 표시로 하나님을 향해 바쳐진 물질적인 몸짓이다. 비록 구약성서의 희생 제사의 세부사항들이 주변 문화로부터 그리고 다른 문화에도 나타나는 관습들(아마도 신들을 위한 음식으로서)로부터 크게 차용되었다고 할지라도, 이스라엘이 하나님에게 드렸던 희생 제사들은 이 하나님의 특별한 성품에 따라, 그리고 하나님이 이스라엘과 맺은 독특한 언약 관계에 따라 신학적으로 이해되어야 한다.

따라서 몇몇 희생 제사의 관습들은 그러한 결정적 관계를 기념하고, 확언하고, 강화하고, 또는 교정하기 위해 고안된 수단과 도구들로 이해되어야 한다.

이 하나님과 이스라엘의 관계는 아마도 초기부터 희생 제사를 드리는 것으로 표현되었을 것이다. 즉, 희생 제사는 충성과 감사의 표시로서, 그리고 주권에 대한 인정으로서 가장 좋은 채소와 가축의 산물을 봉헌하는 것이다. 시간이 지나면서, 하나님을 향해 이루어졌던 임의적, 자발적 몸짓이었던 것이, 레위기 1-7장에 반영된 것처럼, 일관성 있는 체계 내부로 정리, 조정되었다.

이렇게 규정된 체계는 충성에 관한 물질적 몸짓으로서의 희생 제사가 이스라엘의 신앙이 작용하는 데 있어 결정적 중요성을 지닌다는 표시로 수용되었을 것이다. 이 관습은 감추어진 관계를 구체적으로 가시적으로 사용할 수 있게 만들었고, 따라서 물질적 제물들은 상호작용과 친교의 양태를 구성한다.

희생 제사의 모든 몸짓은 이스라엘의 삶을 위한 야웨의 중요성을 명확하게 밝힌다. 제물 중 몇몇은 하나님과의 관계의 올바른 질서를 확언하는 "화목제"(sacrifices of well-being)이다(레 7:28-36). 몇몇은 파괴되었던 관계를 회복시키는 제물들이다. 이러한 종류의 몸짓들에는 속죄제(레 4장)와 속건제(레 5장)가 포함된다. 그것 중 일부는 십일조로서 땅과 그 소산물에 대한 야웨의 소유권을 인정하고(신 14:22-29), 일부는 특별한 상황에서 하나님이 베푸신 구체적 관대함에 대하여 감사를 표하는 행동들이다(레 7:12-15).

우리는 특별히 세 가지 관심 사안에 주목할 수 있다.

첫째, 레벤슨(Levenson)이 지적한 바와 같이, 때때로 하나님에게 드리는 극단적 희생 제사는 인신 제사였다(출 22:28-29; 34:19-20; 사 30:30-33; 렘 19:5; 미 6:6-8; 삿 11:29-40; 왕하 3:26-27). 이러한 관습은, 그것이 발생한 정도에 따라, 당혹스러운 것으로 설명되거나 합리화될 필요가 없다. 오히려, 우리를 공격할 수 있는 그러한 야만적 행동은 하나님에게 가치 있는 것을 바치는 일에 대한 긴급성의 깊이를 보여 주었다.

둘째, 희생 제사의 실행은 하나님에게 값지고 귀한 것을 드리는 것이다. 농업 경제에서는 농산물이 적합했을 것이다. 그러나 신명기 14:24-26에서, 실제 생산물은 만약 그것이 더욱 실용적이라면 돈으로 변환될 수 있었고, 따라서 우리는 여러 실용적 이유로 돈과 희생 제사의 결합을 보기 시작한다. 이러한 연결은 잉여 재산(surplus wealth)의 경제에서 차후의 종교적 행동들에 엄청난 영향을 미치게 되었다.

셋째, 대속죄일(욤 키푸르)에, 본문은 용서와 화해에 관한 특별하고 주기적인 사례를 제공한다(레 16장)[**속죄**를 보라].

희생 제사는 효과적인 것으로 간주된다. 즉, 여러 희생 제사는 기념, 증진, 보상, 회복과 관련하여 자신들이 한다고 말하고 있는 것을 그대로 행한다. 자유주의 개신교의 해석적 입장은 종종 이러한 관습에 대해 합리주의적 의심과 무시의 태도를 보였다. 그러한 경향은 해석자가 하나님이 자신과 하나님 백성의 관계가 의도적으로 유지될 수 있는 구체적 수단들을 관대하게 제공했다는 주장의 놀라움 혹은 중요성을 절대 허용치 않을 것이다. 희생 제사에 참여하는 사람들에게, 그 관습에 대한 의심은 부적절한 것이고, 단지 의심의 소지자를 그 행동의 경이로움 밖으로 위치시킬 뿐이다.

고대 이스라엘의 희생 제사 체계에 나타나는 두 가지 발전은 중요하다.

첫째, 희생 제사 관습에 대한 예언자적 비판은 이스라엘의 문서 안에서 되풀이된다(호 6:6을 보라). 이러한 비판은 희생 제사 관습을 그 자체로 무시하는 것이 아니라, 희생 제사가 순종의 다른 측면들을 배제하고 종교적 활동과 의도의 전체적 영역을 차지하게 될 때, 또는 이 관습이 진지한 참여 혹은 의도성 없이 형식적으로 진부하고 익숙한 것이 되었을 때 일어나는 왜곡된 관습들에 대한 비판인 것으로 전제된다.

둘째, 시편 51:16-17과 미가 6:6-8과 같은 본문들은 구체적이고 물질적인 "희생 제사"가 때때로 은유적이고 관계적이라는 것을 보여 준다. 물질적인 것으로부터 은유적인 것으로의 "발전"을 상상하는 것은 어렵다. 오히려, 희생 제사의 관습은 매우 다양한 방향으로 해석을 끌어들이는 심오한 상징적 몸짓이다. 그러나 우리는 그 행위의 중심에 서 있는 구체적 물질성, 곧 육체를 가진 피조물들이 창조주와 깊은 육체적 관계를 맺는 것을 피할 수 없다("너희 몸을 산제사로 드리라"는 바울의 매우 흥미로운 표현을 보라[롬 12:1-2]).

기독교적 해석과 관련하여, 유용한 한 가지 접근은 신약성서가 구약성서의 제사 체계를 전용하고 조정했던 방식들을 고찰하는 것으로 시작한다. 한편으로, 로마서와 히브리서는 예수가 하나님에 대한 희생 제물로서, 진부하고 실패한 유대인의 희생 제사 체계를 대체했다는 것에 동의한다(롬 3:25; 히 9:23-10:18).

그러나 다른 한편으로, 제사장과 동시에 제물이라는 예수에 대해 제기된 전체 논증은 이스라엘의 희생 제사 관습의 범주들과 궤를 같이하고 그것에 의존한다. 물질적 몸짓을 통한 효력에 대한 이스라엘의 주장을 진지하게 고려하지 않는다면, 신약성서의 확언은 효과가 없다. 게다가 기독교적 구원에 관한 일반적 개념("그리스도가 나의 죄를 위해 죽었다" 또는 "그 피로 구원받았다")은 구약성서로부터 전용된 주장인 물질적 몸짓의 효력에 전적으로 의존한다.

기독론적 주장들을 제기하기 위하여 이스라엘의 희생 제사 체계에 대한 기독교의 선점은 기원후 11세기 후반 **"왜 하나님은 인간이 되셨는가"**(Cur Deus Homo)라는 안셀무스(Anselm)의 고전적 공식에서 실현되었다. 희생 제물로서의 예수가 지닌 효력에 대한 그러한 공식은 교회의 상상력에 깊이 파고들었지만, 동시에 여러 가지 방식에서 문제가 있는 것으로 판명되었다. 왜냐하면, 그것은 순전한 은혜의 거래 안에 뇌물, 흥정, 그리고 조작에 관한 무비판적 개념들을 초대하기 때문이다.

어쨌든 자신이나 공동체가 가치 있게 여기는 물질적 소유물의 봉헌은 감사와 기쁨으로 삶을 하나님에게 바치는 몸짓이다. 이러한 원초적인 신학적 주장은 하나님과 함께하는 이스라엘의 삶의 중심에 서 있는 여러 관습 안에서 극적으로 이루어진다.

참고 문헌

Anderson, Gary A. *Sacrifices and Offerings in Ancient Israel: Studies in Their Social and Political Importance* (Atlanta: Scholars Press, 1987).

Anselm, Saint. *Basic Writings: Proslogium, Monologium, Gaulino's in Behalf of the Fool*, trans. S. W. Deane (Chicago: Open House Press, 1962).

Levenson, Jon D. *The Death and Resurrection of the Beloved Son: The Transformation of*

Child Sacrifice in Judaism and Christianity (New Haven, Conn.: Yale University Press, 1993).

Levine, Baruch. *In the Presence of the Lord* (Leiden: E. J. Brill, 1974).

Milgrom, Jacob. *Leviticus 1-16: A New Translation with Introduction and Commentary* (AB 3; New York: Doubleday, 1991).

Miller, Patrick D. *The Religion of Ancient Israel* (Louisville, Ky.: Westminster John Knox Press, 2000), chap. 3.

105. 히스기야의 개혁
Reform of Hezekiah

히스기야(대략 기원전 715-687년)는 고대 유다에서 가장 뛰어나고 칭송받는 왕 중 하나이다. 그의 명성은 예루살렘에 대한 아시리아의 군사적 위협에 대응한 그의 도전적 저항(왕하 18-19장; 사 36-37장; 그러나 왕하 18:13-17을 보라), 그리고 유다의 종교적 관습들을 제거하고 정화했던 그의 개혁(왕하 18:4; 대하 29:1-31:21)에서 비롯되었다.

히스기야는 아시리아 왕들의 연대기에도 잘 기록되어 있다. 그러나 그 기록과 성서 내러티브는 모든 세부사항에서 일치하지는 않는다. 대부분 학자는 아시리아 문서를 실제(serious) 역사적 자료로 여긴다.

히스기야 개혁에 대한 본문의 증거는 문제가 없지 않다. 이 개혁이 열왕기(일반적으로 역대기보다 더욱 신뢰할 만한 역사적 자료라고 공통으로 생각된다)에서는 단지 언급만 될 뿐이지만, 그것은 역사적 신뢰성이 종종 의문시되는 역대하에서 큰 관심을 받는다[**역대가 사가**를 보라]. 확신할 수는 없지만, 히스기야의 경우에서 현재 학자들은 역대기 사가의 보도가 지닌 신뢰성을 인정하고, 히스기야가 실제로 기원전 8세기 말에 예루살렘에서 대대적 개혁을 시행했다고 판단한다.

이것은 한 세기 이후 그의 증손자 요시야가 시행할 개혁(왕하 22-23장)에 대한 예상이다[**요시야의 개혁**을 보라]. 비록 요시야의 개혁이 학자들로부터 훨씬 더 많은 관심을 받았다고 할지라도, 더욱 이른 시기의 히스기야의 노력은 유다의 정치사와 종교사에서 중요한 점을 찍는다.

역대기 사가는 고도로 양식화된 신학적 수사학으로 이 개혁에 관해 보도한다. 그 주요 특징 중에는 다음의 일곱 가지가 있다.

첫째, 레위인은 개혁에서 두드러진 위치를 차지하며, 그것의 일차적 대리인들이다[**거룩**을 참조]. 일반적으로 이스라엘의 가장 자의식 강한 언약 전통들의 전달자로 인식되는 레위인은 기원전 5세기 유대교의 구성에 있어 주요 역할을 했을 것이고(느 8:7을 보라), 아마도 역대기 사가는 그 시기에 기록했을 것이다. 따라서 이 개혁은 이스라엘의 가장 깊은 신학적 전통들에 기초하고 있다고 말할 수 있다.

둘째, 성전 자체는 성전의 주인인 야웨에게 적대적인 것으로 판단되었던 여러 관습으로 인해 더럽혀진 성소가 되었다(대하 29:16). (더욱 후대의 성전 왜곡에 관한 가장 극단적 사례에 대해서는 에스겔 8장을 보라) 따라서 이 개혁은 우리가 레위기로부터 알고 있는 거룩함에 관한 오래된 규칙들일 수 있는 것에 기초하고 있다.

셋째, 개혁에 대한 호소는 특별히 "돌아오다"라는 단어로 표현되는데, 이것은 결국 신명기 신학의 핵심이 되었다[**신명기 신학, 회개**를 보라]. 이 용어에 대한 그러한 자의식적 사용은 무관심과 타협의 시기 이후에 야웨의 계명에 의식적으로 다시 복종하는 것과 관련이 있다. 모든 진지한 신학적 개혁에서와 마찬가지로, 이것은 근본적인 신학적 헌신들로 돌아가는 것에 관심을 둔다.

넷째, 개혁의 핵심은 언약에 다시 참여하는 것이다(대하 29:10). 히스기야는 옛 모세 전통에 호소한다. 그의 발언의 수사학은 전형적 언약 문서인 신명기의 운율들을 반향한다.

다섯째, 왕정의 역사에서 거의 언급되지 않는 유월절은 언약으로의 귀환과 언약의 갱신에 대한 큰 절기이다(대하 30:1-9; 신 16:1-8; 왕하 23:21-23을 보라). 유월절에, 유다는 그들의 가장 근본적인 야웨 신앙의 정체성을 되찾는다. 그리고 요시야와 마찬가지로, 히스기야는 유월절을 예루살렘에서 개최함으로써, 이 결정적 절기를 직접적인 왕의 감독하에 둔다.

여섯째, 개혁은 예배 중앙화와 왕권 공고화를 위한 도구이다. 예루살렘에 있는 성전이 이제는 시정되어 절충된 예배를 위한 장소가 되었기 때문에, 유다의 지방과 마을 성소들은 합당하지 않고 용납될 수 없는 종교적 관습들을 위한 장소로 간주하여 폐쇄, 파괴되었다[**산당**을 보라].

일곱째, 이 내러티브 보도를 통해 전개되는 것은 북쪽에 대한 되풀이 되는 논쟁이다. 기원전 5세기(역대기의 가능성 있는 연대), 바빌론에서 귀환한 유대인들(Jews)에 의해 주도된 예루살렘의 복구된 지배층은 "자격이 부족한" 유대인들로 간주하였던 북쪽의 유대인에 반대하는 끝없는 논쟁을 벌였다[**사마리아인**을 참조]. 본문은 아마도 기원전 5세기의 몇몇 논쟁을 포함할 뿐만 아니라, 북쪽과 남쪽 사이의 끝없이 계속되는 긴장 또한 반영할 것이다.

북쪽(에브라임, 므낫세, 스불론)에 있는 유대인들은, 전하는 바에 따르면, 유월절에 예루살렘에 모이라는 히스기야의 소집을 조롱했고, "오직 소수만 왔다"(대하 30:10-22; 18절을 보라). 그러나 히스기야는 반항하는 북부인들을 기꺼이 너그럽게 용서했다. 이러한 해석에서 가장 중요한 점은 히스기야의 상당히 의도적인 신학적 수사학이다. 그것은 이스라엘의 가장 특징적인 언약적 헌신들을 반향한다.

> ⁸ 그런즉 너희 조상들 같이 목을 곧게 하지 말고 여호와께 돌아와 영원히 거룩하게 하신 전에 들어가서 너희 하나님 여호와를 섬겨 그의 진노가 너희에게서 떠나게 하라 ⁹ 너희가 만일 여호와께 돌아오면 너희 형제들과 너희 자녀가 사로잡은 자들에게서 자비를 입어 다시 이 땅으로 돌아오리라 너희 하나님 여호와는 은혜로우시고 자비하신지라 너희가 그에게로 돌아오면 그의 얼굴을 너희에게서 돌이키지 아니하시리라 하였더라 (대하 30:8-9; 참조. 대하 30:19과 29:5-11).

이러한 언급은 정치적 과정(기원전 8세기로부터 기억된 것이든 혹은 5세기에 복구된 것이든 간에)이 신학적 감수성과 함께 깊이 스며드는 방식을 보여 주기 때문에 흥미롭다. 히스기야는 두 개의 상당히 실용적인 이유로 인해 개혁을 단행했을 것이다.

첫째, 그러한 행위는 고대 세계에서 왕실의 경건함에 대한 특징적 표현으로, 왕이 자신의 신학적 자격들을 주장하고 정당성을 강화하는 방식이다. 히스기야는 의심의 여지 없이 그러한 승인을 의도했고 승인을 받았을 것이다(대하 31:20-21).

둘째, 히스기야의 모든 공적 경력은 아시리아제국의 끝없는 군사적 위협에 좌우된다[**아시리아**를 보라].

이것으로부터 우리는 히스기야의 개혁과 북쪽을 향한 호소가 부분적으로 아시리아에 대한 저항으로 단행된 것이라고 상상할 수 있다. 왜냐하면, 아시리아는 유다 편에서의 그 어떠한 독립도 깨부수기를 끝없이 원했기 때문이다. 히스기야는 북쪽을 향한 완충 지대를 얻으려고 노력했을 것이다.

개혁에 대한 이러한 실용적 근거들을 받아들인다면, 현재 우리는 이 본문을 성서로 가지고 있으므로, 우리는 그것을 정치적 삶의 공적 과정들과 정치적 권력의 실행을 언약적 방식으로 재정의하려는 놀라운 신학적 결의를 증언하는 것으로 읽을 수 있다. 본문의 현 위치에서 이러한 개혁에 대한 보고는 위에서 논의한 실용적 부분들을 넘어서, 자신의 신앙을 통해 가시적이며 공적인 정책을 주장했다는 점에서 히스기야를 칭송한다. 내러티브는 종교적 상징들(성전, 유월절)의 신실한 관리가 가시적 공적 생활의 전망과 직접 연결되어 있다는 확신을 반영한다.

참고 문헌

Albertz, Rainer. *A History of Israelite Religion in the Old Testament Period*, vol. 1, *From the Beginnings to the End of the Monarchy* (OTL; Louisville, Ky.: Westminster John Knox Press, 1994), 180-186.

Moriarty, F. L. "The Chronicler's Account of Hezekiah's Reform." *CBQ* 17(1965): 399-406.

Myers, Jacob M. "The Kerygma of the Chronicler: History and Theology in the Service of Religion," *Interpretation* 20 (1966): 259-273.

Rosenbaum, J. "Hezekiah's Reform and the Deuteronomistic Tradition." *HTR* 72 (1979): 23-43.

Vaughn, Andrew. *Theology, History, and Archaeology in the Chronicler's Account of Hezekiah* (Archaeology and Biblical Studies 4; Atlanta: Scholars Press, 1999).

von Rad, Gerhard. "The Levitical Sermons in 1 and 2 Chronicles." in von Rad, *The Problem of the Hexateuch and Other Essays* (New York: McGraw-Hill, 1966), 267-280.